KB168118

데이터 분석과 비판적 사고

양적 추론과 분석의 길잡이

데이터 분석과
비판적 사고

임형준 옮김　에단 부에노 데 메스키타 · 앤서니 파울러 지음

i!i
에이콘

에이콘출판의 기틀을 마련하신 故 정완재 선생님 (1935-2004)

에단^{Ethan}: 에이브^{Abe}와 한나^{Hannah}에게

앤서니^{Anthony}: 글로리아^{Gloria}에게

에단[Ethan]: 에이브[Abe]와 한나[Hannah]에게

앤서니[Anthony]: 글로리아[Gloria]에게

| 옮긴이 소개 |

임형준(hyungjuneim@gmail.com)

전산학 전공으로 학부와 석사 과정을 졸업했다. 10년간 개발자로서 검색 엔진을 개발하다가 데이터를 다루고 싶어서 초보 데이터 엔지니어로 전직했다. 데이터 분석이라는 바다에 떠다니는 수많은 훌륭한 시스템과 분석 도구에 감탄하고 탐색하고 방황하면서 나아갈 길을 찾는 중이다. 『정보 검색의 이론과 실제』(에이콘, 2021)를 공동 번역했다.

| 옮긴이의 말 |

빅데이터라는 용어가 식상하게 느껴지는 시대다. 데이터의 양은 물론이고 분석 도구와 활용 범위 또한 하루가 다르게 늘어간다. 게다가 인공지능의 대두로 빅데이터의 효용성이 더욱 부각되는 모습이다.

저자들이 이 책을 완성한 이후로도 인공지능은 장족의 발전을 거듭했고, 이제는 사람의 자리를 위협할지도 모른다는 위기감마저 느껴질 정도다. 대량의 데이터를 처리하는 능력을 따지면 사람은 진작부터 컴퓨터의 상대가 아니었다. 더욱이 최근의 인공지능은 기계적인 분석을 넘어서 인간만의 영역으로 여기던 추론 능력까지 선보이기 시작했다. 그렇다면 우리는 과연 조만간 모든 결정을 프로그램에 맡기고 그저 따르는 존재가 될까?

영화 〈쇼생크 탈출〉에서 주인공 앤디 듀프레인은 이렇게 말했다.

> 희망은 좋은 거죠. 가장 소중한 것일지도 몰라요. 그리고 좋은 것은 절대 사라지지 않아요.

올바른 사고는 사람이 지닌 좋은 능력이다. 인공지능이 정말로 대단한 능력을 보여 주고 사람이 하던 많은 일을 대신하더라도 절대 사라지지 않을 소중한 희망이 바로 올바른 사고다. 물론 거저 얻어지는 열매는 아니며 부단한 노력이 필요하다. 아무쪼록 여러분이 올바르게 사고하는 능력을 가꿔 나가는 데 이 책이 길잡이가 되길 바란다.

옮긴이는 전공도 업무도 사회학이나 통계학과 거리가 멀어, 본문에서 소개한 여러 가지 개념이나 사례가 다소 생소했다. 되도록 매끄럽게 번역하고자 노력했지만 마땅한 번역어나 합의된 국문 용어가 없는 경우도 있어서 고전했다. 전공자가 보기에 어색한 표현이나 설명이 있다면 이 자리를 빌려 양해를 구한다.

이처럼 흥미로운 책을 소개해 주신 조유나 님, 그리고 출판하기까지 여러모로 애쓰신 에이콘출판 여러분에게 감사 인사를 드린다. 바쁜 와중에도 리뷰를 도와준 김광림 님, 장은영 님에게도 감사를 표한다. 그리고 여러 달 동안 번역 작업에 집중할 수 있게 도와주고 격려해 준 아내와 아이에게도 고맙다는 말을 전한다.

하나만 덧붙이면, 이 책을 번역하면서 지식의 폭이 넓어진 동시에 기대치 않은 소득도 있었다. 바로 치아 건강을 위해 치실을 쓰기 시작했다는 점인데, 치과 의사의 권유보다 이 책이 더 설득력이 있었다. 무슨 얘기인지 궁금하면 마지막 장을(물론 앞부분을 정독하고 나서) 읽어 보시길 바란다.

2023년 6월 **임형준**

| 지은이 소개 |

에단 부에노 데 메스키타^{Ethan Bueno de Mesquita}

시카고 대학교의 해리스 공공 정책 스쿨^{Harris School of Public Policy} 시드니 스타인^{Sydney Stein} 교수이자 부학장이다. 『Political Economy for Public Policy^{공공 정책을 위한 정치경제학}』의 저자이며, 『Theory and Credibility: Integrating Theoretical and Empirical Social Science^{이론과 신뢰성: 사회과학의 이론과 실증을 통합하기}』의 공동 저자이기도 하다. 트위터 @ethanbdm.

앤서니 파울러^{Anthony Fowler}

시카고 대학교의 해리스 공공 정책 스쿨 교수다.

| 차 례 |

14장   기작 평가   417

| 들어가며 |

세상은 크게 바뀌고 있다. 데이터나 증거 자료는 어디든 존재한다. 정책에서부터 건강 관리, 구직, 정치, 스포츠, 교육, 연애, 국가 안보에 이르기까지 어떤 분야를 이야기하든 정량화된 정보가 끼어든다.

그 결과, 통계와 양적 추론은 더이상 수학에 재능이 있거나 기술 전문가가 되려는 사람들만 이해해도 되는 영역이 아니다. 이제 모든 교양인은 기초적인 양적 추론 능력을 익혀야만 한다. 따라서 새로운 교습법이 필요하다.

이러한 이유로 우리는 이 책을 쓰기로 결심했다. 처음부터 책을 쓰고자 한 것은 아니다. 이 책에서 앞으로 소개할 내용의 상당 부분은 원래, 세부 기법을 모르는 학생들에게 정량화된 정보를 진지하고 사려 깊고 회의적으로 사용하는 방법을 가르칠 목적으로 준비한 수업을 위해 만들었다. 이러한 수업에는 전통적인 대학교에서 가르치는 과목, 예컨대 시카고 대학교University of Chicago의 학부생과 대학원생이 듣는 양적 추론과 같은 과목이 있다. 뿐만 아니라 정책 결정자, 장교, 국가 안보 전문가, 정보 기관 종사자, 기자 등을 가르치는 간부 교육 과정도 있다.

이 책을 만드는 과정에서 많은 교훈을 얻었고, 그 교훈을 참고해서 결정을 내리기도 했다. 그중 가장 중요한 결정은 아마도 용어의 의미를 똑같이 이해하도록 만들기로 한 일이겠다.

확실히 우리는 전통적인 통계 과목을 가르칠 생각이 없었다. 우리가 보기에 그런 과목들은 대개 많은 학생에게 너무 세부적인 데다 가장 중요하고 흥미로운 주제, 바로 우리 삶과 세상을 더 낫게 만드는 데 정량화된 정보 활용이 필요한 상황을 다루지 않는다. 그렇기 때문에 상관관계correlation가 인과관계causation를 내포하지 않는 이유처럼 흥미진진한 주제로 되도록 빨리 뛰어들고 싶은 충동이 들었다. 하지만 이러면 실수를 저지르는 셈이다. 상관관계가 인과관계를 뜻하지 않는 이유를 이해하려면 먼저 상관관계와 인과관계가 무엇인지 알아야 하기 때문이다.

그러한 연유로 이 책의 1부는 오로지 용어의 의미를 같은 수준으로 이해시키는 데 힘을 쏟는다. 상관관계와 인과관계의 의미를 개념적이고 기술적으로 정의한다. 상관 계수를 어떻게 계산하는지, 또는 인과적 효과를 어떻게 잠재적 결과 표기법으로 기술하는지 등의 방식이 아니라(물론 둘 다 소개하겠지만), 일상 언어로 적절히 소화하면 어떤 뜻인지를 묻는 방식으로 정의한다. 상관관계와 인과관계의 어떤 부분이 이해하기 어려운가? 왜 두 가지 개념을 분리하면 유용한가? 상관관계와 인과관계라는 두 가지 개념은 어디에 쓸모가 있는가?

그렇다면 학습 동기는 어떻게 만들까? 앞부분에 흥미로운 내용이 없다면 학생들이 어떻게 집중하게 만들까? 먼저, 인과관계가 무엇을 뜻하고 무엇을 뜻하지 않는지 개념적으로 이해하는 내용은 별로라고 말할 사람이 있을까? 물론 이 주제는 훌륭하다. 다만 이는 매우 중요한 문제이므로 이렇게 접근했다. '사람들이 집중하도록 만들고 싶다면 내용물을 흥미롭게 만들어라.' 우리가 쓴 방법은 다음과 같다.

우선 첫 번째로 이야기를 들려줘야 한다. 이 책에서는 어떤 개념을 논하든지 자세한 실제 사례를 적어도 하나는 곁들일 것이다. 어떤 사례는 과학 연구와 관련된다. 대부분의 경우, 정량적 증거를 두고 명확히 사고함으로써 의사결정을 더 잘 할 수 있었던 내 경험이다. 다른 사례로는 데이터와 증거 자료를 뉴스, 스포츠, 정책, 건강 관리, 문화의 영역에서 사용하는 내용도 있다. 이런 사례들은 사람들이 살아가며 결정을 내리고자 애쓰는 모든 영역에서 중요하다. 우리는 이런 점을 전면에 내세우고 싶다. 그렇기 때문에 두 정치학자가 이 책을 썼음에도 여기서 소개하는 사례 중 상당수는 정치 영역 밖에서 가져왔다.

독자를 사로잡기 위한 두 번째 방법으로서, 먼저 개념을 강조하고 세부 기법은 그다음에 오도록 한다. 물론 세부 기법은 재미있다. 하지만 세부 기법을 강조하면 전체를 이해하는 데 방해가 되기도 한다. 기술적인 세부 사항을 다루기 시작하면 사람들은 생각하기보다 외우려고 한다. 그런 일은 꼭 피하고 싶다. 그래서 항상 어떤 개념과 왜 그 개념이 중요한지를 먼저 이야기하고자 한다. 그림으로 보여 줄 수 있다면 기꺼이 그린다. 수학은 되도록 조금만 다룬다. 그렇지만 적어도 두 가지 이유로 수학을 완전히 배제하지는 않는다.

명확히 사고하려면 기술적인 내용에 익숙해져야 한다. 평균이나 잡음이 무엇인지 모르면 평균 회귀를 이해할 수 없다. 통계적 유의성이 무슨 뜻이고 p-값이 무엇인지 모르면 출판 편향이나 재현성 위기를 이해할 수 없다. 또한 회귀 분석을 해석하지 못하면 교란 변수 문제라든가 연구 설계가 서로 다른 연구에서 얻은 결과를 이해하기 어렵다.

게다가 어떤 경우에는 수학을 약간 동원해야 명료하고 정확하게 설명할 수 있다. 반사실성 counterfactual과 인과관계에 관해 개념적인 설명을 길게 할 것이다. 그런데 반사실성 이야기는 다소 이해할 수 없을지도 모른다. 이때 잠재적 결과를 기술하고 효과라는 개념을 적절히 정의하는 일은 꼭 필요하며, 이를 통해 내용이 더 분명해진다. 따라서 수학을 버리지는 않는다. 언제나 명확한 사고를 더 강조할 뿐이다.

흥미로운 저술을 위한 세 번째 교훈은 각 장이나 강의 한 번 범위에서만 이야기를 풀어 나가서는 충분하지 않다는 점이다. 과목(또는 책) 전체를 아우르는 이야기가 있어야 한다. 의사결정을 잘 하고 데이터 기반 시대를 잘 영위하려면 모두가 명확하게 생각할 줄 알아야 한다는 이야기가 있다. 이 역할은 전문가에게만 맡길 수 없는데, 많은 전문가 역시 정량화된 정보를 갖고 명확하게 생각하는 법을 배우지 않았기 때문이다. 우리 스스로 하지 못하면 종종 오도되거나 심각한 실수를 저지르게 된다.

이 책의 내용

앞서 말했듯이 1부에서는 용어의 의미를 구축하며, 특히 상관관계와 인과관계를 양적 분석의 초석으로서 강조한다.

이를 바탕으로 2부에서는 데이터와 증거 자료를 사용해서 세상에 존재하는 여러 특성 사이에 상관관계가 존재하는지(인과관계가 있든 없든) 여부를 판별하는 방법을 다룰 것이다. 여기서의 목표 중 하나는 인과 추론까지 도달하기 전에도 흥미로운 내용이 많음을 여러분에게 납득시키는 일이다. 4장은 종속 변수를 고르는 과정에서 흔히 범하는 실수를 소개하고, 변이를 고려하지 않고 상관관계를 구축할 수 없는 이유를 보여 주고, 이런 실수가 큰 영향을 미친 무수한 사례를 살펴본다. 5장은 회귀를 시각적으로 나타내기에 집중해 상관관계를 측정하는 방법을 다룬다. 6장은 통계적 유의성과 가설 검정을 설명하고, 이 책에서 여러 번 나올 공식을 소개한다.

$$추정치 = 추정 \, 대상 + 편향 + 잡음$$

4장을 읽어도 데이터로부터 관계를 수립하는 데 있어서 명확한 사고의 중요성이 충분히 전달되지 않았다면, 7장은 p-해킹 문제, 출판 편향, 그 밖에 관련 있는 주제를 논의함으로써 이를 확실히 한다. 마지막으로, 8장에서는 평균으로의 회귀라는 생소한 주제를 다루고, 이를 앞서 설명한 출판 편향과 결합해서 재현성 위기와 더불어, 흔히 나타나는 과학적 추정치가 시간이 흐르면서 감소하는 현상을 보여 준다.

3부에서는 인과 추론으로 넘어가서 세상사에 개입하는 의사결정에 있어서 인과관계에 관한 지식이 얼마나 중요한지 일깨운다. 9장은 교란 변수와 역인과관계를 논하면서 상관관계가 반드시 인과관계를 내포하지는 않는 이유를 설명한다. 10장은 통계 분야의 통제를 다루고, 회귀의 관점에서 이를 도식화한다. 11장부터 13장까지는 인과관계를 학습하려는 학자들이 어떻게 연구 방식을 설계하는지 개괄적으로 소개한다. 11장은 무작위 실험과 자연 실험 두 가지를 모두 다루는데, 불응 문제를 다룰 방법인 도구 변수를 소개한다. 12장과 13장은 회귀 불연속과 이중차분법 설계를 차례로 다룬다. 14장에서는 인과관계 기작 학습에 따르는 어려움을 논의하면서 3부를 마친다.

4부에서는 인과관계가 끝이 아님을 지적한다. 인과적 효과에 관한 지식이 충분해도 그것만으로 정량화된 정보를 활용해서 의사결정을 잘 하는 방법을 터득했다고 보기는 어렵다. 15장은 여러분이 어떤 정량화된 정보가 어떤 질문에 대한 답을 주는지를 얼마나 쉽게 헷갈리는지 지적하고, 이런 실수를 피하게끔 정보의 세부 사항으로부터 핵심을 추려내도록 독려한다. 이 과정에서 베이즈 법칙$^{Bayes' \, rule}$을 소개한다. 16장은 측정, 외적 타당성, 외삽법^{extrapolation}을 다루며, 표본 선택 편향도 함께 논의한다. 마지막으로, 17장에서는 양적 분석을 아무리 명확하게 하더라도 의사결정 과정에서 겪는 근본적인 한계를 마주한다.

각 장의 끝에는 독자가 직접 풀어 보고 내용을 소화했는지 확인해 볼 수 있는 연습 문제가 있다. 어떤 문제는 Stata나 R과 같은 통계 분석 도구를 사용하는 데이터 분석이 수반된다. 더불어 각 장 마지막에 있는 '읽을거리'는 본문에서 언급한 출처를 찾아서 특정 주제를 더 깊이 탐구하고 싶은 독자에게 도움이 될 것이다.

이 책은 누구를 위한 책인가?

데이터, 증거 자료, 양적 추론에 관해 명확하게 사고하는 방법을 배우고 싶은 사람이라면 누구나 이 책의 도움을 받을 수 있다. 앞서 언급했듯이 우리는 여기 나온 내용으로 학부생에서 전문 직업인에게 이르기까지 다양한 청중에게 강의했다.

요즘 같은 데이터 기반 시대를 살아가려면 모든 대학생이 가능하면 1~2학년 때 이런 내용을 접해야 한다. 그래서 일반 교육 과정 또는 학과와 기업 조직의 개론 수업 등 여러 분야에서 양적 추론을 가르치는 강사들에게 도움이 되길 바라는 마음으로 이 책을 썼다. 전통적인 통계학이나 방법론 위주의 강의보다 개념적인 접근을 바라고, 동시에 어느 정도 기본 기법도 다루고 싶은 강사들에게는 분명히 도움이 되리라 믿는다.

학부 과정 이상의 학생들에게도 도움이 될 것이다. 우린 공공 정책 학과의 석사 과정 학생들에게 이 내용을 가르쳤다. 그중 어떤 학생은 이후 계량경제학이나 프로그램 평가 분야의 심화 과목을 들었다. 다만 많은 학생에게는 정량화된 정보에 대해 비판적이고 명확하게 생각하는 법을 배운 점이 제일 중요하다. 우리가 접근한 방식은 이런 학생들의 필요성에 들어맞는 동시에 세부 사항에 관심 있는 학생들이 이후의 수업에서 필요로 할 개념적 토대를 제공한다.

다른 대학교에서 가르치는 동료들도 학위 논문에 필요한 정량적 방법론을 꼭 알아야 하는 사회과학 전공자가 듣는 고급 과목에 우리의 교재를 활용했다. 이런 수업에서 이 책은 좀 더 기술적이거나 통계적 계산에 중점을 둔 교재와 함께 활용하면 더 좋을 것이다. 그리고 어떤 수업이든지 각 장 말미에 오는 연습 문제는 도움이 되리라 기대한다. 연습 문제에는 온라인에서 다운로드할 수 있는 데이터를 활용한 데이터 분석 응용 문제도 포함한다.

마지막으로, 많은 박사 과정 학생에게도 분명히 이 책이 유용할 것이다. 박사 과정에서는 통계학을 짧게 매우 세부적으로 가르치는 일이 흔하다. 이 방식은 효율적이긴 하다. 고급 기법을 습득하기란 도전적이면서 중요하다. 하지만 우리가 경험한 바로는 최고의 박사 과정 학생이라도 이론적 정리와 추정량을 만드는 데에 신경을 쏟다가, 정말 중요한 내용, 다시 말해 데이터로부터 이 세상에 관해 배우는 방법을 놓칠 수 있다. 이런 학생들이 세부 사항에 집중하면서도 큰 그림을 잃어버리지 않도록 이 책이 길잡이가 되길 바란다.

감사의 글

앞서 언급했듯이 이 책의 내용 일부는 앤서니[Anthony]가 강의하는 학부 수업과, 제이크 샤피로[Jake Shapiro], 리암 콜린스[Liam Collins], 케이시 페텔[Cathy Fetell]이 에단[Ethan]과 함께 제작한 간부 교육 과정의 공동 작업의 결과다. 많은 기여를 해 준 세 사람에게 정말로 감사한다.

대단히 유용한 피드백을 준 스콧 애시워스[Scott Ashworth], 크리스 베리[Chris Berry], 크리스 블래트만[Chris Blattman], 맷 브렘스[Matt Brems], 브루스 부에노 데 메스키타[Bruce Bueno de Mesquita], 커윈 찰스[Kerwin Charles], 데빈 체스니[Devin Chesney], 린지 코맥[Lindsey Cormack], 앤디 에거스[Andy Eggers], 네이선 파베로[Nathan Favero], 알렉스 푸아르네[Alex Fouirnaies], 맷 가벨[Matt Gabel], 제프 그로거[Jeff Grogger], 앤디 홀[Andy Hall], 코스케 이마이[Kosuke Imai], 레난 레빈[Renan Levine], 앤드류 리틀[Andrew Little], 옌스 루트비히[Jens Ludwig], 모데카이 마젠시[MordecaiMagencey], 앤드류 민스[AndrewMeans], 파블로 몽타뉴[Pablo Montagnes], 에밀리 리터[Emily Ritter], 스티브 슈왑[Steve Schwab], 마이크 스파갓[Mike Spagat], 더스틴 팅글리[Dustin Tingley], 스테판 월튼[StephaneWolton], 오스틴 라이트[AustinWright]에게도 감사한다.

톰 부데스쿠[Tom Budescu], 관탐 나이르[Gautam Nair], 톰 나셋[Tom Naset], 제프 러프[Jeff Ruff], 배니타 비루다찰람[Vanitha Virudachalam], 베키 왕[Becky Wang], 싱유 인[Xingyu Yin]은 이 프로젝트를 시작하는 단계에서 연구 조교 역할을 훌륭하게 해냈다. 이들과 함께 일해서 정말 즐거웠고 노고에 감사한다.

또한 초안을 검토해서 수많은 실수와 오류를 잡아 준 학생들에게 감사한다. AK 알리로누[AK Alilonu], 데니스 아자데[Denise Azadeh], 엘리 럿키[Ellie Rutkey], 알 샤[Al Shah]는 정말 놀랄 만큼 많은 오류를 찾아냈다. 고맙다!

프린스턴 대학교[PrincetonUniversity] 출판부의 사람들도 대단했다. 이 프로젝트를 믿고 이끌어 준 브리짓 플래너리 맥코이[Bridget Flannery-McCoy]와 모든 과정을 살펴봐 준 알레나 체카노프[Alena Chekanov]에게 특별히 감사한다. 그리고 다나 록우드[Danna Lockwood]에게는 이 책의 내용을 쓰고 표현하고 구성하는 데 있어서 대단히 신세를 졌다. 또한 출판을 훌륭하게 감독한 멜로디 네그론[Melody Negron]과 항상 색인 작업을 멋지게 해내는 데이비드 룰작[David Luljak]에게 깊이 감사한다.

에단은 해리스 스쿨^{Harris School}에 있는 동료들을 비롯해서, 지적인 영감이 되고 여러 해에 걸쳐 자신의 생각을 명확하게 만드는 데 도움을 준 여러 협업자, 공저자, 학생들에게 감사한다. 책쓰기를 마칠 때까지 늘 따라다니는 그의 툴툴거림을, 자신과 삶의 즐거움을 나누게 해준 내조와 사랑과 인내로 견딘 아내 레베카^{Rebecca}에게 깊이 감사한다. 이 책을 삶의 기쁨과 즐거움인 그의 아이들, 한나^{Hannah}와 에이브^{Abe}에게 바친다. 그가 가장 바라는 바는 이 책이 여러 수업에서 활용돼 언젠가는 두 아이가 자신들에게 헌정된 책을 읽어야만 하는 난감한 경험을 하는 순간이다. 아마도 대단한 성공이리라.

앤서니는 자신이 명확한 사고를 하도록 항상 가르쳐 준 지도 교수, 공저자, 동료들에게 감사한다. 그는 현재 법대나 의대에 갈 계획은 전혀 없지만, 일평생 그를 격려하고 지지해 준 부모님에게 감사한다. 그리고 학계 논문 초안을 수없이 읽고, 회귀 분석에 관해 지겨울 정도의 대화를 감내했으며, 데이터도 조금 손대고, 모든 착상을 점검하고, 자신의 생각도 상당 부분 반영하고, 앤서니의 삶을 결코 정량화할 수 없는 방식으로 풍요롭게 만들어 준, 아내이자 가장 친한 친구인 글로리아^{Gloria}에게 누구보다도 감사한다.

01

데이터 기반 시대에
명확하게 사고하기

1장에서 다루는 내용

- 정량화된 정보에 관해 명확하고 개념적으로 사고하는 법을 배우는 일은, 설령 여러분이 데이터 분석가가 될 생각이 없더라도 여러모로 중요하다.
- 훈련된 사람도 종종 데이터를 다룰 때 치명적인 실수를 저지른다.
- 사고와 데이터는 서로 보완하지, 결코 다른 한쪽을 대체하지 않는다.
- 이 책에서 배우는 기술은 자료를 사용해서 일과 삶에서 더 나은 의사결정을 하고 더욱 사려 깊은 지식인이 되는 데 도움이 된다.

들어가며

우리는 데이터 기반 시대에 살고 있다. 구글^{Google}의 전 CEO인 에릭 슈미트^{Eric Schmidt}는 오늘날 이틀마다 생산되는 데이터의 양은 태초부터 2003년까지 생산된 양과 맞먹는다고 말했다. 이 모든 정보는 우리의 삶을 더 낫게 만들 힘이 있지만, 이 힘을 제대로 쓰려면 데이터 기반 세상을 명확히 사고[1]하는 법을 배워야 한다. 명확한 사고는 어렵고, 특히 데이터와 데이터 분

---

1 '명확하게 사고하기(thinking clearly)'라는 표현은 이 책의 원제이자, 처음부터 끝까지 모든 주제에 걸쳐 등장하는 개념이다. 명확한 사고의 궁극적인 목적은 하나이지만, 문맥에 따라 구체적인 느낌은 조금씩 다르다. 이 때문에 이 책 전반에서 이 표현을 '명확하게 생각하기', '명확하게 이해(또는 파악)하기' 등으로 번역했는데, 원문은 모두 한 가지 표현임을 밝힌다. – 옮긴이

석을 둘러싼 온갖 기술적 세부 사항이 얽히면 더욱 그렇다.

데이터 기반 시대에 명확하게 사고하려면 무엇보다도 개념과 질문에 집중해야 한다. 세부 기법은 비록 중요하긴 하지만 어디까지나 개념과 질문을 뒷받침할 뿐이다. 안타깝게도 많은 사람이 데이터를 배우는 통계학이나 양적 추론 수업에서는 정반대로 기술적 세부 사항에 집중한다. 학생들은 수학 공식을 배우고 통계적 절차의 이름을 외우고 자신들이 무엇을, 왜 하는지 명확하게 생각해 볼 기회 없이 숫자만 주물럭거린다. 이런 접근 방식은 수학에 익숙한 사람들에겐 괜찮다. 그렇지만 우리 생각으로는 대다수의 사람들에겐 역효과가 난다. 학생들이 세부 기법을 익히느라 생각하기를 멈추고 외우기 시작하면 나무만 보고 숲은 못 보게 된다. 게다가 재미도 없다.

우리는 이와 반대로 개념 이해에 집중하겠다. 여러분이 데이터를 분석할 때 세상의 어떤 특성을 비교하는가? 서로 다른 종류의 비교는 어떤 질문에 대답할 수 있는가? 풀고자 하는 문제에 맞는 질문과 비교 대상을 알고 있는가? 그럴듯하게 들리는 대답이 어째서 실제로는 방향이 잘못된 경우가 생길까? 좀 더 유익한 답변을 얻으려면 어떤 창의적인 접근 방법을 쓸 수 있을까?

세부 기법이 중요하지 않다는 얘기가 아니다. 다만 개념 이해와 명확한 사고 없이 기술만 익히면 재앙을 부른다. 여러분이 일단 양적 분석에 관해 명확하게 사고하고, 일단 주의 깊고 정밀한 질문을 던지는 일이 왜 중요한지 이해한다면 분석 기술은 자연스럽게 따라온다. 게다가 이 편이 더 재미있다.

이런 점을 고려해서 데이터 분석, 통계학, 기타 정량적 방법론의 사전 지식 없이도 이 책을 읽을 수 있도록 썼다. 개념적 사고가 더 중요하기 때문에 되도록 일상 언어로 설명하고 기술 관련 내용을 (완전히 배제하지는 않았지만) 최소화했다. 이 책이 양적 분석을 고찰하고 실행하는 방법의 길잡이가 되길 바란다. 누구나 정량화된 정보의 세련된 소비자가 (심지어 생산자도) 될 수 있다고 믿는다. 단지 인내심, 끈기, 많은 노력, 세부 기법이 명확한 사고를 몰아내지 않도록 할 군건한 의지가 있으면 된다.

데이터 분석 전문가가 되는 사람은 그리 많지 않다. 다만 여러분이 데이터 분석가든 아니든 이 책에서 배운 기술을 다양한 방식으로 활용할 것이라고 자신한다. 여러분 중에는 양적 분석가를 고용했거나 그들과 협업하는 사람도 많을 것이다. 그리고 여러분 모두가 논문, 뉴스 기사, 업무 브리핑 등을 읽을 터이고, 이 글을 쓴 저자는 양적 분석을 활용해서 어떤 결론을 납득시키려고 할 것이다. 이 책은 올바른 질문을 던지고, 필요하다면 회의적으로 바라보고, 유용한 증거와 오도하는 증거를 구분하기에 필요한 명확한 사고 능력을 갖추게 해 줄 것이다.

경고성 일화

어려운 내용을 다루기에 앞서 흥미를 돋우고자 데이터 기반 시대에서 명확한 사고가 얼마나 중요한지 일깨워 주는 이야기 몇 개를 소개한다.

에이브에게 내린 성급한 진단

에단의 첫째 아이 에이브는 2006년 7월에 태어났다. 태어나서 다섯 달 동안 밤에 쉬지 않고 소리치고 울어 댔다. 그럴 때만 빼면, 비록 안 그럴 때가 별로 없긴 했지만, 행복하고 건강했다. 아이가 한 살일 때 가족은 시카고Chicago로 이사했는데, 덕분에 이 책이 세상에 나올 수 있었다(마지막 문장은 **반사실성**counterfactual이라고 하는 특별한 종류의 주장을 담고 있다. 반사실성은 매우 중요하며, 3장에서 이에 관한 모든 내용을 배운다). 소아과 의사는 에이브가 또래보다 작고 예상보다 발육이 느린 점을 알아채고 몇 가지 검사를 하기로 했다.

검사 결과를 분석한 다음, 의사는 에이브가 글루텐gluten 불내성을 보이는 소화기 질환인 소아 지방변증[2]이 있다고 확신했다. 다행인 소식은 소아 지방변증이 치명적인 병도 아니고 식단 관리만 잘 하면 심각한 병도 아니라는 것이다. 나쁜 소식은 2007년 당시 아이가 먹을 수 있는 글루텐-프리gluten-free 식단의 선택지는 끔찍한 수준이었다는 것이다.

확인해 보니 에이브는 복강 관련 혈액 검사 두 가지를 받았다. 하나는 양성(병이 있음)이었고 다른 하나는 음성(병이 없음)이었다. 의사들의 말에 따르면 양성으로 나온 검사는 80퍼센트 이상 정확했다. 의사들은 이렇게 말했다. "이 정도면 거의 확실합니다." 의사들은 에이브에

---

2 설사와 영양 장애가 뒤따르는 병 – 옮긴이

게 두 달 동안 글루텐-프리 식단을 주고 체중이 느는지 확인해 보자고 권했다. 만약 체중이 는다면 더 결정적인 조직 검사를 하거나 에이브가 평생 글루텐-프리 식사를 하면 된다.

에단은 에이브의 혈액 검사 보고서를 보여 달라고 했다. 의사들은 에단이 의사가 아니어서 별 도움이 안 될 것이라고 지적했다. 이런 반응은 놀랍거나 이해 못 할 바 아니다. 사람들, 특히 전문가나 권위자들은 대개 자신들의 지식이 부족하다는 사실을 인정하기 꺼린다. 그렇지만 에단은 아들을 위해서 올바른 결정을 내리고 싶었기 때문에 정보를 강력히 요청했다. 이 책의 목표 중 하나는 여러분이 살면서 정보를 활용해서 의사결정을 할 때 이와 같이 자신을 옹호할 능력과 자신감을 키워 주는 일이다.

어떤 진단 검사든 그 효과는 2개의 숫자로 나타낸다. 첫 번째는 위음성률^{false negative rate}이며, 이는 실제로 아픈 사람이 건강하다고 판정되는 비율이다. 두 번째는 위양성률^{false positive rate}이며, 실제로 건강한 사람이 병에 걸렸다고 판정되는 비율이다. 위양성률과 위음성률 둘 다 알아야 검사 결과를 해석할 수 있다. 따라서 에이브의 의사들이 양성인 혈액 검사가 80퍼센트 정확하다고 한 말에는 그다지 유익한 정보가 없는 셈이다. 위음성률이 20퍼센트라는 뜻일까? 위양성률이 20퍼센트일까? 양성으로 나온 사람 중 80퍼센트가 실제로 지방변증이 있다는 말인가?

다행히 간단히 검색해 보니 에이브가 받은 검사의 위양성률과 위음성률 모두 알 수 있었다. 에단이 알아낸 사실은 이렇다. 에이브가 양성으로 판정받은 검사는 위음성률이 약 20퍼센트다. 다시 말해 지방변증을 앓는 100명이 검사를 받으면 약 80명은 양성으로 옳게 판정 받고 나머지 20명은 음성으로 잘못 판정받는다. 아마도 이 사실로부터 80퍼센트 정확도라는 표현이 나온 것 같다. 그렇지만 이 검사의 위양성률은 무려 50퍼센트다! 지방변증이 없는 사람도 양성과 음성 판정 가능성이 반반인 셈이다(이 검사는 더이상 지방변증 진단 목적으로 권장되지 않는다는 점도 알아 두자). 이와 반대로 에이브가 음성 판정을 받은 검사는 위음성률과 위양성률이 훨씬 더 낮았다.

검사 결과를 받기 전에는 에이브가 소아 지방변증을 앓을 가능성이 약 100분의 1이라고 추정하는 편이 합리적이다. 어린 아이 100명 중 1명 꼴로 이 병을 앓기 때문이다. 에단은 분석 보고서와 위양성률과 위음성률을 손에 넣은 뒤, 아이의 작은 체구와 검사 결과를 바탕으로 아이가 이 병을 앓을 가능성을 계산할 수 있었다. 계산 결과, 부정확한 검사의 양성 판정과 정확한 검사의 음성 판정을 함께 고려하면 병을 앓을 가능성은 실제로는 놀랍게도 100분의 1보다 훨씬 작게 나타났다. 15장에서 보겠지만, 사실 검사 결과로부터 에이브가 병을 앓을 가능성을 가장 정확하게 추정한 값은 약 1,000분의 1이다. 의사들이 지방변증을 확신하게 만든 혈액 검사는 실제로는 그 반대 결론의 근거인 셈이다. 에이브는 지방변증이 없을 가능성이 매우 높았다.

에단은 의사에게 전화를 걸어 자신이 알아낸 사실을 설명하고, 파스타를 엄청 좋아하는 자기 아들에게 평생 글루텐-프리 식단을 먹이는 일은 성급한 대처라고 제안했다. 의사는 이렇게 대답했다. "이런 진단 결과를 받아들이기 힘드시겠죠." 결국 에단은 다른 소아과 의사를 찾아갔다.

이제 결말이다. 에이브는 지방변증이 없었다. 그저 몸집이 좀 작았을 뿐이다. 지금은 식욕 왕성한 보통 키의 아이다. 하지만 아버지가 정량적 자료에 관해 어떻게 사고할지 모르거나 전문가의 오판에 도전할 자신감이 없었다면, 어린 시절을 쌀떡만 먹으며 보냈을지도 모른다. 어린 아이가 쌀떡만 먹기는 힘들테니 계속 키가 작았을 것이다.

시민 저항 운동

세계 곳곳에서 일어나는 일이지만, 시민은 정부와 종종 충돌한다. 상황이 아주 나빠지면 시위를 조직하기도 한다. 여러분이 이런 운동을 조직한다면 중요한 결정을 많이 맞이하게 될 것이다. 아마도 가장 중요한 결정은 비폭력 전략을 택할지, 아니면 폭력적인 행동을 허용할지 결정하는 일이겠다. 이런 고민에 빠지면 자신의 윤리 기준에 따라 선택하고 싶을 것이다. 반면 동시에 과거 자료로부터 각 전략의 비용과 이득도 알고 싶을 것이다. 정부의 행동을 바꾸려면 어떤 방식으로 조직해야 성공 가능성이 가장 높을까? 어떤 전략이 여러분이 감옥에 갇히거나 병원 신세를 지거나 시체가 될 위험이 더 높을까?

이런 결정을 내리기에 도움이 될 정량적인 증거 자료가 있다. 첫째, 역사적으로 전 세계에서 일어난 반정부 운동을 비교해 보면 정부는 완전한 비폭력 단체에게 더 자주 승복했다. 그리고 폭력을 동원한 단체들끼리 비교해 봐도 군대나 정부를 향해서 저항한 단체가 다른 시민에게 폭력을 쓴 단체보다 더 자주 정부의 승복을 이끌었다. 둘째, 비폭력 시위보다 폭력 시위의 참여자들이 더 큰 위험을 겪었다. 정부는 시위대를 당장이라도 감옥이나 병원이나 관짝으로 던져 버리겠다고 으름장을 놓는 식으로 폭력 시위를 더 많이 억눌렀다.

이런 증거는 꽤 확고해 보인다. 당연히 비폭력 전략을 써야 할 것처럼 보인다. 더 효과적인 데다 위험도 적다. 그리고 이런 데이터를 근간으로 정치학자 에리카 체노웨스^{Erica Chenoweth}와 이반 페르코스키^{Evan Perkoski}는 "비폭력 주의를 지켜 나가도록 계획하고 훈련하고 준비하는 일은 정권에, 특히 (그리고 역설적이게도) 잔혹한 정권에 맞서는 열쇠다"라는 결론을 내린다.

그러나 증거 자료를 재고해 보자. 생각해 보면, 어떤 상황에서 시위 단체가 비폭력보다 폭력 시위를 선택할까? 몇 가지 답이 떠오른다. 아마도 사람들은 정부가 시민의 요구에 귀 기울인다고 생각하면 비폭력 시위에 가담할 가능성이 높을 것이다. 아니면 다른 시민들이 이들을 폭넓게 지지해 주거나, 이들이 언론의 주목을 받을 만한 사회 구성원을 대표하거나, 정부가 덜 잔혹하게 대한다면 비폭력 시위 가담이 늘어날지도 모른다.

이 중 하나라도 사실이라면 비폭력 주의 유지가 반정부 운동의 열쇠라는 주장은 함부로 받아들이면 안 된다(그렇다고 폭력이 옳다는 말은 아니다). 왜 그런지 살펴보자.

여러 사례 연구를 보면 평균적으로 정부는 비폭력 시위 단체에게 더 자주 승복한다. 앞의 주장은 그 차이를 특정한 방식으로 해석한 결과다. 말하자면 정부가 비폭력 단체에게 더 많이 승복하는 원인이 바로 비폭력 전술 사용이라는 이야기다. 바꿔 말하면, 다른 모든 조건이 같을 때 어떤 폭력 시위 운동이 비폭력 수단으로 전술을 바꾼다면 정부가 승복할 가능성이 높아진다는 말이다. 하지만 증거 사례가 정말로 이런 인과적 해석을 뒷받침할까?

시위 운동이 다른 시민들의 폭넓은 지지를 받지 못할 때 폭력적으로 바뀔 가능성이 높다고 가정해 보자. 이제 폭력 시위가 일어난 경우와 비폭력 시위가 일어난 경우를 비교하면, (시위 전술을 제외하더라도) 다른 모든 조건이 똑같이 유지되지는 않는다. 최소한 두 가지 면에서 다르다. 첫째, 폭력적이냐 비폭력적이냐는 점이 다르다. 둘째, 여론이 시위 운동을 얼마나 지지하느냐가 다르다.

이 두 번째 차이가 바로 인과적 해석에 걸림돌이 된다. 여러분은 여론이 정부가 시위 세력에 승복할 여지에 독립적으로 영향을 준다고 생각할지도 모른다. 다시 말해, (시위 전술을 포함해서) 다른 모든 조건이 같다면 정부는 여론의 지지를 받는 시위 운동에 더 승복할 가능성이 높을 수 있다. 실제로 그렇다면 정부가 비폭력 시위에 승복할 가능성이 더 높은 이유가 시위 전술의 차이 때문인지 아니면 비폭력 운동이 여론의 폭넓은 지지도 받기 때문인지 알 수 없다. 이것이 바로 상관관계와 인과관계를 혼동하는 고전적인 문제다.

몇 가지 짚고 넘어가자. 첫째, 정부의 대응 차이가 정말로 여론 때문이라면, 다른 모든 조건을 동등하게 놓고 폭력과 비폭력 시위를 비교할 수만 있다면 정반대의 관계를 발견할지도 모른다. 다시 말해 비폭력 시위의 효과가 딱히 더 낮지 않을지도(심지어 덜할지도) 모른다. 이런 사실을 놓고 볼 때 성급히 결론을 내리면 안 된다.

둘째, 이 사례에서 여러분이 의식적으로 명확하게 사고하지 않으면 우리 모두가 진실이길 바라는 결론을 이끌어 내게 된다. 누구나 폭력보다 비폭력을 선호하는 사회에서 살고 싶지 않겠는가? 하지만 증거 자료를 활용해서 의사결정을 내리는 행동은 세상이 우리가 믿거나 바라는 대로만 돌아가지 않을 가능성을 인정할 수밖에 없게 만든다. 정말이지 이처럼 증거 자료가 여러분의 희망대로 보이는 상황이야말로 의식적으로 명확하게 사고하려는 노력이 특히 중요하다.

셋째, 앞서 평화적인 시위와 폭력적인 시위 효과를 평가하면서 한 가지 의문만 제기했지만, 다른 의문이 남는다. 앞서 논의한 또 다른 경험적 주장을 생각해 보자. 바로 폭력 시위가 비폭력 시위보다 정부의 억압을 초래할 가능성이 높다는 주장이다. 아마도 정부가 그다지 잔혹하지 않아서 정부를 향한 분노가 덜할 때, 사람들이 비폭력 시위에 가담할 가능성이 높을지 모른다는 설명을 떠올려 보자. 만약 이 점이 사실이라면 어째서 아까 같은 해석 문제가 불거질지 자문해 보라. 폭력 시위에 뒤따르는 정부의 억압이 더 많다는 사실이, 어떻게 폭력에서 비폭력으로 바꾸면 억압의 위험이 낮아진다는 의미는 아닐 수 있을까? 이 논의는 정부의 승복에 관해 설명한 부분과 비슷한 논리를 따른다. 이 논의를 어떻게 이끌어 내는지 아직 몰라도 괜찮다. 9장을 읽으면 이해할 것이다.

깨진 유리창 정책

1982년 범죄학자 조지 켈링George L. Kelling과 사회학자 제임스 윌슨James Q. Wilson은 월간지 『디 애틀랜틱The Atlantic』에 미국을 비롯한 여러 나라의 범죄 대응 정책에 두고두고 영향을 끼칠 범죄와 정책에 관한 새로운 이론을 발표했다.

켈링과 윌슨의 이론은 '깨진 유리창broken window' 이론이라고 불린다. 이 이론은 뉴저지 주의 뉴어크Newark 지역에서 시행한 프로그램에서 영감을 얻었는데, 바로 경찰들이 순찰차를 타는 대신 걸어서 순찰을 돌게 했다. 두 사람이 말하길 이 프로그램으로 '공공 질서 수준'이 올라가서 범죄가 줄었다. 이들의 주장으로는 공공 질서가 없어지면 악순환을 일으키기 때문에 공공 질서가 중요하다고 한다.

> 사유지 한 켠이 버려지면 잡초가 자라고 창문이 깨진다. 어른들이 소란스러운 아이들을 훈계하지 않고, … 가족은 떠나 버리고 독신자가 모여든다. 십대들은 건물 귀퉁이에 모인다. 상점 주인이 비키라고 하지만 아이들은 거부한다. 싸움이 일어난다. 쓰레기가 쌓인다. 식료품점 앞에서 사람들이 술을 마시기 시작한다. …

> 주민들은 범죄, 특히 강력 범죄가 일어날 조짐이 보인다고 생각한다. … 거리를 오가는 일이 줄어든다. … 이런 지역은 범죄자의 침입에 취약하다.

이처럼 무질서를 최소화하는 데에 초점을 맞춘 정책이 강력 범죄를 줄일 수 있다는 발상은 방범 전술에 큰 영향을 미쳤다. 무엇보다도 '깨진 유리창' 이론은 1990년대 뉴욕시를 이끄는 철학이었다. 1998년 연설에서 뉴욕 시장 루디 줄리아니Rudy Giuliani는 이렇게 말했다.

> '깨진 유리창' 이론은 우리 시의 법 집행 전략의 핵심이 됐습니다. …

> 시민 여러분이 사소한 일부터 신경 쓰면, 그렇게 해서 이 도시가 법과 질서를 지키고자 노력한다는 명확한 메시지를 전달한다면 … 이 도시 전체가 더욱 안전해질 것입니다.

그리고 실제로도 뉴욕시의 범죄는 경찰이 '사소한 일'에 집중하면서부터 줄어들었다. 호프 코먼Hope Corman과 나씨 모칸H. Naci Mocan의 연구에 따르면 1990년대 경범죄 체포율은 70퍼센트 증가한 반면, 강력 범죄는 56퍼센트 넘게 감소해서 전국 평균의 갑절을 달성했다.

깨진 유리창 정책이 범죄 감소에 얼마나 많은 역할을 했는지 평가하고자, 켈링과 윌리엄 수자William Sousa는 뉴욕시 관할구를 아우르는 강력 범죄와 '깨진 유리창'식 접근법의 관계를 연구했다. 만약 무질서를 최소화함으로써 강력 범죄가 줄어든다면 경찰이 '깨진 유리창'식 접근법을 가장 강하게 적용한 지역에서 범죄율이 제일 많이 낮아져야 한다고 두 사람은 주장했다. 그리고 연구 결과는 이들이 생각한 대로였다. 경범죄 체포율('사소한 일')이 높은 관할구일수록 강력 범죄는 더 많이 줄었다. 그들은 "평균적으로 뉴욕시 경찰 관할구는… 경범죄 체포가 약 28건 늘 때마다 강력 범죄가 하나씩 줄어든다"고 계산했다.

꽤 그럴듯하게 들린다. 그렇지만 경범죄자를 체포한다고 해서 강력 범죄가 사라질 것이라고 성급하게 결론을 내리지는 말자. 버나드 하코트Bernard Harcourt와 옌스 루트비히Jens Ludwig라는 두 학자는 이 데이터로부터 무엇을 알 수 있는지 좀 더 생각해 보라고 권한다.

하코트와 루트비히가 지적한 부분은 평균으로의 회귀라는 개념이다(8장에서 더 자세히 다룬다). 기본 개념은 이렇다. 어떤 연도라도 한 해 한 관할구에서 일어나는 범죄의 수는 치안, 마약, 경제 상황, 날씨 등을 포함한 여러 가지 요소로 결정된다. 그중 많은 요소가 알려져 있지 않다. 어떤 요소는 일시적이다. 지역에 따라 연도에 따라 계속 바뀐다. 어떤 관할구라도 '기본적인' 범죄 수준이 있고, 어떤 해에는 범죄가 (기본 수준보다) 얼마간 더 많이, 어떤 해에는 (기본 수준보다) 얼마간 더 적게 일어난다고 생각해 볼 수 있다.

어떤 연도에 한 관할구에서 (기본 수준보다) 범죄가 많이 일어났다면, 범죄를 일으키는 미지의 요소나 일시적 요소에 있어서 운이 나빴던 셈이다. 어쩌면 그다음 해에는 그렇게 운이 나쁘지 않아서(일시적 요소는 계속 바뀌니까) 범죄가 줄어들 수 있다. 그리고 다른 관할구에서는 (기본 수준보다) 범죄가 적게 일어났다면 미지의 요소나 일시적 요소에 있어서 운이 좋은 셈이며, 다음해에는 상황이 나빠질 수 있다(범죄율이 다시 올라간다). 따라서 한 관할구의 범죄 수준은 해를 거듭하면서 평균(즉 기본 범죄 수준)을 향해 되돌아가는 경향이 있다.

이번에는 1980년대 후반에 한 관할구의 강력 범죄 수준이 대단히 높았다고 상상해 보자. 그 관할구는 두 가지가 참일 여지가 많다. 첫째, 기본적인 강력 범죄 수준이 높을 것이다. 둘째, 한두 해 동안 관할구의 상황이 불운했을 것이다. 다시 말해, 정말 이상하고 일시적인 이유로 1980년대 후반의 범죄율이 그 관할구의 기본 수준보다 높았다. 물론 1980년대 후반에 범죄율이 낮은 관할구가 있었다면 정반대의 추측을 할 수 있다. 아마도 기본 범죄 수준이 낮고, 두어 해 동안 상황이 좋았을 것이다.

이것이 왜 켈링과 수자가 내린 결론에 걸림돌이 될까? 평균으로의 회귀를 떠올려 보면 1980년대 후반에 가장 상황이 나쁜 관할구는 치안 정책을 바꾸지 않더라도 차츰 강력 범죄율이 낮아질 것이라고 기대할 수 있다. 그리고 당연하게도, 하지만 연구하는 입장에서는 안타깝게도 1980년대에 범죄율이 높았던 관할구는 경찰의 목표에 따라 1990년대 초반 들어 '깨진 유리창'식 치안 정책을 적용하는 경우가 많았다. 그러므로 '깨진 유리창'식 치안 정책을 가장 강력하게 적용한 관할구에서 강력 범죄가 줄어들더라도 그것이 치안 정책 때문인지 아니면 평균으로의 회귀 때문인지 알 길이 없다.

하코트와 루트비히는 더 확실한 증거를 찾고자 한발짝 더 나아갔다. 간단히 말해서, 1980년대 후반에 강력 범죄 수준이 비슷한 관할구들을 찾아서 경범죄 체포율의 변화가 강력 범죄율의 변화와 어떤 관계가 있는지 살펴봤다. 시작점이 비슷한 관할구들을 비교함으로써 평균으로의 회귀로 인한 문제를 어느 정도 제거할 수 있었다. 놀랍게도 이렇게 간단한 변경만으로도 관계는 뒤집혔다! 켈링과 수자가 발견한 경범죄 체포율이 강력 범죄 감소와 연관된다는 가정을 확증하는 대신, 경범죄 체포에 치중한 관할구에서 실제로는 강력 범죄가 증가했다는 사실을 발견했다. '깨진 유리창' 이론이 맞을 경우 예상할 수 있는 상황과 정반대다.

이 반론이 '깨진 유리창'식 치안 정책의 효과에 관한 논쟁을 가라앉히지는 못한다. 하코트와 루트비히가 발견한 경범죄 체포와 강력 범죄 사이의 관계는 경범죄 체포가 강력 범죄 증가를 유발하기 때문이기보다 다른 여러 원인 때문일지 모른다. 예컨대 경범죄가 증가하는 환경은 일반적으로 덜 안전하고, 따라서 치안 정책과 무관하게 강력 범죄가 잦을 수 있다. 이 모든 내용이 말하는 바는, 여러분은 켈링과 수자의 발견을 보고 '깨진 유리창' 효과가 명백하다고 생각했을지도 모르지만 데이터를 적절히 고찰하면 그런 확증은 얻을 수 없다는 점이다. 그리고 이런 사실은 여러분이 미묘한 부분에 관해 명확히 사고하는 능력이 있어야만 알 수 있다.

여기서 소개한 사고 방식의 결점은 중요한 의미를 지닌다. 켈링과 수자는 정치가와 정책 입안자에게 증거에 기반해서 '깨진 유리창'식 치안 정책이 옳은 방향이라는 확신을 주었지만, 실제로는 그로 인해 강력 범죄를 조사하고 방지할 여력을 다른 곳에 쏟은 데다, 경찰이 '좀도둑질'의 주범으로 지목되곤 하는 극빈층이나 소수 인종과 불공정한 긴장 관계를 조성하기에 일조했을지도 모른다.

사고와 데이터는 서로 보완하지, 대체하지 않는다

우리가 사는 정량적인 세상은 흥미진진한 새로운 데이터는 물론이고 머신러닝^{machine learning} 알고리듬, 인공지능, 랜덤 포레스트^{random forest}, 신경망^{neural network}과 같이 멋진 이름을 가진 데이터 분석 도구로 넘친다. 심지어 이런 신기술 덕분에 기계가 사람을 대신해서 생각할 수도 있을 것이란 얘기도 많아지고 있다. 하지만 그 말은 틀렸다. 앞서 소개한 경고성 일화에서 강조한 대로 어떤 데이터 분석도 그 이름이 얼마나 미래지향적이든 간에 올바른 질문을 던지지 않거나 올바르게 비교하지 않거나 기저에 깔린 가정이 적절하지 않거나 알맞은 데이터를 사용하지 않으면 제대로 동작하지 않는다. 정교해 보이는 데이터 양적 분석이 수반된다는 이유만으로 어떤 주장이 엄밀하거나 옳다고 보기 어렵다. 의사결정을 잘 하고자 데이터를 활용하려면 양적 분석과 명확한 사고를 결합해야 한다.

우리가 소개한 일화들은 직관이 어떻게 잘못된 결론을 유도하는지도 잘 보여 준다. 증거를 잘 해석하는 능력을 기르려면 많이 신경 쓰고 연습해야 한다. 의사들이 80퍼센트 정확한 검사 결과를 토대로 에이브가 지방변증을 앓는다고 직감하거나 연구자들이 '깨진 유리창'식 치안 정책을 적용한 지역에서 범죄가 감소했으므로 효과가 있다고 직감한 사례는 합리적으로 보인다. 그렇지만 두 경우 모두 직감은 틀렸고, 최초 직감에 의구심을 가져야 한다는 교훈을 줬다. 다행히 노력하면 직감으로도 명확한 사고를 할 수 있게 된다.

데이터와 양적 분석 도구는 명확한 사고를 대체하지 못한다. 오히려 명확히 사고하지 않으면서 양적 분석 기술을 활용하면 매우 위험하다. 앞으로 소개할 내용을 읽다 보면 사람들이 아주 중요한 결정을 내릴 때조차 명확하지 못한 사고를 얼마나 많이 하는지를 알게 돼 충격을 받을 것 같다. 이 책을 넘기면서 삶과 죽음을 가르는 의학적 선택, 국가와 세계적인 반테러 정책, 세계 최고의 부유층이 내리는 사업이나 자선 관련 결정, 자녀 교육에 두는 우선순위, 그 밖에도 사소한 것부터 심오한 것까지 수많은 주제를, 잘못 해석한 정보가 어떻게 망치는지 볼 것이다. 근본적으로 인생의 어떤 면도 정량화된 정보를 이해하고 해석하는 과정에서 저지르는 치명적인 실수로부터 안전하지 않다.

경험상 판단하건대 이는 증거를 대하는 명확하지 않은 사고가 사람의 심리에 깊숙이 박혀 있기 때문이다. 확실히 사람의 직관은 일부러 검토하지 않으면 기본적인 오류에 쉽게 노출된다. 여러분도 마찬가지일 것이다. 가장 불안한 부분은 여러분이 조언을 구하는 전문가, 즉 의사, 기업 컨설턴트, 기자, 교사, 금융 설계사, 과학자, 아니면 여러분만의 누군가 역시 우리들처럼 그런 오류를 쉽게 저지른다는 점이다. 너무나 자주 사람들은 전문가라는 이유로 아무 의문 없이 그들의 판단을 믿고, 그 사람들 역시 자신의 판단을 믿는다. 그렇기 때문에 여러분 스스로 정량적 증거를 두고 명확히 사고하는 방법을 배우는 일이 매우 중요하다. 그래야만 올바른 질문을 던져서 여러분과 여러분이 조언을 구할 전문가를 가장 믿을 만하고 생산적인 결론으로 이끌 수 있다.

어째서 다양한 분야의 전문가들이 그렇게 자주 중요한 오류를 범할까? 한 분야의 전문가는 훈련과 연습과 경험으로 만들어진다. 누구도 교육과 다년간의 경험 없이는 공학이나 금융이나 배관 공사나 약학 분야의 전문가가 될 수 없다. 하지만 우리가 사는 정량화 시대에서 데이터에 관해 명확히 사고하는 능력은 기본적으로 중요하고 점점 더 중요해짐에도 여기에 비슷한 노력을 쏟아붓는 사람은 거의 없다. 그리고 앞서 말했듯이 데이터를 익히는 경우에도 기법에 너무 치중하고 개념을 소홀히 하는 방식으로 공부하는 경향이 있는데, 근본적인 문제는 오히려 대부분 계산 과정의 실수보다는 개념 혼동에서 생긴다.

사고 과정 훈련이 부족하면 두 가지 어려움이 뒤따른다. 첫째, 많은 전문가 조언과 분석이 믿을 만하지 못하면 무엇을 믿어야 할지 어떻게 판단할까? 둘째, 명확한 사고를 반영하는 전문가 의견을 어떻게 알아볼까?

이 책은 이런 어려움을 해소할 사고의 틀을 제시한다. 앞으로 나올 각 장마다 다양한 예시를 통해서 데이터 기반 세상에서 명확하게 사고하는 근본 원칙을 설명한다. 1부에서는 상관관계와 인과관계의 의미가 무엇이고 각각 어떤 쓸모가 있는지를 명확히 밝힐 공용 용어의 의미를 이해한다. 2부에서는 어떤 통계적 관계가 진짜로 의미 있는지 판별하는 방법을 논의한다. 3부에서는 그런 관계가 인과적 현상을 반영하는지 아닌지 판별하는 방법을 논의한다. 그리고 4부에서는 의사결정을 할 때 정량화된 정보를 어떻게 반영해야 하고 어떻게 반영하면 안 되는지 논의한다.

이 책을 읽고 명확한 사고의 원칙을 본능에 버금갈 정도로 마음 깊이 새기길 바란다. 뉴스를 보거나 잡지를 정독하거나 동종 업계 사람들과 대화하거나 의사에게 진찰받거나 운동 경기에서 해설자의 설명을 듣거나 과학 연구 결과를 읽거나 학교나 교회나 그 밖의 모임에 참여할 때, 다른 사람들이 자료의 의미를 논하면서 기본적인 실수를 범하는 모습을 눈치챔으로써 여러분이 제대로 가고 있다고 깨달을 것이다. 여러분은 아마도 분야를 막론하고, 전문가들이 얼마나 말도 안 되는 소리를 하는지 믿기 힘들 것이다. 이런 점이 보이기 시작하면 남을 비판하더라도 겸손하고 생산적인 비판을 하려고 노력하자. 다만 이 책의 교훈이 꼭 필요할 것 같은 주장을 하는 사람들에게는 기꺼이 이 책을 빌려주자. 이 책을 사도록 권하면 더 좋을 것이다!

읽을거리

우리가 인용한 에리카 체노웨스와 이반 페르코스키의 비폭력 시위에 관한 글은 다음 사이트 (https://politicalviolenceataglance.org/2018/05/08/states-are-far-less-likely-to-engage-in-mass-violence-against-nonviolent-uprisings-than-violent-uprisings/)에서 볼 수 있다.

다음은 비폭력 시위와 그 효과의 관계를 더 깊이 연구한 책이다.

『비폭력 시민운동은 왜 성공을 거두나?Why Civil Resistance Works: The Strategic Logic of Nonviolent Conflict』 (두레, 2019)

다음은 '깨진 유리창'식 치안 정책에 관해 시간순으로 발표된 논문들이다.

George L. Kelling and James Q. Wilson. 1982. "Broken Windows: The Police and Neighborhood Safety." The Atlantic. March https://www.theatlantic.com/magazine/archive/1982/03/broken-windows/304465/.

Archives of Rudolph W. Giuliani. 1998. "The Next Phase of Quality of Life: Creating a More Civil City." February 24. http://www.nyc.gov/html/rwg/html/98a/quality.html.

Hope Corman and H. Naci Mocan. 2005. "Carrots, Sticks, and Broken Windows." Journal of Law and Economics 48(1):235–66.

George L. Kelling and William H. Sousa, Jr. 2001. Do Police Matter? An Analysis of the Impact of New York City's Police Reforms. Civic Report for the Center for Civic Innovation at the Manhattan Institute.

Bernard E. Harcourt and Jens Ludwig. 2006. "Broken Windows: New Evidence from New York City and a Five-City Social Experiment." University of Chicago Law Review 73:271–320. 출판본에는 핵심 표에 부호가 잘못 표기됐다. 정오표에서 다음 항목을 보라. 74 U. Chi. L. Rev. 407 (2007).

공통 언어 구축하기

상관관계:
무엇이며 어디에 쓰는가?

2장에서 다루는 내용

- 상관관계는 두 가지 특성이 함께 일어나는 경향의 크기를 말한다.
- 상관관계를 측정하려면 두 가지 특성이 모두 변하는 데이터를 구해야 한다.
- 상관관계는 관계 서술과 예측과 인과 추론에 사용할 수 있다. 그렇지만 각각의 상황에서 상관관계 사용이 적절한지 명확하게 사고해야 한다.
- 상관관계는 선형관계$^{linear\ relationship}$에 국한되지만, 생각보다 활용도가 넓다.

들어가며

'상관관계는 인과관계를 내포하지 않는다.' 좋은 격언이다. 그러나 우리의 경험상 이 말은 생각만큼 쓸모 있지는 않은데, 상관관계가 인과관계를 내포하지 않는다는 사실을 아는 사람은 많지만 상관관계와 인과관계가 정확히 무엇인지 아는 사람은 거의 없기 때문이다.

1부에서는 모두가 이해하는 어휘를 구축하는 일에 지면을 할애할 것이다. 상관관계와 인과관계를 비롯해서 몇 가지 핵심 용어를 똑같은 의미로 받아들여야 뒷장에 나올 내용을 명확히 이해한다.

2장은 상관관계란 무엇이며 어디에 쓰는지를 다룬다. 상관관계는 양적 분석가가 세상을 기술하고 미래를 예측하고 과학적 의문에 답하는 주요 도구다. 주의 깊은 분석가는 상관관계를 회피하거나 무시하지 않는다. 하지만 그들도 다양한 상황에서 상관관계가 어떤 질문에 답할 수 있고 어떤 질문에 답할 수 없는지 명확히 생각해야 한다.

상관관계란 무엇인가?

두 특성 사이의 상관관계는 그 두 가지가 함께 일어나는 경향의 크기다. 이 정의에 따르면 상관관계란 두 가지 대상(특성^{feature} 또는 변수^{variable}라고 부른다) 사이에 존재하는 관계다. 두 특성이 함께 일어나는 경향이 있으면 **양의 상관관계**를 가진다. 한 특성의 발생이 다른 특성의 발생과 관련이 없으면 **상관관계가 없다.** 그리고 한 특성이 일어나면 다른 특성이 안 일어나는 경향이 있다면 **음의 상관관계**를 가진다.

두 가지 특성이 함께 일어나는 경향이라는 말은 대체 무슨 뜻일까? 아주 단순한 예시부터 살펴보자. 두 가지 특성의 상관관계를 구하고 싶은데, 각 특성은 오직 두 가지 값만 가진다고 가정해 보자(이런 경우를 이진^{binary} 변수라고 부른다). 예컨대 오전인지 오후인지는 이진 변수다 (반대로 시, 분, 초로 나타나는 시각은 두 가지보다 많은 값을 가질 수 있으므로 이진 변수가 아니다).

정치학자와 경제학자들은 이따금 '**자원의 저주**$^{resource\ curse}$' 또는 '**풍요의 역설**$^{paradox\ of\ plenty}$'이라는 표현을 쓴다. 이는 천연 자원이 풍부한 국가가 그렇지 못한 국가보다 경제 발전과 민주화가 더딘 경우가 많다는 뜻이다. 천연 자원이 풍부하기 때문에 다른 분야의 개발을 소홀히 하거나 폭정과 독재에 시달릴 여지가 많다.

자원의 저주가 얼마나 유효한지 알려면 천연 자원의 양과 국가의 정치경제 구조 특성 사이의 상관관계를 알아야 한다. 이런 작업에서는 원래 데이터를 모으는 일부터 해야 하지만, 데이터는 이미 준비했다. 천연 자원의 양을 가늠하고자 어떤 국가가 주요 산유국인지 살펴봤다. 인구 100만 명당 하루 4만 배럴이 넘는 석유를 수출하는 국가를 주요 산유국으로 분류한다. 그리고 Polity IV 프로젝트[1]를 참고해 전제주의 국가와 민주주의를 국가를 분류했다. 표 2.1은 이러한 기준으로 나눌 수 있는 네 가지 유형마다 몇 개의 국가가 속하는지 나타낸다. 네 가

1 　 정치학 연구에서 활용하는 데이터 집합 - 옮긴이

지 유형은 민주주의 체제의 주요 산유국, 민주주의 체제의 비산유국, 전제주의 체제의 주요 산유국, 전제주의 체제의 비산유국이다.

표 2.1 석유 생산과 정부 형태

	주요 산유국이 아님	주요 산유국임	합계
민주주의	118	9	127
전제주의	29	11	40
합계	147	20	167

이 두 가지 이진 변수, 즉 주요 산유국인지 아닌지 여부와 전제주의인지 민주주의인지 여부 사이에 연관성이 있는지 비교해 볼 수 있다. 예컨대 주요 산유국이 비산유국보다 전제주의인 경향이 높은지 물을 수 있다. 또는 마찬가지로, 전제주의 국가가 민주주의 국가에 비해 산유국인 경향이 높은지 물을 수 있다. 어느 한 질문이 참이면 다른 한 질문도 당연히 참이다. 그리고 이런 비교를 통해 두 가지 특성, 즉 주요 산유국인지와 전제주의 국가인지가 함께 일어나는 경향이 있는지 알 수 있다.

표 2.1에서 석유 생산과 전제주의는 실제로 양의 상관관계를 가진다. 주요 산유국 중 55퍼센트는 전제주의 국가인 반면($\frac{11}{20}$=.55), 주요 산유국이 아닌 국가는 약 20퍼센트만이 전제주의 국가다($\frac{29}{147} \approx$.20). 마찬가지로, 전제주의 국가 중 27.5퍼센트는 주요 산유국인 반면($\frac{11}{40}$=.275), 민주주의 국가 중 고작 7퍼센트 정도만 주요 산유국이다($\frac{9}{127} \approx$.07). 달리 말하면 주요 산유국은 그렇지 않은 국가들보다 전제주의인 경향이 높고, 필연적으로 전제주의 국가는 민주주의 국가보다 주요 산유국인 경향이 높다.

관계 서술 측면에서 이 양의 상관관계는 흥미롭다. 또한 예측하기에도 유용하게 쓸 수 있다. 우리가 수집한 데이터에 없는 국가들이 있는데, 어떤 정치 체제를 갖는지 확실하지 않다고 상상해 보자. 이들이 주요 산유국인지 아닌지를 알면 어떤 정치 체제를 갖는지 예측하기에 도움이 될 수 있다. 이런 지식은 심지어 인과 추론에도 유용할 수 있다. 어떤 나라에서 새로운 유정을 발견했는데, 미국 국무부는 이 일로 인해 그 나라의 정치 체제가 어떤 영향을 받을지 알고 싶을지도 모른다. 앞서 본 데이터는 이와 같은 인과관계를 묻는 질문에 답을 주기도 한다. 그렇지만 9장에서 자세히 논의할 바와 같이 상관관계에 이와 같은 인과적 해석을 부여할 때는 대단히 신중해야 한다.

데이터의 가능한 모든 조합이 위의 사례처럼 표로 나타내기 어렵더라도 상관관계를 구할 수 있다. 예를 들어 시카고의 범죄 발생과 기온 사이의 관계를 구한다고 하자. 스프레드시트에서 각 행은 날짜에 해당하고 각 열은 그날의 특성에 해당하도록 만들 수 있다. 이렇게 만든 행은 흔히 '관찰값observation'이라고 부르고 각 열에 나열한 특성은 '변수variable'라고 부른다. 이 사례에서 관찰값은 각 날짜다. 한 변수는 그 날짜에 미드웨이 공항[2]에서 측정한 하루 평균 기온일 것이다. 다른 변수는 그 날짜에 시카고 전체에서 보고된 범죄의 수일 것이다. 아니면 그 날짜에 「시카고 트리뷴Chicago Tribune」의 첫 페이지에 범죄 기사가 실렸는지 아닌지 여부가 될 수도 있다. 이 사례에서 보듯이 변수는 이진값이거나(첫 페이지에 실렸는지 아닌지), 이진값은 아니지만 불연속적인 값이거나(범죄의 수), 연속적인 값이다(평균 기온).

2018년 시카고에서 모은 데이터로 범죄 발생과 기온 사이의 상관관계를 구하려 한다. 하지만 이진 변수가 아닌 두 변수 사이의 상관관계는 어떻게 구할까?

한 가지 방법으로 **산점도**scatter plot라고 부르는 간단한 그래프를 그릴 수 있다. 그림 2.1은 방금 본 2018년 시카고 데이터를 나타낸다. 그림에서 각 점은 데이터의 관찰값에 해당하며, 여기서는 2018년 시카고의 각 날을 뜻한다. 가로축은 그 날짜의 미드웨이 공항의 하루 평균 기온이다. 세로축은 그 날짜에 보고된 범죄 발생 수다. 따라서 각 점의 위치는 한 날짜에 측정한 평균 기온과 범죄 수를 나타낸다.

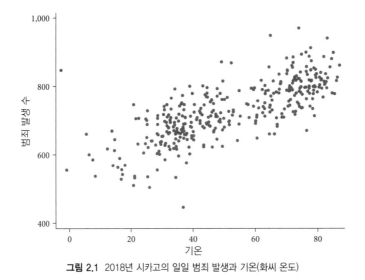

그림 2.1 2018년 시카고의 일일 범죄 발생과 기온(화씨 온도)

2   시카고에 위치한 국제 공항 - 옮긴이

그림을 얼핏 봐도 기온과 범죄 발생 사이에 양의 상관관계가 있음을 알 수 있다. 가로축에서 왼쪽에 있는 점(추운 날)은 세로축에서도 꽤 낮은 값(범죄 발생이 적음)을 갖는 편이고, 가로축에서 오른쪽에 있는 점(따뜻한 날)은 세로축에서도 제법 높은 값(범죄 발생이 많음)을 갖는 편이다.

그런데 이렇게 얼핏 보고 알 수 있는 특징을 어떻게 수치화할까? 여러 가지 통계 지표를 활용할 수 있다. 그중 하나는 기울기다. 데이터의 최적합선을 찾았다고 생각해 보자. 여기서 최적합best fit이란 간단히 말해서 그래프에 그린 선과 데이터의 점들 사이에 평균 거리가 가장 작다는 뜻이다(5장에서 더 정확한 정의를 설명한다). 최적합선의 기울기가 앞서 본 두 변수의 상관관계를 나타내는 한 가지 방법이다.

그림 2.2는 산점도에 최적합선을 더했다. 선의 기울기는 두 변수 사이의 관계를 알려 준다. 기울기가 음수면 상관관계는 음이다. 기울기가 0이면 기온과 범죄 발생은 서로 상관이 없다. 기울기가 양수면 상관관계도 양이다. 그리고 기울기의 가파르기는 두 변수의 상관관계가 얼마나 강한지 보여 준다. 이 사례에서는 양의 상관관계가 있어서 따뜻한 날일수록 범죄가 많이 일어나는 경향이 있다. 좀 더 구체적으로 기울기는 3.1인데, 이는 곧 (화씨 온도로) 기온이 1도 올라가면 평균적으로 범죄가 3.1건 늘어난다는 말이다.

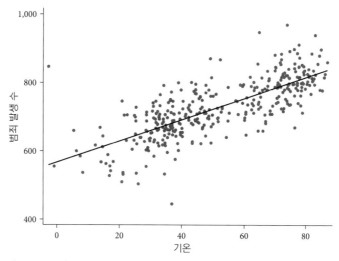

그림 2.2 2018년 시카고의 범죄 발생과 기온(화씨 온도) 사이의 관계를 요약하는 최적합선

가로축과 세로축에 어떤 변수를 놓느냐에 따라 기울기를 해석하는 방식이 달라진다는 점에 유의하자. 그래프를 (그림 2.3처럼) 다르게 그려도 같은 두 변수의 관계를 나타낼 수 있다. 하지만 이 경우에는 범죄 보고가 1건 늘 때마다 평균적으로 기온은 0.18도 높다고 말할 수 있다. 어떤 변수를 가로축에 두고 세로축에 두든 간에 두 변수의 상관관계가 양이냐 음이냐는 바뀌지 않으므로 기울기의 부호(양이냐 음이냐)도 바뀌지 않는다. 하지만 기울기의 값과 그 실질적인 해석, 즉 우리가 세상에 관해 말하는 바는 바뀐다.

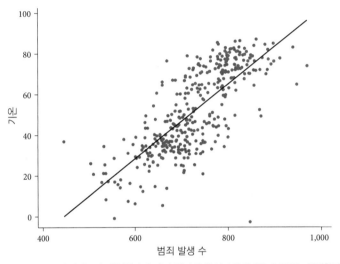

그림 2.3 2018년 시카고의 기온(화씨 온도)과 범죄 발생 사이의 관계를 요약하는 최적합선

단순 사실인가 상관관계인가?

상관관계가 존재한다고 밝히려면 무언가 비교를 해야 한다. 예를 들어 기온과 범죄 사이의 상관관계를 알려면 더운 날과 추운 날에 범죄 발생 수준이 다른지 비교하거나, 아니면 범죄 발생이 많은 날과 적은 날에 기온이 다른지 비교해야 한다. 이는 두 변수의 상관관계를 구하려면 두 변수 모두에 변이(분산)가 있어야 한다는 말이다. 만약 평균 기온이 0도인 날짜의 데이터만 모았다면 상관관계를 구할 수 없다. 범죄가 500건 일어난 날짜의 데이터만 모아도 마찬가지다.

이 점을 염두에 두고 상관관계가 무엇인지, 어떻게 구하는지를 얼마나 명확히 이해하는지 점검해 보자. 아직 잘 모른다고 해서 걱정할 필요는 없다. 상관관계가 존재하는지 이해하기란 생각보다 까다로워서 4장을 통틀어 이 주제만 다룰 정도다. 그렇더라도 사전 점검을 해두면 좋겠다. 한번 시험해 보자.

다음 문장을 잘 읽어 보자. 어떤 문장이 상관관계를 나타내고 어떤 문장이 나타내지 않을까?

1. 100세까지 사는 사람들은 흔히 비타민을 먹는다.
2. 범죄가 잦은 도시일수록 경찰관도 많은 편이다.
3. 성공한 사람들은 최소한 1만 시간을 기술을 연마하는 데 쓴다.
4. 추문에 휩싸인 정치인 대부분이 재선에 성공한다.
5. 나이든 사람들이 젊은 사람들보다 많이 투표한다.

비록 모든 문장이 어떤 사실을 나타내지만 모두가 어떤 상관관계, 즉 두 특성이 함께 일어나는 경향이 있는지를 나타내지는 않는다. 정확히는 1, 3, 4번 문장은 상관관계를 나타내지 않고 2, 5번 문장은 상관관계를 나타낸다. 하나씩 풀어 보자.

1, 3, 4번 문장은 어떤 사실이다. 데이터로부터 얻은 사실이다. 이 문장들은 과학적으로 들린다. 그리고 이 문장들에 구체적인 숫자를 붙이면 그것을 통계라고 부를 수 있다. 하지만 어떤 사실이나 통계가 항상 상관관계를 기술하지는 않는다. 핵심은 이 문장들이 두 특성이 함께 일어나는 경향이 있는지를 설명하지는 않는다는 점, 다시 말해 두 특성이 갖는 여러 가지 값을 비교하지 않는다는 점이다.

이 말이 무슨 뜻인지 알려면 4번 문장을 살펴보자.

추문에 휩싸인 정치인 대부분이 재선에 성공한다.

세상에 존재하는 두 가지 특성이 거론된다. 첫 번째는 어떤 정치인이 추문에 휩싸였는지 여부다. 두 번째는 그 정치인이 재선하는지 여부다. 추문과 재선 성공 사이에 양의 상관관계가 있음을 뜻하는 것처럼 보인다. 하지만 이 문장으로는 두 특성이 함께 일어나는 경향이 있는지 알 수 없다. 추문에 휩싸인 정치인의 재선 성공률과 추문이 없는 정치인의 재선 성공률을 비교하지 않았다는 얘기다.

상관관계를 구할 수 있지만, 4번 문장에 기술한 데이터로 구하지는 않는다. 상관관계를 구하려면 두 변수, 즉 추문에 휩싸이는 일과 재선 성공에서 양쪽 모두에게 변이가 있어야 한다.

재미삼아 미국 하원에서 2006년에서 2012년에 걸쳐 재선에 도전한 현역 의원에 관한 실제 데이터를 갖고 상관관계를 살펴보자. 휴스턴 대학교University of Houston의 스콧 베이싱어Scott Basinger는 의회의 추문에 관한 데이터를 체계적으로 수집해 왔다. 그가 모은 데이터를 활용해서 네 가지 연관된 유형이 각각 얼마나 많은지 알아보자. 네 가지 유형은 바로 추문이 있었고 재선한 의원, 추문이 있었고 재선에 실패한 의원, 추문이 없었고 재선한 의원, 추문이 없었고 재선에 실패한 의원이다.

표 2.2를 보면 4번 문장이 사실임을 알 수 있다. 추문을 일으킨 의원 가운데 재선에 도전한 70명 중에서 62명(약 89퍼센트)가 재선했다. 그렇지만 추문이 없는 의원 대부분도 재선했다. 실제로, 추문이 없는 1,293명 중 1,192명(약 92퍼센트)이 재선했다. 추문을 일으킨 의원과 그렇지 않은 의원을 비교하면 추문의 존재와 재선 성공 사이에 실은 약한 음의 상관관계가 있음을 알 수 있다.

표 2.2 추문을 일으킨 의원 대부분은 재선했지만 추문과 재선은 음의 상관관계를 보인다.

	추문 없음	추문 있음	합계
재선 실패	101	8	109
재선 성공	1,192	62	1,254
합계	1,293	70	1,363

이제 4번 문장이 어째서 추문과 재선 사이의 상관관계를 판별할 충분한 정보를 전달하지 못하는지 확실해졌으리라 생각한다. 추문에 휩싸인 정치인만 기술하는 부분이 문제다. 4번의 내용은 이런 정치인들이 재선에 실패하기보다 성공한다는 사실을 알려 준다. 하지만 추문과 재선 성공 사이의 상관관계가 있는지 알고자 한다면, 추문에 휩싸인 정치인 중 재선한 비율과 추문이 없는 정치인 중 재선한 비율을 비교해야 한다. 만약 추문이 없는 의원들의 85퍼센트만 재선했다면 추문과 재선 사이에 양의 상관관계가 있는 셈이다. 만약 그 비율이 89퍼센트면 상관관계는 없다. 하지만 추문이 없는 의원들의 실제 재선 비율은 92퍼센트이므로 음의 상관관계가 있음을 알게 됐다. 1번과 3번 문장도 비슷한 분석을 거치면, 그 자체만으로는 상관관계를 구하기에 충분치 않다는 점을 볼 수 있다.

2번과 5번 문장은 상관관계를 나타낸다. 두 문장 모두 비교가 들어 있다. 2번 문장은 범죄가 더 많은 도시가 적은 도시에 비해 평균적으로 경찰관 수가 더 많다는 내용이다. 그리고 5번 문장은 나이든 사람들이 젊은 사람들보다 투표율이 높은 경향이 있다는 내용이다. 두 문장 모두, 한 변수(경찰관 수나 투표율)가 다른 변수(범죄율이나 나이)의 변화에 따라 어떤 차이를 보이는지 비교한다. 상관관계를 세우려면 이런 정보가 필요하다.

시작할 때 말했듯이 지금은 헷갈리더라도 괜찮다. 단순한 사실의 나열이 아니라 상관관계를 세우기에 어떤 정보가 필요한지 명확하게 알기란 까다롭다. 4장을 통해서 이를 명확히 알게 될 것이다.

상관관계는 어디에 쓰나?

지금까지 상관관계가 무엇인지 같이 알아보았으니 이번에는 상관관계를 어디에 쓰는지 이야기해 보자. 앞서 상관관계가 양적 분석에 가장 중요한 도구일 것이라고 언급했다. 하지만 왜 그럴까? 대체로 상관관계를 알면 우리가 아는 세상의 한 특성으로부터 다른 한 특성에 관해 예측할 수 있기 때문이다.

이러한 지식은 최소한 세 가지 용도가 있는데, 바로 (1) 관계 서술, (2) 예측, (3) 인과 추론이다. 상관관계를 활용할 때마다 이 세 가지 용도 중에서 어떤 목적인지, 그리고 우리가 처한 상황에서 그 목적 달성에 상관관계가 도움이 되려면 어떤 근거가 뒷받침돼야 하는지 잘 알아야 하겠다.

관계 서술

세상에 있는 여러 특성 사이의 관계를 설명하는 일은 상관관계를 활용하는 가장 간단한 이유다.

그런데 특성들의 관계를 설명하려는 이유는 무엇일까? 어떤 선거에서 젊은 세대가 그들의 인구수에 비해 영향력을 적게 행사했는지 관심이 있다고 가정해 보자. 나이와 투표 사이의 관계를 기술하면 도움이 될 수 있다. 그림 2.4는 2014년 미국 하원의원 선거의 유권자 나이와 평균 투표율 데이터를 그린 산점도다. 이 그림에서 각 관찰값은 연령별 집단이다. 그림은 각 연령마다 전체 유권자 중 실제 투표자 비율을 보여 준다.

또한 최적합선도 함께 그렸다. 최적합선의 기울기는 0.006이다. 다시 말해, 2014년 선거에서는 평균적으로 유권자 나이가 한 살 많아지면 투표할 가능성이 0.6퍼센트포인트 올라간다. 젊은 세대는 나이든 세대보다 투표율이 낮으므로 실제로 영향력을 적게 행사했다.

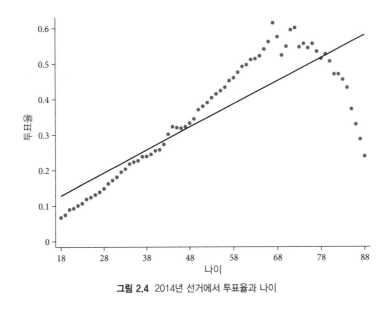

그림 2.4 2014년 선거에서 투표율과 나이

이와 같은 서술형 분석은 그 자체만으로 흥미로울 때가 있다. 2014년 선거에서 젊은 사람들이 나이든 사람들보다 투표를 덜 했고 따라서 선거 과정에서 영향력을 덜 행사했다는 사실을 아는 일은 중요하다. 이런 관계는 선거 결과로 일어난 일을 고찰하는 데에 영향을 준다. 나아가 이런 상관관계를 알면 젊은 세대의 투표 참여가 적은 현상의 원인과 결과를 더 깊이 탐구하려는 동기가 생길 수도 있다.

물론 이런 분석이 앞으로 있을 선거에서도 젊은 세대의 투표율이 계속 낮을 것이라고 암시하지는 않는다. 그러므로 여기서 얻은 지식으로부터 미래의 투표율을 예측하지 않기를 바란다. 또한 이 당시 젊은 세대가 나이를 먹는다고 더 많이 투표에 참여할 것이라는 뜻도 아니다. 따라서 여기서 관찰한 관계를 인과적으로 해석하면 안 될 것이다. 이 서술형 분석은 단지 2014년 선거에서 나이든 사람들이 젊은 사람들보다 평균적으로 더 많이 투표했다는 사실만 말할 뿐이다. 해석을 더하고 싶다면 지금부터 살펴볼 더 강한 가정을 할 수 있어야 한다.

예측

상관관계를 살펴보는 다른 이유는 예측(또는 전망)[3]이다. 예측이란 어떤 표본 집단에서 얻은 정보를 활용해서 다른 집단에 관해 미리 알아내는 작업이다.

예컨대 지난 선거의 투표 데이터를 활용해서 다가올 선거의 투표 결과를 예측할 수 있다. 또는 한 주의 투표 결과를 활용해서 다른 주의 결과를 예측할 수도 있다. 여러분이 선거 운동을 이끄는데, 가용 자원에 한도가 있으므로 어떤 지지자를 방문해서 투표를 독려해야 할지 미리 알고 싶다고 가정해 보자. 누군가는 독려 없이도 투표에 참여할 것이라고 확신하면, 선거 운동원이 군이 그 집에 방문하느라 시간을 들일 필요는 없다. 그러므로 투표율을 정확히 예측한다면 선거 운동의 효과를 높일 수 있다.

앞서 본 나이와 투표율 사이의 상관관계는 이런 유형의 예측에 유용할지도 모른다. 나이가 투표율과 강하게 연관되므로 나이는 누가 투표에 참여할 가능성이 높은지 예측하기에 유용한 변수다. 예컨대 나이를 근거로 어떤 집단이 여러분의 선거 운동 없이도 투표에 참여할 여지가 사실상 확실하다고 미리 안다면, 여러분은 다른 유권자에게 발길을 돌릴 것이다.

나이와 투표율의 상관관계를 이런 방식으로 예측에 활용할 때는 그런 상관관계가 왜 발생하는지 알 필요까지는 없다. 그러나 단지 2014년 선거에서 나이와 투표율의 관계를 단순히 서술하려는 의도가 아니라 무언가 예측을 하고 싶다면 좀 더 많은 가정을 할 여지가 있어야 한다.

이때 상관관계를 써서 책임지고 예측하려면 두 가지 중요한 사항을 명확히 이해해야 한다. 첫째, 여러분이 표본에서 발견한 관계가 광범위한 현상을 대표할 만한지, 아니면 그저 데이터에서 우연히 발생한 변이의 결과일 뿐인지 여부다. 이 질문에 대답하려면 6장의 주제인 '통계적 추론statistical inference'을 써야 한다. 둘째, 진짜로 어떤 관계를 표본에서 발견했다고 확신했더라도 그 표본 자체가 예측할 대상을 대표할 만한지 잘 생각해 봐야 한다. 표본의 대표성은 6장과 16장에서 표본과 외부 유효성을 논의할 때 자세히 다룰 것이다.

한 선거의 나이와 투표율로부터 다른 선거를 예측하는 문제로 돌아가 보자. 이런 예측은 두

---

3   여기서는 예측과 전망, 두 단어를 같은 뜻으로 쓴다. – 옮긴이

변수 사이의 관계가 쉽게 바뀌지 않는다는 가정이 있어야 설득력이 있다. 다시 말하면, 2016년의 나이와 투표율 사이의 관계가 2014년의 그것과 대동소이할 것처럼 보여야 2014년 선거에서 나타난 나이와 투표율의 상관관계가 2016년 선거에서 어떤 유권자에게 집중해야 하는지 파악하기에 유용해진다. 이와 비슷하게, 만약 여러분이 2014년 선거에서 25개 주의 나이와 투표율 데이터만 가졌다면, 여기서 얻은 나이와 투표율의 상관관계를 나머지 25개 주의 선거 전략에 참고할 수도 있다. 하지만 이런 예측도 데이터가 있는 주와 없는 주 양쪽에서 나이와 투표율의 관계가 비슷하다고 믿을 사유가 충분해야만 타당하다.

확보한 데이터의 범위를 넘어서는 예측을 할 때도 신중해야 한다. 앞서 살펴본 투표율 데이터에서 유권자 나이는 18세에서 88세까지다. 하지만 그래프상의 선은 거기서 멈추지 않는다. 따라서 최적합선을 따라 어느 연령의 투표율이든 예측할 수 있다. 그러나 최적합선을 외삽extrapolating해서 100세의 투표율을 예측할 때는 주의해야 하는데, 이 연령대에는 데이터가 전혀 없으며 따라서 2014년 선거에만 국한해도 이 선이 100세까지 그대로 유지되는지는 모른다. 더불어 이 선으로 10세 예측을 할 수 없다는 점은 명확하다. 아이들은 투표권이 없기 때문이다.

이와 관련해서, 최적합선의 기울기 같은 통계를 활용해서 뭔가 예측할 때는 변수들의 관계가 진짜 선형인지도 생각해 봐야 한다. 실제로는 선형이 아닌데 선형관계를 적용하면 결과가 왜곡된다. 자세한 것은 이어지는 내용에서 다시 다루겠다.

현실에서 이 방법을 응용할 때는 단순히 두 변수의 상관관계만으로 예측하려는 경우는 드물다는 점도 짚고 넘어가자. 그보다는 성별, 인종, 소득, 교육 수준, 이전 투표율 등 수많은 변수와의 관계를 활용해서 투표율을 예측할 것이다. 5장에서 이러한 다중 변수와 조건부 상관관계를 논의하겠다.

데이터를 활용한 예측은 정책, 사업, 치안, 스포츠, 정부, 정보 기관, 그 밖에 여러 분야의 분석가들이 활동하는, 급격히 성장하는 영역이다. 예컨대 여러분이 사는 도시의 공중보건 부서를 운영한다고 상상해 보자. 식당에 위생 조사관을 파견할 때마다 시간과 예산이 소요된다. 반면 식당이 위생 지침을 위반하면 주민에게 피해가 간다. 따라서 공공안전 개선 효과가 없는 조사에 시간과 예산을 낭비하지 않도록, 위생 지침을 위반할 가능성이 가장 높은 식당으로 조사관을 파견하고 싶을 것이다. 어느 식당이 지침을 위반할지 정확하게 예측할수록 조사관을 효과적으로 파견할 수 있다. 과거에 지침을 지킨 식당과 위반한 식당의 데이터를 활용해서, 다른 관찰 가능한 특성들과 지침 위반 사이의 상관관계를 근거로 위반 가능성을 예측하는 방법을 상상해 볼 수 있다. 쓸 만한 특성으로는 옐프Yelp[4] 리뷰, 식중독으로 병원을 찾은 기록, 장소, 가격대 등이 있겠다. 이제 이들과의 상관관계를 토대로, 앞으로 올라오는 옐프 리뷰와 다른 정보를 활용해서 어떤 식당이 위생 지침을 위반할 가능성이 높은지 예측한다면 조사 대상을 좁힐 수 있다.

그런데 이 사례는 또 다른 까다로운 문제를 제기한다. 이따금 상관관계를 활용해서 예측을 하는 바로 그 행동이 과거에 있던 상관관계가 미래에는 더이상 유효하지 않게 만들기도 한다. 예컨대 보건 부서가 24시간 영업하는 식당이 위생 지침을 위반하는 강한 상관관계를 발견했다고 하자. 이 상관관계를 근거로 위생 조사관을 24시간 영업하는 식당에 유난히 많이 파견할 수도 있다. 영리한 식당 주인은 정책 변화를 알아채고, 매일 새벽 2시에서 3시 사이에 식당 문을 닫음으로써 보건 부서를 속여 넘길지도 모른다. 영업 시간을 조금 바꾼다고 식당이 더 깨끗해질 리가 없다. 하지만 식당 주인은 행정 체계를 교묘하게 이용해서 과거 데이터에 기반한 예측을 부정확하게 만들었다. 16장에서 일반적인 적응 문제를 아주 자세히 다룰 것이다.

정책 입안자는 예산안을 잘 수립하려고 경제 침체의 예상 기간을 알고자 하고, 은행가는 잠재적인 대출자의 신용도를 알고자 하며, 보험 회사는 올 한 해 잠재 고객의 교통 사고 예상 건수를 알고자 하는데, 이들에게도 예측은 유용하다. 우리가 응원하는 시카고 베어스Chicago Bears[5]의 단장은 슈퍼 보울Super Bowl[6]에서 이길 가능성을 높이려면 어떤 대학 선수를 영입해야 좋을지 예측하기를 즐긴다. 하지만 지금까지의 실적으로 보면 그다지 기대는 안 된다. 데이터가 기적을 일으키지는 않기 때문이다.

그리고 예측을 통해 행동을 이끌 때 윤리적인 쟁점이 잠재해 있다는 점도 염두에 두자. 예를 들어 연구자들은 온라인 음식점 리뷰에 고객들이 불평하는 빈도가 위생 지침 위반 가능성과 양의 상관관계가 있다는 사실을 알아냈다. 이는 예측력이 있을 법한 정보이며, 정부는 리

---

4   지역 검색 및 리뷰 서비스 – 옮긴이
5   프로 미식축구 팀 – 옮긴이
6   미국 프로 미식축구 리그(NFL)의 결승전 – 옮긴이

뷰 사이트에서 정보를 모아서 식당 조사관을 어디에 파견해야 할지 판단할 수 있다. 이런 발견에 대해서『디 애틀랜틱』에는 이런 기사가 실렸다. "옐프가 외식 산업을 깨끗하게 만들 수 있다." 그러나 크리스틴 알텐부르거[Kristen Altenburger]와 다니엘 호[Daniel Ho]의 연구는 온라인 리뷰가 아시아 음식점에 편향됐다는 사실을 알아냈는데, 위생 조사관의 평가 점수가 같은 식당 중에서 유독 아시아 음식점에 위생 상태를 지적하는 리뷰가 더 많은 점을 발견했다. 이는 곧 정부가 온라인 리뷰와 위생 지침 위반 사이에 있는 유용하고 예측력 있는 상관관계를 활용한다면, 아시아 음식점을 훨씬 더 많이 조사 대상에 올림으로써 무심코 이들을 차별할 수 있다는 뜻이다. 여러분은 정부가 그런 정보를 활용하기 바라는가? 아니라면 정확한 예측으로 얻는 이익보다 인종 편향적으로 조사 대상을 선정하는 데에 따른 윤리적, 사회적 비용이 더 클까? 이 책 말미에서 이러한 윤리적 주제를 다시 논의한다.

인과 추론

상관관계가 흥미로운 또 다른 이유는 인과 추론을 배울 수 있기 때문이다. 양적 분석에서 마주치는 가장 흥미진진한 질문 상당수는 본질적으로 인과관계와 관련된다. 다시 말해, 어떤 특성이 변할 때 어떻게 다른 특성의 변화를 야기하는지에 관한 질문이다. 대학 등록금이 낮아지면 소득 불균형이 개선될까? 기본 소득 제도를 도입하면 노숙자가 줄어들까? 새로운 마케팅 전략으로 이익이 늘어날까? 이들은 모두 인과관계 질문이다. 이 책 전반에 걸쳐 보겠지만 상관관계를 이용해서 인과관계를 추론하는 일은 흔하다. 하지만 여기엔 불명확한 사고의 여지가 곳곳에 있다(인과관계 이해는 3장의 주제다).

조금 전에 상관관계로 예측하는 문제에서 다룬 모든 쟁점은 상관관계로 인과 추론을 할 때도 유효하며, 앞에서는 없던 새로운 쟁점도 생긴다. 한 가지 중요한 쟁점은 상관관계가 반드시 인과관계를 내포하지는 않는다는 점이다. 즉 두 특성이 상관관계가 있다고 해서 한쪽이 다른 한쪽을 야기한다는 뜻은 아니다.

고등학교에서 하는 수학 연습이 대학교 성적에 영향을 미치는지 알아본다고 하자. 여러분이 고등학생, 고등학생의 부모나 상담사, 표준 교과 과정을 수립하는 정책 입안자 중 하나라면 이는 중요한 질문이다. 고등 수학 수업을 들은 고등학생들은 대학 입학과 수료 가능성이 더 높을까?

실제로 고등 수학 이수와 대학 과정 수료 사이에는 꽤 강한 양의 상관관계가 존재한다. 예컨 대 고등학교 때 미적분학을 배운 사람들은 그렇지 않은 사람들보다 대학을 졸업할 가능성이 훨씬 높다. 그리고 대수학 2[7], 삼각법, 미적분학 이전 과정[8]과의 상관관계는 더욱 크다. 하지 만 미적분학을 듣는다고 대학을 저절로 마치게 되지는 않는다.

물론 이런 상관관계가 나타나는 한 가지 이유는 학생들이 미적분학을 들으면서 대학 과정을 준비하고 따라서 졸업할 가능성을 높여 준다는 점이다. 그러나 다른 이유를 들 수도 있다. 예를 들어 어쩌면 미적분학을 듣는 아이들은 듣지 않는 아이들보다 평균적으로 학업 성취 동 기가 강할지도 모른다. 그리고 동기 부여가 된 아이들은 고등학교에서 미적분학을 들었든 듣 지 않았든 대학을 마칠 가능성이 높겠다. 만약 정말로 그렇다면 미적분학 자체는 대학 졸업 에 아무런 영향이 없더라도 둘 사이에 양의 상관관계가 나타날 수 있다. 미적분학 수업 이수 는 단지 학업 성취 동기의 간접 지표이며, 학업 성취 동기가 대학 수료와 연관된 셈이다.

여기서 무엇을 조심해야 할까? 만약 인과관계 설명이 맞다면, 미적분학 수업을 안 들으려던 학생들도 반드시 듣도록 만들어서 더 준비를 잘 시키면 대학을 마치는 데 도움이 될 것이다. 그러나 학업 동기로 설명한 내용이 맞다면, 미적분학 수업을 반드시 듣게 해도 대학을 마치 는 데 아무런 도움이 안 된다. 이 경우에는 미적분학은 단지 학업 동기를 보여 주는 지표일 뿐이다. 미적분학을 듣게 한다고 해서 마법처럼 학업 동기를 부여할 수는 없다. 심지어 미적 분학 이수를 강요하면 학생의 자존심을 상하게 하거나 의욕을 꺾거나 다른 활동에 쓸 수 있 는 시간만 손해 보고 실질적인 이점은 없을 위험마저 있다.

동료 검토를 거친 과학 논문에서도 지금 설명한 내용과 똑같은 실수가 있었다. 연구자들은 대학생들의 성적이 고등학교 시절의 다양한 수학 집중 과목 이수 여부에 따라 달라지는지 비 교했다. 결과는 양의 상관관계를 보였고, 연구자들은 고등학교 상담사들에게 "이 결과를 토 대로 학생과 그들의 부모나 보호자에게 고등학교 수학 과정이 학사 과정 수료에 지대한 영향 을 미친다는 점을 알리도록" 제안했다. 말하자면 상관관계를 인과관계로 혼동한 셈이다. 연 구자들은 이러한 상관관계를 토대로, 수학 집중 과목을 들을 계획이 없는 학생들도 대학 졸 업 가능성을 높이려면 반드시 수업에 참여하라고 권고했다.

---

7   미국 고등학교의 수학 과목 – 옮긴이
8   Pre-calculus. 미국 고등학교에서 미적분학을 배우기 전 단계로 듣는 수업 – 옮긴이

상관관계와 인과관계를 혼동하는 문제는 3부에서 다시 다룰 것이다. 지금은 일단 상관관계에서 인과관계를 추론하는 일이, 비록 전문가로 알려진 사람들도 항상 저지르는 일이지만, 대체로 틀렸다는 사실만 기억하기 바란다.

상관관계 측정

변수 간 상관관계를 측정하는 공통된 통계적 기법이 몇 가지 있다. 여기서는 그중 세 가지를 소개한다. 바로 공분산covariance, 상관계수correlation coefficient, 회귀선regression line 기울기다. 이 세 가지 측정 방법을 설명하기에 앞서 먼저 변수를 요약하고 이해하기에 도움을 주는 평균, 분산, 표준 편차에 관해 얘기해 보자.

평균, 분산, 표준 편차

앞서 본 시카고의 범죄와 날씨 데이터로 돌아가자. 이 데이터에서 각 관찰값은 2018년의 각 날짜라는 점을 되새기자. 그리고 각 날마다 두 가지 변수, 즉 보고된 범죄 수와 미드웨이 공항Midway Airport의 평균 화씨 온도를 관찰했다. 이 데이터는 365개나 되는 행(2018년의 날짜 수)이 있으므로 데이터 전체를 여기에 옮겨 적지는 않겠다. 표 2.3은 그중 1월 데이터를 보여 준다. 앞으로 2018년 1월 데이터만으로 논의를 이어가겠다.

관찰값 i가 있을 때 범죄 변수의 값은 $crime_i$라고 부르고, 기온 변수의 값은 $temperature_i$라고 부르자. 표 2.3에서 2018년 1월은 31일로 이뤄지므로 i는 1부터 31 사이의 값을 가진다. 즉 1월 13일 기온은 $temperature_{13}$ = 12.3이고 1월 24일 범죄 건수는 $crime_{24}$ = 610이다.

모든 변수에는 분포, 즉 다양한 값을 갖는 빈도를 나타내는 정보가 있다. 변수의 분포를 몇 가지 주요 통계로 요약할 수 있다면 좋겠다. 우리는 이런 통계 중 세 가지를 다룰 것이다.

표기법을 정해 두면 도움이 되겠다. $\sum$(그리스 문자인 대문자 시그마)는 합계를 뜻한다. 예를 들어 $\sum_{i=1}^{31}$는 1일부터 31일까지 범죄 변수값의 총합이다. 이 값을 계산하려면 1일, 2일, 3일, 이런 식으로 31일까지 범죄 건수를 모두 더한다. 다시 말해 crime₁ = 847에 crime₂ = 555을 더하고 crime₃ = 568을 더하고, 이렇게 crime₃₁ = 708까지 계속 더한다. 각 날짜의 범죄 건수는 표 2.3을 참고한다.

표 2.3 2018년 1월 각 날짜의 시카고 미드웨이 공항 평균 기온과 보고된 범죄 건수

날짜	기온(°F)	범죄 건수
1	−2.7	847
2	−0.9	555
3	14.2	568
4	6.3	600
5	5.4	660
6	7.5	585
7	25.4	535
8	33.9	618
9	30.1	653
10	44.9	709
11	51.7	698
12	21.6	705
13	12.3	617
14	15.7	563
15	16.8	528
16	14.6	612
17	14.7	644
18	25.6	621
19	34.8	707
20	40.4	724
21	42.9	716
22	48.9	722
23	32.3	716
24	29.2	610
25	35.5	640
26	46.0	759
27	45.6	754
28	35.0	668
29	25.2	650
30	24.7	632
31	37.6	708
평균	26.3	655.6
분산	220.3	5183.0
표준 편차	14.8	72.0

이제 각 변수 분포의 평균을 계산해 보자(이 값은 분포라는 단어를 생략하고 단순히 변수의 평균이라고도 부른다). 평균은 μ(그리스 문자 뮤)로 표기한다. 평균은 산술 평균을 말한다.[9] 평균은 관찰값의 합(이제 간편한 표기법이 있다)을 구한 뒤 관찰값의 개수로 나눠 구한다. 2018년 1월의 두 변수 평균은 각각

$$\mu_{\text{crime}} = \frac{\sum_{i=1}^{31} \text{crime}_i}{31} = \frac{847 + 555 + \cdots + 708}{31} = 655.6$$ 과

$$\mu_{\text{temperature}} = \frac{\sum_{i=1}^{31} \text{temperature}_i}{31} = \frac{-2.7 + -0.9 + \cdots + 37.6}{31} = 26.3$$ 이다.

다음으로 살펴볼 통계는 분산이며, σ^2(그리스 소문자 시그마의 제곱)라고 쓴다. 왜 제곱을 하는지 곧 알게 된다. 분산이란 변수의 각 값이 평균으로부터 얼마나 멀리 떨어진 편인지 측정하는 수단이다. 분산은 변수가 얼마나 다양한지 측정한다고도 말할 수 있다(또는 간단히 말해서 변수 분포가 얼마나 넓게 퍼졌는지를 나타내는 지표로도 생각할 수 있다).

분산을 계산하는 방법은 이렇다. 어떤 변수 X(범죄 건수나 기온 등)가 있다고 하자. 각 관찰값의 X가 X의 평균으로부터 벗어난 편차를 계산한다. 관찰값 i가 있을 때 편차는 X의 값 X_i에서 모든 X의 평균(μ_X)을 뺀다. 즉 $X_i - \mu_X$다. 1월 13일의 기온은 화씨 12.3도였다. 1월 평균 기온은 화씨 26.3도였다. 따라서 1월 13일의 편차는 12.3 − 26.3 = −14다. 달리 말하면 1월 13일은 1월의 평균적인 날보다 기온이 14도 낮았다. 반대로 1월 23일의 편차는 32.3 − 26.3 = 6이다. 1월 23일은 1월의 평균적인 날보다 기온이 6도 높았다.

관찰값이 평균보다 클 수도 작을 수도 있으므로 편차 역시 양수나 음수가 될 수 있다. 그렇지만 관찰값이 얼마나 다양한지 측정하려면 편차가 양수인지 음수인지는 중요하지 않다. 관찰값이 어떤 방향으로든 평균에서 얼마나 벗어났는지가 궁금할 뿐이다. 따라서 편차에서 부호는 없고 거리만 남도록 양수로 바꿀 필요가 있다. 편차의 절댓값을 취하면 양수가 된다. 하지만 뒤에서 다룰 이유로 인해 통상 절댓값 대신 제곱을 취해서 양수로 만든다. 분산은 이렇게 제곱한 편차의 평균이다. 즉 관찰값 N개(우리 데이터는 $N = 31$)가 있다면 분산은 다음과 같다.

---

9   영어에는 mean과 average라는 두 단어가 모두 평균을 뜻한다. 원문은 mean이 곧 average라는 문장이다. − 옮긴이

$$\sigma_X^2 = \frac{\sum_i^N (X_i - \mu_X)^2}{N}$$

우리 데이터에서 두 변수의 분산은 각각

$$\sigma_{\text{crime}}^2 = \frac{\sum_{i=1}^{31} (\text{crime}_i - \mu_{\text{crime}})^2}{31}$$

$$= \frac{(847 - 655.6)^2 + (555 - 655.6)^2 + \cdots + (708 - 655.6)^2}{31} \approx 5183 \text{과}$$

$$\sigma_{\text{temperature}}^2 = \frac{\sum_{i=1}^{31} (\text{temperature}_i - \mu_{\text{temperature}})^2}{31}$$

$$= \frac{(-2.7 - 26.3)^2 + (-0.9 - 26.3)^2 + \cdots + (37.6 - 26.3)^2}{31} \approx 220.3 \text{이다.}$$

편차의 절댓값의 평균이 아니라 제곱의 평균을 사용하면 분산은 평균에서 더 멀리 떨어진 관찰값에 영향을 크게 받는다. 설령 같은 폭으로 부유해지더라도 최고 갑부가 더 부유해지면 적당한 부자가 부유해질 때보다 부의 분산이 더 크게 늘어난다. 예를 들어 평균 재산 수준이 1이라고 가정하자. 재산이 10인 누군가가 재산 1을 더 얻으면 분산은 $\frac{10^2 - 9^2}{N} = \frac{19}{N}$만큼 늘어난다. 반면 재산이 100인 사람이 재산 1을 더 얻으면 분산은 $\frac{100^2 - 99^2}{N} = \frac{199}{N}$만큼 늘어난다.

분산은 변수가 얼마나 다양하게 변하는지를 잘 나타낸다. 그러나 모든 값을 제곱했기 때문에 변수 자체와 같은 크기 수준에서 측정되지 않는다는 약점이 있다. 변수와 같은 크기 수준에서 변화폭을 구하고 싶을 때도 있다. 그럴 때 바로 분산의 제곱근인 표준 편차를 사용한다. 표준 편차는 σ(그리스 소문자 시그마)로 쓴다.

$$\sigma_X = \sqrt{\sigma_X^2} = \sqrt{\frac{\sum_i^N (X_i - \mu_X)^2}{N}}$$

표준 편차 역시 변수의 분포가 얼마나 퍼졌는지 나타내는 지표이며, 간략히 말해서 관찰값이 평균으로부터 전반적으로 얼마나 떨어져 있는가에 해당한다. 다만 분산과 마찬가지로 편차의 절댓값을 쓸 때보다는 평균에서 많이 벗어난 관찰값의 영향이 더 크다.

우리 데이터에서 두 변수의 표준 편차는 각각

$$\sigma_{\text{crime}} = \sqrt{\frac{\sum_{i=1}^{31}(\text{crime}_i - \mu_{\text{crime}})^2}{31}}$$

$$= \sqrt{\frac{(847 - 655.6)^2 + (555 - 655.6)^2 + \cdots + (708 - 655.6)^2}{31}} \approx 72 \text{와}$$

$$\sigma_{\text{temperature}} = \sqrt{\frac{\sum_{i=1}^{31}(\text{temperature}_i - \mu_{\text{temperature}})^2}{31}}$$

$$= \sqrt{\frac{(-2.7 - 26.3)^2 + (-0.9 - 26.3)^2 + \cdots + (37.6 - 26.3)^2}{31}} \approx 14.8 \text{이다.}$$

평균, 분산, 표준 편차의 의미를 알았으므로 이제 상관관계를 측정할 세 가지 중요한 방식을 살펴볼 수 있다. 바로 공분산, 상관계수, 회귀선 기울기다.

공분산

범죄와 기온이라는 두 변수가 있고, 이들의 상관관계를 구하려 한다고 생각해 보자. 한 가지 방법으로는 이들의 공분산(cov라고 표기)을 계산할 수 있다. 단순하게 표기하고자 두 변수를 X와 Y라고 쓰겠다. 모집단[10]의 크기는 N이라고 가정한다.

공분산은 이렇게 계산한다. 각 관찰값의 편차, 즉 X의 값이 X의 평균에서, Y의 값이 Y의 평균에서 떨어진 정도를 구한다. 다음으로 관찰값 i마다 $(X_i - \mu_X)(Y_i - \mu_Y)$와 같이 두 편차를 곱한다. 이 값을 편차의 곱이라고 부른다. 마지막으로 X와 Y의 공분산은 편차의 곱을 평균한다.

$$\text{cov}(X, Y) = \frac{\sum_{i=1}^{N}(X_i - \mu_X)(Y_i - \mu_Y)}{N}$$

공분산이 상관관계의 지표가 되는지 따져 보자. 아주 강한 양의 상관관계를 살펴보자. X가 평균보다 크면($X_i - \mu_X > 0$) Y도 항상 평균보다 크고($Y_i - \mu_Y > 0$), X가 평균보다 작으면($X_i - \mu_X < 0$) Y도 항상 평균보다 작다($Y_i - \mu_Y < 0$). 이때 모든 관찰값에서 두 편차는 똑같이 양수이

---

10 전체 데이터 – 옮긴이

거나 똑같이 음수이므로 편차의 곱은 항상 양수가 된다. 따라서 공분산은 양수가 돼 양의 상관관계를 반영한다. 이번에는 아주 강한 음의 상관관계를 살펴보자. X가 평균보다 크면 Y는 항상 평균보다 작고, X가 평균보다 작으면 Y는 항상 평균보다 크다. 이때 모든 관찰값에서 한 편차는 양수이고 다른 편차는 음수이므로 편차의 곱은 항상 음수가 된다. 따라서 공분산은 음수가 돼 음의 상관관계를 반영한다. 물론 이런 극단적인 사례만 생기지는 않는다. 그렇지만 X가 평균보다 클 때 대체로 Y도 평균보다 크다면 공분산은 양의 상관관계를 반영해 양수가 된다. 반대로 X가 평균보다 클 때 대체로 Y가 평균보다 작다면 공분산은 음의 상관관계를 반영해 음수가 된다. 그리고 X와 Y가 서로 연관이 없다면 공분산은 상관관계가 없음을 반영해 0이 된다.

상관계수

비록 공분산의 부호는 의미가 명확하지만, 편차의 곱은 변수의 다양성에 좌우되므로 공분산의 크기는 해석하기 다소 어렵다. 변수의 다양성까지 고려해서 상관관계를 측정함으로써 더 쉽게 해석할 수 있는 통계가 있다.

상관계수(*corr*라고 표기)는 단순히 공분산을 표준 편차의 곱으로 나눈 값이다.

$$\text{corr}(X, Y) = \frac{\text{cov}(X, Y)}{\sigma_X \sigma_Y}$$

공분산을 표준 편차의 곱으로 나눠 정규화하는 셈이다. 공분산은 원칙상 아무 값이나 될 수 있다. 하지만 상관계수는 항상 −1과 1 사이의 값이 나온다. 값이 0이면 상관관계가 없음을 나타낸다. 값이 1이면 양의 상관관계이자 완벽한 선형관계, 다시 말해 두 변수의 산점도를 그리면 모든 점에서 반듯하게 우상향하는 선이 그려지는 관계를 나타낸다. 값이 −1이면 완벽하게 선형인 음의 상관관계가 있음을 나타낸다. 값이 0과 1 사이이면 완벽한 선형은 아니지만 양의 상관관계가 있음을 나타낸다. 그리고 값이 −1과 0 사이이면 완벽한 선형은 아니지만 음의 상관관계가 있음을 나타낸다.

상관계수는 글자 r로 쓰기도 한다. 또한 상관계수를 제곱해서 r의 제곱 또는 r^2라는 통계를 구하기도 한다. 이 통계는 항상 0과 1 사이의 값을 가진다.

r^2의 한 가지 흥미로운 부분은 어떤 비율로 해석할 수 있는 점이다. 흔히 이 값을 Y의 분산 중에서 X가 설명하는 비율, 아니면 같은 의미로 X의 분산 중에서 Y가 설명하는 비율이라고 해석한다. 뒷장에서 살펴보겠지만, 여기서 쓴 '설명하다'라는 표현이 혼동을 줄 수 있다. 이 말은 X의 분산이 Y의 분산, 또는 역으로 Y의 분산이 X의 분산을 야기한다는 뜻이 아니다. 물론 관찰된 상관관계가 실제 현상 때문이 아니라 순전히 우연히 발생했을 가능성을 설명하지도 않는다.

회귀선 기울기

상관계수와 r^2가 갖는 잠재적인 문제점 하나는 X와 Y 사이의 실질적인 중요도나 규모에 관해 알려 주지 않는다는 점이다. 시카고의 범죄와 기온 변수를 다시 보자. 상관계수는 .8이므로 두 변수 사이에 강한 양의 상관관계가 있다는 사실을 알 수 있지만, 그 관계가 무엇인지는 모른다. 기온이 1도 오르면 범죄가 .1건 늘어나는지 100건 늘어나는지 알 수 없다. 두 경우 모두 상관계수는 .8이다. 하지만 둘은 전혀 다른 상황이다.

이러한 이유로 상관계수로 상관관계를 측정하는 방식을 오래 논의하지 않는다. 주로 앞서 보여 준 최적합선의 기울기에 신경쓰겠다. 더불어 어떤 선이 최적합한지 정의하는 특정 방법을 집중 설명한다. 최적합선이란 개별 데이터가 선에서 떨어진 정도가 평균적으로 가장 작은 선이라는 정의를 기억하자. 개별 데이터가 선에서 떨어진 정도는 통상 개별 데이터가 선에 이르는 거리를 제곱한다(따라서 편차를 제곱할 때처럼 모든 값이 양수다). 이 거리 제곱의 합(또는 오차 제곱의 합)이 가장 작은 최적합선을 찾을 것이다. 이렇게 찾은 최적합선을 최소제곱법 OLS, Ordinary Least Squares 회귀선이라고 부르며, 사람들이 그냥 회귀선이라고 말할 때는 일반적으로 최소제곱법 회귀선을 뜻한다. 2장 앞부분에서 그린 최적합선도 모두 최소제곱법 회귀선이다.

회귀선 기울기는 공분산과 분산으로 계산할 수 있다. 세로축에 Y가 있고 가로축에 X가 있을 때 회귀선 기울기(회귀 계수라고도 부른다)는 다음과 같다.

$$\frac{\text{cov}\,(X,\,Y)}{\sigma_X^2}$$

정성적으로 말해서 이 숫자는 X가 한 단위 증가하면 Y가 평균적으로 얼마나 변하는지 말해준다. 위 수식을 σ_X^2 대신 σ_Y^2로 나누면 Y가 한 단위 증가할 때 X가 평균적으로 얼마나 변하는지 보여 줄 것이다. 알다시피 이 두 값은 서로 다르기 마련이다.

회귀선은 5장과 10장에서 더 자세히 살펴볼 예정이다.

모집단과 표본

다음 내용으로 넘어가기 전에 마지막으로 살펴봐야 하는 주제가 있다. 지금까지 설명한 통계, 즉 평균, 분산, 공분산, 상관계수, 회귀선 기울기는 두 가지 방식으로 생각할 수 있다. 통계마다 우리가 관심 있는 전체 집단(모집단)에서 구한 값이 있다. 그리고 우리가 확보한 데이터 표본에서 구한 값도 있다. 둘 다 관심을 끌만 하지만, 둘 사이에는 중요한 차이가 있다. 지금까지는 확보한 데이터가 모집단과 같은 경우만 다뤘기 때문에 이런 문제가 없었다. 2018년 1월의 일간 범죄와 기온 데이터는 모집단과 표본이 같다고 간주했다. 그렇지만 항상 이와 같을 수는 없다. 예컨대 여러 해에 걸친 1월의 범죄와 기온 사이 관계가 궁금하지만, 2018년 표본 데이터만 확보할 수 있을지도 모른다. 이런 상황에서는 우리가 가진 2018년 데이터로부터 2019년 1월이나 1918년 1월에 관해 무엇을 알아낼 수 있을지에 관한 모든 종류의 질문이 생겨난다. 6장에서 이러한 질문을 다시 다루겠다.

선형성에 관한 직설

지금까지 소개한 다양한 상관관계 측정법은 변수 사이의 선형관계를 정량화하는 데에 초점을 맞춘다. 이 주제는 나중에, 특히 5장에서 회귀를 논의하는 과정에서 나이와 투표율에 관한 주제를 다시 꺼낼 때 깊이 파고들 예정이다. 일단 지금은 선형관계가 대개 흥미롭고 중요하지만, 흥미롭고 중요한 모든 관계가 선형은 아니라는 점을 말해 두겠다. 예를 들어 그림 2.5처럼 변수 X와 Y 사이에 존재할 수 있는 두 종류의 관계를 살펴보자.

두 그림 모두 회귀선이 명확히 나타내듯이 X와 Y의 상관관계가 0이다. 하지만 두 관계는 회귀선이 같다는 점만 빼면 확실히 다르다.

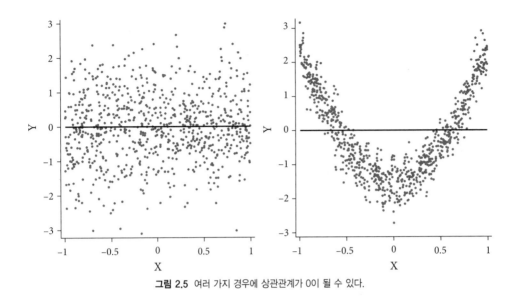

그림 2.5 여러 가지 경우에 상관관계가 0이 될 수 있다.

왼쪽 그림은 X와 Y의 상관관계가 없는 데다 어떤 종류의 흥미를 끌 만한 관계도 없어 보인다. X로부터 Y를 전혀 예측할 수 없고 그 반대도 마찬가지다. 오른쪽 그림을 보면 여전히 X와 Y 사이에 상관관계가 없어서 X가 높다고 Y도 따라서 높지는 않고, X가 낮다고 Y도 따라서 낮지는 않다. 그렇지만 이 그림에는 두 변수 사이에 확실히 어떤 관계가 존재한다. 오른쪽 그림에서 X는 실제로 Y를 예측하기에 쓸 수 있다. 여기서의 교훈은 다음과 같다. 데이터에 관해 명확히 사고하기란 단지 상관관계를 계산하는 일에 그치지 않는다. 무엇보다도 데이터를 (지금처럼 산점도 등을 사용해서) 눈으로 직접 보는 일이 중요하며, 그렇지 않으면 흥미로운 비선형관계를 놓치게 된다.

비선형관계를 다루는 통계적 접근법이 많이 있고, 그중 일부는 이 책에서도 다룰 것이다. 그러나 변수들이 비선형관계를 갖더라도 선형 데이터를 기술하는 도구들도 실제로는 여전히 유용할 때가 있다. 예컨대 그림 2.5의 오른쪽 그림에서 X가 0보다 작을 때는 X와 Y 사이에 강한 음의 상관관계가 있고 X가 0보다 클 때는 X와 Y 사이에 강한 양의 상관관계가 있다. 그러므로 선형 도구를 써서 X가 0보다 작은 구간과 0보다 큰 구간에 하나씩, 최적합선 2개를 그릴 수 있다. 그러면 그림 2.6처럼 보인다.

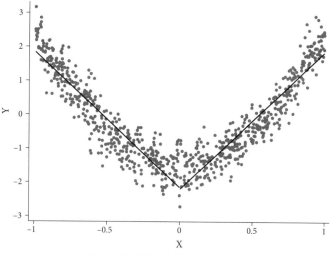

그림 2.6 비선형관계에 회귀선 2개를 맞추기

변수 하나를 변형해서 변수의 관계가 좀 더 선형적으로 보이도록 만드는 방법도 있다. 앞서 본 사례를 예로 들면, Y와 X 사이에는 상관관계가 없지만 Y와 X^2 사이에는 강한 선형관계가 존재한다. 그림 2.7은 가로축에 X^2를 두고 세로축에 Y를 뒀다. X를 X^2로 바꾸면 X가 음수라도 X^2는 양수가 되고(−1은 1이 된다), X가 원래 양수였으면 그대로 양수로 남는다(1은 1이 된다). 마치 그림을 $X=0$인 선을 따라 접은 다음, X가 X^2로 되도록(0은 그대로 0으로, 1은 그대로 1로, 0.5는 $0.5^2=0.25$로 등등) 조금 잡아 늘인 셈이나 마찬가지다.

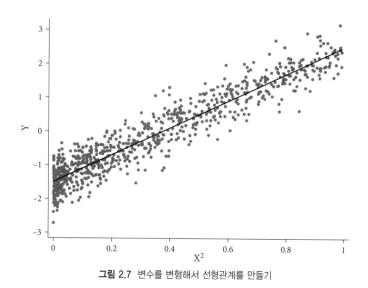

그림 2.7 변수를 변형해서 선형관계를 만들기

이런 변형을 거쳐서 회귀선은 Y와 X^2 사이에 강한 양의 상관관계를 보여 주며, 이제 선형 도구를 써서 두 변수 사이의 관계를 기술할 수 있다.

그리고 이진 변수를 다룰 때는 언제나 선형 도구로 관계를 적절히 기술할 수 있다는 점도 짚고 가면 좋겠다. 석유 생산량과 전제주의 정치의 예제로 돌아가자. 그림 2.8이 그 데이터를 나타낸다. 여기 그린 산점도는 두 변수의 조합으로 단지 네 가지 경우만 있기 때문에 흥미롭거나 좋은 정보를 주지 못한다. 자연히 모든 데이터가 점 4개 중 하나에 위치한다(비록 점의 크기가 해당하는 국가 크기에 비례해서 커지게 만들어서 도표가 좀 더 많은 정보를 제공하게끔 시도했지만). 그렇지만 이 경우에도 회귀선 기울기를 나타낼 수 있다. 이 기울기는 단순히 주요 산유국 중 전제주의 국가의 비율에서 주요 산유국이 아닌 국가 중 전제주의 국가의 비율을 뺀 값이다. 달리 말하면, 그림 2.8에서 알 수 있는 내용은 장 초반에서 본 표로 알 수 있는 내용과 같다.

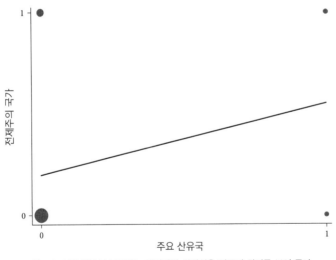

그림 2.8 이진 변수를 포함하는 데이터의 회귀선은 평균의 차이를 보여 준다.

선형관계에 이처럼 신경을 쏟는 이유는 비록 비선형관계일지라도 충분히 확대해서 보면, 다시 말해 변수 X의 값 중에서 충분히 작은 구간만 들여다보면, 선형에 가깝게 보이기 때문이다. 이와 같이 확대해서 볼 때는 특히 외삽에 주의해야 한다. 선형에 가까운 관계가 나타나는 데이터 구간에서 멀어질수록 우리가 발견한 관계(그리고 발견한 관계로부터 예측한 내용)는 점점 더 부정확해질 것이다.

외삽의 위험성을 더 생각해 볼 예를 하나 들어 보자. 정치 분석가들은 미국 대통령 선거에서 여당의 득표율을 분석했는데, 소득 증가가 0이면 약 46퍼센트를 득표하고, 소득이 1퍼센트포인트 증가할 때마다 득표율이 3.5퍼센트포인트씩 증가하는 경향을 보였다. 이는 당연히 지금까지 발생한 소득 증가율 구간에서 발견한 관계다. 이 분석을 토대로 소득 증가율이 10퍼센트가 되면 여당의 득표율이 81퍼센트에 이른다고 예측해야 할까? 아마 아닐 것이다. 또한 소득 증가율이 20퍼센트라고 해서 득표율이 116퍼센트가 되는 일은 절대로 없다. 불가능하니까! 하지만 그렇다고 해서 데이터를 선형관계로 설명하는 방식이 현실적인 소득 증가율 구간에서도 쓸모없다는 말은 아니다.

정리

상관관계는 데이터 분석의 기초를 이룬다. 상관관계로 세상의 여러 특성 사이에 존재하는 관계를 설명한다. 그리고 상관관계를 나타내는 공분산, 상관계수, 회귀선 기울기 같은 다양한 통계로 상관관계를 정량화한다.

상관관계는 관계를 서술하거나 무언가 예측하거나 변수 사이에 인과 추론을 하는 데 활용할 수 있다고 설명했다. 3장에서는 인과관계가 무엇을 뜻하며 시작할 때 인용한 "상관관계는 인과관계를 내포하지 않는다"라는 경구를 이해하는 일에 집중하겠다. 다만 상관관계와 인과관계 사이의 연관성을 완전히 이해하려면 9장을 봐야 한다.

핵심 용어

- **상관관계**: 두 특성 사이의 상관관계는 두 특성이 함께 일어나는 경향이다.
- **양의 상관관계**: 한 변수가 높은(낮은) 값을 가질 때 다른 변수도 높은(낮은) 값을 갖는 경향이 있으면 두 변수에는 양의 상관관계가 있다고 말한다.
- **음의 상관관계**: 한 변수가 높은(낮은) 값을 가질 때 다른 변수는 낮은(높은) 값을 갖는 경향이 있으면 두 변수에는 음의 상관관계가 있다고 말한다.
- **상관관계가 없음**: 한 변수의 높은(낮은) 값이 다른 변수의 높낮이와 체계적으로 일치하지 않으면 두 변수 사이에 상관관계가 없다고 말한다.

- **최적합선**: 개별 데이터와 선의 거리를 특정 방식으로 측정할 때 그 거리가 평균적으로 가장 작은 선이다.
- **평균(μ)**: 변수의 평균적인 값이다.
- **평균으로부터의 편차**: 어떤 변수의 관찰값과 평균의 차이다.
- **분산(σ^2)**: 어떤 변수가 얼마나 다양한 값을 갖는지 나타내는 지표다. 평균으로부터의 편차를 제곱한 값의 평균이다.
- **표준 편차(σ)**: 변수의 다양성을 나타내는 또 다른 지표다. 분산의 제곱근이다. 변수 자체와 같은 크기 수준에서 측정되므로 대략적으로 특정 관찰값이 평균에서 얼마나 벗어났는지를 보인다는 장점이 있다(물론 분산과 마찬가지로 평균에서 멀리 떨어진 관찰값의 영향이 더 크다).
- **공분산**: 두 변수 사이의 상관관계를 나타내는 지표다. 평균으로부터의 편차를 곱한 값의 평균을 구한다.
- **상관계수(r)**: 상관관계를 나타내는 또 다른 지표다. 공분산을 두 변수의 분산의 곱으로 나눈 값이다. 상관계수는 −1과 1 사이의 값을 가지며, −1은 완벽히 선형인 음의 상관관계를, 0은 상관관계가 없음을, 1은 완벽히 선형인 양의 상관관계를 반영한다.
- **r^2**: 상관계수의 제곱. 0과 1 사이의 값을 가지며, 흔히 한 변수의 분산에서 다른 변수가 설명하는 비율로 해석한다. 하지만 여기서 '설명한다'는 말의 뜻을 조심해서 받아들여야 한다. 특히 한 변수의 분산이 다른 변수의 분산을 야기한다는 뜻이 아니다.
- **오차 제곱의 합**: 개별 데이터와 최적합선 사이의 거리 제곱의 합이다. 선이 얼마나 데이터에 적합하고 데이터를 잘 설명하는지 측정하는 한 가지 수단이다.
- **최소제곱법 회귀선**: 오차 제곱의 합을 최소화하는 최적합선이다.
- **선의 기울기**: 선의 기울기는 가로축으로 한 단위 움직일 때 세로축의 값이 얼마나 변하는지를 나타낸다. 따라서 수평선은 기울기가 0이다. 45도로 우상향하는 선은 기울기가 1이고, 45도로 우하향하는 선은 기울기가 −1이다.
- **회귀선 기울기 또는 회귀 계수**: 회귀선 기울기는 한 변수의 값이 변할 때 다른 변수의 값이 평균적으로 얼마나 바뀌는지 나타낸다. 회귀선 기울기는 두 변수의 공분산을 한쪽 변수의 분산으로 나눈 값이며 회귀 계수라고 부르기도 한다.

연습 문제

2.1 다음 세 문장을 읽어 보자. 어떤 문장이 상관관계를 설명하고 어떤 문장은 아닌가? 왜 그럴까?

(a) 데이터 분석 전문가는 대부분 대학에서 통계학 수업을 들었다.

(b) 메이저리그 야구선수 중 투수의 타율은 대개 평균보다 낮다(16장에서 왜 그런지 배운다).

(c) 오하이오 주에서 승리한 경선 후보가 전체 선거인단 투표에서 승리할 가능성이 높다.

2.2 방금 나온 오하이오 주와 대통령 선거에 관한 문장을 다시 보자. 이 문장은 관계를 설명하기에 유용할까? 예측하기에는? 인과 추론에는? 왜 유용하거나 유용하지 않을까?

2.3 다음 표는 주요 산유국인지 여부와 함께 1946년부터 2004년까지 내전을 겪었는지 여부를 나타내는 데이터다. 주요 산유국과 내전 경험은 양의 상관관계를 갖는가, 음의 상관관계를 갖는가, 아니면 상관관계가 없는가? 왜 그런지 설명해 보라.

	내전 발생	내전 없음
산유국	7	12
비산유국	55	94

2.4 다음 표는 장기 국가 설문 조사National Longitudinal Survey에서 조사한 미국 남성의 신장height과 소득 데이터다. 계산기를 써도 좋지만 스프레드시트나 통계 소프트웨어를 사용해서 문제를 풀면 안 된다.

신장(인치)	평균 소득(달러)	신장(인치)	평균 소득(달러)
60	39,428	68	59,787
61	35,087	69	66,176
62	40,575	70	79,202
63	39,825	71	70,432
64	55,508	72	77,975
65	56,377	73	72,606
66	59,746	74	71,063
67	66,699	75	80,330

(a) 각 변수의 평균을 구하라.

(b) 각 변수의 분산을 구하라.

(c) 각 변수의 표준 편차를 구하라.

(d) 두 변수의 공분산을 구하라.

(e) 상관계수를 구하라.

(f) 두 변수가 양의 상관관계를 갖는가, 음의 상관관계를 갖는가, 아니면 상관관계가 없는가? 이유를 설명하라.

읽을거리

데이터 왜곡에 관해서 더 자세히 알고 싶다면 다음 논문을 참고하자.

Scott J. Basinger. 2013. "Scandals and Congressional Elections in the Post-Watergate Era." Political Research Quarterly 66(2):385-398.

국가들을 민주주의와 전제주의로 분류한 Polity IV 프로젝트에 관한 더 많은 정보는 https://www.systemicpeace.org/polity/polity4.htm에서 확인할 수 있다.

본문에서 식당의 위생 지침 위반 가능성 예측에 온라인 고객 리뷰를 활용하는 방안을 다룬 논문 두 편을 언급했는데, 다음과 같다.

Emily Badger. 2013. "How Yelp Might Clean Up the Restaurant Industry." The Atlantic. July/August.

Kristen M. Altenburger and Daniel E. Ho. 2018. "When Algorithms Import Private Bias into Public Enforcement: The Promise and Limitations of Statistical Debiasing Solutions." Journal of Institutional and Theoretical Economics 174(1):98-122.

고등 수학 과목과 대학 수료에 관한 연구는 다음과 같다.

Jerry Trusty and Spencer G. Niles. 2003. "High-School Math Courses and Completion of the Bachelor's Degree." Professional School Counseling 7(2):99-107.

중요한 정책 문제를 다룰 때 예측을 활용하는 사례가 날로 증가하는데, 이에 관심이 있다면 다음 논문을 참고하자.

Jon Kleinberg, Jens Ludwig, Sendhil Mullainathan, and Ziad Obermeyer. 2015. "Prediction Policy Problems." American Economic Review 105(5):491-95.

03

인과관계:
무엇이며 어디에 쓰는가?

3장에서 다루는 내용

- 인과적 효과란 어떤 특성이 변하면서 다른 특성에 일으킬 수 있는 변화를 말한다.

- 인과관계를 가늠하는 일은 정책과 의사결정에 아주 중요하다.

- '이 일이 이 결과에 어떤 영향을 주었나?'라는 질문이 '무엇이 이 결과를 가져왔나?'라는 질문보다 개념상 명확한 질문이다.

- 인과관계는 반사실적 현실들의 비교와 연관이 있다. 그렇기 때문에 기본적으로 관찰이 불가능하다. 하지만 특정한 상황에서는 데이터를 활용해서 유추할 수 있다.

들어가며

2장에서 봤듯이 상관관계를 알면 여러모로 유용하다. 그중에서 가장 중요하면서도 까다로운 용도는 인과관계 파악이다.

사람들은 항상 인과관계를 주장한다. '잠을 충분히 못 자서 시험을 망쳤어.' '대학에 가면 취업 전망이 좋아지겠지.' '선거 후보가 비방 광고 때문에 낙선했어.' '새 치안 전략 덕분에 강력 범죄가 줄어들었지.'

인과관계가 존재하는지 명확히 이해하기란 정보를 활용해서 더 나은 의사결정을 하는 일에 있어서 아마도 가장 중요한 개념적인 도전일 것이다. 왜냐하면 인과관계에 관한 지식은 의사결정과 행동이 세상에 어떤 영향을 미치는지 이해하는 데 필수이기 때문이다. 여러분이 새로운 세금 정책이나 시험 준비 전략이나 훈련 계획이나 홍보 운동을 제안한다면, 이들이 더 나은 결과와 상관관계가 있다고 생각하기 때문이 아니다. 그보다는 여러분이 제안한 내용을 실행하면 실제로 더 나은 결과를 끌어낸다고 믿기 때문이다.

3장의 목표는 인과관계를 말할 때 정확히 어떤 뜻인지를 명확하게 밝히는 일이다. 인과관계는 다양한 분야의 학자들이 많은 주의를 기울여 온 심오하고 놀라운 주제다. 골치 아픈 철학적 질문 모두를 여기서 답할 수는 없다. 그 대신 좀 더 현실적인 목표를 세웠다. 먼저 이 책에서 사용할 인과관계에 관한 용어를 어떻게 정의하는지를 설명해서 모두의 이해도를 같게 만들고자 한다. 다음으로 우리가 받아들인 인과관계의 관념이 어째서 특히 소중한지 설명할 것이다. 끝으로 인과관계를 다루는 다른 접근법을 소개하고, 우리의 관점에서 바라볼 때 이 방법들이 어째서 우리가 선택한 방법보다 덜 유용한지 설명하겠다.

인과관계란 무엇인가?

인과관계에 관해 이야기한다면, 뭔가가 다른 뭔가에 미치는 영향(효과)을 이야기하는 셈이다. 기술 용어를 쓰지 않고 말하면, 인과적 효과란 어떤 특성에 생긴 변화가 다른 특성에 일으킬 수 있는 변화다. 예컨대 세율 변화가 정부 수입의 변화를 이끌어 낸다면 세율은 정부 수입에 인과적 효과가 있다고 말한다.

기술 용어를 쓰지 않고 인과적 효과의 개념을 정의했기 때문에 사실 이 문장에 철학적 표현을 끼워 넣은 사실을 눈치채지 못했을지도 모른다. 변화를 '일으킬 수 있다'는 표현은 무슨 뜻일까? 어쨌든 세상은 현재 우리가 보는 모습 그대로다. 어떤 특성에 생긴 변화라는 말은 대체 어디서 나온 소리일까?

좋은 질문이다. 사실, 인과적 효과의 정의는 그 본질을 명확히 드러내야 하는 어떤 사고 실험에 기반한다. 예를 들어서 설명해 보겠다.

영화배우 기네스 펠트로$^{Gwyneth\ Paltrow}$는 몸과 피부 건강을 증진시킨다는 바디 바이브즈^{Body} ^{Vibes}라는 스티커를 홍보하는 구프^{Goop}라는 회사를 운영한다. 구프의 웹사이트에는 바디 바이브즈를 이렇게 소개한다.

> 사람의 신체는 이상적인 에너지 주파수에서 동작하지만, 매일 스트레스를 받고 걱정에 시달리다 보니 내부의 균형이 깨져서 활력이 고갈되고 면역계가 약해집니다. 바디 바이브즈 스티커는 이상적인 주파수에 미리 맞춰져 있어서 신체의 불균형을 바로잡습니다. 심장 근처, 왼쪽 어깨나 팔에 스티커를 붙이면 부족한 활력을 채우고 안정을 주며 긴장과 불안을 완화시킵니다. 미용사인 두 창업자는 이 스티커가 염증을 가라앉히고 세포 재생을 촉진해서 피부 미용에도 도움이 된다고 말합니다.

깨끗한 피부를 갖고 싶은 여러분이 이 스티커를 장당 6달러에 구매했다고 상상해 보자. 하지만 여러분의 친구들은 바보짓을 했다고 놀린다. 여러분의 행동을 정당화하고자 바디 바이브즈가 진짜로 피부 미용에 효과가 있다고 주장하고 싶다. 그런데 여러분이 주장하려는 바는 정확히 뭘까?

이렇게 한번 생각해 보자. 평행 세계가 하나 있어서 여러분이 바디 바이브즈 스티커를 몸에 붙이려는 순간 친구 하나가 여러분 몰래 그 스티커를 '이상적 주파수에 맞추지' 않은 똑같이 생긴 10센트짜리 스티커로 바꿔치기 했다고 상상해 보자. 이 평행 세계에서 여러분의 피부 상태가 현실 세계보다 나쁘다면 바디 바이브즈가 피부 미용에 효과가 있다고 말할 것이다. 평행 세계에서도 피부 상태가 똑같다면 바디 바이브즈는 홍보한 효과가 없다는 결론을 내려야 한다. 그리고 평행 세계에서의 피부 상태가 오히려 더 좋다면 바디 바이브즈는 역효과가 있다고 봐야 하겠다.

이 사고 실험을 확장할 수 있다. 현실 세계에서 특별히 다른 점은 없다. 다만 이미 평행 세계 하나를 상상했으니 2개를 상상하지 말란 법은 없다. 앞서 언급한 10센트짜리 스티커의 효험을 마법 수정에 비교해도 되는데, 실제로 두 가지 방법 모두 피부 미용에 써보지 않았어도 상관없다. 단지 두 상상 속의 세계를 비교하기만 하면 된다. 한 세계에서는 친구들이 여러분의 심장 근처의 왼쪽 어깨에 스티커를 몰래 붙였고, 다른 세계에서는 여러분의 주머니에 몰래 수정을 넣어 뒀다. 이와 같은 비교를 반사실적$^{反事實的,\ counterfactual}$[1] 사고 실험이라고 부르는데,

---

1 반사실적이라는 용어는 반대(counter) + 사실적(factual)의 합성어다. 현실에서 일어나지 않은 어떤 사건을 가정한다는 뜻을 지닌다. 이 용어는 이 책 전반에서 등장하므로 개념을 명확하게 이해하고 넘어가야 한다. – 옮긴이

적어도 비교할 세상 하나는 현실 세계가 아니라 상상 속에 존재하기 때문이다. 이런 사고 실험에서 비교한 결과를 반사실적 비교라고 한다.

이제는 인과적 효과의 정의에 나온, 변화를 일으킬 수 있다는 구절이 무슨 말인지 이해할 수 있겠다. 반사실적 세계는, 나머지는 실제 세계와 똑같지만 인과적 효과를 일으키는 특성이 변화한 세계이며 앞선 구절은 바로 현실 세계와 반사실적 세계에서 일어난 일을 반사실적으로 비교했음을 가리킨다.

반사실적이라는 개념은 철학적으로 다소 미묘하다. 제대로 이해했는지 확인하고자 잠재적 결과라고 부르는, 반사실성을 대표하는 수학적 틀을 소개하겠다. 잠재적 결과는 나름의 표기법이 있는데 그리 복잡하지는 않다. 표기법을 익히고 나면 인과관계가 무엇인지 훨씬 더 깊이 이해할 것이다. 지금부터 이에 관해 알아보자.

잠재적 결과와 반사실성

우리의 관심사는 어떤 조치[2](예컨대 바디 바이브즈)가 어떤 결과(예컨대 피부 미용)에 미치는 영향이다. 이 조치를 T라고 부르자. 이는 이진 변수로서 값이 0 또는 1이다. 어떤 사람이 $T = 1$이면 그 사람은 바디 바이브즈 치료를 받았다는 뜻이다. $T = 0$이면 치료를 받지 않았다는 뜻이다. $T = 1$인 대상(여기서는 사람)은 조치됨[treated], 그리고 $T = 0$인 대상을 미조치됨[untreated]이라고 표현하기도 하는데, 무엇을 조치됐다고 부르고 미조치됐다고 부를지는 순전히 임의로 정한다(이전과 반대로 바디 바이브즈를 붙이지 않은 효과를 논할 수도 있다).

마찬가지로, 관심을 갖는 결과를 Y라고 부르자. 이번 예제에서 Y는 피부 상태를 나타낸다. 형이상학적 관점에서 보면 개개인이 바디 바이브즈를 붙일 경우 나타날 피부 건강 상태가 있고, 붙이지 않을 경우 나타날 피부 건강 상태도 있다. 이 상태들이 사람마다 가질 잠재적 결과다. 하지만 어느 시점이든지 한 사람은 바디 바이브즈를 붙이거나 안 붙이거나 둘 중 하나이므로 피부 상태도 하나만 관찰할 수 있다. 그럼에도 두 가지 잠재적 결과를 고찰하면 반사실성을 명확히 이해하기에 도움이 된다.

---

2   원문인 treatment는 흔히 처리 또는 처치로 번역하는데, 이 책에서는 조치로 번역했다. 의미상 차이가 있어서가 아니라 어감상 자연스럽게 들리기 때문에 선택했다. – 옮긴이

$$Y_{1i} = \text{대상 } i \text{가 } T = 1 \text{인 경우의 결과}$$
$$Y_{0i} = \text{대상 } i \text{가 } T = 0 \text{인 경우의 결과}$$

바디 바이브즈가 어떤 사람 i의 피부 건강에 주는 효과는 i가 바디 바이브즈를 붙일 때와 안 붙일 때 피부 상태의 차이와 같다. 잠재적 결과 표기법으로 쓰면 다음과 같다.

$$\text{바디 바이브즈가 사람 } i \text{의 피부 건강에 주는 효과} = Y_{1i} - Y_{0i}$$

표 3.1에 이 내용을 더 구체적으로 정리했다. 여기서는 10명을 관찰한다. 개인마다 바디 바이브즈를 붙였는지 여부와 피부가 깨끗한지 여부를 관찰한다. 사람 i가 바디 바이브즈를 붙였으면 그 사람의 조치 상태는 $T_i = 1$이다. 붙이지 않았으면 조치 상태는 $T_i = 0$이다. 사람 i의 조치 상태가 T일 때 피부 상태가 좋으면 결과를 $Y_{Ti} = 1$, 안 좋으면 $Y_{Ti} = 0$으로 쓴다.

표 3.1에서 굵은 글씨가 사람마다 실제 나타난 결과다. 1번부터 5번까지는 바디 바이브즈를 붙였고, 따라서 실제 결과는 Y_{1i}다. 표에는 이 사람들이 바디 바이브즈를 붙이지 않았을 경우 나타났을 결과인 Y_{0i}도 보여 준다. 하지만 현실 세계에서는 이 반사실적 결과가 일어나지 않았으므로 아무도 이를 목격할 수 없다. 6번부터 10번까지는 바디 바이브즈를 붙이지 않았다. 따라서 이들의 결과는 Y_{0i}다. 이번에도 이 사람들이 바디 바이브즈를 붙였을 경우 나타났을 결과인 Y_{1i}를 함께 썼지만, 현실 세계에서는 이를 확인할 수 없다.

표 3.1 바디 바이브즈를 썼을 때와 안 썼을 때의 잠재적 결과. 개인마다 실제 관찰한 결과는 굵은 글씨로 나타냈다. 관찰할 수 없는 반사실적 결과는 보통 글씨다.

		바디 바이브즈를 쓸 때 피부 상태 Y_{1i}	바디 바이브즈를 안 쓸 때 피부 상태 Y_{0i}	사람 i의 조치 효과 $Y_{1i} - Y_{0i}$
바디 바이브즈를 쓴 사람	사람 1	**1**	1	0
	사람 2	**0**	0	0
	사람 3	**0**	0	0
	사람 4	**1**	1	0
	사람 5	**1**	1	0
바디 바이브즈를 안 쓴 사람	사람 6	0	**0**	0
	사람 7	0	**0**	0
	사람 8	1	**1**	0
	사람 9	1	**1**	0
	사람 10	0	**0**	0

표 3.1에 현실과 반사실적 세계의 잠재적 결과가 있으므로 바디 바이브즈의 개인별 효과는 $Y_{1i} - Y_{0i}$를 계산해서 확인할 수 있다. 그 결과, 바디 바이브즈가 실제로는 어떤 사람에게도 피부 개선 효과가 없음이 드러났다. 1, 4, 5, 8, 9번은 모두 피부가 깨끗하다. 하지만 이 사람들은 모두 바디 바이브즈를 쓰든 안 쓰든 피부가 깨끗할 것이다. 2, 3, 6, 7, 10번은 모두 피부가 깨끗하지 않다. 하지만 이번에도 마찬가지로, 이는 바디 바이브즈 사용 여부와 무관하다. 나중에 다시 살펴보겠지만, 여기서 중요한 점은 우리가 관찰할 수 있는 결과는 현실 세계의 결과뿐이고 현실과 다른 조치를 받은 반사실적 세계의 결과는 아니기 때문에 인과적 효과가 없음을 현실에서 확인할 길은 없다.

한 시점에 한 사람에게서 Y_{1i}과 Y_{0i} 중 어느 한쪽만 관찰할 수 있기 때문에 인과관계란 반사실적 비교와 연관 있다고 말한다. 이 말은 특정인의 피부에 작용하는 바디 바이브즈의 사용 효과를 직접 측정하지 못한다는 뜻이다. 아마도 그 덕분에 이런 사업을 할 수 있지 않나 싶다.

인과관계는 어디에 쓰나?

인과관계는 어떤 행동의 결과로 어떤 특성이 변하는 현상을 이해하기에 필요한 지식이다. 구체적으로, 의사결정에서 비용과 이득을 따지려면 여러분의 행동이 관찰하려는 결과에 어떤 영향을 주는지 알아야 한다.

예컨대 어떤 약과 심장병의 인과관계, 즉 그 약이 심장병의 발병 위험을 줄이는지 모른다면, 심장병을 다스리려고 돈 주고 약을 사는 게 좋은 생각인지 아마도 판단할 수 없겠다. 다른 여러 가지 의사결정도 마찬가지다. 정책, 연습 계획, 육아 전략, 새로운 온라인 학습법, 아니면 여러분이 맞닥뜨린 문제에서도 여러분이 어떤 식이든 세상일에 개입할지 안 할지 결정할 때 행동이 결과에 어떻게 영향을 주는지 알고 싶어진다.

앞서 소개한 사례는 반사실적 비교를 이해하기 쉬웠지만, 어떤 경우에는 반사실적 관점에서 사고하기가 성가시거나 혼란스럽다. 다음 절에서 이런 내용을 좀 살펴보자.

인과 추론의 근본적인 문제

표 3.1의 내용을 논의하면서 중요한 논점을 부각시켰는데, 바로 우리가 정의한 인과적 효과는 절대로 직접 관찰할 수 없다는 사실이다. 모든 사람은 바디 바이브즈를 붙이거나 붙이지 않거나 둘 중 하나다. 그래서 사람마다 잠재적 결과 중 한쪽만 확인할 수 있다. 그렇지만 인과적 효과는 한 개인의 잠재적 결과들의 차이다. 이처럼 본래부터 관찰할 수 없는 특성을 인과 추론의 근본적인 문제라고 부른다. 정확히 어째서 인과적 효과를 관찰할 수 없고, 이 사실이 인과관계를 이해하기에 있어서 어떤 의미를 내포하는지 살펴보자.

대학 진학이 여러분의 소득에 미치는 영향은, 여러분이 대학에 간 세계에서 버는 소득과, 여러분이 대학 진학을 결정하는 순간까지는 똑같겠지만 대학을 가지 않은 세계에서 버는 소득의 차이다. 이 중에서 적어도 한쪽 세계는 반사실적이다. 동시에 대학을 가면서 안 갈 수는 없다. 다시 말하면 여러분에게는 Y_{college}와 $Y_{\text{no college}}$라는 2개의 잠재적 결과가 있다. 다만 실제 결과는 딱 하나다. 대학에 가거나 안 가거나 둘 중 하나다. 조건이 이러하니 현실 세계의 소득은 알아도 반사실적 세계의 소득은 알 수 없으므로 대학 진학이 소득에 미치는 영향은 절대로 관찰할 수 없다.

정리하면, 인과 추론의 근본적인 문제는 어떤 시점에 한 분석 대상(사람, 농구 팀, 국가 등)은 어떤 일에 있어서 하나의 상태만 관찰할 수 있는 한계다. 따라서 어떤 일에 있어서 대상의 현재 상태와 다른 상태를 대조해서 대상에 미치는 영향을 관찰할 수 있는데, 다른 상태는 모두 반사실직이므로 알 수 없다. 여러분의 $Y_{\text{college}} - Y_{\text{no college}}$는 두 변수 중 하나만 관찰할 수 있으므로 구할 수 없다. 표 3.1에서 개인마다 실제 일어난 결과만 관찰할 수 있음을 통해 이 사실을 이미 알았다. 다른 잠재적 결과는 반사실적이다.

인과적 효과가 기본적으로 관찰 불가능한 대상이라면 인과적 질문에 대한 해답에 어떻게 다가갈까? 다행히 모든 개별 분석 대상에 미치는 효과를 알 필요가 없는 상황도 많다. 그 대신 여러 대상에 미치는 평균 효과를 알면 된다.

예컨대 미국 식품의약국^{FDA, Food and Drug Administration}이 신약을 승인하는 상황을 떠올리자. 과학자들은 약의 효험을 알고자 무작위 시험을 수행하는데, 어떤 사람들에게는 진짜 약을 처방하고(조치 집단), 다른 사람들에게는 위약을 처방한다(미조치 집단). 과학자들은 인과 추론의 근본적인 문제 때문에 한 개인이 약을 복용하는 효과를 관찰하지 못한다. 한 사람은 약을 복용하거나 안 복용하거나 둘 중 하나다. 그렇지만 미조치 집단의 평균 건강 상태와 조치 집단의 평균 건강 상태를 비교함으로써 그 약의 평균적인 효과를 측정할 수 있다(2부와 3부에서 이 과정이 어떻게 이뤄지는지 더 자세히 설명한다). 과학자들은 이런 방법으로 식품의약국이 승인 여부를 결정할 때 던지는 핵심 질문에 대답한다. 이 약을 승인하면 전 인구의 평균 건강 상태가 어떻게 변할까?

신약 승인은 평균 효과만 알아도 핵심 의사결정을 내리기에 충분한 사례다. 하지만 이와 달리 인과 추론의 근본적인 문제를 넘기기 어려운 상황도 있다. 예를 들어 법적 책임을 따지는 상황에는 조건관계(but-for) 검사라는 과정이 따른다. 이는 '에단의 행동이 아니었다면 앤서니가 해를 입지 않았을까?'와 같은 물음에 답하는 과정이다. 인과 추론의 근본적인 문제에 따르면 에단이 문제의 행동을 하지 않은 세계는 반사실적이므로 확실한 답을 알 수 없고, 그런 세계에서 앤서니에게 어떤 일이 벌어졌을지는 아무도 모른다. 그래서 조금 전 말했듯이 이 책에서 자세히 다룰 내용은 앞의 질문과 조금 다른, '평균적으로 사람들이 에단과 같은 행동을 취하면 다른 사람에게 해를 입힐 가능성이 있나?'와 같은 질문에 대답하는 방법이다. 첫 번째 질문에 답하길 바라는 법정에서는 두 번째 질문에 대한 확실한 답변이 설득력이 있을 수도 없을 수도 있다.

인과관계를 명확히 이해하려면 설령 매우 중요한 질문이더라도 확실하게 답을 내놓지 못하는 경우가 있다는 사실을 인정해야 한다.

개념적 쟁점

인과관계는 심오하고 어려운 주제다. 인과관계의 반사실적 정의는 모든 해답을 주지 않는다. 하지만 골치 아픈 개념적 쟁점을 더 명확히 이해하기에 도움을 주기도 한다. 이런 개념적 쟁점을 몇 가지 살펴보자.

원인이 무엇인가?

반사실적 접근 방식과 관련해서 사람들이 때로 좌절하는 부분은, 우리가 익숙하게 던지는 인과적 질문이 반사실적 사고의 틀에 맞지 않아 보이는 경우다. 다음 질문을 생각해 보자. 최근 금융위기 동안 주택 가격은 왜 폭락했나? 시카고 블랙호크스Chicago Blackhawks[3]는 어떻게 스탠리 컵Stanley Cup[4]을 차지했을까? 1차 세계대전이 일어난 원인은 무엇인가? 이처럼 인과적 요소를 담은 질문은 흔하다. 그러나 인과관계를 반사실적 비교 개념으로 정의하면 이런 질문들은 절대로 성립할 수 없다.

1차 세계대전의 예를 살펴보자. 널리 알려진 전쟁의 원인은 1914년 오스트리아-헝가리 제국의 후계자인 페르디난트 대공Archduke Ferdinand이 암살당한 사건이다. 암살자는 세르비아가 보스니아와 헤르체고비나를 포함하는 발칸 반도 남부의 영유권을 갖기 바랐던 무리의 일원이었고, 이 지역은 오스트리아-헝가리 제국이 1908년에 병합했다. 오스트리아-헝가리 정부는 이른바 7월의 최후통첩을 보냈는데, 이는 세르비아 정부가 절대로 받아들일 수 없는 과도한 요구였다. 세르비아가 최후통첩을 거부하자 오스트리아-헝가리는 세르비아에 선전포고를 했고, 러시아는 즉각 세르비아를 지키고자 군대를 이동했다. 독일(오스트리아-헝가리의 동맹)이 그에 답해 러시아에 선전포고를 하고 이어서 프랑스(러시아의 동맹)도 독일에 선전포고를 하면서 이 난장판이 1차 세계대전으로 이어졌다. 그렇기 때문에 페르디난트 대공 암살이 대전을 일으켰다는 주장이다.

이 주장은 우리가 논의한 사고의 틀로 이해하기에 아주 간단해 보인다. '페르디난트 대공이 암살당하지 않은 반사실적 세계에서도 1차 세계대전이 일어났을까?'라는 질문을 던질 수 있다. 반사실적 세계에서는 대전이 일어나지 않았다면, 암살이 전쟁 발발에 영향을 미쳤다는 주장이 타당하다. 하지만 이는 대공 암살이 전쟁의 유일하고 직접적인 원인이라는 주장과는 엄연히 다른 말이다. 확실히, 여러 요소가 현실과 달랐다면 1차 세계대전을 막았을지도 모른다. 분명히, 페르디난트 대공이 암살당하지 않았다면 전쟁이 일어나지 않았을지도 모른다. 하지만 애초에 오스트리아-헝가리 제국이 보스니아와 헤르체고비나를 병합하지 않았더라면 페르디난트가 암살당할 일도 없고 따라서 전쟁도 일어나지 않았을지도 모르기 때문에, 발칸 반도 남부의 병합 역시 암살만큼 전쟁의 원인을 제공한 셈이다. 마찬가지로 세르비아 정부가 7월의 최후통첩에 응했더라면 어쩌면 전쟁을 피할 수 있었을지도 모르고, 따라서

3   미국 프로 아이스하키 팀 – 옮긴이
4   북미 하키 리그(NHL)의 우승컵 – 옮긴이

최후통첩에 불응한 일 역시 전쟁의 원인이다. 얼마나 많은 원인이 존재하는지 과거로 거슬러 올라가 보자. 고생대에 살던 물고기 비슷한 생물 하나가 왼쪽이 아니라 오른쪽으로 헤엄친 결과, 우리가 아는 인류 자체가 존재하지 않아서 역시 1차 세계대전이 일어나지 않았을지도 모른다. 한편 역사책에 나오는 사례를 들어 보면, 17세기 프랑스 수학자인 블레즈 파스칼 Blaise Pascal은 안토니우스가 큰 코에 끌렸던 점을 갖고 이런 농담을 했다. "클레오파트라의 코가 조금만 낮았더라면 세계 지도가 바뀌었을 것이다."[5] 제임스 피어론 James Fearon은 이 말을 인용해서 반사실적 추리를 다룬 글에서 이렇게 물었다. "그러면 클레오파트라의 코 길이 유전자가 1차 세계대전의 원인이란 말인가?" 이쯤 되면 알겠지만, 페르디난트 대공 암살이 1차 세계대전의 원인이 아니라는 주장을 하려는 게 아니다. 대전을 일으킨 요인이 너무 많아서한 가지 이유를 꼽기가 무의미하고 오해를 불러일으킨다는 얘기다.

반사실성을 고려하기 시작하면 어떤 일이든 수많은 원인이 있다는 사실이 자명해진다. 그래서 '원인이 한마디로 무엇이냐?'라는 질문은 대답하기 어렵다. 그 대신 '이 일이 원인 중 하나인가?' 또는 '이 일이 영향을 줬는가?'라는 질문을 할 수밖에 없게끔 만든다. 이것은 아마도실망스러울 것이다.

이런 얘기를 들으면 그래도 어떤 원인이 다른 것들보다 더 중요하거나 더 직접적이라는 생각이 자연스럽게 떠오를 것이다. 이 생각이 맞다면 1차 세계대전에서 중요하거나 직접적인 원인을 논할 수는 있겠다. 어떻게 이런 원인을 찾을까?

일부 철학자들이 옹호하는 접근법은 다음과 같다. 1차 세계대전이 일어나지 않은 모든 반사실적 세계를 상상해 보자. 어떤 반사실적 세계는 중력이 없어서 1차 세계대전이 일어나지 않았다는 등 현실 세계와 아주 동떨어져 있다. 반면 현실과 꽤 비슷한 세계도 있을 텐데, 이를테면 1914년 7월 27일까지는 현실 세계와 똑같지만 7월 28일에 페르디난트 대공이 늦잠을자버린 세계다. 현실 세계와 현실에 가장 가깝지만 1차 세계대전이 일어나지 않은 반사실적세계를 비교함으로써 직접적인 원인을 파악할 수 있다. 이런 방식의 분석으로, 반사실적 비교에 기반해서 정의한 인과관계를 포기하지 않고도 '원인이 한마디로 무엇이냐?'라는 질문에그럴듯한 답을 할 수 있다. 말하자면 페르디난트 대공 암살이 클레오파트라의 코, 중력 법

---

5   안토니우스와 클레오파트라의 연애는 세계 역사에 큰 영향을 미쳤다. 예를 들면, 역사학자들은 대체로 안토니우스와 클레오파트라가 악티움 해전에서 옥타비아누스(훗날의 아우구스투스 황제)에게 패배함으로써 공화국이던 로마가 제국으로 탈바꿈하는 과정이공고해졌다고 믿는다. 이 사건이 없었다면 이후의 서양 역사가 어떻게 흘러갔을지 누가 알 수 있을까?

칙, 고생대 물고기의 변덕보다는 훨씬 더 1차 세계대전의 직접적인 원인에 가깝다고 봐야 합리적이다.

이는 괜찮은 접근법이다. 하지만 여러 원인 간의 중요도나 근접도를 원칙적으로 비교하기 어려운 경우가 많다. 역사에 관심이 있다면 대공 암살만큼이나 1차 세계대전 발발에 영향을 미친 다른 원인들을 떠올릴 수 있을 것이다. 예를 들어 많은 학자는 20세기 초반 각국의 군사 정책이 방어보다 공격을 우선함으로써 대전을 일으키는 데 한몫했다고 주장해 왔다. 군사 정책이 조금 다른 세계는 페르디난트 대공이 암살당하지 않은 세계보다 현실 세계에 더 가까울까? 그렇게 따지면 고생대 물고기가 다른 방향으로 헤엄친 세계는 현실 세계와 그렇게 큰 차이가 난다고 봐야 하나? 어려운 질문이다.

고상하진 않으나 더 친근한 내용을 소재로 논의를 하자면, NCAA 디비전^{Division} III[6]에서 (우리 학교의 유명 학생들이 스타 선수이기도 한) 시카고 마룬스$^{Chicago\ Maroons}$[7]와 에머리 이글스^{Emory} ^{Eagles}[8] 간의 여자 농구 경기를 생각해 보자. 마룬스가 이글스에 한 점 차로 뒤지고 있고 마룬스가 마지막 공격을 시도할 시간만 남았다고 가정해 보자. (농구는 한 골이 최소한 2점이니까) 마지막 공격을 성공해서 한 점 차로 승리한다. 다음날 「시카고 마룬」 신문은 마지막 샷에 초점을 맞출 테고, 기자는 심지어 마지막 샷이 승리의 원인이라는 기사까지 쓸지도 모른다.[9] 하지만 이 점에 관해 잠시만 반사실적으로 생각해 보자. 경기에서 쏜 수십 개의 샷^{shot}이 중요하다. 사실 마룬스가 성공한 모든 샷이 중요하다고 해야 타당한데, 어떤 반사실적 세계에서 그중 하나라도 놓쳤다면 나머지는 현실 세계와 똑같더라도 경기에서 졌을 것이기 때문이다. 마찬가지로 이글스가 놓친 모든 샷도 중요한데, 그중 하나라도 성공한 반사실적 세계에서는 나머지가 현실 세계와 똑같아도 이글스가 이길 수 있기 때문이다. 그렇다면 마지막 샷이 왜 그렇게 특별할까? 한 가지 가능성은 모든 이가 마지막 샷을 쏠 때 그것이 결정적이라는 사실을 알았다는 점이다. 그러나 원인이 이 기준에 들어맞는 상황은 기의 없고, 페르디난트 대공 암살의 경우는 확실히 아니다. 따라서 우리가 보기에 마지막 샷이 다른 샷보다 마룬스의 승리에 더 중요한 원인이라고 판단할 명확한 이유가 없다. 그보다 이 사례는 인생에서 기본적

---

6   전미 대학 체육 협회. 디비전 III는 체육 장학금을 주지 않는 학교들이 속한다. – 옮긴이

7   시카고 대학교 소재 팀 – 옮긴이

8   애틀랜타의 에머리 소재 팀 – 옮긴이

9   농구 팀 이름이 마룬스(밤색)이고 신문 이름도 마룬이라서 이상해 보일 것이다. 스포츠 팀이나 신문 이름을 색깔로 짓는 일도 이상해 보일 것이다. 우리 시카고 대학교는 운동 실력도 이름 짓기도 시원치 않은 편이다.

이고 어쩌면 좌절스러운 사실 하나를 잘 묘사한다고 본다. 각각의 사건은 똑같이 중요한 여러 원인을 가질 수 있다는 점이다.

반사실적 접근법에서 또 하나 놀라운 사실은, 적어도 원칙적으로는 어떤 사건에 아무런 원인이 없을 수도 있다는 점이다. 이 책의 저자들이 완전 범죄를 저질렀다고 상상해 보자. 두 저자가 동시에 원수를 쏴서 죽였고, 누가 쏜 총알이라도 치명적이라는 점도 안다. 앤서니는 심문을 받자 이렇게 말한다. "내게 죄를 물을 수 없음은 명백합니다. 내 행동은 어떤 영향도 미치지 못하니까요. 내가 총을 쏘지 않았더라도 피해자는 죽었을 겁니다." 그와 비슷하게, 에단도 호소한다. "나 역시 피해자의 죽음에 책임이 없습니다. 내가 총을 쏘지 않았더라도 그 사람은 죽었을 테니까요." 사법부는 이런 항변에 감흥이 없겠지만, 반사실적 논리는 올바르다. 어떤 사건은 혼자서는 결과를 바꿀 수 없는 여러 요소가 융합해서 일으킨 결과이기도 하다. 이 이론적인 가능성은 "1차 세계대전의 원인이 한마디로 무엇이냐?"와 같은 질문 자체가 말이 안 되는 또 다른 이유다. 앞서 언급한 모든 요소 중에서 하나만 제거해서는 전쟁을 막기에 충분하지 않을 것이기 때문이다.

인과관계와 반례

평균적인 효과가 존재함을 보여 주는 증거를 대할 때 흔히 나타나는 회의적인 반응은 반례counterexample 들기다. 아마 가족 모임에서 다음과 같은 일을 겪었을 것이다. 여러분은 독감 예방 주사가 독감에 걸릴 위험을 낮춘다는 연구를 읽었다. 이 이야기를 추수감사절 저녁 식사 모임에서 언급하면서 사랑하는 가족이 백신을 맞도록 권유한다. 하지만 백신에 회의적인 친척이 말한다. "글쎄 잘 모르겠네. 나는 작년에 예방 주사를 맞았지만 그래도 독감에 걸렸는걸." 여러 사람이 고개를 끄덕이며, 어쩌면 자기들의 친구인 아무개도 예방 주사를 맞았으나 독감에 걸렸다고 덧붙일지도 모른다.

이처럼 반례를 들어서 반대 의견을 내는 행동 뒤에 숨은 직관은 이런 식이다. "독감 예방 주사가 정말로 독감을 막아 준다면 주사를 맞은 사람은 아무도 독감에 걸리지 않을 거다. 그러므로 내가 든 반례는 백신이 효과가 없다는 뜻이다."

이런 논리는 명확한 사고를 반영하지 않는다. 증거 자료가 알려 주는 바는, 독감 예방 주사는 생물학적 특성, 독감에 노출된 정도, 주변 환경 등등이 제각각인 수많은 사람을 아우르는 평균적인 독감 위험을 낮춘다는 내용이다. 모든 개개인의 독감 위험을 아예 없앤다는 뜻이 아니다. 다만 평균적으로 독감 위험이 낮아지려면, 예방 주사가 적어도 어떤 사람한테는 확실히 독감을 막아 줘야 한다(즉 인과적 효과가 있다). 단지 정확히 누가 그 효과를 누리는지 모를 뿐이다.

잠재적 결과 표기법으로 이를 설명해 보자. 잠재적 결과는 여러분이 독감에 걸리는지 여부다. 건강하다면 $Y = 1$이라고 쓰고 독감에 걸리면 $Y = 0$이라고 쓰겠다. 그리고 조치는 여러분이 독감 예방 주사를 맞았는지 여부로서, $T = 1$이면 맞았고 $T = 0$이면 안 맞았다는 의미다.

아마도 세 부류의 사람들이 있을 텐데, 각각 반드시 아픔$^{\text{always sick}}$, 절대로 안 아픔$^{\text{never sick}}$, 백신 반응자$^{\text{vaccine responder}}$라고 부르자. 반드시 아픔과 절대로 안 아픔 부류는 잠재적 결과가 조치에 반응하지 않는다. 반드시 아픔은 백신을 맞았건 아니건 독감에 걸리고, 절대로 안 아픔은 독감에 걸리는 일이 없다. 표기법으로 나타내면

$$Y_{1,\text{always sick}} = 0 \qquad Y_{0,\text{always sick}} = 0$$

그리고

$$Y_{1,\text{never sick}} = 1 \qquad Y_{0,\text{never sick}} = 1$$

가 된다. 하지만 백신 반응자는 다르다. 예방 주사를 안 맞으면 독감에 걸리고 맞으면 안 걸린다.

$$Y_{1,\text{vaccine responder}} = 1 \qquad Y_{0,\text{vaccine responder}} = 0$$

모든 사람이 이 세 집단 중 하나에 속하는 상황에서, 예방 주사를 맞으면 독감에 걸릴 확률이 낮아진다. 다시 말해 평균적으로 조치의 효과가 있다. 여러분이 어느 집단에 속하는지는 모른다. 백신 반응자에 속할지도 모른다. 그렇기 때문에 예방 주사가 독감 위험을 낮춘다.

구체적인 예를 들어 보자. 10명이 있다고 가정하자. 1번부터 5번까지 예방 주사를 맞았고, 6번부터 10번까지 안 맞았다. 1, 3, 4, 8번은 반드시 아픔 부류라서 독감에 걸린다. 5, 6, 7, 10번은 절대로 안 아픔 부류라서 건강하다. 2번과 9번은 백신 반응자다. 2번은 예방 주사를 맞아서 건강하다. 하지만 9번은 예방 주사를 안 맞아서 독감에 걸린다.

표 3.2는 잠재적 결과와 조치의 효과를 보여 준다. 보다시피 모든 사람이 조치 효과를 보이진 않는다. 그러나 전체 10명 중에서 2명은 백신 반응자이므로 평균 조치 효과는 2/10이다. 그러므로 어떤 한 사람이 어느 부류에 속하는지 모르는 상태에서 예방 주사를 맞으면 20퍼센트 확률로 독감을 막아 줄 것이다.

이런 증거에 관해서 반례를 하나 내세워도 별 의미가 없다. 그 운 없는 친척은 아마도 1, 3, 4번처럼, 여러 상황을 종합했을 때 예방 주사가 효과가 없는 사람(즉 반드시 아픈 부류)이었을 것이다. 그렇다고 해서 다른 사람들까지 효과가 없다는 뜻은 아니다. 또한 그 친척이 다음해에도 예방 주사 덕을 못 보거나 여러분에게 효과가 없다는 뜻도 아니다. 사람들이 어느 집단에 속하는지 모르는 상황에서는 독감 예방 주사가 독감에 걸릴 확률을 전반적으로 낮추므로 각 개인도 효과를 볼 것이라는 예상이 최선이다. 더 나아가 잠재적 결과가 이진 값이 아니라서 예방 주사가 독감 증상의 심각도에 인과적 영향이 있을 수 있는 경우처럼 더 복잡한 주제는 아직 다루지도 않았다.

표 3.2 독감 예방 주사를 맞을 때와 안 맞을 때 독감의 잠재적 결과. 개인마다 실제 관찰한 결과는 굵은 글씨로 나타냈다. 관찰할 수 없는 반사실적 결과는 보통 글씨다.

		예방 주사를 맞을 때 건강 상태 Y_{1i}	예방 주사를 안 맞을 때 건강 상태 Y_{0i}	사람 i의 조치 효과 $Y_{1i} - Y_{0i}$
예방 주사 맞음	사람 1(반드시 아픔)	**0**	0	0
	사람 2(백신 반응자)	**1**	0	1
	사람 3(반드시 아픔)	**0**	0	0
	사람 4(반드시 아픔)	**0**	0	0
	사람 5(절대로 안 아픔)	**1**	1	0
예방 주사 안 맞음	사람 6(절대로 안 아픔)	1	**1**	0
	사람 7(절대로 안 아픔)	1	**1**	0
	사람 8(반드시 아픔)	0	**0**	0
	사람 9(백신 반응자)	1	**0**	1
	사람 10(절대로 안 아픔)	1	**1**	0

물론 사람마다 효과가 다를 가능성은 또 다른 중요한 개념상의 어려움을 낳는다. 그런 '이종 조치 효과heterogeneous treatment effect'는, 특히 관찰 가능한 분류 기준(예컨대 남성 대 여성, 장년 대

청년, 건강한 사람 대 허약한 사람)에 상응한다면 감지할 수도 있다. 이종 조치 효과를 확인하려면 각 집단마다 별도로 실험을 수행해서 전체 인구 집단이 아닌 개별 집단의 평균 효과를 알아볼 수 있다. 그런데 우리가 모르는 어떤 복잡하거나 모호한 이유로 인해서 사람마다 효과가 다르다면 어떻게 해야 하나? 무언가의 효과를 살펴볼 때는 평균 효과를 파악한다는 점을 명심해야 한다. 어떤 이는 평균보다 훨씬 큰 효과가 나타난다. 다른 이는 평균보다 훨씬 작은 효과만 나타난다. 심지어 어떤 이는 효과가 전혀 없거나 오히려 역효과가 나타날지도 모른다. 사람들의 차이를 만드는 요소의 정체를 모르는 이상, 평균에 관해서만 말할 수 있으며, 이는 앞서 논의한 대로 여전히 의미 있을 것이다.

인과관계와 법률

앞서 간단히 언급했지만, 인과관계에 관한 철학적 질문을 진지하게 받아들이는 분야 중 하나가 법률이다. 사법 정의를 집행하려면 책임 소재와 범위를 파악하는 일이 필수다. 앤서니가 받은 피해를 에단이 책임져야 할지 판단하고 싶으면 에단의 행동이 그 피해를 야기했는지 알아야만 한다. 하지만 이미 논의한 대로 이런 방식으로 원인을 찾으면 문제가 많다. 고생대 물고기의 행동으로부터 에단이 혐의를 받는 과실에 이르기까지 수많은 사건이 앤서니에게 피해를 주었을 수 있다. 그렇다고 해서 물고기도 책임이 있을까?

법률 분야에서도 이런 철학적 난제를 인지한다. 하지만 어떻게든 실용적인 결론을 내려서 판사와 변호사가 사법 정의를 집행해야 한다. 간단히 말하면 이 문제는 다음과 같이 해결한다.

관습법상에서 인과관계는 앞서 설명한 밀접하게 연관된 두 조건을 바탕으로 고려한다. 이 두 조건은 각각 '사실적 원인cause-in-fact'과 '근인proximate causality'이라고 부른다.

사실적 원인은 본질적으로 반사실적 인과관계다. 에단의 행동이 앤서니에게 해를 끼친 사실적 원인인지 여부는 앤서니가 에단의 행동이 없었더라면 해를 입지 않았을지 여부로 결정한다.

물론 이미 알고 있겠지만, 조건관계 검사 같은 반사실적 접근법은 그다지 엄밀하지 않다. 고생대 물고기가 애먼 방향으로 돌지만 않았어도 1차 세계대전을 피했을 수 있다. 그렇다고 이 불쌍한 물고기에게 1차 세계대전의 책임을 물을 수 있을까?

법률은 아니라고 답한다. 물고기는 낚싯바늘을 피한 셈이다. 이제 근인이 나설 차례다. 법률에서 책임 소재를 물으려면 사실적 원인이 인과 사슬에서 결과에 충분히 가까워야 한다. 이 개념은 익숙할 텐데 이전의 논의를 예로 들면 페르디난트 대공 암살이 클레오파트라의 코보다는 1차 세계대전에 더 가까운 원인(근인)이다.

그러므로 법률상 인과관계를 따지는 과정은 이렇게 진행된다. 여러분이 음식을 배달시켰는데 배달원이 부주의하게 운전해서 이웃집 차를 박았다고 생각해 보자. 여러분이 이웃의 손해에 책임이 있을까? 여러분이 음식을 배달시키지만 않았더라면 배달원이 여러분 동네에서 운전할 일도 없고 따라서 이웃집 차에 부딪힐 일도 없다고 봐야 타당하다. 그러므로 여러분의 행동은 어쩌면 이웃의 손해를 일으킨 사실적 원인일 것이다. 하지만 인과 사슬에서 여러분의 행동과 차 사고 사이에는 많은 단계가 있고, 이들은 모두 여러분 손을 벗어난 일이다. 따라서 법률상 여러분은 이웃집 차가 입은 피해에 책임이 없다.

물론 이미 말했듯이 사실적 원인과 근인의 조건을 정확히 어떻게 적용해야 하는지 알기란 까다롭다. 조건관계 검사를 적용하려면 어떤 반사실적 세계가 적절한지 알아야 한다. 또한 원인이 얼마나 결과에 가까워야 근인으로 정의할지도 주관적 판단이 개입하는 어려운 문제다. 종합해서, 인과관계에 관한 이러한 질문들은 성가시면서도 실전에서 매우 중요하다.

인과관계가 시간을 거슬러 올라갈 수 있나?

많은 사람은 인과관계가 시간의 흐름을 따라야 한다고 직감적으로 안다. 다시 말해 지금 일어난 어떤 사건은 미래에 일어날 사건에 영향을 미칠 수 있다는 뜻이다. 역으로 말하면 미래에 일어날 사건은 과거의 사건에 절대로 영향을 미치지 못한다. 실제로 인과관계를 세우려는 흔한 전략 하나는, 지목된 원인이 지목된 결과보다 대개 먼저 일어난다는 점을 보이는 방식이다.

생일 축하 카드를 예시로 들어서 이러한 직감을 확인해 보자. 현실에서 마주하는 상관관계는 이렇다. 어떤 한 주간 여러분이 받은 생일 축하 카드의 수는 여러분의 생일이 일주일도 안 남았다는 사실과 강한 상관관계가 있다. 즉 생일 전주에는 다른 어떤 주보다 생일 축하 카드를 많이 받는다.

비록 상관관계가 인과관계를 내포하지는 않지만 이 경우는 인과관계가 존재한다고 추정하는데, 다만 이는 시간 순서를 따져서 얻은 인과관계는 아니다. 생일 축하 카드를 받는다고 생일이 오진 않는다. 축하 카드를 다른 시기에 보낸 반사실적 세계가 있거나 심지어 축하 카드 자체가 사라진 반사실적 세계가 있다고 해도 여러분이 태어난 날은 어김없이 생일이 된다. 이런 경우는 오히려 인과관계가 시간을 거슬러 올라간다고 말할 수 있겠다. 생일이 다가오니까 사람들이 축하 카드를 보낸다. 여러분 생일이 다른 달인 반사실적 세계에서는 막상 현실의 생일을 앞둔 주에는 생일 카드를 더 적게 받을 것이다. 그러므로 반사실성의 정의대로라면 생일이 축하 카드를 보내는 행동에 인과적 효과를 미친다. 인과관계가 시간을 거스르는 셈이다.

이 주장에는 반론도 있다. 예를 들어 앞으로 올 생일이 아니라 생일을 예상한 행동이 축하 카드를 보내는 행동에 인과적 효과를 미친다는 주장이다. 여러분의 생일이 다가온다는 사람들의 믿음을 바꾸면 그들이 축하 카드를 보내는 행동도 바꿀 것이다. 하지만 실제 생일을 바꿔도 그 믿음을 바꾸지 않는 이상 여러분은 축하 카드를 받을 것이다. 이 주장대로라면 인과관계는 사람들의 직관에 맞게 시간의 흐름을 따른다.

논쟁은 여기서 끝이 아니다. 무엇보다도 여러분의 생일이 다가온다는 예상은 어디서 왔는가? 아마도 여러분의 실제 생일에서 왔을 것이다. 다가올 여러분의 실제 생일을 바꿔 버리면 사람들이 지금 시점에 예상하는 생일이 바뀐다(그에 따라 축하 카드를 보내는 행동도 바뀐다). 이러면 다시 시간을 거스르는 인과관계로 돌아온 듯하다. 어쩌면 아닐지도 모른다. 사람들이 지금 예상을 바꾸는 이유가 다가올 생일이 바뀌었기 때문인가? 아니면 다시 시간의 흐름에 따른 인과관계로 돌아가서 사람들에게 생일이 바뀌었다고 말했기 때문인가?

이쯤 되면 확실히 알겠지만, 지금은 이 쟁점을 해결하지 않는다. 그래도 두 가지는 명확히 알고 넘어가면 좋겠다. 첫째, 어떤 일이 다른 일보다 먼저 일어났다는 사실 자체만으로는 전자가 후자를 일으켰다고 확신할 수 없다. 둘째, 인과관계가 시간을 거스를 수 있느냐 없느냐에 상관없이 인과적 효과는 항상 반사실성 개념으로 정의할 수 있다.

인과관계는 물리적인 연결 고리가 있어야 하나?

많은 사람이 공감하는 또 다른 직관은 인과관계가 물리적인 연결 고리가 있어야 한다는, 앞으로 **물리주의**physicalism이라고 부를 관점이다. 당구공은 다른 당구공에 부딪혀야 영향을 미친다. 어쩌면 그런 물리적인 연결 고리는 항상 인과관계의 기저를 이룰 수도 있다.

물론 인과적 효과가 물리적인 연결 고리를 통해서 일어나는 사례도 많지만, 물리적인 연결 고리가 꼭 필요하지는 않다고 볼 타당한 논리가 있다. 감옥에 가기가 두려워 은행 강도 짓을 단념한 사람을 생각해 보자. 이 사람의 행동은 경찰, 법정, 형법, 수감 제도의 존재에 영향을 받았다. 형사 사법 체제는 이 사람이 범죄를 저지를지 여부와 물리적인 연결 고리가 없음에도 영향을 미쳤다. 앞선 논의에서 생일이 축하 카드를 보내는 행동에 미친 영향도 생각해 보자. 생일은 실존하는 대상이 아니다. 생일과 축하 카드 발송이 물리적인 연결 고리를 통해 일어난다는 말이 대체 무슨 뜻인지조차 알기 어렵다.

물리주의를 옹호하는 사람은 어쩌면 창의성을 발휘해서 형사 사법 체제가 범죄에 미치는 영향을 순수한 물리적 용어로 기술할 수 있다고 주장할지도 모른다. 과거에 체포돼서 유죄를 선고받은 범죄자를 본 기자가 신문에 그 내용을 기사화하고, 앞서 언급한 그 사람은 빛이 안구에 도달하는 복잡한 과정을 거쳐서 이 기사를 읽고, 그 사람의 두뇌 속에서 다양한 화학적, 전기적 연결이 일어나서 마침내 범죄를 단념하게 만들지도 모른다. 생일과 축하 카드 사이에도 비슷한 방식을 시도해 볼 수 있다.

이번에도 명확한 해답은 주지 않겠다. 물리주의를 둘러싼 논쟁에서 양쪽 모두 합리적인 주장을 내세운다. 중요한 점은, 반사실적으로 정의하고 당구공 비유처럼 단순한 상식 수준의 물리적인 연결 고리에 의존하지 않는 인과관계를 생각할 수 있다는 사실이다.

인과관계가 반드시 상관관계를 내포하지는 않는다

상관관계가 반드시 인과관계를 내포하지는 않는다는 명제는 이미 동의했다. 아마도 놀랍겠지만 인과관계 역시 반드시 상관관계를 내포하지는 않으며, 기대한 방향의 상관관계를 내포한다는 보장도 없다. 어떤 특성이 다른 특성에 부정적인 영향을 미치지만, 두 변수가 양의 상관관계를 보이는(또는 정반대의 상황인) 다양한 사례가 있다.

최근 어떤 집을 찾아간 소방관의 수와 그 집에 일어난 화재 피해 정도 사이에는 아마도 강한 양의 상관관계가 있을 것이다. 하지만 우리가 생각하기에 소방관들은 대개 화재 피해를 줄여준다. 달리 말하면 불 끄러 온 소방관이 적을수록 화재 피해는 커질 것이라고 예상한다.

그렇다면 어째서 양의 상관관계가 나타날까? 소방관들은 대체로 불이 난 집을 찾아간다. 그러므로 소방관들이 화재 피해를 얼마간 줄여 주지만, 그들이 찾아간 집은 화재 피해를 입을 가능성이 더 크다. 따라서 상관관계가 있다고 해서 인과관계가 있다는 결론을 내리면 안 될 뿐더러 인과관계가 있다는 이유만으로 현실의 상관관계가 간단명료하게 그 인과관계에 상응할 것이라고 가정해도 안 된다.

정리

인과관계의 존재 여부를 파악하기는 양적 분석의 기본 목표 중 하나다. 단, 이 목표를 이루려면 인과관계가 무엇을 뜻하는지 명확히 사고해야 한다.

우리는 반사실성을 도입한 사고 실험이 인과관계를 개념화하기에 가장 좋은 방법이라고 믿는다. 조치가 결과에 인과적 효과를 미치려면 조치가 다를 때 결과도 달라져야 한다. 현실 세계에서는 물론 조치는 하나뿐이다. 현실 세계와 조치가 다른 반사실적 세계를 관찰해서 결과도 다른지 알 수는 없다. 이것이 인과 추론의 근본적인 문제다.

인과적 효과를 직접 관찰할 수 없다고 해도 데이터 분석이 인과적 효과를 이해하기에 도움을 줄 수 있다. 구체적으로, 개개인에 작용하는 효과를 직접 관찰할 수 없더라도 전체 모집단의 평균 효과는 알 수 있다.

이 과정에서 상관관계를 비롯한 양적 분석 지식을 신중하게 적용해야 한다. 2부에서는 상관관계를 수립하고 정량화하는 방법을 더 자세히 논의한다. 이로써 3부에서 인과적 효과를 추정할 때 명확히 사고할 수 있는 준비를 갖출 것이다.

핵심 용어

- **인과적 효과**: 일상 표현으로는 어떤 특성이 바뀌면 다른 특성에 일으키는 변화다. 엄밀한 표현으로는 어떤 대상이 서로 다른 두 조치를 받을 때 나타나는 잠재적 결과의 차이다.
- **바디 바이브즈**: 구프라는 회사가 피부 미용에 효과가 있다고 주장하는 스티커. 저자들

은 바디 바이브즈를 홍보하지 않는데, 주된 이유는 경쟁 제품을 출시할 계획이기 때문이다. 바로 브레인 바이브즈^{Brain Vibes}. 이 스티커를 관자놀이에 붙이면 명확한 사고를 하게 된다.

- **반사실적 비교:** 두 세계나 일의 상태가 서로 다르고 그중 적어도 하나는 현실이 아닌 상황에서, 그 두 상태를 비교하기.
- **조치:** 세상에 어떤 식이든 개입하는 행동을 나타내는 용어. 주로 인과적 효과를 생각할 때, 조치가 있거나 없으면 어떤 일이 벌어지는지 알고자 할 때 이 용어를 사용한다. 이 단어가 꼭 의학 용어처럼 들리지만, 다른 대상에 영향을 미칠 수 있는 무엇이라도 가리킬 수 있다.
- **잠재적 결과의 틀:** 반사실성을 대표하는 수학적 사고의 틀.
- **잠재적 결과:** 어떤 대상이 어떤 조치 상태에서 갖는 잠재적 결과는 그 대상이 (아마도 반사실적인) 그 조치를 받을 때 나타나는 결과다.
- **인과 추론의 근본적인 문제:** 한 시점에 어떤 대상에 취한 조치 상태를 하나만 관찰할 수 있으므로 조치의 인과적 효과를 절대로 직접 관찰할 수 없다는 사실을 가리킨다.
- **이종 조치 효과:** 어떤 조치의 효과가 각 관찰 대상마다 다르면 (독감 예방 주사를 비롯해서 사실상 모든 흥미로운 인과관계의 사례에서 나타나듯이) 조치 효과가 이종이라고 말한다. 조치 효과가 이종이더라도 여전히 평균 효과를 알고 싶은 경우가 있고, 또한 이종 효과의 본질을 따로 탐구하고 싶은 경우도 생긴다(대조적으로 모든 대상에서 조치 효과가 똑같은 드문 가능성을 논의할 때는 동종^{homogenous} 조치 효과라고 부른다).

연습 문제

3.1   사라^{Sarah}는 배고프다고 말한다. 존^{John}이 그녀에게 피자 한 조각을 건넨다. 사라는 피자를 받아먹은 뒤 더이상 배고프지 않다고 말한다.

(a) 인과 추론의 근본적인 문제에 따르면 사라가 피자를 먹은 행동이 배고픔을 면하는 데 인과적 효과를 미쳤는지 알 수 없다. 이 말이 맞을까? 설명해 보라.

(b) 그럼에도 피자를 먹은 행동이 배고픔을 면하는 데 영향을 미쳤다고 믿을 만한 이유가 있다고 보는가? 왜 그렇게 생각하는지 설명하라.

(c) 존이 피자를 건넨 행동이 사라가 배고픔을 면하는 데 인과적 효과가 있다고 믿을
만한 이유가 있을까? 여러분의 판단으로 존의 행동이 인과적 효과를 일으킨다고 믿
는 이유가, 사라가 피자를 먹은 행동이 인과적 효과를 일으킨다고 믿는 이유보다
나은가 못 한가?

3.2 정부는 공공 건강 캠페인의 일환으로 음주를 법으로 금하려 한다. 금주법 실행을 조치
T라고 생각하자. 정부가 금주법을 실행하면 $T = 1$이고 그렇지 않으면 $T = 0$이다.

개인마다 술을 마시거나 안 마신다는 이진값 결과를 생각해 보자. 사람 i가 조치 상태
T에서 술을 마시면 잠재적 결과는 $Y_{Ti} = 1$이라고 쓰고, 술을 마시지 않으면 $Y_{Ti} = 0$이
라고 쓴다.

이 사회에는 상시 음주자, 합법적 음주자, 비음주자 이렇게 세 집단이 있다고 생각해
보자. 상시 음주자는 금주법에 아랑곳하지 않고 술을 마신다. 합법적 음주자는 법이 허
락할 경우에만 술을 마신다. 비음주자는 어떤 경우라도 술을 입에 대지 않는다.

(a) 잠재적 결과 표기법과 숫자(0 또는 1)를 써서 각 집단마다 나타나는 두 가지 잠재적
결과를 작성하라.

(b) 잠재적 결과 표기법과 숫자(0 또는 1)를 써서 금주법 실행이 각 집단의 음주에 미치
는 인과적 효과를 작성하라.

(c) 사회 전반적으로 금주법이 효과를 발휘하는가?

(d) 친구들과 점심을 먹는데 한 친구가 이렇게 말한다. "우리 삼촌은 금주법을 시행
하는 동네에 살지만 그 주변은 다들 술을 마시는 걸로 봐서 금주법은 아무 쓸모가
없다고 생각해." 앞서 작성한 내용을 바탕으로 이 말이 어째서 설득력 있는 주장이
아닌지 설명하라.

3.3 미 공화당 전국 위원회RNC, Republican National Committee는 상담가 3명을 고용해서 2020년 대
선에서 진 이유를 분석해 달라고 요청했다. 첫 번째 상담가는 텔레비전 광고를 충분히
내보내지 않았다고 답했다. 두 번째 상담가는 우편 투표를 비판하기보다 지지자들에
게 더 많이 투표하도록 호소했어야 한다고 지적했다. 세 번째 상담가는 도널드 트럼프
Donald Trump가 COVID-19 대유행에 더 적절히 대응하고 선거 유세에 더 열정을 쏟아야
했다고 결론지었다. 이처럼 명백히 서로 다른 진단으로 혼란스러워진 위원회는 양적

분석가인 여러분을 고용해서 이 세 가지 가능성을 두고 결론을 내려 달라고 한다. 여러분은 뭐라고 대답하겠는가? 어떤 과정을 거쳐 판단을 내리겠는가?

3.4 2016년 US 오픈 골프 토너먼트에서 마지막 라운드의 선두인 더스틴 존슨^{Dustin Johnson}은 5번 홀에 있었다. 다음 퍼팅을 준비하는 동안 공 주변의 땅을 골프채로 두드렸는데 공이 움직였다. 당시 규칙으로는 비록 고의가 아니더라도 선수가 공을 움직이게 한 사실이 거의 확실하면 벌점을 줬다. 심판진은 인과관계 전문가인 여러분에게 상황을 판단해 달라고 요청했다. 그들은 다음과 같이 주장한다. 각 주장마다 전문가의 의견을 들려 달라.

(a) 존슨(그리고 그의 골프채)은 공을 건드리지 않았으므로 공이 움직이게 할 수 없었을 것이다.

(b) 공이 움직인 진짜 원인은 골프장 관리인이므로 존슨은 벌점을 받으면 안 된다. 관리인이 그날 아침에 잔디를 그렇게 짧게 깎고 다듬지 않았더라면 공은 움직이지 않았을 것이다.

(c) 실증주의 심판이 같은 잔디에 공을 놓아 둔 다음 골프채로 공의 주변을 두드렸지만 공은 움직이지 않았다. 그러므로 존슨은 행동은 공이 움직이게 한 원인이 될 수 없다.

(d) 심판 한 명이 그 사건을 가까이서 지켜봤고, 존슨이 공 주변을 골프채로 두드리지 않았다면 공은 움직이지 않았을 것임을 사실상 확신한다고 말했다. 그러므로 그가 공을 움직이게 만들었고 벌점을 받아야 한다.

읽을거리

구프의 웹사이트에서 바디 바이브즈에 관한 내용을 읽을 수 있다. 우리가 마지막으로 확인한 시점은 2020년 6월 15일이다. http://goop.com/wearable-stickers-that-promote-healing-really/

블레즈 파스칼이 클레오파트라의 코를 언급한 문장은 17세기에 발간된 그의 유고집 『팡세^{Pensées}』에서 인용했다.

클레오파트라의 코 길이를 결정한 유전자를 논하면서 반사실적 추론을 다룬 글은 다음과 같다.

James D. Fearon. 2011. "Counterfactuals and Hypothesis Testing in Political Science." World Politics 43(2):169–195.

인과관계의 반사실적 정의와 잠재적 결과 및 이를 둘러싼 논쟁에 관해 더 읽고 싶으면 다음 문헌을 참고하라.

David Lewis. 1973. "Causation." Journal of Philosophy 70:556–67.

Paul W. Holland. 1986. "Statistics and Causal Inference." Journal of the American Statistical Association 81(396):945–60.

Stephen Mumford and Rani Lill Anjum. 2014. Causality: A Very Short Introduction. Oxford University Press.

더불어 피터 멘지스Peter Menzies와 헬렌 비비Helen Beebee가 스탠퍼드 철학 백과Stanford Encyclopedia of Philosophy에 쓴 훌륭한 입문서도 있다. https://plato.stanford.edu/entries/causation-counterfactual/.

관계가 존재하는가?

상관관계는 변이가 있어야 한다

4장에서 다루는 내용

- 두 변수의 상관관계는 변이가 없다면 알아낼 수 없다.
- 교육이나 의약에서 로켓 과학에 이르기까지 삶의 여러 영역에서 사람들은 이러한 변이 없이 상관관계를 주장하려는 함정에 빠진다.
- 사람들이 이런 실수를 저지르는 특히 흔한 방식은 '종속 변수의 취사 선택'인데, 이는 어떤 현상이 일어난 경우만 살펴보고 그 현상이 일어나지 않은 경우와는 비교하지 않는 오류다.
- 많은 제도적 절차가 자신도 모르게 종속 변수를 취사선택하게끔 밀어붙인다.

들어가며

2장에서 두 특성 사이의 상관관계란 이들이 함께 일어나는 경향의 정도라고 얘기했다. 논의 시작 부분에서 석유 생산과 전제주의에 상관관계가 있는지 생각해 봤다. 이를 알아보고자 표 4.1에 나타난 국가 수준의 데이터를 살펴봤다.

석유 생산과 전제주의 사이에 상관관계가 있는지 판단하려고, 주요 산유국 중 전제주의 국가의 비율과 주요 산유국이 아닌 국가 중 전제주의 국가의 비율을 비교했다. 이렇게 비교하려면 네 가지 정보, 즉 전제주의인 주요 산유국 수, 민주주의인 주요 산유국 수, 전제주의인 비산유국 수, 민주주의인 비산유국 수가 필요했다. 이 중 하나라도 없으면 석유 생산과 전제주의 사이에 상관관계가 있는지 파악할 수 없을 것이다.

왜 그런지 보려면 한번 민주주의인 주요 산유국의 수를 모른다고 가정해 보자(전체 국가 수에서 나머지 세 유형의 국가 수를 빼서 9라는 수를 역산해도 안 되므로 당연히 전체 국가 수도 몰라야 한다). 그래도 여전히 주요 산유국이 아닌 국가 중 약 20퍼센트($\frac{29}{147}$)는 전제주의라는 사실을 안다. 하지만 이제는 주요 산유국 중 전제주의 국가의 비율은 모른다. 어떤 값이든 될 수 있다. 만일 민주주의인 주요 산유국이 11개로 밝혀지면 주요 산유국 중 50퍼센트($\frac{11}{22}$)는 전제주의이므로 양의 상관관계가 성립한다. 민주주의인 주요 산유국이 99개로 밝혀지면 주요 산유국 중 단지 10퍼센트($\frac{11}{110}$)만이 전제주의이므로 음의 상관관계가 존재할 것이다. 민주주의인 주요 산유국이 44개면 주요 산유국 중 전제주의의 비율은 주요 산유국이 아닌 경우와 같은 20퍼센트($\frac{11}{55}$)가 돼 상관관계는 존재하지 않는다. 그러므로 2장에서 의원의 추문을 논의할 때 봤던 대로 네 가지 정보를 모두 알아야 상관관계를 파악할 수 있다.

표 4.1 석유 생산과 정부 형태

	주요 산유국이 아님	주요 산유국임	합계
민주주의	118	9	127
전제주의	29	11	40
합계	147	20	167

상관관계에는 변이가 필요하다는 말은 바로 이런 뜻이다. 두 변수가 상관관계가 있는지 알려면 양쪽 변수에서 변이를 관찰해야 한다. 주요 산유국과 아닌 국가의 수를 살펴야만 한다. 그리고 각 집단에서 전제주의와 민주주의의 수를 살펴야만 한다. 어느 한쪽에서만 변이를 관찰해서는 부족하다. 2장에서 주어진 5개의 문장 중에서 무엇이 상관관계를 기술하는지 물었을 때 답이 아닌 3개 문장의 문제점은 한쪽 변수에는 변이가 없었다는 점이다.

이처럼 두 가지 값만 나타나는 단순한 예제를 기반으로 생각하면, 상관관계에는 변이가 필요하다는 말이 명백해 보일지 몰라도 실제로 경험해 보면 그렇지 않다. 사실 상관관계를 수립하면서 변수의 변이를 고려하지 않는 실수는 생각보다 꽤 흔하다.

4장에서는 이런 종류의 실수를 살펴보고, 이런 실수가 왜 그렇게 흔히 발생하는지 밝히고자 한다. 넓게 보면 사람들이 종종 변이 없이 상관관계를 수립하려고 하는 밀접한 두 가지 이유가 있다고 생각한다. 첫 번째 이유는 '종속 변수^{dependent variable}'의 취사 선택이다. 두 번째 이유는 종종 이 세상이 사람들로 하여금 이러한 실수를 하게끔 밀어붙이도록 만들어졌다는 점이다.

4장은 이 책에서 사례가 가장 많이 등장한다. 여기엔 이유가 있다. 지금까지 알아낸 바로는 상관관계에는 변이가 있어야 한다고 설명하는 당시에 사람들은 대체로 이해했다는 듯이, 동의한다는 뜻으로 고개를 끄덕인다. 사실 이는 일상 언어로 표현하면 명백한 내용이라서 많은 사람은 이 점이 큰 문제가 될 수 있다고 생각하지도 않는다. 그러고는 그 실수를 곧바로 저질러 버린다. 똑똑한 사람들조차 중대한 상황에서 이런 실수를 저지르는 사례를 많이 보여 줌으로써 이런 문제가 실존하고 이런 오류를 피하려면 명확하게 사고하고 정말로 노력하고 집중해야 한다고 여러분을 설득하고 싶다.

종속 변수의 취사 선택

어떤 현상을 설명하거나 예측하고 싶을 때 자연스럽게 과거에 일어난 같은 현상을 먼저 살펴보려는 충동이 생긴다. 이를 '종속 변수의 취사 선택^{selecting on the dependent variable}'이라고 부른다. 그러나 일어난 현상의 사례만 찾아본다면 현상이 일어나거나 안 일어나는 변이가 없으므로 변이 없이 상관관계를 파악하려는 셈이다. 마치 민주주의 국가를 살펴보지 않고 전제주의 국가의 상관관계만 찾는 경우와 같다. 이래서는 옳은 결과를 얻을 수 없다.

종속 변수란 예측하거나 설명하려는 현상을 표현하는 변수다. 앞선 설명은 종속 변수의 변이를 살펴보는(전제주의 국가와 민주주의 국가를 비교하는 등) 대신 종속 변수의 값을 근거로 살펴볼 사례를 선택(전제주의 국가만 살펴보는 등)하는 실수이므로 이를 '종속 변수의 취사 선택'이라고 부른다.

예를 몇 가지 들어 보자. 2008년 금융위기가 일어난 후 다음 금융위기를 예측하고 싶어하는 학자들과 기자들은 막대한 시간과 에너지를 들여 역사 기록에 나오는 과거 위기들의 패턴을 찾고자 했다. 말콤 글래드웰^{Malcom Gladwell}은 자신의 책 『아웃라이어^{Outliers}』(김영사, 2009)에서 높은 성과를 거둔 사람들의 이야기를 반복함으로써 개인의 성공과 연관된 유사점을 찾고자 했다. 미 의회는 아프가니스탄에서 미국의 반란 진압 전략을 수정하고자 1980년부터 발생한 모든 자살 테러 운동을 연구한 학계 전문가로부터 자살 테러의 연관성에 관한 증언을 듣고 공통된 특징을 찾으려 했다.

이처럼 예측하려는 사건의 과거 사례에서 공통점을 찾는 일은 자연스러워 보이지만, 이는 사실 실책이다. 상관관계에는 변이가 있어야 한다. 방금 언급한 각 사례는 종속 변수에 변이가 있었다면 훨씬 더 유익했을 것이다.

금융위기나 자살 테러 공격의 상관관계를 비슷한 역사적 사례의 공통점을 살펴봐서는 파악할 수 없다는 주장은 언뜻 직관에 반하는 듯 보인다. 그러나 상관관계에는 변이가 있어야 한다는 사실을 안 이상, 이런 실수는 인지하기가 제법 쉽다. 이전에 살펴본 사례를 들어서 설명하면 방금 언급한 사례들은 마치 비산유국 데이터 없이 산유국의 상관관계를 찾는 것과 같다!

이 모든 사례의 주된 개념상 오류를 다른 방식으로 알아보고자 한다. 먼저 말콤 글래드웰의 『아웃라이어』의 핵심 주장인 이른바 1만 시간 법칙부터 살펴보자.

1만 시간 법칙

이는 어떤 어려운 기술을 익히려면 1만 시간 동안 진지하게 연습해야 한다는 개념이다. 대단한 성취를 이룬 사람을 만나려면, 재능도 중요할지 모르지만 일단 이처럼 1만 시간 동안 연습한 사람을 찾으라는 말이다.

글래드웰은 당연히 대단한 성공을 예측하는 데서 멈추려 하지 않는다. 그는 1만 시간 법칙에 인과관계가 있으리라 생각한다. 이 말이 사실이라면 엄청난 여파를 불러올 것이다. 연습만 충분히 하면 어느 누구라도 거의 어떤 일이든 이룰 수 있을 것이기 때문이다.

하지만 인과관계를 주장하기는 아직 이르다. 인과관계를 생각하기에 앞서 그가 내세운 증거가 1만 시간의 연습과 대단한 성공 사이에 상관관계가 있다고 주장하기에 충분한지부터 알아야 한다. 먼저 이 점부터 살펴보자.

글래드웰은 "1만 시간 법칙이 성공에 관한 일반적인 법칙인가?"라는 물음을 던졌다. 그리고 그가 결론 내린 대답은 '그렇다'다. 그는 '모든 위대한 성취의 표면을 파고들어 가면' 같은 패턴이 보인다고 말했으며, "사실상 모든 성공담은 … 다른 동료보다 열심히 노력한 사람이나 집단이 나온다"라고 말했다. 그는 빌 게이츠[Bill Gates]에서 비틀즈[Beatles]에 이르기까지 성공 사례를 늘어놓으면서, 위대한 성취자들이 1만 시간을 쏟아부었다는 사실을 보여 준다. 그는 이들이야말로 연습이 성공을 이끈다는 사실을 뒷받침하는 강력한 증거라고 결론짓는다.

이 증거를 좀 더 명확하게 사고해 보자. 글래드웰은 우리에게 무엇을 보였나? 물론 위대한 성취자들을 한 명도 빠짐없이 살펴보지는 않았다. 하지만 많은 위대한 성취자가 최소한 1만 시간은 연습을 했음을 보여 줬다. 문제는 그가 위대한 성취를 이루지 못한 사람들에 관해서는 아무것도 알려 주지 않았다는 점이다. 『아웃라이어』에 제시된 증거를 표로 나타내면 표 4.2처럼 보일 것이다.

표 4.2 위대한 성취자들은 1만 시간 이상 연습한다.

	위대한 성취자	위대한 성취자가 아님	합계
1만 시간 연습함	다수	?	
1만 시간 연습하지 않음	거의 없음	?	
합계			

설령 대부분의 위대한 성취자들이 1만 시간 동안 연습했다는 주장은 옳다고 인정하더라도 이것만으로는 1만 시간의 연습이 위대한 성공과 상관관계가 있는지 알 수 없다. 상관관계는 변이가 있어야 한다. 글래드웰은 종속 변수를 취사 선택했기 때문에 그의 데이터에는 성취에 관한 변이가 부족하다. 1만 시간의 연습이 성공과 상관관계가 있는지 알려면 대부분의 위대한 성취자들이 1만 시간 연습했다는 관찰만으로는 부족하다. 성취를 이루지 못한 사람들의 연습량도 알아야 한다.

물론 그의 분석은 우리가 이전에 몰랐던 정보를 제공한다. 일단 지금은 그가 자신의 주장에 맞는 이야기만 고르지 않았다고 가정하자(실제로는 그런 이야기만 골랐다. 그는 작가이지 과학자는 아니다). 그렇다면 대성공을 거둔 사람들 대부분은 성공을 거두기까지 1만 시간을 연습했다는 사실을 알 수 있다.

비록 이것만으로는 상관관계를 측정하기에 부족하지만, 글래드웰과 그의 옹호자들은 위대한 성취자가 아닌 일반 대중 대다수는 1만 시간씩 연습하지 않는다는 점은 사람들이 이미 대강 공감하지 않느냐고 주장할지도 모른다. 이 말이 사실이라면 그가 비록 정확히 상관관계를 측정하지는 않았지만 그 분석으로써 연습과 성공 사이의 상관관계에 관한 우리의 믿음을 크게 바꿀 것이다. 일반 대중에게서 보편적인 성질은 이미 알기 때문에 특정 집단에서 그와 다른 성질이 우세하다는 점만 보여도 유용하리라.

아마도 그럴 것이다. 그러나 이러한 분석이 우리에게 뭔가 가르쳐 줄 수 있을지는 아직 의구심이 든다. 왜냐하면 아마 대부분의 사람들도 뭔가 연습하는 데 1만 시간 이상을 쏟았겠기 때문이다. 앤서니는 골프장에서 1만 시간을 보냈지만 타이거 우즈Tiger Woods만큼 골프를 치지 못한다. 에단은 기타 연주에 1만 시간을 쏟았지만 지미 핸드릭스Jimi Hendrix만큼 연주하지 못한다. 여러분이 만약 5년간 어떤 일을 전업으로 하고도 그 분야에서 최고의 성공을 거두지 못했다면, 여러분은 글래드웰이 신경 쓰지 않은 표 4.2의 오른쪽 위에 존재하는 수많은 사람 중 한 명이다.

그리고 그가 재능 있는 작가라는 사실도 명심해야 한다. 절대로 그럴 리 없겠지만 앤서니가 마스터스Masters 대회에서 우승한다면, 그는 앤서니가 전업 대학 교수임에도 어떻게 오랜 시간 훈련하고 실패를 맛보고 더욱더 열심히 훈련해서 마침내 스포츠 역사에서 가장 대단한 신데렐라 이야기를 이끌어 냈는지에 관해 영감과 확신을 주는 이야기를 쓸 것이다(잠시 달콤한 상상에 취해 보자). 하지만 그보다 훨씬 높은 가능성으로 앤서니는 무언가 좋아하고 열중하되 엄청난 성공을 거두지는 못하고 글래드웰의 분석 대상이 되지도 못한, 수십억까지는 아니지만 수백만 명 중 한 사람으로 기꺼이 남을 것이다.

여러분이 얼마나 이해했는지 시험하고자 다른 상황에서 글래드웰과 비슷한 주장의 문제점을 살펴보자. 같은 주장을 되풀이하지만, 이번에는 문제를 더 명확하게 드러낼 가상의 사례다.

1만 명이 거주하는 마을에 갑자기 질병이 유행한다고 생각해 보자. 한 달 사이에 500명이 같은 증상을 보였고, 지역 보건소는 질병의 원인을 알고 싶다. 그래서 환자 500명의 병력을 조사해서 공통점을 찾는다. 조사 과정에서 환자 500명 모두 입원 전날 같은 곳에서 나온 같은 음료를 마셨다는 사실을 알아냈다.

표 4.3은 이 가공된 이야기에 나온 데이터를 보여 준다.

표 4.3 아픈 사람이 마신 음료(가짜 데이터)

	아픈 사람	건강한 사람	합계
음료를 마심	500		
음료를 마시지 않음	0		
합계	500		

음료와 질병에 관한 사실은 『아웃라이어』에서 연습과 성공에 관한 사실과 정확히 일치한다. 아픈(성공한) 사람 모두 같은 음료를 마셨다(1만 시간 연습했다). 그렇다면 확실히 그 음료 섭취 (1만 시간 연습)는 질병(대성공)을 예측하는 중요한 요소다. 누군가 또 아플 가능성이 높은지 알아내려면 마을을 돌아다니며 누가 그 음료를 마셨는지 찾아야 한다. 그렇지 않은가?

문제의 음료가 수돗물이라는 사실을 알려 줬다고 하자. 질병의 '패턴'에서 음료와 질병의 상관관계를 알 수 있다는 주장은 이제 의심스러워 보인다. 어째서? 많은 사람이 매일 수돗물을 마시기 때문이다. 사실 이 상상 속 마을에서 환자 500명은 모두 수돗물을 마셨지만, 나머지 9,500명도 수돗물을 마셨다. 표 4.4에 잘 나타나듯이 음료와 질병 사이에는 사실 상관관계가 없다. 환자 100퍼센트와 건강한 사람 100퍼센트가 그 음료를 마셨기 때문이다.

표 4.4 아픈 사람과 건강한 사람이 마신 음료(가짜 데이터)

	아픈 사람	건강한 사람	합계
음료를 마심	500	9,500	10,000
음료를 마시지 않음	0	0	0
합계	500	9,500	10,000

1만 시간 법칙도 이와 마찬가지로 글래드웰이 제시한 데이터로는 입증할 수 없다. 물론 많은 성공한 사람은 열심히 연습한다. 그와 동시에 크게 성공하지 못한 사람도 열심히 연습한다. 기나긴 시간 연습하고 셀 수 없이 많은 공연을 했지만 비틀즈가 되지 못한 모든 밴드를 생각해 보라.

젊은 세대의 타락

1980년대 록 음악을 좋아한 미국 아이들은 (부모님께 물어보자) 부모 음악 재원 센터[PMRC, Parents Music Resource Center]를 기억할지도 모른다. PMRC는 록 음악에 부적절한 내용이 날로 늘어간다고 인식하고 이에 반대하는 로비 단체였다. PMRC 설립자 중에서는 훗날 부통령이 되는 앨 고어^Al Gore의 아내 티퍼 고어^Tipper Gore가 제일 유명한데, 프린스^Prince의 노래 가사에 충격을 받아서 활동을 시작했다.

PMRC는 노골적인 가사가 젊은이들을 타락시켜서 자살, 성범죄, 심지어 살인까지 일으킨다고 주장했다. 그들은 '포르노 록' – 여기엔 브루스 스프링스틴^Bruce Springsteen의 노래 'I'm on Fire'가 성적인 농담을 담고 있다는 이유로 포함된다 – 을 경멸했다. 1985년 상원 의회의 상업, 과학, 교통 위원회는 청문회를 열었다. 컨트리음악 가수인 존 덴버^John Denver로부터 트위스티드 시스터^Twisted Sister의 디 스나이더^Dee Snider에 이르기까지 다양한 장르의 음악인들이 PMRC의 입장에 반대하는 증언을 했다. 하지만 PMRC가 이겼다.

그들의 주장을 조금 살펴보자. PMRC의 상담가인 제프 링^Jeff Ling의 증언은 이렇다.

> 오늘날 많은 앨범이 자살, 폭력적 보복, 성범죄, 폭력을 위한 폭력 등을 부추기는 노래를 담고 있습니다. … 스티브 부셰^Steve Boucher의 사례를 봅시다. 스티브는 AC/DC의 'Shoot to Thrill'을 듣던 중 사망했습니다. 스티브는 아버지의 총을 자기 입에 쐈습니다. … 며칠 전 저는 샌안토니오에서 연설을 했습니다. 제가 도착하기 전날, 고등학생 하나가 죽었습니다. 그 학생은 축구장에 테이프 플레이어를 가져갔죠. 그는 AC/DC의 'Shoot to Thrill'을 들으면서 목을 맸습니다. 자살 열풍이 우리 사회의 십대들을 휩쓸고 있습니다. 올해에만 약 6,000명이 목숨을 잃을 겁니다. 이 젊은이들은 죽음을 긍정적이고 매력적인 선택으로 포장하는 록스타들의 부추김을 받습니다. … AC/DC는 알다시피 오랫동안 폭력적인 소재를 다뤘습니다. … 그들의 팬 중 하나는 여러분도 아실 피의자 나이트 스토커^Night Stalker[1]입니다.

링의 주장은 젊은이들의 타락에 대항하는 운동가의 전형적인 형태로서 다음과 같다.

1. 일부 젊은이들이 부적절하게 행동한다.
2. 부적절하게 행동하는 젊은이들은 모두 이 끔찍한 록 음악을 듣는다.
3. 이 음악이 부적절한 행동의 원인임에 틀림없다.

물론 이번에도 인과관계를 논하기에는 아직 이르다. 위와 같은 증거가 상관관계를 시사하는지만 살펴보겠다.

---

1   1980년대 미국의 연쇄 살인범인 리처드 라미레스(Richard Ramirez)의 별명 – 옮긴이

이보다 30년 전인 1954년, 상원 청문회에서는 젊은 세대의 재앙에 관해 놀랄 정도로 비슷한 증언이 있었는데, 그 대상은 바로 만화책이다. 당시 상원 소위원회에서 신경과와 정신과 전문의인 프레드릭 웨덤Fredric Wertham이 증언한 내용은 이렇다.

> 뉴욕 주의 한 마을에 있는 학교에서 일탈 행위가 빈번합니다. 얼마 전 소년 몇 명이 다른 소년을 공격해서 팔을 심하게 꺾는 바람에 팔이 부러지고, 만화책에서 보는 것처럼 뼈가 피부를 뚫고 나왔습니다.
>
> 열흘 뒤 같은 학교에서 7명의 소년들이 다른 소년을 두드려 패고 머리를 콘크리트 바닥에 찧는 바람에 피해 소년이 의식을 잃고 병원으로 실려갔습니다. 뇌진탕 진단을 받았죠.
>
> 같은 고등학교에서 1년간 여학생 26명이 임신했습니다. 올해에만 벌써 8명은 될 겁니다. 어쩌면 지금쯤 9명일지도요.
>
> 자, 의장님, 저는 이것을 윤리적 도덕적 혼동 상태라고 부릅니다. 이 소년소녀들이 개개인으로서 그리 다르지 않다고 봅니다. 개인의 성향으로 설명할 수 없는 일입니다.
>
> 전반적인 도덕적 혼동이 존재하고, 제가 보기에 이 소녀들은 육체적으로 유혹당하기 오래 전에 이미 정신적으로 유혹에 넘어갔고요. 이런 아이들은, 전부는 아닐지라도 대부분은, 예전부터 그리고 지금도 만화책에 빠져 있습니다.

지금 시대에도 이런 유형의 주장은 굳건하다. 여러분도 텔레비전이나 비디오 게임이나 소셜 미디어가 퍼뜨리는 악영향을 들어 봤거나 어쩌면 주장하기도 했을 것이다. 예를 들어 컬럼바인Columbine 고등학교의 끔찍한 총격 사건 이후, 미국 교육부와 비밀경호국은 합동 대책 위원회를 구성해서 학교 관계자들이 어떻게 하면 학교 총기 사고를 예상하고 방지할 수 있을지 결정하기로 했다. 위원회는 1974년부터 2000년에 걸쳐 일어난 37개의 학교 총기 사고를 모두 조사했다. 위원회는 총기 난사범을 단 하나의 요소로 특징지을 수는 없다고 결론 내렸지만, 동시에 다음과 같은 내용도 보고했다(일부만 추림).

1. 범인 중 다수는 이전부터 다른 학생들로부터 괴롭힘을 당하거나 신체적 가해를 당했다.
2. 범인 대부분은 중요한 손실이나 개인적 실패를 잘 감당하지 못한다고 주변에 알려졌다.
3. 범인 대부분은 범행 이전에 주변 사람들이 신경 쓰거나 도와줘야 할 듯한 행동을 보였다.

4. 범인 중 과반수가 폭력에 관한 영화, 비디오 게임, 책, 그 밖에 다른 매체를 접함으로써 폭력에 관심을 보였다.

과거와 비슷한 위원회가 2018년에 구성됐다. 여기서는 젊은이들을 타락시키는 특정 대상에는 덜 집중했지만, 이번에도 종속 변수를 취사 선택하는 오류를 저지르곤 했다. 예컨대 보고서 내용 중 인격 교육에 더 집중하라고 권고하는 부분에서 위원회는 많은 총기 난사범이 사회적 고립을 경험한다고 지적하지만, 이들의 경험을 무고한 학생들이 겪는 사회적 고립 수준과 비교하지 않는다.

> 스톤맨 더글러스Stoneman Douglas 고등학교 총격 사건이 일어난 후, 여러 보고서에서 범인이 범행 이전 수년간 외로움과 우울증을 겪었다는 언급이 있었다. … 이전 학교 총격 사건의 가해자들도 공통적으로 사회에서 동떨어졌다는 느낌을 받았다. 예를 들어 컬럼바인 총격 사건의 범인 중 하나는 우울한 성격의 은둔자로 묘사된다. … 버지니아 공대Virginia Tech 총격 사건 범인의 가족과 주변 인물들은 그가 4학년 들어서 점점 더 고립됐고, 학교 수업에 집중하지 못했다고 말했다. … 샌디 훅Sandy Hook 초등학교 총기 난사 사건에서도 마찬가지다.

위원회가 종속 변수를 취사 선택하지 않은 경우도 있다. 보고서 내용 중 정신 건강을 다루는 부분에서는 다음과 같이 기술한다.

> 총기 난사를 저지르는 사람은 심각한 정신 질환SMI, Serious Mental Illness을 앓거나 그렇지 않을 수도 있다. 정신 질환을 앓는 사람이 그렇지 않은 사람보다 총기 범죄를 저지를 가능성이 더 높다는 전체 인구 집단 수준의 증거는 거의 없다.

하지만 불과 조금 뒤에 변이 없이 상관관계를 구하려는 주장을 되풀이한다.

> 미국 교육부와 비밀경호국의 분석으로 총기 난사범의 4분의 1은 정신 질환 치료를 받아 왔음을 알게 됐다. … 이 범인들은 자주 억울해하고 극도로 분노하며, 폭력에 의한 복수에 환상을 길러 왔다.

이런 주장은 정부 보고서에만 나타나지는 않는다. 이러한 분석은 청소년 강력 범죄가 일어난 후에는 불가피해 보인다. 그러나 이미 살펴본 이유로, 상원 의회에서의 증언처럼 위와 같은 발견은 오해의 소지가 있다. 설령 나쁜 행동을 하는 젊은이들이 사실상 전부 록 음악을 듣거나 만화책을 읽거나 비디오 게임을 즐긴다고 해도 나쁜 행동과 그 원인으로 지목된 취미 생활 사이에 상관관계가 성립하지는 않는다. 상관관계는 변이가 필요하기 때문이다. 이런 취미를 즐기는 아이들이 그렇지 않은 아이들보다 더 폭력적인지 증명하려면 두 부류의 아이들을 비교해야 한다.

젊은이들의 골칫거리로 지목되는 행동과 폭력 사이의 관계를 알고 싶다면 종속 변수를 취사선택하면 안 된다. 다시 말해, 폭력적인 아이들과 그렇지 않은 아이들을 비교해서 폭력적인 아이들이 다른 아이들보다 문제의 골칫거리에 더 심취하는지 확인해야 한다(다시 말하지만, 설령 그렇더라도 인과관계가 있다고 말하기는 어렵다). 전문가들조차 이런 문제를 명확히 이해하지 못하곤 한다는 사실은, 이 주제에 관한 모든 전문가 의견을 볼 때 청소년 폭력의 상관관계에 관해 우리가 지금보다 더 잘 이해할 수 있는 기회를 놓쳤다는 뜻이다.

고등학교 중퇴

문제아와 조금만 더 함께하자. 21세기 초 미국은 고등학교 졸업률 문제가 있었다. 교육 투자비용이 사상 최고인 시기였지만, 공립학교 학생의 거의 3분의 1이 제때 졸업하지 못했다. 아예 졸업하지 못한 비율도 10퍼센트를 넘겼다.

빌 앤드 멜린다 게이츠 재단Bill and Melinda Gates Foundation은 2006년에 이 문제 해결을 지원하기로 결정했다. 재단은 해결책을 찾는 활동의 일환으로서 고등학교 중퇴의 상관관계 연구를 의뢰했다. 보고서의 요지는 고등학교 중퇴가 가정 문제, 학업 준비 소홀, 록 음악 듣기처럼 대체로 여러분이 생각할 만한 이유와 관련 없다는 점이다. 그보다는 학생들이 교육 환경에 열중하지 못하고 학교가 지루하다고 생각하는 부분이 큰 문제로 보였다.

보고서에 다음과 같이 적었다. "중퇴생 중 거의 절반(47퍼센트)은 중퇴의 주된 이유로 수업이 재미없다는 점을 들었다." 또한 "10명 중 거의 7명(69퍼센트)은 열심히 공부할 동기와 의욕이 없다고 말했다."

안타깝게도 상관관계에는 변이가 있어야 하는데, 재단의 연구 결과는 과거의 PMRC나 만화책 금지 로비 활동에서 제시한 증거와 마찬가지로 유익한 정보가 별로 없다.

중퇴생 절반이 학교가 지루하다고 느낀 사실은, 학교를 지루하다고 느끼는 일과 중퇴 사이에 상관관계가 있다는 뜻은 아니다. 상관관계는 변이가 있어야 하므로 상관관계를 측정하려면 중퇴생과 나머지 학생을 비교해서 중퇴생이 학교를 더 지루하다고 느끼는지 확인해야 한다. 재단의 연구는 중퇴생만 살펴봤기 때문에 이런 비교를 할 수 없다.

이는 단지 현학적인 지적이 아니다. 잠시만 생각해 보자. 이 책의 두 저자 모두 고등학교를 다녔다. 둘 다 중퇴하지 않았다. 하지만 둘 다 지루한 수업이 있었음을 기억한다. 여러분도 그럴 것이다.

물론 우리의 개인적 경험이 확고한 증거가 되진 못한다. 그러니 수업을 지루하게 느끼는 감정이 정말로 중퇴의 주요 예측 변수가 되는지 좀 더 제대로 알아보자. 인디애나 대학교^{Indiana} ^{University} 연구진은 2009년에 고등학교 학생을 대상으로 전국적인 설문 조사를 수행했다. 학생 대부분은 중퇴하지 않을 테지만, 연구진의 보고에 따르는 2009년에는 3명 중 2명(66퍼센트)은 매일 적어도 수업 하나는 지루하다고 느낀다. 이 수치는 게이츠 재단의 연구에서 중퇴생 50퍼센트가 학교를 지루하다고 답한 것보다도 높다.

다만 신중하게 접근하자. 게이츠 재단의 조사와 인디애나 대학교의 조사에서 찾은 원인 중에는 서로 비교할 수 없는 내용도 많다. 서로 다른 학생 집단을 조사했고 다른 질문을 던졌으며 조사 시기도 다르다. 따라서 섣불리 결론으로 건너뛰면 안 된다. 하지만 적어도 인디애나 대학교의 조사 결과를 보고, 학교를 지루하게 느끼는 경험은 고등학생 사이에 흔한 일이며 중퇴생만의 특징이 아니라고 경계해야 한다.

미국 교육의 미래는 중대한 문제다. 게이츠 재단이 교육을 개선하려는 시도는 존경할 만하다. 그러나 그들의 연구에는 데이터를 명확하게 해석하는 핵심 원칙이 빠졌다. 교육적 실패의 상관관계를 실패와 성공이라는 변이 없이 파악하려고 한 점이다. 이런 접근 방식은 효과가 없다.

자살 공격

2009년 시카고 대학교 교수이자 테러 활동 전문가로 잘 알려진 로버트 페이프$^{Robert\ Pape}$는 하원 의회의 대테러 군사 소위원회에서 증언했다. 주제는 스탠리 맥크리스탈$^{Stanley\ McChrystal}$ 장군이 제안한 아프가니스탄의 탈레반 내란을 진압할 4만 명 증원 계획이었다. 페이프의 발언 내용은 이렇다.

상황은 명확한데, 아프가니스탄에 서방 군인을 더 많이 파병할수록 지역 주민들은 더욱더 외국에 점령됐다고 생각할 것이며, 따라서 자살 공격이나 다른 테러 활동으로 저항할 것입니다. … 제가 1980년부터 발생한 전 세계적인 자살 테러 활동을 연구한 결과를 보면, 자살 테러 공격의 동기는 테러리스트 은신처의 존재가 아니라 자신들의 영토를 점령한 외국 군대의 주둔입니다. 그러므로 미군이 반미 자살 공격을 이끌어 낸다고 봐도 과언이 아니죠.

페이프는 이어서 미국의 아프가니스탄 군사 전략을 근본적으로 재검토하기를 권했다. 그의 논리는 자살 공격의 동기가 일차적으로 외국군 주둔이라는 주장을 바탕으로 한다. 그는 신문 기사와 1980년부터 전 세계에서 일어난 모든 자살 테러 활동을 기록한 두 권의 책에서 모아서 분석한 데이터를 증거로 제시했다.

이 주장은 설득력이 있어 보인다. 아프가니스탄에서 미군에 자살 폭탄 공격을 한 범인들은 미국이 자신의 나라를 떠나기 바라는 사람들이었다. 스리랑카 정부를 공격한 타밀 호랑이 Tamil Tiger[2] 자살 폭탄범은 스리랑카 정부가 자신들의 땅을 점유하고 있다고 믿었다. 팔레스타인의 자살 폭탄 공격자들은 이스라엘이 외국 점령자라고 주장했다. 확실히 외부 세력 주둔이 자살 공격과 주요 상관관계가 있어 보인다.

사실상 모든 자살 공격이 외국 점령 세력을 향한다는 주장은 논란의 여지가 있다고 생각한다. (예를 들어 오사마 빈 라덴은 사우디아라비아가 자국에 주둔을 요청한 미군이 사실은 점령군이라고 주장했지만, 그 말에 동의할 수 있는가?) 다만 논의를 위해서 일단 이 주장이 사실이라고 하자. 그렇다고 외국군 주둔과 자살 공격 사이에 상관관계가 존재할까?

대답은 당연히 '아니오'다. 상관관계는 변이가 있어야 한다. 자살 공격의 상관관계를 이해하려면 단지 모든 자살 공격 사례를 조사해서 공통점을 찾아서는 안 된다. 종속 변수의 취사 선택이기 때문이다. 자살 공격이 발생한 경우와 그렇지 않은 경우를 비교해야 한다.

이런 경우에 한 가지 쉬운 방법으로 단순히 모든 나라를 살펴보면서 이런 질문을 던질 수 있다. 외국군이 점령한 나라들이 그렇지 않은 나라들보다 자살 공격을 더 많이 경험하는가? 최근 연구에서 정확히 이와 같은 비교를 해봤고 그 대답은 '아니오'로 나타났다. 구체적으로, 점령된 나라와 그렇지 않은 나라를 비교했을 때 자살 공격을 겪을 확률 차이는 1퍼센트포인트 미만이다!

2 　스리랑카의 무장 반군 단체 – 옮긴이

대체 무슨 일일까? 앞서 든 모든 자살 폭탄 공격 사례는 외국 점령군을 향한 공격이다. 어째서 외국군 점령과 자살 공격 사이에 상관관계가 거의 없다고 말할 수 있을까?

직관적으로 받아들이려면 얼마나 많은 외국군 점령이 자살 테러로 이어지지 않았는지 한번 생각해 보자. 영국이 아일랜드를 점령하자 수십 년에 걸쳐 극렬한 저항 운동의 불꽃이 튀었지만, 자살 테러 공격은 한 번도 일어나지 않았다. 스페인의 바스크^{Basque} 분리주의자들도 수십 년간 활동했지만 자살 공격에 의지한 적은 없다. 냉전 기간(그리고 그 뒤에도) 여러 시기에 걸쳐 미군은 독일, 일본, 한국, 그레나다, 파나마, 아이티에 주둔했지만(모든 국가에서 거의 틀림없이 사우디 아라비아 정도의 주둔 규모로), 이들 국가에서는 한 번도 자살 공격이 일어나지 않았다. 점령군이 자살 공격을 가늠하는 척도라면 이들 국가는 어째서 평온했을까?

이 사례는 또 다른 재미있는 특성을 보여 준다. 상관관계를 변이 없이 파악하려는 실수를 보여 주는 데 그치지 않는다. 관심 있는 현상(여기서는 자살 공격)이 일어난 경우만 보고 결론을 내리려 하면 어떻게 오판할 수 있는지 보여 준다. 바로 종속 변수를 취사 선택하는 행동 말이다. 가까운 역사를 돌아보면 이해하기에 도움이 되겠다.

여러분이 1980년대 초반부터 자살 공격에 관한 데이터를 모으기 시작했다고 가정하자. 1986년까지 33건의 공격과 1,000명 이상의 사망자를 기록할 것이다. 사실 이 모든 공격은 무장한 시아^{Shi'a}파 의용군인 헤즈볼라^{Hezbollah}가 미국인, 이스라엘인, 프랑스인을 대상으로 레바논에서 일으켰으며, 여기에는 베이루트에 있던 미 해병대 병영을 공격해서 320명을 죽인 사건도 포함된다.

1986년에 일어난 모든 자살 공격에서 공통점을 찾는다면, 모두 중동의 무슬림이 일으켰다는 사실을 알아챌 것이다. 앞서 점령군이 자살 공격을 일으키는 요인이라는 논리를 똑같이 적용하면 이슬람이 핵심 상관관계를 가진다는 결론을 내릴지도 모른다.

물론 적절한 비교가 이뤄지면 이런 결론에 도달하지는 않는다. 무슬림이 다수인 국가는 지구상에 아주 많다. 그리고 1986년 이들 국가 거의 대부분은 자살 공격을 전혀 겪지 않았다.

더 나아가 1986년 데이터에서 얻은 결론을 바탕으로 다음 자살 공격이 어디서 이뤄질지 예측하려 한다면 심각하게 오판할 것이다. 1987년 이슬람과 전혀 무관한 스리랑카의 속세 분리주의 단체인 타밀 일람 해방 호랑이^{Liberation Tigers of Tamil Eelam}(타밀 호랑이)가 처음으로 자살 공격을 감행했다. 이 공격은 그 이후로 세계에서 가장 거대하게 일어날 자살 공격 활동의 신호탄을 쐈다. 변이를 고려하지 않고 상관관계를 수립하려 한다면 엄청나게 잘못된 판단을 하게 될 수 있다.

세상은 사람들이 종속 변수를 취사 선택하게끔 이뤄졌다

지금까지 봤듯이 단지 명확하게 사고하지 않기만 해도 종속 변수를 취사 선택하는 함정에 빠지기는 정말 쉽다. 그런데 그보다 더 큰 문제가 있다. 어떨 때면 마치 세상이 우리로 하여금 변이 없이 상관관계를 찾게끔 강요하도록 만들어진 듯 보인다. 이 절에서 세상이 이렇게 만들어진 세 가지 방식을 살펴보겠다. 바로 특정 직업의 구조, 재해가 일어난 뒤에 행하는 사후 분석, 우리가 인생의 조언을 구하는 방식이다.

의사 눈에는 환자만 보인다

허리 통증을 겪어 본 사람은 이것이 괴롭다는 사실을 안다. 상당수는 허리 통증을 피하지 못할 것이고, 통증이 생기면 아마도 의사를 찾아갈 것이고, 의사는 MRI를 찍을 것이다. 일반적으로 MRI는 아픈 허리 속에 있는 척추 디스크 돌출이나 추간판 탈출을 보여 준다. 디스크 돌출은 완벽하게 밝혀진 이유는 없지만 통증의 원인이라고 알려져 있다(아마도 신경을 건드리기 때문일 것이다).

이런 진단에 뒤따르는 권고 사항은 매우 다양하다. 어떤 의사는 수술을 권한다. 다른 의사는 통증의학과에 가서 거대한 소염진통제 주사를 맞게 한다. 또 어떤 의사는 물리치료를 받고 진통제를 먹으라고 권한다.

뜻밖의 소리로 들리겠다. 우리가 아는 한, 디스크 돌출이 허리 통증과 연관 있다는 증거는 거의 없다. 진실은 이렇다. 허리 통증을 앓는 사람들은 추간판 탈출증을 보일 가능성이 제법 높다. 실제로 의학 학술지 『통증Pain』에 발표된 2011년 영국의 한 연구에서 허리 통증으로 MRI를 찍은 사람의 약 3분의 2가 디스크 돌출이나 추간판 탈출의 결과로 신경 압박을 받았다. 이 정도면 디스크 돌출이 정말로 문제라고 봐도 될 것 같다.

하지만 상관관계는 변이가 필요하다는 사실을 기억하자. 다음과 같이 자문해 봐야 한다. 허리 통증이 없는 사람들은 어떤가? 그 사람들의 디스크는 어떤 모양인가? 좋은 질문이다. 정답을 말하자면, 그 사람들의 디스크는 허리 통증을 앓는 사람들의 디스크와 똑같다!『뉴잉글랜드 의학지』New England Journal of Medicine에 발표한 1994년 연구에서는 허리 통증이 없는 사람들의 3분의 2도 디스크 돌출이나 추간판 탈출이 있다는 사실을 확인했다. 두 변수를 비교해 보면 디스크 돌출과 허리 통증 사이의 명백해 보이던 연관성이 사라진다.

의사들이 어째서 돌출된 디스크와 허리 통증을 연관시키는지는 알기 쉽다. 그들이 설령 명확하게 사고한다고 해도 직업 특성상 변이를 살피기가 거의 불가능하다. 아픈 환자는 의사를 찾아간다. 건강한 사람은 의사를 찾을 일이 없다. 흔한 허리 통증 전문의는 허리가 멀쩡한 사람들의 MRI를 들여다볼 기회가 별로 없을 뿐이다.

사후 분석

상관관계를 변이 없이 파악하도록 만드는 또 다른 방식은 제도적 절차의 규정이다. 특별히 흔한 사례는 조직이 대실패나 대성공에 대응하는 방식이다.

조직은 위기나 참사가 발생한 뒤에는 무엇이 잘못됐는지 알아내서, 다음번에는 비슷한 실수를 피하려고 한다. 마찬가지로 대성공을 거둔 뒤에는 무엇을 잘 했는지 알아내서 모범 사례로 만들고 싶어한다. 이런 목적을 달성하고자 사후 분석을 수행한다. 대실패나 대성공 사례를 가까이 들여다보는 일 자체는 잘못이 아니다. 오히려 아주 합리적인 시작점이다. 다만 여러분이 명확히 사고한다면, 사후 분석 과정 자체만으로는 실행 결과와 잘된(또는 잘못된) 부분 사이의 상관관계를 수립하기에 충분하지 않다는 점을 이미 알고 있을 것이다.

어떤 위기 상황으로부터 교훈을 얻고 싶다면 "당시 알던 정보를 갖고 어떤 결정을 다르게 내려야 위기를 피할 수 있었을까?"라는 질문을 해야 한다. 그러나 실제로는 종종 조금 다른 질문을 던진다. "지금 알고 있는 정보를 갖고 당시에 어떤 결정을 다르게 내렸어야 위기를 피했을까?"

후자는 4장에서 이미 설명한 이유로 인해 그다지 유용한 질문이 아니다. 참사로 이끈 원인처럼 보이는 어떤 결정을 찾았다고 가정하자. 이 사실을 알고 난 다음에는 쉽게 말할 수 있다. "그 행동을 하지 않았더라면 이런 참사를 피할 수 있었을 텐데." 하지만 이 말이 미래에도 비슷한 행동을 하면 안 된다는 뜻일까? 정답을 알려면 그 행동이 없을 때보다 있을 때 참사가 발생할 가능성이 더 높은지 알아야 한다. 다시 말해 그 행동과 참사 발생 사이에 상관관계가 있는지 알아야 한다는 뜻이다. 상관관계를 수립하려면 변이를 알아야 한다. 그렇지만 사후 분석에는 용어 자체로 알 수 있듯이 변이가 없다. 단지 참사가 일어난 사례만 살펴볼 뿐이다.

좀 더 직관적으로 이해하고자 가상의 예시를 들어 보겠다. 그런 다음 실제 사례로 되돌아가자.

여러분이 고등학교 악단 지휘자이고, 다음 주에 있을 지역 경연 대회를 준비 중이라고 상상해 보자. 예행연습으로 채운 바쁜 일정으로 아이들을 몰아붙일지, 아니면 휴식 시간을 줘서 편한 마음으로 경연에 참석하게 할지 결정해야 한다. 각각 장단점을 비교해 본 뒤, 연습이 정신적 여유보다 중요하다고 판단한다. 이제 여러분은 일주일간 추가 예행연습 일정을 잡았다. 안타깝게도 악단은 경연 당일에 그다지 훌륭한 연주를 보여 주지 못해서 첫 라운드에서 탈락했다.

여러분은 사후 분석을 하면서 질문을 던진다. "그때 실패하지 않으려면 어떤 결정을 내려야 했나?" 그제야 다른 여러 악단도 같은 길을 거쳐서 (즉 경연 전주에 죽을 만큼 예행연습을 하고) 경연에서 탈락하는 모습이 떠올라서 데이터를 좀 모아 보자고 생각했다. 그래서 여러분의 악단이 초반에 탈락했던 모든 경연 기록을 훑어봤다. 올해 경연과 마찬가지로 거의 모든 경연을 앞둔 주간에 연습 일정을 빡빡하게 잡았다는 사실을 알아챘다.

88번 탈락 중 80번은 일주일간 빡빡한 연습 일정을 소화했다고 하자. 사후 분석으로 얻을 결론은 명백해 보인다. 조기 탈락한 경우의 90퍼센트 이상에서 앞선 일주일간 파김치가 되도록 예행연습을 했다. 치열한 예행연습은 잘못된 전략이라고 이제 확실히 알 것 같다. 표 4.5는 사후 분석을 통해 지금까지 알아낸 점을 정리한다.

표 4.5 경연을 앞둔 시점에서 연주가 시원찮은 여러분의 악단이 세운 예행연습 전략(가짜 데이터)

	연주를 잘함	연주를 못함	합계
추가 예행연습	?	80	?
편하게 가자	?	8	?
합계	?	88	?

그러나 이 결론은 모든 데이터에서 필연적으로 얻을 결론이 아니다. 사실 잘못된 질문에 관한 답을 찾았고, 이 데이터만으로는 예행연습과 경연의 연주 수준이 연관되는지 알 길이 없다.

연주를 잘 못한 대부분의 경연을 앞두고 추가 예행연습을 했는지 알고 싶은 게 아니다. 추가 예행연습이 경연에서 잘 연주하는 결과와 양의 또는 음의 상관관계가 있는지 알고 싶은 것이다. 이 질문에 대한 답변은 다음 경연에서 추가 예행연습이 좋은 선택인지 알려 줄 것이다.

이런 질문에 답하려면 추가 예행연습과 경연의 연주 수준의 상관관계를 살펴야 한다. 하지만 사후 분석 내용으로는 상관관계를 모른다. 상관관계에는 변이가 필요하기 때문이다. 여러분이 행한 사후 분석은 오로지 연주를 잘 못한 경우에만 집중하기 때문에 틀림없이 상관관계를 수립하기에 필요한 변이가 부족하다.

분석을 더 잘하려면 참가했던 모든 경연 기록을 찾아서 연주가 좋았는지 나빴는지 살펴봐야 한다. 그러면 표 4.6에 나타났듯이 두 변수 모두 변이가 있어서 모든 데이터를 채울 수 있다.

표 4.6 연주를 잘 하고 못한 여러 경연을 앞둔 주간에 수행한 예행연습 전략(가짜 데이터)

	연주를 잘함	연주를 못함	합계
추가 예행연습	300	80	380
편하게 가자	12	8	20
합계	312	88	400

표를 보면 추가 예행연습 일정과 좋은 연주 사이에 강한 양의 상관관계가 있다는 사실이 명백하다. 연습을 열심히 할 경우 좋은 연주를 보여 줄 가능성은 약 79퍼센트($\frac{300}{380} \approx 0.79$)다. 반면에 경연을 앞둔 주간을 여유롭게 보낸 경우 좋은 연주를 보여 줄 가능성은 60퍼센트($\frac{12}{20} = 0.60$)에 지나지 않는다. 사후 분석을 통해 시원찮은 연주를 보인 경우 대부분에서 연습에 집중했다는 사실을 알아낸 유일한 이유는, 추가 예행연습이 매우 효과적이어서 의식 있는 악단 지휘자들은 거의 항상 연습 일정을 잡는다는 사실이다.

우리가 하려는 질문에 정말로 적합한 상관관계를 수립하기에 필요한 변이를 찾아냄으로써 사후 분석에서 얻은 원래의 결론과는 전혀 다른 결론에 도달했다. 실패한 경험을 추적하면 예행연습에 집중하는 일이 나쁜 선택처럼 보인다. 하지만 정보가 충분히 주어지고 사실관계를 제대로 분석하면, 열심히 연습하는 일은 옳은 선택이다. 또다시 같은 상황에 놓이면 아마도 같은 결정을 내려야 할 것이다.

이 문제는 참사가 일어난 후 수행하는 사후 분석 과정에서 고질적으로 나타난다. 우리는 일어난 참사에 영향을 미쳤을 것으로 보이는 요소들을 찾고 과거의 참사에도 그 요소들이 존재했는지 질문을 던지는데, 실제로 이들이 그때에도 존재했다면 앞으로는 이들을 제거하기로 결론짓는다. 하지만 이는 악단 지휘자와 같은 실수를 범하는 셈이다. 참사가 일어난 경우와 안 일어난 경우의 변이가 없으면 그런 요소들이 참사 발생과 상관관계가 있는지 파악할 수 없다. 결국 이 사건으로부터 배울 수 있는 교훈이 있는지조차 모르게 된다.

지금부터 이 말이 무슨 뜻인지를 두 가지 대참사, 즉 챌린저^{Challenger} 우주왕복선이 1986년에 폭발한 사건과 2008년의 금융위기의 사후 분석을 예로 들어서 보여 주겠다. 각 사례에서 사건 발생 이후에는 심각하고 분명한 실수를 저지른 것처럼 보이지만, 사건이 일어나기 전에는 의사결정자들이 자신들의 실수를 인지하기 어려웠다는 점을 볼 것이다. 일단 이 점을 이해하고 나면 사후 분석을 어떻게 설계해야 좀 더 유익한 교훈을 얻을 수 있을지 명확하게 사고할 수 있을 것이다.

챌린저 호 참사

1986년 1월 28일, 우주왕복선 챌린저 호가 케이프 커내버럴$^{Cape\ Canaveral}$에서 발사되고 2분이 채 지나지 않아서 산산조각이 났다. 승무원 7명 모두 사망했다. 챌린저 호가 폭발하기 전날 미국 항공우주국$^{NASA,\ National\ Aeronautics\ and\ Space\ Administration}$와 계약한 고체 로켓 부스터 담당 엔지니어 몇 명이 추운 날씨 때문에 우주왕복선을 위태롭게 할 수도 있는 심각한 문제가 생길 수 있다고 경고했다. 이들이 신경 쓴 부분은 로켓이 연료를 태울 때 발생하는 가스를 막는 데 핵심인 O-링$^{O-ring}$ 마개가 당시 발사를 앞둔 시점의 낮은 기온에서는 제대로 동작하는지 검증이 안 된 점이었다. 엔지니어들은 만약 O-링 마개가 망가지면 고온 고압 가스가 로켓 외벽을 뚫고 연소할 수 있어서 참사가 벌어진다고 주장했다.

NASA 관리자와 엔지니어들의 소속사는 이 경고를 무시했지만 그 대가는 참혹했다. 여러 사후 분석에서 NASA가 이러한 문제 제기를 심각하게 받아들이지 않은 점을 지적했다. 대부분의 조사자들은 집단 사고를 조장하고 소수 전문가의 중요한 반대 의견을 관리자가 체계적으로 무시하게끔 유도한 NASA의 조직 문화가 원인이라는 결론에 도달했다. 한 예로, '챌린저 우주왕복선 사고에 관한 대통령 산하 위원회(로저스 위원회$^{Rogers\ Commission}$) 보고서'는 이렇게 결론을 내린다. "의사소통의 실패 … 결과적으로 부족하고 때로 잘못된 정보에 기반해서 51-L을 발사하기로 결정하고, 엔지니어링 데이터와 관리자 판단 사이에 충돌이 일어났으며, 내부에서 제기된 안전 문제가 우주왕복선 핵심 관리자를 거치지 않는 NASA의 관리 구조가 만들어졌다."

챌린저 호 사건은 흥미롭다. 아무도 O-링이 저온에서 망가졌다는 결론의 물리학적 근거를 묻지 않는다. 사실 로저스 위원회에는 노벨 물리학상 수상자인 리처드 파인만^{Richard Feynman}도 포함돼 있어서 엔지니어들의 주장이 과학적으로 맞는지 검증할 수 있었다. 그리고 주장은 맞았다. 따라서 이 점을 고려하면 우주왕복선을 발사하기로 한 결정은 확실히 실수다.

과학적 사실이 너무도 명확해서 사후 분석은 자연스럽게 관리자들이 올바른 과학적 주장을 펼치는 엔지니어들을 무시하도록 이끈 과정에 초점이 맞춰진 듯하다. 이제 사후 분석의 함정에 관한 지식을 동원해서 잠시 생각해 볼 시점이다. 사건이 일어난 후에는 발사 결정에 결함이 있다는 점을 안다. 그러나 우리는 결정을 내릴 당시에도 이것이 나쁜 결정이었는지 평가하고자 한다. 이런 평가를 내리려면 과학적으로 올바른 엔지니어링 문제 제기와 우주왕복선 발사 성공 사이의 상관관계를 알아야 한다. 그리고 이 상관관계를 알려면 변이를 알아야 한다. 발사 실패와 성공을 비교해야 한다.

우리는 엔지니어가 아니므로 챌린저 호를 발사하기로 한 결정이 그 당시 합리적이었는지 여부는 판단하지 않는다. 다만 이 문제를 분석하기 위해 사후 분석 위원회가 자신들에게 익숙하지 않은 어떤 질문을 던져야 했는지는 알 수 있다. 사후 분석 위원회는 무엇이 참사로 이끌었는지, 사람들이 적절한 반대 의견을 내세웠는지, 만약 그랬다면 어째서 그런 반대 의견이 묵살됐는지를 묻는다. 여기에 덧붙여 위원회는 엔지니어들이 여러 성공적인 발사를 앞두고도 과학적으로 올바른 문제 제기를 했는지 질문해야 한다. 이 말은 비합리적으로 들리지 않는다. 우주왕복선 발사는 믿기 힘들 정도로 복잡하고 위험한 작업이다. 아마도 심각한 문제 제기를 할 만한 과학적 근거는 거의 항상 따라다닐 것이다. 이 말이 맞다면 이러한 문제 제기와 발사 성공 사이에 실제로는 상관관계가 (설령 있다고 해도) 그다지 없을 것이다. 그렇다면 우주 개발 프로그램을 쉽게 중단할 준비가 돼 있지 않은 이상, 엔지니어의 합리적인 과학적 문제 제기에도 발사하는 일이 항상 실수라고 말하기는 부당하다. NASA의 조직 문화와 관리 관행에 관한 결론을 내리기 전에 이것이 바로 우리가 사후 분석 위원회로부터 알고 싶은 내용이다.

2008년 금융위기

2007년에서 2008년에 걸쳐 세계 경제를 뒤흔든 금융위기는 미국의 서브프라임^{subprime} 주택 시장이 무너지면서 시작했다. 주택 시장이 무너지면서 그 파급 효과로 은행 산업이 흔들렸고 결국 전 세계로 경제 위기가 퍼져 나갔다. 당시 대공황 이후 최악의 위기로 인식된 이 위기가 발생하자, 당연히 정책 입안자와 대중은 하나같이 미래에 다가올 위기를 예측하고 사전 차단할 수 있는 조기 경보가 무엇일지에 관심을 가졌다.

아마도 이러한 조기 경보를 찾으려고 시도한 가장 중요한 사후 분석은 경제학자인 카르멘 라인하트Carmen M.Reinhart와 케네스 로고프Kenneth S.Rogoff가 쓴 책 『이번엔 다르다This Time is Different』(다른세상, 2010)일 것이다. 두 사람은 지난 800년 동안 일어난 모든 주요 금융위기의 데이터를 모아서 분석했다. 그들은 데이터 분석 결과로 금융위기에 앞서 거의 항상 나타난 몇 가지 지표를 찾았다고 주장했다. 여기에는 비상할 정도로 큰 규모의 경상 수지 적자(즉 수출한 재화와 용역에서 외국으로부터의 총 수입량을 뺀 수치), 자산 가격의 거품, 과도한 부채가 포함된다. 2006년 미국을 예로 들면, 국내총생산GDP, Gross Domestic Product의 7퍼센트에 육박하는 경상 수지 적자가 발생했고 주택 시장에 거품이 있었으며 정부 부채가 눈덩이처럼 불어났다. 따라서 두 사람은 '이전에도 겪은 일이다'라는 결론을 내렸다. 이 말이 시사하는 바는 2008년의 미국 금융위기는 세계 역사에서 여러 번 발생한 금융위기를 특징짓는 바로 그 요소들이 있었다는 점에서 예측 가능했다는 얘기다. 비슷한 패턴이 2000년대 초반 라틴 아메리카에서 일어난 금융위기 이전에도, 1990년대 동아시아의 금융위기 이전에도, 1980년대의 북유럽 국가들에도, 그 밖의 역사적 금융위기에도 있었다.

이 주장의 문제점은 이전에 소개한 사례들과 같다. 조기 경보 지표는 금융위기와 상관관계가 있어야 한다. 상관관계는 변이가 있어야 하므로 경상 수지 적자와 치솟는 자산 가격과 무거운 부채가 금융위기와 연관이 있는지 알려면 위기에 관한 변이가 있어야 한다. 다시 말해 이런 요소들이 위기가 일어날 때 나타나곤 했는지 살펴보기에 그치지 않고, 위기가 없을 때는 얼마나 자주 이런 요소들이 나타나는지도 알아야 한다. 이런 변이가 없다면 상관관계를 수립할 수 없다.

지난 800년 간의 주요 금융위기를 모두 조사한다는 라인하트와 로고프의 연구 계획은 이런 질문에 답을 주지 못한다. 그리고 이들의 결론에는 우려할 만한 부분이 있다. MIT의 정치학자 데이비드 앤드류 싱어David Andrew Singer가 지적했듯이 이런 이야기에 의문을 제기하려면 가까운 과거를 돌아보기만 하면 된다. 예를 들어 1990년대 후반 미국은 금융위기의 조기 경보 신호를 모두 나타냈다. 외국 자본이 닷컴 회사에 대규모로 투자하면서 경상 수지 적자폭이 컸다. 게다가 닷컴 거품이 꺼지자 '약 50억 달러 규모의 자본이 사라졌다.' 하지만 금융위기는 일어나지 않았다. 이것은 물론 한 가지 일화에 불과하다. 그러나 이 때문에 여러분은 라인하트와 로고프가 주장한 요소들이 정말로 금융위기를 잘 예측하는 지표인지, 아니면 금융위기와 상관없이 국제적으로 흔히 나타나는 현상인지 의심할 것이다.

인생의 조언

지금까지 우리는 이 세상이 사람들로 하여금, 그러면 안 되지만, 변이를 살펴보지 않은 채 성공이나 실패에 관한 상관관계를 찾도록 유도한다고 주장했다. 이 문제가 큰 제도적 구성에 국한되지 않는다는 점을 알아야 한다. 우리 모두가 매일 사소한 일상에서 겪는 문제다.

간단한 예시 하나를 들자면, 인생의 조언을 구할 때 거의 예외 없이 성공한 사람에게 그들의 성공 비결을 묻는 방식이다. 우리 업계를 예로 들면 대학원생에게 노교수를 찾아가 구직 시장에서 어떻게 성공했는지 물어보라고 장려한다. 다른 직업도 비슷할 것이라 추측한다. 성공한 사람의 습관을 소개하는 자기계발서는 항상 넘쳐난다.

그러나 이런 지혜에는 우리가 지금까지 지적한 바로 그 문제가 존재한다. 성공한 사람들은 자신의 인생을 반추하며, 중요해 보이는 몇 가지 결정이나 개인 성격을 특정하고, 후배들에게 이를 조언으로 건넨다. 하지만 성공한 사람들도 잘 모르는 부분은, 자신들만큼 성공하지 못한 많은 사람도 비슷한 결정을 내리거나 비슷한 성격을 가졌는지 여부다. 즉 성공의 상관관계에 관한 자기성찰에는 변이가 부족하다. 성공한 사람들은 자신의 이야기를 들려주면서 들먹이는 교훈이 성공과 상관관계가 있는지 아닌지 정확히 알지 못한다. 그래서 여러분에게 우리만의 유쾌한 지혜 한 조각을 남기고자 한다. 인생의 조언을 경계하라. 대부분은 허튼소리다.

정리

상관관계는 변이가 있어야 한다. 그러나 명확하지 못한 사고와 조직적 권한은 종속 변수의 취사 선택, 즉 어떤 현상의 상관관계를 그 현상이 일어난 사례만으로 수립하려는 시도로 우리를 이끈다. 이 함정에 빠지지 않으려면 여러분이 지금 양적 분석을 하는지 아니면 단지 주어진 증거에 관해 편하게 생각해 보려는 것인지 주의를 기울여야 한다. 단순히 앞서 봤던 2×2 표의 네 구역을 모두 채울 수 있을지 생각하는 일만 잊지 않아도, 변이를 고려하지 않고 상관관계를 찾는 실수를 피하기에 좋은 출발점이 된다.

더 나아가 정량적 기법으로 상관관계를 측정하는 더 엄격한 방법을 따를 수도 있다. 그중 가장 중요한 기법은 회귀라고 부르며, 바로 다음 5장의 주제다.

핵심 용어

- **종속 변수의 취사 선택:** 분석 대상인 현상이 일어난 경우와 안 일어난 경우를 비교하는 대신, 현상이 일어난 사례만 조사하는 행동.

연습 문제

4.1 2장에서 상관관계를 기술하는 문장과 상관관계에 관한 정보가 아니라 단순한 사실을 전달하는 문장의 차이를 논의했다. 이제 더 나아가 상관관계에는 변이가 있어야 한다는 점까지 이해한 상태에서 다음 문장들을 살펴보자. 어떤 문장이 상관관계를 기술하고 어떤 문장이 아닌가?

   (a) 학업 성적이 최고 수준인 학교 대부분은 학생 수가 적다.

   (b) 기혼자가 대체로 미혼자보다 행복하다.

   (c) 프로 농구 선수들 중에서는 키 큰 선수가 작은 선수보다 자유투 성공률이 낮은 경향이 있다.

   (d) 미국에서 암 발병률이 가장 높은 지역은 대체로 소도시다.

   (e) 오래된 집이 새 집보다 납 페인트를 쓸 가능성이 높다.

   (f) 쿡 카운티^{Cook County} 지역에서 감기는 대부분 추운 날 발생한다(이 문장은 빠른 말 놀이이기도 하다).³

4.2 빌 게이츠와 마크 주커버그^{Mark Zuckerberg}를 비롯해서 억만장자 중 적어도 스무 명은 사업에 성공하기 전에 대학을 중퇴했다.

---

3 우리 말에서 "간장 공장 공장장은…" 같은 놀이다. 원문은 "Most colds caught in Cook County are caught on cold days."로서 c로 시작하는 단어가 많다. – 옮긴이

(a) 이 사실은 대학 중퇴가 억만장자가 되는 일과 상관관계가 있다는 뜻일까? 그렇거나 안 그런 이유는 뭘까?

(b) 2×2 표를 그려서 대학 중퇴가 억만장자가 되는 일과 상관관계가 있는지 평가해 보자. 정확히 20명이 대학을 중퇴하고 억만장자가 됐다고 가정하면, 표의 한 구역에 얼마를 써넣을지 알 것이다. 나머지 구역은 최선의 추측을 해보자. 이 책을 쓰는 시점에서 전 세계 인구는 약 78억 명이고, 억만장자의 수는 약 2만 명이다. 대학 중퇴와 억만장자 사이는 양의 상관관계와 음의 상관관계 중 어느 쪽이라고 생각하는가?

(c) (b)에서 여러분이 추측한 숫자에서 억만장자가 아닌 사람들 중 얼마나 대학을 중퇴해야 위에서 음의 상관관계가 나타날까? 반대로 이 사람들이 얼마나 대학을 중퇴해야 위에서 양의 상관관계가 나타날까?

(d) 여러분이 지금 대학생이고 억만장자가 될 희망으로 대학을 중퇴할지 결정하는 상황이라면, 일단 대학에 입학한 사람들만 대상으로 생각해야 할 것이다. 대학 중퇴와 억만장자 사이의 상관관계가 대학에 입학한 사람들만 대상으로 한정한다면 양의 상관관계에 더 가까워질까 멀어질까?

(e) 전 세계 인구 중에서 약 7퍼센트가 대학교 학위를 갖고 있다. 그리고 대학에 입학한 사람 중 약 3분의 1이 과정을 마친다. 만약 모든 억만장자가 일단 대학에는 입학했다고 가정하면, 대학에 입학한 사람의 대학 중퇴와 억만장자의 상관관계를 파악하기에 필요한 모든 정보를 손에 넣은 셈이다. 이 상관관계는 양인가 음인가 0인가?

4.3 분석가가 4장에서 소개한 실수를 저지른 최근 사례를 하나 들어 보자. 말하자면 누군가 상관관계를 (적어도 암묵적으로라도) 주장했지만 변수 중 한쪽에는 변이가 없는 경우다. 신문 기사, 학계 연구, 정책 메모, 정치인이나 기업가의 발언 중 어디서든 사례를 들어도 좋다.

(a) 주장의 요지를 정리하고, 관련 증거가 왜 그 주장을 뒷받침하지 못하는지 설명해 보자.

(b) 어떤 데이터를 더 수집해서 분석하면 그 상관관계를 파악할 수 있는지 설명해 보자.

(c) 여러분의 논지를 설명할 2×2 표를 하나 그리고, 표에 없는 숫자가 얼마가 돼야 그 상관관계가 양이 될지, 음이 될지, 아니면 0이 될지 논의해 보자.

읽을거리

4장에서 이 책을 여러 번 언급했다.

『아웃라이어: 성공의 기회를 발견한 사람들』(김영사, 2009)

프레드릭 웨덤과 만화책에 관한 그의 잘못된 주장을 더 알고 싶으면 이 책을 읽어 보길 권한다.

David Hajdu. 2009. The Ten-Cent Plague: The Great Comic-Book Scare and How It Changed America. Picador.

상관관계는 변이가 있어야 하기 때문에 웨덤의 경험적 관찰만으로 상관관계를 이끌어 낼 수도 없지만, 더불어 그가 데이터를 조작했을 가능성도 밝혀졌다. 다음 논문을 참고하라.

Carol L. Tilley. 2012. "Seducing the Innocent: Fredric Wertham and the Falsifications That Helped Condemn Comics." Information & Culture: A Journal of History 47(4):383-413.

미국 교육부와 비밀경호국이 제출한 학교 안전에 관한 두 건의 보고서도 언급했다.

- 2002년 보고서: https://www.govinfo.gov/content/pkg/ERIC-ED466024/pdf/ERIC-ED466024.pdf.
- 2018년 보고서: https://www2.ed.gov/documents/school-safety/school-safety-report.pdf.

게이츠 재단에 보고된 고등학교 중퇴 문제에 관한 보고서는 다음과 같다.

John M. Bridgeland, John J. Dilulio, Jr., and Karen Burke Morison. The Silent Epidemic: Perspectives of High School Dropouts. https://docs.gatesfoundation.org/documents/thesilentepidemic3-06final.pdf.

학교 생활에 지루함을 느끼는지에 관한 설문 조사는 고등학생 집중도 조사High School Survey of Student Engagement라고 부르며, 인디애나 대학교의 평가와 교육 정책 센터Center for Evaluation and Education Policy에서 운영한다. 본문의 발췌본은 2010년 연구 결과에서 인용했다. 더 자세한 내용은 다음 사이트(https://newsinfo.iu.edu/news-archive/14593.html)에서 확인할 수 있다.

어째서 자살 공격 사례만 연구해서는 상관관계나 원인을 파악할 수 없는지를 포함해, 자살 공격에 관해서 더 자세히 알고 싶다면 다음 문헌을 참고하라.

Robert A. Pape. 2003. "The Strategic Logic of Suicide Terrorism." American Political Science Review 97(3):343–61.

Scott Ashworth, Joshua D. Clinton, Adam Meirowitz, and Kristopher W. Ramsay. 2008. "Design, Inference, and the Strategic Logic of Suicide Terrorism." American Political Science Review 102(2):269–73.

Robert A. Pape. 2008. "Methods and Findings in the Study of Suicide Terrorism." American Political Science Review 102(2):275–77.

Scott Ashworth, Joshua D. Clinton, Adam Meirowitz, and Kristopher W. Ramsay. 2008. "Design, Inference, and the Strategic Logic of Suicide Terrorism: A Rejoinder." 미발표 노트: http://home.uchicago.edu/~sashwort/rejoinder3.pdf.

허리 통증을 앓는 사람과 그렇지 않은 사람 모두 돌출 디스크와 추간판 탈출증 비율이 높다는(따라서 이들 특징과 허리 통증 사이에는 상관관계가 약하다는) 내용을 읽으려면 다음 문헌을 참고하라.

Michael J. DePalma, Jessica M. Ketchum, and Thomas Saullo. 2011. "What Is the Source of Chronic Low Back Pain and Does Age Play a Role?" Pain Medicine 12(2):224–33.

Maureen C. Jensen, Michael N. Brant-Zawadzki, Nancy Obuchowski, Michael T. Modic, Dennis Malkasian, and Jeffrey S. Ross. 1994. "Magnetic Resonance Imaging of the Lumbar Spine in People without Back Pain." New England Journal of Medicine 331:6973.

2008년 금융위기에 관해 참고한 두 가지 연구가 있다.

Carmen M. Reinhart and Kenneth S. Rogoff. 2009. This Time Is Different: Eight Centuries of Financial Folly. Princeton University Press.

David A. Singer. 2010. "Is This Time Different?" The Political Economist. Fall, pp. 4–5.

05

관계 서술과 예측에 쓰는 회귀

5장에서 다루는 내용

- 회귀는 데이터를 관통하는 최적합선 찾기를 포함한다. 둘 이상의 변수 사이에 존재하는 관계를 서술하기에 아마도 가장 중요한 도구일 것이다.
- 특정 조건하에서는 회귀가 예측하는 데도 유용하다.
- 회귀가 잘못 동작할 수 있는데, 특히 데이터가 적을 때 그렇다. 일어날 수 있는 문제 중에서 가장 중요한 문제는 과적합이다.
- 회귀는 어디서 유래했나?

들어가며

2장에서 상관관계를 정의하고 상관관계의 세 가지 용도를 설명했다. 바로 관계 서술, 예측, 인과 추론이다. 더불어 회귀선 기울기, 공분산, 상관계수 등 상관관계를 정량화하는 다양한 방법을 소개했다. 이 중에서 회귀선은 가장 널리 쓰이고 유용한 도구다. 5장에서는 회귀 regression를 더 자세히 알아보고 이 중요한 기법을 명확히 이해하도록 설명하겠다.

회귀 기초

2장에서 다룬 시카고의 범죄와 기온 데이터로 되돌아가자. 그 데이터의 산점도를 그림 5.1에 다시 그렸다.

데이터를 바라보기만 해도 알 수 있듯이 일반적으로 따뜻한 날씨에 범죄가 증가한다. 하지만 이보다 좀 더 정확한 관계를 알고 싶을 때도 있다. 만약 여러분이 시카고 경찰서에서 일하는데 상사가 여러분에게 기온과 범죄의 관계를 정리해 달라고 요청했다면, 단지 이 그래프를 보여 주기만 해서는 부족하겠다. 내용을 이해하고 정책을 결정할 사람들에게 설명하기 쉽게 관계를 간단히 요약해 주기 바랄 것이다. 이때 선형 회귀가 필요하다.

최적합선은 우리가 바라는 기온과 범죄 사이의 관계를 이해하기 쉽게 요약한다. 이 선을 잘 선택하면 두 가지 일을 할 수 있다. 첫째, 이 선으로 주어진 기온에서 일어날 범죄 수의 합리적인 근사치(또는 추정치)를 얻는다. 둘째, 2장에서 논의했듯이 선의 기울기는 두 변수 사이의 상관관계의 부호와 크기를 알려 준다. 다시 말해 기온이 변하면 대략 얼마만큼 범죄 수가 변하는지 알려 준다. 그러므로 최적합선을 찾는 방법을 알아보고, 이 선이 알려 주는 내용을 어떻게 해석하고 전달해야 하는지 명확히 이해하자.

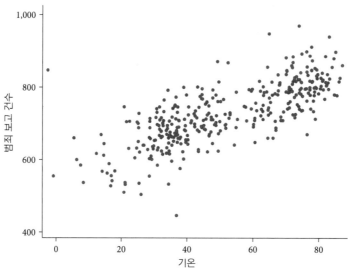

그림 5.1 2018년 시카고의 범죄 보고 건수와 화씨 기온

수직선을 제외하면(관계 서술이나 예측에 쓸모가 없으므로), 그림 5.1의 그래프에 그릴 수 있는 모든 추정선은 이른바 '회귀 등식'regression equation'이라는 다음 수식으로 기술할 수 있다.

$$범죄\ 추정\ 건수 = \alpha + \beta \cdot 기온$$

회귀 등식은 좌항의 종속 변수(또는 결과)와 우항의 독립 변수(또는 설명) 사이의 관계를 표현한다(5장 뒤쪽에서 보겠지만 우항에 오는 설명 변수는 하나보다 많아도 된다). 종속 변수는 우리가 기술하거나 예측하거나 해설하려는 결과에 해당한다. 독립 변수는 종속 변수를 기술하거나 예측하거나 해설하는 데 활용할 뭔가에 해당한다.

'회귀 등식'은 회귀 매개 변수를 통해서 종속 변수와 독립 변수를 선형적으로 연관 짓는다. 회귀 매개 변수는 우리가 그리는 특정 선을 정의한다. 위에 쓴 회귀 등식에서 회귀 매개 변수는 α와 β(그리스 문자 알파와 베타)다. 매개 변수 α는 '절편'이라고 부른다. 이는 평균 기온이 화씨 0도인 날 예상되는 범죄 건수다. 매개 변수 β는 '기울기'다. 기온이 화씨 1도씩 오를 때마다 늘어나는 범죄 건수다. 그래프에 그릴 수 있는 어떤 선이든 특정 α와 β의 조합에 해당한다(5장 뒤쪽에서 보겠지만 독립 변수가 하나보다 많으면 회귀 매개 변수도 둘보다 많아진다. 또한 이 책 뒤쪽에서 보겠지만 편의상 매개 변수를 α나 β가 아닌 글자로 써도 된다).

당연히 아무 선이나 그려서 기온으로 범죄를 기술하거나 예측하기를 바라지는 않는다. 선이 잘못되면 예측이 빗나갈 것이다. 데이터에 제일 적합한 선을 사용해야 한다.

데이터에 최적합인 선을 그리는 α와 β를 찾으려면 '최적합'이라는 단어가 무슨 뜻인지부터 정의해야 한다. 최적합의 정의는 주어진 선이 데이터를 얼마나 데이터를 잘 요약하거나 데이터에 잘 들어맞는지 나타내는 척도를 사용해서 정량화한다. 그런 다음 그 척도로 최고의 결과를 내는 α와 β와 값을 찾는다(또는 컴퓨터로 계산한다). 이 α와 β의 값이 선택한 척도에 따라 데이터에 가장 적합한 선을 기술한다.

적합성 평가에 사용하는 척도는 중요하다. 2장에서 가볍게 언급했듯이 가장 흔히 사용하는 척도(그리고 우리가 다루는 척도)는 '오차 제곱의 합'SSE, Sum of Squared Error'이다. 먼저 이 척도가 정확히 무슨 뜻인지 좀 더 살펴보자.

어떤 α와 β를 선택하든 이로 정의한 선은 어떤 날의 기온에 따라 범죄 수준이 어떻게 될지 예측한다. 예를 들어 $\alpha = 650$이고 $\beta = 2$라고 하자. 이때 평균 기온이 화씨 46도인 어느 날

(2018년 1월 26일 같은)에는 범죄 건수를 다음과 같이 예측한다.

$$범죄\ 추정\ 건수 = 650 + 2 \cdot 46 = 742$$

물론 이 선으로 예측한 값이 정확하지는 않을 것이다. 데이터를 최대한 단순하게 요약하고자 정확도를 희생했다. 실제로 2018년 1월 26일에 발생한 범죄는 759건이다. 어떤 특정 관찰값에서 종속 변수의 실제 값과 선을 사용한 예측 사이의 차이를 관찰값의 '오차'라고 부른다.

$$오차_i = 실제\ 범죄\ 건수_i - 범죄\ 추정\ 건수_i$$

따라서 앞서 선택한 α와 β를 적용할 때, 2018년 1월 26일의 오차는 759 - 742 = 17이다.

위 식을 다르게 쓰면 선택한 선(즉 α와 β의 값)이 있으면 어떤 관찰값 i는 다음과 같이 기술할 수 있다.

$$실제\ 범죄\ 건수_i = \underbrace{\alpha + \beta \cdot 기온_i}_{범죄\ 추정\ 건수_i} + \underbrace{오차_i}_{실제\ 범죄\ 건수_i - 범죄\ 추정\ 건수_i}$$

그림 5.2는 데이터 위에 $\alpha = 650$이고 $\beta = 2$인 선이 보이고 오차를 어떻게 측정하는지 보여준다(나중에 보겠지만 이 선은 최적합선이 아니다). 오차는 각 데이터 점으로부터 선에 닿는 수직선이다. 그림이 지저분해지지 않도록 몇 개 점의 오차만 그렸다. 단, 선의 적합도를 평가하려면 모든 데이터의 오차를 계산해야 한다.

어떤 데이터 점의 오차는 (데이터 점이 선보다 위에 있으면) 양수이거나 (데이터 점이 선보다 아래에 있으면) 음수다. 그러나 데이터 점이 선에서 얼마나 멀리 떨어졌는지만 측정하고 싶다. 데이터가 선 위에 있든 아래에 있든 상관없다. 이렇게 측정하려면 각 데이터 점의 오차를 제곱한다. 오차의 제곱은 데이터 점이 선보다 위에 있든 아래에 있든 항상 양수다. 단지 데이터 점이 선에서 얼마나 멀리 떨어졌는지만 나타낸다.

오차의 제곱을 모두 더해서 '오차 제곱의 합'을 구한다. 그림 5.2의 왼쪽 상단에 이 특정 선에서 구한 오차 제곱의 합을 적었다.

이런 방식으로 어떤 α와 β에 대해서도 오차 제곱의 합을 구할 수 있다. 오차 제곱의 합이 커질수록 데이터는 평균적으로 선에서 더 멀어진다.

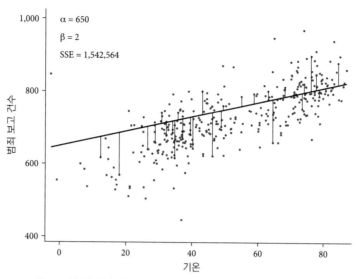

그림 5.2 범죄와 화씨 기온 데이터를 관통하는 선을 그리고 오차 일부를 나타냄

우리가 찾을 선은 오차 제곱의 합이 가장 작은 선이다. 다시 말해 오차 제곱의 합을 최소화하는 매개 변수 α와 β의 값을 찾는다(컴퓨터로 계산할 수 있다). 이 과정을 '최소제곱법'이라고 부른다. 오차 제곱의 합을 최소화하는 매개 변수의 값을 각각 α^{OLS}와 β^{OLS}라고 쓰겠다. 이 매개 변수 값들을 '최소제곱법 회귀 계수'라고 부른다. 이 매개 변수에 해당하는 선이 '최소제곱법 회귀선'이다. 그리고 이 선이 우리가 찾는 최적합선이다.

오차 제곱의 합을 최소화하는 α와 β를 찾는 과정을 나타내는 표현이 다양하다. "범죄 건수를 기온에 회귀시킨다"고 말하기도 한다. 장황하게 표현하려면 "범죄 건수가 종속 변수이고 기온이 독립 변수일 때 최소제곱법 회귀를 실행한다"라고 말한다.

그림 5.3에는 범죄와 기온 데이터와 함께, 각각 서로 다른 α와 β의 조합으로 그린 4개의 선을 보여 준다. 각 선마다 α와 β의 값과 오차 제곱의 합을 기록했다. 그리고 오차 몇 개도 수직선으로 표시했다. 오른쪽 아래 그림은 최소제곱법 회귀선, 즉 오차 제곱의 합이 가장 작은 선이다. 눈으로 봐도 이 선이 다른 세 선보다 데이터를 잘 추정한다. 실전에서 이 선을 찾고자 시행착오를 거칠 필요는 없다. 그 대신 컴퓨터를 써서 찾는데, 컴퓨터는 선형 대수를 활용해서 눈 깜짝할 사이에 오차 제곱의 합을 최소화하는 α와 β의 값을 찾아낼 것이다.

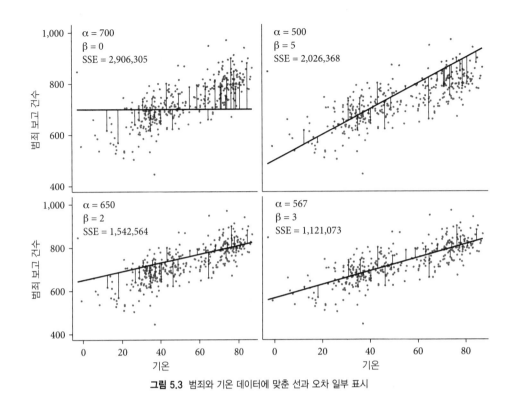

그림 5.3 범죄와 기온 데이터에 맞춘 선과 오차 일부 표시

최소제곱법 회귀선은 어떻게 해석할까? 그림에서 보듯이 가장 가까운 정수로 반올림하면 절편(α^{OLS})은 567이고 기울기(β^{OLS})는 3이다. 다시 말해 최소제곱법 회귀선은 2018년에 미드웨이 공항의 평균 기온이 0도인 날에는 평균 약 567건의 범죄가 발생하고, 그보다 화씨 기온이 1도 올라갈 때마다 평균 범죄 건수는 약 3건 늘어난다고 알려 준다. 예를 들어 (2018년 1월 26일 같은) 기온이 46도인 날의 범죄 추정 건수는 다음과 같다.

$$\text{범죄 추정 건수} = 567 + 3 \cdot 46 = 705$$

회귀선을 반드시 오차 제곱의 합이 가장 작은 선으로 고를 필요는 없다. 목표에 따라서는 오차 절댓값의 합이 가장 작은 선을 고를 수도 있다. 아니면 오차의 네 제곱의 합을 최소화하는 선도 고를 수 있다. 선택지는 무한하다.

오차 제곱의 합을 선호하는 이유가 있다. 하나는 오차 제곱의 합을 최소화하면 또 다른 유용한 함수에 가장 가까운 선형 근사를 할 수 있는데, 바로 '조건부 평균 함수conditional mean function'다. 조건부 평균 함수는 어떤 변수가 다른 변수의 값에 따라 갖는 평균값을 알려 준다.

이번 예시에서 사용할 만한 조건부 평균 함수는 특정 기온에서의 평균 범죄 건수다.

화씨 온도마다 그와 같은 기온을 보인 날의 평균 범죄 건수를 계산해서 그렸다고 생각해 보자. 이렇게 하면 조건부 평균 함수의 그래프를 얻는다. 화씨 온도마다 평균 범죄 건수를 알수 있다. 그림 5.4에서 밝은 회색 점은 범죄와 기온의 원래 데이터이고, 큰 검은색 점은 화씨 5도 단위로 묶은 기온 구간(0~5도, 6~10도 등등)에 해당하는 조건부 평균 범죄 건수다. 조건부 평균은 기온을 근거로 범죄를 예측하는 또 다른 합리적인 방법이다. 그러나 조건부 평균함수는 선처럼 간결하게 표현이 안 된다. 선은 매개 변수 2개만 있으면 되지만, 조건부 평균함수를 요약하려면 각 기온 구간마다 구한 평균 범죄 건수 목록이 필요하다. 하지만 그림에서 보듯이 회귀선은 원본 데이터에 가장 적합한 선인 동시에 조건부 평균에도 제법 잘 들어맞는다. 사실 이 선이 최선의 근사치다. 그러므로 여러분이 조건부 평균에도 관심이 있다면, 오차 제곱의 합이 가장 작은 선이 바로 조건부 평균을 요약하는 좋은 방식이다.

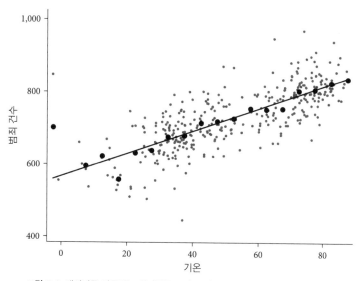

그림 5.4 데이터를 관통하는 회귀선은 조건부 평균에 가장 가까운 선이기도 하다.

물론 여러분이 평균을 알고 싶은 게 아닐 수도 있다. 어쩌면 그 대신 조건부 중앙값conditional median을 기술하거나 예측하고 싶을 것이다. 이런 경우에는 오차의 절댓값의 합이 가장 작은 선을 그려야 한다. 앞서 말했듯이 목적에 맞는 여러 가지 선택지가 있다.

오차 제곱의 합을 최소화가 많이 쓰이는 두 번째 이유는 역사적인 이유다. 앞서 언급했지만 선형 대수를 활용하면 오차 제곱의 합을 최소화하는 α와 β의 값을 컴퓨터로 쉽게 계산할 수 있다. 그 결과 최소제곱법 계수를 아주 빠르게 계산할 수 있다. 사람들이 손으로 이 계산을 하거나 컴퓨터의 속도가 훨씬 느린 시절에는 계산 속도가 매우 중요했다. 다만 컴퓨터의 속도가 빨라지면서 이 문제는 과거보다는 덜 중요하다.

선형 회귀, 비선형 데이터

선형 회귀를 쓰고 싶지만 데이터가 선으로 기술하기 어렵다면 어떻게 할까? 이 문제를 다루고자 2장에서 논의한 투표율 관련 데이터로 돌아가겠다. 2장에서 젊은 사람들이 정치적으로 영향력을 잘 발휘하지 못하는지 알려는 목적으로, 또는 누구에게 투표를 독려해야 하는지 정할 목적으로, 이 데이터로 나이와 투표율의 관계를 기술하려고 했다.

그림 5.5는 2014년 중간 선거에서 18세부터 68세 사이의 각 연령별 투표율을 보여 준다. 이 데이터의 각 관찰값은 개인별이 아니라 연령별 집단이라는 점에 유의하자. 기온과 범죄의 관계와 마찬가지로 나이와 투표율의 관계도 사뭇 복잡할 가능성이 크다. 나이와 투표율의 평균적인 관계를 간단하게 요약하려면 어떻게 해야 할까? 아니면 31세의 데이터가 없는데(그림에서도 빠졌음), 이들의 투표율을 가장 잘 추측하려면 어떻게 해야 할까? 아니면 2018년 선거에서 나이에 따른 투표율을 예측하려면 어떻게 해야 할까? 이 모든 상황에서 선형 회귀가 유용하겠다.

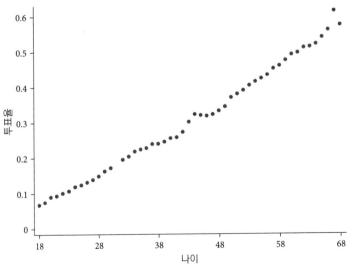

그림 5.5 2014년 미국 중간 선거에서 나이에 따른 투표율 변화

그래프를 보면 나이와 투표율의 관계가 적어도 데이터가 존재하는 구간에서는 대략 선형으로 나타난다. 달리 말하면 이 그래프상에서 모든 데이터 점에 상당히 가까운 선을 하나 그릴 수 있다. 이런 선을 그리면 관계를 기술하거나 투표율을 예측하기에 모두 상당히 유용하겠다.

이 투표율 데이터에 최소제곱법 회귀를 적용해 보자. 이번에도 회귀 등식을 사용해서 어떤 선이든 기술할 수 있다.

$$예상 투표율 = \alpha + \beta \cdot 나이$$

통계 프로그램을 사용해 보니 우리가 가진 데이터에서는 $\alpha^{OLS} = -.1381$이고 $\beta^{OLS} = .0103$ 라고 나온다. 이 2개의 숫자를 갖고 데이터에 최적합한 선을 그리고, 어떤 연령이든지 투표율을 예측할 수 있다. 그림 5.6에 최소제곱법 회귀선을 그렸다.

이 시점에서 잠시 멈추고 회귀선의 실질적인 의미를 명확하게 이해하는 일이 중요하다.

두 숫자 중 α^{OLS}는 절편이다. 절편은 나이 0세의 예상 투표율을 알려 주며, 그 값은 $-.1381$ 또는 약 -14퍼센트다. 이는 정말 이상한 예측이다. 투표율은 음수가 될 수 없기 때문이다. 게다가 갓난아기는 투표를 못한다. 0세의 투표율은 0이 될 수밖에 없다.

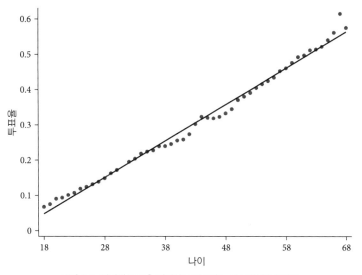

그림 5.6 연령별 투표율 데이터를 관통하는 최소제곱법 회귀선

그렇다면 과연 회귀 기법이 무의미하거나 틀렸다는 뜻일까? 아니다. 이는 단지 회귀 기법이 아기들의 투표 행동을 기술하거나 예측하기에 아주 유용하지는 않다는 사실을 반영할 뿐이다. 이는 놀랍지 않다. 이 회귀선은 우리가 가진 데이터를 잘 근사하도록 고른 선이다. 우리가 가진 데이터 구간을 벗어나는 연령대에서도 투표 행동을 훌륭하게 근사하기를 기대해서는 안 된다. 그리고 우리에게는 18세 미만 데이터가 전혀 없다.

두 숫자 중 β^{OLS}는 기울기다. 기울기는 우리 데이터 구간에서 나이가 한 살 많아지면 평균적으로 투표율은 1퍼센트포인트를 아주 약간 상회하는 수준으로 증가한다는 사실을 알려 준다. 달리 말하면 19세에서 68세 사이의 연령에서 사람들은 자신보다 한 살 어린 사람들보다 평균적으로 투표할 가능성이 1퍼센트포인트 더 크다. 이 점은 흥미롭다. 그리고 연령이 높아지면서 누적되므로 68세는 18세보다 약 50퍼센트포인트 투표율이 높다는 사실을 시사하는데, 실제로 데이터를 봐도 그렇다.

회귀선은 꽤 잘 동작한다. 회귀선은 2014년 선거에서 18세에서 68세 사이 구간의 나이와 투표율의 관계를 제법 간단하고 빠르게 요약해서 전달한다. 이 특정 선거에서 18세 사람들의 약 4.8퍼센트가 투표했고($(-.1381 + .0103 \cdot 18) \cdot 100 \approx 4.8$), 나이가 한 살 많아질 때마다 투표율은 거의 1퍼센트포인트씩 상승했다. 비록 이 방법으로 각 연령 집단의 정확한 투표율을 알지는 못하지만 거의 근접한다. 그리고 우리가 보기에는 (연령별 투표율을 모두 나열하는 방법에 비한) 정확도의 손실은 단순히 내용을 간결하게 표현하고 쉽게 전달하는 대가만은 아니다.

우리가 가진 데이터에 없는 연령대의 투표율을 예측하기에도 α^{OLS}와 β^{OLS}를 쓸 수 있다. 앞서 논의한 이유로 선의 외삽을 너무 멀리까지 하지 않으려 한다. 갓난아기는 물론 17세조차 투표권이 없으므로 외삽은 의미가 없다. 마찬가지로 68세보다 훨씬 더 많은 연령까지 외삽할 필요는 없겠다. 69세나 70세는 회귀선으로 예측했을 때 각각 57.3퍼센트($(-.1381 +$ $.0103 \cdot 69) \cdot 100$)와 58.3퍼센트($(-.1381 + .0103 \cdot 70) \cdot 100$)이며, 이 예측은 아마 꽤 정확할 것이다. 하지만 우리가 가진 데이터 구간에서 멀리 벗어날수록 예측의 신빙성은 떨어진다.

우리가 예측 정확도를 가장 자신할 수 있는 지점은 31세다. 모종의 이유로 이 지점에는 데이터가 안 보인다(사실은 예를 보여 주려고 일부러 생략했다. 하지만 데이터를 다루기 시작하면 이런 일이 항상 생긴다는 사실을 알아챌 것이다. 어쩌면 지역 서기가 31세 투표 결과 서류에 커피를 쏟았을지도 모른다). 다만 31세 전후로는 풍부한 데이터가 있다. 따라서 31세의 투표율을 꽤 정확하게 예측할 수 있겠다. 한번 살펴보자.

우리가 구한 회귀 등식으로 추정하면 31세의 투표율은 $(-.1381 + .0103 \cdot 70) \cdot 100 =$ 18.12로 18퍼센트를 살짝 넘긴다. 사실 실제 데이터가 있기 때문에 이 예측치가 얼마나 잘 들어맞는지 31세 데이터를 그래프에 추가해 보면 안다.

그림 5.7에 18세에서 68세 사이에서 31세만 뺀 데이터에 맞춘, 이전과 똑같은 회귀선을 그렸다. 다만 이번에는 이전 그림에서 빠진 데이터 점을 빈 동그라미로 추가했다. 새로운 데이터에는 31세는 물론, 69세에서 88세에 이르는 구간도 포함된다.

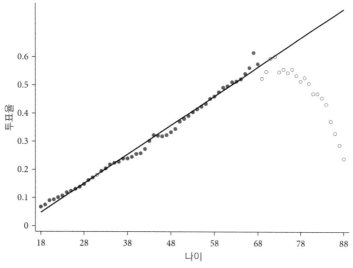

그림 5.7 회귀선으로 표본을 벗어난 연령대의 투표율을 (형편없이) 예측하기

31세 지점에서 회귀선이 데이터 점에 거의 딱 들어맞는다. 투표율이 18.12퍼센트라고 예측했는데 실제로는 18.11퍼센트다. 69세에서 72세 구간도 예측이 그 정도까지 정확하지는 않지만 그런대로 괜찮다. 하지만 나이가 가장 많은 구간에서는 예측이 형편없이 빗나간다.

이는 고령층에서는 나이와 투표율의 관계가 사뭇 달라지기 때문이다. 그보다 젊은 층에서는 나이가 들수록 투표율이 올라간다. 하지만 일단 70세 정도를 지나면 오히려 나이가 들수록 투표율이 떨어진다. 그 결과 18세에서 68세 사이의 투표율 데이터를 사용해서 80세와 88세 사이의 투표율 차이를 예측하려고 하면 잘 안 된다. 갓난아기의 투표율이 −14퍼센트라고 예측한 것과 마찬가지로, 이 예시는 회귀선을 그리기에 사용한 데이터 구간을 벗어나서 예측하려고 시도할 때 어떤 문제가 생길 수 있는지 보여 준다.

사실은 우리가 18세에서 88세 사이의 모든 사람으로부터 나이와 투표율의 관계를 분석하려 했다고 생각해 보자. 데이터만 봐도 선형관계가 아니라는 사실을 알 수 있다. 이런 비선형성은 어떻게 대응해야 할까?

한 가지 접근법은 새로운 선형 회귀를 수행하되 모든 데이터를 사용한다. 비록 데이터가 선을 따르지 않지만 여전히 오차 제곱의 합이 가장 작은 선을 찾을 수는 있다. 그림 5.8에서 보듯이 확실히 비선형관계를 갖는 데이터에 선을 맞췄기 때문에 이전보다 오차가 더 커졌다.

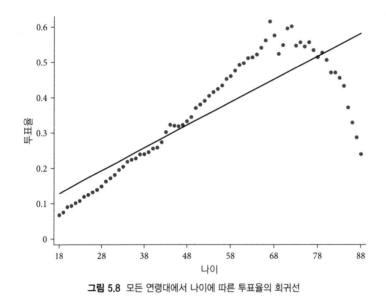

그림 5.8 모든 연령대에서 나이에 따른 투표율의 회귀선

두 번째 접근법은 회귀선은 계속 사용하되 데이터의 서로 다른 부분마다 다른 선을 사용한다. 예를 들어 16세부터 68세까지의 데이터로 오차 제곱의 합이 가장 작은 선을 하나 찾고, 69세부터 78세까지의 데이터로 오차 제곱의 합이 가장 작은 두 번째 선을 찾고, 79세부터 88세까지의 데이터로 세 번째 선을 찾는 식이다. 이 방법은 단일 회귀만큼 간결하거나 쉽게 전달하지는 못한다. 매개 변수 2개(α와 β)만 쓰는 대신 6개(각 회귀선마다 별도의 α와 β를 써야 한다. 하지만 그림 5.9에서 볼 수 있듯이 좀 더 복잡하게 표현하는 대신 데이터에는 더 잘 들어맞는다(즉 오차가 작다).

앞서 2장에서 비선형성을 다루는 세 번째 방법을 암시했다. 회귀 등식을 구할 때 설명 변수를 딱 하나만 써야 할 이유는 없다. 투표율과 나이 사이에 비선형관계가 성립한다는 사실을 알면, 나이 변수를 제곱하거나 세제곱하는 등으로 변환하는 방법을 고려해 볼 만하다.

2장에서 이 접근법을 취할 때는 회귀 등식을 단순하게 유지했다. 그저 설명 변수를 제곱한 다음 결과 변수를 회귀 기법으로 구했다. 하지만 이보다 더 널리 활용할 수도 있다. 나이 또는 나이의 제곱 중 한 가지에만 투표율을 대입하는 대신, 둘 다 사용할 수 있다. 이렇게 하면 선 하나만 사용할 때보다 데이터에 더 잘 들어맞는 함수를 찾을 수 있다. 물론 새로운 변수를 하나 추가하면 오차 제곱의 합이 가장 작아지도록 만드는 계수도 하나 늘어난다. 그렇지만 이 정도는 컴퓨터로 충분히 처리할 수 있다.

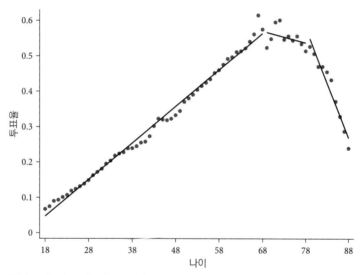

그림 5.9 16세부터 68세까지, 69세부터 78세까지, 79세부터 88세까지의 투표율과 나이 데이터를 관통하는 개별 회귀선

원칙상으로는 나이 변수만 이리저리 바꾸는 데 그칠 필요도 없다. 다른 요소도 추가할 수 있는데, 평균 소득이나 투표 등록 현황 등을 포함하면 예측이 더 정확해질 수 있다. 이런 가능성에 관해서는 10장에서 다시 다루겠다. 지금은 일단 나이 변수를 변환하는 일에 집중하자.

설명 변수가 하나만 있으면 회귀 기법으로 알고자 하는 바를 눈으로 보기 쉽다. 그저 2차원 평면에 데이터를 관통하는 선, 바로 오차 제곱의 합이 가장 작은 선을 하나 그리면 된다.

설명 변수가 둘이 되면 그림이 다소 추상적이 되긴 하지만, 아직까지는 다룰 만하다. 이제는 3차원 공간에 놓인 데이터를 관통하는 선을 하나 찾는다고 볼 수 있다. 앞의 그래프에서 지면을 뚫고 세 번째 축이 나온다고 상상해 보자. 이 축은 두 번째 설명 변수(아마도 나이의 제곱)를 나타낸다. 데이터는 이제 3차원 공간에 구름처럼 흩어진다. 회귀 기법은 여전히 오차 제곱의 합이 가장 작은 선을 하나 그리는 일이지만, 이제는 이 선이 3차원 데이터 점으로 이뤄진 구름을 지나간다. 이 선을 기술하려면 매개 변수가 2개가 아니라 3개 필요하다. 바로 절편(α), 첫 번째 설명 변수의 변화에 대응하는 기울기(β_1라고 부르겠다), 두 번째 설명 변수의 변화에 대응하는 기울기(β_2라고 부르겠다)다.

설명 변수가 2개를 넘어서면 대부분의 사람들은 4차원 이상을 머릿속에서 그리기 어렵기 때문에 회귀선을 시각화하기 어렵다. 그래도 유추할 수는 있다. 여러분은 설명 변수가 하나나 둘일 때 오차 제곱의 합을 최소화하는 선을 찾는 일이 어떤 의미인지 이해한다. 변수 10개로도 이해하지 못할 이유는 없다. 컴퓨터도 이런 상황에서 오차 제곱의 합을 계산하고 최소제곱법 회귀 계수를 계산하기에 아무런 어려움이 없을 것이다.

이 기법이 실제 상황에서 어떻게 작동하는지 알아보자. 앞선 회귀 등식에 나이 제곱을 설명 변수로 추가했다. 다시 말해 다음 등식을 세웠다.

$$\text{예상 투표율} = \alpha + \beta_1 \cdot \text{나이} + \beta_2 \cdot \text{나이}^2$$

일단 컴퓨터로 연관된 회귀 계수를 계산한 다음, 아무 나이와 그 제곱을 대입하면 투표율 수준을 예측할 수 있다. 즉 예컨대 31세 투표율을 예측하려면 나이에 31을 대입하고 나이 제곱에 $31^2 = 961$을 대입한다.

게다가 나이와 나이 제곱에서 멈출 필요도 없다. 그림 5.10에는 다양한 회귀 등식으로 예측한 투표율이 보이는데, 하나는 나이와 나이 제곱을 설명 변수로 썼고(이를 2차 다항식이라고 부른다), 다른 하나는 나이, 나이 제곱, 나이 세제곱을 설명 변수로(3차 다항식), 다른 하나는 4차 다항식, 또 다른 하나는 무려 10차 다항식을 썼다!

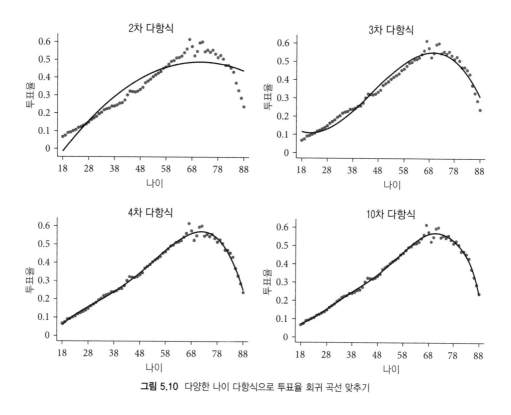

그림 5.10 다양한 나이 다항식으로 투표율 회귀 곡선 맞추기

나이와 투표율의 전반적인 관계는 무척 복잡하다. 앞서 봤듯이 18세부터 68세까지는 거의 선형에 가깝지만, 그 뒤로는 갑작스럽게 양상이 바뀐다. 그러므로 단순히 나이만 고려하면 데이터에 잘 맞는 결과를 얻을 수 없다. 이와 비슷하게, 나이와 나이 제곱으로 얻은 회귀 등식도 데이터에 잘 맞지는 않는데, 데이터에 나타난 관계는 2차 곡선으로는 잘 근사하기 어렵기 때문이다. 설명 변수를 추가할수록 데이터에 맞도록 조정할 매개 변수가 늘어나므로 예측이 점차 나아진다. 4차 다항식에 이르면 선이 꽤 잘 맞아 보인다.

10차 다항식이 물론 데이터에 가장 가깝게 들어맞는다. 회귀 기법에 설명 변수가 많을수록 결과도 잘 들어맞는다. 하지만 그렇다고 해서 될 수 있는 한 설명 변수를 많이 집어넣으라는 뜻은 아니다. 그에 따르는 대가가 있기 때문이다.

먼저, 데이터를 간결하게 기술해서 내용을 이해하고 전달하기 쉽게 만들기가 한 가지 목표라는 점을 기억하자. 11개 매개 변수(α와 β_1부터 β_{10}까지)로 데이터를 기술한다면, 간결함을 추구하는 관점에서는 단순히 각 나이의 투표율을 나열할 때보다도 그다지 나은 점이 없다.

게다가 종종 데이터에 관찰값이 없는 연령대(90세 같은)의 투표율을 예측하는, 이른바 '표본 밖 예측'을 할 필요가 있다. 변수를 많이 추가할수록 표본 밖 예측이 나빠지는 경우가 많다. 그 이유는 우리가 구한 함수가 점점 더 유연해지면서 실제로는 별 의미가 없는 사소한 변동조차 하나하나 중요하다고 받아들일 수 있기 때문이다.

이런 점을 보여 주고자 이전과 같은 분석을 18세부터 78세까지 데이터만으로 회귀를 수행했다. 그러면 78세보다 나이가 많은 사람들의 투표율을 얼마나 정확하게 예측하는지 알 수 있다(이 예측이 표본 밖 예측인 이유는 일부러 78세보다 많은 연령대 데이터를 지웠기 때문이다). 그림 5.11에 결과를 그렸다. 회귀 수행에 사용한 데이터는 검은색으로 그렸다. 예측하려는 구간의 데이터는 빈 동그라미다. 그리고 회색 곡선은 회귀로 예측한 값을 나타낸다. 4차 다항식을 사용한 예측은 최고령층의 투표율을 잘 예측한다. 하지만 10차 다항식을 사용한 예측은 완전히 망했다!

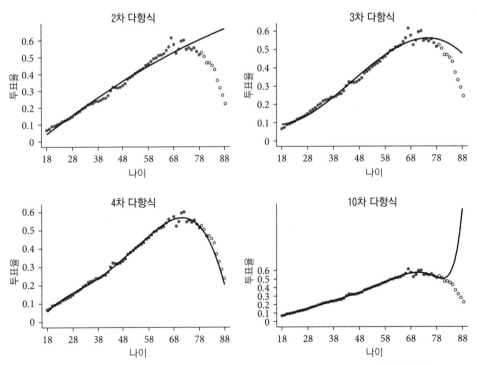

그림 5.11 투표율과 다양한 나이 다항식에 회귀 기법을 적용해서 표본 밖의 연령대 투표율을 예측하기

과적합 문제

방금 본 예시는 10차 다항식을 사용한 경우는 4차 다항식을 사용한 경우보다 표본 밖 예측 결과가 나빴는데, 이는 좀 더 '과적합^{overfitting}'이라고 부르는 좀 더 일반적인 현상의 한 예다. 설명 변수를 여러 개 시험하다 보면 우연히 데이터의 결과 변수와 관계가 있는 대상을 찾기 마련이다. 10차 다항식을 사용한 회귀에서는 나이 변수의 고차식 변환과 일단의 유권자 투표율 사이에서 무의미한 상관관계를 찾아서 다른 유권자의 투표율을 예측하려고 했다. 당연하게도 이 무의미한 상관관계는 계속 유지될 수 없다. 과적합을 좀 더 잘 이해하도록 좀 더 현실적인 예측 문제를 다뤄 보자.

대통령 선거 예측

미국인들은 다가올 대통령 선거 결과 예측에 지대한 관심을 쏟는다. 사람들에게 우리를 정치학자라고 소개할 때마다 가장 많이 듣는 질문은 "다음 선거에서 누가 당선될까요?"다. 선거 예측은 대부분의 정치학자가 연구하는 대상이 아니므로 사람들은 우리의 대답에 실망하기 마련이다.

그렇지만 가장 복잡한 정치적 현상들에 비하면 대통령 선거는 사실 제법 예측 가능하다. 선거 몇 달 전부터 경제 상황을 근거로 누가 당선될지 알 수 있는 경우가 종종 있다. 그리고 선거일 바로 전 몇 주간 여론 조사 결과의 평균치는 실제 득표율과 1~2퍼센트포인트 오차 이내로 정확하다. 기자인 네이트 실버$^{Nate\ Silver}$는 본디 여론 조사의 평균만 갖고도 정치 데이터 분석의 대가로 자리매김했다.

물론 득표율을 1~2퍼센트포인트 오차 내로 예측할 수 있다는 사실이 항상 선거의 승자를 알 수 있다는 뜻은 아니다. 대통령 선거는 대부분 경쟁이 치열하고, 선거인단 제도는 전체 득표율이 높아도 선거에서는 질 가능성을 열어 둔다. 2000년이나 2016년 선거처럼 경합이 심했던 경우에는 정직한 분석가가 선거 당일 아침에 알려진 정보를 갖고도 누가 당선될지 90퍼센트 이상 확신할 수 없을 정도였다.

비록 정치학자 대부분은 선거 결과 예측에 그다지 시간을 쏟지 않는다고 말했지만, 그렇지 않은 정치학자도 있다. 학술지인 『정치학과 정치$^{PS:\ Political\ Science\ \&\ Politics}$』는 매 대통령 선거를 앞두고 데이터 양적 분석을 활용해서 결과를 예측하려는 다양한 시도를 주제로 한 토론회 내용을 발표한다. 여기 소개되는 분석 중에는 여론 조사 데이터를 쓰지 않고 얼마나 선거 결과를 잘 예측할 수 있는지를 목표로 하는 경우가 종종 있다. 예를 들면 경제성장률이나 재임 여부와 같은 기초적인 자료만 아는 상태에서 득표율을 얼마나 잘 예측하는지 알아볼 수 있다.

이런 예측을 하려는 연구자는 각 선거 결과가 관찰값이고, 결과 변수는 선거에서 여당의 득표율이고, 다양한 설명 변수들은 선거 당해연도의 경제성장률, 현직 대통령의 연임 시도, 지난 임기 내의 전쟁 사망자 수 등과 같은 선거별 특성인 데이터를 사용해서 회귀를 수행할 것이다. 과거 선거 데이터를 근거로 회귀 계수를 얻은 다음, 이번 선거의 설명 변수 값을 대입해서 양당 득표율 추정치를 얻을 수 있다. 여러 분석가가 같은 작업을 하기 때문에 예측력을 높일 새로운 설명 변수를 찾는 일이 목표가 되는 경우가 많다.

이 접근법을 모방해서 1948년부터 2012년까지의 대통령 선거에서 여당 득표율을 예측하는 회귀를 수행했다. 완벽을 기하고자 정치학자들이 선거 결과 예측에 도움이 될 것이라고 분류한 열 가지 다른 요소를 독립 변수로 사용했다. 구체적으로는 여당이 민주당인지 공화당인지 여부, 현직 대통령이 재임을 노리는지 여부, 직전 임기 중 1, 2, 3, 4년차 각각의 GDP 성장률, 당시 대규모 전쟁 참여 여부, 기존 여당의 연속 재임 횟수(많은 사람은 한 정당이 오래 집권하면 유권자들이 집권당을 바꿀 가능성이 더 높다고 기대한다), 실업률, 지난 임기의 실업률 변화를 사용했다.

이 열 가지 변수가 대통령 선거 결과 예측에 도움이 되기를 기대할 만한 충분한 이유가 있고, 언뜻 보면 실제로 도움이 되는 것 같다. 회귀로 얻은 r^2 통계는 .83인데, 이는 여당의 득표율 분산 중 83퍼센트가 이 변수들로 설명할 수 있다는 뜻이다. 게다가 회귀로 예측한 결과는 실제 득표율과 평균 1.7퍼센트포인트 오차를 보일 뿐이다.

그러나 이 뚜렷한 회귀의 성과는 사실 우리가 오판하게 만든다. 사실 무작위로 변수 10개를 생성하고 (컴퓨터 시뮬레이션으로 시도했다) 이들을 설명 변수로 사용해서 똑같이 회귀를 수행하면 r^2 통계는 약 .67를, 평균 오차는 2.4퍼센트포인트를 얻는다. 무작위로 생성한 변수 10개는 선거 결과와 연관된 정보는 전혀 없는데도 이 수치는 실제 데이터를 써서 예측한 결과에 버금간다.

놀라운 일이다. 왜 이런 일이 생길까? 수많은 변수를 완전히 무작위로 생성하다 보면 개중에는 분석하는 결과와 순전히 우연히 상관관계를 갖는 변수가 나오기 마련이다. 회귀를 수행하면 이런 무의미한 변수들도 결과를 예측하는 것처럼 보인다. 물론 실제로는 아니다. 만약 이런 무의미한 변수들과 과거의 결과 사이에 나타나는 연관성을 바탕으로 앞으로의 결과를 예측하려고 한다면 끔찍한 실패를 맛볼 것이다. 이 예측력은 우연히 얻은 허상에 불과하다.

과적합을 판별하고 완화할 방법 하나는, 확보한 데이터 일부를 회귀 분석에 사용하지 않고 앞 절에서 78세 이후 투표율을 활용한 것처럼 표본 밖 시험에 사용하는 방식이다. 선거 결과를 예측하는 상황에서는, 2012년의 득표율을 예측해야 한다면 바로 그 2012년 데이터는 표본에서 빼고 나머지 선거 데이터만으로 회귀를 수행해서, 그 결과로 얻은 회귀 계수와 2012년의 설명 변수 실제 값을 대입해서 얼마나 잘 예측하는지 확인해 본다. 원칙상 이 방법을 데이터에 포함된 각 연도마다 똑같이 적용해서, 관찰값 하나를 빼고 회귀를 수행한 다음 뺀 관찰값의 추정치를 구해서 실제 관찰값과 비교하는 과정을 반복할 수 있다.

앞서 설명 변수 10개로 수행한 회귀 결과를 표본 밖 시험에 적용하면 처음보다 예측 결과가 훨씬 뒤떨어진다. 평균 예측 오차는 1.7에서 5.6퍼센트포인트로 훌쩍 뛰어오른다. 통계 상담사가 선거 결과 예측의 평균 오차를 잘해야 5~6퍼센트포인트 정도만 보장한다면, 과연 어떤 선거 본부가 이들을 고용할지 의문이다. 더 황당한 점은, 표본에 있는 다른 선거 결과를 단순히 평균한 예측도 평균 4.6퍼센트포인트 이내의 오차를 보인다. 달리 말하면 처음에는 정확한 예측을 보인다고 생각한 과적합된 회귀는, 사실은 설명 변수 하나 없는 회귀보다도 못한 셈이다.

물론 분석가가 신중하게 과적합을 피하면 유용한 예측을 얻을 수 있다. 임기 동안의 GDP 성장률만 설명 변수로 사용하는 단순한 회귀는 표본 밖 예측 오차가 3.8퍼센트포인트로, 설명 변수를 쓰지 않은 모델을 앞선다. 그리고 네이트 실버처럼 여론 조사 결과를 포함시키면 결과가 더 좋아진다. 하지만 여전히 좋은 예측이 아님에도 좋은 예측을 한다고 오판하기 쉽다. 신중한 분석가는 결과와 실제로 관련 있다고 믿는 변수만 회귀에 포함시키고, 관찰값 수에 비해 너무 많은 변수를 사용하지 않고, 표본 밖 시험을 활용해서 예측 결과를 검증한다.

회귀 결과를 어떻게 보여 줄까

지금까지 해왔듯이 회귀 결과를 그림으로 보여 주는 경우도 있다. 그러나 회귀 결과를 보여 주는 가장 흔한 형식은 표다. 표 5.1은 나이에 따른 투표율의 회귀 결과를 보여 주는 한 사례다.

표 5.1 나이에 따른 평균 투표율의 회귀 수행 결과

	종속 변수 = 투표율
나이	.0103
	(.0001)
상수	−.1381
	(.0066)
r^2	.991
오차 제곱 평균의 제곱근	.151
관찰값 수	50

아직 이 표에 나타난 내용을 전부 알지는 못하겠지만(괄호 속의 숫자는 표준 오차로서, 6장에서 다룬다), 대부분은 친숙하리라고 본다. 상수라는 행에 쓴 숫자는 절편 α^{OLS}다. 나이라는 행에 쓴 숫자는 회귀선 기울기 β^{OLS}다. 2장에서 이미 r의 제곱은 설명했다. 나이로 예측할 수 있는 투표율 분산의 크기다. 그리고 오차 제곱 평균의 제곱근$^{Root\text{-}MSE}$은 오차 제곱을 평균한 값의 제곱근으로서, 회귀로 예측한 값이 실제 데이터에서 평균적으로 얼마나 멀리 떨어져 있는지 감을 잡을 수 있게 해준다.

회귀의 간략한 학문적 역사

통계학의 역사가들이 아는 바에 따르면 회귀 기법은 19세기 말 무렵에 발명됐다(아니, 발견됐다고 해야 하나?). 선형 회귀가 처음으로 발표된 기록은 프랑스 수학자 아드리앵 마리 르장드르$^{Adrien\text{-}Marie\ Legendre}$가 쓴 『혜성 궤도를 결정하는 새로운 방법$^{New\ Methods\ of\ the\ Determination\ of\ the\ Orbits\ of\ Comets}$』이라는 얇은 책의 부록이다. 이 책은 측지학^{geodesy}에 중요한 시사점을 제공하는데, 측지학은 지구를 측정하는 학문으로서 18세기에는 항해의 경제적, 군사적 중요도로 인해 매우 중대한 이권이 걸린 문제였다.

회귀의 발견자라는 르장드르의 지위는 동시대의 위대한 독일 수학자 카를 프리드리히 가우스Carl Friedrich Gauss에 의해 위협받았다. 가우스는 1809년에 발표한 『태양 주위의 원추 궤도를 도는 천체의 움직임에 관한 이론Theory of the Motion of the Heavenly Bodies Moving about the Sun in Conic Sections』라는 책에서 이렇게 썼다. "이 원리는 1795년 이래 사용해 왔으며, 최근 르장드르가 발표했다." 르장드르는 기분이 상했고 두 사람은 19세기 초반 내내 이 문제로 서로를 공격했다.

두 사람 모두 오차 제곱의 합을 최소화하는 최적합선을 그리는 방법을 '회귀'라고 부르지는 않았다. 이 용어는 18세기 후반의 학자인 프랜시스 골턴Francis Galton이 만들었다. 골턴은 찰스 다윈Charles Darwin의 사촌으로서 다윈의 조카와 결혼한 인물이며 박식가였다(취미와 전문 분야가 다양했다). 그는 현대식 지문 시스템 개념을 들고 나왔고 처음으로 집단지성 현상[1]을 정량적으로 기록했다. 놀랍게도 골턴은 우생학자, 즉 선택적 인간 교배를 지지하는 사람이었다. 우리는 우생학을 인정하지도 지지하지도 않는다는 점을 밝혀 두지만, 적어도 회귀 기법은 우생학자 외의 사람들에게도 유용한 점은 사실이다.

골턴은 우생학에 관심을 가지면서 진화와 유전을 정량적으로 연구하고자 했다. 그는 먼저 키와 같이 쉬운 대상부터 측정하기 시작했다. 어떤 분석 과정에서 그는 부모와 자식의 키 데이터를 모았다. 데이터를 그래프로 그리고 나서, 오늘날 우리가 회귀선이라고 부르는 도구를 사용해서 이 두 변수 사이의 평균적인 관계를 평가했다.

골턴의 분석은 실제로는 조금 복잡하다. 자식의 키를 부모의 평균 키와 비교하기 전에 먼저 남녀의 키를 동등하게 비교하도록 조정했다. 여기서는 이 작업을 따라하지는 않는다. 개념을 잡으면 되니까, 골턴과 비슷한 분석을 하되 아버지와 아들의 키만 비교하는 분석을 한다고 상상하자. 분석 단위는 아버지-아들 쌍이고, 회귀 등식은 다음과 같다.

$$\text{아들의 키 추정값} = \alpha + \beta \cdot \text{아버지의 키}$$

골턴이 최소제곱법으로 α와 β를 측정한다면 어떤 사실을 알아낼 것 같은가? 어쩌면 $\alpha^{OLS} = 0$이고 $\beta^{OLS} = 1$이라고 기대할지도 모른다. 이 말은 평균적으로 아들은 아버지와 같은 키를 갖

---

1   이는 충분히 많은 사람에게 질문을 던지면, 설령 그들이 전문가가 아닐지라도 각자 낸 답변의 오차가 상쇄돼 좋은 결과를 얻는다는 개념이다. 골턴은 황소의 무게를 추정하기에 있어서 각 개인은 대부분 많이 빗나가지만, 수백 명에게 물어서 모든 답을 평균하면 실제 무게에 근접한 결과를 얻는다는 사실을 밝혔다. 안타깝게도 이 방법이 모든 경우에 통하지는 않지만.

는 경향이 있다는, 즉 아버지 키가 5피트면 아들도 키가 5피트, 아버지 키가 6피트면 아들 키도 6피트 등등이라는 뜻이다. 하지만 골턴은 $\alpha^{OLS} > 0$이고 $\beta^{OLS} < 1$이라는 사실을 알고 놀랐다. 여기서 잠시 왜 그런지 생각해 보자.

그림 5.12에 골턴의 분석 결과를 그렸다. 검은색 점선은 45도 선, 즉 $\alpha = 0$이고 $\beta = 1$이다. 굵은 회색 선은 최적합 회귀선으로서 $\alpha^{OLS} = 38.2$이고 $\beta^{OLS} = 0.448$이다.

먼저 이 회귀 계수를 해석해 보자. 회귀선은 상대적으로 키가 작은 아버지들에 대해서는 45도 선보다 위에 놓이고 상대적으로 큰 아버지들에 대해서는 그보다 아래에 놓인다. 이는 키가 큰 아버지들이 낳은 아들들은 평균보다는 큰 편이지만 아버지 자신들보다는 작은 편이라는 뜻이다. 이와 비슷하게, 작은 아버지들이 낳은 아들들은 평균보다는 작은 편이지만 아버지 자신들보다는 큰 편이다. 골턴은 이 현상을 '평범함으로의 회귀'라고 불렀다. 오늘날에는 대개 이 현상을 평균으로의 회귀라고 부르며, 8장 전체가 이 현상을 설명하는 내용이다. 이 발견 이후로 회귀라는 단어는 골턴의 통계적 기법과 이 기법으로 밝혀 낸 현상 둘 다 가리킨다. 그러므로 최소제곱법 회귀와 평균으로의 회귀에서 회귀라는 같은 단어를 쓰는 것은 우연의 일치가 아니다. 이들은 같은 학문적 역사를 공유한다.

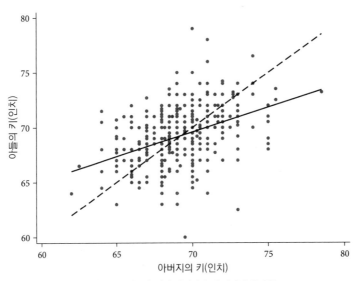

그림 5.12 아들의 키와 아버지의 키 사이의 회귀선

정리

회귀는 상관관계 연구에 가장 중요한 도구다. 최적합선 기울기는 두 변수 사이의 관계가 갖는 부호와 크기, 즉 한 변수가 증가하면 다른 변수는 얼마나 많이 증가 또는 감소하는 편인지를 알려 준다. 회귀로부터 많은 내용을 배울 수 있지만, 명확하게 사고하도록 주의를 기울여야 한다. 컴퓨터로 구현할 수 있는 기법을 사용할 때 자칫 자만에 빠지기 쉽다. 데이터를 그려 보고 비선형관계가 있을 가능성을 고려하고 과적합을 주의하면 이런 함정을 피할 수 있다.

회귀는 데이터에 있는 변수들 사이의 관계를 알려 준다. 단지 데이터를 기술하고자 한다면 이것만으로 충분히 유익하다. 그러나 우리는 종종 거기서 더 나아가려고 한다. 예를 들면 전체 모집단보다 작은 표본 데이터에 들어 있는 변수들 사이의 관계로부터 더 큰 집단에서 변수들 사이의 관계를 유추하고자 할 때가 있다. 데이터에서 찾은 관계가 더 큰 집단에서도 유효할지 어떻게 판단할까? 이 주제는 6장에서 다룬다.

핵심 용어

- **종속 변수:** 관계를 기술하거나 예측하거나 설명하려는 결과에 연관된 변수.
- **독립 변수 또는 설명 변수:** 종속 변수의 관계를 기술하거나 예측하거나 설명하기에 사용하는 변수.
- **회귀 등식:** 종속 변수를 독립 변수에 선형으로 연관시키는 등식.
- **회귀 매개 변수:** 회귀 등식에서 종속 변수를 독립 변수에 연관시키는 (절편과 기울기 같은) 매개 변수.
- **오차:** 어떤 데이터 점에서 실제 결과 변수와 예측값의 차이. 잔차[residual]라고도 부른다.
- **오차 제곱의 합:** 한 선이 주어지면 각 데이터 점에서 선에 닿는 수직선을 그어서 오차를 계산한다. 이 개별 오차를 제곱해서 모두 더하면 그 선의 오차 제곱의 합을 얻는다.
- **최소제곱법 회귀:** 데이터로부터 오차 제곱의 합을 최소화하는 최적합선을 찾는 방법.
- **회귀선:** 최소제곱법 회귀로 구한 데이터의 최적합선.
- **절편:** 회귀의 맥락에서 절편은 모든 설명 변수의 값이 0일 때 예측한 결괏값을 나타낸다. '상수항'이라고 부르기도 한다. 절편을 중요하게 해석해야 하는 경우도 있지만,

모든 설명 변수가 0인 상황이 말이 안 되는 경우에는(예를 들어 0세의 투표율을 예측하는 경우에는) 절편의 의미가 별로 없다. 어느 쪽이건 회귀를 수행하면(이론상 절편이 반드시 0이어야 하는 아주 희귀한 경우를 제외하면) 그 결과에 절편이 포함된다.

- **조건부 평균 함수**: 어떤 변수가 다른 변수의 특정 조건이 맞을 때 갖는 평균을 구하는 함수.
- **표본 밖 예측**: 예측에 활용한 원래 데이터에 없는 관찰값의 결과를 회귀로(또는 다른 통계 기법으로) 예측하는 행동.
- **과적합**: 한 종속 변수를 예측할 때 너무 많은 독립 변수를 사용해서, 그중 어떤 변수가 종속 변수를 예측하는 것처럼 보이지만 실제로는 관련이 없는 경우.

연습 문제

웹사이트(press.princeton.edu/thinking-clearly)에 접속해서 SchoolingEarnings.csv 파일과 이 파일의 데이터에 있는 변수를 기술한 README.txt 파일을 다운로드하라.[2] 이 데이터는 1980년 미국에서 41세부터 50세까지 남성의 평균 연소득을 학업 기간에 따라 구분해서 제공한다. 어떤 관찰값은 학업 기간이 8년인 남성의 평균 소득(1,000달러 단위)을, 다른 관찰값은 학업 기간이 9년인 남성의 평균 소득을 나타내는 식이다.

5.1 소득을 종속 변수로 두고 학업 기간을 유일한 독립 변수로 둬서 회귀를 수행하자. 결과로 얻은 회귀 계수를 해석하라.

5.2 학업 기간만으로 소득을 예측하는 간결한 방법을 찾는다고 생각해 보자. 어떻게 해야 할까?

5.3 소득과 학업 기간의 관계가 선형에 가까운지 좀 더 자세히 살펴보자.

(a) 먼저 산점도를 그려 보자. 그다음, 2장에서 그랬듯이 회귀로 예측한 값을 원본 데이터와 함께 그리자. 회귀선이 데이터에 잘 맞아 보이는가?

(b) 이번에는 4차 다항식을 사용해서(즉 학업 기간, 그 제곱, 그 세제곱, 그 네제곱을 포함) 회귀를 수행하자. 예측 결과가 선형 회귀의 예측 결과와 확연히 다른가?

---

2   Resources 탭에서 Student Resources 링크를 누르면 열리는 페이지에서 Download 버튼을 클릭한다. – 옮긴이

(c) 이번에는 학업 기간을 나눠서 각각 별도의 회귀를 수행하자. 이 선들이 모든 데이터를 단일 회귀로 수행해서 얻은 예측과 확연히 다른가?

(d) 위에서 얻은 결과를 바탕으로 생각해 보면 단순한 선형 회귀 방식이 합리적인가 아닌가?

5.4 나이와 투표율 분석에서 했듯이 표본 밖 시험을 수행해서 여러분의 예측 결과를 평가해 보자. 3번 질문에서 여러분이 답한 여러 가지 방법을 학업 기간이 12년 이하인 데이터만 사용해서 예측하면, 그보다 학업 기간이 긴 사람들의 소득을 얼마나 잘 예측하는지 확인해 보자.

읽을거리

회귀의 초기 역사를 더 자세히 알고 싶으면 다음 책을 보라.

Stephen M. Stigler. 1986. The History of Statistics: The Measurement of Uncertainty before 1900. Belknap, Harvard.

06

표본, 불확실성, 통계적 추론

6장에서 다루는 내용

- 모든 정량적 추정은 다음 세 가지 요소, 즉 대상의 실제 수치, 편향, 잡음의 합이다.
- 분석가는 통계적 가설 검정을 통해서 추정치가 잡음으로 인해 발생할 가능성을 판단할 수 있다.
- 통계적 유의성과 실질적 유의성은 다른 개념이며 구분해야 한다.

들어가며

4장과 5장에서 데이터에 존재하는 변수들 사이의 관계를 서술하는 도구가 정확히 무엇인지 설명했다. 두 변수 모두 변이가 있어야 회귀를 사용해서 상관관계를 기술할 수 있다. 그런데 종종 그보다 더 많이 알고 싶을 때가 있다. 우리가 가진 데이터(표본)에서 찾은 변수들 사이의 관계로부터 더 큰 세상(모집단)에서도 그 변수들의 관계가 유지되는지 추론하고자 할 때다. 예를 들어 2018년에는 따뜻한 날에 범죄가 더 많이 발생했다는 사실을 알아냈다면, 이 관계가 단지 2018년에만 발생한 현상이 아니라 다른 해에도 유효하다고 말해도 될지 알고 싶을 것이다. 이는 곧, 표본에서 관찰한 관계가 어떤 시기에나 일어나는 실제 현상을 반영하는지, 아니면 우연히 (또는 그저 운이 좋아서) 살펴본 표본 데이터에서만 나타난 현상인지 알고 싶다는 말이다. 이 장에서는 이 두 가지 가능성을 두고 판단을 내리기에 도움을 줄 도구를 설명하겠다.

추정

위 질문에 답하려면 먼저 표본에서 관찰하는 대상과 파악하려는 모집단에서 일어나는 현상을 구분할 공통 언어가 필요하다. 그래서 앞으로 밥 먹듯이 등장할, 우리의 '대표 등식'이라고 부를 다음의 간단한 등식을 사용하겠다.

$$추정치(estimate) = 추정\ 대상(estimand) + 편향(bias) + 잡음(noise)$$

각 용어는 앞으로 하나씩 상세히 설명하겠다. 일단 지금은 기초 정의만 살펴보자.

'추정치'는 분석 결과로 얻는 수치다. '추정 대상'은 우리가 파악하려는 모집단에 존재하는 분석 대상의 실제 수치다. 우리는 추정치가 추정 대상에 가깝기를 바란다. 추정치는 편향과 잡음이라는 두 가지 이유로 추정 대상과 차이가 날 수 있다. '편향'은 체계적인 이유로 발생하는 오차를 가리키고, '잡음'은 우연히 발생하는 특이한 오차를 가리킨다.

이 용어들을 좀 더 명확하게 정의하고 이해하도록 간단한 사례를 하나 들어 보자.

다가올 선거에서 (공화당과 민주당의) 두 후보 중 누가 이길지 여론 조사를 실시한다고 가정하자. 이는 일종의 예측 문제다. 미래의 승자를 예측하고자 데이터를 모으기 때문이다. 한편 순수한 관계 서술로 생각해도 된다. 각 후보의 지지자 비율을 알고 싶기 때문이다.

어느 쪽이든 주요 난관은 모든 유권자에게 의견을 묻기에는 그 수가 너무 많다는 점이다. 어쩔 수 없이 전체 유권자 중에서 일부만 포함하는 표본을 조사해야 한다. 따라서 상대적으로 작은 표본에서 얻은 증거 자료로부터 더 큰 모집단의 정치적 관점에 관해 어떤 결론을 내려야 하는지 파악할 필요가 있다.

이 사례에서 전체 유권자 중에서 공화당을 지지하는 유권자 비율을 알고 싶다. 이 비율은 0과 1 사이에 오며 q라고 부르겠다. 후보가 단 2명이므로 민주당을 지지하는 비율은 $1 - q$로 쓰면 된다. 그러면 q가 추정 대상이다. 선거를 치르기 전까지는 q를 관찰하지 못한다. 추정할 뿐이다.

무작위로 뽑은 유권자 100명을 대상으로 공화당과 민주당 중 어느 쪽을 지지하는지 여론 조사를 실시한다고 생각하자. 전체 인구에서 공화당을 지지하는 유권자 수(관찰하지 못하는 값)는 표본에서 공화당을 지지하는 유권자 비율(관찰되는 값)을 계산해서 추정한다. 이렇게 표본에서 얻은 추정치를 $\hat{q}$라고 쓰고 'q-햇^{hat}'이라고 부르자. 표준 절차를 따라서 추정 대상을 한 글자로 표기하고(꼭 q일 필요는 없다), 그 추정 대상의 추정치는 같은 글자 위에 모자^{hat}를 씌워서 표기하겠다. 여기서 우리는 추정 대상 q에 가까운 추정치 $\hat{q}$를 얻고자 한다.

이 사례에서 추정 대상은 모집단(전체 인구)에서 공화당 지지자의 실제 비율(q)이다. 이는 직접 관찰하지는 못하고 데이터 분석으로 파악하려는 수치다. 유권자 100명을 표본 선택해서 공화당을 지지하는 비율을 계산하는 과정을 '추정량^{estimator}'[1]이라고 부른다. 이는 수치적 결과를 얻으려고 적용하는 절차다. 표본 ($\hat{q}$)에 나타난 공화당 지지자 비율이 바로 추정치다. 이는 추정 대상의 근삿값을 얻으려고 우리가 정한 추정량으로 구한 수치적 결과다.

추정치와 추정 대상의 차이점을 이해하면 우리의 대표 등식을 이해한다는 목표로 한발짝 나아갈 수 있다.

$$추정치 = 추정 대상 + 편향 + 잡음$$

우리가 관심을 갖는 수치는 추정 대상이다. 데이터로부터 관찰하는 수치는 추정치다. 이상적인 세상에서는 추정치가 추정 대상과 일치하므로 추정량을 통해 대상의 실제 수치를 얻는다. 그러나 대표 등식은 그런 일은 없다고 못박는다. 추정치는 편향과 잡음 때문에 추정 대상과 불일치한다. 어째서 그런지 이해하려면 이 두 가지 골치 아픈 수치를 더 잘 이해할 필요가 있다.

왜 추정치는 추정 대상과 다를까?

편향과 잡음은 둘 다 꼭 이해해야 한다. 하지만 두 가지는 다르며, 사람들은 흔히 그 차이를 놓쳐서 불명확한 사고에 빠진다. 그러므로 한 번에 하나씩 살펴보겠다. 단, 편향과 잡음을 자세히 설명하기 전에 도움이 될 만한 비유를 하나 들어 보겠다.

---

1   통계학 용어에서 추정량은 어떤 수치나 수량을 뜻하는 게 아니라 추정치를 구하는 방법을 가리킨다. – 옮긴이

앤서니는 스코틀랜드의 컬링curling 경기를 즐긴다. 컬링은 두 팀이 번갈아 무거운 스톤stone(화강암 공)을 긴 빙판을 따라 미끄러뜨린다. 스톤이 미끄러지면 나머지 팀원들은 스톤이 갈 길을 따라 빙판을 달리며 미친 듯이 빗자루로 문지른다. 경기 영상을 한번 보기를 권한다. 꽤 재미있다. 어쨌든 빙판 맞은편에 있는 목표 지점(버튼이라고 부른다)의 정중앙에 가장 가깝게 스톤을 보낸 팀이 득점한다.

앤서니는 컬링을 꽤 잘한다. 그는 그런 대로 자기가 원하는 지점에 스톤을 보낼 줄 안다. 다만 실력이 있어도 스톤이 버튼에 놓이지 않을 때도 있다(컬링에서 항상 '버튼을 노리는' 시도만 하지는 않는다. 다만 논의를 위해서 버튼이 목표라고 가정한다). 어째서일까? 글쎄, 스톤을 보내는 투구자thrower의 조준 외에도 온갖 요소가 스톤이 미끄러지는 경로에 영향을 준다. 어쩌면 빙판 위에 파편이 남아서, 조준을 잘 해도 빗나가게 만들지도 모른다. 아니면 에단이 빙판을 문지르려다 미끄러져서 실수로 스톤을 건드릴지도 모른다. 여하튼 이런 모든 이유로 인해서 앤서니가 잘 조준한 스톤이 버튼에 놓이지 않을 여지가 있다.

반면 에단은 컬링을 전혀 못한다. 그래서 그가 앤서니와 함께 컬링을 하러 가면 그가 보낸 스톤은 자주 목표 지점에서 주로 왼쪽으로 벗어난다(벗어난 거리는 말하지도 말자). 그는 앤서니가 실패할 때처럼 특이한 요소가 작용해서 그렇다고 항변하곤 한다. 하지만 그 말이 사실이면 왼쪽으로 더 많이 빗나갈 이유가 없다. 아니, 사실 에단의 실력이 형편없어서 그가 보낸 스톤은 일관되게 잘못 조준된다.

컬링과 데이터 분석 사이에 유용한 유사점이 있다고 생각한다. 버튼을 추정 대상으로 생각해 보라. 조준하려는 실제 대상이다. 추정량을 빙판 위에 스톤을 미끄러뜨리는 행동이라고 생각해 보라. 그리고 스톤을 한 번 투구한 결과는 추정량을 한 번 시행해서 얻은 추정치라고 생각해 보라.

여러분의 스톤(추정치)은 두 가지 이유로 목표 지점(추정 대상)을 빗나갈 여지가 있다. 첫째, 앤서니처럼 조준은 정확하게 했지만 임의의 요소가 스톤의 경로를 바꾸기도 한다. 이런 임의의 요소는 잡음과 비슷하다. 이 요소들은 임의로 발생하므로 평균적으로 보면 앤서니가 목표 지점을 놓칠 때 왼쪽이나 오른쪽 중 한 방향으로 더 많이 빗나가게 만들지 않는다. 사실 앤서니가 보낸 스톤의 위치를 평균하면 버튼 위에 놓인다. 그렇다고 해서 매 스톤이 버튼 위에 놓인다는 뜻은 아니다. 빗나간 정도가 서로를 상쇄할 뿐이다. 이는 바로 잡음이 미치는 영향으로서, 추정치가 평균적으로는 추정 대상과 같을지 몰라도 잡음 때문에 개별 추정치 각각은 추정 대상과 불일치한다.

둘째, 에단처럼 일관되게 조준이 너무 멀거나 왼쪽으로 치우치기도 한다. 잡음은 여전히 발생하므로 때로 오른쪽으로 빗나가기도 한다. 하지만 평균적으로 보면 스톤은 버튼의 왼쪽으로 빗나간다. 이런 일관된 오차는 편향과 비슷하다. 앤서니와 다르게 에단이 보낸 스톤의 평균 위치는 버튼 위에 놓이지 않는다. 이는 바로 편향이 미치는 영향으로서, 편향이 있으면 개별 추정치는 물론이고 추정치의 평균도 추정 대상과 달라진다.

이제 편향과 잡음의 차이가 무엇인지 알게 도움을 준 비유를 살펴봤으니 이들을 좀 더 자세히 알아보자.

편향

추정량은 '편향'이 있기 때문에 추정 대상과 차이나는 추정치를 주기도 한다. 여러분이 정한 추정량을 매번 서로 독립적인 새로운 데이터 표본에 무한히 적용한다고 상상해 보자. 그 결과로 무한히 많은 추정치를 얻는다. 그중 어떤 추정치는 잡음 때문에 추정 대상보다 크고 (어떤 표본에서는 실제 모집단보다 공화당 지지 비율이 높다) 어떤 추정치는 추정 대상보다 작다 (어떤 표본에서는 실제 모집단보다 공화당 지지 비율이 낮다). 하지만 무한히 많은 추정치를 평균하면 추정 대상과 같기를 바란다. 다시 말해 여러분은 예상 가능하게 (또는 일관되게) 공화당 지지자 수를 더 높게 또는 더 낮게 추정하지 않기를 바란다. 정답을 맞추기 바란다. 어떤 추정량을 매번 독립적인 새로운 표본에 무한히 반복해서 얻은 추정치의 평균값이 추정 대상과 같으면, 이 추정량은 '편향되지 않았다'고 말한다.

무한히 많은 시도로 얻은 어떤 변수의 평균을 이야기할 때 '기대^{expectation}'라는 용어를 쓸 때도 있다. 따라서 편향되지 않은 추정량은 추정 대상과 같기를 기대한다고 말하기도 한다. 또는 편향되지 않은 추정량의 기댓값이 추정 대상이라고도 말한다.

정치 여론 조사 결과가 편향되는 이유는 다양하다. 유권자들이 여론 조사원에게 조직적으로 거짓말을 한다고 가정해 보자. 어쩌면 어떤 공화당 지지자는 조사원이 민주당을 지지한다고 믿어서, 조사원에게 좋은 말만 해주려고 민주당을 지지한다고 대답할지도 모른다. 그러면 우리가 쓴 추정량은 민주당에 호의적으로 편향돼 평균적으로 실제보다 민주당 지지율이 높다고 보고한다. 아니면 민주당 지지자들이 공화당 지지자들보다 투표에 더 열심히 참가하지만 여론 조사 응답률은 같다고 가정해 보자. 그러면 여론 조사 결과는 실제 투표 결과와 달라지고 여론 조사로 추정한 결과는 공화당에 호의적으로 편향돼 평균적으로 실제보다 공화당 지지율이 높다고 보고한다. 끝으로, 전화로 여론 조사를 수행하는 상황에서 전화기 소유자와 전체 인구의 정당 선호도가 체계적으로 다르다면 어떻겠는가? 이 경우도 편향이 일어난다. 이처럼 수많은 이유로 무한히 많이 여론 조사를 실시해서 추정치를 평균하면 그 평균은 전체 유권자 중에서 실제 공화당 지지 비율, 즉 추정 대상과 다를 여지가 있다. 그리고 여론 조사는 이 중 어떤 이유로든 편향될 수 있다.

6장 이후에서 편향의 원천을 파악하는 데에 중점을 두겠다. 다만 6장 나머지 부분에서는 편향의 잠재적 원천을 알아보는 일은 미뤄 두고 추정량의 두 번째 잠재적 문제인 잡음을 다루겠다.

잡음

모집단에서 표본을 추출하면 필연적으로 추정치에 잡음이 끼어든다. 1억 명 중에서 임의로 100명을 뽑아서 지지 후보를 묻는다면 우연히 공화당 지지율이 엄청나게 높거나 민주당 지지율이 엄청나게 높은 경우가 생긴다. 그 결과, 편향이 없다고 해도 개별 추정치가 추정 대상과 같으리라는 보장이 없다. 여러분이 쓰는 추정량이 편향되지 않았다고 하자. 이 방법을 무한히 많이 적용하면 평균적으로는 공화당이나 민주당 지지율을 과대추정하지 않는다. 하지만 개별 추정치는 잡음, 다시 말해 표본을 추출하기 때문에 나타나는 자연스러운 변동성 때문에 추정 대상과 다소 차이가 나곤 한다. 이 자연스러운 변동성을 '표본 변동sampling variation'이라고 부르기도 하며, 잡음을 유발하는 흔한 원인이다.

추정량에 따르는 잡음의 양을 측정하는 방법이 몇 가지 있다. 매번 새로운 독립적인 데이터 표본에 무한히 반복해서 추정량을 적용하는 경우를 떠올려 보자. 다양한 추정치가 서로 가까울수록 추정량이 정밀하다. 즉 잡음이 적을수록 정밀한 추정량이다.

어떤 추정량이 좋은가?

결국 우리는 추정 대상의 진짜 값을 알려고 노력한다. 우리가 구한 추정치가 편향과 잡음 때문에 추정 대상과 달라지기도 하므로 편향되지 않고 정밀한 추정량을 꼭 찾고자 한다.

추정량이 편향되지 않지만 정밀하지 않다면 추정치는 잡음이 많이 껴서 추정 대상과 달라지기 마련이다. 앞서 소개한 여론 조사를 예로 들어서, 유권자 딱 한 명만 무작위로 골라서 조사하면 그 답변은 전체 유권자의 평균 성향을 편향 없이 추정한다(이 작업을 무한히 많이 반복하면 전체의 q만큼 공화당 지지 응답을, $1-q$만큼 민주당 지지 응답을 얻을 것이다). 그러나 단 한 사람에게만 질문해서 투표 성향을 추정하면 표본 변동이 너무 크다. 항상 공화당 100퍼센트나 민주당 100퍼센트만 얻는다.

추정량이 편향되지만 정밀하면 매우 정밀하게 잘못된 수치를 추정하므로 추정치가 추정 대상과 달라지기 마련이다. 예를 들어 표본으로 1만 명을 조사하지만 공화당 우세 지역에서만 표본을 고르면 응답은 매번 비슷하게 나와도 일관되게 공화당 지지자 수를 과대추정할 것이다.

그림 6.1은 추정량이 편향되지 않기만 하거나, 정밀하기만 하거나, 둘 다 아니거나, 둘 다 맞는 경우를 보여 준다. 검은 마름모는 우리가 알고자 하는 대상의 실제 값인 추정 대상을 가리킨다. 회색 점들은 주어진 추정량을 매번 서로 독립적인 데이터 표본에 적용해서 얻은 다양한 추정치를 보여 준다. 회색 점이 마름모 주변으로 일관되게 분포하면 (마치 버튼 주위에 놓인 앤서니의 컬링 스톤처럼) 그 추정량은 편향되지 않았다. 즉 추정량으로 얻은 추정치는 평균적으로는 옳다. 회색 점이 서로 가까이 모이면 그 추정량은 정밀하다. 즉 잡음이 거의 없어서 추정량으로 얻은 추정치가 매번 비슷하다. 다른 모든 조건이 같다면 당연히 추정량이 덜 편향되고 더 정밀할수록 좋다. 그렇지만 두 가지 목표는 상충되는 경우가 있어서 얼마 이상 정밀도를 확보하려면 편향도 어느 정도 감수해야 한다.

여론 조사 얘기로 돌아가서 편향과 정밀도가 상충되는 구체적인 사례를 들어 보자. 여러분에게 2,000달러가 있고 이 돈으로 믿을 만한 여론 조사를 실시해서 특정 후보, 정책 제안, 제품, 아니면 계획중인 홍보 운동이 얼마나 인기 있을지 알아본다고 가정하자. 온라인 여론 조사를 실시해서 설문 응답자 한 사람당 20센트씩 지불하고 1만 명으로부터 응답을 받는 방법이 있다. 아니면 전문 여론 조사 기관에 의뢰해서 한 사람당 20달러씩 들여서 무작위로 대표성 있는 표본을 얻을 수도 있지만, 이 경우는 100명밖에 응답을 받지 못한다.

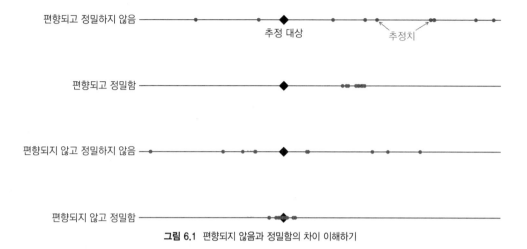

그림 6.1 편향되지 않음과 정밀함의 차이 이해하기

온라인 조사로 편리하게 구한 표본이 훨씬 크기 때문에 여론 추정치는 더 정밀하지만 동시에 편향될 위험도 높다. 사소한 보상에도 기꺼이 설문에 응하는 사람들의 유형이 전체 인구를 대표한다고 보기는 어렵다. 전문 기관이 실시간 설문 조사는 덜 편향된 추정치를 얻을 수 있지만 표본 크기가 더 작아서 정밀도는 떨어진다.

이와 같은 편향과 정밀도 사이의 맞교환은 데이터 분석에서 꽤 흔한 일이며, 3부에서 이에 관한 사례를 더 많이 만날 것이다. 둘 사이에서 찾는 타협점은 여러분의 목표, 상이한 오차의 대가, 답을 구하려는 구체적인 질문에 좌우된다.

추정량이 편향되지 않았다면 되도록 정밀하기를 바랄 것이다. 그리고 앞서 논의한바 정밀도를 크게 높일 수 있으면 편향이 약간 섞여도 괜찮은 경우가 있다. 그러나 추정량이 정말로 편향되면 정밀도가 유용한지는 더이상 분명치 않다. 일단 정밀하고 편향된 추정량으로는 실제 값에 근접할 길이 없다. 오히려 정밀도가 떨어지면, 우연이긴 하지만 이따금 편향을 극복하고 더 나은 예측을 할 여지는 있다(에단이 컬링 스톤을 놓는 순간 지진이 일어나면, 적어도 언젠가는 스톤이 경로를 따라갈 테니 오히려 더 좋은 성적을 거둘지도 모른다). 나아가 정밀도가 높으면 근거 없는 확신을 심어 줄 위험이 있다. 어떤 편향을 갖는지 모르는 정밀한 추정량은 주의해야 한다.

정밀도 정량화하기

6장의 시발점이 된 질문을 떠올려 보라. 표본으로부터 무언가 예측할 때 더 큰 집단에 관한 추론을 얼마나 자신 있게 할 수 있을까? 앞서 봤듯이 추정량이 편향되면 확실히 우려할 만하다. 하지만 추정량이 편향되지 않았다 쳐도 잡음 때문에 우리가 구한 추정치가 더 큰 집단의 실제 관계(추정 대상)를 반영하지 못할 가능성을 염려해야 한다. 이런 가능성을 얼마나 염려해야 하는지 알도록 추정량의 정밀도를 정량화할 필요가 있다. 이때 '표준 오차standard error'라고 부르는 통계를 사용하며 이로부터 신뢰 구간을 도출할 수 있다.

표준 오차

2장에서 표준 편차로 변수가 얼마나 퍼져서 분포하는지(또는 변수가 얼마나 다양하게 변하는지) 측정하는 방법을 이야기했다. 우리가 가진 추정량을 매번 새로운 표본 데이터에 무한히 많이 반복해서 적용한다고 상상해 보자. 이 사고 실험에서 추정치 자체를 변수로 생각할 수 있다. 데이터를 추출해서 추정량을 적용할 때마다 잡음 때문에 서로 다른 추정치를 얻는다. 그러면 추정량을 수없이 많이 반복 적용해서 얻은 추정치의 분포가 있을 것이다. 이 분포를 '표본 분포sampling distribution'라고 부른다. 이 표본 분포의 표준 편차는 '표준 오차'라고 부른다. 표준 편차의 의미를 기억한다면, 표준 오차는 추정치가 얼마나 다양하게 변하는지를 측정하므로 개별 추정치가 평균 추정치로부터 얼마나 빗나가는지 감을 잡게 해준다. 추정량이 편향되지 않으면 평균 추정치는 추정 대상과 같다. 그러므로 편향되지 않은 추정량의 표준 오차는 특정 추정치가 우리가 찾고자 하는 실제 값인 추정 대상으로부터 대략 얼마나 빗나갈지 알려준다.

표준 오차가 크면 추정치는 넓게 퍼지므로 그 추정량은 상대적으로 정밀하지 않다(표본 변동이 심하다). 표준 오차가 작으면 여러 추정치들이 가깝게 나타나며 그 추정량은 상대적으로 정밀하다(표본 변동이 작다). 그림 6.1을 다시 보자. 세 번째 그림은 표준 오차가 상대적으로 큰 추정량으로 반복해서 추정한 사례를 보여 주는데, 추정치가 상당히 넓게 퍼진 모습이 보인다(물론 추정치가 무한히 많지는 않아서 완전한 표본 분포가 보이지는 않는다). 네 번째 그림은 표준 오차가 상대적으로 작은 추정량으로 반복해서 추정한 사례로, 추정치들이 가까이 모였다.

추정량이 정밀하거나 그렇지 않도록(표준 오차가 작거나 크도록) 만드는 요인이 무엇인지 알려 주겠다. 여론 조사 예시에서 표준 오차는 표본 크기(조사한 사람 수)가 N이라고 할 때 대략 $\sqrt{\frac{q(1-q)}{N}}$ 이다. 이 공식을 어떻게 유도하는지 설명하지는 않겠지만(다른 책에서 배우길), 공식을 살펴봄으로써 추정량을 더 혹은 덜 정밀하게 만드는 요인을 이해할 수 있다.

분자인 $q(1-q)$부터 살펴보자. 이 항은 $q = \frac{1}{2}$일 때 최대이고 q가 그보다 크거나 작으면 항도 작아진다. 한번 전체 인구에서 실제 공화당 지지 비율이 매우 높거나(1에 가깝게) 매우 낮다고 (0에 가깝게) 가정해 보자. 그러면 $q(1-q)$는 아주 작은 값이 되고, 따라서 표준 오차도 작아진다. 왜냐하면 q가 아주 크거나 아주 작으면 표본 오차가 생길 가능성이 거의 없다. 유권자 99퍼센트가 공화당을 지지한다면, 예컨대 1,000명을 표본으로 뽑는다고 할 때 민주당 지지자가 많이 뽑힐 가능성은 매우 낮다. 반면에 q가 절반에 가까우면 표준 오차가 크다. 이는 표본 오차가 발생할 여지가 크다는 사실을 시사한다. 전체 인구의 지지 비율이 50대50이면 표본은 55대45나 45대55로 얻기 쉽다. q가 절반에 가까울수록 우리가 얻은 결과에 자연스러운 변동이 커져서 표준 오차도 커진다.

이번에는 분모를 살펴보자. 표본 크기가 커질수록 표준 오차는 줄어든다는 뜻이다. 말이 된다. 정밀도 저하는 표본이 전체 모집단을 정확히 반영하지 못할지도 모른다는 사실에서 유래한다. 표본이 크면 모집단을 좀 더 잘 모사할 것이다. 100만 명의 의견을 추정할 때 10명에게 묻기보다 1만 명에게 물으면 더 정확하다.

표준 오차 공식은 단순히 표본 크기가 작으면 정밀도가 떨어진다는 의미보다는 좀 더 미묘하다. 바로 표준 오차가 $\sqrt{N}$에 비례해서 줄어든다는 사실을 말한다. 전체 인구에서 실제 공화당 지지 비율은 $q = .5$라고 가정하자. 유권자 1,000명에게 여론 조사를 실시하면 표준 오차는 $\sqrt{\frac{.5 \cdot .5}{1,000}} \approx .016$이다. 이번에는 그보다 큰 만 명에게 여론 조사를 실시한다고 가정하자. 이 때 표준 오차는 $\sqrt{\frac{.5 \cdot .5}{10,000}} = .005$이다. 표본 크기를 열 배 늘려도 조사의 정밀도는 세 배 정도만 올라간다. 표본 크기를 더 늘려서 10만 명이 된다면 정밀도는 역시 세 배 정도 올라간다($\sqrt{\frac{.5 \cdot .5}{100,000}} = .0016$). 달리 말하면 표본 크기를 계속 키울수록 이득은 감소한다. 설문 조사 대상이 1만 명이면 이미 표준 오차는 미세한데, 여기서 응답자를 더 늘린다고 해도 정밀도가 유의미하게 좋아지지는 않는다.

곤란한 점을 하나 눈치챘을지 모르지만, 표준 오차를 계산하려면 q를 알아야 한다. 하지만 q를 모른다. 이걸 알려고 여론 조사를 실시하니까. 실제 상황에서는 q의 추정치 $\hat{q}$을 공식에 대입해서 표준 오차의 근삿값을 구한다. 물론 N이 아주 작거나 q가 0 또는 1에 아주 가까우면 근삿값이 부정확한 문제가 있다. 5명에게 설문을 했는데 모두 공화당 지지자가 아니라는 응답을 받았다고 하자. 위에서 설명한 과정을 섣불리 적용하면 공화당 지지자는 없고 표준 오차는 0이라고 잘못된 결론을 내리게 된다. 이는 당연히 틀렸는데, 표본이 작고 q가 양극단에 있어서 $\hat{q}$으로 구한 근삿값이 결론을 잘못 유도했기 때문이다.

더불어 비록 여론 조사 예제에서는 멋진 공식으로 표준 오차 근삿값을 구했지만, 항상 통하지는 않는다는 점도 지적해 둔다. 다행히 더 복잡한 상황에서도 컴퓨터로 상당히 믿을 만한 표준 오차 근삿값을 구할 수 있는 경우가 많다.

작은 표본과 극단적인 관찰값

여기서 잠시 멈추고, 작은 표본이 정밀도 저하를 일으킨다는 사실이 현실에 나타나는 어떤 흔한 현상을 설명한다는 점을 짚고 넘어가면 좋겠다. 암 발병률이나 평균 소득이 제일 높거나 낮은 도시에 관한 데이터를 살펴보면 인구가 꽤 적은 도시들을 볼 것이다. 이와 유사하게, 시험 점수가 제일 높거나 낮은 학교를 살펴보면 학생 수가 적은 학교들을 볼 것이다. 어째서 그럴까?

여론 조사 표본에서 나타난 평균 공화당 지지율이 전체 인구의 공화당 지지율 추정치이듯이 한 도시의 평균 암 발병률이나 소득을 전국의 암 발병률이나 소득의 추정치라고 생각해 보자. 어떤 도시의 인구가 적으면 표본 크기가 작은 경우와 마찬가지다. 추정치 정밀도가 낮다(잡음이 크다). 이는 추정치가 어느 쪽으로든 극단적인 값을 가질 가능성이 높다는 뜻이다. 작은 도시가 암 발병률이나 평균 소득 양 극단에 해당하는 목록을 점유하는 이유는 정말로 더나 덜 암에 취약하거나 부유해서가 아니라 인구가 더 많은 도시보다 암 발병률이나 평균 소득의 변동이 더 심하기 때문이다.

극단적인 경우로 주민이 딱 한 명인 도시를 상상해 보자. 이 도시는 암 발병률이 100퍼센트이거나 0퍼센트다. 하지만 인구가 10만 명인 도시는 그 사이 어딘가, 전국 평균에 훨씬 가까운 암 발병률을 보일 것이다.

이 점을 묘사하는 그림 6.2는 하워드 웨이너Howard Wainer의 『Picturing the Uncertain World 불확실한 세상을 그리기』(Princeton University Press, 2009)에 나온 비슷한 그래프에서 영감을 받았다. 그림은 2012년 캘리포니아의 중학교에서 얻은 데이터를 나타낸다. 학생들의 평균 학업 성취도(표준 시험 성적에 크게 좌우되는 학업 성취도 지수Academic Performance Index)와 각 학교의 학생 수를 관찰했다. 색칠하지 않은 점은 성적이 가장 낮은 축에 속하는(학업 성취도 하위 5퍼센트) 학교이고, 검은색 점은 성적이 가장 높은 축에 속하는(학업 성취도 상위 5퍼센트) 학교다. 회귀선을 보면 알 수 있듯이 이 데이터에는 학교 크기와 학업 성취도 사이에 양의 상관관계가 존재한다. 평균적으로 큰 학교가 작은 학교보다 성적이 좋다. 다만 여기서는 두 집단 모두에서 작은 학교의 비중이 높다는 점이 더 중요하다.

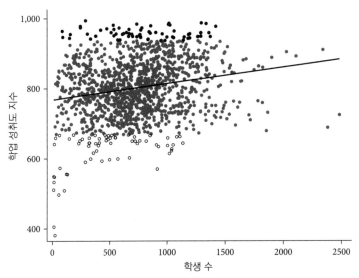

그림 6.2 2012년 캘리포니아 중학교의 평균 학업 성취도와 학교 규모를 산점도와 회귀선으로 그리면 약한 양의 상관관계가 보인다.

표본 크기가 작으면 정밀도가 떨어진다는 점을 이해하기란 여러 가지 이유로 중요하다. 한 가지 이유는 웨이너도 지적했듯이 이를 제대로 이해하지 못하면 의사결정을 잘못할 위험이 있기 때문이다. 빌 앤드 멜린다 게이츠 재단은 결과적으로 효과가 없는 소규모 학교 양성 운동에 수십억 달러를 썼다. 그들은 학생이 적은 학교가 최고 성적을 거둔 학교 목록을 다수 차지하는 점을 관찰해서 이를 근거로 잘못된 투자를 했다. 그들이 좀 더 신중하게 생각했더라면 최하 성적을 거둔 학교 목록도 점검해서 거기에도 역시 소규모 학교들이 다수 포진한다는 사실을 발견했을 것이다.

신뢰 구간

정밀도를 계량하는 또 다른 흔한 방식은 신뢰 구간이다.

'큰 수의 법칙Law of Large Numbers'이라는 중요한 수학적 사실은 표본 크기가 아주 커지면 잡음은 실질적으로 사라진다고 시사한다. 그런데 대체 얼마나 커야 할까?

또 다른 중요한 수학적 사실은 '중심 극한 정리Central Limit Theorem'라고 부르며, 우리가 실시하는 여론 조사가 정말로 편향되지 않고 이를 반복해서 실시하면, 추정치($\hat{q}$, 표본에서 공화당 지지자) 중 대략 95퍼센트는 추정 대상(q, 전체 인구 중 공화당 지지자)으로부터 표준 오차의 대략 두 배 구간 안에 들어온다는 사실을 알려 준다. 여론 조사자는 종종 '허용 오차'라고 부르는 값을 보고하는데 사실 이는 단순히 표준 오차의 두 배다.

연구자나 여론 조사자는 또한 95퍼센트 신뢰 구간confidence interval이라고 부르는 값을 보고하기도 한다. 이 구간은 추정치 ($\hat{q}$)에서 표준 오차의 두 배를 뺀 값부터 추정치에 표준 오차의 두 배를 더한 값까지다.

이 95퍼센트 신뢰 구간은 혼동을 일으키기도 한다. 사람들은 종종 무심하게 실제 값이 95퍼센트 신뢰 구간 안에 들어간다고 95퍼센트 확신한다는 말을 한다. 하지만 이는 딱 맞는 말이 아니다. 올바르게 표현하면 문장이 훨씬 더 주렁주렁 길다. 정확히는, 편향이 없는 추정량을 무한히 많이 반복해서 추정하면 실제 추정 대상은 그중 95퍼센트의 시도에서 95퍼센트 신뢰 구간에 들어간다고 말할 수 있다.

신뢰 구간이 어떻게 동작하는지 머릿속에 그림을 그려 보려면 컬링의 비유로 돌아가자. 앤시니가 무한히 많은 빙판에 무한히 많은 스톤을 보낸다고 상상하자. 얼음 위에 스톤이 멈추면 그 중앙이 추정치인 셈이다. 이 추정치가 버튼 위에 정확히 놓일 가능성은 극히 낮다. 즉 추정치가 추정 대상의 실제 값과 똑같을 가능성은 극히 낮다. 하지만 스톤은 크기가 있다. 따라서 얼마나 자주 버튼이 스톤 일부와 닿는지 물어볼 수 있다. 대답은 스톤이 얼마나 크냐에 달렸다(물론 컬링에는 스톤의 너비 규정이 있지만, 상상력을 허용해 주기 바란다. 우리는 스코틀랜드인이 아니고 더구나 이건 올림픽 경기도 아니다). 우리는 스톤이 정확히 얼마나 크면 앤서니가 투구한 횟수 중 95퍼센트에서 버튼이 스톤의 일부와 닿는지 찾을 수 있다. 이 크기가 바로 95퍼센트 신뢰 구간과 같다. 한 번 투구에서 버튼이 스톤의 일부에 닿을지 95퍼센트 확신한다는 얘기가 아니다. 전체 투구 중 95퍼센트에서 버튼이 스톤 일부와 닿는다는 얘기다.

이 비유는 95퍼센트 신뢰 구간이 아닌 다른 신뢰 구간을 이해하는 데도 도움이 된다. 어떤 경우에는 95퍼센트보다 더 확신을 갖고 싶을 때도 있다. 99퍼센트 신뢰 구간을 찾는다고 하자. 99퍼센트 신뢰 구간은 95퍼센트 신뢰 구간보다 넓을지 좁을지 자문해 보라. 앤서니가 전체 투구 중 99퍼센트에서 스톤이 버튼에 닿기 바란다면 더 큰 스톤을 써야 한다. 따라서 99퍼센트 신뢰 구간은 95퍼센트 신뢰 구간보다 넓다. 공화당 지지자 구간을 더 크게 포용해야 추정 대상이 그 구간에 95퍼센트만이 아니라 99퍼센트 확률로 들어간다고 확신할 수 있다.

통계적 추론과 가설 검정

마침내 6장의 시발점이 된 질문으로 돌아갈 수 있겠다. 표본에서 구한 추정치로 어떻게 모집단에 관해 추론할까? 여론 조사 예제를 계속해 보자. 앞서 강조했듯이 여론 조사를 실시할 때는 진실에 가까운 추정치를 얻고 싶기 때문에 설령 조사가 편향되지 않았다고 생각해도 더 나아가 조사가 정밀하기를 바란다. 이를 어떻게 판단하나? 유권자 1,000명을 표본으로 삼으면 다음 대통령 선거의 승자를 결정할 1억 4,000만 미국 유권자의 성향을 얼마나 잘 추정할까? 한번 살펴보자.

가설 검정

특정 가설을 평가하고 싶을 때가 종종 생긴다. 예를 들어 추정 대상이 특정 참조 지점보다 크다고, 작다고, 아니면 그와 다르다고 믿어도 좋을지 판단하고 싶은 때가 있다. 이때 가설 검정을 고려할 필요가 있다.

선거 여론 조사 예제에서는 어떤 후보가 선거에 이길지 알고 싶을 것이다. 편향되지 않은 여론 조사를 유권자 1,000명을 대상으로 실시해서 공화당 득표율이 $\hat{q} = .532$ 또는 53.2퍼센트라고 추정했다고 가정하자. 공화당이 실제로 선거에서 이길 것이라고 얼마나 자신할 수 있을까? 즉 유권자 과반수가 공화당에 투표할지, 달리 말해서 $q > .5$일지 얼마나 자신할 수 있을까? 가설 검정은 이 질문에 답할 방법을 제공한다.

다음은 이 질문을 고찰하는 한 방법이다. 여론 조사를 실시해서 공화당 후보가 민주당 후보보다 인기가 높다는 증거를 얻었다. 그런데 이 증거가 얼마나 확실한지 알고 싶다. 다시 말해, '실제로는 공화당 후보가 민주당 후보보다 인기가 높지 않은 데도' 이런 증거를 관찰할 가능성을 알고 싶다. 그래서 실제로는 두 후보 지지율이 같은 상황에서 우리가 관찰한 증거가 나올 가능성을 시험한다. 이러한 무관계 기준을 통상 '귀무 가설$^{null\ hypothesis}$'이라고 부른다.

가설 검정을 이해하려면 먼저 귀무 가설이 참이라는 가정, 즉 두 후보 지지율이 똑같아서 $q = .5$라는 가정부터 시작하자. 그럼 이제 여론 조사 결과를 실시해서 얻은 공화당 지지율이 적어도 우리가 얻은 값 $\hat{q} = .532$ 이상일 가능성이 얼마일지 질문해 보자.

이 질문에 답하는 데에 필요한 정보는 이미 가졌다. 실제 득표율 $q = .5$와 조사 대상이 1,000명이라는 사실로부터 추정치의 표준 오차를 계산하면 약 1.6퍼센트포인트($\sqrt{\frac{.5 \cdot .5}{1,000}} \approx .016$)다. 추정치 .532는 귀무 가설보다 표준 오차의 두 배만큼 크다($.5 + 2 \cdot .016 = .532$)(우연히 고른 수들이 아니다).

앞서 말했듯이 '중심 극한 정리'에 따르면 편향되지 않은 여론 조사에서 추정치의 95퍼센트는 실제 값에서 표준 오차의 두 배 이내에 들어오므로, 실제 값에서 표준 오차의 두 배 넘게 벗어나는 추정치는 5퍼센트에 불과하다. 게다가 이 운 나쁜 경우 중 절반은 추정치가 실제 값보다 표준 오차의 두 배보다 작다(민주당이 확실히 앞선다는 조사 결과). 그러므로 귀무 가설이 참이면, 여론 조사를 실시해서 적어도 우리가 얻은 결과만큼 공화당 지지율이 높게 나올 확률은 약 2.5퍼센트, 40번 중 1번 꼴이다.

일부러 계산 결과가 명확하게끔 수치를 골랐지만, 컴퓨터를 사용하면 어떤 조사 결과라도 계산할 수 있다. 통계학자는 이런 계산을 수행하는 방법을 개발하는 일에 매진한다. 통계학 용어로는 방금 수행한 분석을 '단측 z−검정$^{one\text{-}sided\ z\text{-}test}$'이라고 부른다. 이 책을 이해하려고 z−검정을 알아야 할 필요는 없지만, 만약 알고 싶다면 거의 아무 통계학 책이나 붙잡으면 된다(위키백과에도 이런 내용이 제법 잘 정리돼 있다). 그보다 보편적으로 가설 검정은 귀무 가설이 참이라는 가정하에서 여러분이 얻은 값만큼 극적인 결과를 얻을 가능성을 평가하는 전략이라는 점이 중요하다.

통계적 유의성

방금 전 귀무 가설이 참이면 우리가 조사한 공화당 지지율만큼의 결과를 얻을 확률은 .025에 불과하다는 사실을 알아봤다. 이 확률은 p-값$^{p\text{-value}}$이라고 부른다. 우리가 구한 p-값이 아주 낮으면 귀무 가설이 참일 가능성이 낮다고 결론지을 수 있다. 따라서 유권자들이 실제로 공화당을 더 많이 지지한다고 통계적으로 자신할 만한 증거를 가진 셈이다. 실제 득표율이 엇비슷하다면 여론 조사 결과가 이처럼 공화당에 우호적일 가능성은 꽤 낮다(실제 민주당 득표율이 더 높다면 가능성은 더욱 낮다).

일반적인 전략은 사전에 특정 문턱값을 정하고(.05를 가장 많이 사용), p-값이 이 문턱값보다 낮으면 귀무 가설을 기각하고 우리의 대립 가설이 통계적으로 유의한 증거가 있다고 말한다.

물론 가설 검정이 어떤 결론을 내리지는 않는다. 유의성 문턱값이 .05이면 귀무 가설이 참일지라도 통계적으로 유의한 결과를 얻을 확률이 5퍼센트는 존재한다. 그럼에도 가설 검정은 여러분이 데이터에서 발견한 패턴이나 결과가 단지 잡음으로 생긴 부산물이 아니라 실존하는 현상을 반영하는지 여부를 정량적으로 고찰할 수단을 제공한다.

흔한 오류 하나는 p-값이 귀무 가설이 참일 확률을 알려 준다는 생각이다. 그렇지 않다. 귀무 가설이 참일 때 여러분의 추정치만큼 극적인 결과를 얻을 확률이다. 통상 이 두 수는 다르다. 전자를 계산하려면 훨씬 더 많은 정보가 필요하다(증거를 확인하기 전에 여러분이 생각한 귀무 가설이 참일 가능성 등). 이에 관해서는 4부에서 다루겠다.

관계에 관한 통계적 추론

지금까지 공화당 지지자 비율을 알고자 하는 단순한 예제를 통해 편향, 잡음, 가설 검정이 무엇인지 파악했다. 그런데 이런 개념과 통계적 추론 도구들을, 상관관계와 같은 관계 추정을 비롯한 훨씬 더 흥미로운 문제에 적용할 수 있다.

어떤 설명 변수와 결과 변수 사이의 관계를 추정하는 회귀를 수행한다고 가정하자. 이전 장에서 선형 회귀를 활용해서 데이터 내 두 변수 사이의 관계를 기술하는 계수를 찾는 방법을 논의했다. 이번에는 추정과 통계적 추론 관점에서 이 문제를 생각해 보자.

무작위로 고른 근로자 1,000명의 소득과 학업 기간 데이터 표본이 있고, 모든 근로자의 소득과 학업 기간의 평균적인 관계를 알고자 한다고 가정하자. 데이터에서 얻은 상관관계(추정치)를 근거로 전체 모집단의 상관관계(추정 대상)를 추정하는 셈이다. 어떻게 해야 할까?

모집단에서 소득과 학업 기간의 관계를 기술하는 다음 공식부터 살펴보자.

$$소득_i = \alpha^{OLS} + \beta^{OLS} \cdot 학업\ 기간_i + 오차_i$$

이 공식은 5장에서 배운 공식과 똑같다. Income$_i$는 사람 i의 소득이고, Education$_i$는 사람 i의 학업 기간, error$_i$는 i의 소득과 최소제곱법 회귀선으로 i만큼 학업 기간을 가진 사람의 추정 소득 간 차이다. 매개 변수 α^{OLS}와 β^{OLS}는 모집단에서 오차 제곱의 합을 최소화하는 값이다. 예컨대 β^{OLS}는 모집단에서 학업 기간이 한 해 늘어남에 따라 소득이 늘어나는 정도다. 이 매개 변수 α^{OLS}와 β^{OLS}는 현실의 특성이다. 우리는 이들의 값을 모른다. 다만 평균적으로 학업 기간에 따라 소득이 어떻게 변하는지 알고자 하므로 β^{OLS}는 추정 대상이다.

모집단의 모든 사람마다 소득과 학업 기간을 조사하지 못하기 때문에 β^{OLS}를 알 길은 없다. 그러나 근로자 1,000명의 데이터에 선형 회귀를 적용해서 추정할 수는 있다. 추정치에 표시하는 관습을 따라서 회귀로 얻은 추정치를 $\hat{\beta}^{OLS}$라고 부르자. 이는 회귀 계수이며 표본에 나타나는 학업 기간과 소득의 상관관계를 반영한다(최소제곱법을 뜻하는 OLS 첨자를 생략하고 $\hat{\beta}$라고 추정치를 쓰곤 하는데, 의미만 분명하면 문제없다).

안타깝지만 β^{OLS}와 $\hat{\beta}^{OLS}$는 다르다. 전자는 추정 대상이고 후자는 추정치, 즉 대표 등식에 쓰인 대로 편향과 잡음 때문에 추정 대상과 달라지기도 하는 값이다. 근로자 표본을 무작위로 뽑았기 때문에 편향은 없다고 가정하자(11장에서 무작위 표본과 편향 없음에 관해 더 이야기한다). 하지만 아직 잡음은 남는다. 따라서 $\hat{\beta}^{OLS}$가 실제 β^{OLS}에 얼마나 가까울지 알려면 표준 오차를 고려해야 한다.

앞서 공화당 지지율 추정치인 $\hat{q}$에 표준 오차가 있듯이 소득과 학업 기간의 관계를 추정하는 $\hat{\beta}^{OLS}$에도 표준 오차가 있다. 표준 오차는 추정량을 서로 독립적인 표본에 무한히 많이 반복해서 적용함으로써 구한 추정치가 평균적으로 실제 값으로부터 얼마나 멀리 벗어나는지 감을 잡게 해준다. 여론 조사 결과와 마찬가지로 이 표준 오차를 계산하는 공식이 있다. 컴퓨터로 표준 오차를 계산하면 되니까 지금 당장 이 공식에 신경 쓰지 않아도 괜찮다. 표준 오차를 기술적으로 이해하는 내용은 다른 책에 나온다.

일단 회귀 계수와 연동하는 표준 오차를 추정하면 여론 조사 결과의 표준 오차로 했던 작업을 여기서도 반복한다. 예컨대 95퍼센트 신뢰 구간을 구한다거나, 또한 가설 검정을 수행하거나 p-값을 계산해도 된다. 이 모든 작업은 실제 관계를 얼마나 정확히 추정하는지 판단하기에 도움이 된다.

사람들이 자주 던지는 질문 하나는 실제로 어떤 관계가 있기는 한지 확실한 증거가 있느냐하는 것이다. $\hat{\beta}^{OLS}$가 양수로 나타났다고 하자. 표본에서 소득과 학업 기간이 양의 상관관계가 있다. 이 사실을 근거로 더 큰 모집단에서도 양의 상관관계가 있다고 확신해도 좋을까?

이 질문에 대답하려면 먼저 소득과 학업 기간은 사실 아무런 관계가 없다는 귀무 가설부터 검정한다. 귀무 가설 검정은 전체 모집단에서 소득과 학업 기간 사이에 아무런 상관관계가 없다고 해도 ($\beta^{OLS} = 0$) 추정치가 적어도 $\hat{\beta}^{OLS}$만큼 되는 가능성을 묻는다. 만약 이렇게 구한 p-값이 작아서 귀무 가설을 기각한다면, 모집단에서 소득과 학업 기간 사이에 어떤 관계가 있다고 생각할 만한 통계적으로 유의한 증거를 갖게 된다.

이런 종류의 통계적 추론이 유용한 한 가지 이유는, 이따금 더 큰 모집단에는 실재하지 않는 관계를 데이터 안에서 찾곤 하기 때문이다. 잡음이 낀 데이터는 원래 그렇다. 따라서 우리가 찾은 결과가 단지 잡음 때문에 일어난 현상이 아니라고 믿어도 좋을지 확인해야 한다.

전체 모집단 데이터가 있으면 어떻게 할까?

전체 모집단의 데이터를 확보하는 경우도 있다. 시카고 대학교 학생 중 운동 경기 대표 선수와 학점의 상관관계를 알아보는 사례를 생각하자. 학교에서 모든 대상 학생의 데이터를 제공할 것이므로 표본을 분석해서 전체 모집단의 상관관계를 추정할 필요가 없다. 실제 추정 대상, 즉 시카고 대학교의 모든 학생을 대상으로 운동 선수 여부와 학점의 상관관계를 정확히 측정할 수 있다.

여기서 까다로운 질문이 하나 끼어든다. 전체 모집단 데이터가 있을 때도 표준 오차와 신뢰 구간과 통계적 유의성이 여전히 의미가 있나? 표본이 없으므로 이런 도구는 무의미하다고 본다. 잡음도 없다. 추정치가 바로 추정 대상이다. 말 그대로, 통계적 추론을 고려할 필요도 없는 것이다.

그러나 전체 모집단 데이터를 확보했다고 해도 잡음의 개념과 이에 관련된 불확실성 척도를 주목할 충분한 이유가 있다. 왜 그런지 이야기해 보자.

운동 경기의 대표 선수 활동 여부와 학점 사이에서 작은 양의 상관관계를 발견했다고 가정하자. 이 상관관계가 어떤 원인으로 발생하는지 아니면 우연의 일치로 발생하는지 묻는 질문은 여전히 의미가 있다.

상관관계가 우연의 일치로 발생한다는 말은 무슨 뜻일까? 운동 선수와 나머지 학생들의 학점이 평균적으로 차이를 보일 만한 충분한 이유가 없다고 생각해 보자. 이를테면 '입학 기준이 양쪽 모두 같다', '운동 경기 참가가 학점에 영향을 주지 않는다', '학업 성적이 운동 경기 참가에 영향을 주지 않는다' 등등이다. 하지만 여전히 학점이 다른 이들보다 튀는 학생들 사이에는 온갖 특이한 차별점이 존재한다. 그리고 학생 수가 한정되므로 설령 그럴듯한 이유가 없어도 운동 선수와 나머지 학생 사이에도 사소하나마 학점 차이가 생길 수밖에 없다.

이 상관관계가 우연의 일치인지 원인이 있는지 판단하려고 데이터를 더 모을 수도 없다. 이미 시카고 대학교의 모든 학생 데이터를 가졌다. 대신, 관찰한 패턴이 우연의 일치인지 아닌지 파악하기에는 통계적 추론과 가설 검정 같은 도구가 여전히 유용하다.

이 문제를 고찰하는 한 가지 길은, 이 대학교의 모든 재학생 데이터를 갖긴 했지만, 이 대학교를 다녔을지도 모를 학생들까지 포함하는 훨씬 더 큰 가상의 모집단을 가정하면, 이 학생들은 단지 작은 표본에 불과하다고 보는 방법이다. 이 커다란 가상의 모집단에는 사실 상관관계가 없다고 귀무 가설을 세우고, 우리가 재학생 데이터로 얻은 상관관계 이상을 우연히 관찰할 가능성을 질문하면 된다. 물론 이 방법은 실제 모집단에서 가상의 모집단으로 형이상학적 도약을 해야 한다. 그렇지만 형이상학을 조금 도입하는 대가로, 관찰된 관계가 실존하며 예측 가능한 패턴을 반영하는지 아니면 그저 요행에 불과한지 파악하는 수단을 지킨다면 이 정도는 감수할 만하다.

실질적 유의성 대 통계적 유의성

우리가 관찰한 현상이 (표본 변동 등으로 인한) 순전히 우연한 결과인지 판단하고자 할 때 통계적 가설 검정은 대체로 유용하다. 그러나 '통계적' 유의성(p-값이 낮아서 결과가 우연의 산물일 가능성이 낮음을 가리킴)과 '실질적' 유의성은 다르며, 이 두 가지 개념을 혼용하지 않도록 주의해야 한다. 우리는 종종 통계적 유의성에 관한 질문, 즉 어떤 현상이 존재하는지 아닌지만 파악하는 정도로 만족하지 않는다. 우리가 알고 싶은 내용은 그 현상이 얼마나 큰지 작은지, 그래서 그 현상이 중요한지 아닌지인데, 이는 바로 실질적 유의성에 관한 질문이다. 예를 들어 코카콜라의 중역은 그들의 마케팅 활동이 판매에 영향을 준다는 사실은 이미 알고 있을 것이다. 하지만 그것만으로는 마케팅 활동에 얼마나 써야 할지 모른다. 그래서 그들은 마케팅이 판매에 얼마나 효과를 미치는지 알고 싶다. 양적 분석가들이 실질적 유의성보다 통계적 유의성을 강조함으로써 방향을 잘못 잡는 두 가지 유형을 사례를 들어 설명해 보겠다.

소셜미디어와 투표

2012년 6명의 연구자가 2010년 미국 중간 선거에서 사람들의 페이스북 페이지에 어떤 친구들이 투표했는지 나타내는 배너가 표시되면 투표율이 더 높다는 내용의 연구를 『네이처Nature』에 발표했다. 이 연구는 여러모로 주목할 만하다. 페이스북은 이 연구자들이 선거 당일 투표권을 가진 미국의 페이스북 사용자 6,100만 명에게 무작위로 페이지를 보여 주도록 허락했다. 그리고 실험을 목적으로 사용자 경험에 간섭한 결과, 투표율이 올라갔다. 가까운 친구가 투표했다는 정보의 효과 추정치는 통계적으로 상당히 유의했다($p=.02$). 연구자들은 "사회 연결망 안에서 온라인이나 실제 세상의 행동을 퍼뜨리려면 강한 유대가 중요하다"라는 결론을 내렸다. 그리고 이 연구는 사회적 압력이 투표에 지대한 영향을 미친다는 점을 보였다는 이유로 언론의 많은 관심을 받았다.

많은 사람은 페이스북 배너가 투표율에 미친 영향의 추정치가 0.4퍼센트포인트보다 작다는 점은 인지하지 못했다. 이는 실질적으로 작은 효과라서 선거 이해나 홍보 운동에는 확실히 거의 관련성이 없다. 유권자 중 0.4퍼센트가 친구들이 투표했다는 페이스북 배너를 보고 투표에 나섰다는 사실이 강한 유대가 행동을 퍼뜨리는 데 중요하다는 결론을 주지는 않는다. 확실히 표본 크기가 6,100만쯤 되면 0이 아닌 아무 추정치라도 통계적으로 유의할 것이다.

이 자체는 나쁘지 않다. 표본 크기가 크면 추정치가 꽤 정밀하다는 뜻이며, 실제 관계를 탐지한다고 더 믿을 만하다. 하지만 통계적으로 유의한 결과가 전부 실질적으로도 유의하다고 가정하면 안 된다.

지금까지 통계적으로 유의한 결과가 실질적으로는 유의하지 않은 경우를 살펴봤다. 이제 그 역도 참인지 살펴보자.

제2차 개혁법

2011년 『정치학 분기 학술지Quarterly Journal of Political Science』에 실린 기사에서 새뮤얼 벌린스키Samuel Berlinski와 토룬 드완Torun Dewan은 1867년 제2차 개혁법the Second Reform Act이 영국 선거에 미친 영향을 추정했다. 이들은 제2차 개혁법이 유권자 대상을 거의 두 배로 늘리고 처음으로 노동자 계층을 투표에 끌어들였음에도 선거 결과에는 거의 영향을 미치지 못했다고 썼다. "자유당(영국 주요 정당 중 하나)의 득표와 선거법 개정을 연관 짓는 증거는 없다."

그런데 증거를 올바르게 해석했나? 저자들이 증거가 없다고 말한다면 그건 개혁법 효과의 추정치가 통계적으로 유의하지 않다는 뜻이다. 따라서 추정 결과가 우연히 나타날 가능성이 낮다고 보기는 어렵다. 그러나 통계적으로는 유의하지 않지만, 사실 연구에서 제시한 증거는 제2차 개혁법이 중요한 결과를 야기했다는 점을 시사한다. 수치적 추정치는 개혁법이 유권자를 두 배로 늘림으로써 자유당의 득표율을 8퍼센트포인트 올렸다고 나타나는데, 이처럼 상당히 큰 효과는 개혁법으로 투표권을 얻은 새로운 노동 계층 유권자들이 더 부유한 기존 유권자들보다 자유당을 지지할 여지가 훨씬 크다는 점을 암시한다. 그러나 추정치가 상당히 크긴 해도 정밀하지 못하기 때문에 통계적으로 유의하지는 않다. 벌린스키와 드완은 이 통계적 비유의성에 집중했기 때문에 제2차 개혁법의 효과가 거의 없다고 결론을 내렸다. 그러나 실제로 그 증거는 큰 효과가 있다고 추측할 만한 내용이다. 단지 그 추측이 불확실할 뿐이다.

비록 통계적 유의성이 유용하긴 해도 종종 오용, 오해된다. 이 책을 관통하는 주제는 명확한 사고와 데이터가 상호 대체제가 아니라 상호 보완재라는 점이다. 단지 통계 기법을 적용한다고 해서 우리가 답하려는 질문의 실질적인 의미를 생각하지 않아도 된다는 뜻이 아니다. 통계적 추론은 되도록 잘 활용해야 한다. 하지만 동시에 증거로부터 실질적 유의성을 찾도록 항상 유념해야 한다.

정리

추정치는 편향과 잡음이라는 두 가지 이유로 추정 대상과 다를 여지가 있다. 편향은 9장의 주요 내용이다. 6장에서는 잡음, 즉 표본에 존재하는 특이한 특성으로 인해 생기는 추정치와 추정 대상의 차이에 초점을 맞췄다. 잡음은 저마다 독특해서, 매번 새로운 표본 데이터를 갖고 추정 과정을 무한히 많이 수행해서 평균하면 잡음은 상쇄된다. 하지만 개별 표본마다 본다면 잡음이 꽤 중요한 경우도 있다.

잡음의 존재가 뜻하는 바는 표본에 나타나는 관계(추정치)가 더 큰 모집단에 실재하는 관계(추정 대상)를 제대로 반영하는지 여부를 따질 때 항상 어느 정도 불확실성을 감수해야 한다는 사실이다. 우리는 이 불확실성을 계량하는 기법과, 추정한 관계가 단지 잡음의 결과라는 귀무 가설에 대립해서, 추정한 관계가 실제로 있다는 가설을 검정하는 기법을 논의했다.

잡음의 존재는 불확실성을 이상의 문제를 던진다. 예를 들면 7장에서는, 같은 연구를 반복해서 수행하면, 실제로는 조사 대상인 관계가 실제로 없음에도 어떤 경우에는 잡음으로 인해서 통계적으로 유의한 결과를 얻기도 하는 문제를 다룰 것이다. 만일 이렇게 얻은 통계적으로 유의한 발견만 보고한다면 대규모 과학 연구는 체계적으로 틀린 결론에 도달할지도 모른다. 8장에서는 잡음의 존재가 어떻게 평균으로의 회귀라는 수수께끼 같은 현상을 일으키는지 살펴보겠다. 이는 극단적인 관찰값 이후에 덜 극단적인 관찰값이 나타나는 경향이며, 우리가 명확하게 사고하지 않으면 이로 인해 온갖 잘못된 증거 해석을 저지를 위험이 있다.

핵심 용어

- **모집단**: 파악하려는 실제 세상의 집단.
- **표본**: 모집단 중에서 데이터를 확보한 부분 집합.
- **추정 대상**: 데이터 분석으로 알아내려는 미지의 수량.
- **추정량**: 수치적 결과를 얻으려고 데이터에 적용하는 작업 절차.
- **추정치**: 추정량을 특정 데이터에 적용해서 얻은 수치적 결과.
- **편향**: 체계적 원인, 즉 서로 다른 여러 데이터 표본에서 평균적으로 유지되는 원인으로 인해 생기는 추정치와 추정 대상의 차이.

- **잡음**: 표본에 존재하는 특이한 점으로 인해 생기는 추정치와 추정 대상의 차이.
- **편향 없음**: 추정량을 무한히 많이 반복해서 그 결과로 얻은 추정치를 평균한 값이 추정 대상과 같다면 이 추정치/추정량은 편향되지 않았다.
- **기대 또는 기댓값**: 어떤 변수를 무한히 많이 뽑아서 평균한 값은 그 변수의 기댓값이다.
- **정밀도**: 추정량을 반복해서 얻은 여러 추정지가 서로 가깝게 나타나면 그 추정치/추정량은 정밀하다. 추정량을 반복해서 얻은 가설 추정치가 비슷할수록 그 추정지는 더 정밀하다.
- **표본 분포**: 추정량을 매번 새로운 표본으로 무한히 반복해서 얻은 추정치의 분포.
- **표준 오차**: 표본 분포의 표준 편차. 추정량이 편향되지 않았다면 표준 오차는 추정량을 서로 독립적인 표본에 반복 적용해서 얻은 추정치가 평균적으로 추정 대상에서 얼마나 벗어나는지 감을 잡게 해준다.
- **허용 오차**: 여론 조사자들은 흔히 표준 오차의 두 배를 허용 오차라고 말한다.
- **95퍼센트 신뢰 구간**: 추정량을 매번 새로운 표본을 써서 무한히 많이 적용하면 추정 대상은 그중 95퍼센트 시도에서 (매번 새로 계산되는) 95퍼센트 신뢰 구간에 포함된다. 실제 추정 대상이 95퍼센트 신뢰 구간에 포함된다고 95퍼센트 확신하는 것이 아니라는 점이 중요하다.
- **가설 검정**: 데이터에 나타난 어떤 특성이 잡음 때문이 아니라 실존하는 특성을 반영한다고 얼마나 확신해도 되는지 평가하는 통계적 기법.
- **귀무 가설**: 데이터에 나타난 어떤 특성이 순전히 잡음 때문이라는 가설.
- **통계적 유의성**: 사전에 정한 신뢰 수준에서 (보통 95퍼센트 신뢰) 귀무 가설을 기각하는 경우, 가설에 통계적으로 유의한 증거가 있다고 말한다.
- **p-값**: 귀무 가설이 참이라고 가정할 때 데이터에서 찾은 관계나 그 이상 강한 관계를 찾을 확률. 통계적 유의성을 판단하는 데 p-값을 사용한다. 예컨대 p-값이 .05보다 작으면 나타난 관계가 실존한다는 (95퍼센트 신뢰 수준에서) 통계적으로 유의한 증거가 있다고 본다. p-값이 귀무 가설이 참일 확률이 아니라는 점이 중요하다.

연습 문제

6.1 다가올 선거의 득표율을 예측하려고 다음과 같이 정치 여론 조사를 실시하는 전략을 생각해 보자. 각각에서 나타날 만한 편향과 정밀도를 논의해 보라.

   (a) 폭스 뉴스^{Fox News}[2]가 시청자들에게 전화로 어떤 선거 후보를 지지하는지 말해 달라고 요청한다. 응답자는 10만 명 이상이다.

   (b) 쫄깃쫄깃 여론 조사(선거 시기에 맞춰 생긴 새 회사)가 여론 조사를 실시하고, 응답에 무관하게 항상 선거 경쟁이 접전이라고 발표한다. 50퍼센트는 A 후보를, 50퍼센트는 B 후보를 지지한다고 발표한다.

   (c) 깜짝 소식 여론 조사(또 다른 새 회사)도 대규모의 대표성 있는 여론 조사를 실시하고 각 후보의 평균 지지율을 계산한 다음, 동전을 던진다. 앞면이 나오면 A 후보에게 지지율 10퍼센트를 더하고, 뒷면이 나오면 A 후보의 지지율을 10퍼센트 뺀다.

   (d) 미국 중앙 여론 조사는 유권자 파일(등록된 유권자 목록)의 사본을 구해서, 파일의 중앙을 펼치고 그 페이지의 중앙에 나오는 10명에게 연락해서 인터뷰한다.

6.2 앤서니의 아버지 피트는 최근 차고에 지하 카지노를 운영하려고 룰렛 바퀴를 하나 구매했다. 여러분이 룰렛 게임을 잘 모를지도 몰라 설명하자면, 바퀴를 돌리고 공을 떨어뜨리면 바퀴에 있는 38개 포켓 중 하나에 무작위로 들어가는데 각 포켓마다 고유한 숫자와 색깔이 있다. 이 바퀴에는 빨간 포켓이 18개, 검은 포켓이 18개, 초록 포켓이 2개다. 참가자가 빨간색에 돈을 걸고 공이 빨간 포켓에 들어가면 두 배를 받지만 다른 포켓에 들어가면 돈을 잃는다. 이 바퀴가 정말 공정해서 모든 포켓에 공이 들어갈 확률이 같다면, 참가자들은 38번 중 18번만 이기므로 피트는 38번 중 20번을 이겨서 돈을 벌겠다고 기대한다. 물론 바퀴가 공정하지 않으면 피트는 끔찍한 투자를 한 셈이다. 피트는 바퀴를 점검하려고 (돈은 걸지 않고) 연습삼아 3번 돌렸는데, 절망적이게도 공이 3번 모두 빨간 포켓에 들어갔다. 지금까지 공개한 정보를 바탕으로 바퀴가 빨간 포켓에 유리하게 기울었는지 여부를 통계적 관점에서 어떻게 설명할까?

   (a) 귀무 가설은 무엇인가?

---

2   미국의 대표적인 보수 언론 – 옮긴이

(b) p-값은 무엇인가?

(c) p-값의 실질적 해석을 내리고, 더 중요한 부분은, p-값이 무엇이 아닌지 설명하라.

(d) 차고 룰렛의 적법성은 따지지 말고, 피트가 룰렛이 공정한지 파악하는 데 도움이 될 조언은 뭐가 있을까?

6.3 5장의 연습 문제에 나온 학업과 소득 분석으로 돌아가자. 학업 기간에 따른 소득을 회귀로 분석할 때 아마도 컴퓨터에는 추정한 회귀 계수 말고도 여러분이 이 장을 읽기 전까지는 이해하지 못한 수치들도 나타났을 것이다. 학업 기간에 연관된 계수는 추정치가 1.16이어야 하는데, 이는 학업 기간이 1년 늘면 소득이 약 1,160달러 는다는 점을 시사한다. 이 계수와 연관된 표준 오차, p-값, 95퍼센트 신뢰 구간은 얼마인가? 각각에 관해 실질적 해석을 내려 보자.

읽을거리

과학자와 통계학자들이 통계적 유의성의 문턱값을 5퍼센트라고 합의하게 된 아주 흥미로운 과정이 궁금하다면 이 논문을 읽어 보라.

Michael Cowles and Caroline Davis. 1982. "On the Origins of the .05 Level of Statistical Significance." American Psychologist 37(5):553–58.

확률과 통계의 역사를 전반적으로 알고 싶다면 (알아야 한다) 다음 책들을 살펴보라.

Ian Hacking. 2006. The Emergence of Probability: A Philosophical Study of Early Ideas about Probability and Statistical Inference, 2nd Edition. Cambridge University Press.

Ian Hacking. 1990. The Taming of Chance. Cambridge University Press.

통계적 가설 검정의 흥미진진한 역사와, 과학자들이 통계적 유의성과 실질적 유의성을 혼동해서 생긴 문제들이 궁금하다면 다음 책을 추천한다.

Stephen T. Ziliak and Deirdre N. McCloskey. 2008. The Cult of Statistical Significance: How the Standard Errors Cost Us Jobs, Justice, and Lives. University of Michigan Press.

작은 표본 크기, 소규모 학교, 게이츠 재단에 관한 논의는 다음 자료를 참고했다.

Howard Wainer. 2009. Picturing the Uncertain World: How to Understand, Communicate, and Control Uncertainty through Graphical Display. Princeton University Press.

캘리포니아 학교들의 학업 성취도와 학생 수에 관한 데이터는 https://www.cde.ca.gov/re/pr/reclayout12b.asp에서 얻었다.

본문에서 언급한 페이스북과 투표율에 관한 논문은 다음과 같다.

Robert M. Bond, Christopher J. Fariss, Jason J. Jones, Adam D. I. Kramer, Cameron Marlow, Jaime E. Settle, and James H. Fowler. 2012. "A 61-Million-Person Experiment in Social Influence and Political Mobilization." Nature 489(7415):295-98.

영국의 제2차 개혁법에 관한 논문은 다음과 같다.

Samuel Berlinski and Torun Dewan. 2011. "The Political Consequences of Franchise Extension: Evidence from the Second Reform Act." Quarterly Journal of Political Science 6(34):329-76.

07

과도한 비교, 부실한 보고

7장에서 다루는 내용

- 분석가가 비교를 많이 하고 그중 통계적으로 유의한 결과만 보고하면 위양성 결과와 과대추정이 많이 발생할 것이다.

- 이 위양성 결과는 연구자의 비도덕적 행동(p-해킹)으로 인해 생기곤 한다. 하지만 모두가 정직한 연구자들 집단에서 생기기도 한다(p-검열).

- 이 문제에 간단한 해법은 없지만, 분석가나 데이터 소비자들이 오도되는 위험을 줄이고자 사용할 만한 도구가 있다.

들어가며

통계적 가설 검정이 유용한 도구이긴 하지만 실수의 여지가 없지 않다. 과학 연구와 데이터 양적 분석이 어째서 그렇게나 자주 오도하거나 믿지 못할 결과를 만들어 내는지 이해하고자 인상적인 모습을 보인 바다 생물의 좀 생소한 이야기를 먼저 소개하겠다.

문어가 축구 전문가가 되다?

2008년과 2010년, 파울^{Paul}이라는 문어가 축구 경기 결과 예측에 뛰어난 솜씨를 보인다는 소식이 머리기사를 장식했다. 국가 대표팀 경기에 앞서 사육사가 각 나라의 국기가 표시된 두 먹이 상자를 파울 앞에 갖다 놓는다. 사육사는 파울이 경기에 이길 나라가 표시된 상자의 먹이를 먼저 먹는다고 해석했다. 파울은 놀라울 정도로 정확해서 기자와 도박사들은 그 예측을 학수고대했다.

파울은 열광과 경멸을 한몸에 받았다. 「텔레그래프$^{The\ Telegraph}$」의 닉 콜린스$^{Nick\ Collins}$에 따르면 아르헨티나의 한 주방장은 파울이 독일이 아르헨티나를 이긴다고 정확히 예측한 일에 분노해서 "그 보복으로 파울을 익혀 버리겠다고 협박했다." 도박사들은 심지어 파울이 경기 결과를 예측하기도 전에 그 정확도에 돈을 걸었다. 콜린스는 "출판업자인 윌리엄 힐$^{William\ Hill}$이 말하길, 파울이 스페인과 네덜란드의 결승전 결과를 옳게 예측할지 여부에 너무 많은 돈이 걸려서 배당률을 1대1에서 10대11로 줄여야 했다"라고 기사에 썼다.

회의론자는 문어라는 생물이 상당히 똑똑하기는 하지만 파울이 실제로 축구 경기 결과의 예지 능력을 가질 길은 없다고 지적할지도 모른다. 우리가 아는 한 축구 전문가조차 기본적으로 무득점 경기 예측도 하기 어렵다. 그리고 파울은 경기 참가 팀은 고사하고 축구가 뭔지조차 모를 터다. 파울이 결과를 알아맞힌 일은 순전히 운일까?

6장에서 논의했듯이 관찰한 패턴이 순전히 운, 정확히는 잡음 때문에 나타날 가능성을 판단하는 도구가 있다. 가설 검정을 하고 p-값을 구하면 된다.

파울의 가설 검정 성적은 어떨까? 파울은 총 14번 예측을 했고 그중 12번을 맞혔다. 상당한 솜씨다. 귀무 가설, 즉 파울은 완전히 무작위로 상자를 골랐다는 가설이 참이라고 가정하자. 파울의 실적이 모두 운일 뿐이라고 볼지 판단하려면 그가 실제로 무작위로 고르더라도 최소한 12번 맞게 예측할 가능성이 얼마인지 알아야 한다.

이 문제는 손으로 p-값을 계산해도 될 정도로 단순하다. 기본 발상은 이렇다. 파울이 무작위로 고른다고 가정하자. 그렇게 해서 정확히 12번 맞힐 확률, 정확히 13번 맞힐 확률, 정확히 14번 맞힐 확률을 계산한다. 이 세 확률을 더하면 파울이 순전히 운으로 맞힌 결과 이상의 실적을 얻을 확률이 된다.

파울의 이야기를 계속하기 전에 이 확률을 어떻게 계산하는지 알아보자. 그렇게 하면 우리가 순전한 운이 무엇인지 제대로 이해한다는 확신을 줄 것이다.

문제를 단순화해서 시작하면 도움이 된다. 귀무 가설은 문어 파울이 무작위로 추측한다는 내용이다. 다시 말해 파울이 승자를 예측하는 행동은 사람이 동전을 던져서 앞면이 나오는 경우와 비슷하다. 그러면 동전 던지기를 생각해 보자. 동전을 3번 던졌다고 하자(파울이 14번 예측한 상황도 곧 다룬다). 표 7.1에 모든 경우의 수가 나온다.

표 7.1 동전을 3번 던져서 나오는 결과

	앞면이 3번	앞면이 2번	앞면이 1번	앞면이 안 나옴
		앞앞뒤	앞뒤뒤	
나오는 결과	앞앞앞	앞뒤앞	뒤앞뒤	뒤뒤뒤
		뒤앞앞	뒤뒤앞	

이와 마찬가지로 파울이 세 경기를 예측하면 그중 결과를 맞히는 경우는 0번, 1번, 2번, 3번이 있다.

앞면이 정확히 2번 나올 확률은 얼마일까? 전부 여덟 가지 결과가 있고, 공정한 동전을 던진다면 모든 결과의 확률이 같다. 이 여덟 가지 결과 중에서 앞면이 2번 나오는 경우는 3개다. 따라서 동전을 3번 던져서 앞면이 2번 나올 확률은 $\frac{3}{8}$이다. 이와 유사하게 파울이 세 경기를 무작위로 예측해서 정확히 두 경기를 맞힐 확률도 $\frac{3}{8}$이다.

하지만 이것이 우리가 알고 싶은 값은 아니다. 앞면이 최소한 2번은 나오거나 파울이 최소한 두 경기는 맞힐 확률을 알고 싶다.

그럼, 앞면이 2번 나오는 경우에 더해서 앞면이 3번 나오는 경우도 구하면 된다. 앞면이 3번 나오는 경우는 딱 하나 있으므로 확률은 $\frac{1}{8}$이다. 그러므로 앞면이 최소한 2번 나올 확률은 $\frac{3}{8} + \frac{1}{8} = \frac{1}{2}$이다. 마찬가지로 파울이 세 경기를 그저 무작위로 예측해서 최소한 두 경기를 맞힐 확률도 절반이다.

그러나 파울은 단 3경기만 예측하지 않았다. 무려 14경기를 예측했다. 동전을 14번 던져서 나올 모든 결과를 표로 만들면 상당히 지루하다. 이 문제를 좀 더 일반적으로 분석하는 방법을 궁리해 보자.

동전을 n번 던졌다고 가정하자. 그중 앞면이 정확히 k번 나올 확률이 얼마일까? 시작부터 k번까지는 매번 앞면이, 나머지는 모두 뒷면이 나올 확률부터 계산해 보자. 시작부터 k번까지 앞면이 나올 확률은 $\frac{1}{2}^k$이다. 나머지가 모두 뒷면이 나올 확률은 $\frac{1}{2}^{n-k}$이다. 따라서 시작부터 k번까지는 앞면만 나오고 그 뒤로는 뒷면만 나올 확률은 $\frac{1}{2}^k \times \frac{1}{2}^{n-k}$이다.

물론 이는 앞면이 정확히 k번 나오는 한 가지 경우일 뿐이다. 시작부터 k번만 앞면이 나오라는 법은 없다. 동전을 n번 던진 중에 어디서든 k번 나오면 된다. 동전을 n번 던져서 앞면이 정확히 k번 나오는 경우는 $\frac{n!}{k!(n-k)!}$가지다. 따라서 n번 던져서 k번 앞면이 나올 전체 확률은 이렇다.

$$\frac{1}{2}^k \times \frac{1}{2}^{n-k} \times \frac{n!}{k!(n-k)!}$$

수식에서 느낌표는 계승^{factorial}을 뜻한다. $n!$은 n팩토리얼^{factorial}이라고 부르며 n 이하의 모든 자연수를 곱한 값이다. 예를 들어 $3! = 3 \times 2 \times 1 = 6$이다.

이 수식으로 앞서 예시로 든 동전 3번 던지기와 같은 결과를 얻을지 확인하자. 동전을 3번 던지면 그중 앞면이 정확히 2번 나올 확률이 얼마인가? 이때 $n = 3$이고 $k = 2$이므로 다음과 같이 확률을 계산한다.

$$\frac{1}{2}^2 \times \frac{1}{2}^{3-2} \times \frac{3!}{2!(3-2)!} = \frac{1}{4} \times \frac{1}{2} \times \frac{3 \times 2 \times 1}{2 \times 1 \times 1} = \frac{3}{8}$$

이번에는 문어 파울이 무작위로 골라서 14경기 중 12경기 이상 맞힐 확률을 계산하자. 정확히 12경기를 맞힐 확률은 이렇다.

$$\frac{1}{2}^{12} \times \frac{1}{2}^{14-12} \times \frac{14!}{12!(14-12)!} \approx .00555$$

정확히 13경기를 맞힐 확률은 이렇다.

$$\frac{1}{2}^{13} \times \frac{1}{2}^{14-13} \times \frac{14!}{13!(14-13)!} \approx .00085$$

정확히 14경기를 맞힐 확률은 이렇다.

$$\frac{1}{2}^{14} \times \frac{1}{2}^{14-14} \times \frac{14!}{14!(14-14)!} \approx .00006$$

그러면 파울이 12경기 이상 맞힐 확률은 약 .00555 + .00085 + .00006 ≈ .0065로, 약 155분의 1이다. 달리 말하면 파울이 축구에 일가견이 없는 한 이처럼 정확히 맞힐 가능성은 매우 낮다. 바로 이 때문에 모든 사람이 파울에 매료됐다. 그럴 만도 해보인다. 6장에서 소개한 표준 통계적 가설 검정법을 적용하면 파울이 무작위로 추측한다는 귀무 가설을 기각하고 실제로 파울이 축구 예측 전문가라는 통계적으로 유의한 증거를 갖게 된다.

이 분석은 두 수학자 크리스 버드Chris Budd와 데이비드 스피겔홀터David Spiegelharter가 2010년에 파울에 관해 인터뷰한 뒤 수행한 분석과 사뭇 유사하다. 하지만 파울이 예측한 경기를 좀 더 가까이 들여다보면 이 분석이 파울의 예지력에 너무 관대한 것처럼 보인다.

파울은 독일에 살았고 대체로 독일이 참가하는 경기 결과를 예측했다. 사실 14경기 중 13경기가 독일의 경기다. 게다가 파울은 독일을 선택하는 경향이 강했다. 어쩌면 오랫동안 봐온 국기라 좋아했을지도 모를 일이다. 어쩌면 우리는 모르지만 독일 국기가 표시된 상자를 제일 좋아하는지도 모른다. 어쩌면 사육사가 무의식적으로 파울이 독일을 선택하도록 훈련시켰는지도 모른다. 누가 알겠나? 그리고 독일은 축구 강국이라서 대부분의 경기를 이긴다. 그러므로 파울의 성공이 그리 충격적이지만은 아닐지 모른다. 이 정보를 염두에 두고 위 분석을 다시 수행하자.

파울은 독일이 참가한 13경기 중 11경기에서 독일이 이긴다고 예측했다. 독일은 그중 9경기를 이겼다. 이번에도 귀무 가설은 파울이 축구에 일가견이 없고 그저 운으로 예측했다는 내용이다. 다만 이번에는 이 문어가 각 상자를 고를 가능성이 같다고 상정하는 대신 독일 상자를 더 선호한다고 상정하자. 더 선호한다는 말은 독일이 참가하는 경기에서는 독일을 선택할 확률이 $\frac{11}{13}$이라는 뜻인데, 이는 파울이 실제로 독일을 선택한 비율이기 때문이다. 독일이 13경기 중 9경기에서 이기고 파울은 매번 독일을 $\frac{11}{13}$의 확률로 선택한다면 순전히 운으로 11경기 이상 맞힐 가능성이 얼마나 될까? 이 경우는 p-값을 손으로 계산할 수 있지만 복잡하다. 그래서 컴퓨터로 간단한 시뮬레이션을 돌려서 근사치를 구했다. 이처럼 변형된 가정하에서는, 파울이 13경기 중 11경기 이상 맞힐 확률이 약 .03 또는 33분의 1인데, 여전히 낮은 가능성이지만 155분의 1보다는 훨씬 높다.

이제 어떻게 봐야 할까? 여전히 파울이 순전히 운으로 성공했다고 보기는 어렵다. 이 문어가 독일 팀에 우호적으로 예측한다고 하더라도 이정도로 잘 맞힐 확률은 3퍼센트에 지나지 않는다. 그러므로 문턱값이 .05인 전통적인 가설 검정에서도 귀무 가설을 기각해야 한다. 파울이 축구 경기 예측을 잘 한다는 통계적으로 유의한 증거는 계속 유효하다.

여러분은 우리가 아직도 회의적으로 바라보는 점이 놀랍지 않을 것이다. 하지만 어째서? 문어는 파울만 있는 게 아니다. 독일 여기저기에 문어가 열 마리 살고 각자 축구 경기 결과를 예측한다면 어떤 일이 벌어질까? 세상 사람들은 당연히 제일 잘 맞히는 문어에게만 관심을 가질 것이다. 그렇다면 아직 파울의 정확성이 순전히 운 덕분인지 판단하는 데 적합한 가설을 검정하지 못한 셈이다. 정말로 문어 열 마리가 축구 경기 예측을 시도하고 파울 혼자 특별히 잘해서 유명해졌다면, 파울이 운으로 정확히 예측할 가능성을 묻기보다는 열 마리 중 어느 한 마리라도 운으로 정확히 예측할 가능성을 질문해야 한다. 왜냐하면 파울 대신 파울리나Paulina라는 문어가 14경기 중 12경기를 맞힌다면 우리는 파울의 존재를 전혀 모른 채 파울리나 얘기만 하고 있겠기 때문이다.

문어 열 마리 중 아무 녀석이라도 파울만큼 정확한 예측을 할 확률을 계산하기란 상대적으로 단순하다. 다만 이 계산을 하려면 p-값에 관한 사실을 하나 더 알아야 한다. p-값이란 귀무 가설이 참이라고 가정하고, 여러분이 관찰한 결과 이상으로 극적인 결과를 얻을 확률이라는 점을 상기하자. 즉 귀무 가설이 참일 때 p-값이 .05가 되는 결과 이상으로 극적인 결과를 관찰할 빈도가 얼마나 될까? 정확히 전체의 5퍼센트다. 그리고 귀무 가설이 참일 때 p-값이 .2가 되는 결과 이상으로 극적인 결과를 관찰할 빈도는? 정확히 전체의 20퍼센트다. 그리고 모든 p-값에 대해서도 이와 마찬가지다. 그야 p-값의 정의를 다르게 표현했을 뿐이기 때문이다.

하지만 우리는 이 사실로부터 중요한 내용을 배운다. 귀무 가설이 참일 때 전체 시도의 5퍼센트에서 p-값이 .05 이하인 결과를 관찰하고, 전체 시도의 20퍼센트에서 p-값이 .2 이하인 결과를 관찰하고, 전체 시도의 50퍼센트에서 p-값이 .5 이하인 결과를 관찰하고, 나머지도 이런 식이다. 그러므로 귀무 가설이 참이라면 각 p-값을 발견할 확률이 모두 똑같아야 한다(기술적 은어로는 p-값이 '귀무 가설하에서 고르게 분포한다'고 말한다).

그러면 독일에 사는 문어 중 적어도 한 마리는 파울이 기록한 .03 이상의 p-값을 갖는 예측을, 순전히 운만으로 보일 확률이 얼마일까? 방금 본 대로라면 어떤 문어 한 마리가 순전히 운으로 p-값 .03 이하를 보일 확률은 .03이다. 따라서 어떤 문어 한 마리가 .03보다 높은 p-값을 보일 확률은 .97이다. 문어 두 마리가 각자 독립적으로 예측한다면 두 마리 모두 .03보다 나은(낮은) p-값을 보이지 못할 확률은 $.97^2$다. 그리고 둘 중 하나라도 .03보다 나은 p-값을 보일 확률은 $1 - .97^2$다(1에서 둘 다 p-값이 .03보다 못할 확률을 뺀 값). 문어 열 마리가 무작위로 추측해서 그중 하나라도 파울보다 나은 p-값을 보일 확률은 $1 - .97^{10} \approx .26$이다. 달리 말해서 독일에 사는 문어 열 마리가 파울과 똑같은 요상한 예측을 해나간다면, 비록 축구 전문가인 문어는 하나도 없을지라도 그중 적어도 한 마리는 파울의 빛나는 기록만큼 정확한 예측 실적을 올릴 가능성이 4분의 1이다. 이러면 파울의 능력에 더욱 회의감을 품을 수밖에 없다.

독일에서 축구 예측 사업에 종사하는 문어가 몇 마리인지는 모른다. 하지만 다른 여러 동물들이 이 일에 참여한다는 사실은 안다. 농담이 아니라 레온^{Leon}이라는 호저, 페티^{Petty}라는 하마, 안톤^{Anton}이라는 비단털원숭이, 마니^{Mani}라는 잉꼬 모두 파울과 같은 시기에 축구 경기 승자를 예측했다. 게다가 이들은 뉴스에 소개된 일부일 뿐이다. 아마도 들어 본 적도 없는 수십 마리가 더 있을 것이다. 그리고 지금까지는 축구만 논의 대상이었다. 다른 모든 운동 경기는 어떻겠는가? 나아가 운동 경기는 아니지만 예측 대상이 되는 세상의 모든 일들은? 만약 오소리 주디^{Judy}는 대학 미식축구 경기의 승자를 잘 예측하고, 고양이 스티브^{Steve}는 국회의원 선거 당선자를 잘 예측하고, 수달 프란^{Fran}은 주식 시장 변동을 잘 예측한다면 이들도 모두 유명해질 것이다. 하지만 이들의 예측은 운에 맡길 때보다 나을 바가 없어서 알려지지 않는다.

수학자인 버드와 스피겔홀터는 즉각 이 점을 지적했다. 스피겔홀터는 "누군가 동전을 던져서 10번 중 9번 같은 결과를 얻는다면 그 자체로는 대단한 일이 아니지만 동전을 던진 그 사람에게는 대단한 일처럼 보일 것이다"라고 썼다. 다시 말해서 충분히 많은 사람이 동전을 던지면 그중 누군가는 오랫동안 연달아 앞면이 나올 수밖에 없다. 그리고 누군가는 앞면이 연달아 나오는 행운을 거머쥘 수밖에 없다는 사실에도, 그 사람은 동전이 불공정하거나 자신이 동전 던지기에 특별히 소질이 있다고 잘못된 결론을 내릴지도 모른다. 앞으로 살펴보겠지만, 안타깝게도 이 문제는 단순히 동전 던지기나 축구 경기 예측뿐만 아니라 훨씬 영향력이 큰 심각한 상황에도 적용된다.

출판 편향

통계적 가설 검정과 p-값은 확실히 유용하다. 데이터에서 어떤 패턴을 발견하면 이것이 실질적인 현상을 반영하는지 아니면 그저 우연히 발생했는지 알고 싶어진다.

그런데 문어 파울의 이야기에서 잘 드러난 문제가 있다. 대중이든 광범위한 학술 공동체든 수행한 (또는 수행했을 법한) 모든 가설 검정 결과를 보지 못한다. 통계적으로 유의한 결과만 보고되거나 출판되는 일이 흔하다. 동전 던지기랑 비슷한 수준으로 축구 경기를 예측하는 메리Mary라는 문어에 관한 이야기는 그다지 흥미가 없다. 그러나 축구 경기를 예측하는 동물이 스무 마리 있다면, 이들이 모두 축구에는 문외한이더라도 그중 하나쯤은 순전히 운으로 .05 미만인 p-값을 보이기를 기대할 만하다. 바로 이 20분의 1의 결과가 논문이나 뉴스에 등장한다. 그러므로 보고된 사례만을 바탕으로 판단하면 체계적으로 잘못 이끌린 믿음을 갖게 된다.

수많은 비교를 수행하는 '과도한 비교'와, 흥미롭거나 통계적으로 유의한 결과만 골라서 보고하는 '부실한 보고'는 함께하면 위험한 조합임에도 불구하고 널리 퍼졌다. 그리고 이로 인해서 흥미진진한 새 과학 연구 결과의 소식을 들어도, 이것이 가설 검정의 빈틈에서 도출된 결론이 아니라 실제 현상을 반영하는지 판단하기 어려워진다.

과도한 비교와 부실한 보고의 문제는 어떤 특정 발견이 진짜임을 확신하는 수준에 영향을 미치는 데서 그치지 않는다. 어떤 분야에서 시간을 들여 지식을 쌓아 가는 능력에도 영향을 준다. 어떤 추정 하나만 놓고 보면, 설령 편향되지 않는다고 해도 잡음 때문에 실제 추정 대상과 동떨어질 여지가 있음을 우리는 안다. 대신 한 분야에서 추정을 누적하면 잡음이 상쇄되므로, 편향되지 않은 추정치를 아주 많이 구해서 평균하면 실제 추정 대상에 매우 가까워지리라 기대한다. 과도한 비교와 부실한 보고는 발표된 추정치 모음에는 이런 기대가 통하지 않을 위험, 다시 말해 '출판 편향publication bias'이라고 부르는 골칫거리 현상을 의미한다. 이유를 알려면 대표 등식으로 돌아가 보자.

$$\text{추정치} = \text{추정 대상} + \text{편향} + \text{잡음}$$

같은 문제를 다루는 수많은 연구가 있다고 생각해 보자. 각 연구는 정말 잘 설계해서 연구 대상인 현상을 편향 없이 추정한다. 따라서 추정치가 연구마다 다르거나 세상에 존재하는 실제 수치(추정 대상)와 다른 유일한 이유는 잡음이다.

그러나 동시에 부실한 보고(모든 결과를 보고하지 않는 행동)로 인해서, 실제 추정 대상이 0이라는 귀무 가설(추정치가 잡음에 기인한다는 가설)을 기각할 만큼 증거가 강한 연구 결과만 듣는다고 가정하자. 연구 결과가 통계적으로 0과 확연히 다르게 나오려면 추정한 관계가 표준 오차와 비교해서 충분히 커야 한다. 그래서 우리가 통계적으로 유의한 결과만 듣는다면 추정치 크기가 상당히 큰 결과만 접하는 셈이다.

이는 실제 추정 대상이 얼마이건 간에 보고되는 추정치에는 그 추정치가 통계적으로 유의해질 정도로 0에서 멀리 떨어뜨릴 만큼 큰 잡음이 끼어든다는 뜻이다. 그러므로 과도한 비교와 부실한 보고의 결과로, 우리가 구한 p-값이 틀리는 데 그치지 않고 연구 발표로부터 모은 추정치들이 실제 추정 대상의 크기를 일관되게 과대추정할 것이다.

슬프게도 우리가 처음에는 편향이 없는 추정치를 가정하고 시작했지만, 과도한 비교와 부실한 비교를 거치면서 결국 어떤 한 추정치만이 아니라 과학 문헌에 보고되는 추정치 전반에 걸쳐 편향이 발생한다는 사실을 알아냈다. 따라서 모든 추정치를 평균할 때 추정치 수가 아주 많다고 해도 실제 추정 대상에 접근하지 못한다. 이것이 바로 '출판 편향'이라고 부르는 현상이다.

그림 7.1은 어떻게 이런 일이 벌어지는지 보여 준다. 위쪽 그림은 편향되지는 않지만 정밀하지 않은 50개의 추정치가 보인다. 실제 추정 대상은 1이고, 추정치가 편향되지 않았으므로 모든 추정치를 평균하면 역시 1이 된다.

표준 오차를 계산해서 95퍼센트 신뢰 구간이 −2부터 2까지라고 알아냈다. 다시 말해 실제로는 아무 관계가 없다고 해도(실제 추정 대상이 0이라고 해도) 추정치 절댓값이 2보다 클 확률은 5퍼센트 미만이다. 그러므로 추정치가 2보다 큰 경우만(−2보다 작은 추정치는 없다) 통계적으로 유의하다고 본다. 통계적으로 유의한 추정치는 아래쪽 그림에 나온다.

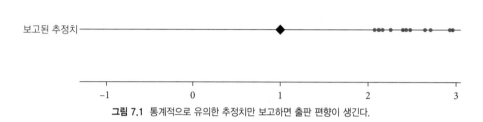

그림 7.1 통계적으로 유의한 추정치만 보고하면 출판 편향이 생긴다.

이처럼 통계적으로 유의한 추정치만 보고된다고 생각해 보자. 이제 당연하게도 보고된 추정치들은 일관되게 추정 대상보다 크다. 그래서 발표된 추정치만을 바탕으로 실제 추정 대상의 값을 판단하면, 일관되게 실제 값을 과대추정하게 된다. 이것이 출판 편향이다.

출판 편향을 유발하는 과도한 비교와 부실한 보고는 다양한 방식으로 일어난다. 두 가지만 살펴보자.

p-해킹

과도한 비교와 부실한 보고를 경험하는 방식 하나는 분석가 개인의 부정직한 행동을 통해서다. 학술 공동체에서는 p-값이 특정 문턱값 아래로 나타날 때까지 데이터나 검정을 다루는 행위를 'p-해킹p-hacking'이라고 부른다. 예를 들어 어떤 과학자가 실험을 했는데 바라는 결과를 뒷받침하는 통계적으로 유의한 증거를 찾지 못했다고 하자. 이 과학자는 첫 시도에서 뭔가 잘못됐을지도 모른다고 생각하고 실험을 조금 변형한다. 실제로 통계적으로 유의한 결과가 나올 때까지 비슷한 실험을 계속 시도할 수 있다. 잡음이 있기 때문에 실험을 충분히 여러 번 반복하면 연구하는 현상이 실제로는 없더라도 언젠가는 결과를 얻을 것이다. 이는 과도한 비교가 가진 문제다. 그리고 당연히 비양심적인 과학자가 통계적으로 유의한 결과를 얻은 실험만 결과로 보고한다면 부실한 보고로 인한 문제도 생기며 결과적으로 출판 편향이 발생한다.

또는 어쩌면 분석가가 특정 통계 검정을 구성하는 데 있어서 다소 유연성을 발휘할지도 모른다. 여러분이 회사에서 생산성과 스탠딩 책상 사용의 관계를 분석하는 일을 맡았다고 생각해 보자. 모든 직원을 하나로 뭉칠까, 아니면 나이대로 집단을 나눠서 각각 회귀 분석을 수행해야 할까? 나이의 고차항을 넣어야 할까? 여성과 남성을 나눠서 분석해야 할까? 직군이나 진료 이력 등이 다른 사람들은? 여기서 보듯이 분석을 수행하는 합리적인 방식은 다양하다. 서로 다른 방식을 계속 시도하다 보면, 실제로는 생산성과 스탠딩 책상 사이에 아무 관계가 없더라도 결국 통계적으로 유의한 결과를 발견할 것이다. 실험 방식을 과도하게 탐색하는 일도 과도한 비교를 일으키는 한 방식이다.

과도하게 비교하는 또 다른 길은 여러 가지 다른 산출물을 시도하는 방식이다. 심장병에 듣는 신약의 효용성을 평가한다고 생각해 보자. 편향이 전혀 없는 훌륭한 의학적 실험을 수행할 것이다. 하지만 아마도 사망률, 심장마비, 뇌졸중, 콜레스테롤 수치, 입원 기간, 운동 능력, 주관적인 행복도 등등 실험 대상이 보이는 여러 가지 산출 데이터를 모을 것이다. 그런 다음 이 약이 각 산출물마다 통계적으로 유의한 효과가 있는지 검사할 수 있다. 산출물 유형이 충분히 다양하면 그중 하나쯤은 잡음에 의해 통계적으로 유의한 결과를 찾을 가능성이 높다. 즉 실제로는 약효가 없더라도 그 약을 처방한 사람들과 위약을 처방한 사람들 사이에 다른 결과가 나타나기도 한다. 그리고 여러분이 연구 윤리를 따르지 않는 사람이라면 의사들이 여러분의 신약을 믿고 처방하길 바라며 그 한 가지 결과만 보고할지도 모른다.

지금껏 봤듯이 p-해킹은 여러 가지 형태를 띨 수 있으며, 여러분이 양적 분석가라면 이를 피하려고 노력해야 하고 정량적 증거의 소비자라면 이런 문제를 탐지하려고 노력해야 한다.[1]

p-검열

물론 p-해킹은 매우 우려할 만하다. 그러나 어떤 개인이 부정직하거나 무지하게 행동해서 과도한 비교와 부실한 보고 문제가 일어나는 경우만 있지는 않다. 모두가 완벽하게 정직하고 책임감 있게 행동해도 일어날 여지가 있다!

어떤 나라에 과학자 20명이 같은 과학적 예감을 느꼈다고 상상하자. 그 예감은 암 치료 가능성이 보이는 어떤 신약의 효용성과 관련된다고 가정하자. 사실은 이 예감이 틀렸고 그 약은 효과가 없다. 하지만 이들이 처음부터 이 사실을 알 길은 없다. 그래서 학자가 늘 그러듯 이

---

1   재미있는 사실: p-해킹이란 용어는 조셉 시몬스(Joseph Simmons)가 고안했다. 레이프 넬슨(Leif Nelson)과 우리 시몬손(Uri Simonsohn)은 한 기발한 연구에서 사회과학의 표준 방법론을 사용해서 비틀즈의 'When I'm Sixty-Four'를 들으면 더 젊어진다는 내용을 뒷받침하는 통계적으로 유의한 증거를 제공할 수 있음을 보였다!

들도 이 약을 검사할 연구를 설계한다. 각자가 속한 20개의 연구실에서 서로의 작업을 모른 채 모두 똑같은 정교한 실험을 수행하지만, 사용하는 표본은 저마다 다르다. 저마다 적절한 유형의 암 환자 표본을 대규모로 모집한다. 무작위로 그중 절반에게는 신약을 제공한다. 나머지 절반은 위약을 받는다. 연구 막바지에 진짜 약을 받은 집단이 위약을 받은 집단보다 병이 차도를 보일 가능성이 더 높은지 평가한다.

연구실 20개 중에서 19개는 통계적으로 유의한 증거를 못 찾아서 약효가 없다고 결론 내린다. 진짜 약을 받은 집단이나 위약을 받은 집단이나 병의 차도는 구분이 안 된다. 사람들은 약효가 없다는 결과에는 그다지 흥분하지 않는다. '새로운 약은 암을 낫게 하지 못한다'는 제목은 좋은 머리기사가 아니다. 그래서 과학 학술지들은 효과가 없다는 결과를 보고하는 논문을 게재하기를 주저한다. 그 결과, 이들 연구실은 굳이 실험 결과를 논문으로 쓰기보다는 더 유망한 연구 주제로 관심을 돌린다. 이는 '서랍 문제file drawer problem'라고도 부르는데 통계적으로 유의하지 않은 결과는 서랍 속에 묻어 두기 때문이다. 설령 연구실에서 이런 발견 내용을 논문으로 써도 이를 게재하려는 학술지를 찾기 어렵다. 어느 쪽이건 부실한 보고가 발생하고 학술 공동체와 대중은 약효가 없었던 19개의 연구 결과를 알 기회를 놓친다.

20개 중 운이 좋은(나쁜) 한 연구실만 약효가 있다는 통계적으로 유의한 증거를 찾는다. 우리는 이미 약효가 없다는 사실을 알아서(과학자들은 모르지만), 이 결과는 순전히 우연히 얻었음을 안다. 약효와 무관한 이유로 실험에서 진짜 약을 받은 사람들이 위약을 받은 사람들보다 회복력이 더 높았을지도 모른다. 실제로 이런 일이 벌어진다. 편향 없이도 잡음 때문에 추정치가 추정 대상과 달라진다.

다른 연구 결과는 아예 논문에 쓰지 않거나 논문을 쓰더라도 게재되지 않기 때문에 이 연구실의 과학자들이 파악하는 한 신약이 효과가 있다는 증거만 있을 뿐이다. 그래서 이 연구실은 당연히 그들이 발견한 내용을 논문으로 쓴다. 연구 결과가 놀랍고 주목할 만하기 때문에 이 논문이 발표돼 학계 언론에 보도될 가능성이 높다. 그리고 사실 이 연구 하나만 들여다본다면 훌륭해 보인다. 이 연구실은 편향 없는 좋은 실험을 수행했다. 그들은 단 하나의 적절한 산출물에 관해서 단 한 번만 적절한 비교를 수행했다. p-해킹은 일어나지 않았다. 데이터도 이들의 가설을 뒷받침한다. 따라서 모든 사람이 사실은 완전히 잘못된 이 연구 결과를 받아들이며, 만약 우리가 모든 데이터('실패한' 나머지 실험)를 얻게 된다면 훨씬 더 많은 증거가 정반대 결론을 가리킨다는 사실을 볼 것이다. 출판 편향이 일어난 셈이다.

연구자가 효과가 없거나 사소한 실험 결과는 발표하기 어렵기 때문에 굳이 논문으로 쓰지 않는 행동(서랍 문제)이나, 학술지가 그런 논문을 받아도 게재하기 꺼리는 행동을 가리키는 용어는 없다. 하지만 우리 생각에는 이 두 가지 현상은 함께 생각해 볼 문제인데, 개인이 부적절하게 행동하지 않아도 출판 편향을 낳기 때문이다. 그래서 이 문제를 p-해킹 이름을 따서 'p-검열p-screening'이라고 부르겠다. 여기서 논점은 어떤 연구자 개인이 통계적으로 유의한 결과를 얻고자 p-해킹을 저지르는 행동이 아니다. 논점은 학술 공동체가 그들의 출판 관행을 통해서 p-값이 어떤 문턱값을 넘는 연구 결과를 배제한다는 점이다. p-해킹이 일어나면 부정직한 연구자가 효과가 없는 실험 결과를 숨기기 때문에 우리가 이를 접하지 못한다. p-검열이 일어나면 정직한 연구자들이 그런 결과를 발표하지 않기 때문에 우리가 이를 접하지 못한다. 어느 쪽이든 결과는 같다. 많은 비교가 일어나지만 그중 통계적으로 유의한 결과만 보고되므로 우리가 접하는 연구 결과는 출판 편향 문제를 겪는다.

지금까지의 과학적 기록은 (그리고 다양한 다른 분야에서 우리가 쌓은 지식도) 모든 이가 올바르게 행동하더라도 p-검열 때문에 신뢰하기 어려워진다. 항상 이런 일이 벌어지지는 않는지 여러분이 우려할 법하다. 잠시 멈추고 스스로에게 물어보자. 내가 믿는 사실 중 몇 가지나 방금 이야기한 방식으로 현재 지식 수준에 이르렀을까? 일단 문제를 명확하게 이해하기 시작하면 모든 분야에 이 문제가 잠재돼 있다는 사실을 깨달을 것이다.

대부분의 과학적 '사실'이 거짓일까?

지금껏 봤듯이 과도한 비교와 부실한 보고는 출판 편향을 낳는다. 그리고 이러한 관행은 수많은 과학적 절차와 문화에 꽤 깊숙이 뿌리를 내렸다. 이 점을 자각하면 과학의 여러 분야에서 일종의 존재론적 위기감마저 드는데, 종사자들은 널리 수용된 많은 과학적 사실이 실은 과도한 보고와 부실한 보고의 산물인 거짓 결과가 아닐지 의심하게 된다.

중대한 문제다. 확실히, 우리가 사실이라고 믿는 여러 가지가 출판 편향으로 인한 거짓이다. 다만 모두가 그렇지는 않다. 그리고 분석가들은 과학적 합의나 문헌이 심각한 출판 편향을 겪을 여지가 있는지 아닌지 진단하는 방법을 좀 더 명확하게 고찰하기 시작했다. 어떻게 진단하는지 알아보고자 두 가지 사례로서 이 문제를 다루는 다양한 시도에 관해 알아보겠다. 또한 p-해킹을 탐지하는 요령도 소개하고자 한다.

초감각적 지각

2010년 코넬 대학교의 심리학자 다릴 뱀$^{Daryl\ Bem}$은 유수 심리학 학술지인 『인격과 사회심리학 학술지$^{Journal\ of\ Personality\ and\ Social\ Psychology}$』에 인간은 초감각적 지각$^{ESP,\ ExtraSensory\ Perception}$(초능력)을 가졌다는 연구를 발표해서 세간의 이목을 끌었다. 학계 연구자나 양적 분석가는 대체로 초자연적 현상을 파헤치는 역할을 맡지만, 이 경우는 반대로 아이비리그$^{Ivy\ League}$의 존경받는 정교수가 이런 기이한 주장을 펼쳤다.

뱀의 실험은 학생들에게 컴퓨터 화면에 나타난 가상의 커튼 중 어느 쪽(왼쪽 또는 오른쪽) 뒤에 물체가 숨어 있는지 예측하도록 했다. 뱀은 실험 참가자들이 맞는 커튼을 선택하는 능력이 운에 맡기는 경우보다 낫다는 통계적으로 유의한 증거를 보고했다.

여러분이 악평을 기꺼워하는 학술지 편집자나 구독 수에 목매는 과학 기자라면 이는 매우 흥미로운 발견이겠다. 결과는 멋지다. 발표한 과학자는 명문 대학교 교수다. 논문은 어느 주요 학술지에 발표했다. 데이터가 조작됐다고 의심할 이유가 없다. 연구 결과는 적어도 놀라운 현상이라고 부를 만한 과학적 증거를 제시한다. 제대로 된 기자라면 어찌 이 이야기를 그냥 넘기겠는가?

이 연구와 모든 언론의 관심에도 우리는 인간에게 초능력이 없음을 꽤 확신한다. 그렇다면 무슨 일이 벌어진 걸까?

통계적 가설 검정에 관한 당연한 우려가 있다. 분석가가 유의성 문턱값으로 .05를 썼다면 실은 결과가 거짓이더라도 (귀무 가설이 참) 결과를 뒷받침할 증거를 얻을 (귀무 가설을 기각) 확률이 5퍼센트는 있다. 그리고 4부에서 보겠지만 인간에게 초능력이 없다고 믿을 만한 적절한 이유가 이미 있다면 이 연구 하나 때문에 그 믿음을 크게 바꾸면 안 된다.

그러나 7장의 주제에 기반한 다른 우려도 있다. 같은 실험을 수행한 연구자가 여럿 있을지라도 예상 밖의 결과를 뒷받침하는 통계적으로 유의한 증거만이 발표된다. 인간이 맞는 커튼을 추측하는 능력이 찍기보다 나을 바 없다고 보고하는 논문을 발표할 사람은 아마도 없을 것이다. 이미 다들 그렇게 믿기 때문이다. 따라서 p-검열로 인한 출판 편향을 심각하게 우려해야 한다.

또한 결과가 p-해킹 영향을 받았을 가능성도 염두에 둬야 한다. 벰은 10년에 걸쳐 9번 실험한 결과를 보고했다. 이 실험은 상대적으로 수행 비용이 저렴하다. 어느 모로 보나 벰은 초능력 연구에 몰두했기 때문에, 그가 그 10년간 더 많은 초능력 실험을 수행했으리라고 상상해도 무리는 없어 보인다. 그리고 정말로 그렇다면 보고한 9번의 실험은 당연히 초능력을 가장 강력하게 증거하는 결과들이겠다.

연구 자체에도 과도한 비교와 부실한 보고의 흔적이 곳곳에 보인다. 예컨대 벰은 일반적인 초능력 증거를 발견하지 않았다. 커튼 뒤에 야한 내용이 숨겨져 있을 때만 초능력의 증거를 발견했다. 다른 종류의 물체로는 초자연적 현상의 증거를 찾지 못했다. 아무렴! 우리 인간이 다른 건 몰라도 길모퉁이 뒤에서 벌어지는 야한 짓을 탐지하는 초능력쯤은 길렀을 법하지 않겠나? 게다가 어떤 시험에서는 남성은 빼고 여성에게서만 효과를 발견했다. 다른 실험에서는 쉽게 지루해지는 사람들에게서만 효과를 발견했다. 벰이 수행한 이 모든 상이한 시험을 고려하면 통계적으로 유의한 결과 몇 개가 그저 운으로 얻어걸리지도 않았다면 오히려 놀라울 정도다.

안심해도 좋겠지만 심리학 공동체는 회의적인 자세로 벰의 논문에 신속히 반응했다. 몇몇 후속 연구에서 같은 시도를 해봤으나 재현에 실패했다. 하지만 실망스럽게도 『인격과 사회심리학 학술지』는 처음에는 벰의 주장을 파헤친 연구 게재를 거부했다. 편집자는 자신들의 학술지가 단순한 실험 재현 결과는 게재하지 않는다는 정책을 오래 고수했다는 이유를 내세웠다. 다행히 이들이 결국 마음을 바꿔서 재현 시도의 메타 분석 결과를 발표했는데, 이 분석은 원래의 실험 결과가 신뢰하기 어렵다는 점을 강하게 시사한다. 이 사례는 과도한 비교와 부실한 보고 문제를 교정하는 중요한 방법, 바로 학술 공동체에서 발견 내용을 재현할 수 있는지 주의 깊게 조사하기를 보여 준다. 뒷부분에서 실험 재현에 관해 좀 더 자세히 논의하겠다.

투표 독려

정치적 홍보 운동은 투표를 독려하고자 전화, 우편, 방문 유세 등 많은 활동을 한다. 1990년대 이래로 학자들은 홍보 운동 본부와 연계해서 이런 노력의 효과를 파악하려는 실험을 해

왔다. 이런 연구에서 어떤 사람들은 무작위로 실험군(선거 일자나 투표 장소를 담은 우편을 받는 등)에 배치되고, 다른 사람들은 무작위로 대조군(어떤 추가 정보도 받지 못함)에 배치됐다. 이 두 집단의 투표율을 비교하면 투표 독려 노력이 투표율에 미치는 평균적인 효과를 파악할 수 있다.

발표된 기록에서 투표 독려 활동의 평균 추정 효과는 투표율 약 3.5퍼센트포인트 증가다. 게다가 발표된 논문 중에서 1퍼센트포인트 미만으로 효과를 추정한 경우는 거의 없다. 그러므로 홍보 운동 본부가 발표된 기록을 참고하면 투표 독려 활동이 꽤 효과가 있다고 결론 내릴 것이다.

하지만 투표 독려 실험은 논문으로 발표된 수보다 훨씬 많은데, 이는 논문으로 발표하지 않은 실험 결과도 있다는 뜻이다. 왜 발표하지 않을까?

과도한 비교와 부실한 보고에 관한 우리의 우려가 옳다면, 통계적으로 유의한 증거를 얻지 못한 실험은 논문으로 발표하지 않는 p-검열 때문이라고 예상해도 괜찮겠다. 정말 그렇다면 출판 편향이 존재한다. 따라서 투표 독려 활동의 실제 평균 효과는 논문으로 발표한 내용보다 작다고 예상해야 한다.

돈 그린Don Green, 메리 맥그래스Mary McGrath, 피터 아로노우Peter Aronow라는 세 정치학자는 이런 가능성을 정량적으로 조사하기로 마음먹었다. 그들은 여러 학자가 오랜 시간에 걸쳐 수행한 200번이 넘는 실험 데이터를 입수했다. 그중 일부는 논문으로 발표했고, 다른 실험은 발표하지 않았다. 그들은 200번 실험 전체에서 투표 독려 활동의 평균 효과를 분석했다. 결과: 0.5퍼센트포인트! 발표한 기록에서 보인 3.5퍼센트포인트보다 확연히 낮은 수치다. 발표하지 않은 기록은 발표한 기록보다 투표 독려 노력의 효과를 훨씬 적게 인정하는 셈이다.

투표 독려 노력의 효과는 사회과학 분야에서 가장 엄격하게 연구하는 주제 중 하나다. 그리고 선거 후보나 운동 본부는 희소한 자원을 배분할 최선의 방법을 알고 싶어하므로 자연스럽게 발표된 연구를 참고해서 방향을 정할 것이다. 그러나 우리가 살펴본 바로는 이 방법이 투표 독려 활동의 효과를 7배나 과장하게끔 유도하며, 이는 p-검열이 심각한 결과를 야기할 위험이 있다는 사실을 다시 한번 보여 준다.

p-해킹 수사대

개별 연구에서 *p*-해킹이 일어나는지 확실히 파악하기란 언제나 어렵다. 그리고 사람들은 대부분 공명정대하고 정직하게 행동하려 노력한다고 관대하게 생각하는 편이 좋다. 그렇긴 하지만, 명확하게 사고하면 *p*-해킹 문제가 얼마나 넓게 퍼졌는지 감을 잡기에 도움이 된다. 가장 좋은 증거는 실제 발표된 과학 문헌에서 *p*-값을 관찰함으로써 얻는다. 이렇게 해서 개별 연구가 *p*-해킹이 일어나는지는 모른다. 다만 전반적인 연구 발표에서 *p*-해킹이 곳곳에 일어나는지 낌새는 채게 도와준다.

실행 방법은 이렇다. 발생 가능한 네 가지 경우에서 발표된 문헌의 *p*-값 분포가 어떤 식일지 먼저 생각해 본다.

1. 실제로는 아무 관계가 없고 *p*-해킹도 일어나지 않았다.
2. 실제로 어떤 관계가 있고 *p*-해킹이 일어나지 않았다.
3. 실제로는 아무 관계가 없는데 *p*-해킹이 일어났다.
4. 실제로 어떤 관계가 있는데 *p*-해킹이 일어났다.

그러면 이제 과학 문헌에 보고된 *p*-값의 실제 분포와 위 네 가지 경우 각각에서 얻을 법한 분포를 비교해서 어떤 경우에 속할 가능성이 제일 높은지 파악한다. 어떤 결과를 얻든 여전히 *p*-검열은 일어난다고 가정한다(따라서 .05보다 높은 *p*-값은 없다). 단지 발표된 결과에 *p*-해킹이 있는지만 파악하려고 한다. 하지만 *p*-검열이 없더라도 이후 얻을 결론은 여전히 참이다.

각 상황의 의미는 그림 7.2를 참고하면 이해하기 쉬운데, 이 그림은 시몬손, 넬슨, 시몬스가 처음으로 *p*-값 분포를 조사해서 *p*-해킹 여부를 판단하는 방법을 제안한 2014년 연구 결과를 각색했다.

1번 경우부터 시작하자. 실제로는 아무 관계가 없고 *p*-해킹도 일어나지 않았다. 실제로 아무 관계가 없다면 귀무 가설이 참이란 뜻이다. 그리고 앞서 논의했듯이 귀무 가설이 참이면 어떤 연구든지 어떤 값의 *p*-값이든 나올 확률이 똑같다. 따라서 *p*-해킹이 일어나지 않는다면 발표된 연구 결과에서 나타난 *p*-값은 거의 고르게 분포해야 한다. 다시 말해 서로 다른 *p*-값이 0부터 .05 사이에서 대략 같은 빈도로 나타나야 한다. 그림 7.2에 밝은 회색 선이 이를 보여 준다.

분포가 고르지 않을 이유가 두 가지 있다. 하나는 실제로 관계가 있기 때문이다. 다른 하나는 p-해킹이 일어나기 때문이다.

이제 2번 경우를 보자. 실제로 어떤 관계가 있고(귀무 가설은 거짓이다) p-해킹이 일어나지 않았다. 실제로는 없는 관계보다 실제로 존재하는 관계를 탐구하면 통계적으로 유의한 관계를 탐지할 가능성이 더 높다. 그래서 실제 관계가 있고 p-해킹이 일어나지 않는 2번 경우에는, 발표된 기록에 나타난 p-값 분포는 낮은 값이 더 많은 쪽으로 기운다고 예상한다. 다시 말해 실제 관계를 탐지한다는 사실을 반영해서 1번 경우보다 2번 경우에 낮은 p-값이 더 많아야 한다. 그래서 낮은 p-값이 많이 분포하면 발표된 문헌이 실제 존재하는 관계를 탐지한다고 볼 만한 증거가 된다. 그림 7.2의 진한 곡선이 이에 해당한다.

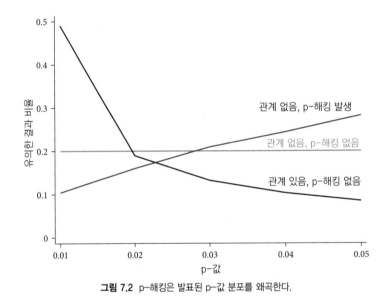

그림 7.2 p-해킹은 발표된 p-값 분포를 왜곡한다.

1번과 분포가 달라지는 또 다른 이유는 p-해킹이다. 이는 3번 경우다. 실제로는 관계가 없지만 p-해킹이 일어난다. 앞서 설명했듯이 실제 관계가 존재하지 않을 때는 p-값이 어떤 값이든 같은 확률로 나타난다. 하지만 여기에 p-해킹이 일어나면 어떤 일이 벌어질까? 어떤 연구자가 .05 미만의 p-값을 얻었다고 해보자. 이 통계적으로 유의한 결과를 그대로 보고할 수도 있다. 반면 그들이 얻은 p-값이 .05에 가깝긴 하지만 그보다는 높다고 가정해 보자. p-해킹의 유혹에 빠진다면 p-값이 .05 미만이 될 때까지 실험 방법, 하위 집단, 기타 등등을 이리저리 바꿔 가면서 시도하고 결국 통계적으로 유의한 결과를 보고할 것이다. 이런 p-해킹의 결과로 보고된 p-값은 .05보다 약간 작은 값투성이일 것이다. 따라서 통계적으로 유의한 결과 중에서도 낮은 p-값이 높은 p-값보다 더 많이 나타나는 2번 경우와 달리, 3번 경우에서는 통계적으로 유의한 결과 중에서 높은 p-값이 낮은 p-값보다 더 많이 보이리라 예상한다. 그림 7.2의 중간 회색 곡선이 이에 해당한다.

4번은 2번과 3번을 결합한 경우다. 실제 관계가 있다면 낮은 p-값으로 분포가 기운다. 동시에 p-해킹도 일어나면 높은 p-값으로도 분포가 기운다. 그래서 이런 경우에는 어떤 일이 생긴다고 예상하기 어렵다. 비록 그렇더라도 1번, 2번, 3번 경우를 구분할 수만 있다면 연구 발표에서 일어난 p-해킹을 진단하는 데 얼마간 진전을 이루게 된다.

슬프게도 많은 학계 발표가 3번 경우와 일치하는 p-값 분포를 보인다. 시몬손, 넬슨, 시몬스는 유수 심리학 학술지에 게재된 논문을 조사해서 p-해킹을 시사하는 경고 신호가 있는지 알아봤다. 그들은 과도한 비교의 조짐이 될 만한 어떤 단어들을 특정했다. 예를 들면 '배제하다'라는 단어를 꼽았는데 "이 변수는(또는 집단은, 또는 산출물은) 원하는 결과가 없어서 분석에서 배제했다" 같은 문장에 쓰인다. 다른 단어는 '변환하다'로 "가설을 뒷받침할 결과가 나올 때까지 나이를 나이 제곱, 나이 세제곱, 나이 네제곱 등등으로 변환했다"와 같이 쓰인다. 그림 7.3의 진한 곡선은 p-해킹의 조짐이 되는 이런 단어들을 쓰지 않은 연구의 p-값 분포를 나타낸다. 다행히도 이들 연구에서는 실제 존재하는 관계를 확인함을 시사하는 낮은 p-값이 많이 나타난다(2번 경우). 그림 7.3에서 밝은 곡선은 p-해킹의 조짐이 되는 단어들을 사용한 연구의 p-값 분포를 나타낸다. 이들 연구에서는 불안하게도 p-해킹을 의심할 구실이 존재한다. 바로 높은 p-값이 더 많다(3번 경우). 이런 분석으로 정확히 어떤 논문에서 p-해킹이 일어나는지는 모르지만, 발표된 문헌에서 p-값의 분포를 살펴보면 이 연구들에 근거한 어떤 과학적 합의가 p-해킹으로 인해 편향될 위험을 얼마나 우려해야 하는지 파악하게 해준다.

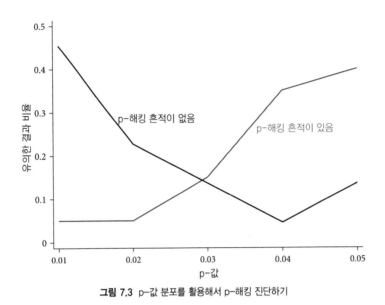

그림 7.3 p-값 분포를 활용해서 p-해킹 진단하기

가능성 있는 해법

출판 편향은 과학 분야에서 은밀히 퍼지는 문제다. 그래서 과학자들도 어떻게 하면 과도한 비교와 부실한 보고 문제를 줄이도록 과학적 관행을 바꿀지 고민하기 시작했다.

유의성 문턱값을 줄여라

어쩌면 p-값의 유의성 문턱값을 더 엄격하게 정하면 출판 편향 문제를 해결할지도 모른다. 전통적인 .05라는 문턱값은 어쩌면 여러 차례 시도해서 통계적으로 유의한 결과를 찾기가 너무 쉬운지도 모른다. 2017년 다양한 분야의 연구자 72명은 『네이처 인간 행동Nature Human Behaviour』에 학술 공동체가 $p < .005$라는 훨씬 낮은 문턱값을 수용하라고 촉구하는 기고문을 발표했다.

한편으로는 유의성 문턱값을 낮추면 과도한 비교로써 통계적으로 유의한 결과를 조작하기 어려워진다. 다른 한편으로는 유의성 문턱값이 낮으면 통계적으로 유의한 결과가 희소해지고 가치가 높아지므로 p-해킹을 저지를 유인이 더 커질 여지도 있다. 심지어 이 문제가 해결됐다고 자만하게 만들어서 사람들이 안심하고 덜 비판적인 사고를 하게 될지도 모른다. 그리고 문턱값이 .005라면 위양성(귀무 가설이 참인데 기각하기)은 줄어들지만 동시에 위음성(귀무 가설이 거짓인데 기각하지 않기)은 늘어난다. 이 맞교환의 균형을 어디쯤 잡을지는 명백하지 않다. 아마도 연구 문제에 따라 다를 것이다.

복수 검정에서 p-값을 조정하라

p-값은 귀무 가설이 참이라는 가정하에 여러분이 얻은 결과 이상 강한 결과를 얻을 확률을 알려 준다. 앞서 봤듯이 연구자들이 과도한 비교와 부실한 보고를 저지르면 p-값은 더이상 이 확률을 반영하지 않는다. 그보다 훨씬 낮다.

시험을 얼마나 많이 수행하는지 안다면 p-값을 정정해 볼 수 있다. 문어 파울의 사례에서 논의했듯이 연구자들이 10번의 독립적인 시험을 수행했지만 가장 낮은 .03만 p-값으로 보고하면 실제 p-값은 $1 - (1 - .03)^{10} \approx .263$에 가깝다. 이렇게 시험 횟수를 반영해서 p-값을 정정하는 방식은 연구 과정이 투명해지고 정량화된 정보의 소비자는 증거의 상태를 더 잘 판단하게 되기에 좋다. 다만 안타깝게도 이 방법도 만병통치약은 아니다. 방금 보여 준 단순한 계산은 모든 시험이 정말로 독립적이어야 제대로 동작한다. 시험이 서로 연관돼 있다면, 예컨대 같은 가설을 같은 데이터로 시험하되 회귀 분석에서 변수를 조금 바꾸거나 대상 집단을 조금 바꿔서 관찰한다면 p-값을 올바르게 조정하는 기준이 훨씬 불분명할 것이다.

통계적 유의성에 너무 집착하지 마라

문턱값인 .05는 임의의 숫자다. 실질적으로 중요한 효과가 통계적으로는 유의하지 않을 때도 있고, 통계적으로 유의한 결과가 실질적으로는 중요하지 않을 때도 있다. 통계적 가설 검정은 불확실성을 계량하는 유용한 도구지만 오용할 여지도 있다. 필요할 때는 p-값을 써야 한다. 하지만 이는 정량적 발견의 신뢰도를 평가하는 궁극적인 방법은 아니다. 계산만 해서 될 일이 아니다. 명확한 사고를 유지해야 한다. 4부에서 어떤 새로운 증거를 접한 뒤에 우리의 믿음을 어떻게 가져가야 하는지 명확히 사고하도록 정량적 증거를 다른 지식과 통합하는 방법을 얘기하겠다.

사전 등록

연구자가 새로운 설문 조사나 실험으로 직접 데이터를 생성하는 경우처럼 적어도 어떤 상황에서는 연구자가 데이터를 보기 전에 미리 자신이 수행할 시험을 사전 약속하기도 한다. 이들은 연구 수행 이전에, 시험하려는 대상과 시험 절차를 정확히 작성해서 발표함으로써 자신들의 연구 내용을 사전 등록한다. 이 방법은 적절한 시험 횟수를 사전 등록하기만 한다면 과도한 비교를 방지한다. 또한 부실한 보고가 일어나기 어렵게 만든다. 어떤 과학 논문이 미리 약속한 10개 시험 중 3개 결과만 포함한다면 사람들이 의심할 것이다. 나아가 과학 학술지 일부는 계획을 사전 등록한 연구 결과만 승낙하려고도 하며, 이는 연구자가 어떤 결과를 얻든지 보고하기로 약속하므로 부실한 보고 문제를 해소하기에 도움이 된다.

사전 등록은 과도한 비교와 부실한 보고 문제를 완화하는 좋은 도구다. 실제 사례를 들여다보면서 이 방법의 장점과 한계점을 느껴 보자.

신약 시험에 사전 등록을 요구하기

과도한 비교와 부실한 보고 문제는 신약의 임상 시험에서 중요하다. 제약 회사는 신약 개발에 엄청난 돈을 투자하기 때문에 개발한 약이 어떤 유형의 사람들에게 어떤 방식으로 효과가 있다는 결과를 얻을 때까지 실험 방법, 대상 집단, 산출물을 바꿔 가면서 시험하려는 유혹에 빠지기 쉽다. 미국 국립 심장폐혈액 연구소 NHLBI, National Heart, Lung, and Blood Institute 는 1970년부터 다양한 신약과 건강 보조 식품의 임상 시험에 자금을 제공해 왔고, 2000년에 이르러 이 문제를 해소하고자 사전 등록을 도입했다. 그들은 신약이나 건강 보조식품 개발회사에게 제품의 목적을 미리 공표하도록 요구했다. 이 새로운 제도하에서, 임상 시험이 성공했다고 선언하려면 연구자들이 사전 등록한 결과에 관해 통계적으로 유의한 효과를 보여야만 한다.

로버트 카플란 Robert Kaplan 과 베로니카 어빈 Veronica Irvin 이 2015년에 수행한 연구는 NHLBI가 사전 등록을 요구한 이후로 임상 시험 성공률이 57퍼센트에서 8퍼센트로 떨어졌다는 점을 보여 준다. 이는 사전 등록을 제도화하기 이전에 '성공한' 임상 시험 중 상당수가 신약이나 보조식품의 실제 효과가 아니라 과도한 비교로 인해 얻은 결과임을 시사한다. 사전 등록이 큰 성과를 보인 셈이다.

다만, 비록 사전 등록으로 과도한 비교와 부실한 보고를 줄이기는 해도 통계적 추론에 따르는 다른 모든 문제는 여전히 조심해야 한다. 사전 등록 시행 이후 얻은 8퍼센트의 성공률을 생각해 보자. 카플란과 어빈은 유의성 문턱값으로 .05를 사용했는데, 이는 설령 신약이나 보조식품이 효과가 없더라도 단지 운에 따라서 효과에 관한 통계적으로 유의한 증거를 얻을 가능성이 5퍼센트라는 뜻이다. 그러므로 성공률이 8퍼센트면 신약이 효과가 없는 상황에서 기대하는 수준보다 그리 높지 않다. 이는 사전 등록된 시험 결과가 성공적이더라도 신약이 효과가 있다고 자신하면 안 된다는 뜻이다. 사전 등록된 시험 결과가 사실은 위양성일 가능성도 8분의 5라고 볼 법하다.

재현

추정 효과가 실제로 유효한지 판별하는 방법 한 가지는 독립적으로 생성한 새 데이터에서 재현하는 것이다. 재현이 완벽하지는 않다. 하지만 초능력 연구 사례에서 봤듯이 추정 효과가 실존하는지 아니면 그저 과도한 비교와 부실한 보고의 산물인지 판단할 증거를 일부 제시할 때도 있다.

비교를 딱 한 번만 하고 유의성 문턱값은 .05를 사용했다고 가정하자. 어떤 관계가 없는 상황에서 통계적으로 유의한 증거를 발견할 가능성은 .05다. 하지만 같은 연구를 서로 독립적인 데이터를 사용해서 2번 수행하면 실제 관계가 없는 상황에서 2번 모두 통계적으로 유의한 증거를 발견할 가능성은 .05 × .05 = .0025다. 3번 수행하면 3번 모두 증거를 발견할 가능성은 $.05^3$ = .000125로 극히 낮다. 실험을 반복하면 가짜 결론에 도달할 가능성을 줄인다. 특히 최초 발견 검증에 이해관계가 없는 서로 무관한 팀이 실험을 반복하면 더 효과적이다.

물론 재현도 만병통치약은 아니며 명확한 사고를 유지해야 한다. 귀무 가설을 기각하지 못한다고 해서 귀무 가설이 참이라고 증명하지는 못한다. 그래서 오직 여러 번 반복한 결과만 믿는다면 특히 희소하거나 잡음이 낀 데이터로 실험을 반복한다면 탐지하기 어려운 효과인 경우 실제 효과를 잘못 기각하는 경우도 생긴다.

재현이 어떤 때는 유효하고 어떤 때는 그렇지 않다. 만약 연구자들이 콜레스테롤 약을 시험하면서 체중 데이터를 모았는데 체중 감소라는 기대하지 않았던 효과를 발견한다면, 새로운 실험 대상을 모집해서 새로운 실험군도 새로운 대조군에 비해서 비슷한 체중 감소를 보이는지 확인할 수 있다. 그러나 20세기의 주지사 선거나 금성의 위성 움직임이나 1차 세계대전 준비 기간의 리더십 전략에 관한 현상을 발견하고자 한다면 표본은 단 하나뿐이다. 데이터를 더 수집할 길이 없다. 이런 경우에는 재현을 문자 그대로보다는 좀 더 개념적으로 생각해야 한다. 이미 발견한 내용을 그대로 재현하는 대신 이런 질문을 던진다. "이 현상이 진짜라면 어떤 다른 가설이 함께 참이어야 하나?" 사례를 하나 보자.

미식축구와 선거

앤서니는 파블로 몽타뉴Pablo Montagnes와 함께 이 접근법을 설명하는 논문을 하나 썼다. 이 논문은 앤드류 힐리Andrew Healy, 닐 말호트라Neil Malhotra, 세실리아 모Cecilia Mo가 『미국 국립 과학원 회보PNAS, Proceedings of the National Academy of Science』에 발표한 대학 미식축구 경기 결과가 선거 결과에 영향을 미친다고 주장한 유명한 연구를 재검토한다. 구체적으로 의원과 주지사 선거를 앞두고 경기에 승리한 팀의 연고지에서는 여당이 선거에서 더 선전한다고 한다. 어떤 사람들은 이런 종류의 발견을 두고 민주주의에 관한 우려를 표한다(우리가 그런 사람들은 아니지만 이 또한 중요한 주제다).

어쨌든 세 사람의 연구는 여러모로 유익하다. 미식축구 승패는 무작위에 가깝기 때문에 편향이 관련될 이유는 별로 없다. 그러나 바로 이런 상황에서 과도한 비교와 부실한 보고가 일으키는 위양성을 우려할 만하다. 예컨대 p-검열 문제는 거의 확실히 일어난다. 유수 과학 학술지에서 대학 미식축구 경기가 선거에 아무런 영향이 없다고 말하는 논문을 게재하려고 하겠는가? 게다가 집권 여당의 승리를 점치는 데 동원된 운동 경기는 많다. 다른 연구 팀도 농구나 컬링 경기의 패배가 선거에 미치는 영향을 연구했지만, 아무런 관계도 못 찾아서 논문 발표도 하지 못했을지도 모른다. 그러므로 발표된 논문 하나가 특정 운동 경기의 패배가 선거 결과와 연관이 있다는 주장을 뒷받침하는 증거를 보인다고 해서 섣불리 결론을 내리면 안 된다.

앤서니와 파블로는 수십 년에 걸친 대학 미식축구와 선거를 반복할 길이 없기 때문에 순수하게 독립적인 재현은 수행하지 못한다. 그 대신 그들은 독립된 이론적 예측, 바로 미식축구 패배가 정말로 선거에 영향을 미친다고 가정할 때 성립하는 또 다른 가설을 떠올렸다. 예를 들어 미식축구 패배가 선거에 영향을 미친다면 이러한 관계는 특히 대학 미식축구에 관심을 많이 쏟는 지역에서 강하게 나타나기를 기대할 것이다. 만약 유권자들이 미식축구 패배로 현역 정치인을 비난한다면 여당에서 새로운 후보가 출마할 때보다 현직자가 재선을 노릴 때 미식축구 패배가 여당에 미치는 여파가 상대적으로 더 클 것이다. 이런 식으로 더 생각해 볼 수 있다. 이처럼 밑바탕에 깔린 기작을 활용하는 가설을 시험하기란 어떤 추정 효과가 실제 존재하는 관계를 반영할 가능성이 높은지 아니면 잡음의 산물인지(위양성인지) 조사하는 한 방법이다.

두 사람이 발견할 법한 사례 몇 가지는 이렇다. 미식축구 경기의 추정 효과는 많은 사람이 대학 미식축구에 열광하는 지역일수록 더 작고, 여당이 새 후보를 낼 때보다 현역이 재선에 출마할 때라고 해서 더 크지는 않으며, 팀 연고지 안팎에서 같은 수준이다. 더욱이 프로 미식축구[NFL]도 대학 미식축구 팀처럼 지역 연고가 있으며 프로 경기는 대학 경기보다 대략 10배는 인기가 있음에도 프로 미식축구 경기 결과가 선거 결과와 관련된다는 증거는 발견하지 못했다.

두 사람은 미식축구와 선거의 관계가 실제로 있다면 성립해야 할 독립된 이론적 예측을 여러 번 시험했지만, 데이터는 그 어떤 예측도 뒷받침하지 않았다. 그들은 이로부터 대학 미식축구 경기가 선거에 영향을 미칠 가능성은 낮다는 결론을 내렸다. 이는 전형적인 재현은 아니다. 하지만 최초 가설의 밑바탕에 깔린 기작에 관련된 또 다른 가설의 증거를 살펴보는 일이, 의외의 결과를 뒷받침하는 증거에 힘을 실어 주는 방식을 보여 준다.

독립적인 재현과 연관된 발상은 홀드아웃[hold-out] 표본인데, 5장에서 과적합을 이야기할 때 논의한 내용이다. 큰 표본 데이터를 확보해서 어떤 관계를 탐구한다고 생각해 보자. 데이터 일부를 무작위로 골라서 탐구에 사용하지 않고 보존하면 좋을 것이다. 예를 들어 관찰값 절반을 무작위로 골라서 탐구용 데이터 집합으로 사용한다. 그러고 나서 흥미로운 관계를 발견하면 이들이 분석에 사용하지 않은 홀드아웃 표본에서도 똑같이 나타나는지 시험해 볼 수 있다. 만약 초기 분석에서 과도한 비교로 인해 위양성이 나타났다면 홀드아웃 표본에서는 같은 관계가 나타날 가능성이 적을 것이다. 반면 실제 현상을 찾았다면 홀드아웃 데이터에서도 같은 현상이 나타나리라 기대해도 좋다.

중요하고 타당한 가설을 검증하라

여러분이 만약 연구 결과가 반대였으면 발표하지 못했을 (귀무 가설을 기각하지 못한) 연구를 읽는다면 과도한 비교와 부실한 보고를 특히 유의해야 한다. 그러나 우리가 본질적으로 신경 쓰는 문제에 답하는 연구가 있다면 그 결과가 무엇이든 간에 과도한 비교와 부실한 보고 문제의 상당 부분이 사라진다. 구체적으로, 결과가 어떻든 간에 발견한 내용을 그대로 발표한다면 p-검열을 덜 걱정해도 되고 연구자가 p-해킹을 시도할 동기가 적다고 생각해도 된다.

다행히 중요한 과학적 질문 상당수는 후자에 속한다. 진지한 이론적 가설을 검증하거나 효과가 있겠다고 기대할 만한 의학 처방을 탐구하거나 실제 정치적 간섭 효과를 평가하는 연구는 결과가 무엇이든 간에 흥미롭다.

반면에 우스워 보이는 수많은 질문과 의외의 대답은 전자에 속한다. 불행히도 이런 연구는 여러 과학 언론 매체가 그냥 지나치지 않는다. 초능력 연구를 생각해 보자. 초능력의 증거가 없다는 논문에는 아무도 관심을 갖지 않을 것이다. 그래서 이때 p-해킹의 동기와 서랍 문제에 관한 우려가 생겨난다. 사례를 들어서 이 점을 설명하겠다.

힘찬 자세

에이미 커디Amy Cuddy, 다나 카니Dana Carney, 앤디 얩Andy Yap의 유명한 연구는 단순한 힘찬 자세를 취하는 효과가 주목할 만하다는 점을 보여 준다고 한다. 그들의 주장은 태도가 행동을 이끄는 경우가 그 반대보다 흔하다는 내용이다. 그리고 자세만 조금 바꿔도 태도가 바뀐다고 한다. 정확히는, 힘차게 보이는 자세를 취하면 자기 확신의 감정을 자극해서 그렇게 행동한다는 얘기다.

이 주장의 과학적 근거는 상당히 논란거리이지만, 지지자들은 계속해서 올바른 자세를 취하면 활력을 느끼고 따라서 테스토스테론testosterone과 코티솔cortisol[2] 분비가 늘어나는 등 생리적 변화도 생긴다고 주장한다. 이 주장이 사실이라고 볼 만한 기존의 과학적 근거는 없다. 그리고 어떤 주요 학술지가 힘찬 자세를 취해도 아무런 효과가 없다는 연구를 게재한다고 상상하

2 　테스토스테론은 남성 호르몬이고 코티솔은 혈압 및 면역체계에 영향을 주는 호르몬이다. – 옮긴이

기는 어렵다. 따라서 독자들은 처음부터 회의적으로 바라볼 수밖에 없다. 그럼에도 이 연구는 발견 내용이 재밌고 의외인 데다 긍정적이어서 엄청난 주목을 받았다. 유수 과학 학술지에 게재되고 주요 언론에 소개됐으며, 커디는 오늘날 유명한 TED Talk에도 초청받았다.

놀라운 일도 아니지만 그 연구 결과는 틀렸다고 판명 났다. 연구를 재현하려고 여러 번 시도했지만 비슷한 효과를 발견하지 못했다. 그리고 저자 중 하나인 다나 카니는 결국 자신들의 발견이 p-해킹의 결과임을 보여 주는 여러 증거를 제시하면서 연구 결과를 부정했다.

학문 너머로

지금까지는 학계에서 과도한 비교와 부실한 보고가 심각한 문제를 일으키는 과정을 들여다봤다. 하지만 문어 파울의 이야기가 보여 주듯이 이 문제는 그보다 더 널리 퍼졌다. 여러분은 아마 자신도 모르는 사이에 이런 문제를 늘 마주칠 것이다.

누군가 여러분에게 물건을 판다고 상상해 보자. 자동차, 금융 상품, 아니면 데이팅 앱 가입일지도 모른다. 판매원은 이렇게 말할 것이다. "이 차는 구매 후 5년 뒤에 고객 만족도가 1위입니다!" 멋지게 들린다. 하지만 여러분은 판매원이 이 차가 만족도 1위라고 말하기까지 얼마나 다양한 만족도 기준을 살펴봤을지도 생각해 봐야 한다. 고객 만족도 외에도 신뢰도, 수리 이력, 안전성, 수명, 연비, 중고차 가격도 살펴보지 않았을까? 또한 구매 후 1년 뒤, 2년 뒤, 3년 뒤 등등의 만족도도 살펴보지 않았을까? 실제로 그렇다면 한참을 비교해서 그 차가 제일 돋보이는 부분만 여러분에게 말하는 셈이다. 이는 그 차의 품질을 추정하는 편향 없는 방법이 아니다. 판매원이 p-해킹과 같은 행동을 하는 셈이다.

이와 비슷하게 재무 상담가가 이렇게 말할지도 모른다. "이 뮤추얼 펀드는 지난 8년 중 7년간 S&P 500 지수보다 성과가 좋습니다." 역시 멋지게 들린다. 하지만 다우존스 지수나 더 넓은 시장 지수와 비교하면 어떤가? 지난 9년간, 10년간, 15년간은 어땠는가? 상담가가 지난 8년간의 S&P 지수와 비교하는 이유가 자연스러운 비교이기 때문인가? 아니면 판매하는 뮤추얼 펀드 성과가 가장 드러나는 비교이기 때문인가?

정식으로 가설 검정이나 통계적 유의성을 따질 때만 과도한 비교와 부실한 보고 문제를 고려할 것이 아니라 일반적인 상황에서도 명확하게 고려해야 한다. 어떤 정보를 받더라도 이 특정한 비교가 자연스럽고 바로 머릿속에 떠오르는 비교인지 자문해야 한다. 만약 그렇지 않다면 잠시 멈춰서 또 다른 타당한 비교가 얼마나 많이 있는지 숙고하고, 그중에서 화자가 들고 나온 비교가 선택될 가능성을 생각해 봐야 한다.

이런 문제가 사실 어디든 상주한다는 사실을 인식하는 차원에서, 마지막으로 과도한 비교와 부실한 보고가 본말을 전도하는 또 다른 방식을 보여 주는 일화, 바로 슈퍼스타 찾기를 소개하겠다.

슈퍼스타

사람들은 성공한 사람들을 우러러보고 탐구하고 싶어한다. 이런 행동이 잘못된 추론을 이끌어 내는 이유 하나는 이미 살펴봤다. 상관관계는 변이가 있어야 한다. 성급하게 슈퍼스타를 존경하고 탐구하지 말아야 하는 또 다른 이유는 이들에게 특별한 점이 없고 단지 운이 좋았기 때문일지도 모르기 때문이다.

빌 밀러^{Bill Miller}는 대학에서 경제학을 전공했고 군 정보 기관에서 일했으며 잠시 철학 박사 과정에 몸담았다가 철강과 시멘트 제조사의 회계사로도 일한 다음, 1981년 31세의 나이로 레그 메이슨 캐피탈 매니지먼트^{Legg Mason Capital Management}의 연구 책임자가 됐다. 그는 확실히 전도유망한 똑똑한 친구였다. 이듬해 그는 레그 메이슨 밸류 신탁^{Legg Mason Value Trust} 뮤추얼 펀드를 운용하기 시작했다. 첫 십여 년간은 펀드 수익률이 시장 수익률을 조금 하회하는 정도로 평범했다. 그러나 그는 결국 크게 한 건 했는데, 1990년대 후반과 2000년대 초반에 걸쳐 큰 이익을 봤다. 동료 투자자와 기자들은 레그 메이슨 밸류 신탁이 2006년까지 15년간 시장 수익률을 웃돌았다는 사실을 알아챘는데, 이는 유례없는 기록이어서 빌 밀러는 금융 업계 스타덤에서도 상위권에 오르게 됐다.

당연히 모두 밀러의 비법을 알고 싶어했다. 그는 어떻게 성공한 투자자가 됐을까? 놀랍겠지만, 그는 틈새 산업에 관한 비결이나 기술적 거래 알고리듬을 개발해서 성공을 거두지 않았다. 그의 펀드는 구글, 아마존, 이베이, J.P. 모건, 애트나^{Aetna}처럼 이미 잘 알려진 소수의 기업에 주로 투자했다. 그는 2006년 투자자에게 쓴 편지에서 투자 철학을 설명할 때 단순히 '최고 가치'를 본다고만 썼다. 그는 나아가 수많은 경쟁자와 그의 펀드의 차이점도 추측했다. "우리는 비싸 보이는 주식이 진짜로 비싼지 적극적으로 분석하는 부분에서 많은 가치 투자자와 다릅니다. 대부분은 진짜로 비싸지만 그렇지 않은 주식도 있죠."

그는 대수롭지 않게 이야기한다. "평가절하된 회사에 투자할 뿐이죠." 그러나 빌 밀러가 천재 투자자라고 결론짓기 전에 그가 문어 파울처럼 그저 운이 좋았을 가능성도 고려해 보자.

금융계에는 효율적 시장 가설이라는 개념이 있다. 어떤 펀드나 투자 전략도 장기적으로 일관되게 시장을 이기지 못한다는 내용이다.[3] 풀어서 말하면 이런 논리다. 어떤 천재 투자자가 시장을 앞서는 투자 전략을 들고 나오면 다른 투자자들이 그 전략을 흉내낼 것이다. 그러면 이 전략으로 거래하는 자산 가격이 변한다. 이 전략으로 시장 수익률을 웃돌지 못할 때까지 이런 일이 반복된다. 예를 들어 어떤 회사의 주가가 그 회사의 가치에 관한 알려진 모든 정보를 완벽하게 반영하는 상황은 수많은 사람이 최선의 가용 정보에 기반해서 거래를 하는 거대한 시장에서 일어날 법한데, 내부 정보 없이는 주가 등락을 체계적으로 예측할 방법이 전혀 없다.

만약 효율적 시장 가설이 맞다면 밀러와 다른 펀드 매니저들과 주식 투자자들은 동전 던지기와 다를 바 없는 일을 하는 셈이다. 그리고 충분히 많은 사람이 동전을 던지면 그중 몇몇은 우연히 오래도록 연달아 앞면만 나올 것이라는 점도 안다. 따라서 밀러가 정말로 천재인지 확인하려면 그가 앞면만 계속 나온 행운아일 가능성을 질문해야 한다.

시작하면서, 시장을 이기는 일이 공정한 동전을 던져서 앞면이 나오는 일과 같다고 상상하자. 이것이 우리의 귀무 가설이다. 그러면 이제 질문을 던져 보면, 귀무 가설이 참이면 누군가 15번 연속으로 앞면이 나올 가능성이 얼마인가?

어떤 투자자가 15년 동안 매년 우연히 시장을 이길 가능성은 매우 낮다. 어떤 투자자가 한 해에 운으로 시장을 이길 확률은 $\frac{1}{2}$이다. 두 해 연속 운으로 시장을 이길 확률은 $\frac{1}{2} \times \frac{1}{2}$이다. 이 논리를 확장하면, 15년 연속 운으로 시장을 이길 확률은 $\frac{1}{2}^{15}$, 또는 약 3만분의 1이다. 따라서 밀러는 어쩌면 진짜 천재일지도 모른다. 그가 그저 동전을 던졌다면 그 정도로 성공을 거둘 가능성은 3만분의 1에 불과하다. 하지만 어쩌면 천재가 아닐지도 모른다. 몇 가지 명확하게 짚고 넘어가자.

---

3   '시장을 이긴다'는 표현은 시장 전체의 평균 수익률을 웃도는 성과를 거둔다는 뜻이다. – 옮긴이

투자자는 무수히 많고, 그중 누군가가 15년 연속으로 시장을 이긴다면 밀러처럼 유명해지겠고, 우리는 밀러 대신 그 사람을 언급할 것이다. 따라서 적합한 질문은 빌 밀러라는 특정 펀드 매니저 한 사람이 15년 연속 운으로 시장을 이길 가능성을 묻는 게 아니다. 펀드 매니저 누군가가 15년 연속 운으로 시장을 이길 가능성을 물어야 적합한 질문이다.

이는 문어 파울 사례에서 나타난 출판 편향 문제와 같음을 인지하자. 출판 편향이 일어나면 수많은 연구 중에서 통계적으로 유의한 결과를 얻은 몇 가지만 접한다. 파울의 사례에서는 여러 동물 가운데 축구 경기 결과를 여러 번 맞힌 한 마리에 관한 소문만 들었다. 그리고 이와 비슷하게, 오랫동안 시장을 이긴 극소수의 투자자에 관한 소문만 듣는다. 세 가지 경우 모두, 우리가 접한 연구와 동물과 투자자만 고려하면 그들의 성공에 어떤 실제 원인이 있을 가능성을 과대평가하게 된다.

매년 적어도 24,000개의 전문 펀드가 존재하고 아마도 시장 수익률을 웃돈 펀드는 계속 운용을 할 것이다. 그러므로 (귀무 가설로서) 펀드매니저도 24,000명이 있고 이들 누구도 특별한 능력은 없다고 가정하자. 이 말은 그들 각각이 어느 해 시장을 이길 가능성이 50대50이라는 뜻이다. 따라서 그들 중 하나가 15년 연속으로 시장을 이길 가능성이란 24,000명이 공정한 동전을 던져서 누군가 15번 연속으로 앞면이 나올 가능성과 같다.

문어 파울의 사례와 같은 방식으로 계산하면 그 답은 약 .52 또는 2분의 1이다.[4] 특정 투자자 1명이 그저 운이 좋아서 15년 연속으로 시장을 이길 가능성은 아주 낮다. 하지만 활동 중인 수천 명의 투자자를 고려하면, 이들 모두 특별한 능력 없이 그저 동전 던지기로 펀드를 운용한대도 한 사람은 15년 연속 시장을 이길 가능성이 아무도 그러지 못할 가능성보다는 높다.

밀러의 15년 연속 기록이 아무 해부터나 시작했더라도 똑같이 인상깊게 보였을 것이라는 점을 고려하면, 이러한 계산은 그의 평판에 더 불리해 보인다. 모든 펀드와 가능한 모든 15년 구간을 감안하면 누군가 어느 시점부터 그저 우연히 같은 기록을 세울 가능성이 매우 높아진다. 이 계산과 효율적 시장 가설을 결합하면 누군가 시장을 이길 비법을 안다고 주장해도

---

4 투자자 1명이 15년 연속으로 잘 할 확률은 $.5^{15}$이다. 투자자 1명이 15년 연속으로 잘 하지는 못할 확률은 $1 - .5^{15}$이다. 그리고 24,000명 누구도 15년 연속으로 잘 하지 못할 확률은 $(1 - .5^{15})^{24,000}$이다. 그러므로 적어도 1명은 15년 연속으로 잘 할 확률은 $1 - ((1 - .5^{15})^{24,000})$이며, 그 값은 약 .52다.

회의적으로 바라볼 수밖에 없다. 수많은 펀드와 운용자가 있으면 반드시 특출난 기록을 세우는 누군가가 나온다는 뜻이다. 그리고 우리는 그 특출난 인물의 소문을 접한다. 그러므로 투자 관리자에게 여러분의 자금을 몽땅 맡기기 전에, 같은 돈을 문어 파울의 경기 예측에도 걸 의향이 있는지 자문해야 한다. 문어에게 걸 자신이 없다면 수수료가 싼 지수 추종 펀드를 고려해 보자.

빌 밀러는 2000년대 중반 언론 기사를 수놓은 뒤 어떻게 됐을까? 기록은 2006년에 중단됐다. 그의 펀드는 2008년 금융위기를 거치면서 55퍼센트 손실을 입었고 그 후 몇 년간 더 시장 수익률에 육박하긴 했지만, 결국 그는 2012년 자리에서 물러났다. 그가 레그 메이슨 밸류 신탁을 관리한 총 30년을 돌아보면 실제로는 시장 수익률을 하회했다. 맙소사, 그는 역사적인 기록을 세운 덕분에 여전히 케이블 뉴스에 등장해서 시장 상황과 유망한 주식을 거만한 말투로 설명한다. 2017년 그의 새 펀드인 밀러 오퍼튜니티 신탁^{Miller Opportunity Trust}은 다시 한 번 놀라운 수익을 거둬서 뉴스를 장식했다. 비결이 무엇일까? 세계에서 가장 가치가 높은 애플사에 크게 걸었다.

정리

과도한 비교와 부실한 보고는 부도덕한 연구자의 행동(p-해킹)이나 순전히 정직한 연구자들의 모임(p-검열)에서 일어난다. 어느 쪽이든 출판 편향을 유발하는데, 이는 통계적으로 유의한 발견만 발표하려는 경향으로 인해서, 발표된 결과가 일관되게 잘못된 결론을 유도하는 현상이다. 과도한 비교와 부실한 보고 문제를 없애는 단순한 해법은 없다. 그러나 우리가 이를 명확히 이해하고 나면 언제 이 문제가 일어날 여지가 있는지 감을 잡고, 적어도 문제를 완화할 방책을 세울 수 있다.

8장에서는 잡음의 존재가 만들어 내는 또 다른 도전 과제, 바로 평균으로의 회귀를 다룬다. 일단 평균으로의 회귀를 명확히 이해하면 이 현상이 과도한 비교와 부실한 보고와 결합했을 때 정말 곤혹스러운 현상, 바로 과학적 추정치가 시간이 흐르며 줄어드는 경향을 잘 설명함을 볼 것이다.

핵심 용어

- **출판 편향**: 통계적으로 유의한 결과만 발표하는 경향으로 인해 발표된 결과가 일관되게 과대추정하는 현상.
- *p*-**해킹**: 실험을 수행하거나 비교를 하거나 통계적 모델을 설정하는 다양한 방법을 탐색해서 통계적으로 유의한 결과를 내는 방법을 찾아내고, 그런 결과만 보고하는 행동.
- *p*-**검열**: 연구자 공동체가 표준 연구 발표 절차를 통해서 문턱값을 넘는 *p*-값을 얻은 연구는 배제함으로써 출판 편향이 일어나도록 만드는 과정.

연습 문제

7.1 6장에서 본 피트의 룰렛 바퀴로 돌아가 보자. 7장에서 배운 내용을 바탕으로 그때 답했던 조언이나 결론을 수정할 의향이 있는가?

7.2 2020년 4월 말, 미국 국립 보건원^{National Institutes of Health}은 렘데시비르로 COVID-19을 치료하는 연구 결과를 발표했다. COVID-19 환자 일부는 무작위로 렘데시비르 처방을 받았다. 다른 환자들은 위약을 받았다. 연구 결과 렘데시비르 처방 후 퇴원까지 걸리는 회복 기간을 줄인다는 통계적으로 유의한 증거를 발견했다. 이 연구는 이중맹검법^{double blind}으로 수행했다(환자와 의사 모두 누가 진짜 약을 받고 누가 위약을 받았는지 모른다). 연구 대상은 상당히 컸다(환자 수백 명). 그리고 투약은 무작위로 이뤄졌다.

(a) 7장에서 배운 내용을 바탕으로 렘데시비르 효과를 확신할 정도를 파악하는 데 도움이 될 두 가지 추가 정보를 들어 보라.

(b) 알고 보니 이 연구는 사전 등록을 거쳤다. 사전 등록한 연구 계획에는 과학자들이 측정할 28가지 산출 대상이 정해져 있다. 이 사실을 알고 나서 연구의 발견 내용이 실제 효과를 나타내는지 여부에 관한 여러분의 믿음은 어떻게 바뀌었는가? 왜 그런가?

(c) 사전 등록 계획은 또한 주요 관심 산출물로 한 가지 산출 결과를 특정했다. 주요 관심 산출물은 앞서 소개한 내용이다. 환자가 퇴원하기까지 얼마나 시간이 걸리는가다. 이 사실이 직전 질문에 대한 답에 영향을 주는가? 왜 주거나 주지 않는가?

(d) 그런데 잠깐, 마지막 반전이 있다. 사전 등록 계획은 사실 연구 도중 변경됐다. 알고 보니 입원 기간은 2020년 4월 16일에 계획을 변경하기 전까지는 주요 관심 산출물 목록에 없었다. 이전에는 주요 관심 산출물은 환자의 중증도를 8단계로 측정한 점수였다. 2020년 4월 2일자 계획에는 이 내용이 반영됐다. 연구자들은 성명서를 통해 주요 관심 산출물을 변경하기 전에 연구 결과 데이터를 접하지 않았다고 해명했다. 일련의 사실이 연구 결과에 관한 여러분의 관점에 어떻게 영향을 주는지 반추해 보라.

7.3 웹사이트(press.princeton.edu/thinking-clearly)에 접속해서 VoterSurveyData2016.csv 파일과 이 파일의 데이터에 있는 변수를 기술한 README.txt 파일을 다운로드하라. 도널드 트럼프가 정치인이 되기 전부터 그를 알았다면, 이 점이 2016년 미국 대통령 선거의 투표에 영향을 미쳤는지 파악하려 한다고 생각해 보자. 트럼프를 이미 알았는지 여부는 그가 출연한 텔레비전 쇼인 〈어프렌티스The Apprentice〉를 시청했는지, 또 그가 단역으로 출연한 〈나 홀로 집에 2〉를 시청했는지 설문 조사한 결과로 대신한다.

(a) 데이터를 활용해서 트럼프를 미리 알았으면 2016년 미국 대선의 투표 행동에 영향을 미쳤음을 시사하는 흥미롭고 통계적으로 유의한 관계를 적어도 세 가지 찾아라. 통계적으로 유의한 관계를 찾기 어렵다면 시험해 볼 만한 모든 다양한 대상을 생각해 보라. 〈어프렌티스〉와 〈나 홀로 집에 2〉 각각의 시청 여부 또는 둘 다 트럼프 사전 인지의 척도로 사용해도 된다. 트럼프 지지, 힐러리 클린턴 지지, 또는 2016년 투표율 중 무엇이든지 관심 산출 대상으로 사용해도 된다. 데이터 일부만 떼서 유권자 하위 집단(여성, 흑인, 남부 지방, 부유층, 젊은 세대 등등)을 자세히 살펴봐도 된다.

(b) 통계적으로 유의한 관계 세 가지를 찾으면 이들을 실질적 관점에서 해석하고 무슨 의미가 있는지 생각해 보라. 미국의 선거 행동 양식에 관한 흥미로운 교훈을 얻었는가?

(c) 여러분이 분석한 데이터는 2016 의회 선거 협동 연구Cooperative Congressional Election Study에서 실제 설문 조사를 수행한 데이터의 일부다. 우리는 이 데이터에서 무작위로 응답자 1,000명을 고르고 설문 응답 항목 일부를 여러분에게 제공했다. 그런데 설문 응답자에게 〈어프렌티스〉나 〈나 홀로 집에 2〉를 시청했는지 질문했다는 말은

거짓이다. 우리가 허위로 만든 변수다(거짓말을 사과하며, 앞으로 다시는 거짓말하지 않겠다). 게다가 변수의 값은 순전히 임의로 만들어 냈다. 그럼에도 여러분이 이 변수들과 투표 행동 사이에서 어떤 관계를 발견했던 이유를 설명해 보라. 추가로 응답자 1,000명의 데이터를 사용하고, 여기서도 시청 데이터는 임의로 생성한다고 해도 앞서 발견한 관계가 여전히 유지되겠는가?

7.4 최근 발표된 학계 연구 중에서 과도한 비교와 부실한 보고가 우려되는 연구를 하나 찾아보라. 어떤 점이 우려되는지 설명해 보라. 데이터를 더 모으는 일 말고, 논문 저자가 여러분의 우려를 해소하거나 완화하고자 할 수 있는 일이 있을까? 저자가 더 공개했으면 하는 정보가 있는가? 그들이 더 분석했으면 하는 내용이 있을까?

읽을거리

p-해킹에 관해 더 알고 싶다면 다음 논문들을 읽어 보라.

Joseph P. Simmons, Leif D. Nelson, and Uri Simonsohn. 2011. "False-Positive Psychology: Undisclosed Flexibility in Data Collection and Analysis Allows Presenting Anything as Significant." Psychological Science 22(11):1359–66.

Uri Simonsohn, Joseph P. Simmons, and Leif D. Nelson. 2014. "P-Curve: A Key to the File-Drawer." Journal of Experimental Psychology 143(2):534–47.

초능력 연구와 이를 재현하는 데 실패한 실험을 알고 싶다면 다음 논문들을 읽어 보라.

Daryl J. Bem. 2011. "Feeling the Future: Experimental Evidence for Anomalous Retroactive Influence on Cognition and Affect." Journal of Personality and Social Psychology 100(3):407–25.

Jeff Galak, Robyn A. LeBoeuf, Leif D. Nelson, and Joseph P. Simmons. 2012. "Correcting the Past: Failures to Replicate Psi." Journal of Personality and Social Psychology 130(6):933–48.

투표 독려 활동 연구에서 일어난 p-검열을 더 알고 싶다면 다음 논문을 읽어 보라.

Donald P. Green, Mary C. McGrath, and Peter M. Aronow. 2013. "Field Experiments and the Study of Voter Turnout." Journal of Elections, Public Opinion and Parties 23(1): 27–48.

다음은 통계적 유의성의 문턱값을 낮추자는 연구자 27명이 쓴 보고서다.

Benjamin, Daniel J., et al. 2017. "Redefine Statistical Significance." Nature Human Behavior 2:6−10.

NHLBI가 사전 등록 제도를 도입하기 전후로 기대 효과를 발견하지 못한 연구의 빈도 변화는 다음 내용을 참고하라.

Robert M. Kaplan and Veronica L. Irvin. 2015. "Likelihood of Null Effects of Large NHLBI Clinical Trials Has Increased over Time." PLoS One 10(8).

대학 미식축구 경기 결과가 선거에 영향을 미치는지 여부에 관해서 더 읽고 싶으면 다음 문헌을 읽어 보라.

Andrew J. Healy, Neil Malhotra, and Cecilia Hyunjung Mo. 2010. "Irrelevant Events Affect Voters' Evaluations of Government Performance." Proceedings of the National Academy of Sciences 107(29):12804−09.

Anthony Fowler and B. Pablo Montagnes. 2015. "College Football, Elections, and False-Positive Results in Observational Research." Proceedings of the National Academy of Sciences 112(45):13800−04.

앤드류 젤만^Andrew Gelman의 블로그에는 힘찬 자세와 관한 전체 내용을 잘 논의한 글이 있는데, 출판 편향과 관련된 주제도 자주 다룬다. https://statmodeling.stat.columbia.edu/2017/10/18/beyond−power−pose−using−replication−failures−better−understanding−data−collection−analysis−better−science/.

힘찬 자세의 최초 연구와 첫 번째 재현 시도는 다음과 같다.

Dana R. Carney, Amy J. C. Cuddy, and Andy J. Yap. 2010. "Power Posing: Brief Nonverbal Displays Affect Neuroendocrine Levels and Risk Tolerance." Psychological Science 21(10):1363−68.

Eva Ranehill, Anna Dreber, Magnus Johannesson, Susanne Leiberg, Sunhae Sul, and Roberto A. Weber. 2015. "Assessing the Robustness of Power Posing: No Effect on Hormones and Risk Tolerance in a Large Sample of Men and Women." Psychological Science 26(5):653−56.

다나 카니가 자신의 연구 결과를 부정한 내용은 다음 사이트(http://faculty.haas.berkeley.edu/dana_carney/pdf_my%20position%20on%20power%20poses.pdf)에서 찾을 수 있다.

연습 문제 2번에서 언급한 렘데시비르 연구의 사전 등록 계획 변경에 관한 전체 이야기를 알고 싶다면 다음 사이트(https://clinicaltrials.gov/ct2/history/NCT04280705)를 찾아보라.

08

평균으로의 회귀

8장에서 다루는 내용

- 많은 현상이 평균으로 회귀하는 경향이 있으며, 이는 극적인 관찰값 뒤에는 종종 덜 극적인 관찰값이 따라옴을 뜻한다.
- 이 현상은 신호(실제로 존재하는 무엇)와 잡음으로 이뤄지는 사실상 모든 산출물에서 일어난다.
- 평균으로의 회귀를 명확히 이해하지 못하면 주어진 증거를 잘못 해석하기 쉽다.
- 선거 결과 투영이나 주가처럼 미래에 대한 우리의 믿음을 반영하는 대상에는 평균으로의 회귀를 기대하면 안 된다.

들어가며

대표 등식이 강조하듯이 세상에는 잡음이 있고 대부분의 정량적 측정은 우리가 측정하려는 대상과 잡음이 함께 반영된다. 이는 세상을 탐구하고 이해하는 방법에 여러 가지 시사점을 준다.

잡음이 낀 세상에서 생기는 일 중 가장 흔하면서도 이해가 부족한 현상이 평균으로의 회귀다. 대략적으로 말하면, 어떤 측정 결과가 크거나 작으면 대체로 그 뒤에 (또한 그보다 먼저) 측정한 결과는 좀 더 평균에 가깝다.

평균으로의 회귀는 비록 양적 추론과 데이터 분석 서적의 일반 주제는 아니지만, 어디에나 일어나는 현상이라서 이를 제대로 이해하지 못하면 정량화된 정보로 잘못된 결론을 이끌어 내기 쉽다. 그래서 이 주제에 시간을 들이는 일이 중요하다고 생각한다.

진실이 흐릿해진다?

7장에서 새로운 의외의 과학적 발견을 접할 때 과도한 비교와 부실한 보고를 우려해서 회의적으로 바라봐야 한다고 이야기했다. 그리고 그런 발견이 처음 보고되면 으레 던지는 첫 질문은 '결과가 재현되는가?'다. 다시 말해, 원래 연구와 비슷하게 설계된 독립적인 새 연구를 수행해서 비슷한 효과를 발견하겠는가? 이런 질문은 확고한 직감에서 나온다. 보고된 결과가 실제 존재하는 현상이 아니라 우연한 변덕을 반영하지 않을까 하는 우려 때문에 우리는 새로운 발견을 인정하기 전에 여러 연구에서도 같은 결과를 보고 싶어한다. 그리고 실제로 여러 연구자가 후속 연구에서 최초의 과장된 결과를 재현하지 못하곤 한다. 사실 어떤 분야에서는 이런 일이 비일비재해서 사람들은 과학적 조사 전반에 걸쳐 신뢰를 훼손하는 '재현성 위기replication crisis'를 이야기하기 시작했다.

캘리포니아 대학교 산타바바라 캠퍼스UC Santa Barbara의 유명한 심리학자 조나단 스쿨러Jonathan Schooler는 자신이 수행한 영향력 높은 일부 연구에서도 재현성 위기 패턴을 발견했다. 흥미롭게도 스쿨러가 추정한 효과는 재현하면 완전히 사라지는 일은 별로 없지만, 일관되게 작아졌다. 그는 주변 동료에게 물어보고 그들도 같은 현상, 즉 최초 발견보다 재현한 결과의 효과가 작음을 경험했다는 사실을 알았다.

이 패턴에 대한 한 가지 설명은, 일단 연구를 마치고 피실험자들이 그 결과를 인지한 다음에는 다르게 행동한다는 것이다. 피실험자가 자신들이 연구 대상이었다는 사실을 알게 되면서 행동을 바꾸는 이런 현상은 '호손 효과Hawthorne effect'라고 부르기도 한다.[1] 또는 '요구 효과demand effect'라고도 부르는데, 피실험자가 실험자의 의도를 알아채고 기분을 맞춰 주고자 다르게 행동하는 상황을 가리킨다.

---

1   재미있는 사실: 호손 효과라는 용어는 시카고 외곽의 호손 웍스 공장에서 근무 조건과 생산성의 관계를 연구한 데에서 왔다. 그런데 나중에 알려진 바로는 데이터 분석이 엉망이었다. 경제학자인 스티븐 레빗(Steven Levitt)과 존 리스트(John List)는 원본 데이터를 재분석해서, 최초 연구자들에게 호손 효과처럼 보인 현상은 피실험자들이 연구에 관해 알고 나서 행동을 바꿨기 때문이 아니라 요일 차이와 같은 다른 요인으로 발생했을 가능성이 더 높다는 점을 밝혔다.

스쿨러와 동료들은 새에 관한 연구에서도 같은 패턴을 발견했는데, 새들은 뭘 연구하는지도 모르고 연구자 기분에 맞출 이유도 없을 터라 일찍이 호손 효과 및 다른 비슷한 설명들은 배제했다. 그러면 효과가 사라지는 특이한 패턴을 설명할 또 다른 요인은 무엇일까?

스쿨러는 (아마도 농담삼아) 이 현상에 '우주의 습관화cosmic habituation'라는 이름을 붙였다. 그는 우주에 어떤 미지의 힘이 작용해서 연구를 수행할 때마다 효과를 줄이는 게 아닌지 궁금해했다. 그가 제시한 비유 하나는 인간 감각의 둔화다. 무언가 여러분의 팔을 건드리면 확실히 알아챈다. 하지만 시간이 흐르면서 익숙해지면 닿는 느낌이 점점 줄어든다. 어쩌면 우주도 이와 같을지 모른다. 어떤 현상을 처음 관찰할 때는 신속한 효과가 있다. 하지만 시간이 흐르면서 우주가 우리의 연구에 익숙해지면 관찰하는 효과가 점점 줄어든다. 다른 말로 과학자들은 연구를 수행할 때마다 현실 세계를 바꿔 나간다.

스쿨러의 우주의 습관화 이론은 언론의 대단한 주목을 받았고, 유명 라디오 쇼이자 팟캐스트인 라디오 랩Radio Lab의 한 에피소드와 『뉴요커New Yorker』에 '진실이 흐릿해진다'라는 기사로도 소개됐다. 그런데 스쿨러의 새로운 우주의 힘 가설을 따라가기 전에 좀 더 명확하게 생각하면 효과가 줄어드는 수수께끼를 좀 덜 신비한 설명으로 풀 수 있을지 알아보자.

프랜시스 골턴과 평범함으로의 회귀

앞서 5장에서 설명했듯이 프랜시스 골턴도 1860년대에 이와 비슷한 기이한 발견을 했다. 그는 부모와 자식의 몸집 크기에 관한 데이터를 모았다. 사람의 키가 대상이었다. 그는 또한 식물에서도 부모와 자식 스위트피[2]의 씨앗 크기 데이터를 모았다.

골턴은 이렇게 모은 데이터를 부모의 크기를 가로축에 놓고 자식의 크기를 세로축에 놓고 산점도를 그렸다. 그런 다음 데이터를 가로지르는 회귀선을 그렸다. 그림 8.1에 그가 (성별에 따라 조정한) 부모의 키와 자식의 키를 그린 도표 하나가 보인다.

---

2   콩과의 한해살이풀 – 옮긴이

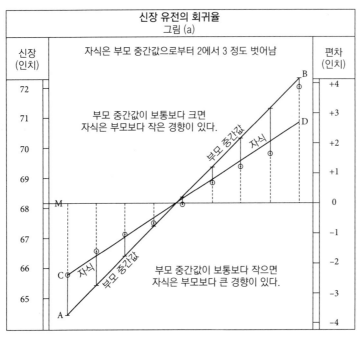

그림 8.1 평균으로의 회귀를 묘사한 골턴의 도표를 재현함

골턴은 원래 회귀선이 45도선이 될 것이라고 예상했다. 다시 말해 절편이 0이고 기울기가 1이다. 이런 예상은 타당해 보인다. 자식이 평균적으로 부모와 키가 같다면(물론 성별에 따른 조정 하에) 그럴 것이다.

하지만 뚜껑을 열어 보니 사람에게나 스위트피에게나 이 예상이 틀렸다. 골턴의 도표를 보자. 그림 8.1에서 45도선은 '부모 중간값'이라는 이름이 붙었다. 이 구절은 골턴이 아이의 부모 키를 재서 여성과 남성 키를 같은 척도로 조정한 다음 평균을 구했음을 가리킨다. (이름이 안 붙은) 가로축은 부모의 키에 해당한다. 그러면 부모의 키를 따라가는 선은 45도가 돼야 한다. '자식'이라고 이름 붙은 선은 x값을 부모 키로 y값을 자식 키로 해서 데이터를 가로지르는 회귀선이다.

그림 8.1에서 보듯이 골턴의 회귀 결과는 양수의 절편을 보이며, 가로축(부모의 키)을 따라 가장 작은 값의 위치에서 회귀선은 45도선보다 위쪽에 있다. 그리고 회귀선 기울기는 양수지만 확실히 1보다는 작다. 회귀선은 45도선보다 천천히 올라간다.

이 회귀는 부모의 키와 자식의 키 사이에 어떤 관계를 암시하나? 기울기가 양수라는 사실은 평균적으로 부모가 크면 자식도 큼을 뜻한다. 그림 8.1에서 보듯이 y절편이 양수라는 사실은 특히 키가 작은 부모의 자식들은 부모보다 키가 큰 경향이 있다는 뜻이다. 가로축 왼쪽에는 (부모가 작은 쪽) 회귀선이 45도선 위에 놓인다. 그러나 기울기가 1보다 작기 때문에 회귀선은 45도선보다 천천히 올라간다. 그리고 두 선은 중간에서 교차한다. 가로축 오른쪽에는 (부모가 큰 쪽) 회귀선이 45도선보다 아래에 놓인다. 특히 큰 부모의 자식은 부모보다 작은 경향이 있다.

5장에서도 언급했지만, 골턴은 이 현상을 '평범함으로의 회귀'라고 불렀다. 오늘날 우리가 데이터에 선을 맞추는 작업을 회귀라고 부르는 이유도 그의 단어 선택 때문이다. 또한 누군가는 (8장의 주제인) 평균을 향해 되돌아가는 현상을 '평균으로의 회귀regression to the mean'라고 부르는 이유이기도 하다. 이 책에서는 후자의 개념을 다른 일반 용어인 '평균으로의 회귀reversion to the mean' 또는 '평균 회귀mean reversion'라고 부르겠다.[3]

골턴이 발견한 내용은 우주의 습관화와 비슷해 보인다. 어쩌면 우주의 어떤 보이지 않는 힘이 가족 내의 키를 평균에 가깝게 누르는지도 모른다. 키 큰 부모나 커다란 스위트피 씨앗을 보고는 자손들은 더 작게 만듦으로써 질서를 유지하려는지도 모른다. 아니면 골턴이 부모의 키나 스위트피 씨앗의 지름을 잴 때 무슨 수를 써서 자손을 작게 만들었을지도 모른다. 골턴도 예상외의 발견에 놀랐을 것이다. 하지만 그는 성급하게 초자연적 결론으로 건너뛰지는 않았다.

마침내 골턴은 무슨 일이 벌어지는지 이해했다. 크기는 여러 요소로 정해진다. 골턴의 사고를 되도록 명확하고 단순하게 볼 요량으로 스위트피 씨앗만 고려하자. 그리고 스위트피 씨앗 크기는 단 두 가지 요소, 즉 (1) 부모로부터 물려받은 유전자 (2) 생육 과정에서 받는 직사광선의 양에 영향을 받는다고 상상해 보자. 다른 조건이 같다면 크기를 크게 만드는 유전자로 인해 씨앗은 커진다. 또한 다른 조건이 같다면 햇볕을 많이 쬘수록 씨앗은 커진다.

이 단순한 모델로 씨앗이 특별히 크거나 특별히 작은 결과가 어떻게 나타나는지 생각해 보자. 굉장히 큰 스위트피 씨앗을 발견했다고 하자. 이 씨앗은 부모에게서 크기가 커지는 유전자를 물려받았기 때문에 크게 자랄 가능성이 있다. 또한 유난히 일조량이 풍부한 해에 자라서 씨앗이 그렇게 큰지도 모른다. 어쩌면 둘 다 해당할 수도 있다. 씨앗 하나가 굉장히 크다

---

3   영문 용어는 regression이 아니지만 국문으로는 회귀로 통용된다.

면 두 가지 요소, 즉 크게 만드는 유전자와 충분한 햇볕이 모두 우호적으로 작용했을 가능성이 높다.

그러면 이 굉장히 큰 씨앗을 심어서 열매를 맺는다면 어떤 일이 생긴다고 예상해야 할까? 평균보다 크기가 큰 유전자를 넘겨줄 것이다. 하지만 거의 확실하게 자식의 씨앗은 부모만큼 풍부한 햇볕을 누리지는 못할 것이다. 평균적으로 평균 수준의 일조량을 받고 자랄 것이다. 그 결과 자식은 물려받은 유전자 덕분에 평균 크기보다는 크겠다. 하지만 유달리 햇볕을 많이 받는 행운을 누린 부모만큼 커지지는 못할 것이다. 아주 작은 씨앗의 자식에게도 같은 원리가 작동한다. 크기가 작은 유전자를 물려받는다. 하지만 부모보다는 햇볕을 많이 쬘 가능성이 높고, 따라서 부모보다 클 가능성도 높다.

그러므로 이 단순한 모델이 맞다면 우리도 골턴과 같은 패턴을 관찰할 것이다. 큰 식물은 큰 자식을 갖기 마련이다(회귀선 기울기는 양이다). 그러나 크기는 평균을 향해 회귀하므로 굉장히 작은 부모는 평균보다는 작되 그들 자신보다는 큰 자식을, 굉장히 큰 부모는 평균보다는 크되 그들 자신보다는 작은 자식을 갖는 경향이 있다(회귀선 기울기는 1보다 작다).

물론 씨앗 크기를 정하는 요소는 이보다는 더 복잡하다. 유전자와 햇볕 외에도 여러 요소가 영향을 미친다. 그래도 이 예시는 핵심을 지적한다. 만약 크기가 일부는 부모에서 자식으로 체계적으로 전달되는 유전자로, 일부는 세대간 상관관계가 없는 (햇볕 같은) 임의의 요소로 결정된다면 평균으로의 회귀가 일어나기를 기대할 만하다. 그리고 골턴의 도표에서 본 대로 사람의 키도 마찬가지다.

좀 더 일반적으로, 일부는 (신호라고 부르기도 하는) 체계적 요소의 함수로 정해지고 일부는 (잡음이라고 부르기도 하는) 임의의 요소로 정해지는 어떤 결과라도 평균으로의 회귀가 나타날 것이다. 반복된 관찰 결과가 있고, 관찰마다 그 결과가 체계적인 신호(유전자 등)와 임의의 잡음(햇볕 등)의 결합을 반영한다고 상상해 보자. 극단적인 결과는 대개 신호와 잡음 양쪽 모두가 극단적일 때 나타난다. 다른 시행에서 신호는 같은 값을 유지하는 반면 잡음은 새로운 임의의 값을 취한다. 그리고 잡음의 기댓값은 평균일 것이다. 그러므로 한 시행에서 극단적인 값이 나타나면 다른 시행에서는 평균을 향해 돌아가리라 기대한다.

현실의 다양한 현상은 이런 신호와 잡음 구조를 가진다. 그래서 평균으로의 회귀도 자주 튀어나온다. 그러므로 어떤 증거에 관해 명확히 사고하려면 평균으로의 회귀를 예상하고 감안해야만 한다. 뒤따라올 내용에서는 먼저 평균으로의 회귀의 본질을 좀 더 깊이 탐구해서 정확히 어떻게 작용하는지 제대로 이해하고자 한다. 그런 다음 다양한 실제 사례를 들어서 평균으로의 회귀가 언제 나타나고 나타나지 않을지 이해하고자 한다.

평균으로의 회귀는 중력이 아니다

평균으로의 회귀에 관한 흔한 오해 하나는 이 현상이 만유인력과 비슷하다는 생각이다. 즉 이 세상은 아웃라이어로 가득하고 시간이 흐르면서 필연적으로 평균을 향해 끌어당겨진다는 얘기다. 이 생각은 틀렸다.

여러분이 평균으로의 회귀를 제대로 이해하는지 확인하는 차원에서 다음 질문에 답해 보자.

1. 존^{John} 2세는 유난히 키가 크다. 존 2세의 아들 존 3세는 아마도
   (a) 존 2세보다 키가 작다?
   (b) 존 2세와 키가 같다?
   (c) 존 2세보다 키가 크다?

2. 존 2세는 유난히 키가 크다. 존 2세의 아버지 존 1세는 아마도
   (a) 존 2세보다 키가 작다?
   (b) 존 2세와 키가 같다?
   (c) 존 2세보다 키가 크다?

정답을 알려 주기 전에 두 질문 모두 같은 답을 해야 한다는 점을 알아 두자. 그 이유를 꼭 알아야 한다.

많은 사람에게 있어서 일단 평균으로의 회귀를 배우고 나면 1번 질문은 꽤 직관적이다. 존 3세는 아마도 존 2세보다 키가 작을 것이다. 존 2세는 특별히 키가 크다. 그는 아마도 키가 큰 유전자(신호)를 가졌겠다. 그리고 특이한 일(잡음)이 생겨서 더욱 크게 성장했을 것이다. 그의 아들인 존 3세는 키가 큰 유전자를 물려받을 가능성이 높다. 하지만 추측하건대 다른 특이한 요소는 평균에 가까울 것이다. 이는 골턴이 설명한 평균으로의 회귀 논리다.

하지만 경험상 2번 질문은 좀 더 까다롭다. 여러분은 아마도 이렇게 추론할지도 모른다. 존 2세는 굉장히 키가 크다. 그리고 평균으로의 회귀가 일어난다. 그러므로 아마도 존 2세의 키는 그의 아버지보다 평균에 더 가까울 것이다. 평균으로의 회귀를 파고들어가면 존 2세가 그

렇게 크려면 그의 아버지는 거의 거인이어야 한다. 따라서 1번 질문의 답은 (a)이고 2번 질문의 답은 (c)라고 추론할 만하다.

여러분이 같은 생각을 했더라도 괜찮다. 이 주장도 나름 일리가 있다. 그러나 이는 틀렸으며 왜 틀렸는지 알아야 한다. 1번과 2번 질문 모두 정답은 (a)다. 존 2세의 아버지 키를 추측하는 논리는 존 2세의 아들 키를 추측하는 논리와 같다. 바로 평균으로의 회귀다. 어떻게 이런 결과가 나오는지 한 번 더 설명하겠다.

신호와 잡음으로 이뤄지는 어떤 산출물을 관찰했는데 놀랄 정도로 큰 값이라고 가정하자(물론 놀랄 정도로 작은 값인 경우도 마찬가지다). 이번에는 신호는 처음과 같지만 독립적으로 발생하는 새로운 잡음이 있는 산출물도 관찰한다고 가정하자. 첫 번째 관찰 결과가 매우 크다면 아마도 신호와 잡음 모두 크기 때문이겠다. 새로운 관찰값도 신호는 크지만 잡음이 처음보다는 작을 가능성이 높다. 따라서 새로운 관찰값은 아마도 더 작을 것이다.

중요한 점은, 이 설명에서 어떤 결과가 시간상 먼저 정해졌는지 한마디도 하지 않았다는 점이다. 단지 우리가 관찰한 순서만 이야기했다. 평균으로의 회귀는 시간이 흐르면서 평균으로 끌어당기는 중력 같은 힘이 아니다. 평균으로의 회귀에 있어서 어떤 사건이 시간상 먼저 오는지는 중요하지 않다. 그러므로 존 2세가 매우 크고 그의 아들도 같은 신호(유전자)를 가졌지만 독립적인 잡음이 있다면 아들은 아마도 존 2세보다는 작을 것이다. 또한 존 2세가 매우 크고 그의 아버지도 같은 신호(유전자)를 가졌지만 독립적인 잡음이 있다면 아버지 역시 아마도 존 2세보다는 작을 것이다.

이런 상황을 현실에서 보기 가장 쉬운 곳은 운동 경기 데이터로서 같은 선수가 같은 시도를 반복하는 경우를 관찰할 때다. 데이터에서 시간상 앞뒤로 평균으로의 회귀가 나타나는 모습을 보게 된다.

그림 8.2는 2019년 US 여자 오픈 골프 토너먼트의 첫 두 라운드 점수를 나타낸 산점도다. 가로축은 한 선수의 1라운드 점수이고 세로축은 같은 선수의 2라운드 점수다. 무엇이 보이는가?

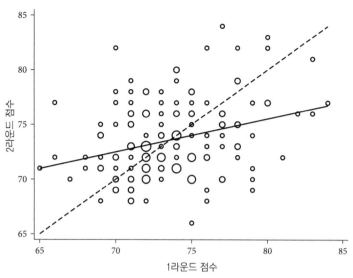

그림 8.2 2019년 US 여자 오픈 골프 토너먼트의 점수. 여러 선수가 같은 점수를 받은 경우에는 원의 크기를 선수 수에 따라 크게 그렸다. 45도선은 점선, 최소제곱법 회귀선은 실선으로 표시했다.

평균적으로 두 라운드 점수 사이에 양의 상관관계가 나타난다. 회귀선 기울기가 위쪽을 향한다. 1라운드에서 잘한 선수(골프에서는 낮은 점수일수록 잘한다)가 2라운드에서도 잘하는 편이다. 어떤 선수는 다른 선수보다 더 뛰어나니까(이것이 신호다) 이는 말이 된다. 하지만 회귀선 기울기는 1보다는 훨씬 작다. 회귀선은 45도선보다 완만하다. 어떤 선수가 1라운드에서 평균보다 못한 점수를 얻었다면 2라운드에서는 1라운드보다 좀 더 잘하는 편이다. 또한 1라운드에서 평균보다 잘한 선수는 2라운드에서 1라운드보다는 못하는 편이다. 이는 골턴이 발견한 부모자식 키의 패턴이나 스위트피 부모자식의 씨앗 크기 패턴과 똑같다. 그리고 확실히 말하는데, 이것들은 우리 주장에 맞게 일부러 고른 사례가 아니다. 아무 골프 토너먼트에서나 같은 패턴을 보게 됨은 거의 확실하다.

골프 해설자가 이 데이터를 본다면 점수 변화를 설명하는 이야기를 풀어놓을 것이다. 아마도 첫 라운드에서 빼어난 성적을 거둔 선수가 압박감에 지고 말았고, 그들은 위축됐다. 이로써 2라운드의 부진을 설명한다. 그리고 첫 라운드에서 부진한 선수는 연습을 더 해야 한다거나 전략을 바꿔야 한다거나 더 집중해야 한다고 각성했을 것이다. 따라서 점수가 나아진다.

있을 법한 얘기다. 하지만 단지 평균으로의 회귀가 일어났을지도 모른다. 골프 점수란 기술(신호)과 행운(잡음) 두 가지 요소의 함수다. 어떤 라운드에서 최고 점수를 올린 선수는 아마도 평균적인 참가 선수보다 실력이 뛰어날 것이다. 하지만 동시에 행운도 따랐을 것이다. 이를테면 홀컵 가장자리를 맴돌았을 퍼팅 몇 개가 운 좋게 들어가다든가, 잘못 친 몇 타가 운 좋게 튀어서 어려움을 벗어나는 식이다. 이 선수는 다른 라운드에서도 여전히 평균보다 뛰어난 선수이므로 평균 점수보다 좋은 성적을 거두리라 기대한다. 그러나 같은 행운을 누리지는 못하고, 아마도 그 특별한 라운드만큼 좋은 점수는 얻지 못할 것이다.

방금 설명한 내용은 어떤 라운드를 먼저 놓더라도 성립한다는 점을 알아 두자. 왜냐하면 평균으로의 회귀는 시간이 흐르면 평균으로 끌어당기는 중력과 같은 힘이 아니기 때문이다. 이 점을 인지하면 해설자의 설명과 평균으로의 회귀 중 어느 쪽이 진실에 가까운지 확인할 수 있다.

2라운드에서 특히 좋은 점수를 올린 선수가 있다고 하자. 이 선수는 1라운드에서 2라운드보다 더 잘했을까 못했을까? 그 의미를 제대로 이해하기 전에는, 평균으로의 회귀가 발생하므로 1라운드에서는 정말 잘해야 평균으로의 회귀가 발생해도 2라운드에서도 잘한다고 생각할 것이다. 하지만 이제는 그 의미를 더 잘 이해한다.

평균 회귀는 시간과 아무 관련이 없다. 매 라운드의 점수는 신호와 잡음의 조합이다. 한 선수가 어떤 라운드에서 굉장히 잘했다면, 그보다 앞이건 뒤건 다른 라운드에서는 (신호는 같지만 잡음이 달라서) 그보다는 못하겠다고 예상한다. 그리고 한 선수가 어떤 라운드에서 굉장히 못했다면 그보다 앞이건 뒤건 다른 라운드에서는 좀 더 잘하겠다고 예상한다.

그림 8.3은 앞의 그림 8.2와 같지만 가로축과 세로축이 뒤바뀌어서 가로축이 2라운드, 세로축이 1라운드를 나타낸다. 전반적인 양상은 거의 같다. 2라운드에서 굉장히 좋은 점수를 얻은 사람은 1라운드에서도 평균보다는 낫지만 2라운드보다는 못하다. 존 2세와 존 1세의 경우와 마찬가지로 평균 회귀는 시간을 따라서도, 시간을 거슬러서도 작용한다.

두 가지 그래프를 모두 살펴보면 어째서 해설자의 설명이 맞을 여지가 별로 없는지가 드러난다. 2라운드에서 좋은 점수를 올린 선수가 부담감을 느끼고, 이 부담감이 시간을 거슬러 올라가서 1라운드 점수를 나쁘게 만들 길은 없다. 시간 흐름을 따르든 거스르든 똑같은 양상을 본다. 이는 평균 회귀로 설명해야 한다.

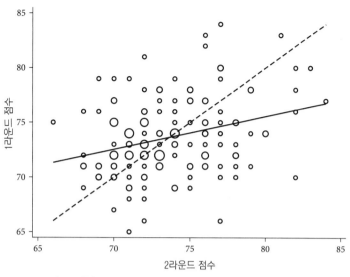

그림 8.3 축을 바꿔서 그린 2019년 US 여자 오픈 골프 토너먼트 점수

도움 구하기

뭔가 예상치 못하게 잘못돼(예컨대 갑자기 아프거나 시험을 망친 경우) 도움을 구하는 상황에서 평균 회귀는 명확한 사고에 특히 방해가 될 위험이 있다. 왜 그럴까?

뭔가 예상치 못하게 잘못됐다는 말은 아마도 오랜 경험을 통해서 일이 어떻게 풀릴지 기대한 바가 있다는 뜻이고 그 기대가 나쁜 방향으로 빗나갔다는 뜻이다. 우리가 기대한 바는 신호를 반영한다고 생각할 수도 있다. 그리고 그 기대가 어긋난 일은 잡음을 반영할지도 모른다.

두 가지 구체적인 상황을 들어서 생각해 보자.

여러분이 비교적 건강한 사람이라고 하자. 여러분은 자신의 건강이 근본적인 신호를 반영한다고 생각할 것이다. 기본적으로 건강한 사람도 감기나 허리 통증이나 그 밖의 무언가처럼 사람의 건강 상태에 있어서 근본적인 변화는 아니지만 별난 이유로 인해 몸 상태가 안 좋을 때가 이따금 있다. 그리고 건강한 사람 대부분 특별히 기운이 넘치고 몸 상태가 좋은 날도 있다. 그래서 여러분이 상쾌한 기분을 느끼는 날은 잡음이 거의 없이 진짜 신호를 나타낸다고 생각할 만하다. 몸이 아픈 날은 잡음이 특히 부정적이라고 볼 수 있겠다. 세계 정복이라도 할 듯한 기분이 드는 날은 잡음도 특히 긍정적인 셈이다.

아니면 학교를 예로 드는 편이 여러분에게 더 와닿을지도 모르겠다. 여러분이 어떤 분야에서 얼마나 잘하는지 나타내는 근본적인 학업 능력이 있다. 이는 여러분의 진짜 신호다. 그런데 어떤 날은 아는 문제가 많이 나와서 또는 전날 잠을 푹 자서 시험을 평소보다 더 잘 친다. 또 어떤 날은 모르는 문제가 많이 나오거나 전날 잠을 설쳐서 평소보다 시험을 못 친다. 이런 별난 요소들은 잡음을 구성한다.

그런데 이것들이 평균 회귀와 대체 무슨 관계가 있는 걸까? 이렇게 자문해 보자. 앞의 사람은 어떤 날에 도수 치료를 받으러 갈 가능성이 높을까? 아마도 아침에 일어나서 허리 통증이 심한 날, 즉 잡음이 특히 부정적인 날이겠다. 어떤 학생이 시험 준비 서비스를 찾아볼까? 아마도 중요한 평가 시험에서 자기 실력보다 못 봤다고 생각한 학생이겠다. 이 말이 사실이라면 평균 회귀가 시사하는 바는, 도수 치료나 시험 준비 전략이 실제로 도움이 안 된다고 하더라도 이런 도움을 받은 사람들이 개선 효과를 보게 된다는 점이다. 그리고 이 사람들이 평균 회귀를 명확히 이해하지 못한다면 도수 치료나 시험 준비 서비스에 공을 돌릴 가능성이 높다. 평균 회귀는 괜찮은 사업 모델이 될 가능성이 있다.

이런 종류의 문제는 어디든 있다. 이미 1장에서 깨진 유리창 치안 방법을 논의할 때 이런 사례를 봤다. 뉴욕시에서 경찰이 새로운 전략을 시행할 때 범죄율이 가장 높은 관할구를 대상으로 해서 전략 변경 후 이들 관할구에서 범죄율이 내려가는 현상을 발견한 사실을 되새기자. 그러나 이는 깨진 유리창 전략이 전혀 효과가 없다고 하더라도 평균 회귀로써 예상할 만한 결과다. 정책이 어떻게 바뀌든 최악의 관할구는 점점 나아질 것이고 최고의 관할구는 점점 나빠질 것이다. 이러한 평균 회귀 효과로 인해 범죄율이 최악인 관할구에 적용한 치안 정책은 실제로는 효과가 없더라도 순진한 관찰자에게는 효과가 있는 것처럼 보이겠다.

그리고 사실 평균 회귀는 1장의 다른 사례에도 도사리고 있다. 소아과 의사가 에단의 아들이 저체중이라서 글루텐-프리 식단을 시도하도록 권고했던 이야기를 기억하는지? 글루텐-프리 식단을 가져가서 체중 백분위가 올라가면, 이는 글루텐 불내성의 증거가 될 것이라는 발상이다. 하지만 평균 회귀를 고려하면 에이브의 체중 백분위는 아무 조치 없이도 올라간다고 예상해야 한다. 다달이 재는 아기의 체중은 신호(건강 상태, 유전자 등)와 잡음(임의의 환경적 요소, 성장 궤도상의 특이점 등)이 함께 작용하는 함수다. 한 아이가 어떤 달에 지극히 낮은 체중을 보였다면 아마도 그 달의 잡음이 지극히 낮았을 것이다. 시간이 흐르면 잡음이 좀 더 평균에 가깝고 따라서 체중 백분위도 올라가야 한다. 이 결과만으로 어떤 행동 변화(글루텐-프리 식단 등)가 체중 증가의 원인이라고 해석하면 안 된다.

일단 명확히 이해하고 나면 모든 종류의 개입이나 처방이 실제로는 효과가 없어도 있는 것처럼 보인다는 점을 알게 된다. 사람들은 보통 최악의 상황에서 도움을 구한다. 어떤 개입 없이도 평균 회귀로 인해 상황은 호전되리라. 이런 일이 정말 일어나는지 과학자들이 실제로 조사한 아주 놀라운 사례 하나를 살펴보자.

무릎 수술이 효과가 있나?

값비싼 의료 처방 중에는 최고의 결과가 깨진 유리창 치안 방식이나 대학 입학 시험 준비 사례와 크게 다를 바 없는 경우도 많다. 예를 들어 다양한 외과 수술의 효과를 검증할 무작위 시험은 없다. 어떤 환자가 관절통이 생겨서 의사를 찾아갔다고 하자. 의사는 수술을 권한다. 회복이 끝날 때쯤 환자는 상태가 호전됐다고 말한다. 의사는 수술이 효과가 있다고 믿을 근거를 제공하는 온갖 신체 역학과 생리학 지식을 가졌을 것이다. 하지만 평균 회귀가 작용했을 가능성도 조금은 염두에 둬야 한다. 즉 많은 환자는 수술 없이도 상당한 증세 호전을 경험했을 것이란 얘기다.

실제로 연구자들이 무작위 시험을 수행해서 일반적인 수술이 기대한 만큼의 효과를 주지 못하는 경우를 발견하기도 한다. 예를 들어 2002년에 있었던 무릎 골관절염을 치료하는 관절경 수술에 관한 연구에서, 연구진은 흔히 행하는 수술이 무릎 통증 개선에 가시적인 효과가 없다는 사실을 밝혔다. 환자들은 수술 후 2주가 경과한 뒤 무릎 통증이 완화됐다고 얘기했지만, 다른 피실험자들은 수술을 받는다는 설명만 듣고 실제로는 피부 절개만 했는데도 같은 수준의 무릎 통증 완화를 경험했다. 그렇다. 의사들이 어떤 환자에게는 수술 흉내만 냈지만 그 환자들도 실제 수술을 받은 환자만큼 상태가 호전됐다. 어째서 모든 환자가 호전됐을까? 어쩌면 상태가 정말 심각할 때만 무릎에 칼을 대기 때문에 이런 환자 대부분이 수술 없이도 몇 주 지나면 상태가 나아지는 걸지도 모른다.

평균 회귀, 위약 효과, 우주의 습관화

방금 사례를 통해서, 평균 회귀를 명확히 이해하지 못하면 의료 처방을 비롯한 어떤 유형의 개입이 결과 개선에 실제로 작용했다고 잘못 해석할 위험이 높아진다는 사실을 알았다. 하지만 더 나아가서 평균 회귀는 신중한 과학 연구를 수행할 때도 문제를 일으킬 수 있다. 어떻게 이런 일이 생기는지 두 가지 상황을 들어서 살펴보자. 먼저 이미 많이 논의한 '위약 효과 placebo effect'를 살펴보겠다. 그다음 8장 초반에 언급한 우주의 습관화를 다시 살펴보자.

위약 효과

의학 분야에서 이른바 '위약 효과'만큼 자주 인용된 현상이 없다. 많은 사람은 치료를 받고 있다는 믿음이, 치료 자체의 직접적인 효과와 무관하게 어떤 방식으로 신체의 자가 회복 능력을 활성화한다고 추측한다. 이런 이유로 의학 연구자는 신약의 효과와 위약 처방 효과를 신중하게 비교한다. 이들은 치료를 받는다는 믿음 덕분에 회복하는 가능성을 재고 싶어 한다. 그래서 위약이나 가짜 수술을 동원하고, 피실험자는 실제 처방을 받는지 아닌지 모르게 한다.

의학 연구자나 그 밖의 사람들은 어째서 위약 효과가 있다고 생각할까? 한 가지 증거는 의료 시도 자체에서 온다. 이런 실험에서 실험군은 약을 받고 대조군은 위약을 받는다. 그리고 두 집단 모두 호전되는 경우가 흔히 일어난다. 대조군이 호전되는 현상은 위약 효과의 증거가 된다.

하지만 여러분은 이제 이런 위약 효과의 증거가 확실하지 않다는 점을 안다. 대조군(실험군도 마찬가지)에 속한 사람들은 상태가 나쁘기 때문에 의료 연구에 참가한다. 어쩌면 이들은 아무 처방 없이도 상태가 나아질지 모른다. 마음이 신체를 회복시키기 때문만은 아닐지도 모른다. 단순한 평균 회귀일 여지도 있다.

위약 효과를 제대로 시험하려면 위약을 받는 집단과 아무런 처방을 받지 않은 집단으로 피실험자를 나눠야 한다(물론 진짜 약을 받는 집단도 있겠다. 지금은 이 논의를 시작한 이유만 생각하자). 위약 효과와 무처방 효과를 명시적으로 비교한 연구는 거의 없다. 실제로 비교한 연구에서는 대체로 위약 효과 증거를 못 찾았다. 게다가 위약 효과 증거를 발견한 연구들도 대체로 순전히 주관적인 결과를 다뤘다. 사람들은 위약을 복용한 뒤 객관적으로는 호전되지 않았음에도 상태가 나아졌다고 느꼈을 여지도 있다.

일례로 2011년 하버드 의과대학 연구팀은 『뉴잉글랜드 의학지』에 천식 환자를 대상으로 실제 처방, 위약 처방, 무처방 효과를 비교한 논문을 발표했다. 흥미롭게도 실제 처방(알부테롤[4] 흡입기)과 위약 처방(가짜 흡입기나 침술) 모두 환자가 느끼는 상태는 호전됐다. 그러나 피실험자의 폐활량을 실제로 측정해 보니 실제 처방만이 효과가 있었다. 위약 처방은 아무런 처방을 하지 않을 때와 다를 바가 없었다. 그러므로 위약 효과의 증거란 마음이 실체에 영향을 주는 증거이기보다 마음이 마음에 영향을 주는 증거인 셈이다.

정리하면, 일단 평균 회귀를 명확히 이해하고 나면 의학에서 위약 효과의 강력한 증거가 별로 없음을 알게 된다. 그럼에도 거의 모든 사람이 위약 효과를 믿는 이유는 평균 회귀 효과를 잘 인식하지 못하거나 제대로 해석하지 못하기 때문이다. 최고로 훌륭한 의학 연구자 몇몇도 이를 혼동한다. 비타민 C가 건강에 매우 도움이 된다는 믿음은 증거가 거의 없음에도 불구하고 널리 퍼졌다(정확히는 소량의 비타민 C는 괴혈병 방지에 필수이지만, 선진국 국민 대부분은 자연스럽게 비타민 C를 섭취하며, 이들이 비타민 C를 더 섭취하면 이롭다는 증거는 거의 없다). 이 널리 퍼진 미신의 중요한 원천은 세계적으로 유명한 화학자이자 두 번이나 노벨상을 수상한 라이너스 폴링Linus Pauling인데, 그는 비타민 C의 이점을 강력히 옹호했다. 어떤 이들이 주장하기를, 폴링은 비타민 C가 효과가 거의 없다는 사실을 알았지만 위약 효과를 믿었기 때문에 사람들에게 비타민 C 보충제나 오렌지 주스가 회복을 돕는다고 말하는 일이 신체의 자가 치유를 비롯한 위약 효과를 일으키는 값싸고 쉬운 방법이라고 생각했다고 한다.

우주의 습관화 해설

여러분이 특별한 주의를 기울이면 8장에 나온 신호와 잡음에 관한 설명과 우리의 대표 등식 사이의 연결고리를 알아챘을 것이다. 대표 등식은 데이터로부터 추정한 값은 세 가지 요소, 바로 실제 추정 대상, 편향, 잡음으로 구성됨을 나타낸다는 점을 되새기자.

$$추정치 = 추정 대상 + 편향 + 잡음$$

---

4   기관지 경련 완화제 – 옮긴이

편향이 없도록 잘 설계해서 어떤 추정 대상을 파악하는 연구를 상상해 보자. 이 연구에서 얻은 추정치는 실제 추정 대상과 표본 변이 등으로 생긴 잡음만으로 이뤄질 것이다. 한 가지 현상을 대상으로 하는 서로 다른 연구에서 실제 추정 대상은 같은 값을 유지한다. 그러나 연구마다 결과로 얻은 추정치는 잡음 때문에 다를 수밖에 없다. 그러므로 한 가지 현상에 관한 여러 연구를 떠올려볼 때 실제 추정 대상이 신호라고 생각할 수 있다. 그리고 잡음은 뭐, 원래 잡음이라고 생각할 수 있다.

이런 점을 감안하면 같은 현상에 관한 연구를 반복하면 평균 회귀가 나타나기를 기대할 수밖에 없다. 맨 처음 연구에서 특별히 큰 관계를 발견했다면 현실의 실제 관계도 크고 표본 변이가 양의 방향으로 잡음을 일으켰을 가능성이 높다. 그다음 연구에서는 추정치가 작아진다고 기대할 만한데, 실제 관계(즉 추정 대상)는 그대로 크겠지만 표본 변이로 인한 잡음은 처음만큼 크지 않을 가능성이 높기 때문이다.

이 점을 염두에 두고 다시 우주의 습관화로 돌아와서, 어째서 우주가 지구의 과학자들의 활동에 익숙해진다는 신비한 힘으로 이 개념을 잘 설명하지 못하는지 알아보자.

신비한 힘의 작용이 아니라면 어째서 실험을 재현할 때 추정 효과가 줄어들까? 평균 회귀가 일부 답변을 준다. 하지만 온전한 해답은 아니다. 우주의 습관화에서 어떤 일이 벌어지는지 제대로 이해하려면 새로 배운 평균 회귀와 7장에서 논의한 출판 편향을 결합해야 한다. 왜 그런지 알아보자.

몇몇 과학자가 어떤 현상, 예컨대 조나단 스쿨러의 관심사 중 하나였던, 사람들이 생각할 시간을 가진다면 더 나은 의사결정을 할지 여부에 관한 질문을 각각 독자적으로 연구한다고 상상해 보자. 각자 연구를 수행한다. 누군가는 사람들이 생각할 시간을 가지면 엄청나게 나쁜 결정을 내린다는 결과를 얻었다. 또 다른 누군가는 생각할 시간을 가진 사람들이 조금 나쁜 결정을 내린다는 결과를 얻었다. 세 번째 연구는 아무런 관계가 없다는 결과를 얻었다. 네 번째 연구는 생각할 시간을 가진 사람들이 조금 나은 결정을 내린다는 결과를 얻었다. 여러 연구에서 활용한 표본 크기를 감안할 때 엄청나게 나쁘거나 좋다는 결과만 통계적으로 유의하다.

어째서 이렇게 추정치가 다를까? 아마도 생각할 시간이 의사결정에 미치는 진짜 영향이 있을 것이다. 이는 대표 등식에서 추정 대상에 해당한다. 또한 여러 연구에서 모두 나타나는 신호라고 간주해도 좋다. 그러나 각 연구마다 별난 요소가 다양하게 발생해서 관찰한 결과(추정치)에 영향을 미치는 잡음이 된다. 예를 들면 어떤 실험에서는 우연히, 생각할 시간을 가진 사람들이 시간이 없었던 사람들보다 원체 의사결정이 형편없는지도 모른다. 이런 부정적인 잡음이 발생하면 연구 결과로 매우 부정적인 효과를 발견한다. 다른 연구에서는 시간이 있던 사람들이 시간이 없던 사람들보다 본래부터 의사결정이 조금 더 괜찮을지도 모른다. 이런 긍정적인 잡음이 있으면 연구 결과로 생각할 시간과 의사결정 사이에 좀 더 좋은 관계를 얻는다. 이처럼 연구 결과는 신호와 잡음으로 이뤄진다. 그러므로 재현 연구에서도 평균 회귀가 일어나리라 예상한다.

이제는 이런 연구 결과 중에서 어떤 것이 재현될 가능성이 높은지 생각해 보자. 앞서 논의한 p-검열과 출판 편향으로부터 추정하면, 이들 연구 중 하나만이 최초 연구자나 학술 공동체가 독립적인 재현이라고 인정할 만하며, 이는 바로 생각할 시간과 의사결정 수준 사이에 매우 크고 통계적으로 유의한 부정적인 관계를 발견한 연구다. 이 연구는 다른 연구와 두 가지 차별점이 있다. 첫째, 통계적으로 유의한 결과를 발견했고 덕분에 발표될 가능성이 높다. 둘째, 발견 내용이 매우 놀랍다. 생각을 더 하면 오히려 나쁜 의사결정을 한다고 누가 예상했겠는가?

실제로 이런 일이 벌어졌다고 상상해 보자. 효과가 크고 놀라운 발견이 발표된다. 이를 발견한 연구는 잘 설계됐기 때문에 사람들은 이 결과가 아마도 진실이겠다고 받아들인다. 하지만 중요한 발견이므로 과학자들은 이를 재현하고자 한다. 이들이 어떤 발견을 할 것 같은가? 글쎄, 방금 살펴본 대로라면 추정한 효과의 크기가 유난히 클 때 발견한 결과를 발표하고 재현을 시도한다(결과가 놀랍기도 하고 통계적 유의성 문턱값을 통과할 가능성도 높으니까). 그러나 특별히 큰 추정치는 아마도 신호와 잡음 모두 크기 때문일 것이라는 사실도 안다. 그래서 평균 회귀가 일어나면 같은 연구를 재현했을 때 추정 효과의 크기가 더 작겠다고 예상한다(발표하지 못한 나머지 세 연구에서 얻은 결과처럼). 즉 출판 편향과 평균 회귀가 함께 작용하면 우주의 습관화를 목도하기 마련이다!

우주의 습관화와 유전학

그림 8.4는 출판 편향과 평균 회귀로 인해 생겨난 우주의 습관화 현상을 잘 나타낸 그림이다. 이 그림은 특정 유전자와 특정 질병 사이의 연결고리를 뒷받침하는 증거가 변해 가는 양상을 묘사한다. 각 곡선은 저마다 다른 유전자—질병 연결 가설을 나타낸다. 각 데이터 점은 각 시점에서 얻어낸 모든 정보를 감안해서 추정한 관계의 부호와 크기를 보여 준다. 이 그래프에서 세로축의 값 1은 유전자와 질병 사이에 아무런 상관관계가 없음을 나타내는 증거를 뜻한다. 1보다 작은 값은 유전자와 질병 사이에 음의 상관관계를 나타내는 증거를 뜻한다. 1보다 큰 값은 유전자와 질병 사이에 양의 상관관계를 나타내는 증거를 뜻한다. 1에서 멀어질수록 추정한 관계의 크기가 더 커진다.

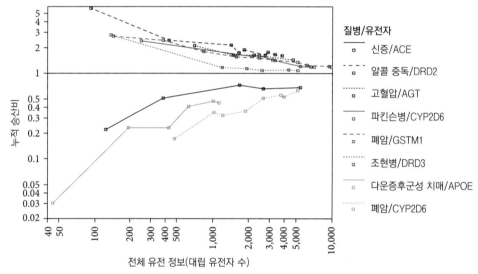

그림 8.4 유전학 연구에서 더 많은 데이터가 쌓일수록 추정 효과의 크기는 줄어든다.

그림 8.4에서 왼쪽 끝의 데이터들은 초창기 연구에서 발표한 유전자와 질병의 관계 추정치다. 오른쪽으로 이동하면, 다음에 보이는 데이터는 첫 번째와 두 번째로 발표된 연구의 데이터를 모두 고려한 관계 추정치다. 오른쪽으로 이동하면서 계속 같은 식으로 반복돼 최근 연구까지 이르게 된다.

그림 8.4의 내용은 우주의 습관화를 닮았다. 맨 처음 발표한 연구에서는 유전자와 질병 사이에 큰 상관관계를 발견했다. 이런 연구는 유수 학술지에 게재돼 언론에도 소개된다. 그러나

과학자들이 연구를 재현하면 평균 회귀가 끼어든다. 이어지는 연구에서는 추정 효과의 크기가 대체로 작아진다. 정보를 점점 더 추가하면 진실에 다가가는데, 이는 초기 연구에서 보고한 과장된 추정치에서 동떨어진다. 그림 8.4에서 보듯이 끝까지 가면 기껏해야 유전자와 질병 사이의 약한 상관관계를 시사하는 증거만 남는다. 이 연구의 후속 기사가 신문에 실릴 일은 드물겠다.

믿음은 평균으로 회귀하지 않는다

평균 회귀를 이해하고 나면 정말로 이를 우려하지 않을 수 없다. 해설자, 분석가, 아마추어 관찰자들은 끊임없이 오해하고, 단순한 통계적 현상에서 나타난 양상을 설명하려고 복잡한 이론을 들먹인다. 앞선 논의를 보면 평균 회귀가 거의 모든 곳에서 일어난다고 예상해야 할 것처럼 들리는데 이 말이 거의 맞다. 신호와 잡음에 좌우되는 어떤 변수라도 평균 회귀가 일어난다. 그러므로 평균 회귀가 일어나는 사례를 모두 나열하기보다 평균 회귀가 일어나지 않을 상황을 생각해 보자.

먼저, 신호가 잡음보다 훨씬 크면 평균 회귀가 그다지 일어나지 않으리라고 예상한다. 앞서 본 골프 시합을 다시 분석하되 한 토너먼트 내에서 두 라운드의 점수를 도표에 그리는 대신 LPGA 투어 두 시즌의 평균 점수를 그린다고 생각해 보자. 시즌 전체의 평균 점수는 선수 능력에 관한 정보를 더 많이 포함한다. 잡음을 만드는 행운이나 불운은 평균하면 제거되므로 도표에 나타나는 평균 회귀가 (여전히 있긴 하지만) 줄어든다.

반면 평균 회귀가 전혀 일어나지 않는 상황도 있다. 주식 시장을 생각해 보자. 주가에서 평균 회귀가 일어나리라 기대하는지? 평균 회귀를 잘만 이용하면 시장을 이기고 억만장자가 될지도 모른다.

평균 회귀는 마치 평균적으로 주가가 낮은 회사는 반등하고 주가가 높은 회사는 떨어져야 하는 결과를 예측하는 것처럼 보인다. 또한 주가가 오르면 다음에는 반드시 떨어지거나 그 반대로 움직이는 변화를 예측하는 것처럼 보이기도 한다. 이 점을 잘 이용해서 직전에 가격이 떨어진 주식을 사고 직전에 가격이 오른 주식을 팔면 될까?

이 질문에 대한 대답은 거의 확실하게 '아니오'다. 실제로 주가에서 평균 회귀가 일어난다고 가정해 보자. 똑똑한 투자자는 이 점을 깨닫고 방금 설명한 방법을 써서 큰 돈을 벌 것이다. 하지만 충분히 많은 투자자가 이 전략을 따르면, 시장에서 일어나는 매수와 매도 결정에 반응해서 싼 주식은 오르고 비싼 주식은 내리면서 평균 회귀 효과는 사라진다. 7장에서 가볍게 언급한 효율적 시장 가설에 따르면, 충분히 많은 거래자가 이런 종류의 기회를 노리면 주가 변화를 예측하지 못하게 되며, 따라서 평균 회귀도 일어나지 않을 것이다.

평균 회귀는 사업 분야에서 상당히 흔한 현상이다. 스타트업과 벤처 투자사가 과거 매출을 선형적 또는 지수적으로 투영해서 미래의 매출을 기대함에도 기업 매출과 이익에서 평균 회귀가 일어나는 경우를 본다. 그렇다면 어째서 주식 시장에서는 평균 회귀가 나타나지 않을까? 주된 이유는 주가는 기업 매출과 달리 미래에 관한 믿음을 반영하기 때문이다. 주가는 그 회사의 장기적 가치에 대한 투자자의 믿음에 좌우된다. 여기에 평균 회귀가 작용한다면 이는 투자자들이 이런 믿음을 형성하는 데 있어서 일관되게 실수를 범한다는 뜻일 것이다. 가격이 오르리라고 예상하는 주식이 있으면 투자자들 모두 그 주식을 사서 즉시 주가가 오르고, 가격 변화 예상은 힘을 잃는다.

주식 시장은 일반적인 현상의 한 사례일 뿐이다. 믿음이 개입하면 평균 회귀는 일어나지 않는다. 다음과 같은 말은 논리적으로 말이 안 된다. "오늘 나는 공화당이 다음 의회 선거에서 이길 확률이 60퍼센트라고 믿지만, 선거 당일에는 내 믿음이 낮아지리라 예상한다." 여러분의 믿음은 그저 미래에 관한 믿음일 뿐 그 이상도 이하도 아니기 때문이다. 여러분의 믿음이 선거 당일에는 60퍼센트가 아니라 55퍼센트가 된다고 예상한다면, 오늘도 55퍼센트만 믿는다는 얘기다.

정리

2부에서는 상관관계를 정량화하는 방법과 데이터에서 발견한 상관관계가 실제 현상을 반영하는지 아니면 그저 잡음의 산물인지 판별하는 방법을 배웠다. 그다음으로 잡음으로 인해 생기는 문제, 바로 과도한 비교, 부실한 보고, 평균 회귀를 다뤘다.

대표 등식은 추정치가 추정 대상과 다른 이유가 잡음만은 아니라는 점을 알려 주는 부분은 중요하다. 편향도 주의해야 한다. 3장에서 배운 이유 때문에 편향은 인과관계를 파악하고자 할 때 특히 중요하다. 상관관계가 인과관계를 내포하지 않는다고 말할 때 두 요소 간 상관관계가 그들 사이의 인과관계의 편향된 추정치일 가능성이 있다는 뜻이다. 3부에서는 인과관계를 중점적으로 다루는데, 편향이 생기는 근원을 좀 더 자세히 살펴본 다음, 편향되지 않은 방식으로 인과관계를 추정하는 전략을 배울 것이다.

핵심 용어

- **호손 효과:** 피실험자가 자신이 연구 대상이 된 사실을 알고 행동을 바꾸는 현상.
- **요구 효과:** 호손 효과의 한 사례로서, 연구 참가자가 연구자 기분을 맞춰 주려고 행동을 바꾸는 현상.
- **신호:** 여러 관찰 결과에서 유지되는 일관된 요소.
- **잡음:** 각 관찰 결과마다 바뀌는 임의의 요소.
- **평균 회귀:** 신호와 잡음으로 이뤄진 값이 특정 관찰 결과에서 특히 크다면(또는 작다면) 다른 관찰 결과에서는 대체로 좀 더 작게(또는 크게) 나타나는 현상.

연습 문제

8.1 매해 야구 시즌 초기에는 홈런 기록을 깨뜨릴 것으로 예상되는 선수가 등장하지만 결국 기록을 경신하지는 못한다. 왜 그런지 생각해 보자.

여러분이 개막 후 스무 경기에서 경이로운 홈런 숫자를 올려서 기록을 경신할 속도라고 하자.

(a) 다음 스무 경기에서 여러분의 홈런 개수는 평균 이상일 가능성이 높을까, 평균 이하일 가능성이 높을까? 왜 그런가?

(b) 다음 스무 경기에서 첫 스무 경기보다 홈런을 적게 칠까, 같은 수로 칠까, 아니면 더 많이 칠까? 왜 그런가?

(c) 한 해설자가 개막 후 스무 경기에서 빠른 속도로 홈런을 늘린 선수는 거의 대부분 기록 경신에 실패한다는 사실을 알아챘다. 이 해설자는 선수들이 기록 경신을 의식하기 시작하면 평정심을 잃기 때문이라고 주장했다. 이 해석이 맞는지 판단하려면 어떤 데이터를 모으고 어떻게 분석해야 할까?

8.2 앤서니는 일전에 다음과 같은 주장을 편 유명한 계량경제학자의 수업을 들었다. 폴의 아들인 존은 천재 수준의 IQ를 지녔다. 그러므로 평균 회귀에 의해서 폴 자신은 초천재 수준의 IQ를 지녔음이 분명하다.

(a) 이 계량경제학자의 추론은 어디가 잘못됐을까? 여러분 생각에는 폴의 IQ가 평균보다 낮을까 높을까? 존보다는 낮을까 높을까?

(b) 여기서 말한 폴이 노벨상 수상자이자 많은 사람이 20세기 가장 위대한 경제학자로 꼽는 폴 새뮤얼슨Paul Samuelson이라면 방금 답한 내용은 어떻게 바뀔까?

8.3 이 책을 쓴 시점에서 줌Zoom(2020년에 많은 이가 잘 알게 된 온라인 화상 회의 서비스 회사)의 주가는 2020년 미국 대선에서 조 바이든이 당선되고 COVID-19 백신 실험의 희망적인 결과가 알려지면서 약 18퍼센트 떨어졌다. 평균 회귀를 근거로, 여러분의 친구는 줌의 주식을 살 절호의 기회라고 주장한다.

(a) 친구에게 비전문가 용어를 써서 그 추론의 잘못된 점을 설명해 보라.

(b) 줌의 주가가 최근 떨어졌다는 사실 외에는 다른 어떤 정보 없이 여러분 생각에는 친구가 돈을 벌 것 같은가, 잃을 것 같은가, 본전치기를 할 것 같은가?

8.4 심리학자들은 사람들이 어떤 분야에서 자신의 역량을 정확히 평가하는 정도는 그 분야에서 그들의 역량에 좌우된다고 주장한다. 아마도 특정 분야에서 역량이 충분치 않은 사람은 자신들이 실제로 얼마나 부족한지조차 모를 것이다. 이 가설을 처음 세운 연구자의 이름을 따서, 이 현상을 흔히 더닝-크루거 효과Dunning-Kruger effect라고 부른다. 더닝-크루거 가설을 뒷받침하는 전형적인 증거는 다음 그림에 나온다. 실험 참가자에게 먼저 자신의 IQ를 예측해 달라고 요청한 다음, IQ 측정 시험을 본다. 그림은 각 참가자의 두 가지 IQ 점수를 보여 주는 산점도다. 회귀선은 회색으로 그렸고 검은색 점선은 45도선이다. (측정 결과) IQ가 낮은 사람들은 자신의 IQ를 과대평가하는 경향이

있고 (측정 결과) IQ가 높은 사람들은 평균적으로 예측과 일치한다.

(a) 이 경험적 현상에, IQ가 높은 사람들이 자신의 IQ를 더 잘 평가한다는 점을 암시하지 않는, 다른 설명을 들 수 있을까? 평균 회귀를 떠올릴지도 모르지만, IQ 시험 점수가 높은 사람들이 자신의 IQ를 과소평가하지는 않았으므로 그것만으로는 온전히 설명하기 어렵다. 아마도 편향을 함께 고려해야 할 것이다. 대표 등식을 기억하라.

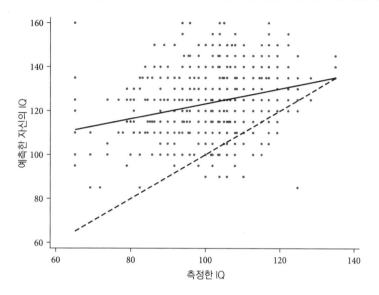

(b) 여러분의 직감을 점검하도록 역량이 높은 사람의 평가에도 역량이 낮은 사람처럼 잡음이 많이 들어감에도 비슷한 결과를 생성하는 데이터를 모방해 보자(힌트: 시험으로 측정한 IQ가 실제 지능의 완벽한 척도가 아니라는 점을 생각하면 도움이 될 것이다).

(c) 웹사이트 press.princeton.edu/thinking-clearly에 접속해서 IQdata.csv 파일과 이 파일의 데이터에 있는 변수를 기술한 README.txt 파일을 다운로드하라. 위 그림은 이 데이터로 만들었다(이 데이터는 지냐크^{Gignac}와 자젠코우스키^{Zajenkowski}의 2020년 연구에서 얻었다). IQ가 높은 사람들이 실제로 자신의 IQ를 잘 추정하는지 여부를 평가할 방법을 생각해 보자.

i. 먼저 각 실험 참가자의 오차 절댓값을 계산하라(즉 자신이 평가한 IQ가 시험으로 측정한 IQ와 얼마나 차이 나는지).

ii. 이제 오차 절댓값의 회귀를 구하고 그 결과를 해석하라.

(d) 그림에서 보듯이 사람들은 자신의 IQ를 과대평가하는 경향이 있다.

    i. 이 데이터에서 이 편향의 평균 크기를 추정하라.

    ii. 모두가 각자 평가한 자신의 IQ에서 평균 편향을 빼서 편향을 수정한 자가 평가 IQ를 구하라.

    iii. 편향을 수정한 자가 평가 IQ를 사용해서 오차 절댓값을 다시 계산하라. 다시 말해 평균적으로 편향이 수정된 자신의 IQ 평가가 측정한 IQ와 얼마나 차이 나는지 계산하라.

    iv. 마지막으로 이 새로운 오차 척도로 시험으로 측정한 IQ에 회귀를 구하고 그 결과를 해석하라.

(e) 위 데이터를 바탕으로 더닝–크루거 가설을 평가한 최종 결과를 제시하라. 지능이 높은 사람들이 자신의 지능을 더 잘 평가하는가?

8.5 분석가가 평균 회귀를 고려해야 할 상황에서 그러지 않았던 최근 사례를 하나 찾아라. 구체적으로, 특정 이론이나 현상에 들어맞아 보이지만 평균 회귀로도 쉽게 설명할 수 있는 증거를 찾아라. 뉴스 기사, 학계 연구, 정책, 정치인이나 기업인이나 운동 경기 해설자의 발언이 이런 사례가 될 수 있다. 분석가의 주장과 그 주장의 근거로 든 증거를 요약하라. 그 데이터가 평균 회귀에도 들어맞는 이유를 설명하라. 덤으로 분석가의 주장과 평균 회귀 사이에서 어느 쪽이 옳은지 판정을 내릴 만한 방법을 생각해 보라.

읽을거리

우주의 습관화를 다룬 『뉴요커』 기사는 다음과 같다.

Jonah Lehrer. 2010. "The Truth Wears Off: Is There Something Wrong with the Scientific Method?" The New Yorker. December 13.

호손 효과의 증거를 재분석하면서 언급한 논문은 다음과 같다.

Steven D. Levitt and John A. List. 2011. "Was There Really a Hawthorne Effect at the Hawthorne Plant?: An Analysis of the Original Illumination Experiments." American Economic Journal: Applied Economics 3(1): 224–238.

그림 8.1의 원본은 해당 주제에 관한 골턴의 다음과 같은 논문이다.

Francis Galton. 1886. "Regression towards Mediocrity in Hereditary Stature." Journal of the Anthropological Institute of Great Britain and Ireland 15:246-263.

무릎 수술과 가짜 수술을 비교한 연구는 다음과 같다.

J. Bruce Moseley, Kimberly O'Malley, Nancy J. Petersen, Terri J. Menke, Baruch A. Brody, David H. Kuykendall, John C. Hollingsworth, Carol M. Ashton, and Nelda P. Wray. 2002. "A Controlled Trial of Arthroscopic Surgery for Osteoarthritis of the Knee." New England Journal of Medicine 347(2):81-88.

천식 환자들 사이에서 주관적 척도로는 위약 효과가 나타나지만 객관적 척도로는 나타나지 않는다는 결과를 보인 논문은 다음과 같다.

Michael E. Wechsler, John M. Kelley, Ingrid O. E. Boyd, Stefanie Dutile, Gautham Marigowda, Irving Kirsch, Elliot Israel, and Ted J. Kaptchuk. 2011. "Active Albuterolor Placebo, Sham Acupuncture, or No Intervention in Asthma." New England Journal of Medicine 365(2):119-126.

그림 8.4는 다음 논문에서 따왔다.

John P. A. Ioannidis, Evangelia E. Ntzani, Thomas A. Trikalinos, and Despina G. Contopoulos-Ioannidis. 2001. "Replication Validity of Genetic Association Tests." Nature Genetics 29:306-309.

더닝-크루거 효과를 다룬 연습 문제는 다음 논문에서 영감을 받았다.

Gilles E. Gignac and Marcin Zajenkowski. 2020. "The Dunning-Kruger Effect Is (Mostly) a Statistical Artefact: Valid Approaches to Testing the Hypothesis with Individual Differences Data." Intelligence 80:101449.

3부

인과관계인가?

09

어째서 상관관계는
인과관계를 내포하지 않는가

9장에서 다루는 내용

- 상관관계가 반드시 인과관계를 내포하지는 않는다.
- 관찰한 상관관계가 인과관계의 편향된 추정치가 될 두 가지 이유가 있다. 바로 교란 변수와 역인과관계다.
- 명확하게 사고하면 때때로 이런 편향의 방향을 정할 수 있다.
- 교란 변수와 기작 사이에는 중요한 차이가 있다.

들어가며

2장과 3장에서 논의했듯이 상관관계에 관한 정보와 인과관계에 관한 정보는 다양한 목적으로 유용하다. 상관관계에 관한 지식은 그 자체로 현실을 기술하고 어떤 특성의 존재를 바탕으로 다른 특성이 존재함을 예측하기에 도움을 주기도 한다. 인과관계에 관한 지식은 특히 의사결정을 할 때 우리의 행동이 어떤 영향을 미칠 것인지 알려 주기 때문에 가치가 있다. 3장에서 정의한 인과관계를 기억하자. '인과적 효과'란 어떤 특성이 변화하면 그 결과로 다른 특성도 변하는 현상이다.

그러므로 어떤 행동이 어떤 결과에 인과적 효과가 있다고 말할 때는 그 행동이 달랐을 반사실적 세계에서는 결과도 다를 것이라고 주장하는 셈이다. 행동의 효과를 알면 그 비용과 편익을 예상할 수 있다.

실용적인 관점에서 보면 이런 차이 때문에 '상관관계가 인과관계를 내포하지는 않는다'라는 격언이 매우 중요하다. 만약 우리가 아는 어떤 상관관계가 인과관계를 내포한다고 잘못 받아들이면, 어떤 행동이 우리가 신경쓰는 결과에 미치는 영향을 잘못 해석하고 그 행동을 취해서 결국 크나큰 실수를 저지를 위험이 있다. 9장에서는 상관관계와 인과관계의 차이를 명확히 이해하고, 어떤 편향으로 말미암아 상관관계가 인과적 효과의 불안정한 추정이 되는지 논의하고, 인과적 효과를 파악하는 데 있어서 이들이 어떤 의미를 갖는지 생각해 볼 것이다.

여러분이 이 주제가 얼마나 중요한지 감을 잡도록, 자원을 배치하는 방법에 관한 아주 중대한 결정을 내리는 상황이면서 얼마간 확신을 갖고 상관관계와 인과관계를 분리할 수 있는 사례를 들어 보겠다. 이 사례는 미국의 대안학교에 관한 주제를 다룬다.

대안학교

가슴이 미어지는 〈슈퍼맨을 기다리며Waiting for Superman〉란 영화에서 데이비드 구겐하임David Guggenheim은 가난한 집안의 어린 아이 몇 명에 관한 이야기를 들려준다. 각 사례에서 아이는 열악한 공립학교에 입학한다. 그리고 부모는 아이를 대안학교charter school[1]에(일부는 마그넷 스쿨magnet school[2]에) 보내려고 열심히 일한다.

대안학교는 공공 예산으로 운영하지만 공립학교 시스템과 독립적으로 운영한다. 어떤 곳은 비영리 단체나 기업이 운영하기도 한다. 대안학교 운동은 혁신과 선택을 고무하려는 의도를 가진다. 이들은 공립학교가 맞닥뜨리는 일부 제약(노사 합의, 기존 교과과정 등)이 없다. 그렇기 때문에 교과과정, 교사 인센티브, 그 밖에 일반 공립학교가 하지 못하는 영역에서 혁신을 시도할 수 있다. 그리고 입학생을 두고 경쟁하기 때문에 더 나은 교육 접근법을 새롭게 들고나올 동기가 크다. 대안학교가 실제로 더 나은 교육 성과를 거두는지 여부는 뜨거운 감자다.

---

1   대안학교 성격을 가진 공립학교다. 우리나라의 대안학교와는 다소 차이가 있다. - 옮긴이
2   지역 구분 없이 학생을 받으며 자체 전문 교과과정을 가진 공립학교다. - 옮긴이

여러 지역에서 대안학교가 수용할 수 있는 수보다 많은 아이가 지원한다. 법률에 의하면 대안학교 지원자가 정원을 넘기면 제비뽑기로 입학생을 정해야 한다. 여러 가족이 학교에 지원한 다음, 누가 여럿이 갈망하는 자리에 뽑힐지는 운에 맡긴다. 영화가 강렬하게 그린 것처럼 당첨 확률은 낮다. 어떤 대안학교는 수십 명을 뽑는데 지원자가 수백 명이 몰리기도 한다.

영화가 진행되면서 학생들이 입학하고 싶어하는 대안학교의 성과에 관한 수많은 사실을 듣게 된다. 이를테면 사회경제적으로 비슷한 집단의 학생들이 다니는 공립학교와 비교해서, 이런 대안학교는 시험 성적이 좋고 졸업률은 높으며 범죄율은 낮다 등등이다. 영화에 나오는 대안학교는 사실상 측정할 수 있는 모든 지표에서 공립학교보다 훨씬 우수하다.

영화를 다 보고 나면 등장한 학생들이 거의 다 지원한 학교에 입학하지 못한다는 사실을 알게 된다. 그 대신 이들은 자신들의 재능을 낭비할 가능성이 높은 '실패 공장'에 취학할 것이다.

그런데 이런 추론이 올바른가? 대안학교에 입학하면 정말로 아이의 교육 성과가 좋아질까? 여기엔 우리가 영화에 나오는 아이들에게 느끼는 감정보다 더 중요한 점이 있다. 지난 수십 년간 미국의 학교 개혁에 있어서 대안학교는 지배적인 접근법의 하나로 등장했다. 대안학교 확대는 전통적인 공립학교의 대체재로서 여야를 가리지 않고 지지를 받았다. 말하자면 부시 행정부와 오바마 행정부 모두 강력하게 이 제도를 밀어붙였다. 공립학교 학생 중 대안학교에 진학하는 비율은 1999년에는 1퍼센트 미만이었지만 2021년에는 6퍼센트가 넘는다. 하지만 이렇게 대안학교를 확대하면 전통적인 공립학교를 향한 지원이 줄어들어서 공립학교 학생들에게 피해가 간다는 비판도 있다. 그래서 우리는 대안학교가 학생의 학업 성과에 긍정적인 효과가 있는지 알아보고자 한다.

우리가 아는 사실은 이렇다. 대안학교 취학과 학업 성과 사이에는 분명히 상관관계가 있다. 한 도시 안에서 평균적으로, 대안학교에 다니는 저소득층 학생은 전통적인 공립학교에 다니는 저소득층 학생보다 성적이 좋다.

캘리포니아 대학교 샌디에이고 캠퍼스University of California San Diego가 설립한 대안학교인 푸로이스 학교Preuss School을 예로 들어 보자. 이 학교는 샌디에이고 지역 전체의 저소득층 중학생과 고등학생을 가르친다. 어느 모로 보나 주목할 만한 학교로서 대체로 대학 진학 역사가 전혀 없는 가족을 둔 학생들을 거의 100퍼센트 고등 과정으로 진학시킨다. 이 학교는 많은 찬사를 받았으며, 『뉴스위크Newsweek』는 푸로이스 학교를 국내 '최고의 변혁을 일으킨 고등학교'라고 여러 차례 추켜세웠다.

그리고 실제로도 푸로이스 학교 학생들은 샌디에이고 공립학교의 학생들보다 성적이 훨씬 뛰어나다. 한 예로 그림 9.1의 데이터에는 푸로이스 학교와 샌디에이고 시립학교에서 수학과 영어 표준 시험을 통과한 학생 비율 차이가 나타난다.

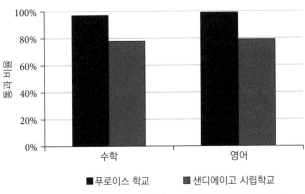

그림 9.1 푸로이스 학교와 샌디에이고 시립 학교의 표준 시험 성적

〈슈퍼맨을 기다리며〉의 이야기처럼 이 데이터를 봐도 확실히 푸로이스 학교가 학생의 학업 성적에 큰 영향을 준 것처럼 보인다.

하지만 결론으로 건너뛰기 전에 조금만 더 명확하게 생각해 보자. 이 데이터는 푸로이스 학교 취학과 학업 성적 사이에 양의 상관관계가 있음을 보인다. 그러나 푸로이스 학교(또는 다른 대안학교)에 다니는 학생들이 공립학교 학생들보다 성적이 좋다는 사실이 대안학교에 다니기 '때문에' 성적이 좋다는 뜻일까? 다시 말해서 공립학교에 다니던 아이들이 푸로이스 학교에 다니고 푸로이스 학교에 다니던 아이들이 공립학교에 다니는 반사실적 세계에서, 원래 공립학교에 다니던 아이들의 성적이 좋아지고 원래 푸로이스 학교에 다니던 아이들의 성적은 나빠질까? 상관관계가 인과관계를 내포하는가? 대안학교에 자원을 투자하는 일이 좋은 결정인지 알려면 이 점을 파악해야 한다.

물론 대안학교가 정말로 학생들의 성적을 끌어올리고, 반사실적 세계에서는 대안학교 학생들이 일반 공립학교에 다니면서 성적이 떨어지고 학교가 바뀌어서 대안학교에 다니는 아이들의 성적이 오를 수도 있다. 그러나 또 다른 가능성은 〈슈퍼맨을 기다리며〉에서 역설하듯이 대안학교를 선택한 학생과 가족은 평범한 공립학교 학생과 중요한 점에서 다르다는 점이다. 다시 말해서 상관관계를 설명하는 요인은 더 나은 학교가 아닌 더 나은 학생일지도 모른다. 만약 이 말이 사실이면 이 우수한 학생들이 대안학교를 가지 못한 반사실적 세계에서는 이들의 성적이 다른 아이들보다 못할 것이라고 확신해도 좋을까?

어떤 환경에서 경제적으로 불리한 부모가 자식을 대안학교에 보내는 추첨에 참가하려고 할까? 두 가지 상황이 떠오른다. 첫째, 부모가 자기 자식이 특별한 재능을 가졌다고 믿으면 자식을 평판 좋은 학교에 보내려는 동기가 강해질지 모른다. 둘째, 부모가 자식 교육에 특별히 투자를 많이 했으면 추첨을 감수할 여지가 높다.

타고난 재능과 부모의 투자는 그 자체로 학생의 성취도에 꽤 중요한 결정 요인이다. 대안학교 추첨에 참가한 (따라서 학교에 입학한) 학생 집단이 평균적으로 전체 인구에 비해 재능이 있고, 또한 교육에 관심이 많은 가정에서 자랐다고 생각해 보자. 그렇다면 대안학교 자체는 학생의 성적에 별다른 영향을 미치지 않더라도, 이 학생들은 어쨌든 자신들의 뛰어난 능력과 가족의 지원 덕분에 일반 학생들보다 성적이 좋을 것이다. 달리 보면 모든 아이가 똑같은 학교에 다닌다고 해도 현재 대안학교에 다니는 아이들은 더 나은 재능과 더 헌신적인 부모가 있어서 여전히 평균 이상일 것이다.

우리가 던진 질문을 기억하자. 아이가 대안학교에 가면 지역 공립학교에 갔을 때보다 성적이 좋아지리라 기대해도 좋을까? 방금 논의는 현재 대안학교에 다니는 학생들과 전통적인 공립학교에 다니는 학생들의 성적을 비교해서는 이 핵심 질문에 답하지 못한다는 점을 보였다. 헌신적인 가정에서 자란 재능이 특별하고 의욕적인 아이들을 일반 학생과 비교했기 때문이다. 두 집단의 차이가 대안학교의 영향으로 생기는지 아니면 집단 자체의 근본적인 차이로 생기는지 아니면 둘 다 원인인지 어찌 알겠는가? 간단한 말해서 사과와 오렌지를 비교하는 꼴이다.[3]

---

3   영어에서 '사과와 오렌지의(apples to oranges) 비교'라는 표현은 서로 너무 달라서 비교가 성립하지 않는 두 대상을 비교하는 상황을 일컫는 관용구다. 비교해도 될 만한 대상을 비교하는 경우는 '사과와 사과의(apples to apples) 비교'라는 표현을 쓴다. 앞으로 본문에서는 뜻을 명확하게 나타내고자 '제대로 된 비교' 또는 '제대로 된 비교가 아니'라고 표현하겠다. – 옮긴이

대안학교가 실제로 학생의 놀라운 성과를 이끌어 내는 요인인지 판단하려면 인과관계의 반사실적 본질을 꿰뚫는 비교를 해야 한다. 여기에는 제대로 비교할 방법이 필요하다. 이에 걸맞은 이상적인 질문은 다음과 같겠다. 두 아이가 나머지 모든 점이 같을 때 대안학교에 간 아이가 다른 학교에 간 아이보다 성적이 좋을까? 분명 이 질문에는 답을 못 한다. 대신 이런 질문을 던질 수는 있겠다. 두 집단의 아이들이 나머지 모든 점이 평균적으로 같을 때 대안학교에 간 아이들이 공립학교에 간 아이들보다 성적이 좋을까?

뒤의 질문에 답하려면 단지 대안학교 아이들과 다른 공립학교 아이들을 비교해서는 안 된다. 대안학교에 들어가려고 시도한 아이들에게 초점을 맞춰야 한다. 이 아이들도 대안학교에 지원할 정도로 충분히 유망하거나 헌신적인 가족이 있다. 다만 입학생 추첨 결과 운 좋은 학생들은 대안학교에 입학하고 나머지는 떨어진다. 추첨은 무작위로 행하기 때문에 당첨자 집단과 탈락자 집단은 평균적으로 같은 특성을 가진다(다시 말해서 추첨을 반복하면 당첨된 아이들이 떨어진 아이들보다 의욕이나 재능이 더하지도 덜하지도 않다는 뜻이다). 그러므로 추첨에 당첨돼서 입학한 학생들과 추첨에 떨어진 학생들의 학업 성과를 비교하면 대안학교의 실질적인 효과를 더 잘 파악할 수 있다. 만약 이러한 집중 비교에서도 대안학교 취학과 학업 성과가 여전히 양의 상관관계를 보인다면, 이제는 제대로 비교한 결과이므로 안심하고 인과적 해석을 덧붙여도 되겠다.

이런 비교를 여러 대안학교에 대해서 수행했다. 푸로이스 학교를 이렇게 비교하면 어떤 결과가 나오는지 살펴보자. 그림 9.1에서 비교한 표준 시험 결과를 이런 식으로 비교한 데이터는 없지만, 그림 9.2에 또 다른 중요한 표준 시험 결과의 비교 데이터는 있다.

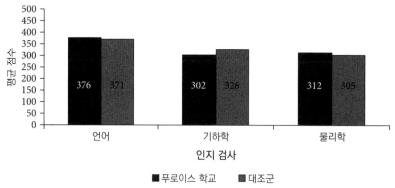

그림 9.2 푸로이스 학교 입학 추첨에서 당첨된 아이들과 탈락한 아이들의 표준 시험 점수 비교.

이 비교 결과는 제대로 비교하는 일이 왜 중요한지를 보여 준다. 정말로, 푸로이스 학교 학생들은 샌디에이고 시립학교 학생들보다 전반적으로 높은 성적을 보이는 편이다. 그러나 추첨에서 뽑힌 학생들을 떨어진 학생들과 비교하면 상관관계가 사라진다. 성과 차이가 없다.

다른 여러 대안학교 학생들을 비교한 연구에서도 비슷한 결과가 나타난다. 정확히 말하면 서로 다른 연구마다 다른 점을 발견했다. 보스턴의 연구진은 '아는 것이 힘이다Knowledge is Power 프로그램'이 운영하는 대안학교에 입학한 아이들은 지원했다가 추첨에서 떨어진 아이들보다 성적이 좋다는 사실을 발견했다. 다만 우리의 느낌으로는 아래에 나오는 샌디에이고의 학교를 대상으로 한 또 다른 연구가 좀 더 전형적인 결과로 보인다.

> 대다수의 경우 추첨의 당첨자와 탈락자가 추첨 후 1년에서 3년 뒤까지 치른 성취도 평가에서 성적에 차이가 있다는 증거를 찾지 못했다. 우리는 이 결과가 추첨 당첨 사실이 학업 성취도에 관여하지 않는다는 뜻으로 해석한다.

이 말이 뜻하는 바를 생각해 보자. 제대로 비교할 때 성과가 큰 대안학교는 학생 성적에 거의 또는 전혀 영향이 없어 보인다. 이들 학교에서 드러나는 효과 대부분은 대안학교 추첨에 참여한 학생들이 이미 평균 학생들보다 학업적으로 차이가 있다는 사실에 기인한다. 이 학생들은 뭐가 어찌됐든 평균보다 우수할 것이다. 이런 방식으로 상관관계를 인과관계에서 분리하면 교육 자원을 어떻게 써야 할지에 관한 여러분의 관점이 바뀔지도 모른다.

잠재적 결과를 명확하게 이해하기

두 변수 간의 상관관계를 인과관계의 강력한 증거로 해석해도 타당한 경우는 언제일까? 방금 전 사례로 상관관계가 인과관계를 나타낸다고 오해하기 쉽다는 점, 이 점이 의사결정에 있어서 정말로 중요하다는 사실을 봤다. 이번에는 상관관계가 반드시 인과관계의 증거라고 보지 못하는 이유를 좀 더 체계적으로 살펴봄으로써 인과관계 추정이 언제 믿을 만하고 언제 아니한지 더 명확히 사고하도록 하자.

인과관계는 반사실성으로 정의한다는 사실을 기억하자. 3장에서 이런 반사실성에 관해 명확히 사고하는 데 유용한 잠재적 결과 개념을 소개했다.

대안학교가 표준 시험 점수로 측정한 학업 성과에 미치는 영향을 추정한다고 가정하자. 그러면 관심 결과는 표준 시험 점수이고 관심 조치는 대안학교 취학이다.

결과인 표준 시험 점수를 Y라고 쓰자. 그리고 조치인 대안학교 취학을 이진 변수 T라고 쓰자. 어떤 사람이 $T = 1$이면 대안학교에 다닌다는 뜻이다. $T = 0$이면 공립학교에 다닌다는 뜻이다. 비록 조치와 미조치의 의미를 임의로 정하는 경우도 많지만(전통적인 공립학교가 대안학교에 비해 갖는 효과를 논할 수도 있다), $T = 1$인 대상을 '조치됐다'고, $T = 0$인 대상을 '미조치됐다'고 표현할 때도 있다.

추상적으로 생각하면, 개인마다 대안학교에 다녔다면 받았을 표준 시험 점수와 대안학교에 다니지 않았다면 받았을 표준 시험 점수가 있겠다. 하지만 우리는 둘 중 단 하나만 관찰한다. 그렇긴 해도 이들 잠재적 결과 각각을 표현하는 표기법이 있으면 반사실성을 이해하기에 유용하다.

$$Y_{1i} = \text{대상 } i \text{가 } T = 1 \text{일 때의 결과}$$
$$Y_{0i} = \text{대상 } i \text{가 } T = 0 \text{일 때의 결과}$$

이 표기를 사용해서 대안학교가 사람 i의 시험 점수에 주는 효과를 다음과 같이 쓴다.

$$\text{대안학교가 } i \text{의 시험 점수에 주는 효과} = Y_{1i} - Y_{0i}$$

인과관계가 반사실적 비교와 연관된다고 말하는 이유는 특정 시점에 한 사람을 놓고 두 수치 Y_{1i}와 Y_{0i} 중 하나만 관찰할 수 있기 때문이다. 이는 곧 특정인이 대안학교에 다니는 효과를 직접 측정하지 못한다는 뜻이다.

그 대신 아마도 어떤 모집단 안에서 대안학교에 다니는 여러 사람의 평균 효과를 추정할 수 있으리라 본다. 어떤 모집단을 대상으로 하든 간에 '모든 이들이 대안학교에 다닐 경우'의 평균 시험 점수와 '모든 이들이 공립학교에 다닐 경우'의 평균 시험 점수를 다음과 같이 표기하자.

$$\overline{Y}_1 = \text{모든 대상이 } T = 1 \text{일 때의 평균 결과}$$
$$\overline{Y}_0 = \text{모든 대상이 } T = 0 \text{일 때의 평균 결과}$$

이 표기를 사용해서 '평균 조치 효과[ATE, Average Treatment Effect]'를 정의한다.

$$\text{ATE} = \overline{Y}_1 - \overline{Y}_0$$

물론 개개인이 대안학교를 다니는 효과를 관찰하지 못하는 것처럼 평균 효과도 직접 관찰하지는 못한다. 모든 대상이 동시에 조치되고 미조치되기란 불가능하다. 특정 시점에서 한 대상은 이쪽 아니면 저쪽이다. 다만 ATE를 추정해 볼 수는 있다.

평균 효과를 추정할 때 처음 시도할 일은 단순히 상관관계를 살펴보기, 즉 대안학교에 다니는 (조치된) 학생과 공립학교에 다니는 (미조치된) 학생의 평균 시험 점수를 비교하는 것이다.

일단 모집단을 대안학교에 다니는 집단($\mathcal{T}$)과 공립학교에 다니는 집단($\mathcal{U}$)으로 나누자. 각 집단의 평균 시험 점수는 이렇게 쓴다.

$$\overline{Y}_{1\mathcal{T}} = T = 1\text{인 대상의 평균 결과}$$
$$\overline{Y}_{0\mathcal{U}} = T = 0\text{인 대상의 평균 결과}$$

두 집단의 평균 시험 점수 차이를 '모집단의 평균 차이population difference in means'라고 부르겠다 (평균은 주로 산술 평균을 뜻하며, 이 책에서는 두 용어를 구분하지 않는다). 바로 다음과 같다.

$$\text{모집단의 평균 차이} = \overline{Y}_{1\mathcal{T}} - \overline{Y}_{0\mathcal{U}}$$

물론 모집단 전체를 관찰하지는 못한다. 단지 표본을 관찰할 뿐이다. 예를 들면 한 특정 대안학교의 학생만 관찰하는 식이다. 그래서 우리가 표본에서 관찰한 평균 시험 점수 차이는 전체 모집단에서 대안학교에 다니는 학생과 공립학교에 다니는 학생의 평균 시험 점수 차이에 얼마간 잡음을 더한 값과 같다. 그러므로 다음과 같다.

$$\text{표본의 평균 차이} = \underbrace{\overline{Y}_{1\mathcal{T}} - \overline{Y}_{0\mathcal{U}}}_{\text{모집단의 평균 차이}} + \text{잡음}$$

이는 바로 우리가 가진 표본에서 표준 시험 점수와 대안학교 취학의 상관관계를 측정한 값이다.

물론 우리가 알고 싶은 내용은 그저 상관관계가 아니라 대안학교에 다니는 평균 효과다. 이 둘의 차이를 파악하려면 두 가지 개념을 더 소개하면 좋겠는데, 바로 '조치 집단의 평균 조치 효과ATT, Average Treatment effect on the Treated'와 '미조치 집단의 평균 조치 효과ATU, Average Treatment effect on the Untreated'다. 조치 집단의 평균 효과는 실제로 대안학교에 다니는 학생들이 대안학교에 다님으로써 얻는 평균 효과다. 다음 공식과 같다.

$$\text{ATT} = \overline{Y}_{1\mathcal{T}} - \overline{Y}_{0\mathcal{T}}$$

그리고 미조치 집단의 평균 조치 효과는 실제로는 공립학교에 다니는 학생들이 대안학교에 다녔을 경우 얻는 평균 효과다. 다음 공식과 같다.

$$\text{ATU} = \overline{Y}_{1\mathcal{U}} - \overline{Y}_{0\mathcal{U}}$$

두 가지를 짚고 넘어가자. 첫째, 평균 조치 효과[ATE]는 그저 조치 집단의 평균 조치 효과[ATT]와 미조치 집단의 평균 조치 효과[ATU]의 가중 평균이고, 가중치는 각 집단에 얼마나 많은 아이가 있느냐에 좌우된다.[4] 둘째, ATE와 마찬가지로 ATT와 ATU도 둘 다 근본적으로 관찰 불가능하다. 대안학교에 다니는 학생들이 공립학교로 갔을 경우 받을 시험 점수($\overline{Y}_{0\mathcal{T}}$)는 관찰하지 못한다. 또한 공립학교에 다니는 학생들이 대안학교로 갔을 경우 받을 시험 점수($\overline{Y}_{1\mathcal{U}}$)도 모른다.

이제 표기법은 모두 정리했으니 상관관계와 인과관계의 차이를 명확하게 할 때다. 먼저 실제로 관찰한 평균(측정한 상관관계)과 ATT, 즉 실제로 대안학교에 다니는 학생들에게 미치는 대안학교 취학 효과의 차이를 비교하자. 이는 평균과 ATU의 차이, 그리고 결국에는 평균과 ATE의 차이 비교에 활용할 어떤 직관을 세우는 데 유용하겠다.

다시 대표 등식으로 돌아가자.

$$\text{추정치} = \text{추정 대상} + \text{편향} + \text{잡음}$$

이로부터 다음 공식을 도출하고 싶다.

$$\text{표본의 평균 차이} = \text{ATT} + \text{편향} + \text{잡음}$$

어떻게 유도할까?

---

4   가중 평균이란 각 요소마다 다른 가중치를 두고 계산한 평균이다. 예컨대 모집단의 75퍼센트는 조치되고 25퍼센트는 미조치된다고 가정하자. 그러면 ATE는 ATT에 75퍼센트 가중치를 둬서 계산한 ATT와 ATU의 평균이다. 아래 공식과 같다.

$$\text{ATE} = \frac{75 \cdot \text{ATT} + 25 \cdot \text{ATU}}{75 + 25} = .75 \cdot \text{ATT} + .25 \cdot \text{ATU}$$

위에서 소개한 공식을 다시 보자.

$$표본의 평균 차이 = \underbrace{\overline{Y}_{1T} - \overline{Y}_{0U}}_{\text{모집단의 평균 차이}} + 잡음$$

위 식에서 모집단의 평균 차이에 $\overline{Y}_{0T}$를 한 번씩 더하고 빼서 다시 써보겠다. 이상해 보일지도 모르겠지만 그래도 분명히 도움이 되니까 지켜보기 바란다. 같은 항을 한 번씩 더하고 빼면 결과적으로 0을 더하는 셈이므로 여기까지는 공식에 아무 차이가 없다는 점이 확실하다. 어쨌든 이렇게 하면 다음 공식이 된다.

$$표본의 평균 차이 = \overbrace{\overline{Y}_{1T} - \overline{Y}_{0T}}^{\text{ATT}} + \overbrace{\overline{Y}_{0T} - \overline{Y}_{0U}}^{\text{편향}_{\text{ATT}}} + 잡음$$

여기서 편향은 평균 차이를 구해서 ATT를 추정할 때 얻는 편향이라는 점을 나타내고자 ATT라는 첨자를 붙였다.

이 기교는 정말 재미있지 않은가? 같은 항을 더하고 빼서 대표 등식의 형태에 맞췄다. 표본의 평균 차이(추정치)는 ATT(추정 대상)에 편향과 잡음을 더한 값과 같다!

그런데 이 편향은 정확히 어떤 뜻일까? 대안학교에 다니는 효과를 추정할 때 대안학교에 다니는 학생과 다니지 않는 학생의 시험 점수를 비교하는데, 이때 모든 학생이 공립학교에 다니는 반사실적 세계에서도 두 집단의 평균 시험 점수가 다르리라고 볼 만하면(즉 $\overline{Y}_{0T} - \overline{Y}_{0U}$ ≠ 0) 이 비교에는 편향이 존재한다. 이런 경우 두 집단 사이에는 '차이 기준치^{baseline difference}'가 있다고 말한다.

지금까지 대안학교 학생과 공립학교 학생의 평균 시험 점수 차이가 어떻게 해서 대안학교에 다니는 학생에게 미치는 대안학교의 실제 효과(ATT)의 편향된 추정치가 될 수 있는지 살펴봤다. 비슷한 분석을 공립학교에 다니는 학생에게 미치는 대안학교의 효과^{ATU}에도 적용해보자.

$$표본의 평균 차이 = \overbrace{\overline{Y}_{1U} - \overline{Y}_{0U}}^{\text{ATU}} + \overbrace{\overline{Y}_{1T} - \overline{Y}_{1U}}^{\text{편향}_{\text{ATU}}} + 잡음$$

여기서도 비슷한 편향을 발견하지만, 이번에는 차이 기준치가 조치 집단과 미조치 집단 둘 다 조치를 받았을 경우의 결과 차이(즉 $\bar{Y}_{1T} - \bar{Y}_{1U} \neq 0$)와 관련된다. 전체 평균 조치 효과(ATE) 자체는 단지 ATT와 ATU의 가중 평균이므로 평균 차이를 사용해서 ATE를 추정할 때 발생하는 편향은 이러한 두 가지 차이 기준치로부터 기인한다.

푸로이스 학교(조치됨) 학생과 샌디에이고 시립학교(미조치됨) 학생의 학업 성과 차이로 되돌아가자. 우리는 이 관계가 인과적이지 않을 것 같다고 생각하는데, 이는 푸로이스 학교 학생들이 샌디에이고 시립학교 학생들보다 평균적으로 학업에 더 재능이 있다고 보기 때문이다. 실제로 푸로이스 학교 학생들이 학업에 더 재능이 있다면 두 집단 학생들 사이에는 차이 기준치가 존재한다. 비록 조치 집단과 미조치 집단 둘 다 같은 학교에 다녔다고 해도 이들 사이에 학업 성과의 차이가 존재하리라(즉 $\bar{Y}_{0T} - \bar{Y}_{0U} > 0$이고 $\bar{Y}_{1T} - \bar{Y}_{1U} > 0$). 이는 명백히 제대로 된 비교가 아니므로 두 집단의 평균 성과 차이가 푸로이스 학교의 효과를 뒷받침하는 증거라고 확신하기 어렵다. 설령 ATE가 0이더라도 평균 차이는 0보다 클 여지가 있다. 이것이 바로 상관관계가 반드시 인과관계를 내포하지는 않는다는 말의 정확한 의미다.

추첨은 무작위로 조치 집단과 미조치 집단을 나누기 때문에 믿을 만한 증거가 된다. 무작위로 나누면 두 집단이 평균적으로 같은 잠재적 결과를 갖도록 보장한다. 달리 말해서 무작위 구분을 반복하면 두 집단은 평균적으로 같은 결과 기준치를 가진다(물론 특정 시도 한 번만 놓고 보면 표본 변이나 다른 종류의 잡음 때문에 두 집단의 학업 성과에는 비인과적 차이가 발생할 여지가 있다). 따라서 추첨 당첨자와 탈락자 사이의 평균 결과 차이는 학교 선택의 인과적 효과를 편향 없이 추정한 값이 된다.

인과관계를 논할 때 우리는 조치라는 말처럼 실험을 떠올리게 하는 용어를 종종 사용한다. 실험을 하면 상관관계로부터 인과관계를 추론하는 명확한 방법을 얻기 때문이다. 실험을 통해서 조치 집단을 무작위로 설정하면 조치 집단과 미조치 집단 사이에 체계적인 차이 기준치는 존재하지 않는다.

다만 인과관계를 알고자 할 때 실험을 수행하지 않는 경우도 많다는 점도 유념하자. 그 대신 우리가 직접 개입하지는 않아도 모종의 이유로 일부 사람들은 조치되고 일부는 미조치된다. 이런 경우에는 관찰 결과와 조치 상태 사이의 상관관계를 인과관계의 추정치로 해석하는 데 있어서 매우 신중해야 한다. 앞서 봤듯이 전체 모집단에서 시험 점수(결과)와 푸로이스 학교 취학(조치) 사이에 나타난 양의 상관관계가 사실은 인과관계를 나타내는 지표가 아니었다. 그 이유는 현실 세계에서 사회적 절차가 조치 집단과 미조치 집단 사이에 차이 기준선을 만들기 때문이다.

편향의 근원

상관관계 해석에 적절히 주의를 기울이려면 체계적 차이 기준치가 언제 발생하는지 명확히 이해해야 하는데, 바로 이 차이 기준치가 편향을 만들기 때문이다. 이런 차이를 만드는 두 가지 주요한 근원이 있는데 바로 '교란 변수confounder'와 '역인과관계reverse causality'다. 이들을 이해하면 상관관계로부터 인과관계에 관한 믿을 만한 지식을 언제 얻고 언제 얻지 못하는지 파악하는 데 큰 진전을 이루게 된다.

교란 변수

교란 변수란 아래 두 가지 조건을 충족하는 특성이다.

1. 조치 상태에 어떤 영향(효과)을 준다.
2. 조치 상태에 준 영향을 통해 나타난 효과 외에도 결과에 어떤 다른 영향을 준다.

교란 변수는 차이 기준치를 만들어 내고, 따라서 편향도 만들어 낸다. 현실의 어떤 특성으로 인해 사람들이 조치될 가능성이 높아진다고 하자. 또한 이 특성으로 인해 사람들이 특정 결과를 보일 가능성도 높아진다고 하자. 그러면 이 교란 변수로 인해 조치의 실제 효과와 무관하게 결과와 조치 사이에 상관관계가 형성된다. 따라서 이런 교란 변수가 존재하면(아직 이들에 관해 설명하지 않았으며 뒤에서 논의하겠다), 결과와 조치의 상관관계를 조치가 주는 인과적 효과의 편향 없는 추정이라고 해석해 버리면 안 된다.

좀 더 구체적으로 설명하도록 앞서 푸로이스 학교 취학과 학업 성취도 사이의 상관관계가 인과관계를 뒷받침하는 확실한 증거가 아니라는 논의를 기억해 보자. 이는 학업에 더 재능이 있는 아들이 푸로이스 학교 입학을 더 원한다는 사실에서 기인한 차이 기준치에 관한 내용이었다. 같은 내용을 다르게 표현하면 아이가 가진 근본적인 학업적 재능이 교란 변수다. 학업적 재능은 조치 상태에 어떤 영향이 있다. 학업적 재능이 더 많은 아이들이 조치 집단(푸로이스 학교)에 있을 가능성이 더 높다. 그리고 학업적 재능은 조치 상태에 준 영향을 통해 나타난 효과 외에도 결과에 주는 어떤 다른 영향이 있다. 학업적으로 더 재능 있는 아이들은 더 좋은 학교를 찾는다는 사실 외에 다른 이유로도 시험을 잘 치를 것이다. 추첨 당첨자와 탈락자를 살펴보는 일은 재능(교란 변수)과 푸로이스 학교 취학(조치) 사이의 연결고리를 끊기 때문에 모호한 인과관계를 파악하기에 유용하다.

사례를 하나 더 들어 보자. 여러 연구에서 한 국가의 경제 생산성과 내전 경험 여부는 강한 음의 상관관계를 갖는 점을 보였다. 이 상관관계의 근간에는 인과관계가 있으리라고 생각할 만한 이유가 있다. 예를 들어 경제 상황이 좋을 때는 사람들이 잘 살기 때문에 전쟁에 동원되기를 꺼린다. 하지만 이 상관관계를 인과적이라고 해석하기 전에 잠재적인 교란 변수가 있는지 생각해야 한다. 한 가지 고려할 교란 변수는 정치와 관련이 있다. 민주주의 정치 체제는 정부가 더 나은 공공 정책을 채택하게끔 유도하기 때문에 국가 경제에 긍정적인 영향을 미칠 여지가 많다. 게다가 사람들은 다양한 불만을 평화롭게 표현할 수단이 있으므로 민주주의는 내전 위험을 줄이기도 한다. 따라서 민주주의가 잠재적 교란 변수다. 그러므로 경제적 번영과 내전 위험의 상관관계가 인과관계를 편향 없이 추정한다고 해석할 근거가 없다.

그래서 어떤 상관관계가 인과관계의 증거인지 여부를 판단하려면 먼저 교란 변수는 없는지 살펴야 한다. 그림 9.3의 도식이 이 점을 기억하는 데 도움이 되겠다. 이 그림이 던지는 질문은 이렇다. 어떤 조치와 결과에 관해서든지 교란 변수 상자에 들어갈 만한 요소가 있을까? 상자에 들어가려면 두 가지가 참이어야 한다. 첫째, 교란 변수에서 조치로 향하는 화살표가 타당해야 한다. 다시 말해 교란 변수가 조치에 어떤 영향을 미친다고 확신해야 한다. 둘째, 교란 변수에서 결과로 향하는 화살표가 타당해야 한다. 다시 말해 교란 변수가 결과에 조치를 통하지 않는 어떤 다른 영향을 미친다고 확신해야 한다. 두 가지 조건을 다 만족하는 요소를 넣을 수 있다면 교란 변수에 관한 우려는 합당하며, 조치 상태와 결과의 상관관계를 인과적으로 해석하는 데 주의를 기울여야 한다.

그림 9.3 교란 변수는 조치 상태에 영향을 주고, 이와 독립적으로 결과에도 영향을 준다.

역인과관계

조심해야 할 편향의 두 번째 근원은 역인과관계다. 결과가 조치 상태에 영향을 미치면 역인과관계가 성립한다. 역인과관계는 차이 기준치를 유발하는데, 그 이유는 어떤 결과가 대상의 조치 여부에 영향을 미치면 조치 집단과 미조치 집단 사이에 조치 효과에서 기인하지 않은 결과 차이가 일관되게 생길 것이기 때문이다.

국가의 경제 상황과 내전 사이에 나타나는 음의 상관관계 예시를 다시 살펴보자. 이들의 관계에는 교란 변수가 개입할 여지가 있음을 이미 확인했다. 하지만 역인과관계의 여지도 있다. 예컨대 내전을 겪는 시기에는 기반 시설이 파괴되고 생산 활동이 방해를 받고 사람들이 죽는다. 내전이 주는 이 모든 효과는 곧바로 경제적 번영을 해친다. 따라서 경제적 번영과 내전 사이의 음의 상관관계는 어쩌면 경제가 전쟁에 미치는 영향이 아니라 전쟁이 경제에 미치는 영향을 반영하는지도 모른다. 이런 역인과관계의 가능성은 상관관계를 인과관계로 해석하면 안 되는 또 다른 이유다.

그림 9.4의 도식은 어떤 상관관계를 인과적이라고 해석하기에 앞서 역인과관계를 점검하도록 상기하는 데 도움이 된다. 이 그림이 던지는 질문은 이렇다. 어떤 조치와 결과에 관해서든지 역인과관계가 성립할 가능성이 있을까? 즉 인과관계 화살표가 결과에서 조치로 향할 이유를 댈 수 있나? 만약 그렇다면 역인과관계에 관한 우려는 합당하며, 조치와 결과의 상관관계를 인과적으로 해석하는 데 주의를 기울여야 한다.

일반적으로 누군가가 관심 대상인 결과와 관심 대상인 조치 사이의 상관관계를 보인다면, 그 상관관계가 추가 정보나 조사 없이는 조치가 결과에 영향을 미쳐서 발생하는지, 결과가 조치에 영향을 미쳐서 발생하는지, 교란 변수가 조치와 결과 둘 다에 영향을 미쳐서 발생하는지, 아니면 이 모든 가능성의 어떤 조합으로 발생하는지 알 길이 없다.

그림 9.4 역인과관계는 결과가 조치 상태에 영향을 미칠 때 발생한다.

그림 9.5는 우리가 논의한 두 가지 편향의 근원을 고찰하는 도식을 보여 준다. 이제 그림 9.5에 요약한 개념을 이해한 상태에서 상관관계 대 인과관계, 교란 변수, 역인과관계를 명확하게 이해하도록 구체적인 사례로 연습해 보자.

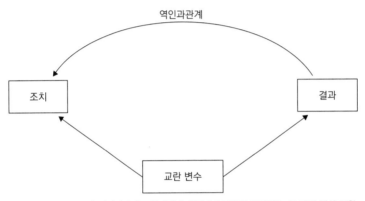

그림 9.5 교란 변수와 역인과관계 – 인과관계 추정에서 편향이 발생하는 두 가지 핵심 근원

1만 시간 법칙 다시 보기

여러분은 아마도 댄 맥로린^{Dan McLaughlin}이라는 이름을 모르겠지만, 그는 2010년에 언론의 주목을 제법 받았다. 그해 4월, 그는 사진작가를 그만두고 프로 골프 선수의 꿈을 쫓았다. 그는 연습에 매진하는 시간이 1만 시간에 이르도록 6년 동안 매주 적어도 30시간은 골프 연습에 쓰기로 계획했다. 그는 1만 시간을 채우면 훌륭한 골프 선수가 돼서 PGA 투어에 참가할 수 있으리라고 믿었다. 하지만 일은 계획대로 흘러가지 않았다. 그는 PGA 투어에는 참가하지 못했지만 제법 멋진 고급 소다(탄산음료) 회사를 열었다.

맥로린의 무모한 계획은 어쩐지 익숙하게 들린다. 그는 4장에서 논의한 말콤 글래드웰의 1만 시간 법칙을 지극히 (비)논리적으로 받아들였다. 그 주장에 따르면 재능은 부차적인 요소다.

위대한 성공은 전적으로 1만 시간을 쏟아붓는 일에 달렸다. 그러므로 누구나 사실상 무슨 일이든, 심지어 프로 스포츠 경력이라도 1만 시간 동안 정말로 진지하게 연습하기만 한다면 성취할 수 있다.

앞서 논의했듯이 글래드웰이 제시한 1만 시간 법칙의 증거는 단지 상관관계를 기술한 내용에 불과하더라도 변이가 없으므로 의심스럽다. 하지만 맥로린은 이 증거에만 전적으로 의존하지 않았다. 그는 플로리다 주립대학^{Florida State University}의 심리학자 안데르스 에릭손^{K. Anders Ericsson}의 연구에도 영감을 받았다.

에릭손은 어떤 분야든 초고성과의 비결은 의도한 연습이라고 주장했다. 그는 어떤 일에서 어느 수준 전문성을 확보하고 나면, 그때부터는 경험 쌓기나 일반적인 연습으로는 성과가 올라가지 않기 마련이라고 주장했다. 이때부터 실력을 더 올리려면 의도한 연습, 바로 성과의 구체적인 면에 집중하는 연습만이 유일한 길이다. 연습을 더 신중하게 할수록 성과는 더 좋을 것이다. 진정한 달인과 적당한, 그러나 훌륭하지는 않은 전문가를 구분하는 차이는 의도한 연습에 매진한 시간이다.

1만 시간 발상은 에릭손과 동료들의 음악 전문가 초기 연구에서 파생됐다. 글래드웰과 달리 에릭손은 변이를 고려했다. 그는 베를린의 한 음악 전문학교에 다니는 바이올린 연습생들을 연구했다. 연구 대상이 된 학생들은 모두 바이올린 전공자였다. 하지만 어쨌든 그들 사이에 실력 차이는 존재한다. 에릭손은 교수진에게 학생들을 실력이 아주 뛰어나서 솔로 연주자나 주요 관현악단 연주자가 될 만한 이들, 실력이 괜찮지만 성공적인 경력을 이루기는 조금 어려워 보이는 이들, 실력이 떨어져서 강사가 될 법한 이들(비하하려는 의도는 아니다), 이렇게 세 집단으로 구분해 달라고 요청했다.

바이올린 연주자들은 연습 이력에 관해 인터뷰를 했는데 배우기 시작한 나이, 매주 연습량, 연습 과정에서 수행하는 행동 유형, 집중도 등등에 관해 답했다. 또한 그들에게 연습 습관을 일기에 기록해 달라고 요청했다. 이렇게 얻은 정보로 무장한 연구자들은 서로 다른 연주자 집단의 연습 행동을 비교할 수 있었다. 발견한 내용은 이렇다. 최고 연주자들은 열여덟 살이 될 때까지 최소한 1만 시간 연습했고, 그보다 못한 두 번째 집단은 7,500시간만을, 강사가 될 세 번째 집단은 단지 5,000시간만 연습했다. 게다가 최고 연주자들은 연습 시간을 의도적으로 보낸 비중이 높다는 점에서 나머지와 달랐다. 예컨대 이들은 이미 능숙한 부분을 즐기면서 연주하기보다 실력을 늘리도록 구성된 어려운 연주에 시간을 더 많이 쏟았다. 비슷한 연구에서 체스 기사, 운동 선수, 기타 전문가를 대상으로 유사한 발견을 보고했다. 따라서 데이터는 의도한 연습과 고성과 사이에 양의 상관관계가 있음을 보인다.

이런 증거를 보면 1만 시간 법칙과 의도적 연습을 강조하는 일 둘 다 터무니없는 얘기는 아닐지도 모른다. 다양한 분야에서 최고 실력을 가진 전문가들은 신체적 특성으로 구분되지 않는듯 보인다. 요지는 최고 성과자가 제일 오랜 시간 연습하고, 또한 가장 집중해서 연습한 사람들이라는 점이다. 따라서 1만 시간동안 의도적으로 연습하면 세계 수준에 도달할 수 있겠다. 댄 맥로린은 제2의 타이거 우즈가 됐을지도 모른다.

하지만 이 책을 덮고 프로 골프 선수가 되려고 나서기 전에 조금만 더 생각해 보자. 에릭손은 글래드웰과 같은 실수를 범하지 않았다. 그는 변이를 관찰했고 그 결과로 의도한 연습과 성과 사이의 상관관계를 수립했다. 하지만 이는 상관관계가 인과적 효과를 반영함을 뜻하지 않는다. 결론을 내리려면 교란 변수와 역인과관계를 고려해야 한다.

한 가지 고려 사항이 있다. 타고난 재능이 정말 중요하다고 가정하자. 그리고 바이올린 연주를 정말 좋아하는 두 아이가 있다고 상상하자. 한 아이는 다른 아이보다 재능을 타고났다. 두 아이 모두 오랜 시간 열심히 연습한다. 연습한 보람이 있어서 둘 다 실력이 일취월장한다. 하지만 시간이 흐르면서 재능의 차이가 드러나기 시작한다. 재능이 뛰어난 아이는 어려운 부분도 빠르고 정확하게 익힌다. 그 아이는 다른 아이보다 칭찬도 많이 받고 연주 기회도 더 많다.

시간이 흘러 두 아이가 십대 청소년이 된다. 이제 데이트나 운동 경기 같은 일에 신경을 쓰기 시작한다. 두 청소년은 바이올린 연습에 얼마나 시간과 열정을 쏟을지 정해야 한다. 둘 중 재능이 더 뛰어난 쪽은 하루 종일 바이올린을 연습할 때마다 새로운 기술과 연주 목록을 습득한다는 점을 깨달았다. 이런 진보와 성취는 고무적이다. 이는 연습이 성공을 이끌고, 이 성공이 다시 더 많은 연습과 높은 집중력을 이끄는 긍정적인 피드백 순환을 일으킨다. 그래서 의도적인 바이올린 연습에 더 매진해서 열여덟 살이 될 무렵에는 마법 같은 1만 시간 연습을 달성한다.

둘 중 재능이 떨어지는 쪽도 하루 종일 연습하면 실력이 늘지만, 그 속도가 더 느리고 능숙함도 덜하다. 재능 있는 아이가 일주일이면 습득할 부분도 한 달이 걸린다. 게다가 기술적 정확도와 음악성도 떨어진다. 성취는 더디고 칭찬도 거의 못 받는다. 이처럼 진도가 느리면 좌절감이 생긴다. 긍정적인 피드백이 적어서 연습의 대가가 작게 느껴진다. 그 결과, 여전히 바이올린을 좋아하고 열심히 연습하려 하지만 새로운 관심사가 생기면서, 이를 쫓다가 바이올린 연습을 몇 시간 또는 하루 통째로 빼먹곤 한다. 그리고 연습 중에도 다른 생각에 잠겨서 집중하지 못한다. 열여덟 살이 될 무렵, 재능 있는 친구보다 단지 4분의 3 정도의 시간만 연습하게 되며, 의도적으로 연습한 시간은 더 적다.

방금 살펴본 두 젊은 친구는 에릭손의 연구 대상이 된 음악 학교 동기로 만날 공산이 크다. 재능이 더 많은 쪽은 아마도 교수진이 최고 연주자로 꼽은 한 명이 될 터이고, 재능이 덜한 쪽은 실력이 좋지만 대단하지는 않은 부류에 속할 것이다. 에릭손은 이들을 비교한 결과로 두 연주자 중 더 뛰어난 쪽은 1만 시간 집중해서 연습한 반면 뒤처진 쪽은 7,500시간만, 그것도 덜 집중해서 연습했다는 사실을 발견했겠다.

이런 비교로부터 에릭손은 연습이 성공의 차이를 만들어 낸다고 결론 내렸다. 그러나 이미 살펴봤듯이 이처럼 상관관계를 인과적으로 해석해도 될지는 확실하지 않다. 그림 9.6에서 보듯이 타고난 재능이 교란 변수가 돼 의도한 연습의 양(조치)에도 영향을 미치고, 연습이 미치는 영향을 넘어서 연주 실력(결과)에 직접적인 영향을 줄지도 모른다. 재능의 차이가 성취도에 있어서 차이 기준치를 야기한다.

그림 9.6 의도한 연습과 성과 사이의 상관관계가 과연 인과관계를 편향 없이 추정한 결과일까?

이 이야기에서 물론 연습이 효과가 없다는 뜻은 아니다. 성공은 분명히 재능, 연습, 그리고 이 둘의 조합에 영향을 받는다(세계 최고 수준의 재능을 타고난 사람도 연습하지 않으면 위대한 바이올린 연주자는 되지 못한다). 그러나 우리가 소개한 가상의 사례에서 재능이 더 많은 학생은 설령 7,500시간만 연습했더라도 다른 친구보다 더 뛰어난 연주자일 가능성이 높고, 재능이 덜한 학생은 설령 1만 시간 연습했더라도 다른 친구보다는 실력이 떨어질 것이다.

여기서 상관관계가 인과관계를 반영하는 정도와 재능의 차이에서 오는 편향을 반영하는 정도가 중요하다. 왜 그런지 궁금하면 댄 맥로린의 이야기를 다시 떠올려 보자. 그는 본래의 직업을 관두기 전에 세계적 골프 선수가 될 징후가 전혀 보이지 않았다. 이 사실은 어째서 그가 그전에는 수천 시간 연습에 집중하지 않았는지 설명하는 데 도움이 되겠다. 만약 연습과 성공의 상관관계 상당 부분이 연습의 인과적 효과 때문이 아니라 두 변수 모두 타고난 재능에 영향을 받는다는 사실 때문에 생겨난다면, 맥로린의 노력은 원하는 결과를 이루지 못할 가능성이 높다. 대단한 재능을 가진 사람들이 부단히 연습하면 큰 성공을 거둔다. 그렇다고 대단한 재능이 없는 보통 사람이 부단히 연습한다고 해서 같은 성공을 거둔다는 뜻은 아니다. 그리고 아마도 그는 자신의 여정이 현실처럼 PGA 투어 참가권 대신 고급 소다 회사로 마무리되리라고 예상했어야 한다(중요한 얘기는 아니겠지만, 에단은 고급 소다 회사 경영이 프로 골프 선수가 되는 일보다 훨씬 더 재미있어 보인다고 생각한다. 앤서니는 생각이 다르지만).

다이어트 소다

탄산음료 얘기가 나왔으니 말인데, 이 책을 쓰는 시점에서 영양학자들 사이에는 다이어트 소다가 건강에 나쁘다는 합의가 거의 이뤄진 듯하다. 유수 과학 학술지에 게재된 전문가들의 연구는 다이어트 소다 소비를 비만, 당뇨병, 심장마비를 비롯한 다양한 건강 문제에 결부시켰다.

의아하게도 다이어트 소다의 위험성을 알리는 모든 강력한 증거에도 학자들은 아직 설득력 있는 설명을 내놓지 못했다(치아 건강에 미치는 해로움만 빼고 – 산은 치아에 해롭다). 그들은 어째서 사실상 열량도 없는 음료가 모종의 방법으로 사람들을 뚱뚱하게 만드는지 설명하려고 머리를 쥐어뜯는다.

몇 가지 이론이 제시됐다. 그중 하나는 다이어트 소다가 화학 물질을 포함하며 이 물질은 건강에 해롭다는 설명이다. 우리가 섭취하는 모든 음식은 화학 물질이 있으므로 당연히 이로써 설명이 안 되며 소다의 혐의만 약해질 뿐이다. 또 다른 설명은 다이어트 소다 때문에 신체가 착오를 일으켜 더 많은 열량을 원한다는 내용이다. 이 설명대로라면 다이어트 소다를 마시면 뇌가 단 음료로부터 열량을 흡수하리라 기대하지만, 실제로는 열량이 없으므로 여러분이 주방에 가서 쿠키나 감자칩을 뒤지도록 떠민다는 얘기다. 이 이야기에서 여러분의 뇌는 마치 사탕을 받을 뻔했다가 막판에 취소된 아이와 같다. 세 번째는 다이어트 소다(그리고 아마도 아무거나 단 음식)는 미각을 둔하게 만들어서 달콤한 음식을 더 많이 먹게 된다는 설명이다.

우리는 영양학자가 아니지만, 문외한의 귀에도 이 모든 설명은 그다지 설득력 있게 들리지 않는다. 사실 실제와 반대 효과가 나타난다고 설명하는 그럴듯한 이야기도 상상할 수 있다. 다이어트 소다는 아마도 단것을 좋아하는 사람이 추가 열량 섭취 없이도 즐기도록 해줄 것이다. 그리고 다이어트 소다는 열량을 흡수했다고 뇌를 속여 신진대사를 더 빠르게 만들어서 건강과 체중 관리에 도움이 될지도 모른다. 말했듯이 우리는 전문가가 아니지만, 다이어트 소다가 특히 당분이 든 음료의 대체재로서 건강에 좋다는 말도 타당해 보인다. 그렇다면 전문가들은 왜 그렇게 다이어트 소다가 건강에 해롭다고 주장할까?

관련 연구를 뒤져 보니 그 증거는 다음과 같아 보인다. 다이어트 소다 마시기와 건강 상태 사이에는 음의 상관관계가 있다. 다이어트 소다를 마시는 사람들은 단 음료를 전혀 마시지 않는 사람들보다 비만이거나 당뇨병을 앓거나 다양한 건강 문제로 고생하는 경우가 많다.

이러한 상관관계가 다이어트 소다가 건강에 미치는 실제 인과적 효과를 반영한다는 영양학자들의 주장에 동의하기 전에 교란 변수나 역인과관계는 없는지 살펴야 한다.

예를 들어 만약 사람들이 과자를 먹으면 소다를 마실 일이 늘고(과자와 소다는 잘 어울리니까), 동시에 소다와는 관계없는 이유로 비만이 될 가능성도 높다면? 그렇다면 과자 섭취가 교란 변수일 것이다. 아니면 역인과관계일지도 모른다. 비만이나 당뇨병으로 인해 사람들이 다이어트 소다를 더 많이 마신다면? 여러분이 소다를 좋아해서 당뇨병에 걸리면 아마도 다이어트 소다로 바꿀 것이다. 이와 비슷하게 건강한 사람만이 다이어트 소다에서 진짜 당이 든 음료로 바꾸리라고 생각해 볼 수도 있다. 교란 변수와 역인과관계는 명백히 심각한 문제이고, 다이어트 소다와 건강 상태의 상관관계를 인과적 효과의 믿을 만한 추정치로 여겨서는 안 된다.

교란 변수와 역인과관계는 어떻게 다른가?

교란 변수와 역인과관계를 생각할 때는 이들이 서로 어떻게 연관이 있는지 생각해 보면 좋다. 역인과관계와 관련돼 보이는 문제가 종종 교란 변수로써 설명되기도 하는데, 여기서 적합한 교란 변수는 단순히 예상되는 결과다.

이 말이 무슨 뜻인지 알려면 경제와 내전 위험 사이에 있는 음의 상관관계 사례로 돌아가 보자. 여기에는 상관관계의 인과적 해석을 무효화하는 교란 변수와 역인과관계 둘 다 있다. 생각할 점이 하나 더 있다. 다양한 원인(민주주의 부재, 인종 분열, 주변국의 내전)으로 인해 사람들은 어떤 나라가 내전 위험이 높다고 믿는다고 가정하자. 내전 위험 때문에 이 나라에 투자가 미뤄지고, 이로 인해 자본이 유출되고 인재가 유출되고 안 좋은 일이 이어진다. 미래에 내전이 일어날지 모른다는 예감은 이런 식으로 국가 경제를 약화시킨다. 이를 역인과관계의 사례로 볼 수 있다. 즉 내전 위험이 경제 약화를 불러온다. 하지만 어쩌면 이를 교란의 한 사례로 간주하는 편이 더 명쾌할지도 모르며, 이때 교란 변수는 사람들에게 그 나라가 내전 위험이 높다고 믿도록 만드는 어떤 요소라도 될 수 있다. 이 요소들은 투자를 지연시키고 인재 유출을 유발해서 경제를 약화시킨다. 그리고 추측건대 이 요소들은 사람들로 하여금 바로 이 요소들이 내전 발발에 독자적인 영향력을 발휘하기 때문에 그 나라의 내전 위험이 높다고 믿도록 만들 것이다.

선거 운동 비용이라는 또 다른 사례를 살펴보자.

선거 운동 비용

선거 후보는 선거 운동에 쓸 비용을 마련하려고 굉장히 많은 시간을 쏟는다. 예를 들어 하원 의원들은 매일 몇 시간씩 돈 많은 단체에 전화를 걸어서 다음 선거에 쓸 자금을 확보하도록 도와 달라고 부탁하곤 한다(의회가 보기만큼 근사한 직장은 아닌가 보다).

정치인들은 당연히 선거 운동 자금이 당선 가능성에 필수불가결한 요소라고 믿기 때문에 이렇게 행동한다. 그리고 선거 운동 자문위원은 후보에게 텔레비전 광고, 디지털 광고, 홍보 우편, 유권자 접촉에 얼마나 비용을 써야 하는지 끊임없이 조언한다. 선거 운동은 확실히 후보들이 자금을 많이 끌어 모으고 많이 쓸수록 당선 확률이 올라간다는 믿음에 입각한 큰 사업이다.

선거 비용의 규모가 이렇다 보니 정치학자들은 오랜 시간과 노력을 들여 비용의 성과를 추정한다. 홍보 광고에 비용을 들이면 정말로 선거 결과에 영향이 있을까? 그리고 이런 영향이 과연 선거 운동에 쓴 수백만 달러와 이 자금을 모으는 데 들인 수천 시간의 값어치를 할까?

선거 비용에 관한 영향력 있는 초창기 연구 하나는 게리 제이콥슨^{Gary Jacobson}이 1978년에 수행한 연구다. 제이콥슨은 선거 비용이 새로 도전하는 후보의 당선 가능성에는 크게 도움이 되지만 현직 후보에게는 혜택이 거의 없다고 결론 내렸다. 사실 현직 후보가 선거 운동에 비용을 들이면 오히려 역효과가 나서 선거 결과가 나빠질 위험마저 있다!

선거 비용을 들이는 일이 도전자에게는 유익하지만 현직자에게는 아니라는 제이콥슨의 주장을 뒷받침할 증거는 뭘까? 도전자가 쓰는 비용은 그의 득표율과 강한 양의 상관관계가 있다. 그러나 현직자가 쓰는 비용은 그의 득표율과 음의 상관관계가 있다.

이런 상관관계를 설명하는, 제이콥슨이 추측한 한 가지 방식은 현직 후보가 대체로 도전자보다 많은 자금을 모으고 쓴다는 점이다. 아마도 도전자가 대체로 쓰는 수준의 얼마만큼의 초기 비용 사용은 인지도를 높이고 유권자를 설득하기에 유용할 것이다. 하지만 이미 잘 알려진 현직 후보가 선거 비용을 너무 크게 들이면 잠재적 지지자들의 심경을 불편하게 만들어서 지지를 철회하게 할지 모른다. 이런 점에서 현직 후보는 시간을 들여서 자금을 모으는 일과 그렇게 모은 자금을 사용하는 일 양쪽에서 체계적인 실수를 저지르고 있다.

물론 이런 상관관계의 밑바탕에 깔린 비교는 제대로 된 비교가 아닐지 모른다. 교란 변수와 역인과관계를 생각하지 않을 수 없다.

이 사고 흐름에서 한 가지 큰 고려 사항은 선거 역량과 관련이 있다. 어떤 도전자가 많은 자금을 끌어 모아서 사용할 수 있을까? 아마도 유명하고 승리 가능성이 높은 도전자이겠다. 이처럼 강력한 도전자에게 후원자들은 기꺼이 자금을 댄다. 하지만 당연하게도 강력한 도전자는 자금을 모으기 전부터 이미 당선이 유력한 후보다. 이들은 아마도 카리스마가 있거나 평판이 자자하거나 특별한 재능이 있을 것이다. 그러므로 도전자의 선거 비용과 선거 결과 사이에 나타난 양의 상관관계를 순전히 인과적으로 해석하면 실수를 저지를 것이다. 이는 적어도 부분적으로나마 자금을 많이 끌어 모으는 후보와 그렇지 못한 후보 사이의 차이 기준치를 반영한다.

이 사례에서 선거 역량의 문제를 역인과관계 또는 교란의 문제로 생각할 수 있다는 점을 알기 바란다. 이 문제를 역인과관계로 바라보면 이렇게 설명할 것이다. "도전자가 좋은 결과를 거둘 때 선거 운동에 더 많은 자금을 모으고 더 많은 비용을 쓴다." 교란 변수로 바라보면 이렇게 설명할 것이다. "도전자가 자신을 경쟁력 있게 만드는 소질을 갖췄다면 이 소질은 자금을 모으고 쓰는 역량과 선거에서 좋은 결과를 거둘 가능성 양쪽에 영향을 미친다." 두 문장 모두 같은 내용을 조금 다른 시각으로 기술한다.

현직 후보에게도 같은 논리가 적용된다. 일반적으로 이들은 많은 자금을 모으고 쓰지만, 미국 선거에서 현역 후보 대부분의 위치는 상당히 안정적이다. 선거 자금을 많이 모으고 많이 쓸 필요가 있는 사람들은 당선 가능성이 불확실한 후보들이다. 따라서 현직 후보의 경우 도전자와 정반대의 관계를 기대할 만하다. 현직 후보는 당선 가능성이 높을 때가 아니라 낮을 때 비용을 많이 쓴다. 그리고 이번에도 이 문제를 역인과관계로 바라볼 수 있다. "당선 가능성이 낮은 현직 후보가 비용을 많이 쓴다." 아니면 교란 변수와 관련 지어서 "현직 후보의 약점이 선거를 접전으로 이끌고, 이로 인해 비용도 많이 쓰고 득표율도 평균에 못 미친다."

이어진 연구들은 무작위 실험과 그 밖의 기발한 방법을 사용해서 인과관계를 밝히려고 노력했으며, 실질적 효과의 추정치는 대체로 작은 편이긴 하지만, 선거 비용은 도전자와 현직자 모두에게 긍정적인 효과가 있다는 결과를 보였다. 수백만 달러를 써도 한 표만 끌어들이는 데 그칠지도 모른다는 말은 선거 자금 기부를 통해서 대규모 선거 결과를 크게 바꾸기란 대체로 어렵다는 뜻이다. 미국의 커다란 주에서 일어나는 주지사 선거나 상원의원 선거를 예로 들어 보자. 아무리 선거가 접전이라고 해도 득표 차는 수십만에 이르기 마련이다. 자금 제공자가 선거 결과에 영향력을 행사하고 싶다면 수천만 달러를 쓰고도 상대 후보 진영에서는 그에 상응하는 대응이 없기를 바라야 한다. 이런 이유로 누군가 거대한 자금을 기부한대도 선거 결과를 뒤집는 경우는 거의 없다.

지금껏 봤듯이 이런 경우를 역인과관계로 바라볼지 교란 변수로 바라볼지는 그다지 중요하지 않다. 정말 중요한 것은 상관관계에서 교란 변수나 역인과관계로 나타나는 차이 기준치를 따지고, 실제로 차이 기준처가 있다면 상관관계가 인과관계를 내포한다는 해석을 내리기 전에 주의를 기울이는 것이다.

편향의 방향(부호) 정하기

교란 변수나 역인과관계가 존재하면 조치와 결과의 상관관계는 실제 인과관계의 편향 없는 추정치(ATE, ATT, ATU 또는 뒤에서 논할 다른 인과적 수치 등)라고 볼 수 없다. 다만 상관관계가 인과적 효과의 과대 또는 과소추정인지 판단함으로써 인과관계에 관해 파악하는 경우도 있다.

다시금 대표 등식을 불러오되 이번에는 인과 추론의 관점에서 써보자.

관찰한 상관관계(추정치) = 실제 인과적 효과(추정 대상) + 편향 + 잡음

뇌졸중 발생 후 어떤 의료 조치와 생존율 사이의 상관관계를 관찰한다고 가정하자. 또한 미처 염두에 두지 못한 교란 변수도 있어서 실제 인과적 효과를 추정한 값에 편향이 있다고 하자. 이 편향이 양의 값을 가진다고 믿을 만한 이유가 있다면 관찰한 상관관계는 수행한 조치의 실제 인과적 효과의 '과대추정over-estimate'이다. 이 말은 양의 상관관계를 관찰했다고 해서 수행한 조치가 어떤 영향을 미친다고 확신하기 어렵다는 뜻이다. 실제 인과적 효과가 전혀 없더라도 양의 편향을 유발하는 교란 변수만으로도 평균적인 양의 상관관계를 관찰할 것이다.

반면 이번에는 편향이 양의 값이 아니라 음의 값이라고 믿을 만한 이유가 있다고 하자. 이 경우 관찰한 상관관계는 수행한 조치의 실제 인과적 효과의 '과소추정under-estimate'이다. 따라서 관찰한 상관관계가 양의 값이면 실제 인과적 효과는 더 큰 양의 값이다. 이 점을 알면 쓸모가 있다. 예컨대 관찰한 상관관계만큼의 실제 효과만 있다고 하더라도 (다양한 비용을 감안하면) 조치를 취하는 편이 괜찮은 생각이라고 하자. 그렇다면 관찰한 상관관계가 실제 효과의 과소추정이라면 무조건 조치를 취해야 한다.

물론 잡음으로 인해서 틀릴 여지가 여전히 남아 있다는 점을 염두에 두자. 설령 실제 인과적 효과를 평균적으로는 과소추정하더라도 어떤 특정 추정치가 실제 효과보다 작지 말라는 법은 없다. 단지 평균적으로 볼 때 실제 효과보다 추정치가 작을 것이란 뜻이다.

이처럼 추정치 편향의 부호를 파악하면 유용할 때가 있으므로 교란 변수의 존재가 언제 관찰한 상관관계가 실제 효과의 과대추정이라는 점을 시사하고, 언제 관찰한 상관관계가 실제 효과의 과소추정이라는 점을 시사하는지 잠시 개념적으로 생각해 볼 필요가 있다.

선거 역량이 교란 변수일 우려가 있는 득표율과 도전자의 선거 비용에 관한 논의로 시작하겠다. 이 교란 변수는 득표율과 선거 비용 사이의 상관관계가 인과적 효과의 과대 또는 과소 추정이 되도록 만들 가능성이 있을까? 선거 역량은 도전자의 선거 자금 확보와 득표율 양쪽에 긍정적인 효과가 있어 보인다. 그러므로 선거 비용을 많이 쓴 도전자가 얻은 초과 득표 일부는 사실 선거 비용의 효과가 아니라 후보의 선거 역량으로 인해 생긴다. 이처럼 선거 비용과 득표율 사이의 상관관계는 실제 효과의 과대추정으로 예상해야 한다.

다른 사례로 대안학교에 다니는 일과 표준 시험 성적 사이의 양의 상관관계로 돌아가자. 앞서 우리는 대안학교에 지원하는 수고를 마다하지 않는 학생들은 일반 학생 집단보다 평균적으로 학업적 재능이 뛰어날 것이라는 사실이 교란 변수가 될 여지가 있다고 말했다. 그리고 이 학생들이 학업적 재능이 더 뛰어나거나 의욕이 더 높다는 사실은 시험 점수에도 직접적인 영향을 미칠 것이다.

이 설명이 맞다면 여기서 나온 교란 변수는 과연 대안학교 취학과 표준 시험 점수 사이의 상관관계가 실제 효과의 과대 또는 과소추정이 되도록 만들 가능성이 있을까? 한번 생각해 보자. 학업에 재능이 있다는 점은 대안학교에 갈 가능성에 긍정적인 효과가 있다. 또한 시험 점수에도 긍정적인 효과가 있다. 이 말은 곧 대안학교와 시험 점수에서 관찰한 양의 상관관계 중 일부는 학업적 재능 차이에서 온다는 뜻이다. 따라서 이 교란 변수는 관찰한 상관관계가 실제 효과의 과대추정이 되게끔 만든다. 즉 대표 등식에서 편향은 양의 값이다.

대안학교 취학과 시험 점수 양쪽에 부정적인 효과를 미치는 교란 변수가 있다고 해도 마찬가지라는 점은 자명하다. 사실 이름만 바꾸는 셈이다. 교란 변수가 '학업적 재능' 대신에 '학업적 재능의 부족'이라고 본다면 이는 조치와 결과 양쪽 모두에 부정적인 효과가 있지만, 명백히 관찰한 상관관계가 여전히 실제 효과의 과대추정이 되게 만든다. 따라서 그림 9.7에서 보듯이 어떤 교란 변수가 조치와 결과에 (음이든 양이든) 같은 방향의 효과를 준다면 이 교란 변수를 고려하지 않고 추정하면 양의 값인 편향이 생긴다. 이런 상황에서는 관찰한 상관관계가 실제 효과보다 크게 나타난다.

이번에는 조치와 결과에 다른 방향으로 영향을 미치는 교란 변수를 살펴보자. 예를 들어 가난한 동네에 사는 학생들이 (아마도 지역 공립학교는 예산이 부족해서) 대안학교에 지원할 동기가 더 높지만 가정 형편상 성적은 나쁠 가능성이 높다고 가정하자. 이 역시 교란 변수로서 조치(대안학교에 다니는지 여부)와 **결과**(표준 시험 성적) 양쪽에 **효과**를 발휘한다. 하지만 (조치와 잠재적 결과 모두에 긍정적인 영향을 주는) 학업적 재능과 달리 이 교란 변수는 음의 값을 갖는 편향을 일으킬 것이다. 따라서 대안학교와 표준 시험 점수 사이에서 관찰한 상관관계는 실제 효과의 과대추정이 아니라 과소추정이 된다.

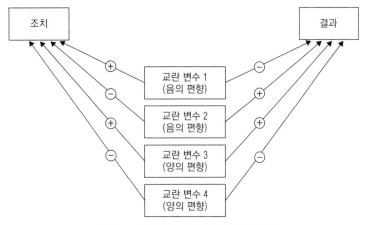

그림 9.7 교란 변수로 발생하는 편향의 부호화

왜 이런 결론이 나올까? 가난한 동네에 살면 대안학교에 갈 가능성에 긍정적인 효과가 있고, 시험 점수에는 부정적인 효과가 있다. 이 말은 대안학교와 시험 점수 사이에서 관찰한 상관관계는 대안학교에 다니는 아이들이 전체 인구에 비해서 가난한 동네에 사는 비중이 높다는 사실을 반영한다는 뜻이다. 이 사실로 인해 대안학교 학생의 시험 점수는 실제 대안학교의 효과와 무관하게 낮아질 여지가 생긴다. 만약 대안학교와 공립학교 둘 다 부유하거나 가난한 동네의 아이들을 고르게 받는다면, 대안학교와 시험 점수 사이의 양의 상관관계가 지금보다 더 강화될 것이다. 따라서 이 교란 변수는 관찰한 상관관계가 실제 효과의 과소추정이 되게끔 만든다.

이번에도 역시 교란 변수가 대안학교 입학 가능성에는 부정적인 영향을, 시험 점수에는 긍정적인 영향을 미친다고 해도 결과는 같다. 그래서 그림 9.7에 나타나듯이 어떤 교란 변수가 조치에는 한쪽 방향으로 효과를 주고 결과에는 다른 방향으로 효과를 준다면 음의 편향이 생긴다. 이런 상황에서는 관찰한 상관관계가 실제 효과보다 작게 나타난다.

편향 부호화는 역인과관계 사례에서는 더 쉽다. 결과는 당연하게도 자기 자신에게 양의 상관관계가 있다. 그러므로 결과가 조치에 긍정적인 효과를 준다면 편향은 양의 값이 된다. 이는 관찰한 상관관계가 실제 인과적 효과의 과대추정이라는 뜻이다. 그리고 만약 결과가 조치에 부정적인 효과를 준다면 편향은 음의 값이고 관찰한 상관관계는 과소추정이 된다.

더 많은 정보가 있으면 단순히 편향 부호화를 넘어서 편향의 크기까지 파악할 수 있을 것이다. 몇 가지 가정을 하면, 교란 변수가 유발한 편향은 단순히 교란 변수가 결과에 주는 효과에 교란 변수와 조치 사이의 상관관계 척도(교란 변수를 조치에 회귀를 적용해서 얻은 계수)를 곱한 크기와 같다.

10장에서 보겠지만 이 교란 변수에 관한 데이터가 있으면 통제를 통해 편향을 제거할 수 있다. 그러나 이런 데이터 없더라도 교란 변수가 결과에 미치는 영향과 교란 변수와 조치 사이의 상관관계 크기를 추측해서 편향 정도를 잴 수 있다.

방금 논의는 편향된 추정으로도 인과적 효과에 관한 무언가를 알 수 있다는 점을 보여 준다. 단지 교란 변수가 있을지 모른다는 이유만으로 분석을 포기할 필요는 없으며, 편향의 방향과 크기를 적절히 추측한다면 이로부터 많은 내용을 파악할 수 있다. 다만 관찰한 상관관계가 얼마나 편향의 결과인지 판단하기는 어려운데, 이 때문에 단순한 상관관계가 인과관계를 파악하기에 선호되는 방법은 아니다. 인과적 추론을 하기에 좀 더 정교하고 유용한 접근법은 뒤에서 자세히 다루겠다.

잠재적으로 편향된 상관관계로부터 인과적 효과를 파악하는 방법 하나는 거꾸로 살펴보기다. 편향의 크기를 추측해서 효과가 얼마나 큰지 추론하는 대신, 실제 효과가 전혀 없다고 가정한 상태에서 어떤 상관관계를 관찰하려면 편향이 얼마나 커야 하는지 묻는 방식이다. 그 편향이 말도 안 되게 크다면 아마도 실제 효과가 있으리라고 결론 내릴 수 있다. 이런 분석 방식을 흔히 '민감도 분석$^{\text{sensitivity analysis}}$'이라고 부른다. 이 책에서 자세한 내용을 다루지는 않지만, 대체로 편향의 근원과 추정한 부호와 추정한 크기와 여러분이 추정하려는 효과에 관해 의미하는 바를 생각해 보기 바란다.

편향의 다양한 근원과 이들이 갖는 부호를 이해하면 어째서 상관관계가 반드시 인과관계의 증거는 아닌지 더 잘 이해하게 된다. 실제 효과는 없지만 교란이나 역인과관계로 인해 상관관계를 관찰할 가능성이 있다. 3장에서 논의한 바와 같이 이와 비슷하게 인과관계 또한 반드시 상관관계를 내포하지는 않는다. 설령 어떤 조치가 거대한 긍정적인 효과가 있더라도 교란 변수나 역인과관계가 역시 거대한 부정적인 편향을 만들기도 한다. 이로 인해 조치 효과는 양의 값이더라도 관찰한 상관관계는 크기가 작거나 아예 없거나 심지어(현직 후보의 선거 비용과 득표율 사례처럼) 음의 값이 될 수도 있다. 그러므로 상관관계가 인과관계를 반드시 내포하지 않는 데서 멈추지 않는다. 인과관계 역시 상관관계를 내포하지는 않는다.

이 모든 내용을 머릿속에 담고 좀 더 복잡한 사례를 살펴보자.

피임과 HIV

우리 시대에서 공중 보건의 가장 큰 재앙 하나는 아프리카에 퍼지는 HIV와 에이즈다. 연구자들은 이 병이 왜 그렇게 빨리 퍼지는지 알아내고 병의 확산을 멈추고자 열심히 노력했다. 학자와 공중 보건 종사자의 주목을 받은 가설 하나는 여성의 호르몬을 이용한 피임법이 면역 체계나 신체 조직에 변화를 주어 HIV 전파 위험을 높인다는 내용이다.

2012년 『란셋 감염병The Lancet Infectious Diseases』에 발표된 연구는 이 가설을 뒷받침하는 증거를 제시한다. 연구진은 3,500쌍이 넘는 남녀 데이터를 분석했는데, 이들은 한쪽은 HIV에 감염되고 다른 쪽은 감염되지 않았다. 조사 대상자가 보고한 다양한 행동 데이터를 사용했는데, 예컨대 콘돔 사용, 다른 성관계 상대, 그리고 이 연구의 주제인 여성이 호르몬 피임법을 받았는지 여부 등이다. 데이터에는 감염되지 않은 상대가 1~2년 넘게 HIV에 접촉했는지 여부도 나온다. 마지막으로 HIV에 접촉한 상대 대상으로 유전적 검사를 통해 상대방으로부터 전파됐는지 아니면 다른 이유로 전파됐는지 파악했다.

이 연구에는 두 가지 커다란 발견이 있다. 첫째, 호르몬 피임을 했지만 HIV에 감염되지 않은 여성은 호르몬 피임을 하지 않고 HIV에 감염되지 않은 여성에 비해 감염된 자신의 애인으로부터 HIV가 전파될 가능성이 2배다. 둘째, 호르몬 피임을 했는데 HIV에 감염된 여성은 호르몬 피임을 하지 않고 HIV에 감염된 여성에 비해 자신의 감염되지 않은 애인에게 HIV를 전파할 가능성이 2배. 이 결과는 조사 대상자가 보고한 콘돔 사용 여부를 통제하면 참을 유지한다(10장에서 통제한다는 말의 뜻을 더 자세히 알아보겠다). 이러한 발견으로부터 저자, 「뉴욕타임스^{The New York Times}, 내셔널 퍼블릭 라디오^{National Public Radio5}, 그 밖에 많은 곳에서 호르몬 피임법이 HIV 전파 위험을 높인다고 발표했다.

이 연구는 이처럼 대단히 중대한 사안에 있어서 기존 연구 내용을 크게 개선했다. 그러나 이는 제대로 된 비교와는 한참 거리가 있다. 뭐가 잘못된 걸까?

가장 큰 우려점은 교란 변수의 존재 가능성이다. 호르몬 피임을 한 여성은 그렇지 않은 여성과 측정하지 않은 여러 면에서 다른데, 이 중에는 HIV 전파 위험에 관련된 항목도 있을지 모른다. 만약 그렇다면 호르몬 피임과 HIV 전파 사이에 관찰한 상관관계는 실제 인과관계의 편향된 추정이 될 여지가 있다.

한 가지 생각해 볼 부분은 성생활이 왕성한 여성일수록 호르몬 피임 가능성도 높을 수 있다는 점이다. 란셋 연구의 연구진은 조사 대상 여성들을 무작위로 호르몬 피임법을 받거나 안받게 만들지는 못한다. 본인이 원해야 호르몬 피임을 한다. 성적 활동은 HIV 전파에서 위험 요소다. 그러므로 다른 조건이 같다면 성생활이 왕성한 여성이 HIV 전파 위험도 높다. 호르몬 피임을 한 여성들이 일관되게 성적 활동이 더 많다면 피임 자체는 아무런 생물학적 역할을 하지 않더라도 전파율이 높을 것이다.

이 교란 변수는 추정치를 어느 방향으로 편향되게 만들까? 그림 9.8에 잘 나타나듯이 성적 활동은 호르몬 피임을 부추기고, 동시에 피임과 무관하게 HIV 전파 위험도 높인다. 따라서 편향은 양의 값이다. 그리고 이 교란 변수는 관찰한 상관관계가 호르몬 피임과 HIV 전파의 실제 인과관계의 과대추정이 되게끔 만드는 경향이 있다.

그림 9.8 성적 활동 수준으로 인해 호르몬 피임법과 HIV 전파 사이의 상관관계가 실제 인과관계를 과대추정하기 쉽다.

---

5   미국의 공영 라디오 방송국 – 옮긴이

저자들은 이런 우려점을 알고, 해소하려고 시도했다. 구체적으로는 여성에게 과거 성경험과 콘돔 사용에 관해 물었다. 그러나 조사 대상자의 자가 보고는 믿기 어렵다고 악명이 높은데다, 특히 성관계나 콘돔 사용처럼 민감한 주제는 더욱 그렇다.

기작 대 교란 변수

무엇이 교란 변수이고 무엇이 교란 변수가 아닌지 헷갈리기 쉽다. 특히 흔히 저지르는 실수는 조치가 결과에 영향을 미치는 기작^{mechanism}을 교란 변수와 혼동하는 경우다. 기작(매개자 ^{mediator}라고도 부른다)은 조치로부터 영향받는 어떤 특성이자, 동시에 그 자신이 결과에 영향을 미친다. 그래서 기작은 교란 변수가 아니라 조치가 결과에 영향을 미치는 하나의 수단이다.

예를 들어 대안학교에 다니기 때문에 공립학교에 갈 때보다 학생들의 시험 점수가 올라갈 가능성 하나는 대학 학점 인정$^{AP, Advanced Placement}$ 수업을 더 많이 제공해서 학생들이 시험에 잘 대비하도록 돕는 부분이다. 대안학교 학생들이 공립학교 학생들보다 표준 시험에서 더 좋은 성적을 거두는 상관관계를 살펴볼 때 이렇게 말하고 싶은 생각이 든다. "그래, 하지만 이건 대안학교 학생들이 학점 인정 수업을 더 많이 듣는 사실로 교란되기 때문이야." 하지만 이 말은 틀렸다.

단순히 조치와 결과에 연관된다고 (이 경우에는 학점 인정 수업처럼) 교란 변수가 아니라는 점을 기억하자. 이는 조치와 결과 양쪽에 영향을 미치는 특성이다. 하지만 이 이야기에서 학점 인정 수업은 어떤 학생이 대안학교 취학(조치) 여부에는 영향을 미치지 않는다. 그보다는 오히려 대안학교에 다니는지에 영향을 받고, 동시에 학생의 표준 시험 성적에 영향을 미친다. 따라서 학점 인정 수업 참석은 교란 변수가 아니다. 그보다는 대안학교가 시험 점수를 올리는 기작의 하나다. 이따금 교란 변수를 '조치 전 공변량$^{pre-treatment\ covariate}$', 즉 조치가 행해지기 이전에 조치와 결과에 연관된 변수로 기술하고, 기작을 '조치 후 공변량$^{post-treatment\ covariate}$', 즉 조치가 행해진 다음에 조치와 결과에 연관된 변수로 기술하곤 한다. 그림 9.9는 이 차이를 보여 준다(화살표 방향을 눈여겨보라).

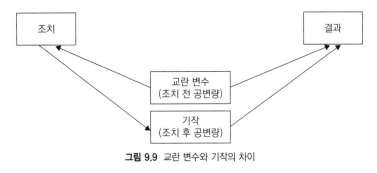

그림 9.9 교란 변수와 기작의 차이

앞서 말했듯이 이 문제는 헷갈리기 쉽다. 두어 가지 사례를 들어 이야기해 보자.

중년 남성을 대상으로 한 의학 연구에서 스타틴[statin6]을 복용한 사람들은 심장마비로 죽을 확률이 낮다는 점을 발견했다고 하자. 스타틴을 복용하는 남성은 평균적으로 부유하고 콜레스테롤 수치도 낮다는 점에 주목한다. 이 중 어느 것이 교란 변수이고 어느 것이 기작일까? 정답을 보기 전에 잠시 생각해 보기 바란다.

부유함을 먼저 살펴보자. 어떤 특성이 잠재적인 교란 변수인지 판단하려면 조치와 결과 양쪽에 영향을 미치는지 알아야 한다는 점을 기억하자. 따라서 두 가지 질문을 던진다.

1. 어떤 남성이 부유하다는 사실이 스타틴 복용에 영향이 있을까? 답은 확실히 '예'다. 부유한 남성일수록 아마도 약값을 지불할 능력이 되고 또한 이 약을 처방할 의사에게 진찰받을 가능성도 높다.
2. 어떤 남성이 부유하다는 사실이 심장병으로 죽을 위험에 영향이 있을까? 이번에도 답은 '예'다. 부유한 남성일수록 심장 건강에 좋은 생활 습관(운동 시설 이용 등)을 가질 가능성이 높고 심장마비가 발생했을 때도 응급 처치를 받을 가능성 또한 높다.

그러므로 이 경우 부유함이 교란 변수가 될 가능성을 염두에 둬야 한다.

낮은 콜레스테롤 수치는 어떨까? 의학 정보에 따르면 콜레스테롤 수치가 높으면 심장마비 가능성이 높아질 여지가 있다(비록 인과적 효과를 밝히기가 까다롭지만). 그런데 콜레스테롤 수치가 누군가의 스타틴 복용 여부에 영향을 미칠까? 여기서는 좀 더 정보가 필요한데, 구체적으로는 정확히 언제 콜레스테롤 수치를 측정했느냐다.

---

6   혈관 내 콜레스테롤 억제제 – 옮긴이

만약 어떤 사람이 스타틴을 복용하기 전에 콜레스테롤 수치를 측정했다면 콜레스테롤 수치는 교란 변수가 될 가능성이 충분하다. 무엇보다도 사람들은 대체로 콜레스테롤 수치가 높을 때 스타틴 복용을 선택한다(이전 절의 '편향 부호화'에서 배운 기법을 적용한다면 이 교란 변수는 소개한 연구에서 스타틴의 효과를 과소 또는 과대추정하도록 만든다고 생각하는가?).

그러나 스타틴 복용 후에 콜레스테롤 수치를 측정했다면 콜레스테롤 수치는 기작이다. 아마도 스타틴이 콜레스테롤 수치를 낮추기 때문에 심장병 위험을 줄이리라 추측한다. 실제로 그렇다면, 그리고 무작위로 어떤 사람들은 스타틴을 복용하고 다른 사람들은 복용하지 않게 한다면, 스타틴을 복용한 이들은 콜레스테롤 수치가 (그리고 심장병 위험도) 낮아질 것이다. 이러한 콜레스테롤 수치 차이는 스타틴의 효과를 추론하는 데 있어서 문제가 되지 않는다. 오히려 그 효과를 달성하는 데 작용하는 기작이다.

다른 예로, 경제 사정이 좋으면 내전 위험이 감소하는지 궁금하다고 하자. 실제로 한 국가의 1인당 소득과 내전 경험 빈도 사이에는 음의 상관관계가 있다는 사실을 발견했다. 하지만 민주주의가 1인당 소득과 양의 상관관계가 있고 내전 위험과는 음의 상관관계가 있다는 점도 안다. 여기서 민주주의는 교란 변수일까 아니면 기작일까?

좀 까다로운 문제다. 민주주의가 어떻게 교란 변수가 되는지는 확실하다. 민주주의 정부는 통치 수준을 개선할 것이다. 그리고 통치 수준이 좋으면 국가 경제도 성장할 여지가 높다. 게다가 민주주의 체제에서는 사람들이 정치적 갈등을 비폭력적으로 해소할 길이 있어서 그 자체로 내전 위험을 줄인다. 이렇게 보면 민주주의는 조치(1인당 소득)와 결과(내전) 양쪽에 직접적인 인과적 효과가 있으므로 교란 변수다.

그러나 민주주의가 기작이 된다고 볼 여지도 있다. 어쩌면 나라가 부유할수록 국민도 더 교양 있고 교육을 잘 받고 자신의 이익을 위해 행동할 줄 알게 될 것이다. 여기서는 1인당 소득이 높으면 직접적으로 민주주의 국가가 될 가능성을 높인다. 그리고 앞서 말한 이유로 민주주의는 내전 위험을 낮출 것이다. 이렇게 보면 민주주의는 교란 변수라기보다는 높은 1인당 소득이 내전 위험을 낮추는 데 작용하는 기작이다.

이 사례가 잘 보여 주듯이 교란 변수와 기작을 구분하는 일은 중요하지만 항상 공식대로 되지는 않는다. 비록 현실에서는 어떤 요소가 어느 쪽에 해당하는지 판단하기 어려운 경우가 많지만, 지금은 일단 개념적 수준에서 이런 구분이 중요하다는 사실만 기억하자. 10장에서 통제의 이점과 한계를 이야기할 때 이 주제를 다시 다루겠다.

편향과 잡음에 관해 명확하게 사고하기

이제 인과적 질문에 관해 다루고 있으므로 2부에서 배운 내용, 바로 어떤 관계가 성립하는지 판단하는 방법을 잊지 않았는지 확인하겠다. 누군가 어떤 상관관계를 보여 주고 이를 인과관계의 추정치로 해석하는 경우 던져야 하는 질문을 생각해 보자.

첫째, 실제로 상관관계를 관찰하는가? 4장에서 사람들이 종종 상관관계를 측정했다고 생각하지만 핵심 변수의 변이가 포함된 데이터를 모으지 않았던 사례를 떠올리자. 따라서 이들이 단지 관찰하려는 결과가 일어난 경우나 항상 조치된 사례만 살펴보지 않았는지 확인해야 한다. 만약 이런 실수를 했다면 제시된 데이터만으로는 인과관계는 고사하고 상관관계가 있는지조차 판단하지 못한다.

둘째, 추정한 상관관계가 실제 관계를 반영하는가? 예컨대 누군가 100명의 표본에서 땅콩버터 소비와 맹장염의 관련성을 보였다고 하자. 이 표본에서 땅콩버터를 많이 먹은 사람일수록 맹장염에 걸릴 가능성이 높다. 여기서 몇 가지 질문을 할 것이다. 이 상관관계는 상관관계가 없음을 뜻하는 귀무 가설과 통계적으로 구분할 만한가? 왜 데이터가 100명만 있는가? 이 특정한 상관관계를 측정하려는 목적으로 데이터를 모았는가? 아무런 상관관계를 발견하지 못했어도 여러분에게 이야기했을까? p-해킹이나 p-검열이 걱정된다면 여러분은 더 큰 모집단에서 땅콩버터와 맹장염 사이에 진짜로 상관관계가 있을지에 관해 회의적일 것이고, 독자적으로 데이터를 모아서 이 새로운 표본에도 같은 상관관계가 나타나는지 확인하고 싶을 것이다. 만약 나타나지 않는다면 실제 추정 대상(모집단의 상관관계)은 0이며, 100명 표본에서 발견한 양의 상관관계는 잡음으로 발생한 결과라고 봐야 한다.

셋째, 이 상관관계가 인과관계의 확실한 증거인가? 이들이 제대로 비교하는지, 즉 교란 변수나 역인과관계 때문에 추정한 상관관계가 실제 인과관계로부터 편향되지는 않는지 물어야 한다. 예컨대 누군가 1년 중 아이스크림 소비와 햇볕에 탄 피부의 상관관계를 보인다면 여러분은 아마 실제 상관관계를 발견했다고 믿을 것이다. 다른 표본으로 확인해도 아이스크림과 햇볕에 탄 피부 사이에 강한 상관관계를 발견할 것이다. 그러나 이 상관관계가 아이스크림이 피부가 햇볕에 타게 만든다는 증거는 아니다. 어쩌면 증거가 맞을지도 모른다. 사람들이 아이스크림을 먹으면 밖에 나가고 싶어질지도 모르기 때문이다. 하지만 훨씬 더 가능성 높은 설명은 햇볕이 (피부 태움과 무관한 이유로) 아이스크림 소비와 (아이스크림과 무관한 이유로) 탄 피부 양쪽 둘 다 늘린다는 내용이다.

이 모든 내용을 하나로 모으려면 인과적 추론에 사용한 대표 등식의 특별한 경우를 다시 쓰자.

$$\text{관찰한 상관관계}_{(추정치)} = \text{실제 인과적 효과}_{(추정 대상)} + \text{편향} + \text{잡음}$$

추정한 상관관계가 인과적 효과와 달라지는 두 가지 요인이 있다. 하나는 잡음이다. 여기서 잡음은 추정치에 영향을 주는 변칙적인 요소다. 잡음은 모집단의 상태를 알고 싶지만 그 일부인 표본 데이터만 확보했을 때 나타나는 표본 변동으로 인해 생기기도 한다. 또는 어떤 인과적 연결고리도 없는, 관심 대상인 변수의 특이한 변이로 인해 잡음이 생기기도 한다(오차가 있는 변수를 측정하는 등). 평균적으로는 잡음이 0이니까 가볍게 무시해도 되리라고 생각할지 모른다. 하지만 평균이 0이라고 해서 개별 표본에서도 잡음이 없다는 뜻은 아니다. 게다가 p-해킹과 p-검열이 있으면 평균 잡음조차 0이 아닐 것이다. 7장에서 이를 집중적으로 다뤘다. 잡음에 이어서 또 다른 요인은 편향 가능성이다. 즉 교란 변수나 역인과관계 때문에 추정치가 평균적으로 추정 대상과 달라지는데 이는 곧 9장의 주제다.

인과관계의 증거로 제시된 상관관계를 마주할 때 실제 인과적 효과, 편향, 잡음이라는 세 가지 요소를 고려하고, 각각이 상관관계를 설명하는 데 어떤 역할을 하는지 생각하면 도움이 된다. 물론 어떤 추정치가 이 세 가지의 조합을 반영하는 경우가 흔하다.

편향과 잡음을 분리하거나 개념적으로 명쾌하게 파악하기조차 까다로운 경우도 있다. 몇 가지 사례를 보자. 타일러 비젠$^{\text{Tyler Vigen}}$의 책 『가짜 상관관계$^{\text{Spurious Correlations}}$』는 한 쌍의 유행이 인과적이나 논리적으로 서로 연결된다고 볼 이유가 전혀 없음에도, 시간이 흐르면서 서로 연관돼 나타나는 경우를 여럿 소개한다. 이 '가짜 상관관계'라는 용어는 비록 상관관계가 편향과 잡음 어느 쪽으로 인해 나타나는지 확실하지 않기 때문에 이 책에서는 사용을 피하려 했지만, 확실히 적절한 단어다.

그림 9.10은 비젠이 제시한 사례 하나를 보여 준다. 이 그림은 미국에서 목을 맨 자살자와

정부의 과학 연구 지출 사이에 시간의 흐름에 따른 상관관계를 보여 준다. 이 그림은 통상적인 방식으로 표현하지는 않았지만 양의 상관관계를 나타낸다. 매 연도를 관찰 단위로 보면 예년보다 목을 맨 자살자가 많은 해에는 과학 연구 지출도 평균보다 높다. 사실 상관계수(*r*)은 .992에 달하는데, 데이터를 조작하지 않는 한 이렇게 강한 상관관계를 발견하기는 어렵다.

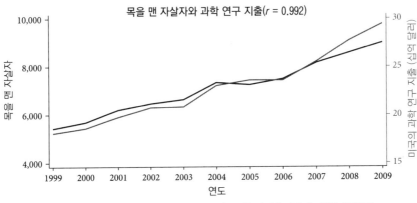

그림 9.10 목을 맨 자살자 수와 정부의 과학 연구 지출 사이에 나타나는 강한 상관관계

대체 어찌된 일인가? 이 상관관계가 생긴 까닭은 과학 연구 지출과 자살의 실제 인과적 효과인가 편향인가 잡음인가? 이론상 가능하긴 하지만, 과학 연구 지출이 목을 매는 자살에 광범위하고 긍정적인 효과가 있을 (또는 그 반대일) 가능성은 극히 낮다. 확실히 잡음이 타당한 설명으로 보인다. 충분히 많은 변수를 분석하면 그중 우연히 관련되는 두 가지를 찾기 마련이며, 비젠은 정확히 이렇게 했다. 그는 여러 변수들의 시간의 흐름에 따른 상관관계를 점검해서 유의하게 나타나는 상관관계만 골라서 소개했다.

반면 편향이 원인일 수도 있다. 이때 교란 변수가 될 만한 변수는 뭘까? 자살과 과학 연구 지출 양쪽에 영향을 미칠 변수가 있을까? 한 가지 가능성은 인구수다. 이 기간(1999~2009) 미국 인구는 약 2억 7,900만 명에서 3억 700만 명으로 꾸준히 증가했다. 인구수 증가는 충분히 자살자 수와 과학 연구 지출 양쪽 모두를 늘릴 수 있다.

여기서 관찰한 상관관계를 설명하기에 편향과 잡음 중 어느 쪽이 더 적합한지 알아보려면 1999년 이전과 2009년 이후에도 이 상관관계가 유지되는지 살펴보는 일이 유용하다. 분석한 데이터 표본 밖에서도 일반적으로 같은 상관관계가 유지된다고 예상한다면 이는 단순히 잡음 때문이 아니다. 반면 이 상관관계가 비젠이 수집한 데이터의 짧은 기간을 벗어나면 사라지는 요행일 뿐이라고 생각한다면 이는 인과관계나 편향이 아니라 단순히 잡음 때문이다.

또 다른 사례 두어 가지를 살펴보자. 그림 9.11은 미국에서 사회학 박사 학위를 받은 숫자와 전 세계의 비상업적 우주선 발사 횟수 사이의 시간에 따른 상관관계를 보여 준다. 이번에도 상관관계는 매우 강하다. 더욱이 두 변수는 시간이 흐르면서 자연스럽게 증가하지 않기 때문에 이 결과를 단순히 인구수 증가로 (또는 시간이 흐르면서 바뀌는 다른 무언가로) 설명하기는 어렵다. 길게 보면 우주선 발사와 사회학 박사는 늘지도 줄지도 않는다. 하지만 어느 해에 우주선 발사 횟수가 많으면 사회학 박사 학위 수도 많은 편이다.

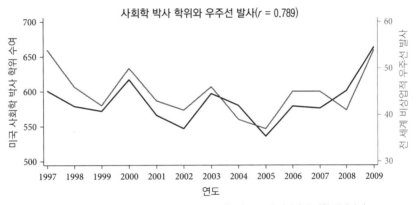

그림 9.11 시간의 흐름에 따른 사회학 박사 학위와 우주선 발사의 특이한 상관관계

이 현상은 확실히 잡음으로 치부할 만하다. 해마다 우주선 발사와 사회학 박사 학위 수에는 특이한 변화가 있고, 이 기간 동안 비슷한 추세를 보인다. 그러나 그 뒤 13년의 데이터를 본다면 상관관계는 없을 것이다.

마지막으로 그림 9.12는 니콜라스 케이지$^{Nicolas Cage}$가 출연한 영화 수와 수영장 익사 사고 수의 시간에 따른 상관관계를 보여 준다. 이것 역시 잡음이 원인으로 보인다. 인과적 연결고리는 당연히 없거니와 눈에 띄는 교란 변수도 없다. 사회학과 우주선 발사 사례처럼 이 상관관계도 훗날 유지되지 않으리라 확신한다.

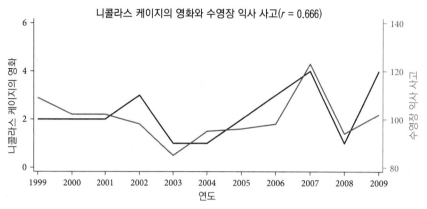

그림 9.12 니콜라스 케이지의 영화와 수영장 익사 사고 사이의 난해한 상관관계

다만 니콜라스 케이지와 익사 사고의 상관관계는 좀 다른 개념적 수수께끼를 제시한다. 이 분석이 니콜라스 케이지가 활동한 모든 기간과 사람들이 수영장을 소유한 모든 기간에 걸쳐서 이뤄졌다고 상상해 보자(물론 실제로 그렇지는 않지만 그냥 상상만 해보자). 니콜라스 케이지가 배우 활동을 그만두고 사람들이 더이상 수영장을 갖지 않는다면 이후 기간에서 두 변수의 상관관계를 평가할 길이 없다. 그러면 이 상관관계가 잡음의 결과라는 점을 어떻게 파악할까? 게다가 니콜라스 케이지의 영화와 수영장 익사에 관한 모든 데이터를 모았는데 이 상관관계가 잡음의 결과라고 말하는 의미는 대체 뭘까? 전체 모집단(여기서는 니콜라스 케이지의 영화)을 관찰한다면 표본 변동도 없다.

이 수수께끼를 푸는 방법 하나는 6장에서 모집단 전체의 데이터를 가졌을 때 통계적 유의성을 구하려고 소개했던 철학적 도약이다. 현실에서 실제로 니콜라스 케이지의 영화와 수영장 익사 사이에 상관관계를 관찰했지만, 이는 그저 대안으로 존재할 수 있었던 수많은 가상 세계의 작은 표본일 뿐이다. 이 세계들은 현실과 비슷하지만 온갖 변칙적이고 연관성 없는 요소들이 다르게 작용한다. 이런 세계에서도 니콜라스 케이지의 영화와 수영장 익사의 상관관계가 유지되리라 보는가? 그 답이 '아니오'라면 설령 모든 데이터를 가졌더라도 우리가 관찰한 상관관계가 잡음에서 유발된다고 말해도 되겠다.

정리

지금까지 어떤 상관관계가 교란 변수나 역인과관계로 인해 인과관계를 편향되게 추정하는 경우가 종종 있다는 점을 알아봤다. 이것이 바로 상관관계가 인과관계를 내포하지 않는다는 말의 의미다.

교란 변수가 뭔지 알고 측정할 수 있다면 편향을 바로잡아서 인과관계 추정을 더 낫게 만들 수 있을까? 이는 10장의 주제다.

핵심 용어

- **인과적 효과**: 현실의 어떤 특성이 변화하면서 다른 특성을 변화시키는 현상.
- **평균 조치 효과**^{ATE}: 두 가지 반사실적 상황, 다시 말해 한쪽은 집단 전체가 조치되고 다른 쪽은 집단 전체가 미조치된 경우에서 나타나는 평균적인 결과의 차이.
- **조치 집단의 평균 조치 효과**^{ATT}: 현실에서 조치된 집단 전체가 조치된 현실 상황과 이 집단이 미조치된 반사실적 상황에서 나타나는 평균적인 결과의 차이.
- **미조치 집단의 평균 조치 효과**^{ATU}: 현실에서 미조치된 집단 전체가 조치된 반사실적 상황과 이 집단이 미조치된 현실 상황에서 나타나는 평균적인 결과의 차이.
- **평균 차이**: 실제로 조치된 집단과 실제로 미조치된 집단 사이에 나타나는 평균적인 결과의 차이.
- **차이 기준치**: 두 집단(조치 집단과 미조치 집단)이 같은 조치 상태를 갖더라도 나타나는 잠재적인 평균 결과의 차이.
- **교란 변수**: (1) 조치 상태에 영향을 미치고 (2) 조치 상태를 통해 미치는 영향과 무관하게 잠재적 결과에도 영향을 미치는 어떤 특성.
- **역인과관계**: 결과가 조치 상태에 영향을 미치는 경우.
- **과대추정**: 편향이 양의 값이어서 추정치가 실제 기대 효과보다 큰 경우.
- **과소추정**: 편향이 음의 값이어서 추정치가 실제 기대 효과보다 작은 경우.
- **기작**(또는 매개자): 조치에 영향을 받고, 그로 인해 결과에 영향을 주는 특성.
- **조치 전 공변량**: 조치를 행하기 전 이미 조치와 결과에 연관된 변수.
- **조치 후 공변량**: 조치를 행한 후에 조치와 결과에 연관되는 변수.

연습 문제

9.1 1장에서 폭력적 시위와 비폭력 시위를 논의하는 말미에 이런 질문을 던졌다.

> 폭력 시위에 뒤따르는 정부의 억압이 더 많다는 사실이, 어째서 폭력에서 비폭력으로 바꾸면 억압의 위험이 낮아진다는 의미는 아닐 수 있을까?

우리는 9장을 다 보면 이에 관한 확실한 대답을 낼 수 있다고 약속했다. 폭력적 시위가 비폭력 시위보다 정부의 억압을 마주할 여지가 많다는 사실이 폭력적 시위 전술이 정부의 억압을 야기한다는 강력한 증거가 아닌 이유를 적어도 하나만 대보라.

9.2 다음 두 가지 사례에서 과대추정과 과소추정을 고찰해 보라.

(a) 바이올린 연습 논의에서 우리는 훌륭한 재능을 타고난 음악가는 연습량과 무관한 이유로 연습도 더 많이 하고 연주 실력도 좋을 것이라고 지적했다. 이는 연습과 연주 실력의 상관관계가 연습량이 실제로 연주 실력에 미치는 영향을 과대 또는 과소추정한다는 점을 시사하는가?

(b) 선거 비용 논의에서 현직 후보는 선거 결과가 불안할 때 선거 운동 비용을 많이 지출한다고 주장했다. 이는 선거 비용과 현직 후보의 선거 결과 사이의 상관관계가 나타나지 않는 (아니면 음의 상관관계이기도 한) 결과가 선거 비용이 득표율에 주는 실제 효과를 과대 또는 과소추정한다는 점을 시사하는가?

9.3 에단은 언젠가 한 회의에 참석해서 데이터 분석가가 대학교 운영을 개선하는 방안을 보고받았다. 발표자가 가장 열을 올린 사례는 한 주요 대학의 개발(자금 유치를 뜻하는 은어) 부서에 속한 데이터 분석팀의 이야기다. 이 데이터 분석팀은 다년간의 데이터를 분석해서 다음과 같은 상관관계를 발견했다. 6년 연속으로 기부한 졸업생은 5년간만 연속으로 기부한 졸업생보다 평생 기부자로 남을 가능성이 훨씬 높다.

발표자가 흥분한 이유는 그들이 보기에 분석팀이 발견한 내용이 자금 유치와 졸업생 기부를 개선할 명확한 전략을 제시하기 때문이었다. 구체적으로, 그들은 이 분석에 근거해서 이미 5년 연속으로 기부한 졸업생에게 6년째 기부를 독촉하기로 결정했다. 6년 간의 기부와 향후 기부 사이의 상관관계가 시사하는 바로는, 바로 그 6년째 기부가 향후 기부에 큰 인과적 효과를 갖는다. 따라서 5년간 기부한 졸업생이 6년째 기부하도록 고무하는 비용은 최고의 투자가 되리라고 생각했다.

9장에서 배운 명확하게 사고하는 기법을 사용해서 이 결정이 어째서 좋은 계획이 아닌지 설명할 두 가지 논지를 제시하라.

9.4 하버드 대학교의 심리학자 대니얼 길버트Daniel Gilbert의 책 『행복에 걸려 비틀거리다 Stumbling on Happiness』(김영사, 2006)가 출간되고 얼마 지나지 않아, 저자는 텔레비전에 출연해서 스티븐 콜베어Stephen Colbert에게 "결혼은 행복으로 가는 최고의 투자법 중 하나다"라고 알려 줬다. 이 조언은 암묵적으로 '결혼은 행복을 불러온다'는 인과적 주장에 기초한다.

한 최근 연구는 결혼과 행복 사이에 양의 상관관계가 있음을 뒷받침한다. 그런데 이 관계가 인과적일까?

(a) 결혼과 행복의 상관관계가 어쩌면 역인과관계로 인한 결과(행복함이 결혼을 불러오며, 그 반대가 아님)일지 모르는 이유를 들어 보라.

(b) 결혼과 행복의 상관관계를 인과적으로 해석하지 못하게 만드는 두 가지 교란 변수를 찾으라. 각 교란 변수가 조치(결혼)와 결과(행복) 양쪽에 영향을 미치는 까닭을 설명하라.

(c) 여러분이 찾은 각 교란 변수에서 편향의 부호를 구하라. 그런 다음, 각각이 결혼과 행복에서 관찰한 상관관계가 실제 인과적 효과의 과대 또는 과소추정이 될 만한지 설명하라.

(d) 안케 짐머만Anke Zimmermann과 리처드 이스털린Richard Easterlin의 연구는 사람들이 첫 결혼을 하기 최대 4년 전부터 결혼 후 몇 년 후까지 추적했다. 기본 내용은 다음 그림의 왼쪽에 나오는데, 연구 기간 중 결혼한 사람이 느끼는 삶의 만족도를 결혼하지 않은 사람과 비교해서 보여 준다. 왼쪽에서 오른쪽으로 가면서 애인과 처음 동거한 시점, 결혼한 시점, 결혼 후 1년 이상 지난 시점에서 삶의 만족도가 어떻게 바뀌는지 보게 된다.

i. 결혼해서 얼마간 산 사람의 삶의 만족도를 결혼은 하지 않았지만 애인과 동거하는 사람의 만족도와 비교하라. 길버트의 조언에 부합하거나 반하는 증거를 찾았는가?

ii. 이 비교 결과가 시사하는, 원래 상관관계에 존재할 가능성이 있는 교란 변수를
하나 들어 보라.

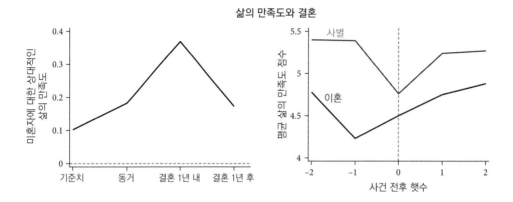

삶의 만족도와 결혼

(e) 조나단 가드너$^{Jonathan Gardner}$와 앤드류 오스왈드$^{Andrew Oswald}$의 연구에서도 시간의 흐
름에 따라 사람들을 추적했지만 다른 질문을 던졌다. 이 연구는 결혼이 끝나면 사
람들의 행복도가 어떻게 되는지에 관심을 가졌다. 결혼이 끝나는 방식은 두 가지
로, 이혼 또는 사별이다. 연구 결과는 그림 오른쪽에 정리했다.

가로축은 주요 사건(이혼 또는 사별)이 일어난 시점을 0으로 해서 전후 햇수를 나타
낸다. 세로축은 삶의 만족도를 보여 준다. 이혼한 사람들의 만족도는 검정색으로,
사별한 사람들의 만족도는 회색으로 그렸다.

i. 사별한 사람들과 이혼한 사람들의 사건 발생 전 초기 만족도 차이를 주시하자.
이 차이가 길버트의 인과적 해석을 더 또는 덜 확신하게 만드는가? 어째서인가?

ii. 이번에는 과부와 홀아비(회색 선)를 살펴보자. 이들의 행복도는 배우자가 사망하
기 전, 사망한 시점, 사망한 이후에 어떻게 바뀌는가? 이는 길버트의 인과적 해
석을 더 또는 덜 확신하게 만드는가? 이 비교를 보면 길버트의 원래 상관관계가
어떠했으리라 생각하는가?

9.5 웹사이트(press.princeton.edu/thinking-clearly)에 접속해서 HouseElections
Spending2018.csv 파일과 이 파일의 데이터에 있는 변수를 기술한 README.txt 파
일을 다운로드하라.

(a) 선형 회귀를 수행해서 현직 후보의 득표율과 선거 비용의 관계를 찾아라(참고: 데이터의 변수를 변형하거나 목적에 더 맞게 직접 변수를 생성해야 할 수도 있다).

    i.   양의 상관관계인가 음의 상관관계인가?

    ii. 이 데이터에 따르면 비용을 많이 쓰는 현직 후보가 선거에서 더 잘하는가 못하는가?

    iii. 현직 후보의 선거 비용과 득표율의 상관관계의 크기와 방향을 해석하라.

(b) 도전자의 데이터로도 같은 작업을 수행하라.

(c) 여러분이 수행한 회귀가 선거 비용이 득표율에 주는 효과를 시사하는 강력한 증거가 되는지 여부를 생각해 보자.

    i.   우려할 만한 교란 변수 3개를 들어 보라.

    ii. 이 교란 변수를 측정한 변수가 데이터에 있는가? 있다면 교란 변수를 측정한다고 봐도 좋을 변수가 무엇인지 들어 보라.

    iii. 선형 회귀를 사용해서 현직자의 선거 비용과 도전자의 선거 비용(조치)이 실제로 데이터에 있는 잠재적 교란 변수와 상관관계가 있는지 평가하라.

9.6   여러분이 보기에 연구자, 언론인, 정책 입안자, 분석가 등이 어떤 상관관계를 인과관계의 증거로 잘못 해석한 사례를 하나 찾아라. 이 책에서 소개한 사례와 비슷한 내용은 안 된다. 제시된 증거를 설명하고, 이 상관관계가 언급된 인과관계의 증거로서 적절하지 않은 이유를 설명하라. 가능성 높은 편향의 방향을 논하라. 추가 연습 문제로, 10장을 읽으면서 여러분이 찾은 사례를 함께 고찰하라. 문제의 인과관계를 더 정확하게 추정할 방법이 있을까?

읽을거리

푸로이스 학교에 관한 연구는 다음과 같다.

Larry McClure, Betsy Strick, Rachel Jacob-Almeida, and Christopher Reichher. 2005. The Preuss School at UCSD. Research report of The Center for Research on Educational Equity, Assessment and Teaching Excellence. create.ucsd.edu/_files/publications/ PreussReportDecember2005.pdf.

'아는 것이 힘이다 프로그램'에 관한 연구는 다음과 같다.

Joshua D. Angrist, Susan M. Dynarski, Thomas J. Kane, Parag A. Pathak, and Christopher R. Walters. 2012. "Who Benefits from KIPP?" Journal of Policy Analysis and Management 31(4):837-60.

대안학교의 효과에 관한 연구들에서 아무런 효과가 없음을 발견한 내용은 다음 보고서에서 인용했다.

Julian R. Betts, Lorien A. Rice, Andrew C. Zau, Y. Emily Tang, Cory R. Koedel. 2006. Does School Choice Work?: Effects on Student Integration and Achievement. Public Policy Institute of California.

바이올린 연주자의 연습과 실력에 관한 연구는 다음과 같다.

K. Anders Ericsson, Ralf T. Krampe, and Clemens Tesch-Römer. 1993. "The Role of Deliberate Practice in the Acquisition of Expert Performance." Psychological Science 100(3):363-406.

호르몬 피임법과 HIV에 관한 연구는 다음과 같다.

Renee Heffron, Deborah Donnell, Helen Rees, and Connie Celum. 2012. "Use of Hormonal Contraceptives and Risk of HIV-1 Transmission: A Prospective Cohort Study." The Lancet Infectious Diseases 12(1):19-26.

현직자와 도전자의 선거 결과와 선거 비용의 상관관계를 조사한 연구는 다음과 같다.

Gary C. Jacobson. 1978. "The Effects of Campaign Spending in Congressional Elections." American Political Science Review 72(2):469-91.

이 책에서도 다음과 같은 몇 가지 사례를 가져와서 논의했다.

Tyler Vigen. 2015. Spurious Correlations: Correlation Does Not Equal Causation. Hachette Books.

연습 문제 4번에서 행복에 관한 세 가지 연구를 소개했다. 행복에 관한 연구의 일반적인 논의는 이 책에 나온다.

Daniel Gilbert. 2007. Stumbling on Happiness. Vintage.

결혼 전후의 행복도 연구는 다음과 같다.

Anke C. Zimmermann and Richard A. Easterlin. 2006. "Happily Ever After? Cohabitation, Marriage, Divorce, and Happiness in Germany." Population and Development Review 32(3):511-28.

결혼 생활이 끝나기 전후의 행복도 연구는 다음과 같다.

Jonathan Gardner and Andrew J. Oswald. 2006. "Do Divorcing Couples Become Happier by Breaking Up?" Statistics in Society 169(2):319-36.

10

교란 변수 통제

10장에서 다루는 내용

- 교란 변수를 관찰하면 이를 통제해서 편향을 줄일 수 있다.

- 교란 변수를 통제하는 여러 방법이 있지만, 회귀에 포함시키는 방법이 가장 널리 쓰인다.

- 그래프와 간단한 예제를 통해서 이 방법이 어떻게 동작하는지 직관적으로 이해하게 될 것이다.

- 통제는 마법이 아니다. 관찰하지 않은 교란 변수나 역인과관계로부터 발생하는 편향을 완전히 없애지 못한다.

- 교란 변수는 통제해야 하지만 기작은 통제하지 않는다.

들어가며

9장에서 상관관계로부터 인과관계를 파악할 때 교란 변수가 큰 문제라는 점을 봤다. 이제는 교란 변수를 일선에서 막는 방법인 통제를 살펴보겠다.

이전에도 통제에 관한 이야기를 들어 봤을지 모르지만, 대체 이게 무슨 뜻일까? '통제controlling'

란 통계적 기법을 사용해서 두 변수 사이의 상관관계를 찾는 과정에서 다른 변수들의 값을 고정하는 방법이다. 사례를 들어서 설명하면 이해가 쉽겠다.

의회의 투표 관리

미국 하원에 관한 그다지 놀랄 일도 아닌 사실 하나는 공화당 의원이 민주당 의원보다 보수적으로 투표한다는 점이다. 이를 숫자로 측정하는 한 방법은 우익 성향의 이익 단체인 미국 보수 연합ACU, American Conservative Union이 각 하원의원에게 매기는 점수다. 매년 ACU는 중요한 법안 25개를 고르고 각 의원마다 이 법안에 어떻게 투표하는지에 따라 0에서 100 사이의 점수를 매긴다. ACU는 우익 성향이므로 점수가 높을수록 보수적으로 투표했다는 뜻이다.

공화당이 보수적 투표와 상관관계가 있다는 주장은 공화당 의원이 민주당 의원보다 평균적으로 ACU 점수가 높은지 검사하면 확인된다. 표 10.1은 1997년 하원 데이터를 기반으로 이 사실을 보여 준다. 민주당 하원의원은 ACU 점수가 평균 19인 반면, 공화당 의원은 평균 83이다. 평균적으로 공화당이 민주당보다 64점 높게 보수적으로 투표했다.

표 10.1 미 하원에서 공화당과 민주당의 투표 기록 비교

	평균 ACU 점수
공화당	83
민주당	19
차이	64

이 데이터는 공화당과 민주당 하원의원들이 상당히 다르게 투표함을 나타낸다. 이런 양극화는 어떻게 설명할까?

여러 정치학자가 생각한 내용은 당 차원의 압박이 투표 행동 차이를 불러일으킨다는 설명이다. 정당에는 당원들이 정당의 방침에 따라 투표하도록 압박할 여러 가지 수단이 있다. 그 중에서도 비용 모금과 재선 운동 협력이 아마 가장 중요할 것이다.

그런데 소속 정당과 투표 기록의 상관관계를 정당 강령 효과의 증거로 해석하기에 앞서 잠재적인 교란 변수를 고려해야 한다. 여기서는 교란 변수가 하원의원의 소속 정당과 투표 기록 양쪽에 영향을 미치는 어떤 다른 특성이 되겠다.

그림 10.1에 나타나듯이 이념(이데올로기)은 확실히 교란 변수의 후보다. 공화당은 보수적이라고 평판이 나 있고, 민주당은 진보적이라고 평판이 나 있다. 따라서 보수 성향인 사람은 공화당에서 출마하고 진보 성향인 사람은 민주당에서 출마할 가능성이 높다. 더불어 정치인의 개인적 이념 성향은 당연히 의회에서 투표하는 성향에도 영향을 미친다. 사람들이 이처럼 이념에 따라 정당을 선택한다면, 각 정당이 어떤 강령을 주입하지 않더라도 공화당 의원은 더 보수적으로, 민주당 의원은 더 진보적으로 투표하리라고 기대할 만하다. 따라서 개인의 이념은 교란 변수가 될 만하다. 이를 염두에 두면 소속 정당과 투표 기록의 상관관계가 정당 강령이 의원들의 투표 기록에 미치는 인과적 효과를 편향 없이 추정한다고 해석하기에 무리가 있다.

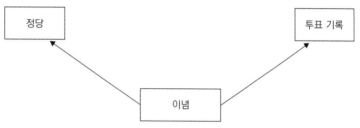

그림 10.1 이념은 어떤 정치인이 어느 정당에 속하는지와 그 정치인이 입법부에서 어떻게 투표하는지에 영향을 미친다. 따라서 이념은 교란 변수다.

이 잠재적인 교란 변수를 해결하려면 이를 통제해야 한다. 간단하게 설명하면 이념을 통제한다는 말은 단순히 소속 정당과 투표 기록의 상관관계를 살펴볼 때 개인 이념을 고정한다는 뜻이다. 이렇게 하려면 먼저 개인의 이념을 측정할 방법이 있어야 한다. 다행히 적절한 후보가 있다.

1996년 현명한 유권자 프로젝트Project Vote Smart라는 비정당 기관에서 하원의원 후보를 대상으로 국가 정치 의식 검사NPAT, National Political Awareness Test라는 설문 조사를 실시했다. 설문 조사는 다양한 영역의 주제에 관한 후보의 관점을 묻는 내용이었다. 현명한 유권자 프로젝트는 설문 응답으로부터 진보에서 보수에 걸치는 순위를 매겼다. 후보 중 76퍼센트가 설문에 응답했으므로 하원의원 상당수의 정치적 이념을 측정한 셈이다.[1]

---

1   이후 선거에서는 응답률이 상당히 떨어졌는데 이 때문에 많은 독자 여러분이 태어나기 이전일 1990년대 후반의 데이터를 제공한다.

소속 정당과 투표 기록의 관계를 분석하는 과정에서 개인의 이념을 통제하려면 단지 NPAT 점수가 비슷한 민주당과 공화당 의원의 투표 기록을 비교하면 된다. NPAT가 개인의 이념을 측정하는 좋은 도구라면 이러한 비교로 개인의 이념은 고정한 채(또는 개인의 이념을 통제한 채) 공화당과 민주당 의원의 투표 기록 차이를 알게 될 것이다.

표 10.2는 하원의원을 NPAT 점수에 따라 다섯 구간으로 분류했다. 가장 왼쪽은 NPAT 응답 결과 가장 진보적인 이념을 가진 의원들이다. 오른쪽으로 이동하면서 점차 보수적이 된다.

표 10.2 정당을 통제한 NPAT 점수

		진보 ← NPAT 백분위 → 보수				
		1-20	21-40	41-60	61-80	81-100
공화당	평균 ACU 점수	n/a	44	68	86	94
	인원 수	0	4	45	69	69
민주당	평균 ACU 점수	10	18	41	96	84
	인원 수	70	66	24	1	1
평균 ACU 점수 차이		n/a	26	27	-10	10

데이터를 이렇게 쪼개서 보면 몇 가지 사실이 곧바로 눈에 띈다. 첫째, 가장 중요한 점인데, 어떤 열에서도 공화당과 민주당의 투표 기록 차이가 개인의 이념을 통제하기 전에 확인한 64점과는 거리가 멀다. 이는 이 상관관계에서 개인의 이념이 중대한 교란 변수임을 시사한다. 민주당과 공화당의 투표 기록 차이 중 상당 부분은 양당의 구성원이 근본적인 성향 차이가 있기 때문이지 정당 차원의 압박 때문이 아니다. 그 이유는 앞서 말한 바와 같다. 대체로 더 보수적인 사람은 공화당에 들어가고, 더 진보적인 사람은 민주당에 들어가기 때문이다. 이 사실은 보수성이 증가함에 따라 공화당의 인원 수는 늘고 민주당의 인원 수는 줄어드는 부분으로도 확인된다(공화당원 대부분은 NPAT 백분위 41-100 구간에 포함되고, 민주당원 대부분은 NPAT 백분위 1-60 구간에 포함된다).

둘째, 같은 당 내에서 이념 단계를 따라 이동하면 평균 ACU 점수는 대부분의 경우 올라간다. 딱 하나 예외가 있는데 민주당의 백분위 61-80 구간은 같은 당의 백분위 81-100 구간보다 보수적으로 투표한다. 하지만 이런 비교는 보수적인 민주당원이 거의 없어서 단 2명만 비교했으므로 별로 의미가 없다.

셋째, 공화당과 민주당의 평균 투표 기록 차이는 구간에 따라 변한다. 즉 소속 정당과 투표 기록의 상관관계는 이념에 좌우된다. 이 점은 괜찮다. 다만 우리는 종종 소속 정당과 투표 기록의 상관관계 전체를, 이념 단계마다 따로 측정하는 방식이 아니라 개인적 이념을 통제해서 한 가지 척도로 측정하고 싶어한다. 단 하나의 수치를 얻으려면 여러 열에서 얻은 차이를 어떤 식으로 가중 평균해야 할 것이다. 그런데 각 열마다 얼마나 가중치를 줄지 어떻게 정할까?

적절한 가중치를 알아보는 과정에서, 먼저 비슷한 개인의 이념을 지닌 민주당원과 공화당원의 투표 기록 차이에 관해 다른 열보다 특히 유용한 열 하나가 있다는 점을 주목하자. 바로 NPAT 백분율 41–60 구간이다. 다른 열은 공화당 또는 민주당 인원 수가 매우 적다. 그러나 백분율 41–60 구간은 양당의 의원이 모두 충분히 많이 속한다. 이는 놀랄 일은 아닌데, 두 정당 사이에서 이념이 겹치는 단계는 중도적 성향이기 때문이다. 그러므로 아마도 이 열에 큰 가중치를 둬서 가중 평균을 구할 것이다.

좀 더 일반적으로, 5장에서 최소제곱법 회귀로 데이터에서 오차 제곱의 합이 가장 작은 선을 그리는 방법을 배운 내용을 복기하면 유용하다(10장에서 회귀라는 표현은 항상 최소제곱법 회귀를 가리킨다). 최소제곱법은 다섯 열의 가중치를 정하는 원칙적 방법이다. 다음 회귀식을 보자.

$$\text{ACU 등급} = \alpha + \beta_1 \cdot \text{공화당} + \beta_2 \cdot \text{NPAT}_{21-40} + \beta_3 \cdot \text{NPAT}_{41-60}$$
$$+ \beta_4 \cdot \text{NPAT}_{61-80} + \beta_5 \cdot \text{NPAT}_{81-100} + \varepsilon$$

이 회귀에서 분석 단위는 개별 의원이다. ACU 등급이라는 변수는 개별 의원의 ACU 점수다. '공화당'이라는 변수는 '가변수$^{\text{dummy variable}}$'라고 부른다. 공화당 의원이면 1을 주고 민주당 의원이면 0을 준다. 다양한 NPAT 변수도 역시 가변수로서, 의원이 해당 백분율 구간에 속하면 1을 주고 아니면 0을 준다.[2] 그리스 문자 ε(엡실론)은 오차를 나타낸다.

이 식에서 계수 β_1은 우리가 말하던 가중 평균을 알려 준다. 말하자면 β_1은 (NPAT 백분율로 측정한) 개인의 이념을 통제해서 계산한 ACU 점수와 공화당 소속 여부의 상관관계다. 나머지 4개의 NPAT 구간의 계수와 절편(α)도 추정할 것이다. 이들도 저마다 의미가 있다. 하지만

---

2 모든 의원은 다섯 가지 NPAT 구간 중 하나에 속하므로 한 구간은 반드시 생략해야 한다. 여기서는 백분율 1–20 구간을 생략했다. 이는 모든 의원이 어느 한 정당에만 속하므로 민주당과 공화당 변수를 함께 회귀식에 포함시킬 수 없다는 사실과 비슷하다. 민주당에 속한 효과와 공화당에 속한 효과를 따로 떼서 확인하지는 못하므로, 공화당 변수만 포함시키고 그 계수를 공화당에 속한 효과 대 민주당에 속한 효과로 해석한다.

이념을 통제한 상태에서 ACU 점수와 공화당 소속 여부의 상관관계를 알고 싶기 때문에 β_1에 집중해서 회귀를 수행한다.

우리가 가진 데이터에 이 회귀식을 적용하면 $\hat{\beta}_1$라고 쓴 β_1의 추정치는 24가 된다(사용한 데이터가 전체 하원의원에서 뽑은 표본이므로 관찰한 상관관계에는 잡음이 반영되고, 따라서 이 값은 추정치다). 놀라운 결과는 아니지만 이 값은 백분율 41-60 구간에 나타난 공화당과 민주당의 평균 ACU 점수 차이에 매우 가까운데, 앞서 말했듯이 이 구간에 대부분의 정보가 담겼기 때문이다. 물론 회귀 결과로 다른 열에도 가중치가 조금씩 있어서 추정치는 27보다 조금 낮은 24가 된다. 다만 기본적으로는 이 한 열이 결과를 말해 준다.

이념을 통제해도 정당 강령이 하원의원 투표 기록에 주는 인과적 효과를 정확하게 추정하기란 아마 어려울 것이다. 왜냐하면 개인의 이념 외에도 수많은 교란 변수가 있기 때문이다. 다시 말해 각 NPAT 구간에서 여러 가지 다른 요소가 사람들이 민주당 또는 공화당을 선택하게 만들고, 동시에 이와 별도로 그들이 의회에서 투표하는 성향에도 영향을 미치기 때문이다. 예를 들면, 개인의 이념을 고정해도 민주당 의원은 진보적인 유권자가 더 많은 지역에서, 공화당 의원은 보수적인 유권자가 더 많은 지역에서 뽑힐 가능성이 높다. 정치인이 자신의 행동에 대한 반응을 신경쓰면서 투표한다면 유권자의 차이도 또 다른 교란 변수가 된다. 여러분이 다른 사례도 떠올릴 수 있으리라 자신한다.

교란 변수 목록이 늘어나면 가능한 모든 경우를 쪼개서 표를 만들기란 어렵고 다루기 불편하다. 하지만 잠재적 교란 변수를 측정하기만 한다면 회귀 분석에서 통제할 수 있다. 이렇게 하면 (상상한) 거대한 표의 가중 평균을 반영해서 각 영역의 오차 제곱의 합을 최소화하는 β_1의 추정치를 얻을 것이다. 이를 보면 회귀는 교란 변수를 통제하는 가장 중요한 도구다. 그러므로 회귀로 통제하는 방법을 잘 이해하면 유용하다.

이종 조치 효과에 관한 단상

3장에서 논의한 바와 같이 인과관계에 관한 흥미로운 사례 대부분에서 관심의 대상인 효과는 이종heterogenous이다. 그 말은 각 관찰 대상에서 항상 같지는 않다는 얘기다. 독감 예방 주사 사례에서도 그러한데, 어떤 사람들은 애초에 독감에 걸릴 위험이 없었거나 예방 주사 덕분에 주사를 맞지 않았더라면 걸렸을지도 모를 독감을 피했지만, 다른 사람들은 독감에 걸릴 위험이 있는데 예방 주사가 효과가 없어서 주사를 맞았음에도 독감에 걸렸다. 방금 살펴본 정당이 투표에 미치는 영향 사례도 아마 마찬가지겠다. 정당이 하원의원의 투표에 영향을 미치는 정도는 각 의원마다 다를 것이다. 어떤 의원들은 어쩌면 워낙 이념이 뚜렷해서 정당의 압박이 있든 없든 한결같이 투표하므로 조치 효과가 없다. 반면 다른 이들은 정당의 재선지원에 의존하기 때문에 당 대표가 요청한 대로 행동하고, 이 경우에는 조치 효과가 두드러진다. 또 다른 이들은 그 사이 어딘가에 해당할 것이다.

통제를 할 때는 이러한 이질성을 명확히 이해해야 하는데, 표 10.2를 두고 논의했듯이 일단 교란 변수를 통제하기 시작하면 더이상 모든 대상에 걸친 평균 조치 효과를 추정하지 않기 때문이다. 앞선 사례에서 이념을 통제하면서 정당과 투표의 관계를 추정하려면 중도 성향을 지닌 의원들에게 가중치를 더 줘야 한다. 왜냐하면 극단적인 이념을 가진 의원들에게는 변이가 적기 때문이다. 기본적으로 매우 보수적인 의원은 모두 공화당이고 매우 진보적인 의원은 모두 민주당이다. 만약 정당 소속의 효과가 중도 성향인 의원과 극단적 성향인 의원 사이에 다르게 나타난다면 전자에 더 초점을 맞춘다는 점을 밝혀야 한다.

이 점을 밝히면 골치 아픈 문제가 하나 생긴다. 잠재적 교란 변수를 통제함으로써 인과적 추정치가 유의미하게 바뀐다면, 이는 곧 통제 없이 구한 추정치는 편향됐으며 통제로 이 편향을 줄였다는 신호일지도 모른다. 이러면 괜찮다. 하지만 이는 동시에 이종 조치 효과가 있으며, 평균 효과를 추정하려는 대상의 부분집합이 바뀌었다는 신호일 가능성도 있다. 우리가 진짜 알고 싶은 추정 대상은 전체 대상의 평균 조치 효과라는 점을 감안하면 이는 문제가 된다.

이 문제는 통제 외에 앞으로 설명할 다른 방법에서도 나타난다. 적절한 시점에 이 주제를 다시 거론하겠다. 어떤 경우는 추정 대상으로서 평균 조치 효과[ATE, Average Treatment Effect]를 추정하는 대신 국지적 평균 조치 효과[LATE, Local Average Treatment Effect]만 추정한다고 설명할 텐데, 여기서 국지적이라는 표현은 분석 대상에서 믿을 만한 추정치를 구할 수 있는 하위 집합을 뜻한다. 조치 효과가 전체 대상에서 이질적으로 나타나면 LATE와 ATE가 같을 필요는 없다. 그러므로 정말로 알고 싶은 추정 대상이 ATE라면 LATE의 추정치가 ATE를 얼마나 잘 나타내는지 명확히 알아야 한다. 다만 경제학자 귀도 임벤스[Guido Imbens]가 국지적 평균 조치 효과만 제대로 추정할 수 있는 상황에 관해 말했듯이 '아무것도 없기보다 LATE라도 있는 편이 낫다.'

회귀 파헤치기

인과 추론에 있어서 어떤 회귀든 다음 핵심 요소가 있다.

- 종속 변수(결과 변수라고도 부른다)
- 조치 변수
- 일련의 통제 변수

종속 변수란 여러분이 파악하려는 결과다. 조치 변수란 여러분이 추정하려는 종속 변수에 영향을 주는 특성이다. 통제 변수란 편향을 줄이고자 회귀에 포함시키는 잠재적 교란 변수다.

통제 변수가 하나만 있는 간단한 경우에는 회귀식을 다음과 같이 쓴다.

$$Y = \alpha + \beta \cdot T + \gamma \cdot X + \varepsilon \tag{10.1}$$

여기서 Y는 종속 변수, T는 조치 변수, X는 통제 변수다. 회귀 매개 변수(추정하려는 수치)는 절편인 α, 조치 효과인 β, 통제 변수의 '효과'인 γ다. 오차항인 ε도 있는데 이는 각 대상이 변칙적인 이유로 예측한 결과와 달라지는 사실을 반영한다.

이 회귀식에서 조치 변수와 통제 변수를 구분하는 요소는 없다. 이 구분은 개념상 있을 뿐이며 여러분이 답하려는 질문에 따라 정해진다. 소속 정당이 투표에 미치는 영향을, 이념을 통제해서 알고 싶다면 정당 변수가 조치 변수이며 NPAT이 통제 변수다. 하지만 이념이 투표에 미치는 영향을, 정당을 통제해서 알고 싶다면 역할이 뒤바뀐다.

위에서 통제 변수의 효과를 언급할 때 따옴표로 감싼 이유도 이것이다. 통제 변수에 연관된 회귀 매개 변수(여기서는 γ)는 보통 신경 쓰지 않는다. 중요한 점은 β가 관심 대상의 효과이며, 우리는 이를 편향 없이 추정하려고 한다는 점이다.

식 10.1을 읽는 한 가지 방법은 문자 그대로 받아들이기다. 데이터 생성 과정을 이미 아는 것처럼 대할 수 있다. 각 개인 i의 결과(Y_i)는 공통의 절편(α)과 $\beta \cdot T_i$와 $\gamma \cdot X_i$와 변칙적 요소(ε_i)를 더한 값이다. 이 식을 다르게 읽는 방법은 데이터 생성 과정을 모른다고 하고, X를 통제하면서 Y와 T의 평균 선형관계인 β를 추정하는 방식이다.

5장에서 지적했듯이(비록 이런 방식으로 설명하지는 않았지만) 데이터 생성 과정이 어찌됐건 최소제곱법 회귀는 항상 '조건부 기대 함수에 대한 최선의 선형 근사^{BLACEF, Best Linear Approximation} to the Conditional Expectation Function'를 제시한다. 그러므로 회귀를 수행하려고 데이터 생성 과정을 아는 것처럼 대할 필요는 없다. 만약 X를 통제한 뒤에 T에 차이 기준치가 없다면 BLACEF 는 T가 Y에 미치는 평균 효과에 해당한다. 이 경우 β를 알면 매우 유용하다.

5장의 논의와 마찬가지로, 회귀를 수행할 때 오차 제곱의 합을 최소화하는 α, β, γ의 값을 계산해서 추정치 $\hat{\alpha}$, $\hat{\beta}$, $\hat{\gamma}$로 사용한다. 이 말이 무슨 뜻인지 알아보자.

회귀 매개 변수 α, β, γ가 아무 값, 이를테면 α', β', γ'를 가질 때 이들로써 구하는 사람 i의 예측값 Y_i는 다음과 같다.

$$\alpha' + \beta' \cdot T_i + \gamma' \cdot X_i$$

이 회귀에서 오차를 ε'라고 쓰자. 각 관찰값 i마다 실제 결과에서 예측한 결과를 뺀 값이다.

$$\varepsilon'_i = Y_i - \left(\alpha' + \beta' \cdot T_i + \gamma' \cdot X_i \right)$$

최소제곱법 추정인 $\hat{\alpha}$, $\hat{\beta}$, $\hat{\gamma}$는 위 오차의 제곱의 합이 가장 작아지는 회귀 매개 변수 값이다. 컴퓨터는 이것들을 순식간에 구한다.

일단 X를 통제하고 나면 생략된 교란 변수는 없음을 안다고 하자. 그러므로 T와 X에 관해 Y 의 회귀를 수행하면 T가 Y에 미치는 영향의 편향 없는 추정치를 얻는다. 여기서 한 가지 질문은 X를 통제하지 못했을 때 편향이 얼마나 되는지다.

이 질문은 답할 수 있다. 위에서 본 식 10.1은 X를 포함하므로 '긴 회귀^{long regression}'라고 부르자. 이번에는 대신 다음과 같이 '짧은 회귀^{short regression}'를 수행한다고 하자.

$$Y = \alpha^S + \beta^S \cdot T + \varepsilon^S \tag{10.2}$$

여기서 첨자 S는 짧은 회귀를 다룬다는 표시다. 짧은 회귀에서 나온 β^S가 긴 회귀에서 나온 β와 같다는 보장이 없는 점이 중요하다. 사실 X가 교란 변수라면 두 값은 다를 것이다.

X를 회귀에 포함시키지 못한 경우의 편향을 구할 수 있다. 통제 변수(X)를 종속 변수로 간주해서 조치(T)에 대해 회귀를 수행한다고 생각하자.

$$X = \tau + \pi \cdot T + \xi$$

이번에는 회귀 매개 변수를 다른 그리스 문자로 표시했음을 알아챘을 것이다. 절편은 τ(그리스 문자 타우), 조치의 계수는 π(그리스 문자 파이), 오차는 ξ(그리스 문자 크시)로 썼다. 이렇게 쓴 데는 두 가지 이유가 있다.

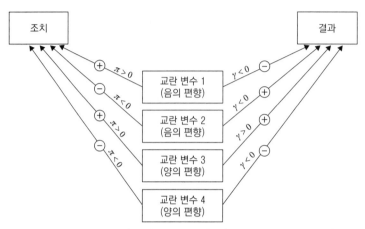

그림 10.2 생략된 변수 편향 공식은 생략된 교란 변수가 있을 때 편향이 어느 방향인지 알려 준다.

첫째, 가장 중요한 이유는 의미가 다르기 때문에 같은 문자를 쓰고 싶지 않았다. 여기서 매개 변수 π는 T와 X의 상관관계를 기술한다. T의 변화에 따른 X의 변화를 나타내는 기울기다. 이 매개 변수를 앞 절에서 본 두 β(조치와 결과 Y의 관계를 기술하는 β와 β^s)와 헷갈리지 않기 바랐다. 둘째, 각 그리스 문자가 어떤 특별한 의미가 있지 않다는 점을 보이고 싶었다. 절편은 반드시 α로, 조치의 계수는 반드시 β로 써야 한다는 법은 없다. 이들은 그저 기호에 지나지 않는다. 누군가 전혀 다른 기호로 공식을 쓰더라도, 그 공식에서 상수는 무엇인지, 조치의 계수는 무엇인지, 오차는 무엇인지 등을 파악하기 바란다.

회귀에서 X를 제외했을 때 편향은 $\beta^S - \beta$다. 결과적으로 이 값은 $\pi \cdot \gamma$와 같다. 즉 다음과 같다.

$$편향 = \beta^S - \beta = \pi \cdot \gamma$$

이 식을 '생략된 변수 편향 공식omitted variable bias formula'이라고도 부른다.

이 공식으로 알 수 있는 내용은, 통제 변수가 조치 변수와 상관관계가 있고($\pi \neq 0$) 통제 변수가 결과 변수에 영향을 미친다면($\gamma \neq 0$), 짧은 회귀는 조치가 결과에 주는 효과의 편향된 추정치를 구한다는 사실이다.

X를 관찰하지 못하면 회귀에 포함시켜서 제어하지도 못한다. 하지만 생략된 변수 편향 공식은 편향의 방향과 크기를 파악할 수단을 제공한다. 사실 생략된 변수 편향 공식은 9장에서 다룬 편향의 부호화를 공식화하는데, 이를 정리한 그림 10.2를 보면 그림 9.7과 거의 같지만, 회귀 매개 변수인 π와 γ가 편향의 부호를 정하는 데 직접 관여한다.

관찰하지 않은 교란 변수가 T와 Y 둘 다와 양의 상관관계가 있다고(즉 $\pi > 0$이고 $\gamma > 0$) 추정된다면, 생략된 변수 편향 공식에 따라 $\beta^S - \beta > 0$이고 T의 효과를 과대추정한다. 마찬가지로 교란 변수가 T와 Y 둘 다와 음의 상관관계가 있다면(따라서 π와 γ 둘 다 음수), 이번에도 편향은 양수라서 과대추정하게 된다. 교란 변수가 T와 양의 상관관계, Y와 음의 상관관계를 가지거나($\pi > 0$이고 $\gamma < 0$) 그 반대라면($\pi < 0$이고 $\gamma > 0$), 편향은 음수가 돼 T의 효과를 과소추정한다. 지금까지 설명한 내용을 표 10.3에 정리했다.

표 10.3 생략된 변수 편향 공식은 교란 변수 통제에 실패하면 인과적 효과를 과대 또는 과소추정하는지 파악하는 데 도움이 된다.

	생략된 변수가 조치와 양의 상관관계가 있음 $\pi > 0$	생략된 변수가 조치와 음의 상관관계가 있음 $\pi < 0$
생략된 변수가 결과와 양의 상관관계가 있음 $\gamma > 0$	양의 편향 $\pi \cdot \gamma > 0$	음의 편향 $\pi \cdot \gamma < 0$
생략된 변수가 결과와 음의 상관관계가 있음 $\gamma < 0$	음의 편향 $\pi \cdot \gamma < 0$	양의 편향 $\pi \cdot \gamma > 0$

회귀에서 어떻게 통제하나?

앞서 어떤 변수(X)를 통제하면 다른 관심 변수(T)와 결과 변수(Y) 사이의 관계를 나타내는 계수가 바뀌기도 한다는 점을 봤다. 구체적으로 말해서 X가 T와 상관관계가 있고 이와 별개로 Y와도 연관이 있으면, X를 통제할 때 T와 Y의 관계 추정치가 바뀐다. 변수를 통제하면 회귀 과정에서 무슨 일이 일어나는지 시각화할 방법이 있다.

신장이 소득에 미치는 영향을 알아본다고 하면, 이때 결과와 조치 변수 둘 다 연속적인 값을 가진다(원칙적으로 무한히 많은 값이 존재한다). 그림 10.3은 미국 노동 통계국에서 조사한 장기 국가 설문 조사에서 얻은 소득과 신장 데이터 일부를 보여 준다. 1980년에서 1984년 사이에 태어난 미국 거주민이 34세부터 38세에 달한 2014년에 신장과 소득을 설문한 대표성 있는 표본이다.

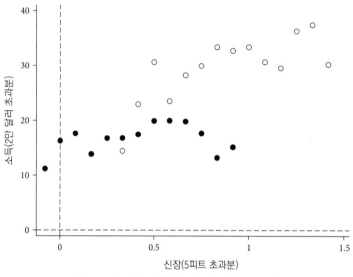

그림 10.3 2014년 34세에서 38세 미국인의 소득과 신장

시각화를 쉽게 하고자 그림 10.3에는 응답자를 신장과 성별로 묶어서 점 하나가 성별과 (인치로 나타낸) 신장이 같은 15명 이상이 되도록 그렸다. 각 집단의 평균 소득의 2만 달러 초과분을 1,000달러 단위로 표시하고, 평균 신장의 5피트(152.4센티미터) 초과분을 피트 단위로 표시했다(왜 이렇게 이상하게 눈금을 매겼는지는 조금 뒤에 밝히겠다). 속이 빈 점은 남성을 나타내고, 색칠한 점은 여성을 나타낸다.

눈으로 보면 신장과 소득 사이에 강한 양의 상관관계가 보인다. 성별을 무시한 채 이 데이터로 신장에 따른 소득을 회귀 분석하면 어떤 결과가 나올까? 앞서 봤듯이 단순히 데이터에 가장 잘 들어맞는 선을 찾게 된다. 그림 10.4에는 이 선을 그렸다. 실제로 최적합선은 큰 양의 기울기를 갖는데 이는 평균적으로 신장이 큰 사람이 소득도 높다는 의미다.

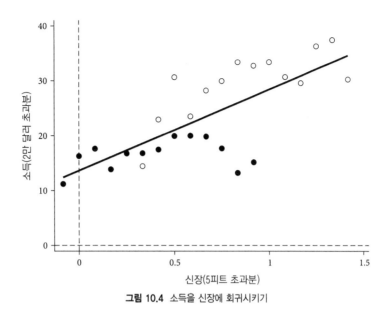

그림 10.4 소득을 신장에 회귀시키기

좀 더 정확하게 말하면 회귀를 수행할 때 다음 등식에서 오차 제곱의 합이 가장 작은 α와 β 의 값을 정하는 선을 얻는다.

$$소득 = \alpha + \beta \cdot 신장 + \varepsilon$$

그림 10.5에 이 두 값을 나타냈다. 신장 = 0(즉 신장이 5피트인 사람)일 때 선이 위치하는 높이 가 $\hat{\alpha}$이고, 선의 기울기가 $\hat{\beta}$다. 그림에 사용한 데이터로부터 기울기는 약 14.8로 추정한다. 평균적으로 신장이 1피트 커지면 연소득이 14,800달러 늘어난다!

물론 여기서 구한 회귀 계수를 인과적으로 해석하기 전에 교란 변수의 존재를 생각해야 한다. 성별이 한 가지 후보다. 남성은 평균적으로 여성보다 신장이 크다. 그리고 신장과 무 관한 이유로 남성이 평균적으로 여성보다 소득이 높다고 예상한다(구직 시장에 존재하는 성차별 이나 다른 사회적 요소의 결과일지도 모른다. 이런 이유도 물론 중요하지만 성별을 교란 변수로서 제어하 는 데 필요한 지식은 아니다). 실제로 그림을 보면 여성은 평균적으로 신장도 작고 소득도 적다. 따라서 이 회귀에서 성별은 통제할 교란 변수다.

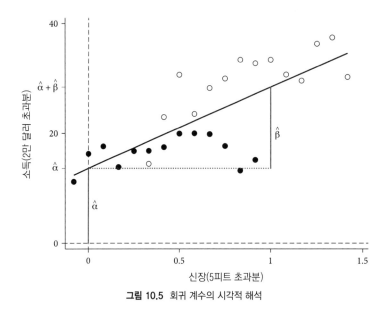

그림 10.5 회귀 계수의 시각적 해석

이 문제를 해결하는 방법 하나는 남성과 여성을 분리해서 회귀를 수행하는 방식이다.

$$소득(남성) = \alpha^M + \beta^M \cdot 신장 + \varepsilon^M$$
$$소득(여성) = \alpha^W + \beta^W \cdot 신장 + \varepsilon^W$$

이렇게 하면 그림 10.6처럼 회귀선 2개가 생긴다.

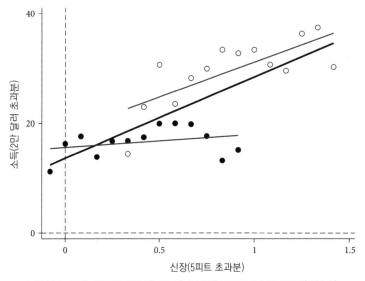

그림 10.6 전체 데이터의 회귀선(검은 선)과 성별을 분리해서 구한 회귀선(회색 선)

남성과 여성을 구분한 회귀선은 회색으로 그렸고, 양쪽 모두 포함하는 원래의 회귀선은 검은색 그대로 그렸다. 재미있게도 성별을 구분하면 신장과 소득의 상관관계가 전체 모집단보다 작게 나타난다. 다시 말해 $\hat{\beta}^W$와 $\hat{\beta}^M$ 둘 다 이전 회귀에서 얻은 $\hat{\beta}$보다 작다. 그리고 $\hat{\beta}^M > \hat{\beta}^W$로, 기울기가 여성보다 남성에게서 크다는 점도 주목하자.

데이터를 분리해서 별도로 회귀를 수행하면 남성과 여성 각각 소득과 신장의 상관관계를 알게 된다. 의원의 정치 성향 사례를 되돌아보면 이 작업은 표 10.2에서 각 NPAT 점수 구간에서 공화당과 민주당의 평균 ACU 점수 차이를 나타내는 아래쪽 구역과 비슷하다.

성별을 구분해서 구한 상관관계도 물론 유용하지만, 의원의 정치 성향 사례와 마찬가지로 성별을 통제해서 소득과 신장 사이의 상관관계를 하나의 추정치로 요약하고 싶다. 그 수치는 그림 10.6의 두 회색 선 기울기의 가중 평균이 될 것이다(표 10.2의 아래쪽 구간에 있는 각 차이를 가중 평균해서 하나의 수치로 나타낸 의원 정치 성향 사례와 마찬가지다). 그런데 가중치를 어떻게 매길지는 알아야 하겠다.

가장 간단명료하게는 소득을 신장과 성별 양쪽에 회귀시키는 방법이 있다. 회귀 등식은 다음과 같다.

$$\text{소득} = \alpha + \beta \cdot \text{신장} + \gamma \cdot \text{남성} + \varepsilon$$

그림에서는 이 회귀로 추정한 α, β, γ가 각각 어떻게 나타날까? 데이터에 가장 적합한 하나의 선을 찾는 대신 남성과 여성 데이터 각각에 가장 맞는 2개의 선을 찾는다고 생각하자. 그러나 회귀를 별도로 수행하지 않고 두 선이 같은 기울기($\hat{\beta}$)를 갖도록 제한한다. 그림 10.7은 이렇게 구한 두 선과, 남성과 여성 각각 별도로 회귀를 수행해서 구한 적합선을 비교한다.

두 검은 선의 기울기가 같은 점에 주목하자. 그리고 그 기울기는 별도로 회귀를 수행해서 얻은 두 선(회색 선) 기울기의 사이에 있다. 즉 두 선의 가중 평균이다. 그림 10.8은 데이터에 가장 적합하다고 추정한 두 평행선을 갖고 회귀 변수도 추정하는 방법을 보여 준다.

여성의 경우 (남성 = 0) 절편은 $\hat{\alpha}$다. 두 선의 거리는 $\hat{\gamma}$다. 그리고 두 선의 기울기는 $\hat{\beta}$다. 달리 말하면 $\hat{\alpha}$는 키가 5피트인 여성의 소득 예측이다. $\hat{\gamma}$는 키가 같은 남성과 여성의 소득 차이 예측이다. 그리고 $\hat{\beta}$는 성별을 통제할 때 신장과 소득 사이의 평균적인 관계다.

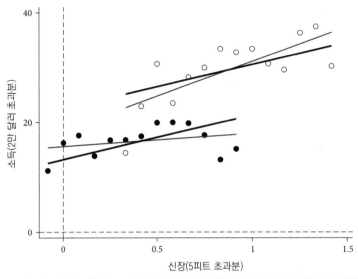

그림 10.7 성별을 회귀에 포함시킴으로써 통제한 회귀선(검은 선)과 성별을 분리해서 구한 회귀선(회색 선)

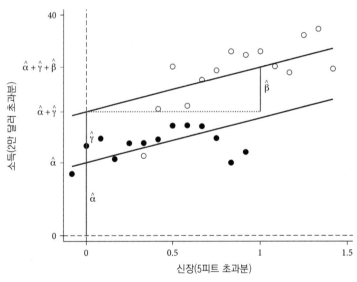

그림 10.8 성별을 통제하고 소득을 신장에 회귀시켜서 구한 회귀 계수

당연한 얘기지만 성별 통제는 신장과 소득 사이의 관계 추정에 중대한 영향이 있다. 새로 추정한 기울기는 종전의 14.8이 아니라 약 8.1이다. 이러한 변화는 성별이 교란 변수라는 사실에 기인한다. 성별은 신장과 소득 양쪽에 영향을 미친다. 9장에서 배운 편향 부호화에서, 지

금 사례처럼 교란 변수가 조치와 결과 양쪽 모두에 양의 상관관계가 있으면 편향이 양의 값이 된다고 설명했다. 종전의 14.8이란 기울기는 신장이 소득에 미치는 실제 영향을 과대추정한 셈이므로 성별을 통제하면 기울기 추정치가 작아진다.

성별 통제가 단지 소득과 신장의 관계 추정에만 영향을 미치는 게 아니라 추정치의 정밀도에도 영향을 미친다는 점을, 비록 어느 방향으로 영향을 미치는지는 이론적으로 모호하지만 알아 두자. 한편으로는 결과와 상관관계가 있는 변수를 통제하면 그 결과의 잔차 변이를 줄여서 정밀도를 높인다. 다른 한편으로는 조치와 상관관계가 있는 변수를 통제하면 그 조치의 잔차 변이를 줄여서 추정치의 불확실성을 높인다. 교란 변수 통제가 정밀도를 높일지 낮출지는 이 두 가지 작용의 상대적인 크기에 좌우된다.

방금 전 논의를 놓고 보면 편향을 줄이려는 목적이 아니라 정밀도를 높이려는 목적으로 회귀에 통제 변수를 추가하고 싶을지도 모른다. 정말로 결과와 강한 상관관계가 있으면서 조치와는 상관관계가 없는 조치 전 변수를 발견할지도 모른다. 이 변수를 회귀에 포함시키면 추정치의 정밀도가 개선될 것이다. 그러나 통계적으로 유의한 추정을 얻을 때까지 통제 변수를 바꿔가며 시도하면 이는 p-해킹이고 나쁜 발상이다.

직전 내용과 의원의 정치 성향 사례의 유사점을 이야기했으므로 이제 후자의 사례를 회귀라는 틀에서 바라보자. 이 경우에서 조치(공화당이냐 민주당이냐)는 이진값이지만 잠재적 교란 변수(이념)는 연속적인 NPAT 점수로 측정한다는 점을 주시하자.

다시 산점도를 볼 텐데, 이번에는 ACU의 등급이 세로축이고 NPAT 보수성 점수가 가로축이다. 그림 10.9에서 색칠하지 않은 점은 민주당에 해당하고 색칠한 점은 공화당에 해당한다.

조치가 이진값이기 때문에 먼저 단순히 공화당과 민주당의 평균 ACU 등급을 비교한다. 다음 회귀 등식을 보자.

$$\text{ACU 등급} = \alpha + \beta \cdot \text{공화당} + \varepsilon$$

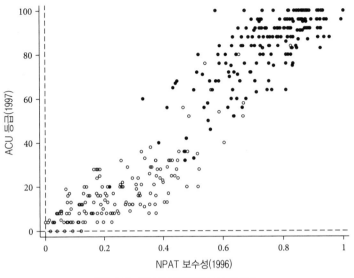

그림 10.9 ACU 점수와 NPAT 보수성 점수

오차 제곱의 합을 최소화하려면 계수 $\hat{\alpha}$는 민주당(공화당 = 0)의 평균 ACU 등급과 같고 계수 $\hat{\beta}$는 공화당과 민주당의 평균 ACU 등급 차이와 같아야 한다. 따라서 이미 본 바와 같이 $\hat{\alpha}$ = 20이고 $\hat{\beta}$ = 84 − 20 = 64다. 그림 10.10에 이 내용이 나타나는데, 두 가로선은 민주당과 공화당 각각의 평균 ACU 등급에 해당한다.

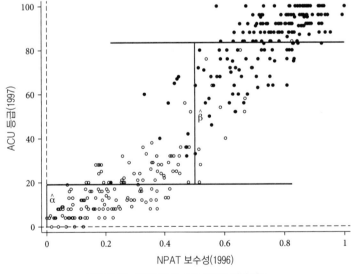

그림 10.10 ACU 점수와 소속 정당의 회귀 계수

우리가 신경 쓰는 부분은 당연히 이 회귀에서 개인의 정치 이념이 교란 변수라서 $\hat{\beta}$가 정당이 의원의 투표 행동에 미치는 진짜 영향력을 추정하지 못한다는 점이다. 그래서 개인의 이념을 통제하고자 한다. 여기에는 가로축에 표시된 NPAT 보수성 점수를 활용할 것이다.

소득과 신장의 사례에서는 성별이라는 이진값을 갖는 교란 변수를 신경 썼다. 이를 통제한다는 의미를 이해하려고, 첫 단계로 (소득과 신장에 관한) 원래의 회귀를 교란 변수의 각 값마다 별도로 수행했다. 그런 다음 성별을 통제해서 얻은 신장의 최종 회귀 계수가 성별마다 별도로 추정한 회귀선 기울기의 가중 평균이라는 점을 확인했다.

의원의 정치 성향 사례에서는 교란 변수도 연속적이기 때문에 교란 변수의 값을 구분해서 회귀를 수행하지 못한다. 대신 비슷한 방법을 쓸 수 있다. 민주당과 공화당 각각의 데이터로 NPAT 보수성에 대한 ACU 등급 회귀를 수행한다(회귀 계수에 붙은 첨자 P는 소속 정당 P에 관한 회귀라는 뜻이다).

$$\text{ACU 등급} = \alpha^P + \gamma^P \cdot \text{NPAT 보수성} + \varepsilon^P$$

이제 그림 10.11처럼 회귀선이 2개 생기는데 하나는 공화당이고 하나는 민주당이다.

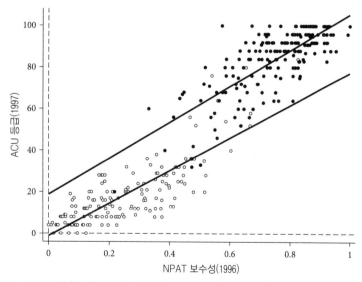

그림 10.11 NPAT 점수(이념)를 통제하고 각 정당마다 ACU 점수와 소속 정당의 관계를 회귀로 수행한 결과

NPAT 보수성의 각 값마다 공화당 의원의 ACU 등급을 NPAT 보수성 점수를 사용해서 예측하면 다음과 같다.

$$\hat{\alpha}^R + \hat{\gamma}^R \cdot \text{NPAT 보수성}$$

그리고 민주당 의원의 ACU 등급을 NPAT 보수성 점수를 사용해서 예측하면 다음과 같다.

$$\hat{\alpha}^D + \hat{\gamma}^D \cdot \text{NPAT 보수성}$$

어떤 NPAT 보수성 값이 주어질 때 두 회귀선의 차이는 그 NPAT 점수로 예측한 공화당과 민주당 의원의 ACU 등급 차이다. 그러므로 이렇게 회귀를 수행하면 연속적인 값으로도 이 진값을 비교한 경우와 비슷한 결과를 얻는다. 이로써 각 NPAT 보수성 값마다 공화당과 민주당의 평균 ACU 등급 차이가 얼마나 될지 예측할 수 있다.

하지만 여기서 끝이 아니다. 이전과 마찬가지로 목표는 NPAT 보수성을 통제해서 ACU 등급과 소속 정당 사이의 관계를 나타내는 단 하나의 척도다. 여기까지는 이 관계의 척도를 각 NPAT 보수성 값마다 별도로 구했다. 통제의 마지막 단계로, 오차 제곱의 합을 최소화하도록 회귀를 수행해서 이 차이들의 가중 평균을 구한다. 다음 회귀 등식으로 수행한다.

$$\text{ACU 등급} = \alpha + \beta \cdot \text{공화당} + \gamma \cdot \text{NPAT 보수성} + \varepsilon$$

그림 10.12에 이 회귀 결과를 그렸다. 계수 $\hat{\alpha}$는 NPAT 보수성이 0인 민주당 의원의 평균 ACU 등급이다. 계수 $\hat{\gamma}$는 ACU 등급과 NPAT 보수성 사이의 관계를 기울기로 나타낸다. 중요한 점은, $\hat{\gamma}^R$과 $\hat{\gamma}^D$가 달랐던 이전 회귀와 달리 이번에는 양당의 ACU 등급과 NPAT 보수성 사이의 관계 기울기를 같게 만들었다는 점이다. 따라서 기울기 $\hat{\gamma}$는 $\hat{\gamma}^R$과 $\hat{\gamma}^D$의 가중 평균이다. 마지막으로 계수 $\hat{\beta}$는 두 선의 차이다. 양당의 $\hat{\gamma}$가 같아서 두 선이 평행하기 때문에 이 차이는 NPAT 보수성 점수와 상관없이 고정된 값이다. 결국 $\hat{\beta}$는 공화당과 민주당의 ACU 등급의 평균 차이를 NPAT 보수성을 통제하고 추정한 값이다.

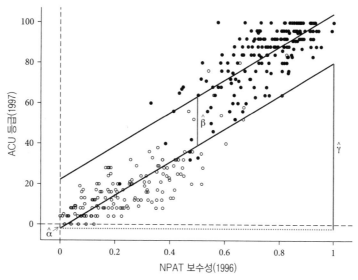

그림 10.12 NPAT 점수(이념)를 통제해서 ACU 점수와 소속 정당의 관계를 회귀로 수행한 결과

통제와 인과관계

통제를 하면 특정 교란 변수를 측정하고 회귀에 포함시켜서 이로부터 발생하는 편향을 줄이거나 아예 없앨 수 있지만, 여전히 대부분의 경우에서 통제만으로 인과관계의 편향 없는 추정치를 얻으리라고 기대하지 않는다. 9장에서 어떤 상관관계가 인과적 효과의 편향 없는 추정이라고 해석하려면, 조치 대상과 미조치 대상 사이에 차이 기준치가 없음을 확신해야 한다고 설명한 내용을 떠올리자. 달리 말하면 제대로 된 비교로 볼 타당한 이유가 있어야 한다. 만약 Y를 T와 X에 (그리고 다른 잠재 교란 변수에) 회귀시킨다면, 그리고 나서 T의 계수를 인과적으로 해석한다면 여전히 비슷한 주장을 하는 셈이다. Y와 T의 관계에서 통제한 변수들 외에 다른 교란 변수는 없고, 역인과관계도 없다고 말하는 셈이다. 달리 표현하면, 통제만으로 인과적 효과의 편향 없는 추정을 얻으려면 모든 교란 변수를 통제해야만 한다.

경험상 생략된 교란 변수가 정말로 하나도 없다고 자신할 만한 상황은 (11장에서 논의할 무작위 실험 외에는) 별로 못 봤다. 대체로 분석가가 다양한 요소를 통제한다 하더라도 관찰 불가능하거나 데이터에 나타나지 않아서 통제할 방법이 없는 다른 잠재적 교란 변수를 떠올리기 쉽다. 예컨대 소득과 신장의 관계에서 성별 이외에 다른 잠재적 교란 변수가 있을지 자문해 보자. 대답은 당연히 '그렇다'이며, 경제적, 생물학적, 문화적, 건강 등의 특성이 그 대상이 될 것이다. 예를 들어 잘 사는 부모는 아이들 영양 상태가 좋아서 키가 커지고, 또한 다른 경위로 그 아이들은 소득도 높을지 모른다. 여러분이 가능성 있는 모든 교란 변수를 측정하고 통제하리라고 상상하기는 어렵다.

일반적으로 통제만으로 인과관계를 밝힐 수 있다고 보기 어려운 또 다른 이유는 역인과관계다. 9장에서 교란 변수와 역인과관계가 어떻게 제대로 된 비교를 가로막는지 얘기했다. 통제란 교란 변수를 최대한 많이 고려하려는 발상이지만, 결과가 조치에 영향을 미치는 역인과관계가 존재하면 어떻게 통제를 하더라도 이 문제를 완벽히 해결하지 못한다.

사례를 하나 들어 보자.

소셜미디어가 해로운가?

사람들이 소셜미디어를 많이 접하면 좋지 않다는 믿음이 널리 퍼졌다. 실제로도 소셜미디어 사용량과 개인의 주관적인 행복 및 정신 건강을 측정하는 다양한 척도 사이에 음의 상관관계가 있음을 보이는 연구가 많다.

물론 이 상관관계가 소셜미디어가 개인의 행복에 주는 인과적 효과를 반영하지는 않을지도 모른다. 예컨대 역인과관계가 작용했을 여지가 있다. 우울하거나 외롭거나 괴로워하는 사람들이 행복하거나 인간관계가 폭넓은 사람들보다 소셜미디어에 더 시간을 쓸지도 모른다. 아니면 교란 변수가 있어서 사회적 지위, 교육, 지리적 요소가 소셜미디어 사용과 주관적 행복 양쪽에 영향을 미칠지도 모른다.

인과관계를 추정하는 첫 단계로 생각해 볼 만한 방법은 이런 교란 변수를 통제하는 것이다. 통제 전략이 실제 인과적 효과를 얼마나 잘 추정할까?

이 질문에 실마리를 제시할 연구가 있다. 소셜미디어의 효과에 관심 있는 일단의 학자들이 실험을 했다. 이들은 먼저 연구에 참여할 의사가 있는 수많은 페이스북 사용자를 확보했다(참가자들은 무슨 연구인지는 몰랐다). 각 참가자로부터 주관적 행복의 척도, 페이스북 사용량 그리고 한 달간 페이스북을 사용하지 않는 대가로 얼마나 받을지 등을 조사했다. 그런 다음 이들 중 무작위로 뽑은 사람들에게 실제로 그 돈을 주고 한 달간 페이스북을 끊도록 했다(사용 여부는 관찰할 수 있었다). 나머지 사람들은 페이스북을 끊지는 않되 대조군으로서 연구에 계속 참여했다. 연구진은 한 달이 지난 시점에 주관적인 행복도를 측정해서, 페이스북을 끊은 실험군의 주관적 행복이 페이스북을 계속 사용한 대조군에 비해 변화했는지 확인했다.

우리가 보기에 이 연구의 훌륭한 부분은 페이스북 사용 여부를 무작위로 할당해서 페이스북 사용 효과의 편향되지 않은 추정치를 얻었다는 점이다. 연구진은 연구를 시작할 때도 페이스북 사용과 주관적 행복에 관해 질문했으며, 따라서 연구 시작 시점에서 페이스북 사용 수준이 다른 사람들의 행복도를 비교함으로써 선행 연구에서 보고한 단순한 상관관계도 재현했다. 게다가 연구 과정에서 수많은 개인적 세부 사항도 관찰함으로써 소득, 나이, 성별, 교육 수준, 인종, 정치적 소속 등의 잠재적 교란 변수를 통제할 수 있었다.

만약 모든 교란 변수를 통제하는 일이 가능하다면 페이스북 사용과 주관적 행복도의 관계를 추정한 결과는 통제를 했을 때와 위의 실험을 했을 때 같은 기댓값을 가질 것이다. 그러므로 단순한 상관관계와 잠재적 교란 변수를 통제해서 얻은 상관관계와 실험에서 얻은 추정치를 비교하면 통제가 실제 인과적 효과를 파악하는 데 얼마나 유효한지 감을 잡을 수 있다.

그림 10.13은 단순한 상관관계, 잠재적 교란 변수를 통제한 상관관계, 실험에서 추정한 값을 보여 준다(각각 95퍼센트 신뢰 구간을 표시했다). 모두 일평균 페이스북 사용량으로 측정했다. 그림 10.13에서 보듯이 단순 상관관계는 페이스북 사용과 주관적 행복도의 부정적 관계를 가장 크게 추정한다. 잠재적 교란 변수를 통제하면 추정치가 조금 작아진다. 그러나 실험으로 얻은 추정치는 단순 상관관계에 비해 크기가 약 3분의 1 정도이고 잠재적 교란 변수를 통제했을 때보다도 약 절반에 불과하다. 이를 보면 본 사례에서 통제 전략은 여전히 실제 효과를 상당 수준 과대추정한다는 점을 시사한다.

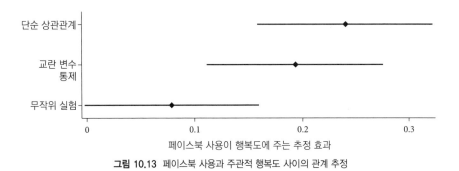

그림 10.13 페이스북 사용과 주관적 행복도 사이의 관계 추정

회귀 표 읽기

회귀를 시각적으로 표현한 도식은 봤다. 하지만 컴퓨터로 회귀를 수행하거나 보고서에 포함된 회귀 결과를 볼 때는 주로 표 형식으로 접한다. 그러므로 회귀 표의 각 부분을 이해하고 해석하는 능력이 필요하다. 5장에서 처음 회귀 표를 봤는데 이제 더 자세한 내용을 다뤄도 되겠다.

의회 투표 기록과 소속 정당 사이의 관계를 분석한 사례로 돌아가자. 여기서는 회귀를 세 번 수행했다.

첫째, 아무것도 통제하지 않은 채 투표 성향을 소속 정당에 회귀시켰다.

$$\text{ACU 등급} = \alpha + \beta \cdot \text{공화당} + \varepsilon$$

둘째, 다양한 NPAT 점수 구간을 포함시켜서 이념을 통제했다.

$$\text{ACU 등급} = \alpha + \beta_1 \cdot \text{공화당} + \beta_2 \cdot \text{NPAT}_{21-40} + \beta 3 \cdot \text{NPAT}_{41-60}$$
$$+ \beta_4 \cdot \text{NPAT}_{61-80} + \beta_5 \cdot \text{NPAT}_{81-100} + \varepsilon$$

이는 표 10.2를 둘러싼 논의에서 알맞은 가중 평균을 구하려고 수행했다.

셋째, 연속된 NPAT 변수를 포함시켜서 이념을 통제했다.

$$\text{ACU 등급} = \alpha + \beta \cdot \text{공화당} + \gamma \cdot \text{NPAT 보수성} + \varepsilon$$

표 10.4에서 각 열은 이 세 가지 회귀 결과를 나타낸다.

표 10.4를 어떻게 읽어야 하는지 얘기해 보자. 맨 왼쪽 열은 그냥 이름이다. 두 번째 열은 첫 번째 회귀, 바로 통제 없이 ACU 등급을 공화당 소속 여부에 회귀시킨 결과다. 세 번째 열은 두 번째 회귀, 바로 NPAT 구간을 통제해서 ACU 등급을 공화당 소속 여부에 회귀시킨 결과다. 네 번째 열은 세 번째 회귀, 바로 연속된 NPAT 보수성 점수를 통제해서 ACU 등급을 공화당 소속 여부에 회귀시킨 결과다.

첫 행에는 종속 변수 이름이 보인다. 이는 모든 회귀에서 똑같이 ACU 등급이다. '공화당'이라고 이름 붙인 행은 각 회귀마다 세 가지 정보를 담는다. 위쪽 숫자는 회귀로 추정한 공화당 변수의 계수다. 그 아래 괄호 안의 숫자는 추정치의 표준 오차다. 그리고 별표는 회귀 결과가 통계적으로 유의하게 0과 다른지(그리고 유의성 수준이 얼마인지) 표시한다. 이 행을 둘러보면 첫 번째 회귀는 공화당 변수의 계수가 64.32다. 하지만 NPAT 점수를 통제하고 나면 이 계수는 급격히 줄어든다. NPAT 구간을 통제하면 23.74로 줄어든다. 연속된 NPAT 보수성 점수를 통제하면 24.28이 된다(놀랍지 않은 결과지만, 이념을 얼마나 정확히 통제하는지는 별로 상관없다).

표 10.4 아래쪽으로 내려가면 각 통제 변수에 관해 추정한 계수, 표준 오차, 통계적 유의성이 나온다. 이후 다섯 행에 걸쳐 둘째 열이 빈 이유는 이 회귀에서는 통제 대상이 없기 때문이다. 셋째 열에서는 NPAT 구간과 연관된 네 행이 채워졌지만 NPAT 보수성 점수에 관한 행은 비었다. 그리고 넷째 열에서는 NPAT 구간과 연관된 행들은 비었고 대신 NPAT 보수성에 관한 행이 채워졌다. 모든 회귀 결과에서 '상수'라는 행은 채워졌다. 이는 각 회귀에서 절편($\hat{a}$)의 추정치다.

표 10.4에는 추가로 두 가지 정보가 있다. 각 회귀마다 데이터에 관찰값 몇 개가 있는지 말해 준다. 여기서 이 값은 349이며, 1997년 NPAT 설문에 응답한 하원의원 수를 나타낸다.

표 10.4 ACU 등급과 소속 정당 사이의 관계

변수	ACU 등급	ACU 등급	ACU 등급
공화당	64.32**	23.74**	24.28**
	(1.71)	(2.25)	(1.98)
NPAT_{21-40}		8.01**	
		(1.76)	
NPAT_{41-60}		32.74**	
		(2.29)	
NPAT_{61-80}		52.27**	
		(2.83)	
NPAT_{81-100}		59.77**	
		(2.83)	
NPAT 보수성			82.05**
			(3.44)
상수	19.09**	10.29**	−2.10
	(1.25)	(1.24)	(1.18)
관찰값 수	349	349	349
r의 제곱	.80	.92	.93

괄호 안은 표준 오차. **$p < .01$

그리고 각 회귀마다 r의 제곱도 표에 나온다. 2장에서 이 값은 한 변수의 변이가 다른 변수의 변이를 예측하는 비율이라고 말한 내용을 떠올리자. 따라서 마지막 회귀에서 얻은 .93이라는 값은 우리가 가진 데이터 표본 안에서 하원의원의 ACU 등급의 변이 중 93퍼센트는 소속 정당 및 NPAT 점수로 예측할 수 있다는 뜻이다.

이 말이 꽤 근사하게 들리긴 하지만 r의 제곱 통계를 너무 과대 해석하지 말기 바란다. 사실 회귀를 수행할 때 이 값은 보고조차 하지 않는 경우가 많다. 대체로 회귀 수행의 목표는 종속 변수의 변이를 예측하거나 모델링하는 일이 아니다. 목표는 핵심 조치 변수가 결과에 영향이 있는지 여부를 파악하는 것이다. 이 목표를 위해서 관심을 가질 대상은 조치 변수의 계수 추정치다. 더구나 r의 제곱이 높은 값이 나온다는 사실 자체는 그다지 의미가 없다. 데이터의 변이 중 상당 부분을 성공적으로 예측하는 쉬운 방법 하나는 그저 통제 변수를 회귀에 많이 포함시키는 것이다. 하지만 이렇게 한다고 해서 어떤 일이 벌어지는지 이해한다는 뜻은 아니다. 5장에서 논의한 과적합을 되돌아보자. 단지 변수를 많이 포함시켜서 얻은 결과가 데이터에 정말 잘 맞는다는 이유만으로(바로 높은 r의 제곱이 뜻하는 바) 데이터에 없던 새로운 관찰 값의 결과를 잘 예측한다고 보장하지는 못한다. 그리고 어떤 경우에는 설령 r의 제곱이 낮아도 믿을 만하고 편향되지 않은 추정치를 얻을 때도 있다.

교란 변수 통제 대 기작

어떤 변수가 조치와 결과 양쪽에 영향을 미치면서 동시에 조치에 영향을 받는 상황에서는 통제에 관해 명확하게 생각하기가 좀 더 어려워진다. 이런 상황에서는 무엇을 해야 할까? 문제의 변수는 교란 변수다. 조치와 결과 양쪽에 영향을 미친다. 따라서 통제할 대상으로 보인다. 하지만 9장에서 논의했듯이 이 변수는 기작이기도 하다. 조치에 영향을 받고 결과에 영향을 준다. 이는 조치가 결과에 영향을 주는 통로에 놓여 있으며, 따라서 통제하면 안 되는 대상으로 보인다. 이럴 경우 어떻게 해야 할까?

이 수수께끼를 더 구체화하고자 9장에서 소개한 1인당 소득이 내전에 미치는 영향을 다룬 사례로 돌아가자. 한편으로는 민주주의가 소득을 개선할 정책을 베풀고, 동시에 정치적 불만을 온화하게 표현할 기회를 줘서 내전 위험에 직접 영향을 줄 것이다. 이런 관점에서 보면 어떤 나라가 민주주의인지 여부는 교란 변수, 즉 조치 전 공변량이고, 따라서 통제할 대상이다. 다른 한편으로는 어쩌면 나라가 부유해지면 국민의 교육 수준이 높아지고 민주주의를 더 바라게 돼 내전이 발발할 위험을 줄일지 모른다. 이런 관점에서 보면 민주주의는 GDP가 내전 가능성에 영향을 주는 하나의 기작, 즉 조치 후 공변량이며, 따라서 통제하면 안 된다.

사실 이런 상황에서 해결책은 없다. 해도 문제고 안 해도 문제이며, 알고자 하는 인과관계를 제대로 파악할 형편이 못된다. 정말 알고 싶다면 더 창의적 접근법을 찾아야 하는데, 다음 몇 장에 걸쳐 이 주제를 다루겠다.

마법은 없다

사람들은 정말이지 교란 변수를 전부 통제하기만 하면 인과관계를 추정할 수 있다고 확신하는 듯하다. 또한 사람들은 여러분도 그 생각에 동의하기를 바라고 있다. 하지만 앞서 논의한 바와 같이 많은 중대한 상황에서 명확하게 사고하지 않으면 생략된 교란 변수가 없다고 믿어 버릴 것이다. 그리고 사람들은 이따금 수학 용어, 멋지게 들리는 통계적 방법, 복잡한 컴퓨터 프로그램, 그 밖에 신비한 기술을 들먹이며 여러분의 명확한 사고를 방해하려 들 것이다. 절대로 속지 말아야 한다. 분석가가 아무리 멋진 기술을 사용하더라도 근본적인 전략이 교란 변수 통제인데 데이터에는 관찰 불가능하거나 측정 안 된 교란 변수가 있다고 볼 만한 타당한 이유가 있다면, 이들까지 통제하지는 못했을 것이다. 컴퓨터는 만능이 아니다. 관찰 가능한 교란 변수는 통제할 수 있다. 하지만 관찰 불가능한 교란 변수를 관찰 가능하게 만들 재주는 없다.

이 말의 뜻을 알아보고자 '매칭^{matching}'이라고 부르는 완벽하고 유용한 통계적 기법을 살펴보겠다. 개념은 이렇다. 여러분이 통제하려는 어떤 연속적인 변수 X가 있다고 가정하자. 조치 집단의 각 대상을 미조치 집단에서 X의 값이 가장 가까운 대상으로 매칭한다. 그런 다음 이 매칭된 데이터로부터 평균 차이를 계산해서 (또는 회귀를 수행해서) T가 Y에 미치는 효과를 추정한다. 이를 '최근접 이웃 매칭$^{nearest\ neighbor\ matching}$'이라 부른다.

의원 정치 성향 사례에서는 각 민주당 의원을 NPAT 점수가 가장 가까운 공화당 의원에게 매칭하는 일부터 시작한다. 그런 다음 매칭된 표본에서 매칭된 각 공화당과 민주당 의원 사이의 평균 ACU 점수를 계산하면, NPAT 점수를 통제하면서 ACU 점수와 소속 정당 사이의 관계를 추정하는 또 다른 방법이 된다.

변수 여러 개를 통제하고 싶다면 두 관찰값이 이 모든 변수를 아울러 서로 얼마나 가까운지를 나타내는 하나의 대표 척도를 정의해야 한다. 이 척도를 정의하는 방법은 여러 가지다. 어떤 방법은 상당히 멋진 계산 용어로 정의하지만 명확하게 사고하는 데 어려움을 준다. 정신 바짝 차려야 한다.

매칭은 통제 기법으로서 회귀보다 우수한 면이 있다. 매칭의 좋은 특징 한 가지는 통제 변수가 좀 더 다양한 방식으로 결과에 영향을 미치더라도 대응할 수 있다는 점이다. 예를 들어 회귀는 선형관계만을 상정하지만 매칭은 그런 가정이 필요 없다. 물론 매칭이 회귀보다 못한 부분도 있다. 한 가지 단점으로 회귀보다 적은 양의 정보를 사용하기 때문에 종종 정밀도가 낮은 경우가 생긴다. 또 다른 단점으로 조치된 관찰값에 대한 최적 매칭의 X는 만약, 예컨대 X가 T와 양의 상관관계가 있다면 그 값이 더 높으리라 기대하기 때문에 매칭에 의한 추정은 편향될 여지가 있다. 이 문제를 푸는 통계적 해법은 물론 있는데, 이 역시 상당히 기술적이고 근사해 보인다.

매칭은 회귀와 마찬가지로 좋은 통계적 통제 기법이다. 이 점에는 이견이 없다. 우리가 걱정하는 까닭은, 이따금 분석가들이 매우 기술적인 매칭 알고리듬을 들고 와서는 "매칭을 쓰면 비교 대상이 조치만 다르고 나머지는 모두 똑같아서, 실험과 유사한 수준의 비교를 하도록 해줍니다" 같은 말을 하기 때문이다. 이는 과학이라는 도구로 여러분의 눈을 가리려는 시도다. 매칭은 그저 통제의 한 가지 수단일 뿐이다. 이는 실험에 가까운 비교를 하는 부분에 있어서 통제 변수를 포함한 회귀보다 나을 바가 없다. 관찰한 변수를 통제하는가 매칭된 변수를 통제하는가의 차이다. 컴퓨터는 통계 알고리듬이 아무리 근사하다고 하더라도 관찰 불가능한 대상을 관찰 가능하게 만들지 못한다. 이는 마법과 같다. 그리고 어디에도 마법은 없다.

정리

통제란 교란 변수를 고려해서 인과관계에 관한 편향이 작고 더 나은 추정치를 얻는 방법이다. 통제 방식은 다양하지만 근본적으로 모두 같은 일을 하는데, 바로 관찰 가능한 조치 전 공변량이 비슷한 조치 대상과 미조치 대상을 비교함으로써 더 믿을 만한 추정치를 만드는 일이다.

통제가 유용한 수단이긴 하지만 결코 만능은 아니다. 여러 가지 흥미로운 사례를 보면 관찰 불가능해서 통제도 안 되는 교란 변수, 역인과관계, 교란 변수이면서 동시에 기작인 변수 등이 존재한다. 그래서 설령 연구자가 많은 잠재적 교란 변수를 통제하더라도 여전히 추정에서 편향을 조심해야 한다.

이처럼 통제가 인과관계를 추정하는 전략으로서 확신을 주지 못한다면 좀 더 확신을 주는 방법은 무엇일까? 편향되지 않게 추정하는 아마도 유일한 한 가지 방법은 여러분이 직접 조치를 무작위로 행하는 일이겠다. 그래서 11장에서는 이른바 인과 추론의 황금률이라고 부르는 무작위 실험을 중점적으로 다루겠다.

핵심 용어

- **통제**: 다른 변수의 값을 고정한 상태에서 두 변수 사이의 상관관계를 찾는 통계적 기법 사용.
- **가변수**: 어떤 대상이 특정한 성질을 지녔는지 가리키는 변수로서 그 성질이 있으면 1을 취하고 없으면 0을 취함.
- **종속 변수 또는 결과 변수**: 데이터에 있는 변수 중에서 회귀를 수행해서 이해하거나 설명하려는 특성에 해당하는 대상.
- **조치 변수**: 데이터에 있는 변수 중에서 종속 변수에 미치는 효과를 추정하려는 특성에 해당하는 대상.
- **통제 변수**: 데이터에 있는 변수 중에서 인과적 효과를 추정할 때 편향을 줄이고자 분석 대상에 포함하는 대상.
- **생략된 변수 편향**: 인과적 효과를 추정하는 과정에서 어떤 교란 변수를 통제 대상에서 빠뜨림으로써 발생하는 편향.
- **국지적 평균 조치 효과**LATE: 모집단 중 특정 부분집합의 평균 조치 효과.

연습 문제

10.1 웹사이트 press.princeton.edu/thinking−clearly에 접속해서 HouseElections
Spending2018.csv 파일과 이 파일의 데이터에 있는 변수를 기술한 README.txt 파
일을 다운로드하라.

(a) 현직 후보의 득표율(종속 변수)을 현직 후보의 선거 비용과 도전자의 선거 비용 양쪽
동시에 회귀시켜라.

ⅰ. 도전자의 선거 비용이 도전자의 득표율이 높아지는 현상과 양의 상관관계가
있다면 이는 현직 후보의 득표율과는 음의 상관관계가 있어야 한다. 이를 염두에
두고 독립 변수에 연계된 추정 계수를 어떻게 해석하면 좋을까?

ⅱ. 이번에 얻은 결과는 9장 연습 문제에서 현직 후보의 득표율을 현직 후보의 선거
비용과 도전자의 선거 비용 각각에 별도로 회귀를 수행한 결과와 다른가? 다르
거나 다르지 않은 이유는 무엇인가?

(b) 선거 비용 효과를 더 믿을 만하게 추정하도록 회귀 과정에 통제를 추가하자. 여러
분도 이미 아는지 모르지만 2018년 의회 선거는 민주당이 선전했다.

ⅰ. 2018년 민주당이 전반적으로 선전한 사실이 회귀 수행에서 교란 변수일까?

ⅱ. 현직 후보가 공화당 소속인지를 가리키는 새로운 변수를 만들고 이를 가리켜
republicanincumbent(현직 공화당)라고 부르자. 이 변수는 현직 후보가 공화당
소속이면 1을, 민주당 소속이면 0을 취한다.

ⅲ. 이 변수를 통제해서 회귀를 다시 수행하라.

ⅳ. 새로운 republicanincumbent 변수에 관한 추정 계수를 해석하라.

ⅴ. 통제 변수를 포함하면 추정 계수(현직 후보와 도전자의 선거 비용에 관한 계수)가 유의
미하게 달라지는가? 다르거나 다르지 않은 이유가 뭐라고 생각하는가?

(c) 이번에는 2016년 대통령 선거에서 현직 후보가 출마한 해당 지역의 민주당 득표율
을 통제하라.

ⅰ. 이 통제 변수를 포함시키면 어떤 종류의 문제를 해결하는가?

ⅱ. 이 통제 변수에 관한 추정 계수를 해석하라.

ⅲ. 이 통제 변수를 포함시키면 추정 계수(현직 후보와 도전자의 선거 비용에 관한 계수)가
유의미하게 달라지는가? 다르거나 다르지 않은 이유가 뭐라고 생각하는가?

10.2 연습 문제 1번에서 회귀를 수행한 결과를 보여 주는 회귀 표를 만들고, 관찰값 수와 r의 제곱도 표에 함께 작성하라.

10.3 2장에서 고등학교의 고급 수학 수업과 대학 과정 수료 사이의 상관관계를 밝히고, 이를 인과관계의 증거로 제시한 연구를 논의한 바 있다. 물론 고급 수학 수업을 듣는 학생들은 다른 학생과 다르다고 볼 여지가 있고, 따라서 연구자들은 성별, 사회적 지위, 인종, 인지 능력 검사 점수, 8학년 시점의 읽기와 수학 점수를 통제해서 회귀를 수행했다.

(a) 이 통제 변수들이 잠재적 교란 변수에 관한 우려를 잠재우는가?

(b) 이런 배경 변수를 통제한 뒤에도 생략된 잠재적 교란 변수가 있다고 생각하면 하나 들어 보라. 이 잠재적 교란 변수에 연계된 편향은 어느 방향일 것 같은가?

읽을거리

통제에 관해 더 자세한 내용은 물론, (11~13장에 걸쳐 살펴볼 주제들인) 실험, 도구 변수, 이중차분법, 불연속 회귀에 관해 더 자세한 내용을 알고 싶다면 다음 책을 추천한다.

Joshua Angrist and Jorg-Steffen Pischke. 2014. Mastering 'Metrics. Princeton University Press.

지난 수십 년에 걸쳐 증가한 미국 의회의 양극화를 비롯해서 정치적 양극화에 관해 더 자세한 정보를 알고 싶다면 다음 책을 추천한다.

Nolan McCarty. 2019. Polarization: What Everyone Needs to Know. Oxford University Press.

LATE 대 ATE, 그리고 LATE를 올바르게 추정할 수 있다는 주장에 관한 자세한 내용은 다음 논문을 보라.

Guido W. Imbens. "Better LATE than Nothing: Some Comments on Deaton (2009) and Heckman and Urzua (2009)." Journal of Economic Literature 48(2):399-423.

페이스북과 주관적 행복도에 관한 연구는 다음과 같다.

Hunt Allcott, Luca Braghieri, Sarah Eichmeyer, and Matthew Gentzkow. 2020. "The Welfare Effects of Social Media." American Economic Review 110(3):629−76.

11

무작위 실험

11장에서 다루는 내용

- 조치를 무작위로 적용하면 인과관계를 편향 없이 추정할 수 있다.
- 통계적 추론과 가설 검정에 쓰는 모든 도구는 실험 환경에서 진짜 효과와 잡음을 구별하도록 동작한다.
- 무작위 실험을 하더라도 수많은 복잡함이 발생하므로 계획을 잘 세워야 한다.
- 실험 대상이 실험 설계에 따른 할당(배치)에 따르지 않을 때는 무작위 할당(또는 무선 할당, 무선 배치)에 기반해서 비교해야 한다.
- 연구자가 이상적인 실험을 구축하지 못하더라도 연구 목적으로 의도하지는 않았던 무작위 조치가 일어난 사례를 발견하기도 한다. 이런 '자연 발생적 실험'은 종종 중요한 인과관계 물음에 답할 유익하고 운 좋은 기회를 준다.

들어가며

회귀는 훌륭한 도구이며, 따라서 10장에서 이를 잘 살펴봤다. 하지만 교란 변수 통제만으로는 인과관계를 편향 없이 추정하기가 기본적으로 불가능하다는 점은 다소 실망스럽다. 앞으로 볼 11~13장에 걸쳐서 이를 보완하고자 한다. 이를 위해 인과관계를 파악하는 더 나은 길이 있음을 보여 줄 것이다. 바로 '연구 설계'라고 부르는 방법이다. 연구 설계로 인과관계를 파악하기에는 기발함과 창의성이 상당히 요구된다. 바로 이 점 때문에 연구 설계는 데이터로 명확하게 사고하는 데 있어서 반드시 숙달해야 하는 흥미로운 주제 중 하나다.

11장에서는 무작위 실험이라고 부르는 연구 설계를 다룬다. 무작위 실험이 대단한 이유는 조치를 무작위로 적용하면 교란 변수가 사라지기 때문이다. 그래서 추정 편향을 없앨 수 있다. 무작위 실험에 관한 비유를 알면 어째서 12장과 13장에서 다룰 접근법을 연구 설계라고 부르는지 이해하는 데 도움이 된다. 무작위 실험을 수행할 때는 문자 그대로 조치를 어떻게 할당할지 설계한다.

12장과 13장에서는 좀 덜 '설계적'인 연구 설계를 소개한다. 구체적으로는 이 연구 설계들은 실험자 대신 야생, 즉 현실 세상이 조치를 할당해 버린 데이터로부터 인과관계를 파악하려는 수단이다. 하지만 그전에 먼저 무작위 실험이 무엇이며 어떻게 동작하는지 알아보자.

모유 수유

이 책을 쓰는 시점에서 아기를 모유 수유해야 한다는 주장이 선진국에서는 사실상 신념에 가깝다. 세계보건기구WHO, World Health Organization의 공식 성명을 보자. "어릴 때 모유 수유로 자란 성인은 대체로 고혈압이 적고 콜레스테롤 수치가 낮으며 과체중, 비만, 2종 당뇨의 비율도 낮다. 모유 수유로 자란 이들이 지능 검사 성적도 높다는 증거가 있다." 이와 비슷하게 2011년에는 미국 공중위생국장Surgeon General of the United States이 모유 수유를 장려하는 운동을 벌이면서 "엄마가 아기의 건강을 보호하는 가장 효과적인 예방책 중 하나"라고 주장했다. 이어진 보고서에는 모유 수유가 중이염, 습진, 설사, 호흡기 질환, 천식, 비만, 2종 당뇨, 백혈병, 영아 돌연사 증후군을 비롯한 다양한 소아 질병을 예방한다고 쓰여 있다. 정말 엄청난 수의 과학 연구에서 모유 수유와 아이 건강 사이에 양의 상관관계가 있음을 입증한다.

하지만 모유 수유가 인과적 이점이 있다는 결론으로 건너뛰기 전에 이런 사실도 고려하자. 개발도상국에서는 모유 수유가 아이의 건강과 부정적인 상관관계가 있어 보인다. 가나, 케냐, 이집트, 브라질, 페루, 볼리비아, 태국과 같은 나라에서는 모유 수유가 영양실조 및 발육 저하와 상관관계가 있다는 점이 밝혀졌다.

대체 어찌 된 일인가? 모유 수유가 선진국에서는 아이들에게 유익하고 개발도상국에서는 나쁠 이유라도 있다는 말인가? 그러지 말란 법은 없지만, 일단 우리가 제대로 명확하게 파악하고 있는지 확인하자. 상관관계가 반드시 인과관계를 내포하지는 않는다는 사실은 이미 배웠다. 그리고 이 사례에서 모유 수유를 하는 산모와 하지 않는 산모의 비교는 제대로 된 비교가 아닐 가능성이 매우 높다.

먼저 모유 수유가 아이의 신체 건강과 음의 상관관계가 있는 개발도상국에 관해 생각해 보자. 한 가지 가능성은 실제로 모유 수유가 이런 부정적인 결과를 유발하는 경우다. 반면에 빈곤함과 같은 어떤 교란 요소가 모유 수유와 영양실조 양쪽 모두를 일으킬 가능성도 있다. 엄마 입장에서 모유 수유는 시간이 많이 들지만 돈은 많이 들지 않는다. 반면 분유는 돈이 들지만 시간은 적게 든다. 그러므로 경제적으로 어려운 가정에서는 아이를 모유 수유할 가능성이 높다고 예상할 만하다. 그리고 경제적으로 어려운 가정에서 자란 아이들은 모유 수유와 무관한 이유로 건강 문제에 더 취약할 것이다. 역인과관계도 고려해야 한다. 어쩌면 갓난아기의 건강 상태가 나빠서 산모가 더 모유 수유를 하려는 것일지도 모른다.

개발도상국은 실제로 교란 요소와 역인과관계가 현상을 잘 설명할 듯하다. 1997년 『국제역학학술지International Journal of Epidemiology』에 발표된 한 연구에서는 페루의 한 마을에 사는 걸음마를 뗀 아기 238명의 건강 상태를 추적했다. 연구 데이터에는 아이의 크기, 모유 수유, 보조식품 섭취, 설사 등에 관한 정보가 들어 있다. 이 연구는 모유 수유와 신체 크기 사이에서 음의 상관관계를 발견했는데, 다시 말해 모유 수유로 자란 아이가 평균적으로 더 작으며, 이는 부실한 건강 상태를 의미한다. 이 상관관계는 보조식품을 가장 적게 섭취하고 가장 질병에 취약한 아이들에게서 가장 강하게 나타났다. 밝혀진 바로는 엄마들이 모유 수유가 건강에 좋다고 믿었기 때문에 아이가 아프거나 보조식품을 섭취할 기회가 부족하면 아이가 젖을 늦게 떼게 했다. 그 결과 이미 아프거나 영양실조에 걸린 아이들은 모유 수유를 할 가능성이 높았다. 따라서 이 연구는 개발도상국에서 모유 수유가 아이들의 성장이 더딘 이유가 아니라고 결론 내렸다. 오히려 아프거나 영양실조에 걸려서 성장이 더딘 아이들이 모유 수유할 가능성이 높다.

이번에는 부모들이 모유 수유가 아이에게 좋다는 메시지를 늘 접하는 선진국에 관해 생각하자. 모유 수유가 심장병, 천식, 비만, 백혈병, 영아 돌연사 증후군, 중이염, 그 밖에 여러 질병의 위험을 낮춘다고 알려졌다는 점을 기억하자. 안타깝게도 이 전통적 지혜를 뒷받침하는 증거는 여기서도 면밀한 조사를 거치지는 않았다. 모유 수유한 아이들과 그렇지 않은 아이들을 비교하기가 어째서 제대로 된 비교가 아닌지, 여러분은 분명 그 이유를 여럿 생각해 낼 수 있을 것이다. 예를 들어 공식 기관에서 모유 수유 효과에 관한 성명을 발표하면, 특히 부유하고 교육 수준이 높은 산모들이 이 소식을 듣고 조언에 따를 것이고, 그 아이들은 어쨌든 건강 상태가 좋을 것이다.

모유 수유를 할지 말지는 이처럼 중대한 결정이고 수많은 요소가 이 결정에 영향을 미치기 때문에 현실에서 제대로 된 비교를 발견하기란 불가능할지도 모른다. 그렇지만 무작위 실험을 통해서 제대로 된 비교를 직접 만들어 낼 수는 있겠다. 벨라루스의 한 연구팀이 정확히 이런 시도를 했다.

이 팀은 무작위 실험을 수행하는 전략을 세웠다. 확실히 윤리적인 문제와 현실적인 문제가 있으므로 단지 연구 목적을 위해서 산모에게 모유 수유나 그 반대를 강제해서는 안 된다. 그 대신 무작위로 선택된 산모들에게 무작위로 권장해서 모유 수유를 선택하도록 만들기는 가능하다. 이 목표를 달성하고자 연구자들은 병원을 무작위로 선택해서 모유 수유를 권장하고 돕는 프로그램을 만들었다. 무작위로 고른 또 다른 병원에서는 이런 프로그램을 만들지 않았다. 그들은 모든 병원에서 아이들을 어떻게 먹이는지 기록하고, 시간이 흐르면서 그 아이들의 건강이(그리고 다른 요소도) 어떻게 변하는지 추적했다. 실제로 모유 수유 프로그램이 있던 병원의 산모는 갓난아기에게 젖을 줄 가능성이 높았다.

세계보건기구의 주장에도 불구하고 공중위생국장, 미국소아과학회, 더 나아가 육아 업계는 지금까지 알려진 모유 수유의 이점에 관한 증거가 놀라울 정도로 빈약하다는 점을 발견했다. 모유 수유 프로그램이 있는 병원에서 태어난 아기들은 습진이나 위장병 발병 위험이 약간 적긴 했으나, 연구자들은 그 밖에 다양한 부분에서는 아무런 차이를 발견하지 못했다(모유 수유 효과의 통계적으로 유의한 증거가 없다). 그 아이들이 6세에서 7세가 된 시점에 수행한 후속 연구에서, 엄마가 모유 수유를 권장받은 아이들이 관찰 가능한 육체적, 정신적, 인지적 능력이 더 뛰어난지 조사했다. 그들은 습진, 알레르기, 천식, 비만, 정서적 문제, 품행 문제, 과잉 활동, 교우 관계 문제의 위험성 측면에서 모유 수유가 어떤 이점을 제공한다는 증거를 발견하지 못했다. 증거가 있다면 오히려 이와 반대로, 모유 수유와 위의 결과 사이에 음의 상관관계를 나타내는 제한적인 증거는 있었다. 모유 수유의 이점을 뒷받침하는 증거 한 편은 모유 수유 프로그램이 있는 병원에서 태어난 아이들이 지능 지수^{IQ, Intelligence Quotient} 검사에서 조금 더 높은 점수를 받았다는 사실 정도다. 하지만 이 한 가지 발견을 고찰할 때 7장에서 배운 과도한 비교의 교훈을 잊지 말자. 그렇게나 많은 결과를 들여다보면 잡음만으로도 통계적으로 유의한 결과를 적어도 하나는 발견할 가능성이 높다.

전반적으로 우리가 보기에 이 실험적 증거는 세상 모든 엄마들에게 모유 수유를 권장할 만큼 강력하지는 않다. 비록 다양한 상황에서 모유 수유와 건강 상태 사이에 강한 상관관계가 있고 모유 수유가 효과적인 생물학적 기작을 설명하는 타당한 주장도 있지만, 밝혀진 최선의 증거는 모유 수유의 평균 효과가 작을 것임을 시사한다. 무작위 실험의 효과가 없다면 모유 수유의 이점을 과대 또는 과소평가하기 쉽다.

무작위와 인과 추론

무작위 실험은 어째서 그처럼 인과관계를 파악하기에 강력한 수단이 될까? 그 답을 알려면 이전에 설명한 바디 바이브스의 잠재적 결과를 다시 살펴보자.

어떤 조치, 여기서는 바디 바이브스 사용이 어떤 결과, 즉 피부 건강에 주는 효과를 알고 싶다고 하자. 일반적으로는 이전 장에서 다룬 모든 논점으로 인해 바디 바이브스의 효과를 추정하기가 까다롭다. 우리는 어떤 사람의 피부가 바디 바이브스를 사용한 세계와 사용하지 않은 세계에서 어떻게 다른지 알고 싶다. 안타깝지만 어떤 사람이라도 이 잠재적 결과 중 어느 한쪽만 관찰하게 된다. 누군가 바디 바이브스를 사용하면 그 상황에서의 피부 상태만 관찰하고, 바디 바이브스를 사용하지 않은 세계에서 피부가 어떨지는 모른다.

만약 바디 바이브스를 쓴 사람과 안 쓴 사람의 평균 피부 건강만 비교한다면 이는 제대로 된 비교가 아니다. 다시 말해 평균의 차이가 평균 조치 효과의 편향되지 않은 추정치가 아님을 암시하는 다양한 교란 변수가 있다. 예컨대 바디 바이브스를 사용하는 사람들은 피부에 더 신경을 써서 보습제나 자외선 차단제도 더 많이 쓸지도 모른다. 아니면 반대 방향의 편향이 있을지도 모른다. 어쩌면 바디 바이브스를 사용하는 사람들은 피부 상태가 나빠서 온갖 시도를 다 해봐도 좌절만 느낄지도 모른다. 어느 쪽이건 이런 교란 변수가 있으면 바디 바이브스를 사용하는 사람과 사용하지 않는 사람의 평균 피부 건강 상태만 비교해서는 바디 바이브즈 효과를 편향 없이 추정하지 못한다.

이러한 편향을 없애고 확실히 제대로 비교하도록 만드는 아마도 최선의 방법은 조치를 무작위로 적용하는 것이다. 바디 바이브즈를 사용하고 안 하고의 비교는 두 집단 사이의 차이 기준치 때문에 편향된다. 누구도 바디 바이브즈를 사용하지 않아도 (또는 누구나 사용해도) 평균적인 피부 건강은 다를 것이란 말이다. 그러나 사람들을 무작위로 할당해서 바디 바이브즈를 사용하거나 하지 않도록 만들면 이 두 집단은 사전 피부 건강 상태와 그 밖의 모든 특성에 있어서 기대치가 같을 것이다. 즉 교란 변수는 없는 셈이다. 어째서 그럴까?

만약 조치 여부를 동전 던지기, 컴퓨터의 난수 생성, 또는 다른 무작위 절차로 정하면 조치집단과 미조치 집단은 순전히 우연에 의해 구분된다. 여기서는 조치를 행하기 전, 조치 집단의 사람들이 미조치 집단에 비해 일관되게 키가 크거나 더 똑똑하거나 부유하거나 의욕이 더 높거나 피부 상태가 좋을 이유가 없다.

잠재적 결과 표기법으로 써보면 바디 바이브즈를 사용하는 어떤 집단(조치 집단 $\mathcal{T}$)과 사용하지 않는 다른 집단(미조치 집단 $\mathcal{U}$)을 무작위로 할당한다고 하자. 조치 집단이 바디 바이브즈를 써서 나타나는 평균 피부 건강 상태인 $\overline{Y}_{1\mathcal{T}}$를 관찰한다. 또한 미조치 집단이 바디 바이브즈를 사용하지 않아서 나타나는 평균 피부 건강 상태인 $\overline{Y}_{0\mathcal{U}}$도 관찰한다. 따라서 두 집단의 평균 피부 상태를 비교하면 평균의 차이를 얻는다.

$$\overline{Y}_{1\mathcal{T}} - \overline{Y}_{0\mathcal{U}}$$

그러나 무작위 할당으로 인해 어느 집단이든 전체 모집단과 체계적인 차이는 없다. 따라서 조치 집단이 바디 바이브즈를 사용해서 나타난 평균 피부 상태는 모든 이가 바디 바이브즈를 사용하는 가상의 세계에 나타날 전체 모집단의 평균 피부 상태를 편향 없이 추정한다.

$$\overline{Y}_{1\mathcal{T}} = \overline{Y}_1 + 잡음_1$$

미조치 집단도 이와 비슷하다.

$$\overline{Y}_{0\mathcal{U}} = \overline{Y}_0 + 잡음_0$$

관찰한 평균의 차이는 평균 조치 효과의 편향되지 않은 추정치이며,

$$\overset{\text{관찰한 평균 차이}}{\overbrace{\overline{Y}_{1T} - \overline{Y}_{0U}}} = \overset{\text{평균 조치 효과}^{\text{ATE}}}{\overbrace{\overline{Y}_1 - \overline{Y}_0}} + 잡음$$

여기서 잡음은 단순히 위 두 가지 잡음의 차이다.

앞에서 소개한 사례처럼 잡음은 표본 변동으로 생기기도 한다. 어쩌면 더 큰 모집단이 있고 우리는 우연히 그중 유별난 표본을 골라 실험했는지도 모른다. 또는 측정 오차로 잡음이 생기기도 한다. 그리고 이번처럼 실험을 하는 경우에는 조치의 무작위 할당에서도 잡음이 생긴다. 피실험자 표본이 같아도 무작위 할당이 다르게 일어나면 추정치가 달라질 여지가 있는데, 이것 또한 잡음의 원인이 된다.

잡음이 있기 때문에, 소규모 실험이라면 언제든지 우연에 의해서 조치 집단과 미조치 집단 사이에 평균 잠재적 결과에 차이가 있을 것이다. 하지만 이런 차이는 일관적이지 않다. 실험을 여러 차례 반복하면 차이가 같은 양상으로 반복되리라고 예상하지 않는다. 몇 문단 위에서 기대치라는 표현을 쓴 의미가 바로 이것이다.

대표 등식을 다시 꺼내자.

추정치 = 추정 대상 + 편향 + 잡음

무작위 할당은 편향이 없음을 보장한다. 그래서 적절한 무작위 실험에서 조치 집단과 미조치 집단의 평균 결과를 비교해서 얻은 추정치가 실제 인과적 효과(추정 대상)와 달라지는 유일한 원인은 잡음이다.

어떤 실험이든 피실험자 수를 늘리면 두 집단이 점점 더 비슷해진다고 기대한다. 즉 표본 크기가 커지면 잡음은 작아진다.

무작위 할당으로 편향되지 않은 추정치를 구함으로써 조치 집단과 미조치 집단의 기대치 비교가 가능해진다. 표본이 크면 잡음이 아주 작아져서 정밀한 추정이 된다. 그러므로 커다란 표본을 무작위로 할당하면 실제 추정 대상에 가까운 추정치를 구하므로 사용하는 표본의 비교가 가능해진다.

이 점을 명확히 생각하면 인과관계를 편향 없이 추정하는 유일한 수단은 본질적으로 무작위 할당밖에 없다는 사실을 깨달을 것이다. 실험을 하는데 피실험자를 무작위로 조치 집단과 미조치 집단을 나누는 대신, 서로 가장 비슷하도록 세심하게 구분한다고 가정하자. 여러분은 피실험자의 모든 관련 특성을 관찰하고 계량하지 못하기 때문에 어떤 판단을 내려야만 한다. 어쩌면 아주 잘 판단할지도 모르지만 그렇지 못할 여지도 있다. 만약 무의식적인 편향이 있어서 조치 집단과 미조치 집단에 사람들을 약간 다르게 배치하면 어떻게 될까? 어쩌면 무의식적으로 이 실험이 중대한 효과를 보여 주기 바라기 때문에? 여러분이 정말 제대로 구분했는지 알 길은 없다. 그렇다면 왜 이런 위험을 무릅쓰나? 그냥 동전을 던져서 무작위로 조치를 할당하면 어때서? 오늘날에는 이 논점이 명백해 보이지만, 과거에는 수많은 똑똑한 사람들조차 이 점을 분명히 알지 못했다. 1920년대 R. A. 피셔^{R. A. Fisher}의 업적이 있은 후에야 연구자들은 무작위 할당의 가치를 이해하게 됐다.

조치 집단과 미조치 집단의 관찰 가능한 특성을 가급적 비슷하게 만드는 시도가 합리적으로 보이는 상황이 있긴 하다. 대표 등식에서 보듯이 추정치가 실제 인과적 효과와 달라지는 두 가지 원인은 바로 편향과 잡음이다. 무작위 할당은 편향을 제거한다. 그러나 잡음은 여전히 남는데, 특히 표본 크기가 작거나 피실험자들 사이에 결과에 영향을 끼치는 특성이 사뭇 다른 경우에 더욱 그렇다. 그러면 반복되는 실험에서 조치 집단과 미조치 집단의 '기대치'는 같아도 한 특정 실험에서는 두 집단이 '실제로'는 매우 다르게 보일 가능성이 있다.

이 문제를 완화할 해법 하나는 사람들을 관찰 가능한 유사점에 기반해서 집단을 나누는 방법이다. 이렇게 나눈 집단 내에서 개개인을 무작위로 조치 집단과 미조치 집단에 배치한다. 이를 '블로킹^{blocking}' 또는 '층화^{stratification}'라고 부른다. 예컨대 남성과 여성은 평균적으로 피부 건강 상태가 다르다는 점에 신경이 쓰일지도 모른다. 여러분의 실험에서 우연히 조치 집단에 남성을 많이 집어넣고 미조치 집단에는 여성을 많이 집어넣거나 그 반대로 한다면 많은 잡음이 끼어들 것이다. 기대치는 이상이 없다(실험을 무한히 반복하면 조치 집단과 미조치 집단에 속한 남성과 여성의 평균 비율은 같을 것이다). 하지만 한 차례 무작위 시도에서는 이런 일이 생기기도 한다. 이런 잡음의 원천을 제거하려면 실험 대상을 먼저 성별로 나눈다. 그런 다음 남성의 절반을 조치 집단에, 나머지 절반을 미조치 집단에 무작위로 배치하고, 여성도 같은 방법으로 배치한다. 조치 할당이 여전히 무작위이기 때문에 여전히 편향되지 않은 추정치를 얻는다. 대신 조치 집단과 미조치 집단이 성별 측면에서 비슷하기 때문에 기대치뿐만 아니라 개별 시도에서도 잡음이 줄어든다.

이 논리를 확장하면 분석가가 피실험자를 비슷한 조치 전 특성 기준으로 여러 덩어리나 계층으로 나누고 각각의 내부에서 무작위 할당을 수행할 수 있다. 이런 방식의 가장 극단적인 유형은 대응짝$^{matched-pair}$ 설계로서, 분석가가 생각하기에 서로 가장 비슷한 사람들을 짝짓고, 짝마다 한 사람은 조치 집단에, 다른 사람은 미조치 집단에 배치하는 방식이다. 이는 추정치의 정밀도를 개선하는 대단한 방법이다. 대신 짝마다 확실하게 무작위로 조치해야 한다.

실험에서의 추정과 추론

6장에서 관계의 통계적 추론을 이야기했다. 그때 배운 내용은 모두 실험 수행의 경우에도 똑같이 적용된다. 가장 단순한 상황에서는 평균의 차이를 계산해서 실험 결과를 분석한다. 다시 말해, 조치 집단과 미조치 집단의 평균 결과를 비교한다. 5장에서 봤듯이 결괏값을 이진 값을 갖는 조치 상태에 회귀시키면 조치 변수에 연관된 회귀 계수는 단순히 평균의 차이와 같다. 그리고 회귀 계수와 평균의 차이는 단순히 수치로 나타나므로 6장에서 소개한 통계적 도구를 실험 수행에도 똑같이 적용할 수 있다.

표준 오차

무작위 실험을 수행하고, 조치를 받은 피실험자와 조치를 받지 않은 피실험자의 평균 결과를 비교함으로써 평균 조치 효과를 추정한다고 생각해 보자. 이 추정치는 편향이 없다. 하지만 정밀하지 못할 가능성은 있다(잡음이 많을지도 모른다).

물론 이 추정치가 실제 효과(추정 대상)에 얼마나 가까운지 알면 좋겠다. 6장에서 여론 조사 결과와 회귀 계수의 표준 오차를 추정한 방법 그대로 실험의 추정치에 관한 표준 오차도 추정할 수 있다. 같은 실험을 무한히 반복하면서 매번 같은 방식으로 조치 효과를 측정한다고 가정할 때 표준 오차는, 추정치가 진실로부터 평균적으로 얼마나 멀리 떨어져 있는지 감을 잡게 해준다. 여론 조사 결과에 관해 논의한 바와 비슷하게, 진짜 표준 오차는 관찰 불가능한 수치에 좌우되지만, 이를 추정하는 다양한 근사법이 있다.

표준 오차 공식을 외울 필요는 없다. 필요하면 언제든 찾아보든지 컴퓨터에게 맡기면 된다. 그렇지만 실험에 존재하는 다양한 특성이 잡음의 크기에 영향을 미치는 과정을 생각하는 일은 유용하다. 대상 N개로 실험을 수행하되 그중 m개는 조치되고 $N - m$개는 미조치된다고 가정해 보자. 다른 모든 조건이 같다면 N이 클수록 잡음은 작아지고 따라서 표준 오차도 작아진다. 이는 직관적이다. 표본 크기가 커지면 조치 집단과 미조치 집단은 그 밖의 특징이 더 비슷해지고 잡음이 줄어들며 추정치가 실제 인과적 효과에 가까워질 것이다.

그러면 m은 어떻게 되나? 우리 연구에 피실험자 500명이 있다고 하자. 조치 집단과 미조치 집단에 각각 몇 명씩 둬야 할까? 당연하게도 한쪽 집단에 모든 사람을 두면 비교를 못 한다 (상관관계는 변이가 있어야 한다는 점을 기억하자). 이 논리를 확장해서 각 집단에 속한 사람이 너무 적어도 안 된다고 볼 수 있겠다. 조치 집단이나 미조치 집단 어느 한쪽이 너무 작으면 작은 집단의 평균 결과가 몇몇 피실험자의 변칙적인 특성에 휘둘리기 쉽기 때문에 추정치가 정밀하지 않게 된다. 따라서 대체로 조치 집단과 미조치 집단의 크기가 거의 같아야 가장 정밀한 추정치를 얻는다.

그렇더라도 최적의 실험 설계에서 각 조건마다 피실험자 수가 서로 다른 경우가 종종 발생한다. 잠재적 피실험자가 10만 명 있다고 하자. 비용상 100명에게만 조치를 행할 수 있지만 미조치 집단에는 얼마든지 공짜로 둘 수 있다. 그러면 100명을 무작위로 조치 집단에 두고 나머지 모두를 미조치 집단에 두는 방식이 낫겠다. 비록 각 집단에 5만 명씩 있을 때보다는 정밀한 추정이 어렵지만, 각 집단에 100명씩만 있을 때보다는 훨씬 정밀하게 추정할 것이다.

실험을 통한 추정에 있어서 잡음의 정도에 영향을 주는 마지막 요소는 조치 집단과 미조치 집단 양쪽에서 나온 결과의 변동 크기다. 각 조치 조건에서 결과의 변동이 거의 없으면 변동이 클 때보다 추정치가 더 정밀하다. 조치 이외의 특징에 따라 결과가 많이 달라지지 않으면 잡음이 발생할 여지가 매우 작기 때문이다. 반복된 실험에서 각 집단의 결과가 비슷하게 나올 것이다. 예를 들면 이러한 원인으로 인해 의사와 정부 규제는 어떤 심장약이 혈압에 주는 효과(상대적으로 결과 변동이 덜함)를 정밀하게 추정하지만, 같은 약이 심장마비에 주는 효과(결과 변동이 심함)는 정밀하게 추정하지 못한다. 물론 이를 통제하지 못하는 경우도 있다. 관찰하려는 결과는 건드리지 못한다. 또한 가장 흥미롭거나 중요한 결과(심장마비 등)의 변동이 심한 경우도 있다. 다만 잡음을 줄이는 결과를 측정할 다른 결과 또는 방법을 정할 수 있는 경우도 있다.

가설 검정

6장에서 배운 가설 검정 도구를 실험 결과의 통계적 유의성 판정에도 사용할 수 있다. 예컨대 추정치를 표준 오차로 나누면 't−통계량$^{t\text{-statistics}}$'이라는 값이 되는데, 이로부터 p−값을 추정한다. 그리고 실험 결과로 가설 검정을 하는 경우가 자주 있으므로 과도한 비교와 부실한 보고, 평균 회귀 등을 명확히 염두에 둬야 한다. 7장에서 분석가가 검정할 가설과 수행할 회귀를 사전 정의해서 실험에서 답을 구하고자 하는 물음을 미리 명시하고(그래서 통계적으로 유의한 결과만 골라내지 못한다), 어떤 결과가 나오든 그대로 보고함으로써 이러한 문제가 생길 위험을 줄인다고 했던 내용을 떠올리자.

실험 내용을 해석할 때도 이 점을 명심해야 한다. 만약 분석가가 과도한 비교와 부실한 보고를 피할 절차를 투명하게 밝히지 않으면, 그들의 발견 내용을 회의적으로 바라봐야 한다. 그리고 의외의 실험 결과가 나오면 더욱더 회의적으로 봐야 한다. 초능력을 인정한 연구의 실험을 기억하자! 좀 더 진지하게는 11장 첫머리에서 소개한 모유 수유 실험을 생각해도 좋다. 그 연구에는 장점이 많았다. 하지만 한 가지 잠재적 문제점이 있는데, 연구 설계자들이 너무 많은 결과에 관한 정보를 모았기 때문에 모유 수유가 습진, 알레르기, 천식, 비만, 정서적 문제, 품행 문제, 과잉 활동, 교우 관계 문제에 영향이 있다는 증거가 전혀 없음을 아는 상황에서는 모유 수유가 지능 지수에 영향이 있음을 보더라도 이 효과가 그저 우연히 나타나지는 않았는지 의심하게 된다.

실험에서 나타나는 문제점들

현실에서는 이상적인 사례처럼 아름답게 일이 진행되지 않는다. 이론상 무작위 실험을 설계해서 평균을 비교하기만 하면 평균 조치 효과를 추정할 수 있다. 하지만 실전에 들어서면 결과 분석과 해석을 복잡하게 만드는 문제들이 튀어나온다. 이러한 문제점과, 신중한 분석가가 이런 문제를 다루는 방법을 살펴보자. 이런 문제점은 인과관계를 추정하는 기법이라면 사실상 어디서든 나타나기 때문에 본 주제의 고찰은 단순히 실험의 범주를 넘어서 유익한 일이다.

불응과 도구 변수

실험에서 자주 나타나는 문제점 하나는 피실험자가 할당된 조치에 순응하지 않는 경우다. 이를 '불응noncompliance'이라고 부른다. 예를 들어 의학 연구에서 피실험자가 약물 복용을 중단하는 사례는 꽤 빈번하다. 모유 수유 실험에서도 불응이 발생한다. 산모에게 모유 수유를 강제하거나 가로막는 일은 비윤리적이기 때문에 연구자들은 모유 수유를 더 권장하는 집단과 덜 권장하는 집단으로 무작위로 나눠서 배치한다는 점을 기억하자. 이런 권장 방식의 설계는 다른 방식이라면 실행 과정상 또는 윤리적 제약이 있을 수많은 주제를 실험으로 연구할 수 있게 해준다. 그러나 이런 방식의 연구는, 어떤 산모는 권장해도 모유 수유를 하지 않고, 어떤 산모는 권장하지 않아도 모유 수유를 하는 등 불응으로 생기는 추가적인 복잡도가 불가피하다.

이번에는 바디 바이브즈가 피부 건강에 주는 효과를 추정할 무작위 실험을 설계한다고 가정하자. 무작위로 어떤 사람들을 조치 상태에 할당한다. 즉 그들에게 바디 바이브즈를 주고 과학 발전을 위해 착용하라고 설득한다. 동시에 무작위로 어떤 사람들은 미조치 상태에 할당한다. 이들은 바디 바이브즈를 받지 않고 일상생활을 영위한다. 그런데 우리가 아무리 노력을 기울여도 조치 집단의 어떤 이는 바디 바이브즈 착용을 잊어버리거나 거부한다. 그리고 놀랍게도 미조치 집단에 있던 귀가 얇은 사람 몇몇은 다른 곳에서 바디 바이브즈의 소문을 듣고 자신의 소중한 돈으로 이 제품을 사서 착용한다. 즉 우리더러 대체 어떻게 하란 말인가?

각 피실험자가 어느 집단에 속하는지 상관없이 단순히 바디 바이브즈를 사용한 사람과 사용하지 않은 사람을 비교하기만 하면 될 것 같다. 하지만 이렇게 하면 안 된다. 이 방법은 애초에 무작위 실험으로 풀려던 문제를 도로 가져온다. 스스로 바디 바이브즈를 사용하려는 사람과 사용하지 않으려는 사람은 서로 다른 점이 있을 가능성이 높기 때문에 이러한 두 집단의 비교는 제대로 된 비교가 아니게 된다.

할당한 조치에 순응하지 않는 피실험자를 제외하는 방안도 있다. 다시 말해 조치 집단에 배치했는데 바디 바이브즈를 사용하지 않은 사람이나 미조치 집단에 배치했는데 바디 바이브즈를 사용한 사람은 분석에서 제외한다. 그런 다음 기존 방식대로 남은 조치 집단과 미조치 집단의 평균 피부 건강 상태를 비교한다.

안타깝지만 이 또한 적절한 해법이 아니다. 왜 그런지 알려면 조치 집단에 있으면서 바디 바이브즈 사용을 거부한 사람들을 생각해 보자. 이들은 어쩌면 중요한 부분에서 특별한 면이 있을지 모른다. 예컨대 피부가 더 건강하거나 남의 말에 휘둘리지 않는지도 모른다. 아마 미조치 집단에도 이런 사람들이 있을 것이다. 하지만 이들에게는 애초에 바디 바이브즈를 사용하도록 권하지 않았기 때문에 그게 누군지는 모른다. 그래서 미조치 집단에서는 이런 성향의 사람들을 제외할 길이 없다. 따라서 조치 집단에서만 이런 사람들을 배제하면 조치 집단과 미조치 집단의 비교가 더이상 제대로 된 비교가 아니다. 바디 바이브즈를 제공해도 사용하지 않을 사람들은 조치 집단에는 없고 미조치 집단에만 남는다.

그러면 불응을 고려해서 어떻게 해야 할까? 조치 집단에 할당되는 효과(조치 자체의 효과와 구분해서)는 언제든 추정할 수 있다. 이런 효과를 '조치 의도[ITT, Intent-To-Treat]' 효과 또는 '축약형[reduced-form]' 효과라고 부르기도 한다. 이는 조치 집단과 미조치 집단에 배치된 사람들의 결과를, 이들이 실제로 조치에 따르는지 여부와 무관하게 비교하는 방법이다. 이렇게 비교하면 바디 바이브즈 사용 효과를 편향 없이 추정하지는 못한다. 대신 바디 바이브즈를 제공받고 사용을 권유받은 효과는 편향 없이 추정할 것이다.

정책 입안자나 의사결정자가 실제 조치 효과보다 조치 의도 효과에 더 신경을 쓰는 상황이 있다. 어떤 자선 단체가 피부 상태가 나쁜 고등학생에게 바디 바이브즈를 제공할지 여부를 정하려 한다고 하자. 바디 바이브즈를 받는다고 해서 모두가 사용하지는 않으리라는 점은 안다. 게다가 정책이라는 측면에서 볼 때 이들이 할 수 있는 최선은 바디 바이브즈 제공이다. 사용을 강요할 수는 없다. 그들은 무료 바디 바이브즈의 혜택을 추정하는 실험을 수행한다. 이 정책이 괜찮은지 판단하는 데 필요한 비용 편익 분석에서 어떤 수치로 혜택을 측정해야 할까? 이는 바디 바이브즈를 사용한 사람들의 평균 효과가 아니다. 바로 바디 바이브즈를 받은 사람들의 평균 효과이며, 이는 실제 제품 사용 여부는 무관한데, 이 자선 단체가 실제로 할 수 있는 일이 거기까지이기 때문이다. 그러므로 조치 의도 효과가 이 목표에 적합한 수치다. 그리고 다양한 상황에서 정책 입안자나 기관은 어떤 서비스를 제공하는 데 그친다. 사람들이 그 서비스를 받도록 강요하지 못한다. 이런 상황에서는 조치 의도 효과가 아마도 가장 중요한 수치가 될 것이다.

그러나 다른 상황에서는 조치 의도 효과가 아닌 실제 조치 효과를 알고 싶을 때가 있다. 예를 들어 우리가 직접 바디 바이브즈를 써야 할지를 정한다고 하자. 아니면 누군가 실험적인 의료 조치, 새로운 식이요법, 새로운 교습법, 또는 생산성 향상을 꾀하는 관리 전략을 시도해야 할지 정한다고 하자. 이런 경우에는 단순히 조치 의도 효과로는 충분치 않다. 조치를 받아서 나타날 만한 효과를 알고 싶다. 그렇다면 불응 문제가 남아 있는 상황에서 실험 결과를 두고 무엇을 더 해야 할까?

좀 더 나은 결과를 얻으려면 위 실험에서 피실험자가 바디 바이브즈 사용을 권유받을 때 보이는 다양한 반응을 생각해 보자. 실험 표본은 네 가지 유형의 사람들로 이뤄진다.

1. 조치 집단에 배치되면 바디 바이브즈를 사용하고 미조치 집단에 배치되면 사용하지 않을 '순응자'가 있다.
2. 어느 집단에 배치되든지 바디 바이브즈를 사용하는 '항상 사용자'가 있다.
3. 어느 집단에 배치되든지 바디 바이브즈를 사용하지 않는 '미사용자'가 있다(저자 둘 다 바디 바이브즈에 관해서는 미사용자다).
4. 그리고 이론상, 조치 집단에 있으면 바디 바이브즈를 사용하지 않고 미조치 집단에 있으면 바디 바이브즈를 사용하는 삐딱한 '거부자'들이 있다.

우리가 실험을 하면 당연히 순응자가 많기를 바란다. 실험은 조치를 무작위로 할당하려는 목적에서 수행하며, 순응자는 이러한 의도에 잘 따르는 피실험자다.

모든 피실험자는 위 분류 중 딱 하나에만 정확히 들어맞는다. 그러나 피실험자를 봐도 누가 순응자, 항상 사용자, 미사용자, 거부자인지는 모른다. 이유가 무엇일까? 미조치 집단에 속한 누군가가 바디 바이브즈를 사용하지 않았다고 치자. 이 사람은 순응자거나 미사용자다. 하지만 이 사람이 조치 집단에 있었다면 과연 바디 바이브즈를 사용할지 아닐지는 모르기 때문에 둘 중 어느 쪽인지 알 길이 없다. 이 점에 관해 표 11.1에 바디 바이브즈 실험에서 나타날 모든 경우를 정리했다.

표 11.1 바디 바이브즈 실험에서 누가 조치를 받아들일까?

	조치 집단	미조치 집단
바디 바이브즈 사용	순응자, 항상 사용자	항상 사용자, 거부자
바디 바이브즈 미사용	미사용자, 거부자	순응자, 미사용자

사람들을 이렇게 구분하면 우리가 제대로 된 비교를 하는지 여부를 파악하는 것에 도움이 된다. 특히 교란 변수가 없다고 자신하려면 비교하는 집단(즉 조치 집단과 미조치 집단)에서 순응자, 항상 사용자, 미사용자, 거부자 비율이 같아야 한다.

이 점이 어떻게 문제를 이해하는 것에 도움이 되는지 감을 잡고자, 모든 사람이 순응자 또는 미사용자인 상황을 가정해 보자. 다시 말해서 실험 참가자 누구도 자발적으로 바디 바이브즈를 사서 사용하지 않는다(이 가정은 후에 조금 완화하겠다). 표 11.2는 순응자와 미사용자만 있는 상황에서 실험이 어떻게 되는지 보여 준다.

표 11.2 순응자와 미사용자만 있다고 가정하면 누가 조치를 받아들일까?

	조치 집단	미조치 집단
바디 바이브즈 사용	순응자	없음
바디 바이브즈 미사용	미사용자	순응자, 미사용자

다시 할당된 조치에 따르지 않는 피실험자를 다루는 다양한 방법으로 돌아가자. 어째서 할당된 조치를 무시하고 바디 바이브즈를 사용하는 사람과 사용하지 않는 사람을 단순히 비교하면 안 되는지 분명하다. 바디 바이브즈를 사용하는 무리는 조치 집단의 순응자만 있다. 사용하지 않는 무리는 미조치 집단의 순응자, 미조치 집단의 미사용자, 조치 집단의 미사용자가 섞여 있다. 그래서 바디 바이브즈의 사용자와 미사용자 비교는 제대로 된 비교가 아니다.

마찬가지로 어째서 실험 방식을 따르지 않는 사람을 제외할 수 없는지도 분명하다. 조치 집단에서는 미사용자를 제외하면 된다. 하지만 미조치 집단에서는 누구도 제외하지 못한다. 그 결과로 조치 집단의 순응자를 미조치 집단의 순응자 및 미사용자와 비교하는데, 이 또한 제대로 된 비교가 아니다.

여전히 우리가 할 수 있는 최선의 길이 조치 집단과 미조치 집단을 비교해서 조치 의도 효과를 추정하는 정도로 보인다. 하지만 사실 더 나은 길이 있다. 어떤 방법인지 살펴보자.

더 나은 방법의 핵심 단계는 표본에 있는 순응자 비율을 추정하는 일이다. 정확히 누가 순응자인지는 모른다. 그러나 순응자와 미사용자만 있는 단순한 사례에서는 표본에 존재하는 순응자 비율을 추정할 수 있다. 이는 조치 집단에서 조치를 받아들이는 비율을 계산해서 구한다. 이 값은 조치 집단의 순응자 비율이다. 그리고 무작위 할당을 하기 때문에 조치 집단과 미조치 집단에 속한 순응자의 비율 기대치는 같다. 따라서 조치 집단에서 순응자 비율은 전체 표본(조치 집단과 미조치 집단의 합)에서 순응자 비율의 편향 없는 추정치다.

이제는 (조치 집단에 배치된 무리와 미조치 집단에 배치된 무리의 평균 결과를 비교해서 얻은) 조치 의도 효과와 표본에서 순응자의 비율 두 가지의 편향 없는 추정치를 안다. 이를 어떻게 활용할까?

우리는 바디 바이브즈가 피부 건강과 같은 어떤 결과에 주는 효과를 알고 싶다. 만일 조치 할당이 피부 건강에 영향을 미치는 유일한 길이 바디 바이브즈 사용이라고 가정하면 조치 의도 효과란 대체 뭘까? 이 가정하에서 미사용자는 조치 할당에 영향을 받지 않고, 순응자의 조치 할당 효과는 단순히 바디 바이브즈 자체의 효과다. 그러므로 조치 의도 효과의 기대치는 순응자에게 나타나는 바디 바이브즈의 평균 효과와 표본에 있는 순응자의 비율을 곱한 값이다. 조치 의도 효과를 순응자 비율 추정치로 나누면 순응자의 평균 조치 효과의 편향 없는 추정치를 얻으리라는 뜻이다.

어떻게 이렇게 되는지 예시를 들어 보자. 바디 바이브즈가 실제로 효과가 있다고 상상하자 (이 책에는 반사실적 세계가 자주 등장하는 점을 기억하시길). 피부 건강 상태를 1부터 10까지 10이면 완벽한 피부이고, 1이면 형편없는 피부라고 점수를 매긴다고 하자.

바디 바이브즈의 효과를 연구하고자 100명을 대상으로 실험을 수행한다고 상상해 보자. 무작위로 50명은 조치하고 다른 50명은 미조치한다. 조치된 사람은 바디 바이브즈를 받는 셈이다(다른 사람은 받지 않음). 한 달 뒤, 사람마다 피부 건강 상태를 1-10점 척도로 측정한다. 그 데이터가 표 11.3에 나타난 바와 같다고 하자.

표 11.3 두 실험 집단에서 관찰한 차이점

	조치 집단에 배치된 사람들	미조치 집단에 배치된 사람들
평균 피부 상태	7.8	6.2

데이터로 추정한 조치 의도 효과는 1.6이다. 즉 바디 바이브즈를 받은 사람들의 평균 피부 건강 점수가 받지 않은 사람들보다 1.6점 높다는 뜻이다.

여러분은 데이터를 조금 더 깊이 살펴본 뒤 미조치 집단에 배치된 사람 누구도 바디 바이브즈를 사서 쓰지 않은 반면, 조치 집단에 배치된 50명 중 40명만 사용했음을 알아냈다. 이로부터 표본 내 순응자 비율을 80퍼센트($\frac{40}{50}$)로, 미사용자 비율을 20퍼센트로 추정한다. 이제는 순응자에게 주는 바디 바이브즈의 실제 효과를 추정할 수 있다.

어떻게 추정하느냐고? 명확히 설명하도록 잠재적 결과 표기법을 사용하자. Y_{0c}는 조치를 받지 않은(바디 바이브즈를 받지 않은) 순응자의 평균 피부 건강 상태다. Y_{1c}는 조치를 받은 (바디 바이브즈를 받은) 순응자의 평균 피부 건강 상태다. 그리고 Y_{0n}은 조치를 받지 않은 미사용자의 평균 피부 건강 상태다. 순응자가 80퍼센트이고 미사용자가 20퍼센트라고 하면 다음과 같은 등식이 나온다.

$$7.8 = 80\% \cdot Y_{1c} + 20\% \cdot Y_{0n}$$
$$6.2 = 80\% \cdot Y_{0c} + 20\% \cdot Y_{0n}$$

첫 번째 등식은 조치 집단의 평균 피부 건강 상태(7.8)가 조치를 받은 순응자(가중치 80퍼센트)와 조치를 받지 않은 미사용자(가중치 20퍼센트)의 평균 피부 건강 상태를 가중 평균한 값과 같다는 말이다. 이와 마찬가지로 미조치 집단의 평균 피부 건강 상태(6.2)는 조치를 받지 않은 순응자(가중치 80퍼센트)와 조치를 받지 않은 미사용자(가중치 20퍼센트)의 피부 건강 상태를 가중 평균한 값이다.

첫 번째 등식의 좌변과 우변에서 두 번째 등식을 빼면 다음과 같다.

$$1.6 = 80\% \cdot (Y_{1c} - Y_{0c})$$

좌변은 조치 의도 효과다. 이는 조치 집단과 미조치 집단 사이의 평균 결과 차이다. 우변에서 '80%'는 표본 내 순응자 비율을 나타낸다. 그리고 괄호 안의 항은 순응자에 주는 평균 조치 효과다(보통 '순응자 평균 조치 효과[CATE, Complier Average Treatment Effect]'라고 부른다). 순응자 평균 조치 효과는 양 변을 80퍼센트로 나눠서 구한다.

$$\frac{1.6}{80\%} = \overbrace{Y_{1c} - Y_{0c}}^{\text{CATE}}$$
$$= 2$$

순응자 평균 조치 효과와 전체 평균 조치 효과를 구분해야 한다는 점을 알아야 한다. 바디 바이브즈 사용이 모든 이의 피부 건강에 똑같은 효과가 있을 가능성이 있다. 이런 상황에서는

'동종 조치 효과homogeneous treatment effect'가 있다고 말한다. 하지만 항상 그렇지만은 않다. 바디 바이브즈 효과가 사람마다 다르게 나타나기도 하며, 미사용자와 순응자 사이에서 평균 효과가 사뭇 다를지도 모른다. 이런 경우에는 '이종 조치 효과heterogeneous treatment effect'가 있다고 말한다. 위 수식에서 보듯이 조치 의도 효과를 순응자 비율로 나누면 순응자 평균 조치 효과의 추정치를 얻는다. 만약 동종 조치 효과가 있다면 순응자 평균 조치 효과는 전체 평균 조치 효과와 같다. 그러나 이종 조치 효과가 있다면 이 둘은 다르며, 우리는 이 특정 하위 집단의 평균 조치 효과만 추정할 수 있다는 점을 명심해야 한다. 그 까닭은 직관적이다. 순응자만이 조치에 반응해서 행동을 바꾼다. 따라서 이들은 전체 모집단에서 실제로 어떤 정보를 제공하는 유일한 부분이다.

모든 사람이 순응자나 미사용자인 단순한 세상에서는 이 과정을 파악하기가 비교적 쉽다. 하지만 이런 단순한 세상이 아니라 항상 사용자도 섞여 있는 상황에서도 같은 작업을 수행할 수 있다. 거부자까지 고려하면 상황이 너무 지저분해지므로 아직 거부자는 없다고 가정하자 (이 가상의 바디 바이브즈 실험을 포함해서 거부자가 거의 또는 아예 없는 상황은 많다).

이렇게 더 복잡해진 세상에서 실험 표본에 나타나는 피실험자 유형을 표 11.4에 정리했다.

표 11.4 바디 바이브즈 실험에서 거부자가 없다고 가정하면 누가 조치를 받아들이는가?

	조치 집단	미조치 집단
바디 바이브즈 사용	순응자, 항상 사용자	항상 사용자
바디 바이브즈 미사용	미사용자	순응자, 미사용자

순응자, 미사용자, 항상 사용자가 있을 때 순응자 비율을 어떻게 추정할까? 먼저 조치 집단에서 실제로 바디 바이브즈를 사용하는 사람은 순응자나 항상 사용자다. 따라서 이 집단의 크기는 항상 사용자와 순응자를 더한 비율의 추정치를 알려 준다. 다음으로 미조치 집단에서 바디 바이브즈를 사용하는 사람은 확실히 항상 사용자다. 따라서 이 집단의 크기는 항상 사용자 비율의 추정치를 알려 준다. 전자에서 후자를 빼면 순응자 비율의 추정치를 얻는다. 이를 구한 뒤, 앞선 방식과 마찬가지로 조치 의도 효과를 계산한 다음, 순응자 비율로 나눠서 순응자 평균 조치 효과를 구한다.

그러므로 순응자 평균 조치 효과를 추정하는 일반적인 절차는 다음과 같다. 첫째, 조치 의도 효과, 즉 조치 집단 할당이 관심사인 결과에 주는 효과를 추정한다. 둘째, 조치 집단 할당이 실제로 조치를 받아들이는 행동에 주는 효과를 추정한다. 이를 '첫 단계 효과first-stage effect'라고도 부른다. 거부자가 없다고 가정하면 이 값은 순응자 비율의 편향 없는 추정치다. 그런 다음 조치 의도 효과를 순응자 비율로 나눠서 순응자 평균 조치 효과의 추정치를 구한다. 이 비율은, 비록 다른 맥락이긴 하지만 이를 처음 개발한 통계학자인 아브라함 왈드Abraham Wald의 이름을 따서 '왈드 추정량Wald Estimator'이라고 부른다.

왈드 추정량은 '도구 변수IV, Instrumental Variable' 분석이라고 부르는 개념의 특별한 경우다. 이런 분석 유형은 조치가 무작위로 할당되지는 않았지만 (도구라고 부르는) 다른 어떤 변수가 있어서 (1) 조치에 영향을 미치고, (2) 조치 밖의 경로로는 결과에 영향을 미치지 않고, (3) 무작위로 할당된 (또는 조치와 결과에 주는 효과를 추정을 신뢰할 만한 방법이 있는) 경우에 적합하다.

좀 더 정확히는 도구 변수 분석이 동작하는 데 꼭 필요한 네 가지 핵심 조건이 있다.

1. **외생성**exogeneity: 도구 변수가 무작위 할당되거나 적어도 '무작위인 것처럼' 할당돼서 첫 단계 효과와 축약형(조치 의도) 효과 둘 다 편향 없이 추정할 수 있어야 한다.

2. **배제 제약**exclusion restriction: 모든 축약형 효과는 조치로써 일어나야 한다. 다시 말해 도구 변수가 결과에 영향을 미치는 경로는 그 자신이 조치에 주는 효과 외에는 없다. 만일 그렇지 않으면 축약형 효과는 순응자의 결과에 대한 조치 효과와 별도 경로로 주는 효과를 모두 포함하게 된다. 그러면 첫 단계 효과를 나눠서 결과로 얻은 추정치는 별도 경로 효과를 포함하기 때문에 순응자 평균 조치 효과CATE를 반영하지 않는다.

3. **순응자**: 순응자가 있어야 한다.

4. **거부자가 없음**: 거부자가 있으면 순응자의 평균 효과와 거부자의 평균 효과를 가중 평균한 추정치를 얻는데, 거부자는 (그른 방향으로 행동이 바뀌므로) 음의 가중치를 가진다. 거부자의 존재가 얼마나 큰 문제가 되는지는 이들이 얼마나 많고 조치 효과가 순응자와 거부자에게 얼마나 다르게 나타나는지에 달렸다. 거부자가 극소수라면 이들의 존재로 발생하는 편향은 무시해도 될 것이다. 그러나 거부자가 많으면 도구 변수 분석에 큰 문제가 된다.

바디 바이브즈 실험에서는 조치 할당과 미조치 할당이 훌륭한 도구 변수다. 조치를 무작위로 할당하므로 이는 외생성을 충족한다. 또한 조치 집단에 할당하더라도 바디 바이브즈 사용 외에 다른 방식으로 피부 건강에 영향을 미칠 가능성은 낮아 보이며, 따라서 배제 제약을 충족한다고 봐도 좋겠다. 그러므로 순응자(할당을 받으면 실제로 바디 바이브즈를 사용하는 사람)가 있고 거부자가 없는 한 순응자 평균 조치 효과에 대한 추정치를 얻는다.

좀 더 유연하게 도구 변수 분석과 이에 따르는 왈드 추정량을 구현할 방법이 있다. 특히 회귀를 사용해서 구현할 수 있는데, 이 방식은 필요하다면 통제 변수를 수용하고, 다수의 도구 변수 또는 이진값이 아닌 조치와 도구 변수도 수용하기 때문에 중요하다.

어떤 분석가는 도구 변수 그 자체를 방법론이나 연구 설계로 간주한다. 일례로 분석가는 위에서 우리가 설계한 내용을 구현하고 도구 변수를 사용해서 바디 바이브즈의 효과를 추정했다고 주장할지 모른다. 이는 기술적으로는 맞는 말이지만 오해를 부른다. 위 사례에서 중요한 연구 설계는 무작위 실험이다. 도구 변수는 불응을 다루려고 사용하며 (무작위 할당 외에도) 추가로 요구되는 가정을 드러낸다. 위 사례에서는 실험에서 한 일이란 고작 웃긴 스티커를 누군가에게 주거나 주지 않는 일이 전부이므로 배제 제약을 주장하기 쉽다. 그러나 다른 상황에서는 배제 제약을 옹호하기가 더 어렵고 많은 사고를 요할 것이다. 뒤에서 자연 실험을 논의할 때 이 문제로 돌아오겠다.

우연성 불균형

무작위 할당은 조치 집단과 미조치 집단이 잠재적 결과 측면에서 같은 기대치를 갖도록 보장한다. 그런데 여기서 기대치라는 표현이 중요하다. 두 집단이 기대치가 같다고 해서 실제로 똑같다는 뜻은 아니다. 앞서 설명한 바와 같이 어떤 특정 실험에서 조치 집단이 단지 우연히 미조치 집단과 다를 여지는 충분하며, 이를 '우연성 불균형chance imbalance'이라고 부르겠다. 대표 등식에 편향 외에도 잡음이 들어가는 이유가 바로 이것이다.

실험자들은 조치 집단과 미조치 집단의 측정 가능한 조치 전 특성 측면을 비교함으로써 균형을 평가하곤 한다. 바디 바이브즈 실험을 예로 들면 조치를 행하기 전에 조치 집단과 미조치 집단에 속한 피실험자의 평균 나이, 성별, 체중, 식단, 피부 건강을 비교할 것이다. 통계적 유의성이 있는 차이점도 검정할 수 있다. 물론 두 집단 사이에 아무런 차이가 없으리라는 희망을 품고 검정한다. 그런데 설령 추정치가 편향이 없다고 해도 잡음으로 인해 실제 효과와는 사뭇 다를 가능성이 있음을 고려해야 한다.

신중한 분석가라면 무작위 실험에도 조치 집단과 미조치 집단이 실질적 또는 통계적으로 유의한 차이점이 있음이 드러나면 어떻게 해야 할까? 세 가지 가능한 대책을 살펴보자.

1. **'망친' 실험 결과를 버린다.** 좋은 의도로 실험을 수행했지만 운이 나빠서 그 결과가 믿을 만하지 못하면, 그냥 그 실험을 잊고 다음으로 넘어간다. 실험을 다시 수행하고 이번에는 균형이 잘 잡히기 바라야 할지도 모른다.

    우리는 이 대책이 부적절하다고 생각한다. 과도한 비교 문제를 떠올리자. 충분히 많은 조치 전 변수에서 균형을 시험했다면, 그중 무언가에서 통계적으로 유의한 불균형을 찾기란 거의 확실하다. 따라서 이런 논리로 보면 조치 전 변수를 많이 측정할수록 실험 결과를 버릴 가능성도 높아지는데 이는 뭔가 잘못됐다. 게다가 '망친' 실험일지라도 어떤 정보는 담고 있다. 심지어 이런 실험은 편향되지 않는다(편향은 실험을 여러 번 반복하면서 평균적으로 얻은 해답이 올바른지와 관련이 있다는 점을 기억하자). 그래서 이렇게 얻은 정보를 (아마도 같은 실험의 다른 시도에서 얻은) 다른 증거와 함께 모으면 더 큰 분석에 활용해서 결국 어떤 지식을 만들어 낼 것이다.

    여기서 가정은 분석가가 조치를 정말로 무작위로 할당했다고 확신한다는 점이다. 그렇지 않다면 우리의 의견도 바뀐다. 여러분이 (또는 여러분이 쓰는 컴퓨터가) 직접 무작위 할당을 수행하지 않았다고 가정하자. 그 대신 여러분은 대규모 실험을 수행하고 무작위 할당은 어떤 큰 팀이나 협력 기관에서 대행했다고 하자. 이런 상황에서 만약 불균형을 충분히 탐지한다면, 계획했던 무작위 할당이 제대로 실행되지 않았다는 걱정을 하게 될지도 모른다. 이런 경우에는 (아마도 좀 더 조사를 해서 여러분의 의심이 근거 있는지 확인한 다음) 실험 결과를 버려도 좋다.

2. **평소대로 진행한다.** 편향 없음이란 기대치로 보는 속성이므로 실험 추정치는 여전히 편향이 없다. 투명성을 위해서 불균형을 밝히면서도 여전히 원래 계획대로 조치 효과를 추정할 수는 있다. 물론 조치 집단과 미조치 집단이 우연히 다른 경우도 생긴다. 바로 그렇기 때문에 표준 오차 또는 다른 잡음 척도를 함께 보고한다.

    이 대책이 만족스럽지 않아 보일지도 모른다. 6장의 내용과 대표 등식을 되돌아보면 편향되지 않은 추정치라 할지라도 진실에서 멀리 떨어질 여지가 있다. 조치 집단과 미조치 집단 사이에서 관심 대상인 결과에 밀접히 연관된 불균형을 발견한 경우에는, 비록 편향이 없을지라도 이 우연성 불균형이 진실과 동떨어진 추정을 하는 절차 수행의 결과를 반영하지는 않는지 우려할 만하다. 그럼에도 원래 계획대로 진행해서 (아마 꽤 잘못됐겠지만) 편향이 없는 추정치를 보고하는 방식에도 나름 이점이 있다. 특히 여러 차례 재현될 실험을 논하는 경우에 그러한데, 한 차례 시도에서 불균형이 발생해도 다른 여러 실험 시도를 통해 얻은 평균에서는 불균형이 사라질 것이다.

그러나 불균형을 감안해서 올바른 해답에 가까운 추정치를 생성하는 다른 방법이 있는지도 궁금할 텐데 세 번째 대책이 이에 대한 답변이다.

3. **10장에서 설명한 기법으로 불균형 변수를 통제한다.** 10장에서 배웠듯이 조치 전 변수를 통제하면, 이 변수로 인한 결과의 변동을 고려함으로써 정밀도를 개선할 수 있다. 이는 통제가 진실에 다가가도록 도와준다는 점을 보여 준다. 하지만 여기에는 단점도 있다. 무작위로 할당하기 때문에 통제 없이 조치 효과를 추정해도(예컨대 조치 집단과 미조치 집단의 평균 결과만 비교해도) 실제 효과의 (정답에서 동떨어질지는 몰라도) 편향 없는 추정치를 얻는다고 자신해도 좋다. 반면 변수를 통제하면 (더 정밀하지만) 편향된 추정치를 얻을 것이다. 이는 곧 실험을 여러 차례 수행하면서 항상 불균형하게 나타나는 변수를 통제한다면 평균 추정치가 실제 효과에 근접하지 않을 것이라는 뜻이다. 그러므로 잡음 감소와 편향 증가는 상충한다.

   이 접근 방식의 또 다른 우려점은 조치 전 변수를 통제함으로써 연구자가 과도한 비교와 부실한 보고를 염려할 만한 추가적인 자유도를 얻는다는 점이다. 7장에서 봤듯이 현명한 정보 소비자는 분석가가 실험 명세를 이리저리 바꾸는 모습을 회의적으로 바라봐야 하며, 만일 실험 결과가 초기 설계에 포함되지 않은 통제 변수에 좌우된다면 그 결과는 믿을 만하지 못하다.

무작위 할당 후 발생한 우연성 불균형으로 인해 생기는 문제를 푸는 쉽거나 빠른 해법은 없다. 우리의 조언은 2번과 3번을 적당히 섞는 방법이다. 또한 가능하다면 실험을 반복하라. 어떤 선택을 하더라도 여러분의 선택에 관해 솔직하고 투명하게 대응하라.

물론 애초에 우연성 불균형이 발생하지 않아서 이런 어려운 결정을 할 필요도 없다면 가장 좋을 것이다. 그리고 이를 피할 길이 실제로 있다. 사전에 중요한 특성을 파악하고 측정한다면 실험에서 균형을 보장할 수 있다. 앞서 블로킹 또는 층화 실험 설계로 이 목표를 달성하는 방법을 간략히 언급한 바 있다. 조치를 할당하기에 앞서 표본을 각 특성에 기반해서 나눈 다음 그 안에서 무작위 할당을 수행한다. 11장 앞부분에서 바디 바이브즈가 남성과 여성에게 다른 효과가 나타날지 모르기 때문에 조치 집단과 미조치 집단에서 성별이 균형을 맞추면 좋다는 이야기도 했다. 표본을 먼저 남성 집단과 여성 집단으로 나누면 된다. 그런 다음 각 집단 안에서 무작위로 조치 할당한다. 그러면 조치 집단과 미조치 집단 사이에 성별 균형이 맞고(잡음을 줄임) 조치는 그대로 무작위 할당된다(편향 없음을 보존함). 이 방법을 쓰면 불균형하다고 판명된 조치 전 특성이 야기하는 많은 골칫거리를 해소할 수 있다.

검정력 부족

실험을 훌륭하게 했지만 표준 오차가 너무 커서 어지간한 효과조차 통계적으로 유의하게 구분하기 어렵기 때문에 결국 모호한 결론을 내는 경우가 있다. 이런 경우는 관심 대상인 효과를 탐지할 '검정력statistical power'이 부족하다고 말한다. 이상적으로는 실험 수행자가 이 문제를 사전에 고려하고 표본 크기 증가와 같이 실험의 정밀도와 검정력을 높일 절차를 생각해야 한다.

하지만 때때로 비용이나 다른 제약으로 인해 검정력이 부족한 실험을 수행하기도 한다. 실험을 이미 마쳤는데 정밀하지 못한 추정치를 얻었다면 어떻게 해야 할까? 이때도 우연성 불균형을 둘러싼 논점과 같다. 변수 일부를 통제해서 정밀도를 높일 수 있지만, 앞서 말한 바와 같이 단점이 있다. 어쩌면 질문에 확실한 해답을 얻지 못했다고, 실험을 했음에도 별로 파악한 내용이 없다고 인정하는 수밖에 없을지 모른다.

7장 내용으로 돌아가 보면 검정력이 부족한 실험 결과를 묻어 버리는 일이 서랍 문제를 일으키지 않을지 궁금할 것이다. 그렇다. 그리고 이는 검정력이 부족한 실험을 수행하지 말아야 할 충분한 이유기도 하다. 다만 실험 결과가 너무 정밀하지 못해서 사실상 아무것도 파악하지 못하면 이 결과를 발표해도 쓸모가 거의 없다. 실험 결과로 배울 내용이 거의 없어서 발표를 포기하는 일은 실험 결과가 바라던 내용이 아니어서 발표하지 않는 경우만큼 해로운 행위는 아니다.

이탈

실험 참가자가 조치 할당 후 실험에서 빠지기도 한다. 이러한 '이탈attrition'은 불응과는 다른 또 다른 중요한 고려 사항이다. 불응은 조치를 받으리라 예상했지만 받지 않은 사람과 관련 있다. 적어도 이런 비순응자는 관찰한 결과를 얻는다. 하지만 실험에서 빠진 사람의 결과는 관찰조차 못한다.

예를 들어 바디 바이브즈가 사람들로 하여금 젊어진 느낌이 들게 해서 이후 피부 건강 상태를 측정하려고 계획한 모임을 잊어버리게 만든다고 상상해 보자. 이는 나쁜 상황이다. 만일 무작위로 (즉 조치 상태나 잠재적 결과와 무관하게) 이탈이 일어난다면 조치 집단과 미조치 집단의 남은 사람들을 비교해서 조치 효과를 편향 없이 추정하기가 여전히 가능하다. 표본이 작아지면서 그저 검정력이 줄어들 뿐이다. 만일 이탈이 무작위로 일어나지는 않지만 적어도 조치 할당에 영향을 받지 않는다면 적어도 실험에 남기로 한 사람들에 대한 평균 조치 효과를 추정할 수 있다. 이것 역시 실제 효과지만 알고자 하는 질문을 바꾼 셈이다. 물론 대부분의 경우는 이탈이 발생하면 무작위도 아니고 조치에 영향을 받을 여지가 있음을 우려해야 한다. 예컨대 바디 바이브즈 효과가 아주 좋아서 피부 건강에 더이상 신경 쓸 필요가 없어진 사람들이 연구에서 빠져나갈지 모른다. 이런 경우 조치 집단과 미조치 집단에 남은 사람들을 비교하면 조치 효과의 편향된 추정치를 얻는다(의학 연구에서 연구자가 신중하지 않으면 이런 일이 쉽게 일어난다). 많은 다른 문제처럼 이탈 역시 사전에 예상해서 설계 단계에서 대응하는 편이 실험 결과를 얻은 뒤에 고민하기보다 낫다.

이탈이 불가피하다면 분석가는 어떻게 해야 할까? 첫째, 실험의 조치가 이탈 비율에 영향을 미쳤는지 검사한다. 실제로 영향을 미쳤다면 더이상 제대로 된 비교가 아니라고 봐야 한다. 또한 이와 관련해서 표본에 남은 조치 대상과 미조치 대상이 결과와 관련된 다른 공변인에 있어서 체계적으로 차이가 나는지도 알게 된다.

조치가 참가자의 이탈에 관여한다고 볼 충분한 이유가 있다면 어떻게 해야 할까? 그냥 실험 결과를 포기해야 할까? 꼭 그럴 필요는 없는데, 분석가가 이탈에 관한 어떤 가정을 할 필요도 없는 최후의 보루가 있다. 이탈로 발생하는 편향의 정도를 제한할 수 있다.

결과가 이진값인(1 = 건강한 피부, 0 = 나쁜 피부) 실험을 상상해서 이 방법을 알아보자. 조치 집단과 미조치 집단 모두 피실험자의 50퍼센트가 건강한 피부를 가져서 바디 바이브즈의 사용 효과가 전혀 없음을 시사하되 각 집단에서 피실험자 5퍼센트씩은 피부 건강 상태를 측정하러 오지 않았다고 가정하자. 이탈이 조치에 영향을 받았는지는 모른다. 하지만 만약 영향을 받았다면 편향이 얼마나 커질지 물음을 던질 수는 있다.

바디 바이브즈가 피부 건강에 유익하다는 가설을 입증하는 최상의 시나리오는 조치 집단에서 나타나지 않은 사람 모두 건강한 피부를 갖고, 미조치 집단에서 나타나지 않은 사람 모두가 나쁜 피부를 가졌을 때다. 이런 상황에서 조치 집단 피실험자의 52.5퍼센트는 건강한 피부를 가진 반면 미조치 집단은 47.5퍼센트만 건강한 피부를 가지므로 바디 바이브즈가 피부 건강에 주는 긍정적인 효과가 5퍼센트포인트임을 시사한다. 반면 최악의 시나리오는 숫자가 반대로 뒤집혀서 5퍼센트포인트의 부정적 효과가 있을 때다. 이탈이 추정치를 편향시키는지 확신은 못 하지만, 그 편향이 5퍼센트포인트를 넘지 않으리라고 말할 수는 있다.

간섭

간섭은 한 대상의 조치 상태가 다른 대상의 결과에 영향을 미칠 때 발생한다. 이는 실험 결과를 편향시킨다. 이 말이 무슨 뜻인지 궁금하면, 저자들이 동료인 크리스 블래트만[Chris Blattman]으로부터 들은 라이베리아[1]에서 수행한 그의 선행 연구에 관해 생각해 보자.

그는 라이베리아 내전 발생 이후, 범죄나 폭력에 가담할 위험이 높은 청년들을 어떻게 도우면 좋을지 궁금했다. 그는 특히 두 가지 유형의 개입 효과를 평가하고자 했는데, 하나는 청년들에게 현금을 얼마간 지원해서 사업으로 돈을 벌도록 하는 방법이고, 다른 하나는 인지적 행동 치료를 제공하는 방법이다.

여러분이 이 두 가지 중에서 효과 있는 방법이 있는지 궁금하다면 각각 제공하는 기관을 설립하면 된다. 그런 다음 어느 한 방법으로(또는 두 방법 모두) 개입된 사람과 개입되지 않은 사람을 비교해서 개입된 사람이 어떤 중요한 점에 있어서 나은지 확인한다.

하지만 이런 접근법은 제대로 된 비교는 아니다. 스스로 돈이나 치료를 받기로 선택한 청년은 이미 표본의 다른 청년과 다른 점이 있을 가능성이 있다. 이들은 좀 더 야망이 있거나 건강하거나 똑똑하거나 뭐가 됐건 다를지 모른다. 따라서 돈이나 치료를 받은 이들과 그렇지

1 　아프리카 서부의 국가 – 옮긴이

않은 이들의 차이를 온전히 개입의 인과적 효과 때문으로 간주하면 안 된다.

이 문제를 해소하고자 그는 라이베리아의 청년 중 서로 다른 집단에 무작위로 각기 다르게 개입하는 실험을 설계했다. 모든 이가 실험에 참가하기만 해도 소정의 금액을 받았다. 그리고 참가자 일부는 더이상 아무것도 받지 않고(미조치 집단), 나머지 참가자 중 일부는 현금 200달러를 받고, 다른 일부는 치료를 받고, 또 다른 일부는 둘 다 받았다.

블래트만은 범죄와 노숙 수준이 다른 청년들을 서로 다른 집단에 배치하는 계획을 세웠다. 조치를 받은 청년이 미조치 집단보다 나은 결과를 보인다면 이는 개입이 긍정적인 효과가 있다는 제대로 된 비교의 증거일 것이란 발상에서였다. 여기까지는 쉽다.

연구에 참가한 청년들이 자신들 가운데 절반은 200달러를 받고 나머지는 받지 못한다는 사실을 알아채면서 문제가 시작됐다. 그들은 이런 식의 복권을 바라지 않는다고 해명했다. 모두가 100달러씩 받아서 아무것도 받지 못하는 일이 없도록 하고 싶다고 했다. 각자 100달러씩 받으면 당연히 실험이 성립하지 않는다. 실험 목적은 무작위로 더 많은 돈을 주고 돈을 받은 사람이 실제로 더 잘 하는지 보고자 함이다. 그래서 블래트만의 팀은 실험 규약대로 절반의 참가자에게 무작위로 200달러를 줬다.

그러나 이 청년들은 연구자의 의도를 앞질러갔다. 아무래도 그들은 서로에게 일종의 보험을 들어 줘야 한다고 이해한 듯하다. 이런 결론에 이르자, 돈을 받은 청년들은 돈을 받지 못한 청년들에게 자신들의 돈을 일부 나눠줬다. 이런 유형의 간섭이 일어나면 세심하게 구성한 미조치 집단이 실제로는 얼마간 조치를 받고 조치 집단은 얼마간 조치를 포기하게 되므로 실험에서 얻은 추정치를 편향시킨다.

이로써 깔끔하게 실험을 설계하기가 얼마나 어려운지 봤다. 피실험자나 다른 외부 영향이 여러분의 노력을 지우기도 할 것이다.

블래트만의 실패한 연구는 간섭이 일어난 명확한 사례다. 실험을 설계할 때면 관심 대상인 조치를 서로 다른 관찰 대상(개인, 가구, 배양 접시 등)에 무작위로 할당한다. 이때 관찰 대상은 서로 독립적이라고 가정한다. 그러나 한 대상의 조치 상태가 사실은 다른 대상의 결과에 영향을 미친다면 이는 간섭이며 실험 결과를 편향시킬 위험이 있다. 위 실험에서 간섭은 현금을 받은 피실험자가 그들의 돈 일부를 미조치 피실험자와 나눴기 때문에 조치 집단의 조치 상태가 미조치 집단의 결과에 영향을 미친 부분이다.

신중한 분석가는 간섭을 어떻게 처리할까? 때때로 간섭 그 자체가 조사 대상이 된다는 점은 흥미롭다. 한 국가의 세금이 이웃 국가의 경제 발전에 영향을 미칠까? 선거 본부가 지지자를 동원하면 결과적으로 반대자도 결집할까? 공중 보건 프로그램으로 어떤 학교의 아이들에게 백신을 투여하면 다른 학교의 아이들도 보호할까? 연구자들은 이러한 파급 효과를 추정하려는 목적으로 연구를 설계하기도 한다. 블래트만의 사례에서 어떤 친구들 무리는 한 명이 돈을 받고 다른 무리는 아무도 돈을 받지 못하게 무작위로 할당할 수도 있었다. 그런 다음 돈을 받지 못한 이들이 친구가 돈을 받은 경우에 다르게 행동하는지 시험한다.

일반적으로 신중한 분석가는 간섭을 예상하고 그 가능성을 낮출 방법을 써서 연구를 설계해야 한다. 바로 이 때문에 연구자들이 사전 연구 등을 수행한다. 블래트만의 경우 문제가 생긴 사전 연구 이후에 규모를 키워서 실험을 할 때는 누가 돈을 받고 못 받는지 비밀로 해서 간섭의 위험을 줄였다.

자연 실험

우리는 흥미롭고 중요한 많은 질문에 관해서 인과관계를 파악하고 싶어한다. 그러나 실험이 실행 불가능하거나 비윤리적이거나 비현실적이거나 너무나 비용이 많이 들 때도 있다. 하지만 이따금 우리가 실험을 수행해서 개입하지 않더라도 주변 세상이 무작위 실험과 비슷한 상황을 만들어 주는 경우도 있다. 9장에서 대안학교가 학업 성과에 미치는 영향을 논하면서, 이미 이런 '자연 실험natural experiment'의 한 사례를 접했다. 비록 양적 분석가가 무작위로 어떤 아이는 대안학교로, 어떤 아이는 공립학교로 보내는 실험을 수행하지는 못하지만, 여러 대안학교가 무작위로 입학 허가를 결정한다. 연구 목적이 아니라 법률이 그렇게 강제하기 때문이다. 법률은 인과관계가 궁금해서가 아니라 공정성과 기회 균등을 위해 존재한다고 봐도 좋겠다. 하지만 의도가 무엇이든, 이런 추첨 방식은 '야생의' 무작위 할당을 만들어 내서 대안학교와 공립학교의 효과를, 우리가 단지 두 학교에 다니는 학생들의 성적을 비교하면서 많은 잠재적 교란 변수를 통제하려고 노력할 때보다 더 믿을 만하게 추정하도록 만들어 준다.

자연 실험은 거의 모두 얼마간 불응이 일어난다. 예컨대 대안학교 추첨에 당첨된 아이들 모두가 정말로 대안학교에 입학하지는 않고, 누군가는 어떤 학교의 추첨에서 떨어지더라도 다른 학교에 당첨되기도 한다. 따라서 이런 상황에서는 대체로 조치 의도 효과(입학 당첨과 학업 성적 사이의 축약형 관계)를 추정하거나 도구 변수 접근법을 취해서 순응자 평균 조치 효과를 추정한다. 이번 사례에서는 입학 허가 당첨이 도구 변수이고 대안학교 입학이 조치이며 학업 성과 척도(시험 점수 등)가 결과가 된다.

도구 변수 접근법을 취할 때는 앞서 기술한 조건들을 진지하게 고려해야 한다. 자연적인 무작위 할당이 있으면 외생성 측면에서 확신을 가져도 좋다. 이 말은 입학 허가 당첨이 학업 성과와 대안학교 입학에 미치는 영향을 믿을 만하게 추정할 수 있다는 뜻이다. 하지만 배제 제약 문제에도 세심하게 주의를 기울여야 한다. 입학 허가 당첨이 대안학교 입학이 아닌 다른 경로를 통해서 학업 성과에 영향을 미칠 여지가 있을까?

대안학교 사례에서는 배제 제약 가정이 적절하고 순응자 평균 조치 효과를 잘 추정할 수 있다고 봐도 좋을 것이다. 하지만 배제 제약이 좀 더 의심스러운 다른 사례를 들어 보겠다.

군 복무와 미래 소득

군 복무가 미래 소득에 주는 영향은 경제학자들의 많은 관심을 끌었다. 그러나 군대에서 복무한 사람과 복무하지 않은 사람 사이에는 당연히 소득에 영향을 주는 여러 가지 면에서 차이가 있다. 따라서 전역자와 미전역자의 소득 비교는 (다양한 측면을 통제하더라도) 어찌할 도리 없이 교란된다. 이러한 비교는 인과적 효과를 편향 없이 추정한다고 보기 어렵다.

(사회과학자들에게) 다행스럽게도 도움이 될 자연 실험이 하나 있다. 베트남 전쟁 기간 징병 대상인 남성에게는 징병 번호가 무작위로 부여됐다. 무작위로 부여한 번호가 충분히 앞에 오는 사람만 실제로 징병됐다. 따라서 군 복무에 있어서 무작위 변이가 생긴 셈이다.

물론 징병 추첨 결과에 모두 완벽히 따르지는 않는다. 예를 들면 어떤 청년은 징병 번호가 뒤에 오지만 군 복무를 자원했다(앞에서 소개한 용어를 사용하자면 이런 청년은 항상 사용자다). 또 어떤 청년은 징병 번호가 앞에 오지만 외국으로 떠나거나 다른 수단을 써서 징병을 회피했다(앞의 용어대로라면 이런 청년은 미사용자다). 그러므로 (그다지 흥미로워 보이지 않는, 추첨 번호가 소득에 주는 축약형 효과가 아니라) 군 복무가 소득에 주는 인과적 효과를 추정하고 싶다면 여러 연구에서 그랬듯이 도구 변수 접근법을 취할 필요가 있다. 이는 징병 번호를 도구 변수로, 군 복무를 조치로, 미래 소득을 결과로 두는 방식이다.

이런 맥락에서 볼 때 외생성 요건 충족이 꽤 타당해 보인다. 우리가 아는 한 정부는 징병 번호를 진짜 무작위로 부여했다(정확히는 생일을 바탕으로 번호를 무작위로 부여했기 때문에 생일이 같은 사람들은 같은 번호를 받았지만, 누구의 생일이 선택됐는지는 무작위다). 그래서 징병 번호가 군 복무와 미래 소득에 주는 영향을 추정할 수 있다.

그런데 배제 제약 요건은 어떤가? 이 조건을 충족하려면 징병 번호는 군 복무라는 수단 외의 경로로 미래 소득에 영향을 주면 안 된다. 이 조건이 어긋날 가능성은 무엇일까?

한 가지 가능성은 앞선 징병 번호를 받은 사람들이 반응하는 방식이다. 이들은 아마도 징병을 피할 다양한 활동에 가담할 가능성이 더 높을 것이다. 예컨대 외국으로 도망치는 방법이 있다. 아니면 학생 신분은 징병 대상이 아니기 때문에 상급 과정으로 진학하는 사람도 더 많을 것이다. 외국에 살거나 대학에 가는 일은 직접적으로 미래 소득에 영향을 미친다. 이처럼 징병 번호는 군 복무 외의 다른 경로로써 미래 소득에 영향을 미칠 여지가 있다. 이렇게 배제 제약을 위반하면 설령 징병 번호는 무작위로 부여했더라도 징병 추첨을 활용해서 군 복무가 미래 소득에 미치는 영향을 제대로 추정하려는 도구 변수 접근법이 작동하지 않는다.

정리

실험을 인과 추론의 황금률이라고 부르는 이유가 있다. 조치를 무작위로 할당하기 때문에 조치 집단과 미조치 집단이 잠재적 결과의 기대치가 같고, 덕분에 인과관계의 편향 없는 추정치를 얻는다.

물론 무작위 실험에서도 까다로운 문제가 생긴다. 따라서 실험을 설계하고 결과를 분석하는 일은 경계심과 명확한 사고를 요한다. 이런 까다로운 문제는 실험을 벗어나서 나타나기도 하며, 따라서 실험이 아닌 다른 연구 설계를 다룰 때도 이를 잘 고려해야 한다.

연구자들에겐 안타까운 일이지만 이상적인 실험은 실용적이지 않거나 실행 불가능하거나 비윤리적인 경우가 흔하다. 그렇다면 어떻게 해야 할까? 12~13장에 걸쳐 아무런 무작위 할당 없이도 인과관계를 제대로 추정할 수 있는 특별한 상황을 소개하겠다.

핵심 용어

- **연구 설계**: 조치 효과 또는 다른 추정 대상을 편향 없이 추정하려는 접근 방식.
- **무작위 할당**: (동전 던지기나 난수 발생기를 사용해서) 관찰 대상이 조치를 받을지 여부를 무작위로 결정하는 과정.
- **블로킹/층화 무작위 할당**: 피실험자를 (보통 비슷한 잠재적 결과를 가질 것으로 기대하는) 여러 무리로 나누고 각 무리 안에서 무작위로 조치를 할당하는 과정. 이 과정은 추정치의 정밀도를 크게 높인다. 만일 조치 확률이 블록이나 계층 사이에 차이가 난다면 편향되지 않은 추정치를 얻고자 할 때 이런 차이를 고려해야 한다.
- **불응**: 피실험자가 자신에게 할당된 조치 상태와 다른 조치 상태를 선택하는 경우.
- **순응자**: 자신에게 할당된 조치 상태를 받아들이는 실험 대상.
- **항상 사용자**: 조치 집단과 미조치 집단 중 어느 쪽에 있든 항상 조치를 받는 실험 대상.
- **미사용자**: 조치 집단과 미조치 집단 중 어느 쪽에 있든 항상 조치를 안 받는 실험 대상.
- **거부자**: 자신에게 할당된 조치 상태를 반대로 받아들이는 실험 대상.
- **조치 의도^{ITT} 또는 축약형 효과**: 조치 집단에 배치된 일이 결과에 주는 평균 효과. 불응이 발생하므로 평균 조치 효과와 같다는 법은 없다.
- **첫 단계 효과**: 조치 집단에 배치된 일이 조치를 받는 일에 주는 평균 효과. 순응자 비율을 결정한다.
- **순응자 평균 조치 효과^{CATE}**: 순응자의 평균 조치 효과로서, 국지적 평균 조치 효과^{LATE}의 한 가지 특별한 종류다.
- **도구 변수**: 불응이 존재할 때 순응자 평균 조치 효과를 추정하는 일련의 절차. 왈드 추정량은 도구 변수의 한 가지 특별한 경우다. 모든 도구 변수 설계는 도구 변수가 조치와 결과 양쪽에 주는 효과를 믿을 만하게 추정할 수 있어야 한다는 점(외생성), 도구 변수가 조치에 영향을 미친다는 점(순응자), 도구 변수가 조치를 통해서만 결과에 영향을 미친다는 점(배제 제약), 도구 변수가 미조치 집단에 배치할 때만 조치를 받는 실험 대상이 많지 않다는 점(거부자)을 충족해야 한다.
- **외생성**: 도구 변수는 무작위로 할당되거나 적어도 무작위 할당된 것처럼 보여서 첫 단계 효과와 축약형 효과를 모두 편향 없이 추정할 수 있어야 외생성을 지닌다.

- **배제 제약**: 도구 변수는 다른 경로가 아니라 조치에 주는 효과를 통해서만 결과에 영향을 미쳐야 배제 제약 요건을 충족한다.
- **우연성 불균형**: 무작위 할당을 했음에도 조치 집단과 미조치 집단이 잡음으로 인해 중요한 면에서 차이가 나는 상황.
- **검정력**: 연구의 검정력은 실제 효과가 0이 아닌 어떤 값을 가질 때 조치가 아무런 효과가 없다고 하는 귀무 가설을 거부할 확률로 정의한다. 쉬운 말로 조사 대상인 효과가 사실은 큰데도 통계적으로 유의한 결과를 얻을 가능성이 낮은 연구는 검정력이 약하다고 한다.
- **이탈**: 피실험자가 실험에서 빠지는 상황으로서 이런 피실험자의 결과는 관찰하지 못한다. 이탈은 불응과는 다르다.
- **간섭**: 어떤 대상의 조치 상태가 다른 대상의 결과에 영향을 미치는 상황.
- **자연 실험**: 연구 목적은 아니지만 무작위 할당이 일어난 경우 신중한 분석가는 관심 있는 인과적 물음에 답하려고 이런 무작위 할당을 어쨌든 활용한다.

연습 문제

11.1 심리학 연구실에서 행동 기폭제 현상에 관한 연구를 시도한다고 하자. 이들은 구체적으로 피실험자가 노화나 노령에 연관된 단어를 보면 더 느리게 걷는지 알고 싶다. 이들은 피실험자를 모집해서 연구실로 부른 다음 단어 연관 작업을 완료하도록 비용을 지불한다. 피실험자 절반은 노화와 관련 없는 단어를 접하는 미조치 집단에 배정되고, 나머지 절반은 노화나 노령에 관련된 많은 단어를 접하는 조치 집단에 배정된다.

피실험자들이 단어 연관을 마치면 연구 조교는 그들이 출구로 나가는 50피트 길이의 복도를 걷는 데 걸린 시간을 몰래 잰다. 조치가 걷는 속도를 느리게 만드는지 시험하려는 계획이다.

다음 내용은 이 실험에 관한 몇 가지 사실이다. 각 사실이 실험에 어떤 영향을 주는지 생각해 보라. 연구에 문제가 될 만한 효과인가? 만약 그렇다면 어떤 문제인가? 이 문제를 해소하려면 실험 설계나 데이터 분석을 어떻게 해야 할까?

(a) 피실험자는 다양한 사회적 집단에서 모집했으므로 노인도, 청년도, 운동에 능한 사람도, 서툰 사람도, 마른 사람도, 뚱뚱한 사람도 있다. 조치 집단은 미조치 집단에 비해서 나이든 사람과 운동에 서툰 사람의 비중이 높다.

(b) 어떤 피실험자들은 단어 연관 활동에 신경을 기울이지 않고 그저 최대한 빨리 진행하면서 무의미한 답변을 했다.

(c) 어떤 피실험자들은 복도를 지나면서 지나가는 사람에게 말을 걸거나 전화기를 들여다보느라 시간이 아주 오래 걸렸다.

(d) 어떤 피실험자들은 건물 뒤편에 있는 다른 출구로 나갔기 때문에 복도를 통과하지 않았다.

(e) 피실험자가 걷는 속도를 잰 연구 조교는 연구 가설을 알았으며, 조치 할당도 이들이 수행했다.

(f) 어떤 피실험자들은 건물을 나가기 전에 다른 참가자들과 단어 연관 작업에 관해 이야기를 나눴다.

11.2 웹사이트 press.princeton.edu/thinking−clearly에 접속해서 GOTV_Experiment.csv 파일과 이 파일의 데이터에 있는 변수를 기술한 README.txt 파일을 다운로드하라.

무작위 실험으로 얻은 데이터를 분석해서 투표 독려 활동^{GOTV, Get-Out-The-Vote}이 투표율에 미치는 영향을 추정하고자 한다.

이 실험 분석을 복잡하게 만드는 요소가 몇 가지 있다. 첫째, 도시 지역과 비도시 지역에서 무작위 조치 할당 확률이 다르다. 둘째, 조치에 할당된 사람 일부는 실제 조치를 받지 않았다. 셋째, 피실험자 일부는 투표율을 관찰하지 못했다. 자세한 내용은 README 파일을 보라.

(a) 조치를 받은 사람과 받지 않은 사람의 투표율 평균을 계산하고, 이 값이 내포하는 투표 독려 활동이 투표율에 미치는 영향을 해석하라. 위에서 나열한 세 가지 복잡함으로 야기될 만한 편향을 고찰하라. 하나를 고른다면 이번 분석으로 평균 효과를 과대추정할 가능성이 높은가 과소추정할 가능성이 높은가? 여러분이 내놓은 답변을 설명하라.

(b) 10장에서 배운 내용을 바탕으로 도시 지역과 비도시 지역의 조치 확률이 다르다는 사실을 계산에 넣어 보라. 추정치가 어떻게 바뀌는가? 어째서 그런가?

(c) 11장에서 배운 내용을 바탕으로 불응을 계산에 넣어 보라. 먼저 조치 의도 효과(축약형 효과)와 순응 비율(첫 단계 효과)을 추정하라. 이제 전자를 후자로 나눠서 순응자 평균 조치 효과를 추정하라.

(d) 이탈 문제를 생각해 보라. 만약 투표율을 관찰하지 못한 피실험자를 단순히 배제한다면 무엇을 암묵적으로 가정하는 셈인가? 가정이 바뀌면 추정치가 어떻게 바뀌는지 알아보자. 실험에서 빠진 사람들이 모두 투표를 하지 않았다고 가정한 채로 순응자 평균 조치 효과를 추정하라. 투표 독려 활동에 있어서 최악의 시나리오 하에서 추정치는 얼마가 되겠는가? 최상의 시나리오라면 어떻겠는가?

읽을거리

실험, 특히 현장 실험을 수행하는 온전한 길잡이로서 다음 책을 추천한다.

Alan S. Gerber and Donald P. Green. 2012. Field Experiments: Design, Analysis, and Interpretation. W. W. Norton.

페루에서 아픈 아이들이 젖을 늦게 뗐다는 연구는 다음과 같다.

Grace S. Marquis, Jean-Pierre Habicht, Claudio Franco, and Robert E. Black. 1997. "Association of Breastfeeding and Stunting in Peruvian Toddlers: An Example of Reverse Causality." International Journal of Epidemiology 26(2):349-56.

벨라루스에서 모유 수유에 관한 무작위 실험은 다음 논문에 소개됐다.

Michael S. Kramer, Tong Guo, Robert W. Platt, Stanley Shapiro, Jean-Paul Collet, Beverley Chalmers, Ellen Hodnett, Zinaida Sevkovskaya, Irina Dzikovich, and Irina Vanilovich. 2002. "Breastfeeding and Infant Growth: Biology of Bias?" Pediatrics 110(2):343-47.

베트남 전쟁의 징병 추첨에 관한 여러 논문이 있다. 그중 2개(오래된 논문 하나, 최근 논문 하나)는 다음과 같다.

Joshua D. Angrist. 1990. "Lifetime Earnings and the Vietnam Era Draft Lottery: Evidence from Social Security Administrative Records." American Economic Review 80(3):313–36.

Joshua D. Angrist and Stacey H. Chen. 2011. "Schooling and the Vietnam-era GI Bill: Evidence from the Draft Lottery." American Economic Journal: Applied Economics 3(2):96–118.

연습 문제 1번을 보고 행동 기폭제가 실제로 걷는 속도에 영향을 미치는지 궁금하다면 다음 연구를 참고하기 바란다. 밝혀진 바에 따르면 시간을 기계로 잰 경우와 연구 가설을 이미 아는 사람이 잰 경우에 실험 결과가 다르다. 다시 말해서 연구자가 발견하려는 대상을 이미 알고 있으면 실제로 뭔가 탐지했다고 자신을 기만하기 쉽다는 얘기다.

Stephane Doyen, Olivier Klein, Cora-Lise Pichon, and Axel Cleeremans. 2012. "Behavioral Priming: It's all in the Mind, but Whose Mind?" PLoS ONE 7(1):e29081.

12

불연속 회귀 설계

12장에서 다루는 내용

- 실험 실행이 불가능한 경우에도 인과적 효과를 편향되지 않게 추정할 수 있는 특별한 상황이 있다.
- 이런 특별한 상황 하나는 주목하는 조치가 알려진 문턱값에서 불연속적으로 변하는 경우다.
- 불연속 회귀 설계는 조치가 변하는 문턱값 근처에 있는 실험 대상의 국지적 평균 조치 효과를 추정한다.

들어가며

실제로 실험을 수행하지 못하는 상황에서 기발한 자연 실험이 인과관계를 파악하도록 도와주는 몇 가지 사례를 11장에서 살펴봤다. 실험을 수행하지 않고도 제대로 된 비교를 할 수 있는 상황을 현실 세계가 마련해 줄 방법을 찾는 내용이다. 대안학교 사례와 같이 현실 세계가 실제 무작위 할당을 대신하는 경우도 있다. 다른 경우에는 여러분이 좀 더 재치를 발휘해야 한다.

12장에서는 관심 대상인 조치가 알려진 문턱값에서 불연속적으로 변할 때 믿을 만한 인과관계 추정을 도와주는 한 가지 특별한 상황을 논의하겠다. 13장에서는 조치가 시간이 흐르면서 어떤 관찰 대상에게는 변하지만 다른 대상에게는 변하지 않는 또 다른 특별한 상황을 살펴보겠다.

10장에서 교란 변수를 통제해서 인과관계를 파악하려는 시도를 소개했다. 우리는 딱히 이 방법에 큰 기대를 걸지 않는데 모든 교란 변수를 측정하기가 너무 어렵기 때문이다. 측정하지 못하면 통제도 못한다. 그러나 드물게 조치 할당에 관한 충분한 정보가 있어서 이 방법이 통하는 상황이 있다. 그중 하나는 바로 11장의 주제였던 무작위 실험이다. 조치가 무작위로 할당되면 교란 변수도 없다. 12장의 주안점은 어떤 예리한 규칙에 따라 조치를 할당하는 상황이다. 이런 상황에서는 불연속 회귀 설계를 활용해서 조치 효과를 파악할 수 있을 것이다.

각 관찰 대상이 일종의 점수와 연관되고 조치 여부는 그 점수에 따라 결정한다고 가정하자. 대상의 점수가 어떤 문턱값 한쪽에 있으면 조치를 받고, 문턱값 반대쪽에 있으면 조치를 받지 않는다. 이런 설정은 불연속 회귀 설계가 인과적 효과를 추정하기에 알맞다. 양쪽에서 문턱값에 아주 가까운 대상들은 평균적으로 서로 비슷할 가능성이 높다. 따라서 이 두 집단(하나는 조치받고 하나는 받지 않은)을 비교하면 제대로 된 비교에 아주 가까울 것이다.

좀 더 구체적으로 살펴보자. 대학에서 장학금을 받으면 미래 소득에 어떤 효과가 있는지 추정한다고 하자. 장학금을 받는 학생들은 미래 소득에 영향을 주는 지능, 역량, 직업 윤리 등 여러 가지 면에서 다른 학생과는 다를 여지가 많기 때문에 일반적으로 이를 추정하기가 어렵다. 그리고 이런 차이점을 모두 통제하고 측정하기란 당연히 불가능하다.

그렇지만 만약 장학금을 어떤 엄격한 점수 규칙에 따라서 수여한다면? 심사위원회는 평점, 시험 점수, 자원 봉사 활동, 기타 과외 활동을 근거로 모든 지원자에게 0점부터 1,000점까지 부여한다. 점수가 950점 이상이면 장학금을 받고 그 아래면 받지 못한다. 여기서는 그 무엇도 무작위로 할당하지 않지만 950점 근처에 있는 지원자들의 장학금 수여 효과를 파악할 수 있을 것이다. 어떻게 파악할까?

심사위원회와 지원자가 점수를 세밀하게 조절하지 못한다고 가정하자. 다시 말해 학생들은 당락을 가르는 정확한 점수를 모른 채 지원하고 위원회도 정확한 기준 점수를 모른 채 솔직하게 학생을 평가한다. 그러면 950점을 받은 사람과 949점을 받은 사람은 거의 같다고 기대해도 좋다. 무작위 할당은 없지만 여러 변칙적인 요소가 존재해서 949점에서 950점으로 올리거나 그 반대로 작용할 가능성이 많다. 만약 949점을 받은 학생이 조금만 더 편한 상태로 시험을 치렀다면, 수백 시간의 봉사 활동에 한 시간만 더 했더라면, 어떤 수업에서 선생님이 조금만 더 후하게 평가를 했더라면 950점이 돼서 장학금을 받았을지도 모른다. 이와 비슷하게 950점을 받은 학생이 한 가지 사소한 특이한 사건이 원하는 대로 흘러가지 않았다면 949점을 받아서 장학금을 놓쳤을지도 모른다. 그러므로 장학금 수여 대상이 정해지기 전에는 평균적으로 볼 때 949점을 받은 학생과 950점을 받은 학생이 본질적으로 같다고 보는 편이 합리적이다. 이렇게 자연 실험과 비슷한 결과를 얻는다. 문턱값 바로 근처에 있는 이들, 즉 근본적으로 임의의 이유로 인해 장학금을 받은 일부(950점)와 받지 못한 일부(949점)의 비교는 제대로 된 비교다. 이 두 집단의 미래 소득을 비교하면 적어도 문턱값 근처에 있는 학생들에 관한 장학금의 인과적 효과를 추정할 수 있다.

이런 상황을 고찰하는 더 일반적인 방식이 있다. 이진값 조치가 어떤 결과에 주는 효과를 추정하려고 한다. 조치 할당은 온전히 어떤 제3의 변수(위의 점수와 같은)로 결정하며, 이를 '배정 변수running variable'라고 부른다. 만일 어떤 대상의 배정 변수가 어떤 문턱값보다 높으면 그 대상은 조치를 받고($T = 1$), 배정 변수가 문턱값보다 낮으면 조치를 받지 않는다($T = 0$). 이렇게 하면 그림 12.1과 비슷한 데이터가 나오는데, 검은색 점은 조치된 대상이고 회색 점은 미조치된 대상이다. 그림 12.1에서 문턱값은 배정 변수의 값이 0인 위치다.

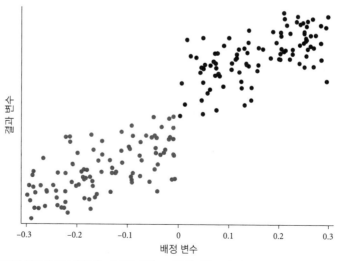

그림 12.1 연속적인 배정 변수로 정해지는 조치의 산점도. 검은색 점은 조치된 대상이다. 회색 점은 미조치된 대상이다.

이러한 상황에서 조치 효과를 어떻게 추정할까?

언뜻 봐서는 별 방법이 없어 보인다. 배정 변수는 관찰하려는 결과와 강한 상관관계가 있다. 장학금 사례라면 위원회가 능력이 뛰어난 사람을 뽑고 싶어하고, 이들이 사용한 점수 계산 기준 항목들은 학생의 장학금 수혜 여부와 상관없이 미래 소득과 깊이 관련되기 때문에 그림 12.1에 나타난 상관관계가 말이 된다. 위원회는 당락 규칙을 적용하므로 장학금을 받은 사람은 받지 못한 사람보다 항상 배정 변수 값이 높다. 조치를 받은 사람과 받지 않은 사람을 비교해 보면 점수 계산 기준 항목이 교란 변수라는 사실을 이제 확실히 알게 된다. 그리고 당락 규칙으로 인해, 배정 변수 값이 같으면서 일부는 조치(장학금)를 받고 일부는 받지 않은 학생들을 찾으려고 해서는 의도한 비교를 수행하지 못한다. 점수가 같은 학생들은 조치 상태도 모두 같기 때문이다.

하지만 벌써 포기하지는 말자. 무엇을 더 해볼 만한지 생각해 보자. 어떤 주어진 배정 변수의 값에 대한 결과의 기댓값을 추정할 수 있다. 배정 변수가 문턱값보다 큰 대상에 관해서, 이 방법은 그 배정 변수에서 일어나는 조치가 있을 때의 결과 기댓값을 알려 줄 것이다. 배정 변수를 문턱값까지 줄여 가면서 모든 값에 대해서 결과 기댓값을 추정할 수 있다. 마찬가지로 배정 변수가 문턱값보다 작은 대상에 관해서도 그 배정 변수가 정한 조치가 없을 때의 결과 기댓값을 알려 줄 것이다. 배정 변수를 문턱값까지 늘려 가면서 모든 값에 대해서 결과 기댓값을 추정할 수 있다. 결국 정확히 문턱값에 이르러 조치가 있는 경우와 없는 경우의 결과 기댓값을 추정하게 된다. 적어도 배정 변수가 정확히 문턱값에 오는 대상에게 있어서는 이 두 값의 차이가 조치 효과의 적정 추정치다.

배정 변수의 값이 문턱값 양쪽에서 문턱값에 매우 가까운 대상들을 비교해서 이 추정치를 얻는다. 이는 949점과 950점을 비교해서 장학금 수혜 효과를 파악하는 방법의 근간이 되는 발상이다. 그런데 사실 이보다 좀 더 나은 방법도 있다.

한 가지 전략은 결과를 배정 변수에 두 번 회귀를 수행하는데 한 번은 문턱값 아래에 있는 미조치 대상으로, 또 한 번은 문턱값 위에 있는 조치 대상으로 수행한다. 그런 다음 이 두 회귀 결과로 문턱값에서 조치가 있을 때와 없을 때의 결과를 예측한다. 이 예측으로 배정 변수가 문턱값을 넘는 순간에 결과의 '도약' 또는 '불연속성'을 추정할 수 있다. 이 불연속성이 바로 문턱값에 있는 대상에게 있어서 조치의 인과적 효과 추정이 된다. 이런 이유로 이 전략을

'불연속 회귀 설계$^{RD\ design,\ Regression\ Discontinuity\ design}$'라고 부른다. 그림 12.2에 이 개념을 나타냈다.

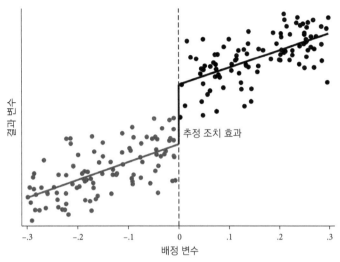

그림 12.2 불연속 회귀 설계는 문턱값의 결과 기댓값 도약을 추정하는데, 이는 바로 문턱값 지점에 있는 대상에 대한 조치의 인과적 효과다.

한 가지 강조할 부분은 불연속 회귀 설계가 추정하는 평균 조치 효과의 국지성이다. 그림 12.3처럼 배정 변수의 값이 다르면 조치의 평균 효과도 다를 가능성이 있다. 그림 12.3에서 각 관찰 대상마다 두 가지 잠재적 결과가 보인다. 각 대상마다 Y_1은 검은색으로, Y_0는 회색으로 나타냈다. 우리가 관찰하는 실제 결과는 색이 채워졌고, 관찰하지 않는 반사실적 결과는 채워지지 않았다. 둘의 간격은 배정 변수의 값마다 다르다.

좀 더 구체적인 사례를 들면, 장학금 수혜가 미래 소득에 미치는 영향은 성취도가 낮은 학생과 높은 학생 사이에 다르게 나타난다. 불연속 회귀의 추정 대상은 배정 변수가 정확히 문턱값에 오는 대상의 평균 조치 효과다. 따라서 이 사례에서는 장학금이 점수가 950점인 학생의 미래 소득에 주는 영향을 추정하는데 이 값은 다른 점수, 예컨대 700점을 받은 학생에게 미치는 영향과 다를 것이다. 우리는 이 추정 대상을 '국지적 평균 조치 효과^{LATE}'로 본다. 항상 그렇듯이 국지적 평균 조치 효과는 모집단 전체의 평균 조치 효과와 다를 여지가 있다. 그러므로 불연속 회귀 설계를 활용할 때는 추정한 수치가 정말로 원하는 대상인지 잘 생각해야 한다.

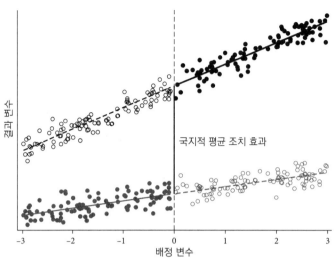

그림 12.3 불연속 회귀 설계는 문턱값 지점의 국지적 평균 조치 효과를 추정한다. 배정 변수의 값이 다르면 평균 조치 효과도 달라지므로 이 값이 전체 평균 효과와 반드시 같다는 법은 없다.

불연속 회귀 설계는 여러 가지 상황에서 요긴하다. 한 가지 흔한 용도는 정부 프로그램의 효과 추정이다. 많은 정책이 어떤 알려진 문턱값을 기준으로 바뀐다. 예컨대 정부가 제공하는 개인 단위의 혜택은 흔히 소득 조사 결과에 따라 지급하는데, 연속된 척도로 재는 소득이나 빈곤함이 문턱값의 어느 쪽에 있느냐에 따라 지급 자격이 결정된다. 지역 단위의 정책은 종종 인구수나 특정 유형의 거주자 비율에 따라 결정된다. 불연속 회귀 설계는 이런 프로그램의 효과를 추정하는 간단명료한 수단이다. 게다가 이런 설계는 우리가 가장 신경 쓰는 대상, 바로 자격 기준에 간신히 도달하거나 미달하는 사람 또는 지역에 미치는 프로그램 효과를 추정한다. 따라서 정책 입안자들이 어떤 정부 프로그램을 축소 또는 확대해야 할지 파악하고자 한다면 이런 불연속 회귀 추정치가 매우 유용할 것이다.

불연속 회귀 설계의 구현 방법

분석가가 불연속 회귀 설계를 구현하는 여러 방법이 있는데 각각 장단점이 있다.

가장 단순한 접근법은 위에서 말한 대로 문턱값 양쪽에 오는 배정 변수의 작은 구간(빈^{bin}이라고도 부른다)에서 단순히 평균 결과를 비교하는 방법이다. 예를 들어 950점에서 954점 사이에 오는 지원자와 945점에서 949점 사이에 오는 지원자의 평균 소득을 비교하는 것이다. 곧 설명하겠지만 이런 방법을 흔히 '단순^{naive} 접근법'이라고 부른다.

단순 접근법의 명백한 이점은 단순함이다. 방법이 단순한만큼 사실상 편향된 추정치를 내놓는다고 봐도 좋다. 왜 그럴까? 배정 변수는 대체로 잠재적 결과와 상관관계가 있다. 위원회가 학생의 능력, 노력, 의욕, 그 밖에 미래 소득에 연관될 만한 요소가 점수에 반영된다고 믿지 않는다면 이 점수를 기준으로 장학금을 수여할 이유가 어디에 있겠는가?

배정 변수가 잠재적 결과와 상관관계가 있기 때문에 문턱값 바로 위와 바로 아래 집단 사이에는 항상 차이 기준치가 있을 것이다. 물론 비교하는 빈의 크기(너비라고 부르기도 한다)가 줄어들면 편향도 작아지지만, 그래도 결코 사라지지는 않는다.

불연속 회귀 분석가가 내리는 중요한 의사결정 중에는 너비 선택이 들어 있음을 이미 봤다. 그리고 이 결정을 내릴 때 편향 줄이기와 정밀도 높이기가 자주 상충된다. 너비가 좁으면 추정의 편향이 줄어들기 마련이지만, 동시에 더 적은 데이터를 사용하기 때문에 추정의 정밀도는 떨어진다.

단순 접근법에 비해 편향이 적을 가능성이 있는 방법은 '국지적 선형$^{local\ linear}$' 접근법이다. 이 방법도 너비를 정하고 그 안에 들어오는 관찰값을 사용해서 문턱값 양쪽에서 개별적으로 결과와 배정 변수의 선형 회귀를 수행한다. 이 추정치로 문턱값 지점에서 조치가 있을 때와 없을 때의 결과를 예측하며, 예측한 두 결과의 차이로 문턱값에 오는 대상의 조치 효과를 예측한다.

이 방법은 배정 변수와 결과 사이에 어떤 관계가 있어도 괜찮고, 이 관계가 문턱값 양쪽에서 서로 달라도 괜찮으며, 이 관계는 (적어도 분석 대상이 되는 좁은 구간에서는) 선형관계에 가깝다고 가정한다. 이것이 바로 그림 12.2에서 취한 접근법이다.

회귀를 두 번 수행하는 대신 한 번만 수행해서 국지적 선형 접근법을 구현하는, 좀 더 일을 쉽게 만들고 표준 오차 추정치도 얻는 방법이 있다. 첫째, 배정 변수를 조정해서 문턱값이 0에 오도록 만든다(배정 변수에서 문턱값을 뺀다). 둘째, 관찰값이 문턱값보다 큰지 작은지를 가리키는 조치 변수를 만든다. 셋째, 조치 변수에 조정한 배정 변수를 곱해서 '교호 변수$^{interactive\ variable}$'를 하나 만든다. 마지막으로 선택한 너비 안에 있는 관찰값을 사용해서 결과를 조치와 조정한 배정 변수와 그 둘의 교호작용으로 회귀시킨다. 회귀에서 추정한 조치 계수가 불연속성의 추정치를 알려 준다.

불연속 회귀 설계를 구현하는 세 번째 방법은 다항polynomial 회귀다. 결과를 조치와 배정 변수와 고차원 다항식(배정 변수의 제곱, 세제곱 등등)에 회귀시킨다. 이는 배정 변수와 결과 사이에 비선형관계가 있을 가능성을 고려한 방법이다. 이 방법의 단점으로는 문턱값에서 멀리 떨어진 데이터가 불연속성 추정에 큰 영향을 미칠 위험이 있다.

불연속 회귀 설계를 구현할 때 연구자가 선택할 부분이 많으므로 과도한 비교와 부실한 보고 문제가 일어나지 않게 조심해야 한다. 여러분이 내리는 어떤 결정은 여러분이 가진 관련 지식과 여러분이 생각하는 배정 변수와 결과 사이의 관계는 물론이고, 정밀도를 높이고자 얼마만큼 편향을 허용할지 또는 반대로 편향을 줄이고자 얼마만큼 정밀도를 희생할지 등에 좌우된다. 최선의 방법은 이론, 관련 지식, 데이터 분석을 결합해서 여러분의 선택을 합리화하고, 아마도 가장 중요한 부분이겠지만 서로 다른 실험 명세에서 얻은 결과를 보여 주는 방법이다. 추정치가 서로 다른 너비와 실험 명세에 걸쳐서 안정적으로 나타난다면 여러분의 결과에 신뢰성을 더할 것이다. 반면 특정 명세에서만 결과가 유효하다면 회의적으로 바라볼 수밖에 없다.

그림 12.4는 앤서니가 하리츠 가로Haritz Garro와 요르그 스펜쿠치Jorg Spenkuch와 함께 쓴 논문에 나온 분석으로서 여러 너비에 걸친 안정성을 탐구하는 방법을 보여 준다. 이들은 어떤 기업이 선거 운동을 후원한 후보가 간신히 당선하거나 아깝게 낙선했을 때 해당 기업의 주가가 오르는지를 검사해서 기업이 정치권과 유착해 혜택을 보는지 확인하고자 했다. 따라서 결과는 기업의 주가 변화 척도이고 배정 변수는 후원한 후보의 득표율이며 조치는 그 후보의 당선 여부다.

이들은 국지적 선형 접근법을 채용했는데 다양한 너비에서 안정적인 결과를 얻는지 확인하고 싶었다. 그림 12.4는 0.5부터 30퍼센트포인트에 걸친 예순 가지 서로 다른 너비로 구한 추정 효과를 95퍼센트 신뢰 구간 양단과 함께 보여 준다. 예상대로 너비가 좁을 때 신뢰 구간이 크고 추정치도 불안정한 반면, 너비가 늘어나면서 데이터가 많아지면 추정치는 더 정밀해진다. 다행히 추정치 자체는 거의 모든 지점에서 비슷해서 확신을 갖게 해준다. 만일 너비가 늘어나면서 추정치가 크게 바뀐다면 이는 편향과 정밀도가 상충됨을 시사하며, 어떤 추정치를 더 신뢰할지 숙고해야만 한다.

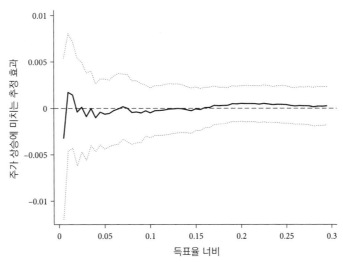

그림 12.4 불연속 회귀 추정치(실선)와 신뢰 구간(점선)이 너비에 따라 달라지는 양상의 시각화.

다른 사례를 들어서 불연속 회귀 설계를 구현하고 해석하는 방법을 좀 더 생각해 보자. 선거 당선자와 낙선자는 오롯이 득표율로 정해지므로 만일 어떤 선거 결과의 효과를 추정하고 싶다면 불연속 회귀 설계가 특히 도움이 될지 모른다.

과격파와 중도파 중 당선 가능성이 높은 쪽은?

2016년과 2020년 미 대선을 둘러싸고 민주당은 과격파 후보와 중도파 후보의 당선 가능성을 두고 열띤 토론을 벌였다. 구체적으로 당내 진보 세력은 힐러리 클린턴과 조 바이든을 후보로 내세운 점에 실망했는데, 둘 다 너무 중도 성향으로 인식되기 때문이었다. 이들은 선거에서 이기려면 중도 성향의 유권자에게 호소해서는 안 된다고 주장했다. 그 대신 기존 지지자를 끌어들이도록 이념이 선명한 후보를 내세워야 한다고 생각했다. 이들의 주장에 따르면 버니 샌더스가 두 중도파 후보들보다 도널드 트럼프를 꺾는 데 우위에 있었다. 물론 샌더스의 공약에 실망한 중도 성향 유권자도 있을 것이다. 하지만 클린턴과 바이든을 뜻뜻미지근하게 생각하는 진보주의자들을 더 많이 끌어들일 것이라는 주장이다.

이 주장이 맞는지 어떻게 평가할까? 어찌 보면 중도 성향의 후보는 중도 유권자의 지지를 더 많이 끌어들일지 모른다. 다르게 보면 과격 성향의 후보가 기존 지지자를 더 움직일지 모른다. 대선 승리 가능성을 극대화하려면 당내 경선에서 누구를 밀어야 할까? 물론 2016년과 2020년 민주당 대선 후보로 샌더스가 나섰더라면 결과가 어땠을지 확실하게 말하기는 불가능하다(3장에 나온 인과 추론의 근본적 문제를 기억하라). 다만 당에서 과격파 후보를 내세울 때와 중도파 후보를 내세울 때 평균적으로 어떤 결과가 나타나는지는 아마도 얘기할 수 있을 것이다.

이 문제의 실마리를 얻으려면 먼저 대통령 선거보다 데이터가 더 많은 의회 선거로 돌아가 보자. 언뜻 보면 이념이 뚜렷한 후보를 지지할 근거가 있는 듯하다. 어쨌든 의회에는 확실히 이념이 뚜렷한 의원이 많아 보인다. 중도 전략이 좋다면 의회에 과격파가 이렇게나 많은 이유는 뭘까?

초심자라면 4장의 교훈을 잊지 말자. 상관관계는 변이가 필요하다. 이념적 극단에 있는 의원이 많다는 사실이 이념적 극단성과 당선 사이에 (인과관계는 말할 필요도 없고) 양의 상관관계가 있다는 뜻은 아니다. 상관관계를 확인하려면 과격파와 중도파의 선거 성과를 비교해야 한다. 확실히 의회에 수많은 과격파가 있다는 사실은 실제로 과격성이 선거에서의 승리와 연관되기 때문일 가능성도 있다. 하지만 중도파의 출마가 적기 때문일 가능성도 존재한다.

더욱이 국가 규모에서 과격성과 중도성을 고려하면 오해를 불러일으킬 여지가 있다. 선거 전략을 고찰하려는 목적이라면 그보다는 어떤 후보가 출마한 선거구의 유권자 성향에 비해서 과격한지 온건한지 살펴야 한다. 샌더스는 확실히 미국의 중도 유권자에 비하면 극단적으로 진보 성향을 지닌다. 하지만 그가 버몬트 주의 상원의원에 출마했을 때 아마도 그는 단지 적당히 좌파로 분류될 정도에 불과했을 것이다. 사실 많은 의원이 자신의 선거구에서 보자면 중도 성향의 이념을 갖지만 국가 전체에서 보자면 극단적으로 나타날 것이다. 이는 선거구의 유권자들이 국가 전체에서 보면 누구는 좌파, 누구는 우파로서 극단적 이념을 갖는 경우에 발생할 수 있다. 그러나 이 경우 과격파가 많다는 사실이 과격 성향 자체가 효과적인 선거 전략임을 보이는 증거라고 해석할 사람은 없을 텐데 유권자들은 자신들이 뽑은 의원을 과격파로 보지 않기 때문이다.

이런 점을 고려할 때 우리가 정말로 알고자 하는 바는 이념과 선거의 승리 사이 상관관계가 아니라 이념적으로 과격한 후보를 내세우는 일이 선거의 승리에 미치는 영향이겠다. 이를 편향되지 않게 추정하려면 다른 조건이 같다는 전제하에 정당이 과격파 후보를 추천할 때와 중도파 후보를 추천할 때 선거 결과가 어떻게 달라지는지 비교해야 한다. 평균적으로 과격파 후보와 중도파 후보 중 어느 쪽이 더 나은 결과를 가져오는가?

물론 단순히 후보의 이념적 극단성과 선거 결과의 상관관계만 비교해서는 제대로 된 비교가 되지 않는다. 선거 결과에 영향을 미치는 모든 종류의 이유로 인해서 아마도 서로 다른 시간, 장소, 상황에서 정당은 중도파 후보를 추천하기도 하고 과격파 후보를 추천하기도 할 것이다. 예컨대 민주당 세력이 강한 진보 성향의 지역 경선에서는 진보 성향의 후보가 승리할 것이고, 민주당 세력이 약한 보수 성향의 지역 경선에서는 중도 성향의 후보가 승리할 것이다. 따라서 과격파가 총선에서 더 나은 성과를 거둔다는 사실이 과격파 후보를 선택하는 편이 낫다는 말은 아니다. 이 상관관계의 인과적 해석은 명백히 교란됐다. 시간과 장소의 차이를 통제할 수는 있겠지만 여전히 과격파와 중도파를 추천하는 지역 사이에 관찰 불가능한 차이 기준치가 존재한다는 우려를 떨치지 못한다. 이럴 때 불연속 회귀 설계를 활용하면 좋다.

주요 정당의 의원 후보는 경선에서 결정된다. 그리고 선거 결과는 확실한 문턱값에서 결정된다. 과격파 후보와 중도파 후보가 겨루는 경선으로 이뤄진 거대한 표본을 분석한다고 생각하자. 여기서 관심이 가는 조치는 극단적 이념을 가진 후보의 총선 진출이다. 이 조치가 총선에서 정당 득표율에 미치는 영향을 알고자 한다. 불연속 회귀 설계에 사용할 배정 변수는 과격파 후보가 경선에서 얻는 득표율이다. 이 득표율이 절반 미만이면 중도파 후보가 총선에 나선다. 절반을 넘으면 과격파 후보가 총선에 나선다. 이제 과격파 후보가 간신히 경선에서 승리한 경우와 중도파 후보가 간신히 경선에서 승리한 경우에서 나타난 총선 결과를 비교하는 방식으로 불연속 회귀 설계를 구현해서 과격파 후보가 총선에 나서는 효과를 추정할 수 있다.

앤드류 홀Andrew Hall은 2015년에 정확히 이와 같은 연구를 수행했다. 그가 추정한 결과는 문턱값 지점에서 총선 결과에 나타난 음의 불연속성이다. 다시 말해 중도파 후보 대신 과격파 후보가 출마한 정당은 평균적으로 총선 결과가 상당히 나빴다. 이는 샌더스 지지자들의 예측과 달리 과격파 후보의 출마는 평균적으로 나쁜 선거 전략임을 시사한다.

홀의 설계는 그림 12.5에 나온다. 두 선은 50퍼센트 문턱값 양쪽에서 수행한 각 선형 회귀를 나타낸다. 작은 회색 점은 각각 관찰값 하나, 즉 당내 경선에 해당한다. 더 큰 검은색 점은 총선에서의 평균 득표율을 경선 득표율 .02포인트마다 보여 준다. 문턱값 지점에 나타난 커다란 음의 불연속성은 바로 경선에서 중도파와 과격파가 비슷하게 득표한 상황에서 과격파의 총선 출마가 총선 득표율에 주는 추정 효과다.

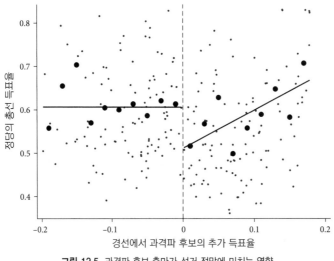

그림 12.5 과격파 후보 출마가 선거 전망에 미치는 영향

이 결과는 어떻게 설명해야 할까? 홀과 댄 톰슨^{Dan Thompson}은 후속 연구에서 이를 더 깊이 조사했다. 비슷한 불연속 회귀 설계를 활용해서 과격파 후보 출마가 투표율에 미치는 영향을 연구했다. 흥미롭게도 샌더스 지지자들의 예측과 달리 과격파 후보가 기존 지지자를 이끌어 낸다는 증거가 없다. 아니면 과격파 후보가 기존 지지자를 이끌어 낸다고 봐도 좋지만, 그 대상은 반대편이다. 한 정당이 과격파 후보를 내세우면 상대 정당의 기존 지지자들이 더 많이 반대 투표에 나섰다. 따라서 추측해 보면 지금까지의 결과를 볼 때 버니 샌더스가 2016년 이나 2020년 민주당 경선에서 승리했다면 클린턴이나 바이든보다 적게 득표했을 것이다. 그는 트럼프보다 클린턴이나 바이든을 선호하는 중도 유권자의 표를 잃고, 공화당 유권자를 자극해서 투표에 나서도록 만들었을 공산이 크다.

문턱값 지점의 연속성

불연속 회귀 방식이 인과관계를 편향 없이 추정하려면 조치 상태는 문턱값 지점에서 급격히 변하되 결과에 영향을 미치는 다른 요소는 변하지 않아야 한다. 근본 특성조차 문턱값에서 불연속적으로 변하면 문턱값 근처에서 나타나는 평균 결과의 차이는 조치의 변화가 아니라 이런 근본 특성의 변화로 인해 생길지도 모른다. 즉 조치 대상과 미조치 대상은 조치 상태 이외의 차별점이 존재하므로 정확히 문턱값에서조차 이들의 비교는 더이상 제대로 된 비교가 아니게 된다. 그러나 배정 변수가 문턱값을 지나면서 대상의 평균적인 근본 특성이 (불연속적으로 돌변하는 대신) 연속적으로 바뀐다면 배정 변수의 값이 딱 문턱값에 오는 대상의 조치 효과를 편향 없이 추정할 수 있는데, 문턱값 양쪽의 대상을 평균적으로 구분 짓는 유일한 요소가 바로 조치 상태이기 때문이다. 근본 특성이 문턱값에서 돌변하지 않는다는 요건을 '문턱값 지점의 연속성'(또는 줄여서 '연속성')이라고 부른다.

연속성이 중요한 이유를 살펴보자. 그림 12.6은 연속성 조건이 충족되는 경우를 보여 준다. 그림 12.3과 마찬가지로 색칠한 점은 실제 관찰한 데이터다. 이들을 지나는 실선은 (해당하는 조치 할당 값에 대한) 평균 잠재적 결과 함수다. 색칠하지 않은 점은 관찰하지 않은 데이터다(배정 변수가 문턱값보다 작은 대상은 조치 받았을 때의 잠재적 결과를 관찰하지 못하기 때문이다). 이들을 지나는 점선도 (이번에도 해당하는 조치 할당 값에 대한) 평균 잠재적 결과 함수다. 이 평균 잠재적 결과 함수가 이어지므로 연속성 조건을 충족한다. 문턱값에서 조치 대상과 미조치 대상의 평균 잠재적 결과가 연속적이라는 말이다. 문턱값에서는 대상이 단지 미조치 상태에서 조치 상태로 바뀔 뿐이다.

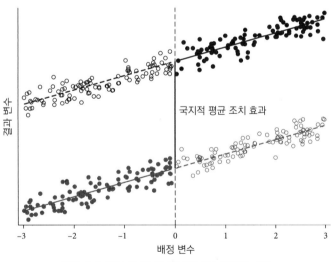

그림 12.6 평균 잠재적 결과가 연속성을 충족하는 경우

중요한 점은 연속성이 지켜지면 문턱값 지점에서 회색 점과 검은색 점의 차이가 국지적 평균 조치 효과^{LATE}가 된다는 것이며 이는 바로 우리가 바라던 바다.

하지만 연속성이 깨져서 잠재적 결과가 그림 12.7처럼 보이면 어떻게 될까?

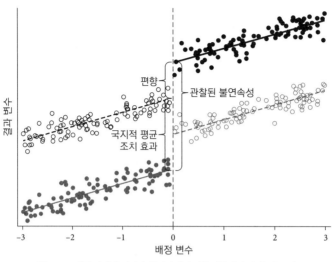

그림 12.7 평균 잠재적 결과가 문턱값에서 연속성을 충족하지 않는 경우

문턱값에서 실제 평균 조치 효과는 색칠한 회색 점과 색칠하지 않은 검은색 점의 차이다(색칠한 검은색 점과 색칠하지 않은 회색 점의 차이로 정의해도 된다). 그런데 딱 문턱값에서 잠재적 결과가 조치의 변화 없이도 갑자기 올라간다. 이유는 모르지만 조치 외의 어떤 요소가 문턱값에서 변했다. 따라서 관찰한 차이, 즉 색칠한 회색 점과 색칠한 검은색 점 사이의 간격이 오롯이 조치의 변화 때문만은 아닌 셈이다. 어느 정도는 다른 뭔가가 변한 결과다. 이 차이는 국지적 평균 조치 효과의 편향된 추정치이며, 이번 경우는 조치 변화의 효과와 다른 뭔가가 변한 효과가 합쳐져서 조치의 실제 효과보다 상당히 과대추정한 값이 된다. 따라서 문턱값에서 연속성이 없다면 불연속 회귀 설계로 국지적 평균 조치 효과의 편향된 추정치를 얻을 것이다.

불연속 회귀 설계를 구현할 때 선택할 수 있는 여러 가지 과정이 있다. 하지만 올바른 관점에서 볼 때 일단 문턱값 지점에서 잠재적 결과의 연속성이 타당하다는 근거를 세우고 나면 할일은 명확하다. 앞서 논의한 기법(회귀 등)을 사용해서 두 가지 편향되지 않은 추정치, 바로 문턱값 지점에서 조치가 있을 때와 없을 때의 평균 결과를 얻기만 하면 된다.

불연속 회귀가 언제 적합한지 알려면 문턱값의 연속성이 언제 타당하고 언제 타당하지 않은

지 알아야 한다. 연속성 요건이 인과관계를 올바르게 추정하기에 필요한 요건에 비해서는 덜 빡빡하다는 점을 알아 두면 좋다. 예를 들어 (자연적으로라도) 반드시 조치를 무작위 할당할 필요는 없다. 장학금 사례에서 학생마다 조치 할당은 결정적이었음에도 (즉 무작위성이 전혀 없음에도) 불연속 회귀를 적용했다. 연속성 요건은 결과가 배정 변수와 상관관계가 있어도 무방하다. 다시 장학금 사례에서, 배정 변수는 실제 학업에 관련된 장점을 반영하며, 따라서 미래 소득 결과와 양의 상관관계가 있다. 마지막으로 관찰 대상이 자신의 배정 변수를 제어할 필요나, 대상이 문턱값에 관해 몰라야 할 필요도 없다. 장학금 사례를 보면 학생들은 배정 변수에 영향을 미칠 온갖 활동(열심히 공부하기, 열심히 봉사 활동하기 등)을 한다.

그러면 뭐가 잘못돼서 연속성이 깨질까?

관찰 대상이 자신의 배정 변수를 지극히 정교하게 제어해서 어떤 유형의 대상이 문턱값 바로 위나 아래에 몰린다고 가정하자. 이는 문제의 소지가 있다. 장학금 사례에서 더 부유하거나 야심 찬 학생들은 점수 체계에 관한 정보를 더 많이 얻어서, 문턱값을 딱 넘을 정도로만 노력할지도 모른다. 또는 위원회가 특정 유형의 학생(기부자, 운동 선수, 특정 인종의 자녀 등)에게 장학금을 수여하고 싶어서 원하는 결과를 얻고자 점수나 문턱값을 살짝 조정할지 모른다. 두 가지 모두 문턱값 바로 위에 있는 사람과 바로 아래에 있는 사람을 비교하기 어렵다. 이들은 결과에 영향을 주는 다른 근본 특성을 기준으로 문턱값 주변에서 정리가 됐을 것이다. 만일 그렇다면 불연속 회귀는 인과적 효과의 편향되지 않은 추정치를 주지 못한다.

심지어 문턱값 주변에서 정리되지 않더라도 단지 조치 상태 이외의 뭔가가 문턱값에서 바뀌면 잘못된 결과를 얻기도 한다. 꽤 흥미로운 실제 사례가 있다. 프랑스(와 다른 여러 나라)에서 시장의 월급은 도시 인구 수에 따라 정한다. 예를 들어 도시 인구가 3,500명을 넘기면 관련 법에 따라 시장의 급료가 껑충 뛴다.

이는 불연속 회귀를 활용해서 시장의 월급이 다양한 결과에 미치는 영향을 파악할 좋은 기회로 보인다. 예컨대 급료가 높으면 시정 수준이 좋아지거나 시장 선거가 더 치열해지는지 등이다. 어느 쪽이든 관심 대상인 조치는 시장의 임금이다. 배정 변수는 도시 인구가 된다. 그리고 앞서 관련법에 의해서 배정 변수가 3,500명이란 문턱값을 넘으면 조치가 불연속적으로 뛰어오른다는 점을 알았다. 인구가 3,400명인 도시와 3,600명인 도시는 확실히 평균적으로 유사할 것이다.

괜찮은 분석으로 보이지 않나? 그런데 연속성과 관련된 문제가 있다. 이 문제는 도시 스스로 시장의 급료를 바꾸고자 전략적으로 인구를 조절하는 데서 생기지 않는다. 이는 다른 정책 때문에 생긴다. 인구가 3,500명을 넘어설 때 법률이 정하는 변화는 시장의 급료뿐만이 아니다. 함께 변하는 부분에는 시의회 규모, 부시장 숫자, 선거 규정, 예산 심의 절차, 시의회 구성의 성평등 요건 등이 있다. 따라서 인구 3,500명 문턱값에서 불연속적으로 나타나는 결과는 시장 급료의 편향되지 않은 추정치를 주지 못하는데 결과에 영향을 주는 다른 특성 또한 문턱값에서 불연속적으로 변하기 때문이다.

확실히 불연속 회귀 결과를 인과관계의 편향 없는 추정으로 해석하기 전에 연속성 가정이 타당한지부터 판단해야 한다. 몇 가지 방법이 있다. 실질적으로 생각하는 일이 가장 중요하다. 연속성이 깨질 가능성을 파악하는 최선의 방법은 주어진 상황의 세부 사항을 잘 파악해서 문턱값 주변의 정리, 조작, 그 밖의 변화 가능성을 예의주시하는 방법이다. 장학금 사례에서는 여러분이 위원회에 소속됐거나 위원회에서 장학금 수혜자가 갖춰야 한다고 굳게 믿는 특성을 자세히 안다면, 그런 내용을 자세히 알지 못하는 경우에 비해 연속성 가정이 타당한지 더 잘 평가할 수 있는 입장이 된다. 연속성 가정을 검증하기에 유용한 분석 유형이 또 있다. 예를 들어 측정 가능한 조치 전 특성을 살펴보고 이들이 문턱값에서 불연속적으로 변하는지 판단할 수 있다. 많은 측정 가능한 특성이 문턱값에서 연속적으로 변한다면 측정 불가능한 다른 근본 특성 역시 연속적이라고 자신해도 좋겠다. 또한 배정 변수 자체의 분포를 살펴봐도 된다. 만일 문턱값 바로 위에 오는 대상이 바로 아래에 오는 대상보다 제법 많거나 그 반대라면 어떤 조작이 개입해서 연속성을 깨뜨렸을 가능성을 우려할 만하다.

연속성 위반이 정확히 얼마나 악영향이 있는지는 문제의 세부 사항에 달렸다. 정리된 정도가 약하거나 근본 특성의 불연속적인 변화가 작다면, 불연속 회귀의 결과는 편향되겠지만 그 정도는 사소하다. 그리고 데이터가 풍부해서 연구자가 문턱값에 아주 가까운 대상에만 집중해도 된다면, 아주 정확히 정리돼야만 결과에 영향을 미칠 것이다. 예를 들어 장학금의 불연속 회귀를 추정하면서 940-949점과 950-959점 사이에 오는 학생의 데이터를 사용하는 경우는, 데이터가 더 많아서 오로지 949점이나 950점인 학생의 데이터만으로 충분한 경우보다 신경을 더 써야 할 것이다.

선거에 관한 불연속 회귀 설계에서도 연속성이 유지될까?

12장 앞부분에서 선거는 명확한 배정 변수와 승리를 가르는 명백한 문턱값이 있기 때문에 불연속 회귀 설계에 딱 맞는 상황이라고 말했다. 선거 비용 기부에서부터 마약 범죄 및 과격파 출마 대 중도파 출마에 이르기까지 선거가 미치는 영향을 다룬 많은 연구에서, 당연히 선거에 관한 불연속 회귀가 활용됐다. 그러므로 선거의 불연속 회귀가 정말로 좋은 연구 설계인지 명확히 사고하는 일이 중요하다.

선거의 불연속 회귀가 인과관계를 편향 없이 추정하려면 무엇이 필요한지 떠올려 보자. 연구에서 결과에 영향을 미치는 다른 모든 요소가 문턱값에서 연속적이어야 한다. 그러면 관련 후보(과격파)가 간신히 승리한 지역과 관련 후보가 아깝게 패배한 지역이 평균적으로 서로 비교할 만함을 보장한다. 선거뿐만 아니라 불연속 회귀를 적용하는 모든 상황에서 이 조건이 성립하는지 꼭 알아야 한다.

실제로 일부 연구는 어떤 선거 상황에서 연속성이 깨질 우려가 있다는 주장을 폈다. 이들의 우려는 박빙의 상황에서 선거 결과에 가해진 조정과 관련이 있다. 과격파 후보 추천의 효과를 다룬 홀의 연구를 예로 들면, 당 지도부는 어쩌면 중도파 후보를 선호했을지도 모른다. 만약 지도부에게 박빙인 선거 결과가 조금 바뀌도록 개입할 수단(개표 담당자에게 압력을 넣는 등)이 있다면 결과를 중도파 후보에게 유리하게 바꿀 것이다. 홀은 자신의 연구에서 이런 경우는 없다는 점을 보였다.

하지만 2차 세계대전 이후 미국의 하원의원 선거에서 연속성이 위반될 가능성을 시사하는 증거가 있다. 관련 연구에서 학자들은 '현직자의 이점'을 추정하는 데 불연속 회귀를 활용하는 방식에 관심이 있었다. 다른 조건이 모두 같다면 현직자의 정당이 상대 정당보다 선거를 얼마나 더 잘 치르는가? 연구자는 지난 선거에서 민주당이 간신히 승리하거나 아깝게 패배한 지역에서 민주당이 승리할 확률을 비교함으로써 한 선거 결과가 다음 선거에 미치는 영향을 추정하고자 할 것이다. 이 연구 설계가 타당하려면 문턱값에서 연속성이 보장돼야 한다. 즉 다음 선거에서 민주당이 이길 확률과 공화당이 이길 확률은 이전 선거의 결과가 다르지 않은 한, 이전 선거의 득표율에 따라 불연속적으로 바뀌지는 않는다. 그런데 이 점이 들어맞지 않을 우려가 있다. 구체적으로 말해서 득표율 0.25퍼센트 미만으로 판가름나는 의원 선거에서는 통계적으로 현직자의 정당이 도전자의 정당보다 이길 가능성이 높다. 이런 현상이 발생한 이유가 박빙인 선거에서 정당이 조정할 여지가 있기 때문이라면, 한 정당이 간신히 이긴 다음과 아깝게 진 다음에 벌어진 미래 선거 결과를 비교하더라도 득표율 50퍼센트 문턱값에 매우 가까운 지점에서조차 제대로 된 비교가 아니게 된다. 대체 어떻게 된 일일까?

이 현상을 연구한 데빈 코히Devin Caughey와 재스 세콘Jas Sekhon은 이야말로 선거 조작의 증거, 즉 현직자는 기대 득표율을 아주 정확히 알고 있으며, 선거 전부터 당일까지 박빙의 선거에서 절반 넘게 승리하게끔 전략적으로 행동한다는 증거라고 주장했다. 하지만 이 말이 사실이 되려면 현직 후보가 기대 득표율이 49.75에서 50.0퍼센트 사이에 오는 상황과 50.0에서 50.25퍼센트 사이에 오는 상황을 구분할 줄 알아야 한다. 현실에서 선거 운동 본부가 이 정도로 정확히 선거 결과를 예측할 방도는 없다. 그러므로 전략적 선거 운동이 이 현상을 설명할 여지는 적어 보인다. 이 불균형을 설명할 다른 가능성은 없을까? 7장에서 소개한 문어 파울의 사례처럼 잡음으로 인한 거짓 양성(위양성)일 가능성이 가장 높다. 앤서니와 4명의 공저자가 여러 나라에서 있었던 스무 가지의 다른 선거 상황을 놓고 코히와 세콘의 실험을 재현했을 때 전후 미국 의회 선거만 이런 불균형이 발생했다. 따라서 선거에 관한 불연속 회귀가 정치 분야의 인과관계를 파악하는 데 있어서 실제로 적절한 연구 설계라고 생각한다.

불응과 흐릿한 불연속 회귀

지금까지는 조치 여부가 순전히 배정 변수와 문턱값만으로 결정되는 상황의 불연속 회귀 설계를 이야기했다. 이는 '선명한sharp 불연속 회귀 설계'라고도 말한다.

그러나 실험에서 일어나는 현상처럼, 원래라면 불연속 회귀에 적합한 상황에서 불응 문제가 불거지기도 한다. 다시 말해 조치가 배정 변수가 문턱값의 어느 쪽에 오느냐에 따라 불연속적으로 영향을 받더라도, 항상 정해진대로 받지는 않는다. 순응자뿐만 아니라 미사용자(배정 변수가 문턱값보다 크지만 미조치된 대상)도 있고 항상 사용자(배정 변수가 문턱값보다 작지만 어쨌든 조치된 대상)도 있다.

이러한 불응자(비순응자)가 있으면 11장에서 논의한 도구 변수 접근법을 불연속 회귀에 결합해야 한다. 이 방법은 배정 변수가 문턱값 어느 쪽에 오느냐를 조치 할당의 도구 변수로 사용한다. 이 방법을 '흐릿한^{fuzzy} 불연속 회귀 설계'라고도 부른다. 흐릿한 불연속 회귀가 작동하는 방식은 다음 사례로 알아보자.

베트남전의 폭격

반군 진압에 있어서 전투원뿐만 아니라 민간인도 죽는 과격한 진압 방식이 효과적인지 역효과를 부르는지는 오래된 질문이다. 멜리사 델$^{Melissa Dell}$과 파블로 케루빈$^{Pablo Querubin}$은 베트남전에서 미국의 폭격 전략을 활용해서 이 문제의 정량적 해답에 관한 실마리를 던졌다.

미국은 베트남전 동안 대규모 폭격 작전으로 북쪽의 베트콩 부대를 압박하려고 시도했다. 두 사람은 이런 폭격 작전이 효과가 있었는지 평가하고 싶었다.

이들이 답을 얻고자 비교해 볼 만한 대상은 폭격이 심한 지역에서 반군 활동이 더 활발했는지 덜했는지다. 하지만 잘 생각해 보면 이는 제대로 된 비교가 아니다. 한 가지 우려할 부분으로 미국이 반군 활동이 이미 활발한 지역에 더 많은 폭격을 가할 가능성이 있는데, 여기엔 역인과관계 문제가 있다.

폭격의 효과를 더 잘 추정하고자 두 사람은 불연속 회귀 설계를 사용했다. 이들의 설계에 관한 일화는 매우 놀랍다.

베트남전 기간에 국방부 장관인 로버트 맥나마라$^{Robert McNamara}$는 정량화에 집착했다. 그는 자동차 회사인 포드 사의 사장으로 재직할 당시 정량적 경영 관리 기법을 탐구했다. 그리고 국방부에 있을 때는 전쟁 설계자와 군대를 이끌 정확하고 과학적이고 정량적인 길잡이를 얻겠다는 목표를 갖고, 일단의 '신동들'과 컴퓨터 과학자, 경제학자, 경영 관리 연구자로 이뤄진 커다란 팀을 옆에 뒀다.

이런 노력의 일환으로 촌락 평가 체계$^{HES, Hamlet Evaluation System}$가 만들어졌다. 이 프로젝트는 안보, 정치, 경제에 관한 월별 또는 분기별로 나오는 수많은 질문에 대한 답을 모았다. 미국과 월남의 인사들이 촌락을 방문해서 얻은 정보로부터 데이터를 모았다. 질문에 대한 답변은 천공 카드로 메인프레임 컴퓨터에 입력했으며, 복잡한 알고리듬으로 입력 데이터를 촌락의 안전도를 1점부터 5점 사이의 연속적인 점수로 변환했다. 하지만 이 원본 점수는 메인프레임 컴퓨터 밖으로 새어 나가지 않았다. 사람은 이 점수를 몰랐다. 대신 컴퓨터가 이 점수를 가까운 정수로 반올림해서 분석가든 의사결정자든 A, B, C, D, E라는 등급만 알았다. 등급이 높을수록 촌락의 안전도가 좋다. 어떤 촌락을 폭격할지 결정하는 경우 이 등급을 참고했는데, 등급이 낮은 곳에 폭격을 더 자주 가했다.

델과 케루빈은 알고리듬을 재구성하고 기밀이 해제된 데이터를 사용해서 연속적인 기반 점수를 복구했다. 이렇게 해서 불연속 회귀 설계에 필요한 준비를 마쳤다.

점수가 1.45−1.55 구간에 오는 촌락을 살펴보자. 일부는 점수가 1.5점 바로 아래에 와서 E등급을 받았다. 다른 곳은 점수가 1.5점 바로 위에 와서 D등급을 받았다. 하지만 169개나 되는 질문에 대한 답변을 복잡하게 (그리고 매우 자의적으로) 결합해서 생성한 점수가, 예컨대 1.49점과 1.51점으로 다르다고 해도 이 차이는 아마도 엄밀한 차이를 나타내지 못할 것이다. 따라서 이런 두 유형의 촌락에서 일어나는 베트콩 활동은 같은 수준이라고 봐도 무방하다. 즉 문턱값 지점에서 잠재적 결과가 연속적으로 변한다고 봐야 한다.

그러나 조치는, 여기서 미국의 폭격 빈도는 문턱값 지점에서 불연속적으로 변한다. 미국의 전쟁 설계자는 기반 점수를 모른다. 그들은 단지 등급만 본다. 그러므로 그들은 D등급의 촌락은 E등급보다 더 견고하다고 생각한다(D와 C, C와 B, B와 A의 차이도 마찬가지다). 그 결과 등급이 낮은 촌락에 더 많이 폭격을 가한다.

그림 12.8은 방금 설명한 내용을 보여 준다. 가로축은 배정 변수, 바로 촌락의 점수의 소수 첫째자리가 .5에서 얼마나 떨어져 있는지를 나타낸다. 배정 변수가 음수인 촌락은 (점수가 .5보다 낮으므로) 가장 가까운 등급으로 내림하고, 배정 변수가 양수인 촌락은 가장 가까운 등급으로 올림한다.

세로축은 점수를 등급으로 나눈 다음 촌락에 폭격을 가한 빈도를 나타낸다. 회색 점은 배정 변수가 비슷한 여러 촌락의 평균에 해당한다. 실선은 문턱값 양쪽에서 별도로 회귀를 수행한 결과다. 미국의 폭격 빈도는 문턱값에서 불연속적으로 껑충 뛴다. 간신히 등급이 높아진 촌락은 아깝게 등급이 떨어진 촌락에 비해 폭격을 덜 받는다.

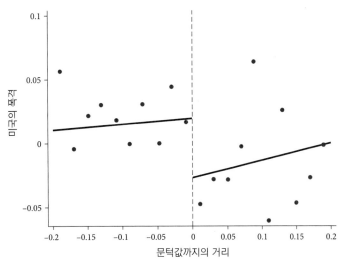

그림 12.8 촌락 평가 체계에서 등급이 살짝 높은 촌락은 그보다 등급이 살짝 낮은 촌락보다 폭격을 덜 맞았다.

조치가 이처럼 불연속적으로 변하는 상황에서는 불연속 회귀 설계가 폭격이 반군 활동에 미치는 영향을 추정하기에 알맞다. 그림 12.9가 이 개념을 나타낸다. 가로축은 이전 그림과 같다. 다만 세로축은 관심 대상인 결과, 즉 등급을 매긴 뒤 나타나는 베트콩의 활동 수준이다. 그림 12.9를 보면 차등적 폭격이 역효과를 부르는 모양이다. 문턱값 지점에서 베트콩 활동이 갑자기 떨어진다. 다른 점은 비슷하지만 폭격을 덜 받은 촌락보다 폭격을 더 많이 받은 촌락(문턱값 왼쪽)에서 반군 활동이 더 활발히 일어난다는 뜻이다.

하지만 여기엔 우리가 앞서 얘기한 일반적인 불연속 회귀와 다른 뭔가가 있다는 점을 주목하자. 조치가 이진값이 아니고(폭격 강도는 연속적으로 변한다), 높은 등급에서 낮은 등급으로 갈수록 반드시 폭격이 증가하지만은 않는다. 안전도 점수는 폭격 결정에 반영하는 한 가지 요소일 뿐이다. 그래서 조치 상태가 문턱값에서 온전히 바뀐다고 말하기 어렵다. 다시 말해 불응의 가능성, 바로 촌락의 조치 상태가 촌락의 점수가 문턱값 어느 쪽에 오느냐에 좌우되지 않을 가능성이 있다.

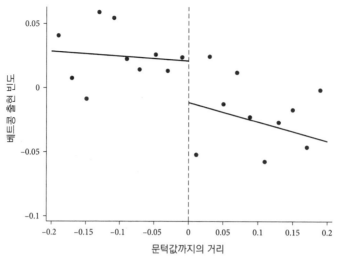

그림 12.9 폭격을 더 많이 받은 촌락은 덜 받은 촌락에 비해서 이후의 반군 활동이 더 활발하다.

그런데 우리는 불응에 어떻게 대처할지 이미 안다. 11장에서 논의한 대로 도구 변수 접근법을 활용하면 된다. 도구 변수가 몇 가지 조건에 맞아야 한다는 점을 상기하자.

1. **외생성**: 도구 변수는 무작위 할당이 되거나 적어도 '그렇게 보여'서 첫 단계 효과와 축약형 효과를 편향 없이 추정하도록 만들어야 한다.
2. **배제 제약**: 축약형 효과는 모두 조치를 통해 일어나야 한다. 달리 말하면 도구 변수가 조치에 주는 효과 이외에는 달리 결과에 영향을 주는 통로가 없어야 한다.
3. **순응자**: 도구 변수의 결과로 서로 다른 조치 상태에 놓이는 대상이 있어야 한다.
4. **거부자 없음**: 첫 단계 효과의 부호가 무엇이든 간에 도구 변수가 반대 방향으로 조치에 영향을 미치는 대상이 없어야 한다.

이 상황에서 도구 변수를 어떻게 적용할까? '배정 변수가 문턱값의 어느 쪽에 오는가'를 도구 변수로 활용한다. 이렇게 하면 도구 변수가 위 네 가지 조건을 충족하는지 확인하자.

외생성은 불연속 회귀 전반을 가로지르는 요소다. 만일 잠재적 결과가 문턱값에서 연속적으로 변한다면 불연속 회귀로 첫 단계 효과(그림 12.8에서 본 도구 변수가 폭격에 주는 효과)와 축약형 효과(그림 12.9에서 본 도구 변수가 베트콩 활동에 주는 효과), 두 가지를 편향 없이 추정하게 된다.

배제 제약 요건은 '배정 변수가 문턱값의 어느 쪽에 오든' 이것이 폭격에 미치는 영향 이외에 다른 방식으로 베트콩 활동에 영향을 미치지 않아야 한다는 점이다. 여기서 질문이 생긴다. 촌락별 등급이 다른 미국의 군사 활동이나 정책 결정에 활용됐는지 고려해야 한다. 만약 그렇다면 도구 변수는 배제 제약 요건을 충족하지 못한다.

델과 케루빈은 배제 제약 충족을 뒷받침할 두 가지 증거를 제시했다. 첫째, 미국과 월맹이 수행한 다양한 종류의 군사 작전으로 불연속 회귀 분석을 반복했다. 그 결과 문턱값에서 군사 작전 활동이 바뀌는 경우가 없음을 확인했다. 그러므로 이들이 발견한 효과가 폭격 외의 군사 활동의 결과물이라고 보긴 어렵다. 둘째, 촌락 평가 체계의 관리 이력을 재검토했다. 그 결과 촌락 평가 점수가 다른 정책 결정에 활용됐다는 증거는 거의 없었다. 한 가지 예외가 있다면 안전도가 가장 취약한 촌락에서 베트콩을 몰아내는 프로그램에 활용된 경우다. 그러나 이 프로그램은 델과 케루빈이 다룬 표본 데이터 기간 이전에 이미 끝났다.

순응자가 있고 거부자가 없어야 한다는 요건은 제일 명료하다. 데이터와 이력을 보면 등급이 폭격에 영향을 미쳤다는 점은 명확하다. 그리고 거부자, 바로 안전도 점수가 높다는 이유로 폭격을 더 '많이' 받은 촌락은 없어 보인다. 그러나 이전 사례와 달리 조치 이행은 그다지 깔끔하게 분리되지 않는다. 각기 다른 대상은 도구 변수에 반응하면서 조치 상태를 서로 다른 크기로 바꾸기도 한다.

델과 케루빈은 이 모든 점을 감안하면 '촌락의 안전도 점수가 문턱값 어느 쪽에 오는지'를 폭격에 관한 도구 변수로 사용하는 흐릿한 불연속 회귀를 채용해도 되겠다는 생각이 들었다. 그 과정에서 이들은 불연속 회귀와 도구 변수 양쪽의 국지성을 반영하는, 한마디로 정의하기 어려운 추정 대상을 추정했다. 구체적으로 말하면, 안전도 점수가 문턱값에 가까운 촌락에 있어서 폭격이 반군 활동에 주는 국지적 평균 조치 효과(불연속 회귀에서 나온 LATE)를 추정하는데, 촌락의 폭격 수준은 그 안전도 점수에 반응한다(도구 변수에서 나온 CATE).[1] 이렇게 분석한 결과 폭격이 역효과를 부른다는 결론을 얻었다. 어떤 마을이 폭격을 전혀 받지 않다가 평균 수준으로 받는다면 베트콩 활동 가능성은 27퍼센트포인트 증가했다.

---

1 더 복잡한 얘기를 하자면, 각 촌락은 단순히 순응자이거나 아니라고 분류하기 어렵다. 도구 변수가 어떤 촌락에는 폭격 빈도를 많이 늘리고 어떤 촌락에는 조금 늘리는 등 이행도가 연속적으로 나타날 가능성이 있다. 따라서 순응자 평균 조치 효과 대신 가중 평균 조치 효과를 파악해야 하는데, 이때 촌락마다 폭격이 점수에 반응하는 정도에 따라 가중치를 둔다.

동기와 성공

마지막으로 재미있는 사례를 하나 보고 불연속 회귀 설계에 관한 이야기를 마치자. 조나 버거^{Jonah Berger}와 데빈 포프^{Devin Pope}는 불연속 회귀 설계를 구현해서 심리적 동기가 성과에 미치는 영향을 추정하고자 했다. 그들은 1만 8,000건이 넘는 농구 경기를 분석해서 뒤처진 상태에서 따라잡으려고 분발하는 입장이, 앞서고 있어서 편안히 우위를 지키면 되는 입장보다 성과가 더 나은지 확인했다. 이들이 사용한 배정 변수는 홈팀이 전반 종료 직후 앞선 점수 차이고, 점수 차이가 홈팀이 뒤처지다가 앞서 나가는 시점인 문턱값 0을 넘는 경계에서, 경기에서 최종 승리할 확률이 불연속적으로 변하는지 시험했다.

그림 12.10이 그 결과를 보여 준다. 예상대로 전반 종료 시점의 점수 차이는 경기의 최종 승리 확률과 상관관계가 있다. 홈팀이 전반 종료 시점에 10점을 앞서면 85퍼센트 확률로 승리했지만 10점 뒤처지면 최종 승리 확률은 단지 25퍼센트다. 어떤 팀은 다른 팀보다 실력이 나아서 전반에도 앞서고 최종 승리할 가능성도 높으니까 이 결과는 자연스럽다. 그런데 그보다 더 흥미로운 부분은 전반 종료 시점에 점수가 비등한 경우다. 아마도 전반까지 1점만 차이 나는 팀들은 아마도 평균적으로 볼 때 실력 차이가 거의 없겠다. 그런데 홈팀은 전반에 1점 앞설 때보다 1점 뒤질 때 경기에 승리하는 확률이 더 높다. 버거와 포프 불연속 회귀로 보면 홈팀이 전반에 살짝 뒤처지면 경기에서 최종 승리할 확률이 6퍼센트포인트나 올라간다! 어쩌면 쉬는 시간에 듣는 감독의 일장연설이 정말로 효과가 있는지도 모른다.

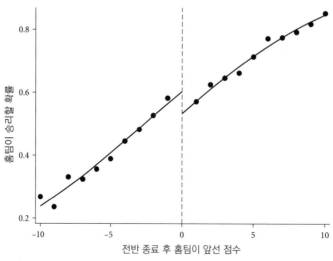

그림 12.10 전반전이 끝난 시점에 앞서거나 뒤처지는 경우 경기에서 최종 승리할 확률

정리

조치가 문턱값에 따라 (적어도 일부라도) 결정됨을 알면 불연속 회귀 설계로 문턱값 지점에서 조치 효과를 제대로 추정할 수 있다.

이런 상황은 생각보다 자주 일어난다. 여러분이 이유식 회사에서 일하면서 텔레비전 광고 효과를 추정한다고 가정하자. 마케팅 부서가 광고 대상을 무작위로 선정하도록 설득하기는 아마도 어려울 것이다. 그들은 가장 크게 효과를 거둘 만한 곳에 광고를 내고 싶어 한다. 그런데 어쩌면 그들은 이미 아기를 키우는 가정이 3퍼센트 넘게 있는 모든 지역 매체에 텔레비전 광고를 내보내기로 정했는지도 모른다. 이는 불연속 회귀를 적용할 완벽한 기회다. 무작위 할당은 전혀 없고 마케팅 부서는 어쨌든 원하는 바를 이뤘지만, 여러분은 이 3퍼센트 문턱값 전후 지역의 이유식 소비를 비교함으로써 광고 효과를 파악할 기회를 얻었다.

무작위 없이 인과관계를 제대로 추정할 또 다른 기회는 조치가 어떤 대상에게는 변하고 어떤 대상에게는 안 변하는 경우다. 이런 경우에는 이중차분법 설계가 적합한데 이는 바로 13장의 주제다.

핵심 용어

- **배정 변수**: 그 자신이 문턱값의 어느 쪽에 있는지에 따라 대상의 조치 상태를 결정하는 변수.
- **불연속 회귀 설계**: 조치 여부를 결정하는 문턱값 양쪽에서 불연속적으로 돌변하는 결과에 관한 인과적 효과를 추정하는 연구 설계.
- **문턱값 지점의 연속성**: 평균 잠재적 결과는 조치 여부를 결정하는 문턱값 지점에서 불연속적으로 변하지 않는다는 요건. 문턱값 지점의 연속성이 깨지면 불연속 회귀 설계로 국지적 평균 조치 효과를 편향 없이 추정하지 못한다.
- **선명한 불연속 회귀**: 불연속 회귀 설계에서 조치 여부가 오로지 배정 변수가 문턱값 어느 쪽에 오는지로만 정해지는 경우.
- **흐릿한 불연속 회귀**: 불연속 회귀와 도구 변수를 결합한 연구 설계. 흐릿한 불연속 회귀는 조치 여부가 부분적으로만 배정 변수가 문턱값 어느 쪽에 오는지에 따라 정해진다.

따라서 연구자는 배정 변수가 문턱값 어느 쪽에 오는지를 조치 할당의 도구 변수로 사용한다. 이 상황에서 문턱값 지점의 연속성은 도구 변수의 외생성 가정을 충족한다. 그러나 배제 제약을 비롯한 다른 도구 변수 가정은 여전히 주의를 기울여야 한다.

연습 문제

12.1 알래스카 주정부에서 새로운 자동 투표 등록 정책이 투표율에 미치는 영향을 추정해 달라고 요청했다. 이 정책은 2017년 처음 시행됐지만 안타깝게도 초기에는 주 전체에 적용할 비용이 부족했다고 한다. 그 결과, 초기에는 정책 시행 시점부터 2년 이내에 알래스카 주로 이주한 사람들만 자동 등록 대상이 됐고, 그보다 이전에 이주한 사람들은 해당하지 않았다. 요청자는 이로 인해 여러분의 연구가 제한될까 걱정했고, 모든 주민에게 정책을 시행하지 못했다고 사과하면서도 여러분이 뭔가 도움을 주지 않을까 기대한다. 여러분은 어떻게 대답하고, 또 알래스카 주의 자동 투표 등록 효과를 어떤 방식으로 추정하겠는가?

12.2 미국 연방 정부는 대학생에게 펠Pell 보조금을 준다. 가족의 연간 소득이 5만 달러 미만인 학생은 보조금 자격을 얻는다.

(a) 이 정보를 사용해서 대학 진학이 미래 소득에 미치는 영향을 추정하는 불연속 회귀 설계를 어떻게 구현하겠는가?

(b) 이 불연속 회귀는 선명할까 흐릿할까?

(c) 어떤 데이터가 필요한가?

(d) 배정 변수는 무엇인가?

(e) 조치는 무엇인가?

(f) 도구 변수는 (만약 있다면) 무엇인가?

(g) 결과는 무엇인가?

(h) 제대로 추정하려면 어떤 가정이 필요한가?

12.3 웹사이트 press.princeton.edu/thinking-clearly에 접속해서 ChicagoCrime Temperature2018.csv 파일과 이 파일의 데이터에 있는 변수를 기술한 README.txt 파일을 다운로드하라. 이는 2장과 5장에서 살펴본 2018년 시카고의 날짜별 범죄와 기온에 관한 데이터와 같다. 시카고 경찰서가 2018년에는 평균 기온이 화씨 32도(섭씨 0도) 아래인 날에 순찰을 돌지 않는 정책을 시행한다고 상상해 보자(그리고 일기예보가 매우 정확해서 매일 아침에 그날의 평균 기온을 정확히 예측한다고 가정하라). 그들은 날씨가 추우면 경찰관들이 거리를 순찰하기 싫어하고, 어쨌든 추운 날은 범죄도 적다는 논리를 내세웠다. 이 (위조) 정보를 활용해서 범죄 정책의 효과를 추정하라.

(a) 불연속 회귀 설계를 구현하는 유용한 시작점은 문턱값이 0에 오도록 배정 변수를 만드는 일이다. 기온 값에서 32를 빼서 문턱값이 0에 오도록 만들고, 이 새로운 변수를 runningvariable이라고 이름 붙여라.

(b) 조치 변수도 있어야 한다. 새 정책을 시행한 날은 1, 시행하지 않은 날은 0을 취하는 변수를 만들어라.

(c) 정식으로 양적 분석을 수행하기 전에 데이터를 들여다보는 일이 유용할 때가 많다. 기온을 가로축에, 범죄 수를 세로축에 두고 산점도를 그려라. 기온이 정책 문턱값 주변 10도 이내에 들어온 날에만 주목해서, 문턱값에 선을 하나 그려라. 문턱값 지점에서 불연속성이 보이는가?

(d) 불연속 회귀 설계를 구현하는 공식적인 방법은 여러 가지다. 가장 단순하게는 문턱값 주변의 좁은 구간에 집중해서 문턱값 양쪽의 평균 결과를 비교하는 방법이 있다. 기온이 문턱값 전후 1도 이내에 들어오는 날만 골라서 양쪽의 평균 범죄 수를 계산하고 그 차이를 알아보라. (원한다면) 회귀 한 번으로 결과를 얻을 수 있다는 점을 유념하라.

(e) 이 예제에서 단순 접근법을 사용하면 어떤 문제가 있을까? 어떤 너비를 선택할지 결정할 때 마주칠 상충점을 고려하라. 너비를 1도가 아니라 10도로 하면 추정치가 어떻게 바뀌는가? 왜 그럴까?

(f) 다른 방법은 국지적 선형 접근법이다. 기온이 문턱값보다 5도 이내로 낮은 날을 골라서 범죄 수를 배정 변수에 회귀시키고 문턱값 지점의 예측값을 계산하라(힌트: 배정 변수는 기온을 재조정했으므로 이 값은 절편이 된다). 문턱값보다 5도 이내로 높은 날을

골라서 같은 작업을 수행하라. 그다음 두 예측값을 비교하라(이것도 본문에 적은 방법 대로 회귀 한 번으로 결과를 얻을 수 있다).

(g) 국지적 선형 접근법이 단순 접근법보다 나은 점은 무엇인가?

(h) 배정 변수와 결과 사이에 비선형관계가 있다고 봐도 좋겠다. 배정 변수의 제곱과 세제곱에 해당하는 변수들을 만들어라. 범죄 수를 배정 변수와 그 제곱과 그 세제곱에 회귀시켜라. 문턱값 전후 10도 이내에 들어오는 관찰값만 포함시켜라. 정책 변수에 연관된 추정 계수의 의미를 해석하라.

(i) 이런 다항 회귀가 앞서 사용한 방법에 비해 갖는 장단점은 무엇인가?

읽을거리

선거 운동 지원이 기업의 이익으로 환원되는 주제에 관한 연구는 다음과 같다.

Anthony Fowler, Haritz Garro, and Jorg L. Spenkuch. 2015. "Quid Pro Quo? Corporate Returns to Campaign Contributions." Journal of Politics 82(3):844–58.

인구의 문턱값에서 변화하는 정책에 관한 연구의 연속성 위반 가능성을 다룬 논문은 다음과 같다.

Andrew C. Eggers, Ronny Freier, Veronica Grembi, and Tommaso Nannicini. 2018. "Regression Discontinuity Designs Based on Population Thresholds: Pitfalls and Solutions." American Journal of Political Science 62(1):210–29.

정당 경선에서 과격파 후보와 중도파 후보를 선출하는 효과를 연구한 논문은 다음과 같다.

Andrew B. Hall. 2015. "What Happens When Extremists Win Primaries?" American Political Science Review 109(1):18–42.

선거의 불연속 회귀 설계가 타당한지 다룬 연구들은 다음과 같다.

Devin Caughey and Jasjeet S. Sekhon. 2011. "Elections and the Regression Discontinuity Design: Lessons from Close U.S. House Races, 1942–2008." Political Analysis 19(4): 385–408.

Andrew C. Eggers, Anthony Fowler, Andrew B. Hall, Jens Hainmueller, and James M. Snyder, Jr. 2015. "On the Validity of the Regression Discontinuity Design for Estimating Electoral Effects: New Evidence from Over 40,000 Close Races." American Journal of Political Science 59(1):259-74.

베트남전에서 미국의 폭격 전략을 연구한 논문은 다음과 같다.

Melissa Dell and Pablo Querubin. 2018. "Nation Building through Foreign Intervention: Evidence from Discontinuities in Military Strategies." Quarterly Journal of Economics 133(2):701-64.

농구 시합에서 전반까지 뒤처졌을 때의 효과를 연구한 논문은 다음과 같다.

Jonah Berger and Devin Pope. 2011. "Can Losing Lead to Winning?" Management Science 57(5):817-27.

13

이중차분법 설계

13장에서 다루는 내용

- 서로 다른 대상에서 서로 다른 시점에 조치가 변하는 상황에서도 인과적 효과를 편향 없이 추정할 수 있다. 여기에는 이중차분법 설계가 적합하다.
- 이중차분법 설계는 시간에 따라 바뀌지 않는 모든 교란 변수를, 설령 관찰이나 측정이 불가능하더라도 효과적으로 통제한다.
- 이중차분법 설계는 어떤 인과관계 주장의 근거가 얼마나 확실한지 조사하는 단순한 방법으로서 종종 유용하다.

들어가며

불연속 회귀가 실험 없이 인과관계를 파악하는 유일한 창의적인 연구 설계 방식은 아니다. 어떤 대상은 시간에 따라 조치 상태가 변하지만 다른 대상은 변하지 않는다면 이중차분법 difference-in-differences이라는 방법을 써서 인과관계를 파악할 여지가 있다.

기본 개념은 아주 단순하다. 어떤 정책 효과를 알고자 한다고 가정하자. 정책을 바꾼 주(또는 국가나 도시나 개인이나 뭐가 됐건 관찰 대상이 될 만한 것)를 찾아서 정책이 바뀌기 전후로 결과의 추세를 측정한다. 물론 다른 원인으로 인해 시간이 흐르면서 결과가 체계적으로 일관되게 바뀔 가능성도 염두에 둬야 한다. 하지만 이 문제는 정책을 바꾼 주의 결과 변화와 정책을 바꾸지 않은 주의 결과 변화를 비교하면 해소된다. 일부 주에서 정책이 변하지 않는 한 양쪽의 결과 추세가 같다면 정책을 바꾸지 않은 주를 비교 기준으로 둬서 시간의 흐름에 따른 추세만 파악할 수 있다. 그러면 정책 변화의 인과적 효과 추정은 정책을 바꾸지 않은 주의 추세로 추정한 비교 기준에 비해 정책을 바꾼 주에서 나타나는 변화로 구한다. 이 방법을 '이중차분법 설계'라고 부르는데, 먼저 정책을 바꾼 주와 바꾸지 않은 주에서 시간의 흐름에 따라 나타나는 결과의 차이들(또는 변화들)을 구하기 때문이다. 그런 다음 이 차이들의 차이를 다시 비교한다.

불연속 회귀 설계와 마찬가지로 이중차분법의 위력은 조치를 무작위 할당하거나 가능성 있는 교란 변수를 모두 통제하지 못하는 상황에서도 인과적 효과를 추정하게 해준다는 점이다. 하지만 세상에 공짜는 없다. 이중차분법 설계도 그 나름의 요건이 있다. 불연속 회귀는 문턱값 지점의 연속성 요건이 있다. 이중차분법은 직전에 기술한 조건을 만족해야 한다. 바로 일부 대상에 일어난 조치 변화를 제외하면 모든 대상에서 결과 추세가 평균적으로 같아야 한다는 점이다. 이 조건을 흔히 '평행 추세parallel trend'라고 부른다.

평행 추세

평행 추세 요건이 정확히 무슨 뜻인지 제대로 이해하는 것이 중요하다. 앞서 말했듯이 이중차분법 추정은 조치에 아무런 변화가 없을 경우 결과 추세가 평균적으로 나란히 가는 이상, 편향되지 않는다. 달리 말하면, 편향 추세는 정말이지 잠재적 결과에 관한 요건이다. 이진값을 갖는 조치가 있을 때 각 대상마다 두 시기에서 조치가 있는 경우와 없는 경우를 생각해 볼 수 있다. 각 대상이 각 시기에 보이는 잠재적 결과를 생각해 봄으로써 개념을 잡아 보자. 각 시기를 각각 기간 I과 기간 II라고 부르자. 그리고 전체 모집단이 두 집단으로 나뉜 경우를 생각하자. 두 기간 사이에 미조치에서 조치 상태로 바뀐 집단($\mathcal{UT}$)과 두 기간 모두에서 미조치 상태로 남은 집단($\mathcal{UU}$)이다.

집단 $\mathcal{G}$가 기간 p에 조치 상태 T로 보이는 평균 잠재적 결과를 이렇게 쓰자.

$$\overline{Y}^p_{T,\mathcal{G}}$$

각 기간에 각 집단에서 표본을 골라서 결과를 관찰한다. 먼저 조치 상태를 유지하는 집단(UU)부터 시작하자. 두 기간 사이에 평균적인 결과 차이만 살펴보면 이는 곧 두 기간 사이의 미조치 상태에서 나타나는 결과 차이의 추정치를 알려 준다.

$$\text{DIFF(차이)}_{UU} = \underbrace{\overline{Y}_{0,UU}^{II} - \overline{Y}_{0,UU}^{I}}_{UU\text{의 평균 미조치 추세}} + \text{잡음}_{UU}$$

여기서 잡음은 표본을 살펴보기 때문에 발생한다.

그리고 위와 비슷하게 조치 상태가 변한 집단(UT)에서 두 기간 사이에 평균 결과 차이는 다음과 같다.

$$\text{DIFF}_{UT} = \overline{Y}_{1,UT}^{II} - \overline{Y}_{0,UT}^{I} + \text{잡음}_{UT}$$

이중차분(차이의 차이)은 문자 그대로 이 두 차이의 차이다.

$$\text{이중차분} = \text{DIFF}_{UT} - \text{DIFF}_{UU}$$

평행 추세가 어디서 오는지 보고자 DIFF_{UT}에서 $\overline{Y}_{0,UT}^{II}$를 더하고 빼도록 다시 쓰겠다. 9장에서 기본 차이를 설명하려고 비슷한 과정을 거쳤던 일이 떠오를 것이다. 이번도 그때처럼 이상해 보이더라도 조금만 기다려 주길 바란다. 같은 값을 더하고 빼면 사실상 아무 차이가 없으므로 적어도 잘못된 계산은 아니라는 점은 명백하다. 그리고 이렇게 하면 다음과 같은 식이 된다.

$$\text{DIFF}_{UT} = \overline{Y}_{1,UT}^{II} - \overline{Y}_{0,UT}^{I}$$

$$= \underbrace{\left(\overline{Y}_{1,UT}^{II} - \overline{Y}_{0,UT}^{II} \right)}_{\text{기간 II에서 } UT \text{의 평균 조치 효과}} + \underbrace{\left(\overline{Y}_{0,UT}^{II} - \overline{Y}_{0,UT}^{I} \right)}_{UT \text{의 평균 미조치 추세}} + \text{잡음}_{UT}$$

이번에도 수식 변형이 멋지게 됐다. 이제 UT 집단에서 시간의 흐름에 따른 차이가 세 가지 요소로 이뤄지는데 앞서 나온 대표 등식과 같은 형태다. 첫째, (기간 II에서) UT 집단의 평균 조치 효과가 있다. 9장에서 이를 조치된 대상의 평균 조치 효과[ATT]라고 부른다는 점을 배웠다. 이를 추정 대상으로 볼 수 있다. 둘째, 집단 만약 UT가 미조치 상태로 남아 있더라도 나타나는 결과 추세가 있다. 이를 조치 전후의 UT 집단에서 일어난 일을 살펴보기만으로도 나타나는 편향의 원천으로 볼 수 있다. 셋째, 언제나 그렇듯이 잡음이 있다.

위 내용을 갖고 이중차분을 ATT, 두 집단이 미조치될 경우의 평균 잠재적 결과 추세, 잡음으로 다시 쓴다. 이렇게 하면 우리가 하려는 일, 바로 UU 집단에 나타나는 시간의 흐름에 따른 추세를 활용해서 $DIFF_{UT}$만 살펴봄으로써 나타나는 편향을 없애는 일이 명확히 드러난다.

$$이중차분 = DIFF_{UT} - DIFF_{UU}$$

$$= \underbrace{\overline{Y}^{II}_{1,UT} - \overline{Y}^{II}_{0,UT}}_{ATT} + \underbrace{\underbrace{\overline{Y}^{II}_{0,UT} - \overline{Y}^{I}_{0,UT}}_{UT\text{의 평균 미조치 추세}} \quad - \quad \underbrace{\overline{Y}^{II}_{0,UU} - \overline{Y}^{I}_{0,UU}}_{UU\text{의 평균 미조치 추세}}}_{\text{평균 추세의 차이}}$$

$$+ \underbrace{\text{잡음}_{UT} - \text{잡음}_{UU}}_{\text{잡음}}$$

이제 잠재적 결과와 대표 등식을 동원해서 평행 추세가 정말로 무슨 뜻인지 알아냈다. 이중차분은 ATT(추정 대상)에 UT 집단과 UU 집단의 평균 미조치 추세 차이(편향)와 잡음을 더한 값과 같다. 그렇다면 이중차분이 ATT를 편향 없이 추정할 때는 언제일까? 두 집단의 미조치 추세가 같아서 그 차이가 0일 때다.

이것이 바로 평행 추세가 의미하는 바다. 만약 조치 집단과 미조치 집단 모두 미조치 상태로 남는다고 가정하면 두 집단의 평균 결과 변화량이 같다. 이런 상황에서 $DIFF_{UT}$에서 $DIFF_{UU}$를 빼면 시간의 흐름에 의한 추세를 제거하고 조치 상태를 바꾼 대상이 (기간 II에) 보인 평균 조치 효과의 편향 없는 추정치만 남는다.

위와 같이 표기하면 또 다른 미묘한 부분을 강조한다는 점에 주목하자. 이중차분은 평균 조치 효과ATE 자체를 추정하지는 않는다. 대신 조치 상태가 바뀐 대상의 평균 조치 효과, 즉 ATT를 추정한다. 이 값이 ATE를 잘 추정하는지 여부는 조치 상태가 바뀐 대상과 바뀌지 않은 대상의 조치 효과가 체계적으로 다른지에 달렸다. 다만 어떤 경우든 이는 실제 인과적 효과이며, 적어도 일부에서는 실제 관심 대상이 되는 수치일 것이다.

두 대상과 두 시기

지금까지의 얘기는 다소 추상적이다. 구체적인 사례로서 데이비드 카드$^{David\ Card}$와 앨런 크루거$^{Alan\ Krueger}$가 최저임금이 고용에 미치는 영향에 관해 연구한 내용을 살펴보자. 이는 이중차분법이 가장 단순한 형태로서 어떻게 동작하는지 보여 주는 모범 사례다. 두 가지 대상, 두 가지 시기만 있고, 대상 중 하나만 한 시기에 조치 상태가 바뀐다.

실업과 최저임금

카드와 크루거는 최저임금이 높아지면 실업률이 올라가는지 알고 싶었다. 이들은 1992년 초 뉴저지 주는 최저임금을 올렸는데 이웃한 펜실베이니아 주는 올리지 않았다는 사실을 활용했다. 이들은 뉴저지 주와 펜실베이니아 주에서 (뉴저지 주가 최저임금을 올리기 전인) 1992년 1월과 (뉴저지 주가 최저임금을 올린 뒤인) 11월의 (최저임금을 받는 경우가 흔한) 패스트푸드 음식점의 평균 전일제 고용자 수에 관한 데이터를 모았다. 표 13.1에 이 데이터를 요약했다.

표 13.1 1992년 뉴저지 주와 펜실베이니아 주의 패스트푸드업 고용

	1992년 1월 뉴저지 주와 펜실베이니아 주 모두 낮은 최저임금	1992년 11월 뉴저지 주는 높은 최저임금 펜실베이니아 주는 낮은 최저임금
뉴저지	20.44	21.03
펜실베이니아	23.33	21.17

최저임금이 고용률에 미치는 영향을 파악하고자 할 때 처음 생각할 만한 비교는 1992년 11월 뉴저지 주와 펜실베이니아 주의 고용 수준 차이다. 11월에 이르면 뉴저지 주의 최저임금이 펜실베이니아보다 높다. 이 비교에서 펜실베이니아의 패스트푸드 음식점은 뉴저지 주의 음식점보다 평균적으로 고작 0.14명 더 고용할 뿐이며, 이는 최저임금이 올라도 고용에는 거의 영향이 없다는 얘기가 된다.

그러나 이는 제대로 된 비교가 아니라서 이 차이를 최저임금 상승의 효과로 해석하기엔 무리가 따른다. 뉴저지 주와 펜실베이니아 주는 최저임금 외에도 고용에 영향을 주는 온갖 요소가 다를지 모른다. 어쩌면 두 주는 경제적 수준이나 세제나 패스트푸드 음식점 규모가 다를지도 모른다. 그리고 이 비교에서 각 주와 조치 상태는 완벽한 상관관계가 있기 때문에 두 주

사이의 그런 차이라면 어떤 것이라도 교란 변수로 간주할 여지가 있다.

다른 비교를 해보자면 뉴저지 주에서 1월과 11월의 고용 수 변화가 있겠는데, 뉴저지 주가 이 두 시기 사이에 최저임금을 올렸기 때문이다. 이 비교에서 음식점마다 0.59명 더 고용하는데 이는 최저임금을 올리면 고용 수가 조금 올라간다는 얘기가 된다. 이 방법은 한 주 내에서 비교하기 때문에 다른 주와의 차이점을 걱정할 필요가 없다는 장점이 있다. 하지만 다른 점을 우려해야 한다. 1월과 11월의 패스트푸드 고용 수는 다른 이유로 다를지 모르는데, 예를 들면 계절의 영향이나 경제 상황 전반의 연간 변화 때문인지도 모른다. 이런 시기적 추세라면 무엇이든 교란 변수가 될 가능성이 있다. 따라서 이런 비교도 올바르지 않다.

표 13.2는 지금까지 설명한 두 가지 차이와, 대표 등식 형식을 빌려서 이 두 가지 차이 모두 최저임금의 효과를 편향 없이 추정하지 못하는 이유를 보여 준다. 뉴저지 주에서 11월과 1월의 고용 수 차이는 최저임금 인상 효과(추정 대상), 시간의 흐름에 따른 추세(편향), 잡음을 합한 결과다. 11월에 뉴저지 주와 펜실베이니아 주의 고용 수 차이는 최저임금 인상 효과(추정 대상), 두 주 사이의 차이(편향), 잡음을 합한 결과다. 따라서 두 가지 차이 모두 편향됐다.

표 13.2 최저임금 인상의 인과적 효과를 편향되지 않게 추정하지 못하는 두 가지 비교

	1992년 1월 뉴저지 주와 펜실베이니아 주 모두 낮은 최저임금	1992년 11월 뉴저지 주는 높은 최저임금 펜실베이니아 주는 낮은 최저임금	차이 11월 − 1월
뉴저지	20.44	21.03	0.59 최저임금 인상 효과 + 시간의 흐름에 따른 추세 + 잡음
펜실베이니아	23.33	21.17	
차이 뉴저지 − 펜실 베이니아		−0.14 최저임금 인상 효과 + 두 주의 차이 + 잡음	

그런데 더 나은 방법이 있다. 11월에 뉴저지 주와 펜실베이니아 주를 비교한 부분부터 다시 생각해 보자. 이렇게 비교할 때의 문제점은 최저임금 인상 효과(추정 대상)뿐만 아니라 뉴저지 주와 펜실베이니아 주의 어떤 일관된 차이(편향)를 반영함에 덧붙여 늘 그렇듯 잡음이 끼어든다는 점이다. 그런데 뉴저지 주와 펜실베이니아 주의 차이점이 시간이 흘러도 변하지 않

는다고 가정해 보자. 그러면 뉴저지 주와 펜실베이니아 주가 모두 최저임금을 올리기 전인 1월에 두 주의 고용 수 차이는 이전과 똑같이 두 주 사이의 차이를 반영하되, 뉴저지 주가 이후 인상한 최저임금의 효과는 배제한다. 그러므로 1월의 고용 수 차이로 두 주 사이의 기본 차이를 추정할 수 있다. 그런 다음 11월 차이에서 1월 차이를 빼면(즉 이중차분을 구하면) 최저임금 인상 효과를 편향되지 않게 추정할 것이다(각각 잡음의 크기는 다르기 때문에 당연히 잡음 항은 상쇄되지 않는다).

같은 방법으로 뉴저지 주의 11월과 1월 비교부터 시작해도 된다. 이렇게 비교할 때의 문제점은 최저임금 인상 효과에 더불어 고용에 영향을 미치는 11월과 1월 사이의 어떤 차이라도 (물론 잡음도) 반영한다는 점이다. 그러나 시간의 흐름에 따른 추세가 뉴저지 주와 펜실베이니아 주에서 같다고 가정하자. 그러면 펜실베이니아 주에서 11월과 1월의 고용 수 차이는 최저임금 효과를 배제한 상태에서 (펜실베이니아 주는 1992년에 최저임금을 올리지 않았으므로) 시간의 흐름에 따른 추세의 추정치가 된다. 따라서 뉴저지 주의 고용 수에서 펜실베이니아 주의 고용 수를 빼도 최저임금 인상 효과를 편향되지 않게 추정할 것이다.

표 13.3에서 보듯이 어느 방향으로 계산하든 같은 결과를 얻는다. 이 방법으로 추정하니 놀랍게도 최저임금 인상이 음식점당 전일제 고용 수가 2.75명 늘어난다. 핵심은 펜실베이니아 주의 데이터에서 1992년 1월에 고용 수가 큰 폭으로 감소한 부분이다. 따라서 뉴저지 주에서 고용 수가 0.59명 늘어났다지만, 이는 시간의 흐름에 따른 추세가 진정한 효과를 가려서 과소추정한 셈이다.

이중차분을 구하면 주와 주 사이 그리고 시간의 흐름에 따른 일관된 차이를 직접 관찰하지 않고도 계산에 넣을 수 있다. 이것이 바로 이중차분법의 위력이다.

물론 이 방법이 만능은 아니다. 앞서 말했듯이 이 방법이 제대로 동작하려면 평행 추세 조건, 즉 조치 상태의 변화가 없다면 시간의 흐름에 따른 결과 추세(그리고 교란 변수)가 대상들 사이에 같아야 한다는 조건이 맞아야 한다. 다만 이 조건은 모든 가능성 있는 교란 변수를 통제한다는 가정에 비하면 대체로 충족하기 쉬운 편이다. 우리가 소개한 사례를 보면 뉴저지 주와 펜실베이니아 주는 최저임금의 차이 외에는 모든 점이 똑같아야 한다는(또는 모든 차이를 직접 통제한다는) 가정까지는 필요 없다. 또한 시간의 흐름에 따른 변화가 없다는 가정도 필요 없다. 그 대신 양쪽의 추세가 평행이라는 가정만 했다. 고용에 영향을 미치는 시간의 흐름에 따른 어떤 추세라도 뉴저지 주와 펜실베이니아 주 양쪽에서, 적어도 기대치는 똑같이 작용한다는 가정이다.

표 13.3 이중차분법으로 추정한 최저임금이 패스트푸드 음식점의 고용 수에 미치는 영향

	1992년 1월 뉴저지 주와 펜실베이니아 주 모두 낮은 최저임금	1992년 11월 뉴저지 주는 높은 최저임금 펜실베이니아 주는 낮은 최저임금	차이 11월 − 1월
뉴저지	20.44	21.03	0.59 최저임금 인상 효과 + 시간의 흐름에 따른 추세 + 잡음
펜실베이니아	23.33	21.17	−2.16 시간의 흐름에 따른 추세 + 잡음
차이 뉴저지 − 펜실베이니아	−2.89 두 주의 차이 + 잡음	−0.14 최저임금 인상 효과 + 두 주의 차이 + 잡음	**이중차분** 0.59 − (−2.16) = −0.14 − (−2.89) = 2.75 최저임금 인상 효과 + 잡음

이중차분법은 이점이 많고, 평행 추세 조건이 매우 타당하다고 볼 만한 상황도 많다. 이 방법은 대상들 사이에 시간의 흐름에 따라 변하지 않는 차이를 계산에 넣음으로써 같은 시기에 두 대상을 비교할 때 생기는 문제를 막아 준다. 또한 특정 시기에만 나타나는 요소를 계산에 넣음으로써 한 대상을 조치 변화 전후로 분석할 때 생기는 문제도 막는다. 이 방법이 대처하지 못하는 경우는 대상 사이의 차이가 시간에 따라 변할 때다. 대상마다 조치에 관한 대응이 달라도 문제다. 만약 뉴저지 주가 최저임금을 올린 이유가 이웃 주보다 경제 상황이 크게 호전되리라고 예상하기 때문이라면 이는 평행 추세 가정에 어긋난다.

물론 평행 추세 가정이 개념상 합리적으로 보이는 상황이라도 두 대상을 살펴본다고 해서 이점이 딱히 분명해지지는 않는다. 두 시기에 두 장소에서 수많은 변칙적인 차이가 튀어나오기 마련이라 추정 과정에서 잡음이 커질 여지가 많다. 더 좋은 결과를 얻으려면 이번에 본 단순한 사례에서 배운 직관력을 살려 2개 이상의 많은 시기와 대상을 관찰하는 상황으로 확장해야 한다.

N개의 대상, 두 시기

직관력을 확장하려면 먼저 대상이 많고(50개 주 전체의 최저임금과 고용 데이터가 있는 등) 시기는 여전히 둘뿐이라고 가정하자. 그리고 일부 대상은 조치를 받은 적이 전혀 없고 다른 일부는 첫 시기에는 조치를 받지 않다가 두 번째 시기에 받았다고 가정하자. 조치 상태가 바뀐 대상의 변화를 확인하고 이를 조치 상태가 바뀌지 않은 대상의 변화와 비교하고 싶다. 이렇게 하는 방법에는 세 가지 선택지가 있는데, 산술적으로 모두 같기 때문에 같은 결과를 만들어 낸다.

1. **직접 계산**: 앞선 사례에서 했던 것처럼 조치를 받지 않은 대상과 두 번째 시기에만 조치를 받은 대상에서 각 시기에 나타나는 평균 결과를 구하고, 이를 사용해서 이중차분을 직접 계산한다.

2. **첫 번째 차이**: 데이터를 스프레드시트에 대상 하나의 관찰값을 한 행^{row}으로 집어넣는다(이를 '넓은 형식$^{wide\ format}$' 또는 '가로형'이라고 한다). 대상마다 결과 변화와 조치 변화를 구하고 전자를 후자에 회귀시킨다. 조치 변화 값은 조치가 전혀 변하지 않은 대상은 0, 조치가 변한 대상은 1이다. 결과적으로 두 집단의 평균 변화를 비교하는 셈이다.

3. **고정 효과 회귀**: 데이터를 스프레드시트에 대상 하나의 한 시기 관찰값을 한 행으로 집어넣는다(이를 '긴 형식$^{long\ format}$' 또는 '세로형'이라고 한다). 각 대상과 각 시기마다 가변수를 넣고 결과를 조치에 회귀시킨다. 시기별 가변수는 기간 II(두 번째 시기)에 얻은 관찰값이면 1, 기간 I에 얻은 관찰값이면 0이다. 대상별 가변수도 둔다. 대상 i의 가변수는 관찰값이 대상 i에 관한 내용이면 1, 다른 대상에 관한 내용이면 0이다(대상마다 이런 가변수가 하나씩 붙는다). 이런 가변수를 흔히 '고정 효과$^{fixed\ effect}$'라고 부른다. 어떤 분석가가 상태 고정 효과를 회귀에 포함시켰다고 말할 때는 각 상태마다 가변수를 붙였다는 얘기다. 이렇게 고정 효과를 추가하면 대상 간 평균적인 차이와 시간의 흐름에 따른 평균적인 차이를 제거함으로써 조치 변수에 연관된 계수가 그대로 이중차분이 된다.

대상이 여러 개인 재미있는 사례를 하나 들어 보겠다.

텔레비전 시청이 아이들에게 해로운가?

매튜 겐츠코우Matthew Gentzkow와 제시 샤피로Jesse Shapiro는 미취학 아동이 텔레비전을 시청하면 향후 성적에 어떤 영향이 있는지 궁금했다. 이때 당연히 생기는 문제는 아이가 텔레비전을 시청하는 시간은 향후 성적에 영향을 미치는 다른 온갖 요소에도 영향을 받는다는 점이다. 따라서 단순히 텔레비전을 보는 아이와 안 보는 아이를 비교하면 안 된다. 이들은 인과관계를 좀 더 제대로 파악하고자, 미국 전역에서 텔레비전이 지역마다 처음 보급된 시기의 차이를 이용했다. 기본 개념을 이해하기 쉽도록 이들의 연구 내용을 단순화하겠다.

미국 도시 대부분에서 텔레비전 방송은 1940년대 초반에서 1950년대 초반에 걸쳐 보급됐다. 다행히 1965년에 미국 학교에 관한 대규모 연구(콜먼Coleman 연구)가 있었는데, 연구 내용 중에는 6학년과 9학년 학생 30만 명의 표준 시험 점수 기록이 있다. 1965년에 9학년인 아이는 1955년 언저리엔 취학 전이다. 1965년에 6학년이면 1958년 언저리엔 취학 전이다. 겐츠코우와 샤피로는 텔레비전 보급 시기와 콜먼 데이터를 활용해서 미취학 아동의 텔레비전 시청이 시험 점수에 미치는 영향을 파악하고자 했다.

두 종류의 도시에서 얻은 6학년과 9학년의 시험 점수 데이터가 있다고 상상하자. 집단 A에 속한 도시들은 1953년에 텔레비전 방송을 시작했다. 따라서 6학년과 9학년 모두 미취학 아동일 때 텔레비전이 보급됐다. 집단 B에 속한 도시들은 1956년이 돼서야 텔레비전이 보급됐다. 따라서 6학년이 미취학 아동일 때는 텔레비전이 있었지만 9학년이 미취학 아동일 때는 없었던 셈이다. 표 13.4에 이렇게 살펴본 데이터를 정리했다.

표 13.4 텔레비전과 시험 점수 데이터

	1965년 9학년 1955년 미취학	1965년 6학년 1958년 미취학
A 도시 1953년 텔레비전 보급	평균 시험 점수 9A	평균 시험 점수 6A
B 도시 1956년 텔레비전 보급	평균 시험 점수 9B	평균 시험 점수 6B

미취학 아동의 텔레비전 시청이 향후 학업 성취에 미치는 영향을 알고 싶다면 먼저 (미취학 시절에 텔레비전이 없던) B 도시의 9학년과 (미취학 시절에 텔레비전이 있던) A 도시의 9학년의 시험

점수 비교를 고려할 것이다. 이는 B 도시 9학년의 평균 점수에서 A 도시 9학년의 평균 점수를 빼기만 하면 된다.

그러나 이미 알다시피 이렇게 얻은 값이 미취학 아동의 텔레비전 시청이 주는 인과적 효과를 편향되지 않게 추정한다고 보기 어려운 여러 가지 이유가 있다. 두 종류의 도시는 텔레비전 보급 시기 말고도 성적에 영향을 미치는 차이가 여러 모로 있을지 모른다. 어쩌면 학교 환경이 다르거나 주요 산업군이 다르거나 기타 등등의 이유가 있을지 모른다. 그리고 이처럼 도시 유형과 조치 상태가 완벽히 연관되면 도시 간 차이점은 교란 변수가 된다.

다른 방법으로는 B 도시의 9학년과 6학년 점수를 비교하기가 있는데, 6학년은 미취학 시절에 텔레비전을 접했고 9학년은 그렇지 않기 때문이다.

이 방식은 도시 유형이 고정되는 장점이 있어서 도시 간 일관된 차이를 우려할 필요가 없다. 대신 다른 걱정거리가 있다. 9학년과 6학년 집단은 다른 이유, 예컨대 9학년이 나이가 더 많기 때문이거나 다른 집단 특유의 차이 때문에 성적이 다를 여지가 있다. 이 경우 시간의 흐름에 따른 차이나 집단의 차이가 교란 변수가 될 가능성이 있다.

표 13.5에 지금까지 얘기한 두 가지 비교 방식을 함께 표현했고, 두 방식 모두 실제 효과를 제대로 추정하지 못하는 이유를 대표 등식 형식을 빌려 나타냈다.

표 13.5 텔레비전 영향을 편향 없이 추정하지 못하는 두 가지 비교 방법

	1965년 9학년 1955년 미취학	1965년 6학년 1958년 미취학	차이
A 도시 1953년 텔레비전 보급	평균 시험 점수 9A	평균 시험 점수 6A	
B 도시 1956년 텔레비전 보급	평균 시험 점수 9B	평균 시험 점수 6B	6B − 9B 텔레비전 영향 + 집단 차이 + 잡음
차이	9A − 9B 텔레비전 영향 + 도시 간 차이 + 잡음		

그런데 최저임금 사례와 마찬가지로 더 좋은 방법이 있다. 먼저 두 도시의 9학년 성적을 비교한다고 생각하자. 이렇게 비교할 때 문제는 텔레비전 노출과 도시 유형에 따른 다른 모든 체계적인 차이점을 둘 다 반영한다는 점이다. 하지만 도시 유형에 따른 기본 차이가 시간의 흐름에 따라 변하지 않는다고 가정하자. 그러면 두 도시에서 모두 미취학 시절에 텔레비전을 접한 6학년의 성적 차이는 텔레비전의 영향을 배제한 채 방금 얘기한 도시 간 차이를 반영한다. 이제 9학년끼리의 성적 차이에서 6학년끼리의 성적 차이를 빼면(즉 이중차분을 구하면) 미취학 시절의 텔레비전 노출 효과만(그리고 잡음이) 남는다.

B 도시의 9학년과 6학년의 성적을 비교하는 방향으로 시작해도 같은 절차로 흘러간다. 이렇게 비교할 때 문제는 미취학 시절의 텔레비전 노출뿐만 아니라 성적에 영향을 미치는 6학년과 9학년 집단의 모든 기본 차이를(그리고 잡음도) 반영한다는 점이다. 그러나 시간의 흐름에 따른 추세나 집단별 추세가 A 도시와 B 도시에서 같다고 가정하자. 그러면 A 도시에서 6학년과 9학년의 성적 차이는 텔레비전 영향을 배제한 채 시간의 흐름에 따른 추세나 집단별 추세를 추정한 값이 된다(A 도시의 두 학년 모두 미취학 시절에 텔레비전을 접했기 때문이다). 따라서 B 도시의 시험 점수 차이에서 A 도시의 시험 점수 차이를 빼면 미취학 아동의 텔레비전 노출 효과를 편향되지 않게 추정할 것이다.

표 13.6에서 보듯이 어느 방향으로 계산하더라도 같은 답을 얻는다.

표 13.6 이중차분법이 텔레비전의 영향을 편향되지 않게 추정하는 방법

	1965년 9학년 1955년 미취학	1965년 6학년 1958년 미취학	차이
A 도시 1953년 텔레비전 보급	평균 시험 점수 9A	평균 시험 점수 6A	6A − 9A 집단 차이 + 잡음
B 도시 1956년 텔레비전 보급	평균 시험 점수 9B	평균 시험 점수 6B	6B − 9B 텔레비전 영향 + 집단 차이 + 잡음
차이	9A − 9B 텔레비전 영향 + 도시 간 차이 + 잡음	6A − 6B 도시 간 차이 + 잡음	**이중차분** (6B − 9B) − (6A − 9A) = (9A − 9B) − (6A − 6B) 텔레비전 영향 + 잡음

그 답이 궁금한 사람들을 위해 덧붙이면 겐츠코우와 샤피로는 1950년대에 미취학 아동이 텔레비전을 시청하면 오히려 평균 점수가 높아지는 증거를 발견했으며, 이는 특히 가난한 가정의 아이들에게서 두드러진다. 물론 이 시절에는 아이들이 〈하우디 두디$^{Howdy\ Doody}$〉[1] 같은 방송을 봤다. 그러므로 이 결과를 오늘날 상황에 그대로 투영하기는 어렵다.

우리에게는 그보다 이중차분법의 위력을 확인한 점이 더 중요하다. 이중차분을 계산함으로써 도시 간 그리고 시간의 흐름(또는 집단)에 따른 일관된 차이를, 실제로 관찰하지 않고도 계산에 넣을 수 있다.

*N*개의 대상, *N*개의 시기

기간이 둘보다 많고 각기 다른 대상이 각기 다른 시점에 조치 상태가 바뀐다고 가정하자. 이런 경우는 어떻게 대처해야 할까?

앞서 논의한 내용 중 많은 부분이 여전히 유효하다. 물론 첫 번째 선택지(이중차분을 직접 계산하기)는 더이상 쓰기 어렵다. 그러나 두 번째(첫 번째 차이)와 세 번째(고정 효과) 선택지는 쓸 수 있다. 다만 첫 번째 차이와 고정 효과 방식은 이제 산술적으로 같지 않아서 기간이 둘 이상으로 늘어나면 반드시 같은 결과를 준다는 보장이 없다. 대체 어떤 점이 다를까? 첫 번째 차이 방식은 기간 사이에 나타나는 결과의 차이를 기간 사이에 발생한 조치의 차이에 회귀시킨다. 고정 효과 방식은 각 대상과 각 기간에서 나타나는 모든 고정된 특성을 통제하면서 결과를 조치에 회귀시킨다. 두 가지가 하는 일은 기본적으로 같지만 조금 다른 종류의 변이를 활용한다.

어느 쪽이 더 적절한지는 구체적인 맥락에 달렸다. 일반적으로는 고정 효과 전략이 좀 더 유연하다. 예를 들어 필요하다면 시간에 따라 변하는 통제 변수를 회귀에 추가해도 되고, 유용한 진단을 내릴 수도 있다. 두 가지 방식 모두 여러분이 추정하는 바로 그 대상에는 효과의 시점이 중요하다. 첫 번째 차이 방식의 경우 조치 상태가 바뀐 직후의 효과를 본다. 만일 조치 효과가 나타나기까지 시간이 좀 걸리거나, 시간이 흐르면서 효과의 정도가 줄어들거나 커

---

1   1947년에 시작한 어린이 텔레비전 프로그램으로서 꼭두각시 인형이 등장한다. – 옮긴이

진다면 잘못 추정할 위험이 있다. 고정 효과 방식을 사용할 때도 조치 시점의 문제는 추정하는 바로 그 대상을 해석하는 데도 복잡한 문제를 일으킨다. 이 주제는 아직 최근 연구 분야라서 이 책에서 깊이 다루지는 않겠다. 다만 여러분이 이중차분법을 활용한 양적 분석을 하다 보면 이 문제를 더 깊이 파고들고 싶을지도 모른다. 13장 마지막에 이에 관한 읽을거리를 소개하겠다.

비록 세부 사항에서 복잡한 점이 좀 있긴 하지만, 이중차분법 설계에 깔린 직관은 앞서 소개한 사례를 보면 명확해질 것이다. 이 직관은 중요하다. 누군가 여러분에게 어떤 조치가 어떤 결과와 연관된다는 점을 보여 주면 이미 여러분은 9장에서 배운 내용을 바탕으로 의구심을 가질 것이다. 이중차분법은 조치의 변화도 결과의 변화와 연관되는지 확인하게 해준다. 만약 연관된다면 이는 인과관계를 뒷받침하는 좀 더 강력한 증거가 된다. 연관이 없다면 원래 나타난 상관관계는 아마도 교란 변수가 작용한 결과일 것이다.

여러 대상이 서로 다른 시기에 조치 상태를 바꾸는 경우에 고정 효과 방식으로 이중차분법 설계를 구현한 연구 사례를 살펴보자.

피임 그리고 성별에 따른 임금 차이

1960년대 경구피임약이 보급되면서 여성들은 출산과 경제 활동에 있어서 유례없는 결정권을 얻었다. 이 혁명적인 피임법이 여성의 삶에 미친 여파는 현대 경제와 사회의 발전을 이해하는 데 중요하다.

경구피임약이 여성의 출산 결정, 노동 시장 참여, 임금 등에 미치는 영향을 추정하려면 단순히 경구피임약을 사용한 여성과 사용하지 않은 여성을 비교해서는 당연히 안 된다. 무엇보다도 건강보험 접근성은 재산, 교육 수준, 지리적 특성, 인종 등 다양한 요소로부터 영향을 받는다. 따라서 단순히 비교하면 분명히 교란 변수가 끼어든다. 그렇다고 어떤 여성에게는 피임약을 허용하고 다른 여성에게는 사용을 막는 실험을 수행할 사람도 없다. 하지만 그렇다고 해서 인과적 질문에 답할 방법이 전혀 없다는 뜻은 아니다.

클라우디아 골딘Claudia Goldin과 로렌스 카츠Lawrence Katz는 한 중요한 논문에서 주 정부의 정책이 일종의 자연 실험을 만든다는 점을 지적했다. 미국에서 경구피임약은 1950년대 후반에 처음 보급됐다. 그러나 젊은 여성에게 합법적으로 경구피임약이 허용된 시기는 주마다 달랐다. 몇몇 주에서는 미혼 여성에게 피임약을 판매하는 일이 불법이었고, 더 많은 주에서는 미성년 여성이 피임약을 구입하려면 부모 동의가 필요했다. 시간이 지나면서 법원과 주 의회에서는 점차 이러한 제약을 없애고 미성년 연령도 낮췄다. 인과 추론에 유용하게도 주마다 이런 변화가 나타난 시기가 다르다.

가장 먼저 변화가 일어난 알래스카 주와 아칸소 주에서는 1960년대에 이르러 21세 미만의 미혼이고 아이가 없는 여성은 경구피임약을 구입할 수 있게 됐다. 반면 가장 늦게 바뀐 미주리 주에서는 1976년에 이르러서야 가능해졌다. 나머지 주들은 그 사이 어디쯤이다. 아이를 낳을 시점, 결혼할 시점, 고등 교육으로 진학할지 여부 등을 결정하는 일은 특히 21세 이전에는 인생에 큰 영향을 주기 때문에 피임약 허용 여부는 중요한 문제다.

또 다른 영향력 있는 논문에서 마사 베일리$^{Martha\ Bailey}$는 이런 차이를 활용해서 이른 경구피임약 사용이 처음으로 아이를 갖는 시기와 경제 활동 여부 및 그 정도에 미치는 영향을 추정하고자 이중차분법 설계를 구현했다.

기본 개념은 명료하다. 캔자스 주(1970년에 젊은 여성의 경구피임약 복용을 허용)와 아이오와 주(1973년 이후에 허용)의 네 가지 유형의 여성을 생각하자. 두 주 모두 1960년대 후반에 18세에서 20세 사이였던 여성들이 있다. 이들 어느 쪽도 경구피임약을 복용하지 못했다. 그리고 각 주에서 1970년대 초반에 18세에서 20세 사이였던 여성들도 있다. 캔자스 주 여성들은 경구피임약을 복용할 수 있었지만 아이오와 주 여성들은 아니었다. 따라서 아이오와 주 여성들의 결과 변화를 기본으로 해서 캔자스 주 여성들의 결과 변화와 비교함으로써 캔자스 주 여성들이 이른 나이에 경구피임약을 사용한 효과를 추정할 수 있다.

베일리는 50개 주 전체에 있는 다양한 연령대 여성의 데이터를 모두 가졌고 주마다 서로 다른 시기에 정책 변화가 일어났기 때문에 이 단순한 사례보다 더 정교하게 분석할 수 있다. 그래서 그녀는 고정 효과 방식을 선택하고, 상태 고정 효과와 집단 고정 효과는 물론 특정 여성 집단이 18세에서 20세 사이에 경구피임약을 사용했는지를 나타내는 가변수에 결과 측정값을 회귀시켰다. 이렇게 해서 여러 대상이 각기 다른 시기에 조치 상태를 바꾸는 상황에 맞는 이중차분법 설계를 구현했다.

어떤 주가 처음으로 이른 경구피임약 복용을 허용하는지를 무작위로 정하지 않았기 때문에 평행 추세를 고려해야만 한다. 서로 다른 주에서 출산과 경제 활동 참여의 평균적인 추세가 평행하다고 가정하고, 주 정부는 이런 추세가 다른 이유로 바뀌지 않으리라 예상하고 피임 규정을 전략적으로 바꾸지 않았다고 가정해도 타당할까? 베일리는 이 가정이 맞다고 봐도 좋을 몇 가지 근거를 제시했다. 젊은 여성의 피임 허용이 합법화된 시점은, 여러분이 생각하기에 이 결정에 영향을 미쳤을 법한 1960년도의 다양한 주별 특성과는 무관하다. 이 특성에는 지리적 특성, 인종 구성, 평균 혼인 연령, 여성 교육 수준, 가임도, 빈곤함, 종교 구성, 남녀 실업률, 남녀 임금 등이 포함된다.

베일리의 이중차분법 결과는 여성이 인생의 중대한 결정을 내리는 시기에 경구피임약 복용을 허용하면 실제로 큰 효과가 있음을 시사한다. 구체적으로는 그녀의 추정에 따르면 21세 이전에 경구피임약을 접하면 22세 이전에 엄마가 될 가능성이 14−18퍼센트 줄고 20대 후반에 경제 활동에 참여할 가능성은 8퍼센트 는다. 덧붙여 21세 이전에 경구피임약을 접한 여성은 20대 후반에 연간 약 70시간 노동시간이 많았다. 다시 말해 경구피임약은 출산 시기를 늦추고 계획을 세울 수단을 제공함으로써 여성들이 장기적인 경력을 추구하고 더 많이 일할 자유를 줬다.

유용한 진단

이미 말했듯이 이중차분법이 편향되지 않게 평균 조치 효과를 추정하려면 평행 추세가 있어야 한다. 즉 조치가 바뀌지 않는 반사실적 세계에서는, 현실에서 조치가 바뀐 대상과 조치가 바뀌지 않은 대상의 평균 결과가 같아야 한다. 이런 반사실적 세계는 관찰하지 못하므로 정말로 그런지 알 길은 없다. 그래서 신중한 분석가라면 평행 추세의 타당성을 기웃거릴 방법이 있다면 뭐든지 하고자 한다.

한 가지 가정은 만일 평행 추세가 유효하다면 모든 대상이 조치 상태를 바꾸기 전 시기에서도 비슷한 결과 추세를 보리라는 점이다. 이런 조치 전 추세pre-treatment trend(흔히 '전 추세pre-trend'라고 부름)는 이후 조치 상태를 바꾼 대상과 바꾸지 않은 대상의 추세를 비교함으로써 확인할 수 있다. 또한 회귀 구조에도 '선두 조치 변수lead treatment variable', 즉 다음 시기의 조치 상태를 가리키는 가변수를 포함시켜서 확인할 수 있다. 추세가 정말로 조치 변화 이전에는 평행하다면 선두 조치의 계수는 0이고 조치 변수의 계수는 회귀에 선두 조치 변수를 포함시키지 않을 때와 다르지 않아야 한다.

서로 다른 대상이 시간의 흐름에 따라 서로 다른 선형 추세를 따를 가능성을 열어 놓고 이로 인해 우리가 얻은 결과가 바뀌는지 살펴봄으로써 평행 추세 요건을 조금 완화할 수도 있다. 구체적인 방법은 지금 중요하지 않다(이에 관해서는 더 전문적인 서적을 읽기 바란다). 다만 이중차분법 분석 과정을 조사해서 평행 추세가 타당한지 확인하는 다양한 방법이 있다는 점은 여러분도 이해할 것이다.

이런 종류의 진단 검사는 명확한 사고를 보완하는 도구이지 결코 대체제가 아니라는 점을 기억하자. 평행 추세와 같은 가정을 합리화하는 일은 매우 중요해서 심도 있게 논증해야 한다. 어째서 어떤 대상은 조치가 바뀌는데 다른 대상은 안 그럴까? 그 이유가 결과 추세와 연관돼 보이나 무관해 보이나? 대상이 다른 이유로 결과가 바뀌리라 기대하자마자 조치를 바꾸는 이유가 있을까? 이런 핵심 질문들에 답하려면 맥락과 질문과 데이터를 깊이 이해해야 한다. 이중차분법으로 추정한 결과가 얼마나 믿을 만한지 평가하려면 반드시 이런 질문에 적절한 답변을 해야 한다.

두 가지 사례를 통해서 평행 추세에 관한 질문을 어떻게 고찰할지 더 잘 알아보자.

신문의 지지가 투표 결정에 영향을 미치는가?

신문들은 종종 특정 선거 후보를 지지한다. 이런 지지가 영향을 미칠까?

조나단 래드[Jonathan Ladd]와 가브리엘 렌즈[Gabriel Lenz]는 영국의 데이터로 이중차분법을 활용해서 이 질문에 답하고자 했다. 이들의 연구는 평행 추세 가정의 타당성을 진단하는 도구로서 평행한 선 추세를 검사하는 방법을 잘 보여 준다.

1997년 영국 총선 기간에 몇몇 신문은 과거에 보수당을 지지하던 관행을 깨고 노동당을 지지하는 기사를 냈다. 래드와 렌즈는 이 희귀한 변절을 활용해서 신문의 지지가 투표 선택에 미치는 영향을 추정했다.

이들은 이중차분법 설계 구현으로, 갑자기 노동당으로 지지를 선회한 신문을 규칙적으로 읽는 사람과 그런 신문을 규칙적으로 읽지 않는 사람의 투표 결과 변화를 비교했다. 이들에겐 1992년, 1996년, 1997년에 걸쳐 같은 영국 유권자의 정당 지지도 측정 데이터가 있었기 때문에 전 추세를 조사해서 이들이 평행한지 확인할 수 있었다. 만약 노동당으로 돌아선 신문을 1996년에서 1997년 사이에 읽던 사람들과 읽지 않던 사람들이 1992년과 1996년 사이에 이미 다른 모습을 보였다면 평행 추세 가정이 깨질 우려가 있다(그리고 이 신문들이 변절한 이유도 독자들이 이미 노동당으로 돌아서는 추세이기 때문이라고 우려할 만한 일이기도 하다). 그러나 두 부류의 사람들이 1992년에서 1996년 사이에는 비슷한 추세를 보였다면 이중차분법으로 구한 결과는 1997년 신문들의 갑작스러운 지지 선회에 기인한다고 안심해도 괜찮겠다.

그림 13.1처럼 래드와 렌즈가 내린 결론은 안전하다. 나중에 노동당 지지로 선회한 신문을 읽은 사람들은 1992년에서 1996년 사이에는 노동당 지지 수준이 다른 사람들과 비슷하게 바뀌었다. 그런데 신문들이 갑자기 노동당을 지지한 1996년에서 1997년 사이에는 이런 신문을 읽는 유권자는 그렇지 않은 유권자에 비해 노동당 지지율이 상당히 높아졌다. 따라서 1996년에 서로 다른 신문을 읽는 사람들이 다르게 행동하는 데 있어서 이런 예상밖의 지지 외에 다른 원인이 있다고 믿을 만한 이유가 없는 이상, 이중차분법으로 신문의 후보 지지가 주는 인과적 효과를 추정한다고 해석해도 무리가 없겠다.

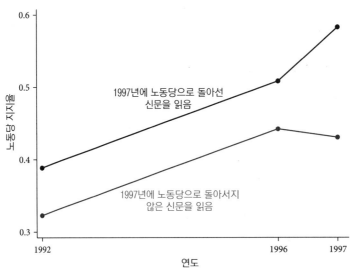

그림 13.1 전 추세를 시각화하고 이중차분법으로 신문의 지지가 투표 선택에 미치는 영향을 추정한다.

비만은 전염되나?

사람은 사회적 동물이다. 우리는 복잡한 관계에 얽혀 산다. 주변의 인맥이 우리 자신을 정의한다는 말을 점점 많이 듣는다. 우리의 사고, 취향, 행동이 어떻게 사회연결망에 의해 정해지는지 측정한다는 연구가 늘어난다.

아마도 이 분야에서 가장 유명한 연구는 니콜라스 크리스타키스Nicholas Christakis와 제임스 파울러James Fowler의 논문이겠다. 이들의 작업에서 놀라운 부분은, 많은 사람이 지극히 개인적인 선택이라고 생각하는 흡연, 음주, 행복, 비만 같은 행동이나 특성이 사실 사회적인 특성이라는 점이다. 그들의 멋들어진 수사를 빌리자면 '비만은 전염된다.'

『뉴잉글랜드 의학지』에 발표된 사회연결망 안에서의 비만 전파에 관한 한 연구에서, 두 사람은 개인의 체중 변화와 그 사람의 친구와 가족과 이웃의 체중 변화 사이에 나타나는 관계를 조사했다. 이들은 나이, 성별, 교육 수준 같은 개인 특성을 통제하면서 비교를 수행했다.

어떤 결과를 얻었을까? 만일 누군가 비만이 된 친구가 있다면 비만이 된 친구가 없는 경우에 비해서 그 자신이 비만이 될 가능성이 57퍼센트 높다. 체중 증가에 있어서는 가족보다 친구 관계가 더 영향을 미치나 보다. 누군가 비만이 된 형제자매가 있다면 그 자신이 비만이 될 가능성은 40퍼센트 올라간다. 배우자가 비만이 된다면 37퍼센트 올라간다. 이웃 사람은 비만이 돼도 아무런 영향이 없다. 이러한 발견을 바탕으로 「뉴욕타임스」에 "뚱뚱해지지 않으려면 뚱뚱한 친구를 두지 마라"라는 제목으로 전면 기사가 실렸다. 크리스타키스와 파울러는 이런 식의 해석이 싫었다. 기사에 따르면 크리스타키스는 그 대신 "날씬한 친구를 사귀고… 여러분과 비만인 친구도 그 날씬한 친구의 영향을 받으면 어떨지?"라는 제목을 제안했다고 한다.

여러분의 행동이 만나는 사람들로부터 영향을 받고 그 사람들의 행동 역시 그들이 만나는 사람들로부터 영향을 받는다는 점은 논쟁의 여지가 없어 보인다. 이런 면에서 우리는 이 두 저자의 주장에 공감한다. 우리 모두 주변의 사회연결망에 영향을 받는다. 하지만 이들을 비롯해서 연결 효과를 연구하는 많은 학자는 단순히 사람들 사이의 상호작용이 행동에 영향을 미친다는 정도의 상식적인 관찰보다 더 강력한 주장을 펼친다. 이들은 그 효과를 측정하고 계량화한다고 주장한다. 어떻게 그런 일이 가능하다고 주장할까?

크리스타키스와 파울러의 접근법은 확실히 이중차분법 설계다. 이들은 한 사람의 비만도 변화가 다른 사람의 비만도 변화에 어떻게 대응하는지 검사했다. 따라서 이렇게 얻은 결과가 전염 효과를 제대로 추정하는지 명확히 파악하려면 평행 추세 가정이 타당한지부터 알아야 한다.

평행 추세의 의미를 되돌아보자. 조치가 바뀌지 않는(누구의 친구도 더나 덜 뚱뚱하지 않은) 반사실적 세계에서는 결과 추세(개인의 비만도)가 현실에서 조치가 바뀐 사람(친구의 비만도가 바뀐 사람)이든 바뀌지 않은 사람(친구의 비만도가 바뀌지 않은 사람)이든 평균적으로 같은 수준이어야만 한다. 이러한 평행 추세가 유효하면 크리스타키스와 파울러의 이중차분법은 친구의 비만이 여러분의 비만에 미치는 효과를 편향되지 않게 추정한다. 하지만 추세가 평행하지 않다면 이들이 관찰해서 연결망 효과로 판단한 이중차분 중 일부는 친구의 비만도가 바뀌지 않더라도 발생했을 것이기 때문에 이들의 추정은 편향된다.

연결 효과를 연구하는 데 있어서 종종 제기되는 문제 한 가지는 의료 연구자들이 '동종 선호 homophily'라고 부르는 현상이다. 비슷한 특성을 지닌 사람들은 같이 뭉치려 한다. 친구들이 흡연하는 사람은 그 자신도 흡연자일 가능성이 높다는 점을 발견했다고 하자. 사회연결망 연구자는 이러한 발견을, 흡연하는 친구들이 그 자신의 흡연 가능성을 높이는 원인이라는 주장을 뒷받침하는 증거로 해석하고 싶어할지도 모른다. 그런데 이런 결론이 맞으려면 비교를 제대로 해야 한다. 다시 말해 흡연자와 연결된 사람과 비흡연자와 연결된 사람은 친구의 행동 외에는 다른 모든 면에서 근본적으로 같아야 한다. 흡연자 모임에 속한 사람이 비흡연자 모임에 속한 사람에 비해 흡연자가 될 가능성이 원래 높았다면 제대로 된 비교가 아닌 셈이다.

동종 선호로 인해 흡연자에 둘러싸인 사람은 친구들의 행동과 무관하게 이미 흡연자가 될 가능성이 높다는 설명은 완벽히 타당해(사실은 가능성이 높아) 보인다. 흡연자는 흡연 가능한 술집, 직장이나 학교에서 사람들이 모이는 흡연 구역, 그 밖에 흡연자가 좋아할 환경에서 친구들을 만나기 마련이다. 달리 보면 흡연자 친구가 있어서 그 자신이 흡연하는 게 아닐지도 모른다. 그 자신이 흡연자라서 흡연하는 친구를 사귀는지도 모른다. 사람들은 사회연결망을 무작위로 고르지 않기 때문에 흡연자 연결망과 비흡연자 연결망의 비교는 제대로 된 비교가 아니다.

그러나 동종 선호만으로는 크리스타키스와 파울러의 이중차분법 설계에 문제를 일으키지 않는다. 비만인 사람들이 서로 친구가 되거나 흡연자들이 모여서 노는 경향처럼 관찰 대상의 고정된 특성은 연구 설계에서 이미 계산에 넣었다. 이것이 바로 이중차분법의 한 가지 훌륭한 점이다. 이들이 발견한 바는 단순히 비만인 친구가 많은 사람과 적은 사람을 비교하기보다 더 설득력이 있다. 이들은 한 사람이 비만이 '되면' 그 사람의 친구들도 비만이 '되는' 가능성이 높다는 점을 보였다. 동종 선호가 문제가 되려면 평행 추세가 유지되지 못할 위험이 있어야 한다. 예를 들어 (식단, 운동 습관, 유전적 영향, 문화적 압박 등이 비슷해서) 비만이 돼가는 사람들이 서로 친구가 될 가능성이 높다면 이는 평행 추세를 깨뜨린다. 그리고 평행 추세가 깨지면 이중차분법은 인과적 효과의 편향 없는 추정치를 내놓지 못한다.

동종 선호가 평행 추세를 깨뜨리는지는 모른다. 다만 이 사례에서 이중차분이 편향될 가능성을 제시하는 증거는 있다. 에단 코헨 콜Ethan Cohen-Cole과 제이슨 플래처Jason Fletcher는 신장height과 여드름이라는 두 가지 특성이 사회연결망에서 퍼지는 양상을 연구했다. 크리스타키스와 파울러가 이혼, 고독, 행복, 비만을 비롯한 다양한 사회적 전염성을 주장하는 데 사용한 이중차분법과 같은 방법을 써서 이들은 신장과 여드름도 사회연결망을 타고 전염되는 것처럼 보인다는 점을 발견했다. 알다시피 신장과 여드름이 연결망 안에서 일어나는 사회적 관계를 거쳐 퍼진다고 보기는 매우 어렵다. 코헨 콜과 플레처는 바로 이 점을 지적한다. 신장과 여드름은 사회연결망에서 퍼질 여지가 거의 없다. 그 대신 이처럼 전염성을 지닌 듯 보이는 까닭은 평행 추세 위반 때문임이 거의 확실하며, 아마도 이는 동종 선호 때문이겠다. 친구가 여드름이 난다고 해서 여러분도 여드름이 나지는 않는다. 여드름 발생 위험이 높은 사람들끼리 어울릴 뿐이다. 비만, 이혼, 행복 등도 마찬가지일 것이다.

명확히 하자면 우리는 지금 인과적 연결 효과가 전혀 없다는 얘기를 하는 게 아니다. 우리도 실제로 그런 효과가 있다고 확신한다. 게다가 크리스타키스와 파울러의 연구는 단순히 비만인 사람들이 서로 친구가 될 가능성이 높다는 점을 보이는 대신, 변화와 변화를 비교했기 때문에 확실히 더 설득력이 있다. 다만 평행 추세가 깨질 여지는 많이 남는다. 따라서 이중차분법 설계로 얻은 결과를 진짜 인과적 효과의 편향 없는 추정치로 받아들이기 전에 이러한 가능성을 경계하고 명확히 사고해야 한다.

이중차분법으로 결과 검증하기

이중차분법 분석이 어떤 인과관계 주장의 신뢰도를 조사하는 데 있어서 유용한 수단이 되기도 한다. 누군가 어떤 조치와 결과 사이의 상관관계를, 어쩌면 교란 변수 가능성도 통제하면서 추정한 상황을 상상해 보자. 여러분이 9장에서 배운 내용을 명확히 이해한다면 이런 추정으로 인과적 해석을 확신하는 일에는 의구심을 품을 것이다. 아마 관찰 불가능한, 그래서 통제하지도 못하는 다양한 교란 변수를 떠올릴지도 모른다. 다만 이런 주장을 사람들이 진지하게 받아들이도록 설득하기란 어렵다.

그러나 만일 데이터에 같은 대상에 관한 여러 관찰값이 포함되면 이중차분법으로 유용한 결과 검증을 할 수 있다.[2] 만일 조치가 결과에 정말로 효과가 있다면 단순히 조치와 결과 사이에 상관관계가 있으리라 기대할 뿐만 아니라 조치 상태의 변화와 결과의 변화 사이에도 상관관계가 있으리라 기대해도 좋다. 이중차분법 분석에서도 여전히 조치와 결과 사이의 관계가 있기를 기대해도 좋다는 뜻이다.

이중차분법으로 어떤 관계를 발견하더라도 이를 인과적으로 해석해도 좋을지 확신하기 어렵다. 이때는 평행 추세를 생각하게 된다. 하지만 그 관계가 이중차분법에서는 사라진다면 여러분이 가진 회의주의가 한층 강화된 셈이다. 관찰 대상들 사이에 조치 이외에 다른 요소가 개입해서 데이터에 상관관계가 나타나는 것처럼 보일 것이다. 이중차분법으로 결과를 검증하는 방법을 보여 주는 사례를 하나 들어 보자.

민주적 평화

적어도 철학자인 임마누엘 칸트가 『영구 평화론Perpetual Peace』를 쓴 이래 이론가들은 민주주의가 평화를 이끈다고, 또는 좀 더 당대의 수사로는 전제주의끼리 서로 다투거나 민주주의가 전제주의와 다투는 정도에 비하면 민주주의끼리는 서로 다투기를 꺼리는 편이라고 주장했다. 이는 민주주의가 서로에게 폭력을 행사하지 못하도록 막아 주는 공통의 규범을 공유하기 때문이라는 주장도 있다. 한편 국내 정치의 다양한 특성 때문에 민주정 지도자가 섬사리 전쟁을 일으키지 못한다는 주장도 있다.

---

2 여러분이 새로이 갈고 닦은 명확한 사고 능력이 항상 다소 회의적인 자세를 갖도록 부추겨서 결과를 검증하도록 만들기 때문이다.

실증주의 학자들도 민주주의와 전쟁 사이의 관계에 깊은 관심을 가졌다. 둘 다 민주주의인 국가 한 쌍('양국 관계dyad'라고 부른다)은 적어도 한쪽이 민주주의가 아닌 양국 관계보다 전쟁을 벌일 가능성이 낮다는 점은 국제 관계 연구에서 매우 중요하고 많이 논의된 실증적 발견이다.

이러한 실증 연구와 그 발견에 관해 좀 더 생각해 보자. 민주적 평화를 판단하고자 학자들이 처음 시도할 만한 일은 단순히 민주주의와 전쟁 사이의 상관관계를 살펴보기다. 먼저 이 방법을 다음과 같이 따라하자.

먼저 매년 모든 양국 관계를 관찰한 거대한 데이터로 시작한다. 따라서 관찰값 하나는 연도별 양국 관계다. 1951년부터 1992년까지의 데이터를 사용하는데 국제 관계 연구에서 가장 유명한 연구 하나가 이 기간을 다뤘기 때문이다. 각 양국 관계-연도마다 양 국가가 그 해에 국가 간 군사적 분쟁을 겪었는지 나타내는 이진 변수가 있다. 이것이 종속 변수다. 그리고 국가마다 어느 정도로 민주적인지 측정한 값이 있다. 2장에서 민주주의 수준의 표준 척도로 소개한 Polity 점수를 사용한다. 점수가 높을수록 민주적인 국가다. 민주적 평화를 추정하는 데 있어서는 어느 한 국가가 얼마나 민주적인지가 중요하지 않다. 어느 해, 어떤 양국 관계에 두 민주적인 국가가 포함되는지가 중요하다. 이를 위해서 각 양국 관계에서 Polity 점수가 낮은 쪽을 사용한다. 같이 묶인 두 나라가 모두 민주적이면 둘 중 낮은 점수라도 높은 편일 것이다. 어느 한쪽이라도 민주적이 아니면 둘 중 낮은 점수는 낮게 나온다. 이 변수를 0부터 1까지의 척도로 매기면 연관된 계수를 가장 낮은 민주주의 수준에서 가장 높은 수준으로 올라가는 효과 추정치로 해석할 수 있다. 양국 관계에서 최소 민주주의 수준이라고 부르는 이 척도가 바로 조치 변수다.

전쟁과 민주주의 사이의 상관관계를 파악하고자 국가 간 군사적 분쟁을 최소 민주주의 수준에 회귀시켰다. 이때 정확한 표준 오차를 구하기란 사실 좀 까다로운데, 예컨대 프랑스와 독일이 전쟁을 벌인 해에는 영국도 독일과 전쟁을 벌이는 식으로 상관관계가 존재하기 때문이다. 하지만 잠시 그런 걱정은 접어 두자.

표 13.7의 첫 번째 열은 회귀 결과를 보여 준다. 양국이 민주적이면 전쟁 발발과는 통계적으로 유의한 음의 상관관계가 나타난다. 회귀 계수가 −.0082이면 둘 중 덜 민주적인 국가가 가장 민주적이지 않은 부류에 속하는 양국 관계에 비해서 두 국가 모두 가장 민주적인 국

가에 속하는 양국 관계에서 그 해 전쟁이 일어날 확률이 약 0.8퍼센트포인트 낮다는 뜻이다. 어느 해, 어느 두 국가 사이에서 전쟁이 일어날 전반적인 확률은 약 0.8퍼센트 정도에 불과하므로 이 관계 추정치는 엄청난 차이를 뜻한다.

표 13.7 민주적인 양국 관계와 전쟁 사이의 관계를 통제 유무, 그리고 연도와 양국 관계의 고정 효과 유무에 따라 구분한다.

	1	2	3	4
	종속 변수 = 국가 간 군사적 분쟁			
양국 관계에서 최소 민주주의 수준	−.0082**	−.0066**	.0002	.0005
	(.0016)	(.0016)	(.0017)	(.0017)
이웃한 국가들		.0693**	.0002	.0648**
		(.0110)	(.0017)	(.0227)
로그(군사력 비율)		.0006		.0024
		(.0005)		(.0019)
3년간 GDP 최소 성장률		−.0001		−.0005**
		(.0002)		(.0002)
공식적인 동맹 관계		−.0012		−.0095
		(.0027)		(.0067)
무역–GDP 최소 비율		−.0045**		.0011
		(.0017)		(.0021)
연도 고정 효과 포함			✓	✓
양국 관계 고정 효과 포함			✓	✓
관찰값 수	93,755	93,755	93,755	93,755
r-제곱	.0011	.0289	.2636	.2658

괄호 안은 표준 오차. **는 $p < .01$로 통계적 유의성이 있음을 나타냄

이 증거만 보고 민주주의가 전쟁에 주는 인과적 효과를 확신하지는 말기 바란다. 9장에서 배운 교란 변수가 여기서도 중요하다. 민주주의와 전제주의가 전쟁에 미치는 영향 측면에서 여러모로 다를 여지가 남아 있다.

학자들도 이 점을 경계한다. 이 문제를 해소할 방법으로 양국 관계에서 민주주의 또는 전쟁과 관련된 다양한 특성을 통제한다. 많은 연구에서 국가 간 인접 여부, 상대적인 군사력, 경제 성장률, 동맹 여부, 무역 규모 등을 통제한다. 물론 10장에서 배운 내용도 잊지 말자. 이런 요소 중에는 교란 변수가 아니라 민주주의가 전쟁에 영향을 미치게끔 만드는 기작도 있는데, 이들은 통제 대상이 아니다. 다만 기존 연구 내용에 맞춰서 이들도 모두 통제한 결과를

표 13.7의 두 번째 열에 적었다. 표에 나타나듯이 이들을 통제하면 민주적인 양국 관계와 전쟁 사이의 추정 관계는 조금 낮아진다. 하지만 여전히 강한 음의 상관관계이며 통계적으로도 유의하다.

이쯤 되자 많은 학자는 칸트와 다른 이론가들이 뭔가 중요한 사실을 지적했다는 결론을 내린다. 민주적인 양국 관계는 정말로 전쟁에 어떤 인과적 효과가 있다. 이는 사실이겠지만 아직 회의적인 자세를 고수하고자 한다. 무엇보다도 양국 관계에서 측정하기 어려운 특성이 너무나 많다. 이런 특성 중 무엇이든 두 국가가 민주주의인지 여부와 그들이 전쟁을 벌이는지 여부에 영향을 미칠지 모른다. 실제로 헨리 파버[Henry Farber]와 조안 고와[Joanne Gowa]의 연구는 민주적 평화에 연관된 경험적 양상은 2차 세계대전 이전 데이터에는 나타나지 않으며, 그 이유는 이 시기에는 핵심 교란 변수가 다른 값을 취하기 때문이라는 결론을 얻었다.

이 같은 논쟁에서 이중차분법이 도움을 준다. 만약 이론가들이 주장한 민주적 평화가 옳다면 단순히 민주적 양국 관계와 전쟁 사이에 음의 상관관계만 나타나지는 않는다. 양국이 함께 더 민주적으로 됨에 따라 양국 사이에 전쟁이 일어날 가능성도 바뀌는 모습이 보여야 한다. 다시 말해 이미 관찰한 상관관계가 이중차분법 분석에서도 계속 보여야 한다. 그렇지 않다면 편향이 있을 가능성을 우려할 만하다. 추정한 상관관계가 진짜 인과적 효과보다는 관찰하지 못한 교란 변수의 영향으로 나타날 가능성 말이다.

이러한 논증은 도널드 그린[Donald Green], 김수연[Soo Yeon Kim], 데이비드 윤[David Yoon]이 쓴 영향력 있고 논란의 여지가 된 논문에 등장했다. 표 13.7의 세 번째 열에 이중차분법 설계를 구현해서 N개의 시기에 N개의 관찰값을 분석한 결과를 적었다. 여기서는 고정 효과 회귀 방법을 사용했으며, 각 양국 관계와 각 연도의 고정 효과를 포함했다. 세 번째 열은 다른 통제 변수 없이 이중차분법을 수행한 결과다. 네 번째 열은 고정 효과와 통제가 모두 반영된 결과다.

표 13.7에 보이듯이 전쟁 발발의 변화와 양국의 민주주의 수준의 변화를 비교하고 나자 이전의 상관관계가 사라졌다. 이중차분법으로 민주주의와 전쟁 사이에서 통계적으로 유의한 어떤 관계도 찾지 못했다. 검증 결과 원래의 판단이 틀린 셈이다. 앞서 강조한 바와 같이 인과적 효과가 전혀 없다는 뜻은 아니다. 다만 나타난 증거가 강한 설득력을 갖지는 못한다는 얘기다. 이중차분법으로 간단히 검사만 해도 단순한 상관관계로 얻은 그림과 상당히 다른 결과를 갖게 된다.

민주적 평화를 주장하는 여러 학자는 그린, 김수연, 윤의 논지와 이들이 국제 관계 분석에 이중차분법 설계를 사용한 부분을 비판한다. 주요 비판 한 가지는 이중차분법이 조치 변수에 나타나는 대부분의 변이를 무시해서 어떤 관계를 뒷받침하는 증거를 찾기 어렵게 만든다는 점이다.

사실 그렇다. 표 13.7에서 첫 번째와 두 번째 열에 사용한 회귀는 민주주의와 전쟁 사이의 관계를 파악하고자 민주주의 수준의 다양한 변이, 즉 시간의 흐름에 따른 변이, 여러 양국 관계 사이의 변이, 같은 양국 관계 안에서의 변이 등을 활용했다. 반면 세 번째 열과 네 번째 열에 사용한 회귀는 같은 양국 관계 안에서의 변이만 사용하고, 여러 양국 관계 사이의 변이나 시간의 흐름에 따른 변이는 고정시켰다. 그러나 첫 번째와 두 번째 열에서 활용한 변이는 아마도 민주주의의 인과적 효과에 관한 유용한 정보는 못 될 것 같은데, 시간이 흐르면서 바뀌는 요소와 여러 양국 관계 사이에 차이가 생길 만한 요소는 너무나 많기 때문이다. 확실히 이중차분법은 다양한 변이를 무시하고, 민주주의가 전쟁에 미치는 영향을 판단하기에 가장 유용한 한 가지 변이, 바로 양국 관계 안에서의 변이만 남긴다.

또한 이중차분법 추정값이 다른 방법으로 얻은 추정값보다 정밀도가 훨씬 떨어지는 경우에도 이러한 비판이 힘을 얻는다는 점도 언급할 가치가 있다. 이는 이중차분법 추정값에 민주주의와 평화의 관계에 관한 정보가 훨씬 적다는 얘기다. 그런데 표 13.7을 보면 최소 민주주의 수준 변수에서 나타난 표준 오차가 1, 2열에 비해 3, 4열에서 아주 조금 더 클 뿐이다. 이중차분법을 써서 민주주의와 전쟁 사이의 관계에 관해 알아낼 수 있는 내용이 없다고 그저 포기해 버릴 일은 아닌 듯하다. 이중차분법 설계로도 민주주의의 효과를 제법 정밀하게 추정할 수 있다. 그리고 그 추정치는 0에 아주 가깝다. 게다가 이중차분법 추정치는 통계적으로 유의한 수준에서 1, 2열의 추정치와 다르다. 따라서 두 가지 방법에서 서로 다른 결과가 나타난 이유가 낮은 정밀도 때문은 아니다.

정리

13장에서는 이중차분법 설계를 사용하면 시간의 흐름에 따라 조치가 변할 때 그 조치의 효과를 제대로 측정할 수 있음을 봤다. 이 방법이 동작하려면 평행 추세 조건이 지켜져야 한다. 평행 추세는 조치 상태 변화가 없다고 가정할 때 현실에서는 조치가 바뀐 대상이나 안 바뀐 대상이나 평균적인 결과가 같은 추세를 따라야 한다는 요건이다. 이런 가정이 타당한지 평가하기에 유용한 진단 방법이 몇 가지 있지만, 이들이 명확한 사고와 실질적인 지식을 대체하지는 못한다.

앞으로 남은 4개의 장은 인과관계를 좀 더 제대로 추정하는 방법에 집중한다. 인과관계 추정 자체도 어렵고도 가치 있는 작업이다. 하지만 좀 더 깊이 알고 싶을 때가 많다. 조치가 어떤 효과가 있다는 사실만으로는 부족하다. 왜 그런 효과가 있는지 궁금하다. 14장에서 정량적 증거를 바탕으로 이런 질문에 답하는 과정에서 겪는 중요한 문제를 다룬다.

핵심 용어

- **이중차분법**: 시간이 흐르면서 일부 대상은 조치 상태를 바꾸고 다른 대상은 안 바꾸는 상황에서 인과적 효과를 추정하는 연구 설계.
- **평행 추세**: 조치 상태를 바꾼 대상과 안 바꾼 대상 사이에서 조치가 없을 때 평균 잠재적 결과가 같은 추세를 따른다는 조건. 일부 대상이 조치 상태를 바꾼 일이 없다고 가정하면 평균 결과가 같은 추세를 따른다는 얘기다. 평행 추세가 성립하지 않으면 이중차분법으로 조치 집단의 평균 조치 효과를 편향 없이 추정하지 못한다.
- **첫 번째 차이**: 이중차분법을 구현하는 통계적 절차. 각 대상의 결과 변화를 각 대상의 조치 변화에 회귀시키는 방법이다.
- **넓은 형식 또는 가로형**: 각 대상이 여러 차례 관찰된 경우 각 행이 유일한 대상을 담도록 데이터를 구성하는 방식.
- **긴 형식 또는 세로형**: 각 대상이 여러 차례 관찰된 경우 각 행이 각 대상의 각 시기별 관찰값을 담도록 데이터를 구성하는 방식.
- **고정 효과 회귀**: 이중차분법을 구현하는 통계적 절차. 결과를 조치에 회귀시키는 과정에서 각 대상의 각 시기마다 가변수(고정 효과)들을 포함시킨다.
- **전 추세**: 모든 대상이 조치 상태를 바꾸기 전의 평균 결과 추세. 전 추세가 평행하지 않으면 평행 추세 조건이 성립하기 어렵다.

- **선두 조치 변수**: 어떤 대상의 조치 상태가 다음 시기에서 바뀔 것이라는 점을 나타내는 가변수.

연습 문제

13.1 일리노이 주는 수년간 3, 5, 8학년 학생을 대상으로 일리노이 주 적성 검사$^{ISAT, Illinois}$ $^{State\ Aptitude\ Test}$를 시행해 왔다. 대부분의 기간 이 검사는 중요도가 낮은 편이어서, 학년 이동, 교사 보상, 학교 재정 등과 무관했다. 2002년에 상황이 바뀌어 시카고 공립학교에서 연방 정부의 아동낙오방지법$^{No\ Child\ Left\ Behind}$ 이행에 ISAT를 활용하기 시작했다. 다음 두 학생 집단을 생각해 보라. 2001년의 5학년생과 2002년의 5학년생. 두 집단 모두 ISAT가 그리 중요하지 않던 3학년 때 검사를 치렀다. 2001년에 5학년인 학생들은 여전히 ISAT의 중요도가 낮은 시기에 검사를 치렀다. 그러나 2002년에 5학년인 학생들이 두 번째 ISAT를 치렀을 때는 그 중요도가 높아졌다. 두 학생 집단의 5학년과 3학년 시기의 평균 점수 데이터가 있다고 할 때 이중차분법 설계를 사용해서, 중대한 시험이 학생들의 점수에 주는 평균 효과를 2×2 크기의 표를 만들어서 어떻게 파악할지 보여라.

13.2 나이키^{Nike} 사의 베이퍼플라이^{Vaporfly} 운동화는 장거리 달리기 선수들 사이에서 논란이 됐는데, 이 운동화를 신으면 과거 기록이 무의미할 정도로 불공평하게 큰 이점이 있다는 주장 때문이다. 여러 마라톤 경기에서 주자마다 어떤 신발을 신었고 어떤 기록을 냈는지 데이터가 있다고 가정하자. 나이키 베이퍼플라이의 효과를 어떻게 추정하겠는가? 마라톤 경기 기록은 날짜마다 코스마다 달라진다는 사실을 고려해야 할 것이다. 또한 다른 이들보다 더 빠른 주자가 있다는 사실도 고려해야 할 것이다.

(a) 신발 제작 기술의 효과를 다른 요소와 분리하려면 어떻게 분석하고 어떤 가정을 둬야 할까?

(b) 이러한 가정이 타당한가? 문제의 소지가 될 만한 부분을 논해 보라.

(c) 문제의 소지가 될 부분을 해소할 방법이 있을까?

(d) 마라톤 경기에서 모든 주자가 완주하지는 못하기 때문에 이탈이 발생한다는 점도 고민거리다. 이 문제를 해소할 방법이 있을까?

(e) 같은 방법으로 프로 권투 경기에서 새로운 신발이나 장갑 제조 기술이 점수에 미치는 영향을 추정할 수 있을까? 가능하거나 가능하지 않은 이유는 뭘까?

13.3 민주당과 공화당의 의원 후보들 사이에서 정치적 입장이 얼마나 다른지 추정하고 싶다고 하자. 달리 말하면 민주당과 공화당 후보가 같은 유권자 집단을 얼마나 다르게 대표하는지 알고 싶다.

(a) 의원마다 법안에 얼마나 보수적으로 투표했는지 측정하고, 투표 결과를 공화당 소속 여부에 회귀시켰다고 가정하자. 회귀 결과는 정당 간 차이를 제대로 추정할까? 어떤 편향이 발생할 위험이 있을까?

(b) 웹사이트 press.princeton.edu/thinking-clearly에 접속해서 CongressionalData.csv 파일과 이 파일의 데이터에 있는 변수를 기술한 README.txt 파일을 다운로드하라. 이 데이터는 의회 선거와 법안 투표에 관한 정보를 포함한다. 이 데이터만 사용해서 교란 변수를 통제하고 정당 간 차이를 추정하라. 한 회기씩 떼어서 분석해도 좋다.

(c) 이번에는 이 데이터와 불연속 회귀 설계를 사용해서 정당 간 차이를 추정하라. 이번에도 한 회기씩 분석해도 도움이 될 것이다.

(d) 마지막으로 이중차분법을 써서 정당 간 차이를 추정하라.

(e) 위 세 가지 방법으로 얻은 결과를 비교하라. 어떤 방법이 가장 타당한 가정을 바탕으로 하는가? 추정값은 설계 방법에 따라 얼마나 달라지나?

13.4 클라우디아 골딘과 세실리아 라우스$^{Cecilia\ Rouse}$는 고용의 성차별 연구에서 교향악단 지원자를 가림막 뒤에 둬 '블라인드^{blind}' 오디션을 수행하는 효과를 탐구했다. 심사위원이 지원자의 성별을 모른다면 차별하지 않을 것이라는 생각에서 나온 방법이었다.

두 사람은 여러 교향악단이 서로 다른 시기에 이런 오디션 방식을 수용했음을 입증했다. 이 점을 활용해서 가림막의 인과적 효과를 파악하는 방법을 생각해 보자(두 사람의 방식과는 좀 다른 경험적 접근법으로 논의를 이어 가겠다).

(a) 매해 각 교향악단마다 새로 고용한 연주자 중 여성 비율과 오디션에 가림막을 사용했는지 여부를 관찰한 데이터가 있다고 하자. 단순히 전체 데이터를 모아서 여성

비율을 가림막 사용 여부에 회귀시킨다면 그 회귀 결과로 인과적 해석을 내려도 안심하겠는가? 그렇거나 그렇지 않은 이유는 무엇인가?

(b) 대신 같은 데이터에 이중차분법을 적용한다고 하자. 어떤 회귀를 수행해야 하는가?

(c) 인과적 효과를 편향 없이 추정하려면 어떤 가정을 만족해야 하는지 기술하라(그냥 '평행 추세'라고만 답해서는 안 된다. 평행 추세가 성립하려면 어떤 요건을 충족해야 하는지 설명하라).

(d) 이 가정이 타당해 보이는가? 어떤 문제를 우려하는가?

읽을거리

뉴저지 주의 최저임금 인상 효과를 연구한 논문은 다음과 같다.

David Card and Alan B. Krueger. 1994. "Minimum Wages and Employment: A Case Study of the Fast-Food Industry in New Jersey and Pennsylvania." American Economic Review 84(4):772-93.

텔레비전 시청과 학업 성적에 관한 연구는 다음과 같다.

Matthew Gentzkow and Jesse M. Shapiro. 2008. "Preschool Television Viewing and Adolescent Test Scores: Historical Evidence from the Coleman Study." Quarterly Journal of Economics 71(3):279-323.

대상도 N개 시기도 N개인 상황에서 이중차분법을 적용하는 데 따르는 복잡함을 더 알고 싶다면 다음 논문을 읽어 보라.

Andrew Goodman-Bacon. 2018. "Difference-in-Differences with Variation in Treatment Timing." NBER Working Paper No. 25018.

Kosuke Imai and In Song Kim. 2019. "When Should We Use Unit Fixed Effects Regression Models for Causal Inference with Longitudinal Data?" American Journal of Political Science 63(2):467-90.

앞에서 소개한 경구피임약에 관한 두 가지 연구는 다음과 같다.

Claudia Goldin and Lawrence F. Katz. 2002. "The Power of the Pill: Oral Contraceptives and Women's Career and Marriage Decisions." Journal of Political Economy 110(4):730-70.

Martha J. Bailey. 2006. "More Power to the Pill: The Impact of Contraceptive Freedom on Women's Life Cycle Labor Supply." Quarterly Journal of Economics 121(1): 289-320.

영국에서 신문의 후보 지지에 관한 연구는 다음과 같다.

Jonathan McDonald Ladd and Gabriel S. Lenz. 2009. "Exploiting a Rare Communication Shift to Document the Persuasive Power of the News Media." American Journal of Political Science 53(2):394-410.

비만의 전염성, 그리고 여드름과 신장의 전염성에 관한 연구는 다음과 같다.

Nicholas A. Christakis and James H. Fowler. 2007. "The Spread of Obesity in a Large Social Network over 32 Years." New England Journal of Medicine 373:370-79.

Ethan Cohen-Cole and Jason Feltcher. 2009. "Detecting Implausible Social Network Effects in Acne, Height, and Headaches: Longitudinal Analysis." British Medical Journal 338(7685):28-31.

민주적 평화를 다룬 연구는 셀 수 없이 많다. 구글 학술 검색[Google Scholar]을 이용하면 흥미로운 이론적 논쟁을 많이 알려 줄 것이다. 앞에서 언급한 논문들은 다음과 같다.

Henry S. Farber and Joanne Gowa. 1991. "Common Interests or Common Polities? Reinterpreting the Democratic Peace." Journal of Politics 59(2):393-417.

Donald P. Green, Soo Yeon Kim, and David H. Yoon. 2001. "Dirty Pool." International Organization 55(2):441-68.

민주적 평화를 분석하는 회귀에 고정 효과를 포함시키는 방식이 적절하다는 주장은 당대에도 상당한 논쟁을 불러일으켜서, 학술지 편집자들은 다른 저명한 사회학자들도 이 주제에 관한 의견을 학술지에 남기도록 요청했다.

연습 문제 4번에 나온 교향악단 오디션에 관한 연구는 다음과 같다.

Claudia Goldin and Cecilia Rouse. 2000. "Orchestrating Impartiality: The Impact of 'Blind' Auditions on Female Musicians." American Economic Review 90(4):715–41.

14

기작 평가

14장에서 다루는 내용

- 평균 인과적 효과의 추정치로 어째서 또는 어떻게 그 효과가 발생하는지는 모른다.
- 인과관계의 기저에 깔린 기작을 이해하기란 보기보다 어렵다. 일반적으로 잠재적 기작들을 측정한다고 해서 그중 어느 것이 가장 중요한지 파악할 수는 없다.
- 이론, 측정, 명확한 사고를 결합하면 인과관계의 기저에 깔린 기작을 파악하는 데 도움이 된다.

들어가며

3장에서 논의한 바와 같이 어떤 조치가 결과에 영향을 미친다고 말할 때는 조치의 변화가 결과도 바꾼다는 뜻이 전부다. 하지만 이런 효과가 직접적이거나 가깝게 연결될 필요는 없다. 어떤 사건이 어떤 결과에 미치는 효과는 여러 관계가 꼬리에 꼬리를 물고 연결된 결과일지도 모른다. 그러므로 다양한 상황에서 인과관계를 제대로 추정하더라도 그 조치가 결과에 어째서 또는 어떻게 영향을 미치는지는 그리 확실하게 알지 못하곤 한다.

예를 들어 일반 공립학교 대신 대안학교에 다니면 대학교 진학 가능성이 올라간다는 사실을 발견했다고 하자. 이는 흥미롭고 정책에도 관련된 발견이다. 평균적으로 대안학교가 학생들에게 더 도움이 된다는 얘기다. 하지만 여기서 '어떻게'는 빠졌다. 즉 대안학교가 학생들에게 도움이 되는 기작은 알려 주치 않는다. 이를테면 교과목이 더 혁신적이라서, 주변에 의욕적인 친구가 더 많아서, 규율이 더 엄격해서, 시설이 더 훌륭해서, 학점 인정 수업이 더 많아서, 학생들이 표준 시험에 더 잘 대비해서, 방과 후 활동 기회가 더 풍부해서, 학생들이 열심히 공부하도록 동기부여를 잘 해서 등등의 기작이다. 사람들은 보통 기작이 '어떻게'라는 질문("이 효과가 어떻게 발생하는가?")이나 '어째서'라는 질문("왜 이러한 일이 일어나는가?")에 대한 답변이라고 생각한다.

학생들을 대안학교와 공립학교로 무작위 배치하거나 어떤 강력한 연구 설계 방법을 채택해서 대안학교에 다니는 평균 효과를 평가할 수도 있다. 하지만 그렇다고 해서 그 효과를 만드는 기작을 밝히지는 못한다. 기작 이해가 중요한 경우도 있다. 예컨대 대안학교를 더 세우려고 한다면 기존 대안학교의 어떤 특성을 모방해야 좋을지 알고 싶을 것이다. 시설이 좋아야 할까, 학점 인정 수업이 더 많아야 할까, 시험 준비를 더 철저하게 해야 할까, 규율을 엄격하게 만들어야 할까? 14장에서는 단지 어떤 효과를 파악하기에 그치지 않고 그 효과의 기저에 깔린 기작을 이해하는 데서 생기는 어려움을 다룬다.

인과매개 분석

연구자들이 인과적 기작을 파악하려고 사용하는 방법 중에 인과매개 분석이라는 접근법이 있다. 인과매개 분석의 목표는 어떤 기작이 특정 효과를 일으키는 데 있어서 얼마나 중요한 역할을 하는지 데이터가 직접 알려 주도록 만드는 것이다.

그림 14.1은 그림 9.9에 나온 기작 구조를 재현해서 이 개념을 나타낸다. 대안학교 학생들이 학점 인정 수업을 더 많이 듣는 일이, 대안학교 진학이 대학 입학 허가에 미치는 영향에 얼마만큼 기여하는지 알아본다고 하자. 앞서 배운 표현을 쓰자면 대안학교 진학은 조치이고 대학 입학 허가는 결과다. 학점 인정 수업은 '매개자^{mediator}'라고 부르며 대안학교가 대학 입학 허가에 미치는 영향을 만드는 기작이다. 대안학교를 다니면 학점 인정 수업에 영향을 미치고, 학점 인정 수업은 다시 대학 입학 허가에 영향을 미친다는 개념이다. 그러므로 대안학교 진

학이 대학 입학 허가에 미치는 영향 중 일부는 학점 인정 수업을 통해서 발생한다. 우리는 학점 인정 수업에 의한 **효과**(대안학교에서 학점 인정 수업을 거쳐 대학교 진학으로 이어지는 화살표)가 얼마나 크고 다른 요소에 의한 **효과**(대안학교 진학에서 곧바로 대학교 진학으로 향하는 화살표)가 얼마나 큰지 알고 싶다.

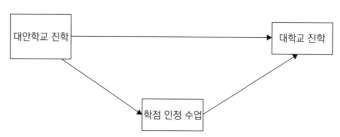

그림 14.1 학점 인정 수업은 아마도 대안학교가 대학교 진학에 영향을 미치는 기작 중 하나일 것이다.

명확하게 사고하지 않으면 10장에서 배운 기법을 사용해서 이 질문에 답하려는 충동이 생길 것이다. 먼저 입학 추첨으로 대안학교 진학이 대학 입학 허가에 미치는 영향을 추정하려 할 것이다. 대안학교 입학 추첨에 참가한 학생들을 대상으로 대학 입학 허가 여부를 대안학교 입학 당첨에 회귀시키면 된다. 그런 다음 학생마다 이수한 학점 인정 수업 개수를 측정하고, 이를 통제하면서 대학 입학 허가를 대안학교 입학 당첨에 다시 회귀시킨다. 만약 학점 인정 수업을 통제할 때 대안학교의 추정 효과 크기가 줄어든다면 그만큼의 효과는 학점 인정 수업 기작 덕분으로 볼 수 있다는 생각인데, 왜냐하면 학점 인정 수업을 통제하면 그 값을 고정하므로 추정 효과에서 통계적으로 제거되기 때문이다.

이 발상은 처음에는 그럴듯하게 들릴 것이다. 우리는 대안학교가 대학 입학 허가에 미치는 영향 중 어느 정도가 학점 인정 수업을 통해서 생기는지 알고자 한다. 대안학교가 대학 입학 허가에 미치는 영향 전체와, '학점 인정 수업의 효과가 사라진' 상태에서 대안학교가 대학 입학 허가에 미치는 영향을 비교하려 한다. 왜 이렇게 하면 안 될까?

근본적인 문제는 학점 인정 수업을 통제한다고 해서 그 효과를 사라지게 만들지는 않는다는 점이다. 개념만 생각해도 알 수 있다. 대안학교가 대학 입학 허가에 미치는 영향에서 학점 인정 수업의 효과를 제거하려면, 학점 인정 수업 이수가 대학 입학 허가에 미치는 영향을 추정할 방법이 반드시 필요하다. 하지만 그런 연구 설계는 설명한 적이 없다. 되도록 명확하게 이 문제를 생각해 보자.

대안학교 입학 추첨 덕분에 대안학교 진학이 대학 입학 허가에 미치는 영향을 추정할 수 있다. 또한 그 덕분에 대안학교 진학이 학점 인정 수업 이수에 미치는 영향도 추정한다. 하지만 학점 인정 수업 이수가 대학 입학 허가에 미치는 영향은 무슨 수로 추정할까? 어떤 학생이 듣는 학점 인정 수업 수와 그 학생이 대학 입학 허가를 받는지 여부 사이의 관계에는 확실히 여러 가지 교란 변수가 있다. 따라서 단순히 대학 입학 허가를 학점 인정 수업에 회귀해서는 안 된다.

이 점이 왜 문제가 되는지 알고자 극단적인 오류를 하나 생각해 보자. 대안학교에서 실제로 학생들이 학점 인정 수업을 더 많이 듣기는 하지만, 이 수업이 대학 입학 허가에는 아무런 효과가 없다고 가정하자(당연히 논증을 위한 가정일 뿐이다). 그러므로 통제 전략이 기작의 중요도를 파악하는 데 있어서 제대로 동작한다면, 학점 인정 수업 통제를 하든 말든 대안학교 진학이 대학 입학에 미치는 영향은 차이가 없어야 한다(실제로 기작이 아니기 때문이다). 하지만 학점 인정 수업이 (측정하지 못한) 학업적 재능과 상관관계가 있고 이 학업적 재능이 대학 입학에 영향을 미친다고 가정하자. 이제 대학 입학 허가를 대안학교 진학과 학점 인정 수업에 회귀시키면, 학점 인정 수업을 통제할 때 실제로 대안학교의 추정 효과가 더 낮을 것이다. 이는 학점 인정 수업이 학업적 재능을 대리(측정)하기 때문이다. 이러한 통계적 결과를 보고, 학생들이 학점 인정 수업을 듣는 일이 대안학교가 대학 입학률을 높게 만드는 중요한 기작이라는 틀린 결론을 내리게 된다. 그러나 학점 인정 수업이 아무런 효과가 없다는 점은 이미 명시했다. 학점 인정 수업 이수는 그저 우연히 대학 진학과 연관된 재능과 같은 요소와 상관관계가 있을 뿐이다. 그러므로 통제 전략은 잘못된 선택이다. 이런 유형의 분석은 명확히 사고하지 않으면 자원을 낭비하거나 잘못된 방법을 선택하는 오류를 범하게 된다.

인과매개 분석에 필요한 조건에 어떤 종류가 있는지 깊은 연구가 이뤄졌다. 자세한 기법을 다루지는 않겠지만, 핵심은 조치가 결과에 미치는 영향, 조치가 기작에 미치는 영향, 기작이 결과에 미치는 영향을 따로 떼어서 추정하는 연구 설계와 비슷하다. 이 세 가지 수치를 추정한다면 조치가 기작을 통해서 결과에 미치는 영향을 배제할 수 있다. 핵심 교훈은 물론 어떤 기작이 중요한지 판정하는 마법 같은 기법이나 통계적 방법은 없다는 점이다. 인과적 효과를 파악할 때처럼 기작을 파악하려면 노력을 기울이고 명확히 사고하는 방법밖에 없다.

중간 결과

분석가는 조치가 다른 대상, 아마도 기작에 관한 힌트를 제공할 중간 결과에 미치는 영향을 시험해 볼 수 있다. 어떤 조치의 효과를 추정할 연구 설계를 세우고 나면, 이론상 같은 방법을 이후에 연결되는 모든 측정 가능한 결과에 적용할 수 있다.

따라서 기작을 일부라도 평가하려면 어떤 중간 결과가 조치의 영향을 받는지 살펴보면 된다. 앞의 사례로 돌아가서, 대안학교 추첨으로 대안학교 진학이 대학 입학 허가에 미치는 영향만이 아니라 공부 습관, 방과 후 활동 참여, 표준 시험 점수, 학점 인정 수업 이수 등과 같은 중간 결과에 미치는 영향도 평가한다. 물론 이렇게 하더라도 중간 결과가 최종 결과(여기서는 대학 입학 허가)에 미치는 영향을 평가하지는 못한다. 이를 위해서는 별도의 연구 설계가 필요하다. 따라서 직전 절에서 논의한 이유로 인해 이런 방법으로 어떤 기작이 얼마만큼의 효과를 설명하는지 판단하지는 못한다. 다만 어떤 기작이 효과를 이해하도록 도움을 주고 어떤 기작은 도움이 안 되는지 사고하는 데는 얼마간 진전을 볼 수 있다. 예컨대 대안학교 진학이 학점 인정 수업 이수에 아무런 효과가 없다는 사실이 밝혀지면, 학점 인정 수업은 대안학교가 대학 입학 허가에 영향을 미치도록 만드는 기작이 될 가능성이 낮아진다.

중간 결과를 활용한 실제 사례 하나는 크리스 블래트만, 줄리안 제이미슨[Julian Jamison], 마가렛 셰리단[Margaret Sheridan]이 라이베리아에서 수행한 연구다.

인지적 행동 치료와 위험에 처한 라이베리아의 청년들

블래트만, 제이미슨, 셰리단은 라이베리아에서 범죄나 폭력에 가담할 위험이 높은 청년들을, 경제적 상황을 개선하고 범죄와 폭력을 줄이려는 희망에서 인지적 행동 치료에 무작위로 배치했다. 이 치료는 효과가 있어서 두 가지 결과 모두 상당히 개선됐다. 세 사람이 연구하던 치료 프로그램에 있어서 희소식이다. 다만 치료가 효과적이라는 사실에 덧붙여 어떻게 또는 어째서 그 치료가 효과적인지도 알면 좋겠다. 치료는 8주 동안 진행됐으며 자제력에서 외모에 이르기까지 다양한 능력을 높이는 내용이 포함됐다. 게다가 금전적인 보상도 일부 포함됐다. 그러므로 결과를 설명할 조치에는 수많은 특성이 있다. 그리고 이 연구에서 얻은 결과를 다른 상황에 적용하고자 한다면 이 프로그램에서 어떤 부분이 중요하고 어떤 부분은 부수적인지 알 필요가 있다.

앞서 논의한 바와 같이 어떤 특성이 전반적인 효과를 이끌어 내는지 확실하게 알 길은 없다. 그러나 연구자들은 기작을 명료하게 설명할 몇 가지 중간 결과를 측정했고, 여기서 얻은 교훈은 다른 곳에 적용하고자 하는 실험자에게 도움이 된다. 흥미롭게도 이 연구자들은 자신들의 치료가 피실험자의 충동, 끈기, 성실성 같은 자제 능력에 영향을 미친다는 증거는 거의 찾지 못했다. 따라서 이들은 자제 능력이 치료가 폭력을 줄이거나 경제적 상황을 개선하는 데 관여하는 중요한 기작이 될 가능성이 낮다고 결론 내렸다. 반면 이들은 자신들의 개입이 사회적 연결이나 폭력을 대하는 자세 같은 다른 중간 결과에 지대한 영향을 미쳤다는 점을 발견했다. 이는 이런 기작이야말로 치료 효과를 더 잘 설명하고, 다른 상황에서 모방해야 할 대상이라는 점을 시사한다.

확실하게 말하자면 이 연구가 자제력이 경제적 안정이나 폭력에는 아무런 영향이 없음을 보이지는 않는다. 어쩌면 아주 큰 영향이 있을지 모른다. 그 대신 연구에서 일어난 특정 개입 방식이 자제력에는 거의 효과가 없었고, 따라서 그들의 개입이 경제적 안정이나 폭력에 주는 커다란 효과를 자제력으로 설명하기는 적절치 않다는 점을 보인 셈이다. 더불어 향후 다른 실험자가 행동 치료법으로 라이베리아에서 거둔 성공을 따라하려고 한다면, 어쨌든 자제력을 변화시켜서는 그다지 성공하지 못하리라는 점, 그러므로 이 특정 접근법에서 제일 영향이 컸던 사회적 연결이나 폭력을 대하는 자세 같은 다른 요소에 더 집중하는 편이 낫다는 점을 이번 연구로부터 배워야 할 것이다.

독립된 이론적 예측

특정한 기작을 파악하는 또 다른 방법으로 이론적으로 사고해서 여러 가지 잠재적 기작 중에서 판정을 내릴 독립된 검사를 생성하는 방법이 있다. 7장에서 독립된 이론적 예측을 사용해서 어떻게 어떤 추정 효과가 잡음으로 인한 결과(즉 위양성)인지 검사하는지 논의했다. 그때는 대학 미식축구 경기가 선거 결과에 주는 추정 효과를 돌아본 사례였다. 이번에도 발상은 비슷하다. 다만 이번에는 관찰한 결과가 진짜인지 가짜인지 시험하는 대신, 진짜라고 믿는 추정 효과의 기저에 깔린 기작을 찾고자 한다.

사라 안지아Sarah Anzia와 크리스 베리Chris Berry의 연구가 이 과정을 보여 준다.

유권자들이 여성 후보를 차별하는가?

선거 과정에서 차별이 발생할 가능성은 큰 관심거리다. 예를 들어 유권자들이 여성 후보에게 편견을 갖는가? 이 질문에 설득력 있는 답변을 주기 어려운 이유는 명백하다. 후보를 차별하는 유권자가 설문 조사에서 편견을 드러낼 리 없다. 그리고 차별 외에도 실제 선거에서 여성 후보가 남성 후보보다 잘하거나 못할 이유는 있다.

미국 선거에서 여성 후보가 평균적으로 남성 후보와 비슷한 성과를 보인다는 점을 지적한 학자들도 있다. 이들의 주장으로는 이러한 사실이 유권자가 차별하지 않는다는 점을 시사한다. 그러나 안지아와 베리는 만일 차별이 정말 존재한다면 가장 뛰어난 여성만 선거에 출마할 것이라고 기대할 만하고, 그렇기 때문에 차별함에도 여성 후보가 남성 후보만큼 선전할 여지가 있다고 지적한다. 따라서 여성이 일단 '출마한 상황'에서는 남성만큼 성과를 거둔다는 사실만으로 유권자의 차별이 없다고 보기는 어렵다.

두 사람은 이런 식으로 생각을 이어 가면서 여성 후보 차별이 실재할 경우에 성립하는 이론적 예측을 시도했다. 그중 하나는 만일 차별이 있고 다른 조건이 모두 같다면 여성 당선자가 남성 당선자보다 더 나은 성과를 보인다는 예측이다. 차별이 있으면 여성은 더 뛰어나야 당선되기 때문이다. 물론 업무 성과를 완벽하게 측정할 기준은 없다. 다만 두 사람은 의원이 발의한 법안 개수나 지역구에 유치한 연방 정부 예산과 같이 의회 활동 성과를 측정할 몇 가지 척도를 살펴봤다. 그 결과는 이론적 예측과 일치한다. 이들은 이중차분법 설계를 사용해서 (지역구 차이와 시기 차이를 감안해서 최대한 제대로 비교하면) 여성 의원이 남성 의원보다 평균적으로 더 나은 성과를 내며, 이는 유권자의 차별로 인해 여성이 더 높은 장벽을 넘어야 당선되리라는 예측과 일치함을 보였다.

아직 흥미롭고 설득력 있는 현상은 발견하지 못했으므로 두 사람은 한걸음 더 나아갔다. 여성 의원이 남성 의원보다 평균적으로 더 생산적이라는 점과 여성 차별이 이런 효과를 설명할 가능성이 있다는 점은 명백하다. 그런데 이런 효과를 설명할 가능성이 있는 다른 기작도 있을까? 예컨대 만약 여성이 의정 활동의 어떤 부분에서 차별과 무관하게 남성보다 원래 뛰어나다면? 아니면 일단 여성이 의회에 진출하면 역량 때문이 아니라 소수자로 간주되기 때문에 다른 취급을 받는다면?

이들은 이런 유형의 질문에 답하고자 생각을 이어갔다. 정말로 차별 때문에 이런 결과가 나타난다면 추가로 시험해 볼 만한 이론적 예측이 있을까? 한 가지는 여성 차별이 심할수록 여성과 남성 당선자 사이의 성과 차이가 더 커야 한다는 예측이다. 당연히 어떤 지역구에서 차별이 더 심한지는 모른다. 다만 합리적인 가설 하나는 보수 성향의 지역구가 진보 성향의 지역구보다 여성 후보 차별이 심하리라는 예상이다. 그래서 두 사람은 남녀 간 의정 활동 성과 차이가 대통령 선거 결과를 기준으로 볼 때 보수 성향인 지역구에서 더 큰지 시험했다. 결과는 차이가 더 컸다.

그들이 추정한 기작을 뒷받침할 증거를 더 얻고자 두 사람은 의원인 남편이 사망해서 그 자리를 물려받은 일단의 여성 의원들은 다른 여성 후보처럼 차별을 극복할 필요는 없었다는 점에 주목했다. 그래서 이들은 평균적으로 역량이 더 뛰어나리라 기대하기 어렵다. 그리고 확실히 두 사람은 자리를 물려받은 여성 의원들은 남성 의원보다 성과가 낮지 않으며, 스스로의 힘으로 당선된 여성 의원보다는 형편없다는 점을 발견했다.

안지아와 베리의 연구가 지닌 설득력은 차별의 존재를 드러내는 단 하나의 빈틈없는 연구 설계나 통계적 검정으로부터 나오지 않는다. 그보다 이들은 선거에서 발생하는 차별에 관해 이론을 세우고, 그 이론에서 파생된 서로 독립된 여러 가지 예측을 시험함으로써 한 가지 흥미롭고 타당한 기작을 명료하게 설명했다.

물론 이렇게 해도 끝은 아니다. 다른 기작으로도 관찰한 양상을 설명할 여지가 있다. 많은 학자는 여성이 자신의 역량을 과소평가하거나 후보로 나서기 꺼릴 가능성을 보이는 증거를 언급한다. 이런 기작들도 여성 의원이 당선될 경우 더 나은 성과를 보이는 이유가 될지 모른다. 그러므로 어떤 기작이 작용하는지 확인하기까지 아직 할 일이 많이 남았다. 하지만 우리가 보기에 이 연구는 명확한 사고와 데이터 분석을 결합해서 인과적 기작을 더 잘 이해하려는 하나의 연구 모형을 제시한다.

설계로 기작을 시험하기

특별한 상황에서는 특정 기작을 분리하도록 연구를 설계할 수 있다. 앨런 거버[Alan Gerber], 돈 그린[Don Green], 크리스토퍼 라리머[Christopher Larimer]가 사회적 압박이 투표율에 어떻게 영향을 미치는지를 명석하게 연구한 사례를 살펴보자.

사회적 압박과 투표

거버, 그린, 라리머는 무작위로 유권자를 선택해서 엽서를 보냈다. 엽서에는 수신자의 이웃 중 누가 직전 선거에서 투표를 했고 누가 안 했는지 적혀 있었다(아는지 모르지만 미국에서는 개인의 투표 여부는 공개된다. 누구에게 투표했는지만 비밀이다). 또한 다음 선거가 끝나면 이웃들에게 도 비슷한 엽서를 보낼 예정이라는 내용도 적혀 있었다. 엽서를 받은 사람이 다음 선거에서 투표하지 않으면 모든 이웃이 그 사실을 알게 된다는 뜻이다. 이런 특이한(그리고 좀 공격적인) 엽서 덕분에 투표율이 극적으로 올라갔다. 엽서를 받은 사람들은 대조군에 비해 8퍼센트포 인트 투표율이 높았다.

이런 실험 결과를 보면 왜 엽서가 그렇게 큰 효과를 지니는지 궁금해질 만하다. 즉 엽서가 대체 어떤 기작을 거쳐 투표율을 올렸는지 궁금해진다. 조치의 사회적 측면이 중요했을까? 사람들은 정말로 자신이 투표하지 않은 사실을 이웃이 알기를 싫어할까? 그저 엽서가 선거를 상기시켜서 투표하러 나갔을까? 아니면 자신이 연구 대상임을 알고 연구진에게 좋은 인상을 심어 주고 싶었을까?

사회적 기작의 중요성을 파악하고자 연구자들은 또 다른 무작위 엽서 배송을 실험 설계에 넣었다. 이 엽서는 앞서 보낸 엽서와 판박이인데 딱 하나만 달랐다. 모든 이웃 대신 수신자 가족의 투표 정보만 담았다. 이런 엽서를 받으면 자신이 투표하지 않은 사실을 이웃이 알 것이란 걱정은 하지 않아도 된다. 같이 사는 사람들만 그 사실을 알게 된다. 그리고 가족은 아마도 자신의 투표 여부를 이미 얼추 알 것이다. 이 작은 변화가 사회적 압박이란 기작을 제거하리라는 생각이다. 그리고 실제로 이런 엽서를 받은 사람들도 투표율이 올랐지만 대조군에 비해 5퍼센트포인트만 올랐다.

이 연구 설계에서 훌륭한 부분은 실험에 여러 가지 조치를 포함해서 첫 번째 엽서의 사회적 측면이 얼마나 큰지 추정할 수 있었다는 점이다. 구체적으로 보면 투표 정보를 단지 가족만이 아니라 모든 이웃에게 공개하는 효과는 전체 8퍼센트포인트 중 3퍼센트포인트를 차지하는 것으로 나타난다.

기작 구분하기

연구 설계를 하지 않아도 위와 비슷하게 기작을 구분할 수 있는 경우가 있다. 물론 이렇게 하려면 서로 다른 기작의 효과를 각각 추정할 여러 가지 연구 설계가 있어야 한다. 사례를 하나 보자.

물가 폭등과 극심한 갈등

학자들은 수십 년 동안 경제 사정과 극심한 갈등, 그리고 둘 사이의 인과관계를 연구했다. 이보다 더 중요도가 높은 주제를 떠올리기도 어렵다. 사람들은 전 세계의 경제 사정을 개선하고 극심한 갈등을 줄이고 싶어하지만 그 방법은 잘 모르는 듯하다.

이미 9장에서 경제 사정이 갈등에 미치는 영향을 실증적으로 평가하는 데 따르는 어려움을 논의했다. 갈등과 빈곤한 경제 사정 사이에 강한 상관관계를 관찰하더라도, 전자가 후자를 유발하는지, 후자가 전자를 유발하는지, 어떤 교란 요소가 두 가지 다 유발하는지, 아니면 이런 모든 가능성이 섞여서 일어나는지는 불분명하다.

문제의 일부라도 풀어 보고자 많은 학자는 경제 사정이 극심한 갈등에 미치는 영향을 좀 더 제대로 추정할 수 있는 연구 설계를 찾으려 시도했다. 흔히 사용한 전략 한 가지는 물가 폭등을 이중차분법 설계에 활용하는 방법이다. 기본 개념은 다음과 같다.

양귀비 재배는 아프가니스탄 일부 지역의 주요 산업이다. 양귀비 산업으로 돈을 버는 아프가니스탄의 농부와 농장 일꾼들은 그럭저럭 괜찮은 경제적 기회를 포기하기 싫기 때문에 싸우러 나서지 않으리라고 생각할지 모른다. 그러나 확실히 아프가니스탄의 여러 지역에서 발생한 갈등의 규모를 양귀비 재배 규모에 회귀시키기만 해서는 갈등과 경제적 기회의 관계를 파악하지 못한다. 교란 변수가 많다. 양귀비는 헤로인 제조의 핵심 원료라서 양귀비 재배는 마약 거래와 관련되며, 이는 폭력 발생에 독자적으로 영향을 미칠 여지가 있다. 게다가 양귀비는 산악 지대에서 자란다. 지형도 폭력 발생 규모에 영향을 미칠지 모른다.

다르게 생각하면 양귀비 농부와 농장 일꾼들은 양귀비 재배 사업이 특히 호황일 때는 싸움에 나서려는 의지가 약해지고 불황일 때는 의지가 강해질지도 모른다. 하지만 이번에도 이러한 서로 다른 시기의 비교는 잠재적인 교란 변수를 품는다. 어쩌면 양귀비 수요가 우연히 계절 특성, 미군 배치, 그 밖에 폭력 발생에 영향을 미치는 다른 요소들과 맞물릴지도 모른다.

그러나 이중차분법 전략은 두 가지 걱정거리를 모두 해소할 수 있다. 양귀비 재배 지역에서 사업이 호황일 때와 불황일 때 발생하는 폭력 규모를 대조하고, 그 차이를 양귀비를 재배하지 않는 지역에서 나타나는 같은 유형의 차이와 비교한다. 시간의 흐름에 따른 폭력 발생의 변화를 모두 계산에 넣고, 양귀비 재배 지역과 그 밖의 지역 사이에서 발생한 폭력 수준의 기본 차이도 계산에 넣으면 경제적 번영이 폭력에 미치는 영향의 좀 더 믿을 만한 추정치를 얻을 수 있다.

이 전략이 성공하려면 당연히 양귀비 사업이 호황인지 불황인지 측정할 기준이 필요하다. 이에 연구자들은 양귀비의 국제 가격(또는 헤로인의 국제 가격) 변화를 사용했다. 대부분의 상품에 있어서 개별 국가 대부분은 영향력이 작다는 발상이다. 그러므로 어떤 상품의 국제 가격이 특정 국가의 상황에 크게 좌우될 가능성이 작다. 따라서 아마도 국제 가격 변화로 지역 경제 상황에 미치는 영향을 추정할 수 있겠다(11장에서 불응을 논의하면서 나온 도구 변수를 기억하자).

꽤 훌륭한 발상이다. 이중차분법을 사용하면 부유한 지역과 빈곤한 지역을 비교하거나 시기에 따른 비교만 할 때보다 경제적 충격이 폭력 발생에 미치는 영향을 더 제대로 추정할 수 있다.

학자들은 이 과정을 단일 상품과 단일 국가에만 적용하는 대신, 국가마다 생산하는 수백 가지 상품의 가격을 신중하게 측정했다. 이로부터 국가별 상품 색인을 만들었다. 그리고 각 상품의 국제 가격을 해마다 수집해서, 각 국가의 전체 생산품 가격이 매년 어떻게 바뀌는지 측정했다. 이제 거대한 이중차분법 분석을 수행해서 전 세계적으로 경제적 충격으로 폭력 발생에 어떤 변화가 생기는지 알 수 있다.

흥미롭게도 학자들은 이런 방법으로 서로 상충되는 결과를 얻었다. 갑작스러운 호황이 폭력을 줄이는 것처럼 보일 때도 있고, 반대로 폭력을 늘릴 때도 있고, 눈에 띄는 효과가 없을 때도 있었다. 이처럼 모순되고 불일치하는 발견은 다소 당혹스럽다. 데이터와 연구 설계가 발전하면 좀 더 확실한 결과를 얻어야 할 터다.

무슨 일이 벌어진 걸까? 에르네스토 달 보Ernesto Dal Bo와 페드로 달 보Pedro Dal Bo는 가능성 있는 이론적 설명을 하나 제시했다. 이들은 적어도 두 가지 기작을 통해서 경제 사정이 갈등에 영향을 미칠 수 있고, 두 기작은 서로 반대 방향으로 작용한다고 지적한다. 경제 사정이 좋으면 양질의 일자리를 많이 만들어서 일꾼들이 일자리를 떠나 싸움에 가담하려 하지 않을 것이다. 다시 말해 경제 사정이 좋으면 싸움의 기회 비용이 증가한다. 만일 여러분이 직업이 없어서 배고프다면 혁명에 가담하려 하겠지만, 벌이가 넉넉하다면 그러한 의사가 줄어들 것이다. 반면에 무장 집단은 종종 경제권을 두고 다툰다. 경제 사정이 좋다면 싸워서 얻을 것도 많다. 다시 말해 경제 사정이 좋으면 약탈하는 이점이 커진다. 만일 여러분이 아무런 경제적 가치가 없는 황무지에 산다면 굳이 그 땅을 얻으려고 싸울 이유가 뭐가 있겠나? 하지만 급성장하는 경제를 조종해서 돈을 번다면 싸울 값어치가 충분하겠다. 아마도 경제 사정의 큰 변화가 이처럼 서로 반대되는 영향력을 가진다는 사실이 어째서 이전 연구 결과가 뒤죽박죽인지 설명해 줄 것이다.

그래서 이제 어떻게 해야 하나? 반대되는 영향력이 있다는 사실은 이론적으로는 명백하지만 정책을 정하는 데는 별 도움이 안 된다. 다행히 두 사람은 어느 한쪽이 다른 쪽보다 우세한 조건이 무엇일지 더 연구했다. 노동집약적 산업에서는 경제적 충격이 노동 수요와 높은 임금과 양질의 일자리를 창출하기 때문에 기회 비용의 기작이 우세하다. 그러나 자본집약적 산업에서는 경제 사정이 좋아도 임금이나 고용을 크게 늘리지 않으면서 이권의 규모는 커지기 때문에 약탈의 기작이 우세하다.

외인드릴라 두베Oeindrila Dube와 후안 바르가스Juan Vargas는 2013년 연구에서, 우리가 소개한 이중차분법 전략으로 이런 발상을 실증적으로 시험할 방법을 찾았다. 이들은 콜롬비아의 군사 충돌을 연구했는데 커피와 석유라는 두 가지 산업에 집중했다. 커피 산업은 농장과 공장에서 일할 일꾼이 많이 필요하므로 상대적으로 노동집약적이다. 반면 석유 산업은 자본집약적이다. 일단 유정을 발굴하면 생산자가 할 일은 많지 않다. 콜롬비아의 어떤 지역은 커피 산업 비중이 높고 다른 지역은 석유 산업 비중이 높다는 점이 중요하다. 커피 국제 가격이 갑자기 오르면 커피 산업 위주의 지역은 다른 지역에 비해 갈등이 줄어드는 모습을 보이는데 이는 이론적 예측과 일치한다. 바로 기회 비용의 기작을 뒷받침하는 증거다. 반대로 원유 국제 가격이 갑자기 오르면 석유 산업 위주의 지역은 다른 지역에 비해 갈등이 늘어나는 모습을 보인다. 이는 약탈의 기작을 뒷받침하는 증거다.

이러한 증거는 경제 사정이 여러 가지 기작을 통해서 정말로 극심한 갈등이 일어나는 데 영향을 미친다는 점을 시사한다. 경제 여건이 나아지면 주어진 상황에서 어느 기작이 더 우세한지에 따라 갈등을 완화하기도 악화시키기도 한다. 전 세계적으로 경제적 충격과 갈등 사이의 평균적인 관계를 발견하지 못한다고 해도 경제 사정이 갈등에 중요하지 않다는 뜻은 아니다. 그보다는 여러 가지 효과가 서로 상쇄해서 평균적으로 가려지고, 여러 기작을 분리해야만 제대로 이해할 수 있다고 봐야 하겠다. 그러므로 경제 원조가 갈등을 누그러뜨릴 수 있지만, 어디까지나 일자리 기회를 만들어 낼 경우에 한할 것이다. 경제 원조가 그저 싸워서 얻을 파이만 키우고 일자리 기회를 제공하지 못한다면 상황은 악화될 것이다. 이런 중요한 통찰은 데이터, 연구 설계, 이론, 명확한 사고가 잘 연계돼야 얻을 수 있다. 데이터만으로는 부족하다. 연구 설계만 있어도 마찬가지다. 모든 수단을 동원해야 한다.

정리

3부에서 많은 내용을 배웠다. 이 책의 주요 목표 중 하나인 상관관계가 인과관계를 내포하지 않는 진짜 이유를 알았다. 인과 추론이 왜 어려운지 살펴봤고, 창의적인 연구 설계로 인과적 효과를 제대로 추정하거나 기작을 밝히는 흥미진진한 방법도 탐구했다. 이는 정말로 중요한 내용이며 여러분이 배운 내용에 관해 자신감을 갖기 바란다.

그러나 인과적 효과에 관한 지식 자체만으로는 정량화된 정보를 완벽하게 활용해서 의사결정에 도움이 되게끔 만들기에 부족하다. 마지막 4부에서는 올바른 질문과 그 질문에 답하는 올바른 증거와 정량화의 한계가 무엇인지 명확히 사고하기에 도움이 될 주제를 소개한다.

핵심 용어

- **매개자**: 조치로부터 영향을 받고 결과에 영향을 주는 어떤 특성.
- **인과매개 분석**: 조치가 결과에 주는 효과 중에서 조치가 매개자를 통해서 결과에 주는 효과의 비중이 얼마나 되는지 추정하는 기법.

연습 문제

14.1 1990년대 미국 주택도시개발부는 '기회 찾아 이사하기'Moving to Opportunity'라는 대규모 현장 실험을 수행했다. 극빈층을 위한 공공 주택에 사는 가정을 무작위로 골라서 서민 주거 지역으로 이사하는 조건으로 주거비 지원(임대료 보조)을 제안했다. 다른 가정은 그런 제안을 받지 못했다. 실험의 목표는 서민 주거 지역으로 이사하면 경제적, 정신적, 신체적으로 이로운지 파악하는 것이다.

연구자들은 데이터를 조사해서 조치 상황에 놓인(서민 주거 지역으로 이사하면서 지원을 받은) 가정이 신체적, 정신적 건강과 주관적인 행복도에서 미조치 상황의 (제안을 받지 못한) 가정보다 낫다는 점을 발견했다. 경제 사정은 별다른 차이가 없었다.

(a) 이 실험 결과는 조치, 즉 서민 주거 지역으로 이사해야만 받는 주거비 지원이 행복도를 높인다는 강력한 증거다. 이 결과는 실험의 조치가 사람들이 서민 주거 지역으로 이사하는 기작으로 통해서 작동한다는 점을 암시할까? 이 결과를 설명할 가능성이 있는 다른 기작을 적어도 하나 들어 보라.

(b) 서민 주거 지역으로 이사하는 효과를 좀 더 명확하게 밝히려면 실험에서 어떤 내용을 바꾸거나 더하면 될까?

(c) 이 실험에는 사실 다른 조치가 한 가지 더 활용됐다. 또 다른 무작위 선택 집단은 (꼭 서민 주거 지역이 아니더라도) 자신들이 원하는 지역으로 이사하는 대가로 주거비 지원을 받았다. 이 사실을 감안할 때 서민 주거 지역으로 이사하는 효과와 아무 지역으로나 이사하는 잠재적 효과 또는 주거비 지원이라는 혜택을 받는 잠재적 효과를 구분하려면 어떻게 비교해야 할까?

(d) 추가 문제: 이 실험에서도 당연히 불응이 일부 발생해서 주거비 지원에 할당된 사람이 이사하지 않은 경우도 있다. 그리고 예상했겠지만 두 가지 조치의 이행 비율은 달랐다. 이사할 지역을 선택할 수 있는 가정은 63퍼센트가 주거비 지원을 선택했지만, 서민 주거 지역으로만 이사해야 하는 가정은 48퍼센트만 주거비 지원을 선택했다. 더 복잡한 점은 이사 지역에 제약이 없는 가정 중에서도 서민 주거 지역으로 이사한 경우가 있다는 사실이다. 이처럼 불응 문제가 불거진 상황에서 서민 주거 지역으로 이사하는 효과를 추정하고 싶다면 어떻게 해야 할까? (쉬운 답은 없지만,

모든 복잡성을 고려해서 인과적 기작을 파악하는 일이 얼마나 어려운지 가늠해 보면 이해에 도움이 되리라 기대한다.)

14.2 교육 수준이 정치 참여도를 높인다는 강력한 증거가 있다. 어떻게 이런 효과가 있을지 한번 생각해 보자.

누군가는 이런 현상이, 적어도 일부는 소득이나 자산의 기작으로 인해 발생한다는 가설을 세웠다. 어쩌면 교육받은 사람이 부유해지고, 부유한 사람들은 세금이나 경제 정책에 더 신경을 쓰기 때문에 투표에도 더 열심히 참여하는지도 모른다. 이러한 기작 가설을 이끌어 낼 만한 다음 증거들을 살펴보라. 각각 얼마나 설득력이 있으며, 왜 그런가?

(a) 투표율을 교육 기간에 회귀시키면 큰 회귀 계수를 얻는데, 투표율을 교육 기관과 소득에 동시에 회귀시키면 교육 기간에 연관된 회귀 계수는 그보다 확연히 작아진다고 한다.

(b) 의무 교육 요건 때문에 연말에 태어난 사람들은 교육 기간이 길어지기 마련이다(이들은 동급생보다 어리기 때문에 중퇴를 선택하려면 한 해 더 학교를 다녀야 한다).[1] 노동경제학자들은 이런 자연 실험과 도구 변수를 활용해서 교육이 소득을 상당히 높인다고 추정했다. 연구자들은 또 다른 자연 실험을 통해서 복권 당첨이 투표율을 높인다는 점도 발견했다.

(c) 공대에서 임금 수준이 높은 전공(항공우주, 화학, 석유 등)으로 학위를 받은 사람은 임금 수준이 낮은 전공(토목, 환경, 기계)으로 학위를 받은 사람보다 정치 참여율이 높다고 한다.

읽을거리

인과매개 분석에 더 관심이 있으면 다음 논문을 읽어 보라.

John G. Bullock, Donald P. Green, and Shang E. Ha. 2010. "Yes, But What's the Mechanism? (Don't Expect an Easy Answer)." *Journal of Personality and Social Psychology* 98(4):550–58.

---

1   미국은 9월에 학기가 시작한다. – 옮긴이

Kosuke Imai, Luke Keele, Dustin Tingley, and Teppei Yamamoto. 2011. "Unpacking the Black Box of Causality: Learning about Causal Mechanisms from Experimental and Observational Studies." American Political Science Review 105(4):765–89.

라이베리아에서 있었던 행동 치료에 관한 연구는 다음과 같다.

Christopher Blattman, Julian C. Jamison, and Margaret Sheridan. 2017. "Reducing Crime and Violence: Experimental Evidence from Cognitive Behavioral Therapy in Liberia." American Economic Review 107(4):1165–1206.

선거에서 일어나는 여성 차별에 관한 연구는 다음과 같다.

Sarah F. Anzia and Christopher R. Berry. 2011. "The Jackie (and Jill) Robinson Effect: Why Do Congresswomen Outperform Congressmen?" American Journal of Political Science 55(3):478–93.

사회적 압박이 투표율에 미치는 영향을 실험한 논문은 다음과 같다.

Alan S. Gerber, Donald P. Green, and Christopher W. Larimer. 2008. "Social Pressure and Voter Turnout: Evidence from a Large-Scale Field Experiment." American Political Science Review 102(1):33–48.

경제 상황과 갈등 사이의 관계를 연구한 논문은 다음과 같다.

Ernesto Dal Bo and Pedro Dal Bo. 2011. "Workers, Warriors, and Criminals: Social Conflict in General Equilibrium." Journal of the European Economic Association 9(4):646–77.

Oeindrila Dube and Juan F. Vargas. 2013. "Commodity Price Shocks and Civil Conflict: Evidence from Colombia." Review of Economic Studies 80:1384–1421.

'기회 찾아 이사하기'의 효과를 다룬 연구는 수없이 많다. 다음은 그중 대표적인 논문이다.

Lawrence F. Katz, Jeffrey R. Kling, and Jeffrey B. Liebman. 2001. "Moving to Opportunity in Boston: Early Results of a Randomized Mobility Experiment." Quarterly Journal of Economics 116(2):607–54.

4부

정보로부터 의사결정에 이르기까지

통계를 실체로

15장에서 다루는 내용

- 의사결정에 혼란을 주거나 별 도움이 안 되는 방식으로 통계를 보고하는 경우가 많다.
- 주어진 질문을 명확히 이해하면 통계를 실제로 유용한 정보로 바꿀 수 있다.
- 정량적 증거 그 자체만으로는 어떤 믿음을 주지 못한다. 여러분의 믿음은 새로운 증거와 기존의 믿음을 결합해서 생겨난다. 베이즈 법칙은 새로운 정보를 접하면 그 전의 믿음을 어떻게 바꿔야 하는지 알려 준다.
- 정량적 증거 그 자체만으로는 무엇을 해야 할지 모른다. 무엇을 해야 할지 알려면 증거에 기반한 믿음과 증거에서 얻은 값을 신중하게 결합해야 한다.

들어가며

양적 분석은 의사결정을 낫게 만들 유익한 정보를 제공해야 한다. 지금까지 강조한 개념들, 즉 어떤 관계가 존재하는지 판별하기, 평균으로의 회귀, 인과관계와 상관관계의 차이, 인과적 효과를 추정하는 수단 등등은 이런 과정에 투입할 중요한 수단이다. 하지만 이것만으로 다 되지는 않는다.

여러분이 어떤 방식의 개입이 어떤 결과에 긍정적인 효과가 있다고 추정했다고 가정하자. 그러면 여러분이 그러한 개입을 해야 한다는 얘기인가? 양적 분석만으로는 모른다. 여러분의 결정은 여러분이 믿는 바와 증거로 얻은 값, 그리고 고려해야 하는 모든 상충되는 이해관계에 좌우된다. 증거를 행동으로 옮기려면 통계적 정보를 여러분의 질문에 대한 실질적 답변으로 바꿀 필요가 있다.

많은 사람이 이 지점에서 헷갈린다. 일단 정밀하고 권위 있게 들리는 어떤 정량화된 정보를 얻고 나면 명확한 사고를 멈추기 쉬워서, 결국 올바른 정보를 갖고 틀린 결론에 도달한다. 15장에서는 이런 실수를 피하는 방법을 살펴본다. 핵심은 통계를 실체로 바꾸는 일로서 확실하게 여러분이 진짜로 중요시하는 질문을 던지고 그 답을 구하도록 만들 것이다.

올바른 단위는 무엇인가?

어떤 정량화된 정보를 정밀하고 정확하게 표현하는 방법은 여러 가지다. 그러나 모든 방법이 똑같이 유용하지는 않다. 정보를 표현하는 방법은 그 정보로 인식하는 실질적인 의미에 중요한 영향을 준다. 예를 들어 단위가 달라지면 어떤 관계가 커 보이거나 작아 보이거나, 중요하거나 덜 중요하거나, 행동을 취할 충분한 이유가 되거나 아니거나 등의 여부가 크게 달라진다. 따라서 이런 정보를 표현할 때 정보를 표현하는 방식이 여러분이 답할 실질적인 질문과 연관되는지, 또는 그 관계를 다른 방식으로 재설정하면 더 나은지를 생각하는 것이 중요하다. 이 말이 무슨 뜻인지 알고 싶다면 다음 두 가지 사례를 살펴보자.

갤런당 마일과 마일당 갤런

여러분이 자동차 배기 가스를 규제하는 미국 환경보호청 직원이라고 하자. 여러분은 두 가지 규제안을 평가해야 한다. 하나는 소형 승용차의 연비를 갤런당 2마일 개선하는 것이다.[1] 다른 하나는 대형 SUV의 연비를 갤런당 2마일 개선하는 것이다. 두 종류의 차량은 같은 숫자만큼 운행 중이며, 차량 한 대당 연간 평균 10,000마일을 운행한다고 하자. 승용차 연비는 30마일/갤런(규제안을 적용하면 32마일/갤런이 된다)이고 SUV 연비는 10마일/갤런(규제안을 적용

---

1   1갤런=3.785리터, 1마일=1.6킬로미터 – 옮긴이

하면 12마일/갤런이 된다)이다. SUV 규제안은 적용하는 데 비용이 조금 더 든다. 두 가지 규제 안이 연간 똑같은 거리를 운행하는 똑같은 숫자의 차량을 대상으로 갤런당 2마일씩 개선하 므로 여러분의 부서는 승용차 규제안 채택을 권고한다. 타당한가?

먼저 여러분이 대답하려는 질문의 실체를 다시 떠올려 보자. 여러분의 임무는 휘발유 소비를 줄여서 배기 가스 배출을 줄이는 일이다. 승용차와 SUV의 연비를 각각 갤런당 2마일 개선하 면 휘발유 소비도 같은 양으로 줄어들까? 통계를 실체로 바꿔서 점검해 보자.

SUV의 연비가 10마일/갤런이면 평균적으로 연간 10,000마일을 운행하므로 연간 휘발유 1,000갤런($\frac{10,000}{10}$)을 소비한다. 규제안을 적용해서 연비를 12마일/갤런으로 높이면 SUV 한 대는 연간 평균 휘발유 833갤런($\frac{10,000}{12}$)을 소비할 것이다. 연비를 갤런당 2마일 높이면 SUV 한 대당 연간 휘발유 167갤런을 아끼는 셈이다.

승용차는 어떨까? 승용차 연비는 30마일/갤런이고 평균적으로 연간 10,000마일을 운행하 므로 승용차 한 대당 연간 평균 333갤런($\frac{10,000}{30}$)을 소비한다. 규제안을 적용해서 연비를 32마 일/갤런으로 높이면 승용차 한 대당 연간 평균 313갤런($\frac{10,000}{32}$)을 소비한다. 연비를 갤런당 2마일 높여도 승용차 한 대당 연간 휘발유 20갤런밖에 아끼지 못하는 셈이다.

통계를 실체로 바꾸기 전까지는 분명하지 않았지만, 이제 보니 여러분 부서의 권고안이 잘못 돼 보인다. 연비를 갤런당 2마일 개선하면 이미 연비가 괜찮은 승용차보다 기름 먹는 하마인 SUV에서 절약 효과가 훨씬 크다. 따라서 SUV 연비 규제 비용이 너무 크지 않다면 이쪽을 선택해야 한다.

그림 15.1은 차량 한 대가 연간 10,000마일을 운행할 때 연비에 따른 휘발유 소비량 함수를 보여 준다. 예상대로 연비가 좋아지면 휘발유 소비는 줄어든다. 그보다 조금 덜 눈에 띄지만 방금 본 결과를 이해하는 데 필수인 부분은 곡선의 기울기가 낮은 연비(비효율적인 차량)에서 는 가파르고, 높은 연비(효율적인 차량)에서는 훨씬 완만하다는 사실이다. 이미 효율적인 차량 을 개선하기보다 비효율적인 차량을 개선하는 가성비가 훨씬 더 좋다. 이는 사례로 든 두 차 종 이상의 흥미로운 시사점이 있다. 사람들이 연비가 아주 나쁜 차량에서 좀 더 연비가 좋은 차량으로 바꾸는 편이, 이미 비교적 연비가 괜찮은 차량에서 하이브리드처럼 연비가 훨씬 더 높은 차량으로 바꾸는 편보다 배기 가스 감소량이 더 크다.

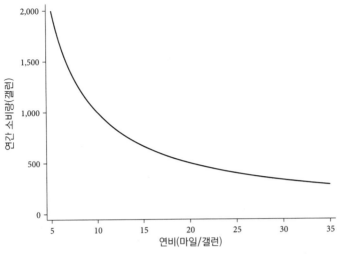

그림 15.1 연비에 따라 10,000마일을 운행하면서 소비하는 휘발유의 양

앞의 사례로 돌아오면 여러분의 부서가 권고안을 선택하고자 활용한 양적 분석에는 아무런 문제가 없다. 그러나 선택한 권고안은 틀렸다. 왜 그럴까? 문제는 정량화된 정보를 표현하는 측정 단위에 있다. 갤런당 마일은 연비를 표현하는 가장 일반적인 단위다. 그러나 이는 실제 의사결정에 그리 도움이 되는 통계 지표는 아니다.

우리가 궁금한 실질적인 질문은 차량이 얼마나 운행할 때 휘발유를 얼마나 많이 소비하는 가다. 하지만 갤런당 마일은 얼마나 휘발유를 소비할 때 얼마나 멀리 운행하는지를 나타낸다. 질문에 거꾸로 된 답이다. 방금처럼 계산을 해서 통계를 실체로 바꿀 수는 있다. 하지만 대부분의 사람들은 그렇게 하지 않을 것이다. 아마 대부분의 사람들은 둘의 차이도 알지 못할 것이다. 그래서 소비자와 규제 입안자 모두 혼동해서(또는 속아서) 잘못된 결정을 내린다.

좀 더 유용한 정보를 제공하려면 갤런당 마일 대신 100마일당 갤런과 같이 좀 더 실질적인 의미로 연비를 나타내는 단위를 사용하면 된다. 앞서 봤듯이 똑같이 갤런당 2마일을 개선해도 차량의 기본 연비에 따라 마일당 갤런 단위에서는 매우 다른 효과가 나타난다. 만일 여러분의 부서가 100마일당 약 8.3갤런을 아끼는 규제안(SUV)과 100마일당 약 3.1갤런을 아끼는 규제안(승용차)을 평가했더라면 올바른 결정을 내리는 데 아무런 문제가 없었으리라.

실제로 2008년 연구에서 리차드 래릭Richard Larrick과 잭 솔Jack Soll은 통계를 보고하는 방식이 중요한 결정에 지대한 영향을 미치는 점을 밝혔다. 두 사람은 대형 SUV의 갤런당 마일 연비를 살짝 높이려는 노력이 실제로는 엔지니어나 정책 결정자가 배기 가스 감축 측면에서 최고의 가성비를 얻을 수 있는 부분임에도, 별로 중요하지 않다고 보는 자동차 전문가의 말을 인용했다. 더불어 소비자 역시 통계가 제공되는 방식이 차량 구매에 중대한 영향을 미치며, 이로 인해 종종 잘못 결정한다는 점도 밝혔다.

두 사람은 대학생들에게 신차 구매에 얼마나 지불할 용의가 있는지 물어봤다. 응답자에게 연간 10,000마일을 운전한다고 가정하도록 했다. 응답자에게 연비가 15마일/갤런인 차를 보여 주고 가격이 20,000달러라고 상상하도록 요청했다. 그런 다음 다른 모든 면이 처음 차와 같지만, 연비가 19, 25, 33, 43, 55마일/갤런으로 다른 여러 가지 차종을 보여 줬다. 응답자는 더 효율적인 차들을 구매하는 데 얼마나 지불할 용의가 있을까?

그림 15.2에 그 결과를 그렸다. 검은색 점은 설문 응답자들이 답한 지불할 용의가 있는 가격(1,000달러 단위)의 평균이다. 지불 용의 가격은 마일/갤런에 따라 거의 선형으로 증가한다. 이러면 안 된다! 회색 점은 응답자들이 차량을 10년간 소유하고 감가상각률이 3퍼센트(즉 내일 1달러는 오늘 97센트 가치가 있다)라고 가정할 때 응당 답해야 할 차량 가격(역시 1,000달러 단위)을 보여 준다. 그림 15.1에서 봤듯이 연비가 갤런당 1마일 높아지는 가치는 높은 연비보다 낮은 연비에서 훨씬 더 높다. 따라서 이 연구에 참가한 응답자들은 상상 속의 차량 가격을 매기면서 심각한 실수를 저지른 셈이다.

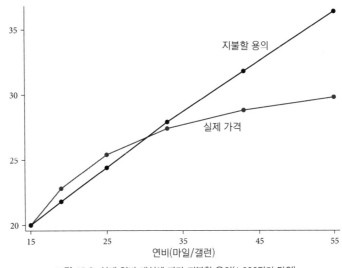

그림 15.2 실제 연비 개선에 따라 지불할 용의(1,000달러 단위)

래릭과 솔은 연비를 갤런당 마일 대신 100마일당 갤런으로 표시하면 이런 실수를 바로잡을 수 있다는 점도 보였다. 다시 말해 같은 정보라도 다르게 전달하면 의사결정에 큰 차이를 만들 수 있으며, 따라서 의사결정자가 최선의 행동을 취하게 만들려면 정량화된 정보를 표현하는 최선의 방법을 연구할 필요가 있다.

퍼센트 대 퍼센트포인트

어떤 효과의 실질적 중요성을 평가하는 과정에서 그 효과가 얼마나 큰지 알고 싶을 때가 많다. 어떤 효과의 크기를 보고하는 방식은 적어도 두 가지가 있다. 효과가 이끌어 내는 결과의 퍼센트 변화와 퍼센트포인트 변화다. 퍼센트포인트 변화는 단순히 두 퍼센트 수치의 차이다. 퍼센트 변화는 초기 값에 대한 퍼센트포인트 변화의 비율이다. 예컨대 20퍼센트에서 22퍼센트로 바뀌면 2퍼센트포인트 증가(22% − 20%)하지만 동시에 10퍼센트 증가($\frac{2}{20}$)라서 효과의 크기를 매우 다르게 인식할 여지가 있다. 그러므로 직감적으로 느낀 내용을 이리저리 해석하고 여러분이 생각하는 질문에 무엇이 필요한지 명확히 생각하는 일이 중요하다. 사례를 하나 보자.

「월스트리트 저널Wall Street Journal」은 어떤 의학 실험에서 신약이 '심장병으로 인한 사망, 심장마비, 중증 심혈관 질환 위험을 44퍼센트' 줄였다는 기사를 냈다. 44퍼센트 감소면 꽤 크게 들린다. 이 내용은 '콜레스테롤 약이 건강한 환자의 심장질환 위험을 줄이다'라는 머리기사 제목이 붙어서 사람들이 이 치료를 받는 일이 대단히 중요하게 생각하도록 만든다.

하지만 이런 종류의 정량적 결과를 평가할 때는 잠시 기다려서 우리가 관심을 갖는 실제 질문을 명확히 생각하자. 많은 사람에게 특정 치료를 행할지 여부를 결정하려면 그 비용은 얼마이고 그 치료로 얼마나 많은 사람을 구할지 알아야 한다. 해당 치료가 대체로 건강한 사람의 심장마비 위험을 44퍼센트 줄인다고 말해도 실제로 몇 명을 구하는지는 모른다. 이를 알려면 일단 이런 사람들 사이에서 심장마비가 얼마나 자주 일어나는지 알아야 한다.

기사 뒷부분에 무작위로 대조군에 배치돼 위약 처방을 받은 9,000명 중 250명은 연구 기간 중 심장마비를 일으켰다고 나온다. 그러면 심장마비 발생의 기본 위험은 약 2.8퍼센트($\frac{250}{9000}$)다. 심장마비 위험이 44퍼센트 줄었다는 말은 심장마비 발병률이 약 2.8퍼센트에서 약 1.6퍼센트로 줄어든다는 뜻이다. 이들에게는 심장마비가 매우 드물게 일어나서 44퍼센트 감소가 약 1퍼센트포인트 감소에 해당하는데, 대단히 큰 차이는 아니다. 만약 신약이 비싸다면 여러분은 이 치료를 받을 만하지 않다고 결론 내릴지도 모른다.

이번에도 통계를 실체로 바꾸는 가치를 확인했다. 위 기사는 한 가지 질문, 바로 '신약이 심장병 발병률 비율을 크게 줄이는가'라는 질문에 답하는 통계를 사용했고 그 답은 '예'다. 그러나 머리기사 제목을 보면 마치 다른 중요한 질문, 바로 '신약이 많은 목숨을 살릴까'라는 질문에도 답하는 것처럼 보이는데, 이 경우 대답은 '아니오'일 것이다. 통계(퍼센트 감소폭)를 실체(치료받은 100명당 심장마비 예방 수)로 해석함으로써 그 차이를 쉽게 파악하고 의사결정에 가장 적절한 질문에 답할 수 있다.

데이터 시각화

정량화된 정보를 표시하고 활용하는 흔한 방법 하나는 그래프, 그림, 시각화 도구를 활용하는 방법이다. 이 책에서도 군데군데 데이터를 시각화해서 나타냈다.

데이터를 정확하고 유익하게 표현하는 것은 예술이자 과학의 영역이다. 그래서 시간을 들여 모범 사례를 살펴볼 필요가 있다. 오로지 이 주제만 다루는 훌륭한 책도 있으므로(15장 마지막의 읽을거리 항목을 보라) 여기서 설명하려고 애쓰지 않겠다. 다만 중요한 내용 몇 가지는 언급하겠다.

중요한 내용 중에서도 가장 핵심은 이것이다. 데이터 시각화가 아무리 멋지더라도 명확한 사고를 대신하지는 못한다. 보기에 아름답지만 독자를 잘못된 방향으로 이끄는 그래프에 속기 쉽다. 그러므로 여러분은 정량적 도표의 독자로서 실체를 명확히 사고하는 일에 집중해야 한다. 바탕에 깔린 데이터는 무엇이고 이 그림을 그리려고 어떻게 분석했나? 전제 조건이 타당한가? 더 정확한 통계나 데이터 표현 방식이 있을까? 원래 질문에 적절한 답을 표현했나? 데이터를 표현한 단위가 적절한가 아니면 실제 크기를 숨기거나 과장하는가? 혼동을 일으키는 불필요한 부분이 있나?

표현할 단위를 고르는 일은 데이터 시각화에서 매우 중요한 결정 사항이다. 단위를 바꾸는 일이 언뜻 보면 문제가 없을지라도 원래는 중대한 관계처럼 보이던 그래프를 사소해 보이도록 만들기도 하고, 그 반대로 만들기도 한다.

이 말이 무슨 뜻인지는 그림 15.3을 보면 안다. 그림 15.3에는 네 가지 막대 그래프가 나오는데 모두 89와 90을 비교한 그림이다. 그런데 단위, 여기서는 세로축의 범위가 서로 달라서 마치 확대나 축소한 것처럼 보인다. 그 결과 89와 90은 차이가 많이 나는 것처럼 보이기도 하고 거의 똑같아 보이기도 한다. 또한 이 수치가 매우 커 보이거나 작아 보이기도 한다. 그러므로 여러분이 도표를 명확히 이해하는지 확인하는 단순하고도 중요한 방법은 축을 세심하게 읽고 숫자의 실제 의미를 생각하는 것이다.

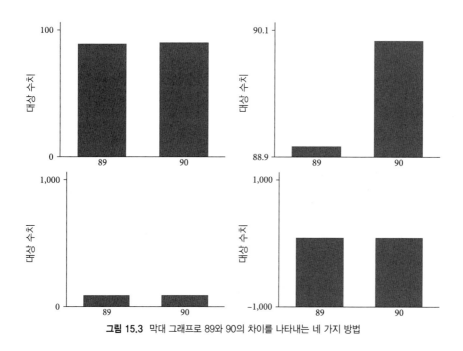

그림 15.3 막대 그래프로 89와 90의 차이를 나타내는 네 가지 방법

주어진 질문에 상관없이 항상 올바른 단위란 없다. 구체적인 상황에 따라 실제로 의미 있는 차이의 규모를 정해야 한다. 89와 90이 상당한 차이를 나타내는 경우가 있다. 예컨대 여러분이 아이 90명을 데리고 소풍을 나갔다면 집으로 무사히 돌아간 아이의 수가 89와 90인 경우는 엄청난 차이가 있다. 반면 아이들을 집에 데려다 주는 버스가 89초를 늦든 90초를 늦든 별로 중요하지 않을 것이다. 올바른 단위는 주어진 상황에 좌우된다.

그래프의 단위가 너무 커서 실질적인 차이가 안 보인다면 중요한 정보가 가려질 위험을 걱정해야 한다. 1만큼의 차이가 상당히 중요한 상황에서 그래프 눈금이 88.9에서 90.1 사이에 오면(그림 15.3에서 오른쪽 위) 89와 90의 차이가 잘 보이고, 눈금이 0에서 1,000 사이에 오면(왼쪽 아래) 그 차이가 안 보인다.

그래프의 단위가 너무 작아서 무의미한 차이도 커 보인다면 내용이 과장할 위험이 있다. 1만큼의 차이가 무시할 만한 상황에서, 눈금이 88.9에서 90.1 사이에 오는 그래프는 그 차이가 중요해 보이게 만들고, 눈금이 0에서 100 사이에 오는 그래프는 두 수치가 사실상 같다는 점을 잘 반영한다.

도표의 단위를 고민하는 일은 위와 같이 좀 우스운 막대 그래프(그냥 수치가 89와 90이라고 말하면 되는데) 수준을 벗어나 더욱 광범위하게 적용된다. 축의 눈금을 바꾸면 상관관계가 강하거나 약하게 보이기도 하고, 회귀선 기울기가 크거나 작아 보이기도 하고, 심지어 선형관계가 비선형으로 보이거나 비선형관계가 선형으로 보이기도 한다(소득 대신 소득의 로그를 택하는 경우 등). 앞서 논의했듯이 어떤 변수를 변환하거나 무언가의 단위를 신중히 선택하는 데는 여러 가지 좋은 이유와 나쁜 이유가 있다. 분석가는 언제나 데이터를 가장 유익하게 표현할 방식을 고민하고, 독자는 보이는 내용을 자신들이 가장 신경 쓰는 실체로 바꿔야 한다.

정책 선호도와 남벌 전략

사례를 하나 보자. 2016년 크리스토퍼 아첸Christopher Achen과 래리 바텔스Larry Bartels는 유권자의 정책 평가는 그들의 정치적 행동과 거의 관계가 없다는 주장을 책으로 냈다. 이들은 유권자의 행동이 정책과 무관한 요인으로 정해진다고 봤다. 두 사람은 그 증거로 20세기 후반부에 이른바 남벌 전략Southern realignment2 기간 중에 백인 유권자들이 민주당 지지에서 공화당 지지로 돌아선 일은 정책 평가로 설명하지 못한다는 점을 지적했다. 이들은 그림 15.4에 재현한 내용과 비슷한 데이터 시각 자료를 증거로 내밀었다.

그림 15.4는 남부 백인 중 인종 통합(인종 차별 철폐)에 반대한 사람들과 반대하지 않은 사람들의 소속 정당 추세를 나타낸다. 가로축은 연도이고, 세로축은 민주당 우세도로서 민주당원 비율의 퍼센트에서 공화당원 비율의 퍼센트를 뺀 값이다. 따라서 세로축 수치가 높을수록 공화당원보다 민주당원이 많다는 뜻이다.

---

2 공화당에서 미국 남부 지역의 백인 유권자를 끌어들이고자 흑인에 대한 인종 차별을 부추긴 전략. 그 결과 기존에 민주당을 지지하던 백인 유권자 상당수가 공화당으로 돌아섰다. − 옮긴이

그림 15.4는 명백하게 남벌 전략 효과를 보여 준다. 1960년에 남부 백인 중에는 민주당원이 월등히 많았다. 그러나 시간이 흐르면서 상황이 바뀌어 20세기 말에는 공화당원이 훨씬 더 많아졌다.

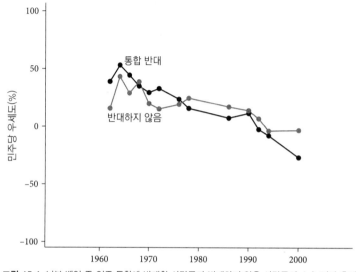

그림 15.4 남부 백인 중 인종 통합에 반대한 사람들과 반대하지 않은 사람들의 소속 정당 추세

아첸과 바텔스는 이 그림이 백인 유권자의 인종 통합 정책을 바라보는 성향은 소속 정당을 바꾸는 데 아무런 영향을 미치지 않았음을 보여 준다고 주장한다. 즉 두 집단의 추세가 대체로 같다는 얘기다. 그리고 이는 상당히 민감한 정책에 관한 관점조차 유권자의 소속 정당에 영향을 미치지 않는다는 점을 시사한다고 말한다.

여러분은 그림 15.4에서 무엇에 주목했는가? 추세가 대체로 같다는 점이 명백한가? 제일 먼저 세로축 눈금을 보자. 정당 지지도 차이, 즉 민주당원의 퍼센트 비율에서 공화당원의 퍼센트 비율을 뺀 값은 이론상 −100에서 100까지 올 수 있다. 그림 15.4도 그 눈금대로 그렸다. 그러나 현실에서는 자신을 민주당원 또는 공화당원이라고 규정짓지 않는 사람이 많아서 모집단이 크면 거의 예외 없이 이론상 최소 또는 최대인 민주당 우세도를 볼 일은 아마도 없겠다. 축의 범위가 매우 커서 마치 그림 15.3의 오른쪽 아래처럼 실질적인 차이를 확인하기 어려운가?

이번에는 가로축도 보자. 그림 15.4에는 1962년부터 2000년까지의 데이터만 나오지만, 그 래프 폭은 1950년부터 2010년까지 데이터를 포함하기에 충분해서 양쪽에 공간이 제법 남 는다. 이 공간을 비워 둘 필요는 없다. 그저 데이터 기간이 짧아 보이게 만든다.

빈 공간을 없애고 데이터의 관찰 범위를 좀 더 정확하게 나타내도록 다시 그리면 실체에 관 한 결론이 어떻게 바뀔까? 그림 15.5가 그렇다. 그림 15.5에는 선형 회귀선도 추가해서 두 유권자 집단의 평균 추세를 더 잘 보여 줄 것이다.

그림 15.5에 나타난 데이터 시각화는 그림 15.4에 나타난 내용과는 사뭇 다른 해석을 내리 게끔 만든다. 구체적으로는 그림 15.5에서 소속 정당의 추세가 사실 인종 통합에 반대한 사 람들과 반대하지 않은 사람들 사이에서 꽤 다르게 변하는 점이 보인다. 1960년대에는 민주 당원 비율이 통합에 반대하지 않은 사람들보다 반대한 사람들에게서 더 높았다. 그런데 20 세기 말에 이르러서는 반대한 사람들의 공화당원 비율이 더 높다. 따라서 시간에 따른 추세 가 실제로 더 가파르다. 통합에 반대한 사람들은 반대하지 않은 사람들보다 더 빠르게 소속 정당을 바꿨다. 어쩌면 정책을 바라보는 관점이 남벌 전략 기간에 소속 정당을 바꾼 현상을 설명하는 데 도움이 될지 모른다.

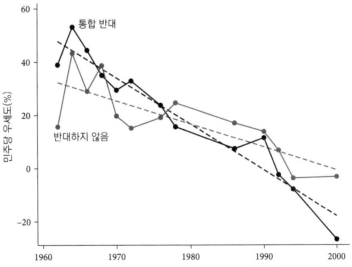

그림 15.5 남부 백인 중에서 인종 통합에 반대한 사람들과 반대하지 않은 사람들의 정당 지지 추세를 더 알맞은 눈금과 회귀선 으로 나타낸다.

그림 15.3의 오른쪽 위와 같은 함정에 속지 않으려면 겉으로 보기에 큰 차이가 실제로 의미 있는 차이인지 확신하려면 수치를 실질적으로 해석해야 한다. 대부분의 사람은 평소에 소속 정당의 퍼센트 비율 차이에 관해 생각하지 않기 때문에 이런 정보를 전달하는 더 나은 방식이 있을지 모른다. 좀 더 생각해 보자.

1962년부터 2000년에 걸쳐 남부 백인 중에서 통합에 반대한 이들은 민주당 지지율이 48포인트 더 높다가 공화당 지지율이 18포인트 높은 상태로 바뀌었다. 통합에 반대하지 않은 이들도 공화당 지지율이 높아지긴 했지만, 그 변화폭은 좀 덜해서 처음에는 민주당이 32포인트 높다가 마지막에는 공화당이 1포인트 높아졌다. 그러므로 통합에 반대한 이들의 변화폭이 반대하지 않은 이들의 변화폭에 비해 33포인트, 또는 약 두 배 크다.

그런데 이 정도면 큰 변화일까 작은 변화일까? 비교 대상을 얻고자 2020년 데이터를 보니 33퍼센트포인트 차이는 대략 메사추세츠 주(골수 민주당 지역)와 아이다호 주(골수 공화당 지역)의 민주당 지지율 차이와 같다. 따라서 지지율 추세에서 33포인트 차이는 사실 상당한 차이이며, 그림 15.4의 시각화는 실질적으로 중요한 정보를 모호하게 나타낸다고 말해도 좋을 것이다.

지금까지 그림 15.4를 보면서 떠오를 만한 질문을 몇 가지 나열하고 왜 그 질문이 중요한지 설명했다. 하지만 이는 이 데이터를 갖고 통계를 실체로 바꾸는 과정에서 나올 질문의 시작에 불과하다. 더 예를 들어 보면, 투표 결과와 같이 정치적으로 중요한 다른 요소 대신 정당 소속이 적절한 결과라고 볼 이유가 있을까? 남벌 전략은 더 일찍 시작했다고 알려졌는데 왜 1962년부터 분석을 했을까? 인종 통합에 관한 설문 하나만으로 정책 선호도를 잘 측정한다고 봐도 될까?

데이터 시각화의 경험 법칙

시각화한 데이터를 해석할 때는 고려할 내용이 훨씬 더 많다. 말했지만 완벽하게 개괄하지는 않겠다. 다만 정량화된 정보를 그래프로 만들거나 그런 그래프를 읽을 때 지켜야 할 핵심 원리 몇 가지는 기억하기 바란다.

- 단순하게 만들어라. 여러 가지 색깔이 필요한 경우가 아니면 색깔을 쓰지 마라. 예쁜 그래프가 필요한 경우가 아니면 쓰지 마라. 꼭 3차원 그래프가 필요한 경우가 아니면 2차

원으로 만들어라. 범례나 라벨이 복잡하면 그래프를 나눠라.

- 실체에 집중해야 한다. 투명하고 받아들이기 쉬운 방법으로 정보를 전달해야 한다. 다루는 질문의 답을 효과적으로 전달하는 방식을 선택하라.

- 보여 줄 내용이 (89나 90이거나 회귀 계수처럼) 단순히 숫자 몇 개라면 그림 대신 표를 만들어서 보여 주는 편이 나을지 모른다. 그림이 표보다 더 많은 정보를 전달하는 경우에만 그림을 사용하라.

- 데이터를 보여라. 그림은 표에 비해 훨씬 더 복잡한 관계나 세부 내용을 보여 줄 수 있다는 장점이 있다. 단순히 절편과 회귀선 기울기만 보여 줄 요량이면 그림 대신 그냥 표만 제시하는 편이 낫다. 하지만 그림에 회귀선과 기반 데이터를 함께 그리면 선형관계에 가까운지 아닌지 파악할 수 있다. 그림 2.5나 그림 5.8을 생각해 보라. 단순히 상관관계나 회귀 계수를 보여 주는 방식에 비해 시각화는 기반 데이터도 함께 보여 주기 때문에 많은 내용을 배우게 된다.

- 가능하다면 불확실성도 표시하라. 한 가지 방법은 데이터를 보여 주는 것이다. 평균만 나타내지 말고 분포를 보여 주는 방식도 고려하라. 추정치를 나타낸다면 그림 12.4처럼 표준 오차나 신뢰 구간도 함께 그려 보라.

통계에서 믿음으로: 베이즈 법칙

데이터 자체는 자명하지 않다. 언제나 증거란 우리가 이미 아는 세상의 동작 방식과 과거에 본 다른 연관된 증거 등등을 고려해서 해석하게 된다. 그러므로 정량화된 정보를 잘 활용하려면 새로 얻은 정보를 기존 지식에 통합하는 방법을 명확히 이해해서 통계를 믿음으로 바꿔야 한다. 이런 일에 적합한 수단 하나는 베이즈 법칙Bayes' rule이라는 방법이다. 베이즈 법칙이 어떻게 동작하고 왜 필요한지 생각하도록 사례를 하나 들어 보자.

1964년 로스앤젤레스에서 후아니타 브룩스Juanita Brooks라는 이름의 한 중년 여성이 장바구니 위에 지갑을 얹어서 들고 걸어가다가 뒤에서 누가 미는 바람에 땅바닥에 넘어졌고 지갑을 도둑맞았다. 그녀는 범인을 제대로 보지 못했다. 비슷한 시각에 어떤 여자가 같은 길을 뛰어가서 노란색 차에 올라타는 모습을 목격한 사람이 있었다. 목격자 또한 여자를 제대로 보지는 못했다. 다만 뛰어가던 여자가 백인이고 금발에 말총머리를 했으며 차의 운전자는 턱수염과 콧수염을 기른 흑인 남성이라는 점은 기억했다. 이 목격자의 증언을 바탕으로 경찰은 말콤 콜린스Malcom Collins와 자넷 콜린스Janet Collins 부부를 체포해서 강도 혐의로 기소했다. 말콤은 턱수염과 콧수염을 기른 흑인 남성이다. 자넷은 금발에 말총머리를 한 백인 여성이다. 그리고 이들은 노란색 차를 몰았다.

조나단 쾰러Jonathan Koehler가 한 기사에서 설명하기를 검사는 수학자를 불러서 드러난 증거만 으로 두 사람이 강도죄가 있을 가능성을 증언하도록 했다. 수학자는 부부가 무죄일 확률은 1,200만분의 1에 불과하다고 계산했다. 그 이유는 이렇다.

만일 죄 없는 부부를 임의로 체포한다면 남편은 턱수염과 콧수염을 기른 흑인이고 아내는 말 총머리를 한 금발의 백인인 데다 이들이 노란색 차를 몰 가능성은 아주 낮다. 왜 그럴까?

관련 수치부터 보자. 전체 인구에서 무작위로 남자 한 명을 고르면 미국 전체 인구 중 약 10 퍼센트가 흑인이므로 그 남자가 흑인일 확률도 10퍼센트다. 전체 남성의 10퍼센트가 턱수염 을 기른다고 가정하면 그 남자가 턱수염을 기를 확률도 10퍼센트다. 콧수염을 기를 확률은 어쩌면 20퍼센트일지도 모른다. 그리고 등록된 노란색 차의 수를 감안하면 그 남자가 노란 색 차를 몰 확률은 0.5퍼센트에 불과하다.

이 수치를 조합해서 임의로 고른 부부가 위와 같은 특성을 지닐 확률을 어떻게 구할까? 트럼 프 게임 카드 한 벌에 비유해서 생각해 보자. 임의로 카드 한 장을 뽑았을 때 하트 4일 확률 은 얼마일까? 임의로 뽑은 카드가 4일 확률은 13분의 1이다. 그리고 임의로 뽑은 카드가 하 트일 확률은 4분의 1이다. 숫자 4와 하트 모양은 서로 독립적이기 때문에(즉 카드 숫자가 4라고 해서 그 카드가 하트 모양일 확률에는 아무런 변화가 없고 그 반대도 마찬가지) 두 가지 특성이 동시에 나타날 확률은 각각의 확률을 단순히 곱하면 된다. 따라서 카드 한 장을 임의로 뽑았을 때 하 트 4가 나올 확률은 $\frac{1}{13} \times \frac{1}{4} = \frac{1}{52}$이다. 이는 말이 된다. 카드 한 벌에는 52장이 들어 있다. 그 중 하나만 하트 4다.

검사는 같은 논리를 콜린스 부부에게도 적용했다. 그는 임의로 누군가를 골랐을 때 그 사람 이 흑인이고 콧수염과 턱수염을 길렀으며 노란색 차를 몰 확률은 각 특성의 확률을 모두 곱 해서 $\frac{1}{10} \times \frac{1}{10} \times \frac{1}{5} \times \frac{1}{200} = \frac{1}{100,000}$이 된다고 주장했다. 검사는 다른 특성(기혼, 인종이 다른 부부, 금발머리 여성, 말총머리 등등)을 계속 더해 나갔고, 결국 1,200만분의 1이라는 확률에 이르렀다. 검사는 이마저도 과소평가한 값이라고 지적했는데, 이들 부부에게는 아직 계산에 넣지 않은 다른 여러 가지 특성이 있으므로 무죄 확률은 아마도 10억분의 1에 가까울 것이라는 얘기다! 배심원단은 콜린스 부부가 유죄라고 판결했고 신문에는 수학적으로 엄격하게 추산한 검사를 칭송하는 기사가 실렸다.

여러분이 보기에 어떤가? 이 사례에서 명확한 사고가 이뤄졌나? 여러분은 아니라고 대답했기를 바라는데, 사실 틀린 부분이 너무 많아서 어디서부터 손대야 할지 모를 정도다. 하여간 손을 대보자.

먼저, 여기 나온 특성들은 (카드 한 벌에서 하트이고 숫자 4인 카드를 뽑는 경우와 달리) 서로 독립적이지 않다. 그러므로 모든 특성을 지닐 확률을 계산하려고 개별 특성의 확률을 곱하면 안 된다. 예컨대 턱수염을 기르면 콧수염도 기를 가능성이 높다. 따라서 턱수염과 콧수염을 모두 기를 확률은 턱수염을 기를 확률과 콧수염을 기를 확률을 곱한 값보다 훨씬 더 높다. 즉 10명 중 1명꼴로 턱수염을 기르고 5명 중 1명꼴로 콧수염을 기른다면 턱수염과 콧수염을 모두 기르는 사람은 50명 중 1명보다는 많다. 사실 그 확률은 10분의 1에 훨씬 가까운데 턱수염을 기르는 사람은 거의 예외 없이 콧수염도 기르기 때문이다. 그러므로 관련된 모든 상관관계를 계산에 넣으면 임의로 고른 부부가 목격자의 증언과 일치할 확률이 1,200만분의 1이라고 결론 내려서는 안 될 것이다. 하지만 여전히 매우 낮은 확률이겠다(100만분의 1정도). 이 정도면 여전히 유죄 판결을 내리기엔 충분한 증거 같다. 안 그런가?

아니, 그렇지 않다. 위 분석에서 가장 잘못된 부분은 아직 건드리지도 않았는데, 바로 애초에 잘못된 질문에 답한다는 점이다. 올바른 질문이 무엇인지 명확히 생각한다면 전혀 다른 결론에 이르게 된다.

배심원단은 콜린스 부부가 유죄인지 아닌지 결정해야 했다. 부부가 무죄일 가능성이 충분히 높은데 유죄 선고를 하면 안 되고, 유죄일 가능성이 충분히 높아야 유죄 선고를 하려고 한다. 따라서 배심원단에게 맞는 질문은 '주어진 증거로 볼 때 이들 부부가 무죄일 가능성이 얼마인가?'다. 증거는 부부가 목격자 진술과 일치한다는 점이다. 그래서 배심원단의 실질적 질문에 답할 올바른 통계는 진술과 일치하는 상황에서 부부가 무죄일 확률이다. 이 확률을

Pr(무죄|일치)라고 쓰자. 이를 '조건부 확률'이라고 부르는데, 어떤 일이 다른 일에 따라 일어나는 확률이기 때문이다. 조건부 확률은 두 가지 방식, 즉 '그들이 증거와 일치한다는 조건하에 무죄일 확률' 또는 '그들이 증거와 일치하는 상황에서 무죄일 확률'로 말한다. 어느 쪽이든 괜찮다. 그들이 증거와 일치한다는 조건하에 유죄일 확률은 Pr(유죄|일치) = 1 − Pr(무죄|일치)다.

지금까지 논의한 수학적 분석으로는 이 확률을 구하지 못하며, 따라서 올바른 질문에 답하지도 않는다. 지금까지의 분석은 임의로 선택한 부부가 목격자의 진술과 일치할 확률을 알려 준다. 다시 말해 Pr(일치|무죄)로서 '부부가 무죄라는 조건하에 증거와 일치할 확률'이다. 이 통계가 배심원단의 질문에 답하는 데 쓰임새가 있을지는 몰라도 그 자체로 답변은 되지 못한다. 배심원단은 Pr(무죄|일치)를 알고 싶어한다. 검사는 Pr(일치|무죄)를 얘기했다. 그러나 배심원단(그리고 언론)은 명확하게 생각하지 않았기 때문에 그 둘의 차이를 알아채지 못했다.

이 문제가 왜 중요한지 살펴보자. Pr(일치|무죄)가 대략 100만분의 1이라는 점에 동의한다고 가정하자. 이제 Pr(무죄|일치)를 구해야 한다. 구할 수 있을까?

표 15.1이 도움이 될 것이다. 표 15.1에는 로스앤젤레스 지역에 사는 부부를 두 가지 특성에 따라 분류했다. 바로 목격자 진술과 일치하는지 여부와 유죄인지 여부다. 유죄인 부부는 단 하나뿐이며 그 부부는 목격자 진술과 일치한다. 그래서 유죄 열은 채우기 쉽다. 무죄 열은 약간 복잡하다. 앞서 추측을 약간 섞어서 결백한 부부가 목격자 진술과 일치할 확률이 100만분의 1이라고 분석한 검사의 주장에 동의했다. 1964년 로스앤젤레스 지역에 결백한 부부가 대략 200만 쌍이 있다고 하면, 그중 약 2쌍만이 목격자 진술에 부합할 것이다. 나머지 1,999,998쌍은 마지막 영역, 바로 무죄이면서 일치하지 않는 부류에 속한다.

표 15.1 LA 지역에서 무죄와 유죄, 증거와 일치하거나 하지 않는 부부의 수

	무죄	유죄
불일치	1,999,998	0
일치	2	1

그러면 어떤 부부가 진술과 일치하는 상황에서 무죄일 가능성, 즉 Pr(무죄|일치)는 얼마일까? 진술과 일치하는 부부는 총 세 쌍이고, 그중 한 쌍만 무죄다. 따라서 목격자 진술과 일치

하는 상황에서 무죄일 진짜 확률은 100만분의 1 따위가 아니다. 바로 3분의 2다. 부부가 목격자 진술과 일치하는 상황에서 유죄일 확률은 3분의 1에 불과하다는 뜻이다. 목격자 증언을 바탕으로 계산하면 콜린스 부부는 무죄 가능성이 유죄 가능성보다 높다!

이런 차이는 수학자나 검사나 언론이 잘못된 정량화된 정보를 살펴봤기 때문에 발생한 게 아니라 정량화된 정보를 활용해서 잘못된 질문에 답하려고 했기 때문에 발생했다. 수학자와 검사가 말했듯 임의로 고른 죄 없는 부부가 범죄 현장 진술과 일치할 가능성은 극히 낮다. 하지만 그렇다고 해서 진술과 일치하는 부부가 무죄일 가능성도 극히 낮다는 뜻은 아니다. 죄 없는 100만 쌍 중에서 한 쌍만 진술과 일치한다. 하지만 진술과 일치하는 세 쌍 중 둘은 무죄다. 배심원단이 정량화된 정보에 관해 좀 더 명확히 사고하는 능력이 있었다면 콜린스 부부는 유죄 판결을 받지 않았으리라 생각한다. 범행 확률이 3분의 1밖에 되지 않는 용의자를 감옥으로 보내고 싶은 배심원은 없으리라.[3]

베이즈 법칙

방금 분석한 방법은 어떤 증거가 주어질 때 무엇을 믿어야 할지 파악하는 일반적인 접근법의 한 사례다. '베이즈 법칙(또는 베이즈 정리나 베이즈 규칙)'이라고 부르는 이 수학적 도구는 그 값을 계산하는 공식을 알려 준다. 이 방법은 18세기의 철학자이자 통계학자인 토머스 베이즈 Thomas Bayes의 이름에서 따왔다.

베이즈 법칙은 어떤 주장이 참일 가능성을, 가용한 증거가 있을 때 정확히 계산하는 공식을 알려 준다. 방법은 이렇다. 어떤 증거 E가 있을 때 C라는 주장이 참일 확률을 알고 싶다고 하자. 즉 $\Pr(C|E)$를 구하고 싶다. 앞선 사례에서 주장은 콜린스 부부가 무죄라는 내용이고 증거는 그들의 특징이 목격자의 진술과 일치한다는 점이다. 베이즈 법칙에 따르면 다음과 같다.

$$\Pr(C \mid E) = \frac{\Pr(E \mid C)\, \Pr(C)}{\Pr(E)}$$

---

3   재미있는 사실: 말콤 콜린스는 검사 기소에서 수학적 오류가 있다는 점을 근거로 유죄 판결에 항소했다. 캘리포니아 대법원은 명확한 사고를 촉구하면서 판결을 뒤집었다. 판결문에는 "수학은 전산화된 현대 사회에서 진정한 마법사이지만, 진실을 추구하는 재판관을 돕는 과정에서 주문을 걸어서는 안 된다"라고 썼다.

콜린스 부부 사례로 되돌아가서 이 설명을 좀 더 풀어 보자. 목격자의 진술과 일치한다는 가정하에 부부가 무죄일 확률을 알고 싶다. 이런 경우 베이즈 법칙을 적용하면 다음과 같다.

$$\Pr(무죄 \,|\, 일치) = \frac{\Pr(일치 \,|\, 무죄) \, \Pr(무죄)}{\Pr(일치)}$$

표 15.1에서 각 항에 대입할 값을 가져와 어떻게 계산하는지 확인하자.

$\Pr(일치 \,|\, 무죄)$는 무슨 값일까? 바로 부부가 결백한 상황에서 증언과 일치할 확률이다. 결백한 부부는 200만 쌍이 있다. 그중 두 쌍이 증언과 일치한다. 따라서 $\Pr(일치 \,|\, 무죄)$는 $\frac{2}{2,000,000}$이다.

$\Pr(무죄)$는 무슨 값일까? 바로 임의로 선택한 부부가 무죄일 확률이다. LA 지역에는 2,000,001쌍의 부부가 있다. 그중 2,000,000쌍은 무죄다. 따라서 $\Pr(무죄)$는 $\frac{2,000,000}{2,000,001}$이다.

마지막으로 $\Pr(일치)$는 무슨 값일까? 이번에도 총 2,000,0001쌍이 있고, 그중 3쌍은 목격자 진술과 일치한다. 따라서 $\Pr(일치)$는 $\frac{3}{2,000,001}$이다.

이 값들을 모두 공식에 대입하면 다음과 같다.

$$\begin{aligned}
\Pr(무죄 \,|\, 일치) &= \frac{\Pr(일치 \,|\, 무죄) \, \Pr(무죄)}{\Pr(일치)} \\[2mm]
&= \frac{\frac{2}{2,000,000} \cdot \frac{2,000,000}{2,000,001}}{\frac{3}{2,000,001}} \\[2mm]
&= \frac{2}{3}
\end{aligned}$$

베이즈 법칙을 알기 전에도 표를 보면 이 값을 구할 수 있었다는 점을 주목하자. 그래서 공식을 외울 필요는 별로 없다. 다만 증거로부터 믿음을 계산하는 방법을 아는 일과 어떤 질문을 던지고 답해야 하는지 명확하게 사고하는 일은 중요하다. $\Pr(일치 \,|\, 무죄)$와 $\Pr(무죄 \,|\, 일치)$가 똑같다고 믿기가 정말 쉽기 때문이다. 하지만 앞서 봤듯이 이 둘은 완전히 다른 의미다.

정보, 믿음, 사전 확률, 사후 확률

새로운 정보를 받아서 어떤 주장이 참일 가능성에 관한 기존의 믿음을 수정하려는 경우라면 언제든 베이즈 법칙이 유용하다. 새로운 정보를 받기 전에는 그 주장에 대한 '사전 확률(사전

믿음)'이라는 개념이 있는데, 이는 새로운 증거를 접하기 전에 그 주장이 참일 확률에 관한 믿음이다.[4] 위 공식에서 사전 확률은 $\Pr(C)$로 표시하며, 바로 증거를 참고하지 않은 상태에서 주장이 참일 확률이다. 새로운 증거를 반영한 다음에는 베이즈 법칙에 따라 $\Pr(C|E)$로 표시한 '사후 확률(사후 믿음)'이라는 대상을 얻는다.

콜린스 부부 사건에서 사전 확률은 목격자의 증언을 듣기 전에 알고 있는 이들 부부가 무죄일 기본 확률이다. 이 시점에서는 이들 부부가 LA에 사는 다른 부부들보다 의심스러울 이유가 전혀 없으며 단 한 쌍을 제외한 나머지는 모두 무죄이므로 사전 확률은 $\frac{2,000,000}{2,000,001}$로서 1에 근접한다.

나중에 콜린스 부부가 범죄 현장 진술과 일치한다는 사실을 알았다. 사실 결백한 부부가 이 진술과 일치할 확률은 고작 100만분의 1이라서 이들이 거의 확실히 유죄라고 생각하게 될지도 모른다. 그러나 베이즈 법칙은 성급하게 결론 내리기 전에 잠시 생각해 보게 만든다. 일면 이 증거는 꽤 확고해 보인다. 결백한 부부가 진술과 일치할 가능성은 지극히 낮다. 다른 한편으로는 우리가 아는 사전 확률은 반대되는 내용이다. 아무 부부나 붙잡아서 볼 때 유죄일 가능성은 지극히 낮다. 이 두 가지 상반된 사실을 두고 콜린스 부부가 유죄일 가능성을 파악하려면 각각의 상대적인 공산을 확인해야 한다. 사전 확률이나 새로 얻은 증거 어느 한쪽이라도 무시하면 잘못된 결론에 다다른다. 두 가지 정보를 결합하면 콜린스 부부가 임의로 선택한 부부에 비해서는 물론 유죄일 가능성이 높지만 여전히 무죄일 가능성도 상당하다.

검사의 논리에서 문제점 한 가지를 들면 그가 사전 확률을 무시한 채 새로운 증거에 관해서만 얘기했다는 점이 있다. 이는 사람들이 정량적 증거에 관해서 명확하게 사고하지 않을 때 흔히 저지르는 실수다.

에이브의 소아 지방변증 돌아보기

앞서 1장에서 에단의 아들인 에이브가 소아 지방변증을 앓는다고 오진받은 이야기를 했다. 내용을 잊어버렸을까 봐 이야기의 핵심만 다시 추린다.

---

4   엄밀히 말해서 사전 확률은 수학적 확률이 아니라 우리가 이미 가진 지식이나 믿음을 뜻하므로 사전 지식 또는 사전 믿음이라는 용어가 본래 뜻에 더 들어맞는다(원문에서도 믿음(belief)이라는 단어를 쓴다). 하지만 확률의 형식을 띠므로 편의상 사전 확률이라고 쓴다. 사후 확률도 마찬가지다. – 옮긴이

에이브가 어렸을 때 또래에 비해 몸집이 작았는데, 이는 소아 지방변증의 한 가지 징후였다. 의사는 두 가지 혈액 검사를 실시했다. 하나는 양성(병을 앓는다는 증거), 다른 하나는 음성(병이 없다는 증거)이었다. 의사들은 양성으로 나온 검사가 '80퍼센트 이상 정확하기' 때문에 아마도 에이브가 지방변증이 있을 것이라고 결론내렸다.

에이브가 음성으로 판정된 검사(검사 1이라고 부르자)는 위음성률과 위양성률이 각각 5퍼센트 정도로 상당히 낮다. 새로운 표기법으로 이 내용을 쓸 수 있다. 위음성률이란 질병이 있는 상황에서 음성 판정을 받는 확률로서 Pr(검사 1에서 음성 판정 | 지방변증) = .05다. 위양성률이란 질병이 없는 상황에서 양성 판정을 받는 확률로서 Pr(검사 1에서 양성 판정 | 지방변증 없음) = .05다.

에이브가 양성으로 판정된 검사(검사 2라고 부르자)는 위음성률이 약 20퍼센트로서 Pr(검사 2에서 음성 판정 | 지방변증) = .2다. 우리가 보기에 '80퍼센트 정확하다'는 주장은 여기서 나온 듯하다. 이 검사의 위양성률은 50퍼센트로서 Pr(검사 2에서 양성 판정 | 지방변증 없음) = .5다.

혈액 검사를 실시하기 전에는 에이브의 작은 체구로 봐서 소아 지방변증을 앓을 확률을 적절히 추정한다면 100분의 1 정도이겠다. 이 값이 에단의 사전 확률로서, Pr(지방변증) = .01이다.

검사 1은 잠시 잊어버리고 검사 2에만 베이즈 법칙을 적용해 보자. 체구가 작은 아이 10,000명이 있는 집단을 상상하자. 사전 확률로 보건대 이 10,000명 중에서 약 100명(1퍼센트)이 지방변증을 앓을 것이다. 검사 2의 위음성률을 보면 지방변증을 앓는 100명 중에서 약 20명(20퍼센트)은 음성 판정을 받고 80명은 양성 판정을 받을 것이다. 그리고 검사 2의 위양성률을 보면 지방변증을 앓지 않는 아이 9,900명 중에서 약 4,950명(50퍼센트)은 양성 판정을 받고 4,950명은 음성 판정을 받을 것이다. 표 15.2에 이 내용을 정리했다.

표 15.2 아이 10,000명을 대상으로 소아 지방변증 검사를 실시한 결과.

	지방변증	지방변증 없음
검사 2에서 음성 판정	20	4,950
검사 2에서 양성 판정	80	4,950

그러면 에이브가 지방변증을 앓을 확률은 체구가 작다는 사실과 검사 2에서 양성이 나왔다는 사실에 비춰 볼 때 얼마나 될까? 전부 4,950 + 80 = 5,030명의 아이들이 양성 판정을 받

았다. 그중 80명만 진짜로 지방변증이 있다. 그러므로 어떤 아이가 검사 2에서 양성 판정이 나온 상황에서 실제로 지방변증을 앓을 확률은 $\frac{80}{5,030}$, 또는 약 1.6퍼센트다.

이제는 베이즈 법칙을 알기 때문에 표를 만들지 않고도 계산할 수 있다는 점을 알아 두자.

$$Pr(지방변증\,|\,검사\ 2에서\ 양성\ 판정) = \frac{Pr(검사\ 2에서\ 양성\ 판정\,|\,지방변증)\ Pr(지방변증)}{Pr(검사\ 2에서\ 양성\ 판정)}$$

이제 공식의 각 항을 계산한다. Pr(검사 2에서 양성 판정 | 지방변증)은 1에서 위음성률을 뺀 .8이다. Pr(지방변증)은 사전 확률인 .01이다.

Pr(검사 2에서 양성 판정)은 조금 복잡하다. 어떻게 계산하는지 보자. 양성이 나오는 경우는 두 가지다. 소아 지방변증이 있는데 검사 결과가 맞게 나온 아이들과 병이 없는데 위양성으로 판정된 아이들이다. 전체 아이들 중 1퍼센트가 소아 지방변증을 앓고, 그중 80퍼센트는 검사에서 양성 판정을 받는다. 전체의 99퍼센트는 소아 지방변증이 없고, 그중 50퍼센트는 검사에서 양성 판정을 받는다. 그래서 다음과 같이 계산한다.

$$
\begin{aligned}
Pr(검사\ 2에서\ 양성\ 판정) &= Pr(지방변증)\ Pr(검사\ 2에서\ 양성\ 판정\,|\,지방변증) \\
&\quad + Pr(지방변증\ 없음)\ Pr(검사\ 2에서\ 양성\ 판정\,|\,지방변증\ 없음) \\
&= .01 \times .8 + .99 \times .5 \\
&= .503
\end{aligned}
$$

이제 에단의 사후 확률을 직접 계산하자.

$$Pr(지방변증\,|\,검사\ 2에서\ 양성\ 판정) = \frac{Pr(검사\ 2에서\ 양성\ 판정\,|\,지방변증)\ Pr(지방변증)}{Pr(검사\ 2에서\ 양성\ 판정)}$$

$$= \frac{.8 \times .01}{.503}$$

$$\approx .016$$

물론 에이브는 사실 두 가지 검사를 받았다. 좀 더 정확한 검사 1에서 음성 판정을 받았다는 사실을 더하면 어떻게 될까? 두 검사에서 위양성 판정을 받는 일과 위음성 판정을 받는 일이 서로 독립적이라고 가정하면 관련 수치를 단순히 곱하기만 하면 된다.

$$Pr(\text{지방변증} \mid \text{검사 1에서 음성 \& 검사 2에서 양성})$$
$$= \frac{Pr(\text{검사 1에서 음성 \& 검사 2에서 양성} \mid \text{지방변증}) \, Pr(\text{지방변증})}{Pr(\text{검사 1에서 음성 \& 검사 2에서 양성})}$$

소아 지방변증을 앓는 아이가 검사 1에서는 음성이 나오고 검사 2에서는 양성이 나올 확률은 얼마나 될까? 검사 1은 병이 있는 아이 중 단지 5퍼센트만 음성(즉 위음성)이라고 판정한다. 검사 2는 병이 있는 아이 중 80퍼센트를 양성이라고 판정한다. 따라서 두 검사에서 위음성과 위양성이 서로 독립적이라면 이렇게 계산한다.

$$Pr(\text{검사 1에서 음성 \& 검사 2에서 양성} \mid \text{지방변증}) = .05 \times .8$$
$$= .04$$

사전 확률 $Pr(\text{지방변증})$은 이전과 같이 1퍼센트다. 그리고 검사 1에서는 음성이 나오고 검사 2에서는 양성이 나오는 경우도 두 가지다. 첫째, 아이가 정말 소아 지방변증이 있을지도 모른다(전체의 1퍼센트가 이렇다). 이런 아이들은 검사 1에서 위음성이 나왔지만 검사 2에서 맞게 판정한 경우다. 그리고 이렇게 될 확률은 방금 봤듯이 .05 × .8 = .04다. 둘째, 아이에게 병은 없다(전체의 99퍼센트가 이렇다). 이 아이들은 검사 1에서 맞게 판정하고 검사 2에서 위양성이 나온 셈이다. 이런 일이 일어날 확률은 .95 × .5 = .475다. 이제 두 검사 결과가 나올 전체 확률을 계산하자.

$$Pr(\text{검사 1에서 음성 \& 검사 2에서 양성})$$
$$= Pr(\text{지방변증}) \, Pr(\text{검사 1에서 음성 \& 검사 2에서 양성} \mid \text{지방변증})$$
$$+ Pr(\text{지방변증 아님}) \, Pr(\text{검사 1에서 음성 \& 검사 2에서 양성} \mid \text{지방변증 아님})$$
$$= .01 \times .04 + .99 \times .475$$
$$= .47065$$

지금까지 구한 값을 모두 베이즈 법칙에 적용하면 다음과 같다.

$$Pr(\text{지방변증} \mid \text{검사 1에서 음성 \& 검사 2에서 양성})$$
$$= \frac{Pr(\text{검사 1에서 음성 \& 검사 2에서 양성} \mid \text{지방변증}) \, Pr(\text{지방변증})}{Pr(\text{검사 1에서 음성 \& 검사 2에서 양성})}$$
$$= \frac{.05 \times .01}{.47065}$$
$$\approx .001$$

두 가지 검사 결과가 주어질 때 에이브가 소아 지방변증을 앓을 확률은 약 1000분의 1이다.[5]

베이즈 법칙을 알고 나면 의사들이 검사 결과에 관해 그다지 명확하게 사고하지 않았음을 볼 수 있다.

공항에서 테러리스트 탐지하기

2011년 9월 11일의 테러 공격이 있은 후 몇 년간, 미국 정부는 공항 보안에 만전을 기했다. 이러한 보안 프로그램의 일환으로 감시 기술에 의한 승객 심사[SPOT, Screening Passengers by Observation Techniques][6]가 있다.

SPOT은 잠재적 테러리스트가 비행기에 탑승하기 전에 그들의 행동에서 실마리를 잡겠다는 발상이다. 행동 탐지 요원은 보안검색대를 지나는 사람들을 관찰하고, 누군가 초조해하거나 어딘가 수상쩍은 점이 있는지 살핀다. 여러 가지 수상한 행동에는 각각 점수를 부여한다. 만일 누군가 몇 가지 수상한 행동을 보이고 그 행동들의 점수 합이 어떤 문턱값을 넘어서면 그 사람을 데려다 추가로 질문하고 수색하고 심사한다.

2010년까지 매년 교통안전국[TSA, Transportation Security Administration] 연간 예산 중 약 5퍼센트, 약 수억 달러가 SPOT 프로그램 지원에 쓰였다. 베이즈 법칙을 사용해서 이런 활동이 어째서 예산을 그다지 잘 활용하지 못한 경우인지 알아보자.

교통안전국은 "일련의 행동과 특성을 보이는 상황에서 특정 인물이 테러리스트일 가능성이 얼마나 될까?" 같은 질문에 답을 원한다. 다시 말해 교통안전국은 어떤 여행객의 행동을 관찰해서 얻은 증거를 두고, 그 여행객이 테러리스트일 사후 확률을 구하고자 한다. SPOT 프로그램을 근거로 그 사후 확률을 정확히 구하려면 교통안전국은 적어도 세 가지 정보를 알아야 한다.

---

5   베이즈 법칙을 순차적으로 적용했더라도 같은 결과를 얻었을 것이다. 아무런 증거 없이 에이브가 병을 앓을 사전 확률부터 시작해서 먼저 검사 1에서 나온 결과를 보고 확률을 조정한 뒤, 이렇게 얻은 사후 확률을 새로운 사전 확률로 놓고 검사 2에서 나온 결과에 따라 다시 확률을 조정하면 된다. 또한 어떤 검사를 먼저 적용하든 순서는 상관없다. 검사 2부터 적용한 다음 검사 1을 적용해도 같은 확률을 얻는다. 추가 연습 문제로, 직접 두 가지 방법으로 계산해서 여러분이 베이즈 법칙을 제대로 이해하는지 확인해 봐도 좋다.

6   2016년 이후 행동 탐지와 분석(BDA, Behavior Detection and Analysis)이라고 부른다. - 옮긴이

1. 임의의 여행객이 테러리스트일 가능성은 얼마인가?

2. 테러리스트가 행동 탐지 요원에게 수상하게 보일 가능성은 얼마인가?

3. 테러리스트가 아닌 사람이 행동 탐지 요원에게 수상하게 보일 가능성은 얼마인가?

안타깝게도 의회의 독립된 비정당 조직으로서 연방 정부가 세금을 어떻게 사용하는지 조사하는 회계감사원[GAO, General Accountability Office]에 따르면 교통안전국은 위의 모든 질문에 답변하지 못했다. 행동 관찰이 테러리스트 탐지에 유용하다고 못박거나 다소간 뒷받침이라도 하는 연구 결과는 없었다. 심지어 SPOT 프로그램의 효용을 밝히려고 작성한 교통안전국의 자체 보고서를 보더라도 이 방법으로 테러리스트를 체포한 성과는 없어 보인다. 회계감사원이 보고하기를 지금까지 행동 탐지 요원이 승객을 추가 심사 대상으로 구속한 가장 흔한 이유는 밀입국이라고 한다.

그러므로 SPOT 프로그램에서 얻은 증거를 바탕으로 사후 확률을 계산할 데이터는 정부에 없다. 하지만 확실한 데이터가 없더라도 이 프로그램이 제대로 작동하지 않으리라는 점은 알 수 있다. 최상의 시나리오에서 프로그램이 어떻게 동작할지 알아보자. 모든 전제 조건이 SPOT 프로그램에 아주 유리하도록 데이터를 가짜로 꾸며서 이런 전제 조건하에 프로그램 수행이 좋은 선택인지 알아보는 방법이다. 이처럼 유리한 조건에서도 유용하지 않다는 답을 얻으면 더욱 현실적인 조건에서는 당연히 유용하지 않다고 확신해도 좋다.

첫째, 회계감사원에 따르면 매년 미국 공항을 통해 여행하는 승객은 약 20억 명이다. 편의상 20억하고도 100명이 있다고 하자. 아마 대부분은 결백한 여행객이리라. 극소수만이 비행기를 납치하려고 하거나 뭔가 다른 방식의 테러에 참여한다. 정부 측에 유리하도록 매년 100명의 테러리스트가 비행기를 납치하려고 공항을 찾는다고 가정하자. 따라서 사전 확률 Pr(테러리스트) = $\frac{100}{2,000,000,100}$이다.

둘째, 이런 테러리스트가 행동 탐지 요원의 관심을 끌 만한 수상한 행동을 보일 가능성을 알아야 한다. 우리는 당연히 그 값을 모른다. 다만 알려진 과학적 증거들은 이런 유형의 행동 실마리가 상당히 미덥지 못하다는 점을 시사한다. 이번에도 SPOT에 유리한 가정을 해보자. 테러리스트 중 99퍼센트는 교통안전국의 주시 대상이 되는 행동을 보인다고 하자. 즉 Pr(수상함|테러리스트) = .99다. 현실에서는 분명 이 수치가 훨씬 더 낮다.

마지막으로, 결백한 여행자가 수상한 행동을 보일 가능성도 알아야 한다. 앞서 말했듯이 이런 행동은 불안정한 지표라서, 일반인 중에도 수상해 보이는 사람이 얼마간 있을 것이다. 하지만 우리는 SPOT에 도움이 되고 싶다. 따라서 일반인 중 단지 1퍼센트만 수상한 행동을 보여서 Pr(수상함|일반인) = .01이라고 하자. 이것 역시 현실에서는 분명히 더 높을 것이다. 지금은 SPOT이 엄청나게 정확한 행동 심사 프로그램이라고 가정한다.

수상한 행동을 보이는 사람이 테러리스트일 가능성은 얼마나 될까? 이처럼 지극히 유리한 가정하에서조차 그 가능성은 그리 크지 않다. 표 15.3에 우리의 가정에 따른 데이터가 보인다.

표 15.3 수상쩍게 보이는 테러리스트와 일반인

	일반인	테러리스트
수상하지 않음	1,980,000,000	1
수상함	20,000,000	99

총 2,000,000,100명의 승객 중 100명이 테러리스트다. 그중 99퍼센트가 수상한 행동을 보일 것이다. 나머지 20억 명은 일반인이다. 그중 1퍼센트만이 수상한 행동을 보일 것이다. 하지만 이 1퍼센트만 해도 2,000만 명이다! 총 20,000,099명이 수상한 행동을 보이는 셈이다. 그중 99명만 실제 테러리스트다. 따라서 누군가 수상하게 행동하는 상황에서 실제로 테러리스트일 확률은 $\frac{99}{20,000,099}$이다. 이는 대략 .000005, 약 20만분의 1이다.

베이즈 법칙으로도 비슷하게 계산할 수 있다.

$$Pr(테러리스트|수상함) = \frac{Pr(수상함|테러리스트)\, Pr(테러리스트)}{Pr(수상함)}$$

$$= \frac{\frac{99}{100} \cdot \frac{100}{2,000,000,100}}{\frac{20,000,099}{2,000,000,100}}$$

$$= \frac{99}{20,000,099}$$

위 숫자는 정부 측에 최대한 유리하게 잡은 가정에서 나왔다는 점을 명심하자. 테러리스트가 실제로 SPOT 프로그램이 주시하는 행동을 보일 가능성이 99퍼센트가 될 리는 없다. 또한

일반인이 같은 행동을 보일 가능성이 1퍼센트밖에 안 될 리도 없다. 따라서 수상한 사람이 테러리스트일 확률은 사실 200,000분의 1보다 훨씬 낮다. 만약 테러리스트가 수상한 행동을 보일 가능성이 75퍼센트고 일반인은 10퍼센트라고 하면, 수상한 행동을 보인 사람이 테러리스트일 확률은 약 3,700만분의 1로 줄어든다.

$$\text{Pr}(\text{테러리스트}\,|\,\text{수상함}) = \frac{\text{Pr}(\text{수상함}\,|\,\text{테러리스트})\,\text{Pr}(\text{테러리스트})}{\text{Pr}(\text{수상함})}$$

$$= \frac{\frac{75}{100} \cdot \frac{100}{2,000,000,100}}{\frac{200,000,075}{2,000,000,100}}$$

$$= \frac{75}{200,000,075}$$

$$\approx \frac{1}{37,000,000}$$

이조차 상당히 관대한 수치다. 미국 과학학술원$^{\text{National Academy of Sciences}}$의 연구에 따르면 (SPOT에서 심사하는 다양한 특징도 아니고) 표정에 나타난 단 한 가지 특징을 살피는 심사 요원들이 완벽한 환경에서도 단지 60퍼센트 정도만 올바른 판정을 내린다고 한다. 좀 더 현실적인 상황에서는 고작 30퍼센트 정도만 옳게 판정한다. 이 정도 수준의 정확도와 아주 작은 테러리스트의 비율을 고려하면 SPOT 프로그램에 10억 달러 이상 쏟아붓는 일은 효용이 없다고 단언해도 좋다. 질문을 올바르게 던지면 알기 쉬운 내용이다.

이 안타까운 이야기를 마치면서 4장의 주요 교훈이었던 상관관계는 변이가 있어야 한다는 점을 되새기도록 우울한 이야기 한 토막을 덧붙이겠다. 회계감사원은 정부 기관이 예산을 올바르게 사용하는지 감시하는 기구다. 정부 프로그램을 조사한 다음에는 개선 방안을 조언하는 역할도 맡는다. SPOT 프로그램을 평가한 다음에도 마찬가지였다.

회계감사원이 신경 쓴 부분은 교통안전국이 SPOT 심사 요원에게 주시하도록 한 행동 특성에 관한 과학적 근거가 부족하다는 점이다. 회계감사원의 말에 따르면 교통안전국은 테러리스트들이 실제로 그런 행동을 보이는지 아닌지 전혀 몰랐다고 한다(앞서 봤지만 설령 그들이 알았다고 해도 이 프로그램은 돈 낭비다). 그래서 회계감사원은 정확도를 높이도록 권고했다.

공항에서 녹화된 영상을 보고 보안검색대를 지나는 승객 중에서 훗날 테러 활동과 연관돼 체포되거나 법정에 선 사람들이 보인 행동을 연구하면 테러리스트가 공통으로 보이는 행동을 파악할 수 있을 것이다.

녹화된 영상을 보고 훗날 테러리스트로 판명된 사람들이 모두 선글라스를 끼고 보안검색대 앞에서 불안한 표정으로 기다린다는 사실을 발견했다고 하자. 이제 이런 모습을 보이는 사람들은 모두 체포해야 할까? 아마도 아닐 것이다. 4장에서 설명했듯이 상관관계는 변이가 있어야 한다. 어떤 사람이 테러리스트인지 아닌지 예측할 특징을 찾는 (가망 없는) 작업에서 조금이라도 나은 결과를 얻으려면 최소한 테러리스트와 일반인의 특정을 비교는 해봐야 한다 (테러리스트만 살펴볼 게 아니라).

베이즈 법칙과 양적 분석

베이즈 법칙을 응용할 만한 흥미로운 분야 하나는 바로 어떤 과학적 가설을, 연구 결과로 나타난 증거를 고려할 때 얼마나 자신 있게 진실이라고 받아들일지 판단하는 경우다. 물론 6장에서 이미 이러한 방법을 논의했다. 주어진 추정치가 순전히 우연히 얻어걸렸을 가능성은 p−값을 보고 알 수 있다고 배웠다. 그러나 잘 생각해 보면 이는 올바른 질문에 대한 답이 아니다. 분석가가 낮은 p−값을 발견해서 자신의 추정이 참이라고 결론을 내린다면 콜린스 부부 사건의 수학자와 검사와 같은 실수를 저지르는 셈이다. 이는 설령 현실에는 어떤 관계도 존재하지 않더라도 데이터에서 관계를 찾을 확률인데, 다시 말하면 Pr(결과|관계가 없음)이다. 그러나 진짜로 구해야 하는 값은 실험에서 얻은 결과가 주어진 상황에서 사실 아무런 관계가 없을 가능성, 즉 Pr(관계가 없음|결과)이다. 실제 관계가 '있을' 확률은 1에서 이 값을 빼면 된다.

베이즈 법칙을 사용해서 이 문제를 좀 더 명확하게 살펴보자. 어떤 데이터를 모아서 어떤 관계를 검정하고 .05 수준($p < .05$)에서 통계적으로 유의한 결과를 얻었다고 가정하자. 추정한 관계가 (잡음 때문에 데이터에 나타날 확률이 아니라) 현실에 존재하는 어떤 관계를 반영할 확률은 얼마나 될까? 베이즈 법칙으로 구할 수 있다.

$$\Pr(\text{관계가 있음}|\text{결과}) = \frac{\Pr(\text{결과}|\text{관계가 있음})\,\Pr(\text{관계가 있음})}{\Pr(\text{결과})}$$

이전과 마찬가지로 Pr(결과)를 두 부분으로 나눈다. 어떤 관계를 나타내는 결과를 얻는 한 가지 가능성은 그 관계가 현실에 존재하고 시험을 통해 맞게 찾은 경우다. 이럴 확률은 Pr(관계가 있음) × Pr(결과|관계가 있음)이다. 다른 가능성은 실제로는 그 관계가 현실에 존재하지 않는데 시험 과정에서 발생한 잡음 때문에 관계가 있다고 잘못 판정한 경우다. 이럴 확률은 Pr(관계가 없음) × Pr(결과|관계가 없음)이다. 이제 베이즈 법칙을 다음과 같이 쓰자.

$$\text{Pr(관계가 있음 | 결과)}$$

$$= \frac{\text{Pr(결과|관계가 있음) Pr(관계가 있음)}}{\text{Pr(관계가 있음) Pr(결과|관계가 있음) + Pr(관계가 없음) Pr(결과|관계가 없음)}}$$

Pr(결과|관계가 없음)의 값은 안다. 바로 가설 검정에서 사용한 유의성 수준이다. 만약 $p < .05$일 때 통계적으로 유의하다고 선언한다면 Pr(결과|관계가 없음) = .05다.

다른 수치들은 좀 더 복잡하다. Pr(관계가 있음)은 어떤 새로운 증거도 접하기 전에 갖는, 실제 관계가 존재할 사전 확률이다. Pr(결과|관계가 있음), 즉 현실에 어떤 관계가 존재하는 상황에서 그 관계를 데이터에서 찾을 확률은 검정의 '검정력'이라고 부른다. 검정력은 다음 질문에 대한 답에 해당한다. 관계가 진짜 있는 상황에서 데이터로부터 통계적으로 유의한 결과를 발견할 확률은 얼마인가? 일단 데이터와 검정 방법에 관해 자세한 내용을 알고 나면 검정력을 추정할 방법은 여러 가지다. 예를 들어 컴퓨터 시뮬레이션을 수행해서 어떤 규모의 효과를 통계적으로 탐지할 가능성을 정할 수 있다.

지금까지 그 실제 의미를 해석한 수치들을 적용해서 베이즈 공식을 다시 한번 써보자.

$$\text{Pr(관계가 있음 | 결과)}$$

$$= \frac{\text{Pr(결과|관계가 있음) Pr(관계가 있음)}}{\text{Pr(관계가 있음) Pr(결과|관계가 있음) + Pr(관계가 없음) Pr(결과|관계가 없음)}}$$

$$= \frac{\text{검정력} \times \text{사전 확률}}{\text{검정력} \times \text{사전 확률} + \text{유의성} \times (1 - \text{사전 확률})}$$

이 공식이 통계적으로 유의한 새로운 과학적 증거를 고려할 때의 사후 확률에 관해 무엇을 알려 주는지 확인해 보자. 우리가 현실에 있는 어떤 인과적 효과를 예감했다고 가정하자. 설명이 다소 길다. 이 효과가 존재할 가능성이 5퍼센트라고 본다(사전 확률이 .05다). 그래서 무작위 실험을 수행한다. 확실한 결과를 얻고 싶어서 표본을 크게 잡았고, 덕분에 검정력은 .8이 될 것이다(효과가 정말 존재한다면 실험에서 이를 탐지할 가능성이 80퍼센트다). 그리고 관습대로 통계적 유의성의 문턱값은 .05로 잡는다. 이제 통계적으로 유의한 결과를 얻는다는 가정하에 그 효과가 진짜일 사후 확률은 얼마가 될까?

방금 언급한 수치들을 공식에 끼워 넣으면 다음과 같다.

$$\Pr(\text{효과가 있음} \mid \text{결과}) = \frac{.8 \times .05}{.8 \times .05 + .05 \times .95}$$

$$\approx .46$$

어떻게 된 일일까? 설령 95퍼센트 수준에서 통계적으로 유의한 결과를 얻는다고 가정하더라도 우리가 추정하는 효과가 존재할 사후 확률은 46퍼센트에 불과하다! 이는 임의의 부부가 목격자 진술과 일치할 확률이 설령 100만분의 1이라고 해도 콜린스 부부가 유죄일 가능성보다 무죄일 가능성이 더 높다는 결론을 내렸을 때와 같은 논리다. 100만분의 1 확률처럼 p-값도 단지 사후 확률을 계산하는 한 가지 요소일 뿐이다. 검정력이나 사전 확률이 지금보다 더 낮다면 사후 확률도 따라서 내려갈 것이다.

이와 같은 사고의 흐름은 7장과 8장에서 기술한, 수많은 연구에서 발생하는 재현성 위기를 이해하기에도 도움이 된다. 초능력 연구를 기억하는가? 연구 결과를 보기 전에 여러분은 인간이 초능력을 쓸 수 있다고 얼마나 믿었나? 아마도 상당히 낮은 확률일 것이다. 그렇지 않나? 따라서 통계적으로 유의한 증거가 주어져서 사후 확률을 보정하더라도 그다지 높지 않다. 그림 15.6을 보면 감이 올 것이다. 세로축은 관찰한 결과가 정말 있다고 믿을 사후 확률이다. 가로축은 그 결과가 있다고 믿을 사전 확률이다. 그림 15.6의 곡선은 검정력이 .8이고 유의성 문턱값이 .05인 연구에서 통계적으로 유의한 증거를 얻은 상황에서 사전 확률에 따른 사후 확률의 함수를 나타낸다.

사전 확률은 사후 확률을 결정하는 데 있어서 대단히 중요하다. 방금 설명한 바와 같이 초능력에 관한 사전 확률이 낮다면 연구 결과는 사실상 우리의 믿음을 바꾸는 데 아무런 효과가 없으므로 초능력 연구를 시작하는 일 자체가 별로 말이 안 된다.

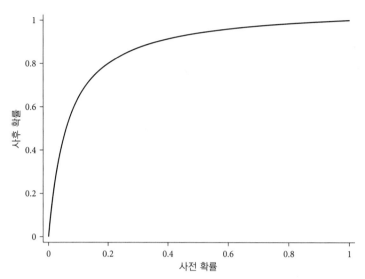

그림 15.6 통계적으로 유의한 증거가 주어진 상황에서 어떤 효과가 정말 있는지에 관한 사전 확률에 따른 사후 확률의 함수

그림 15.7은 새로운 증거가 나타날 때 사전 확률에 따라 믿음이 얼마나 변하는지 보여 준다. 다시 말해 어떤 관계를 뒷받침하는 통계적으로 유의한 증거를 발견한 상황에서, 그 관계가 있다고 믿을 사후 확률에서 원래 그 관계를 믿었던 사전 확률을 뺀 값을, 서로 다른 사전 확률에서 보여 준다. 그림 15.7을 보면 사전 확률이 이미 0이나 1에 가까운 경우에는 믿음을 바꾸기가 매우 어렵다. 새로운 증거의 효과는 적당히 놀라운 결과일 때(즉 사전 확률이 .2 부근에 있을 때) 가장 크다.

그림 15.7은 두 사람이 만약 서로 다른 사전 확률을 믿는다면 같은 정보를 접해도 사뭇 다르게 반응하리라는 점도 보여 준다. 누군가는 초능력, 지구 온난화, 러시아의 미국 선거 개입에 관한 증거를 접하면 자신의 믿음을 크게 바꾸는 반면, 다른 누군가는 똑같은 증거를 접해도 자신의 믿음을 고수할지도 모른다. 우리는 일상생활에서 이런 일을 겪으면 흔히 우리와 다르게 반응하는 사람들은 불합리하거나 비이성적이라고 결론 내리곤 한다. 그러나 베이즈 법칙은 서로 다른 사람들이 서로 다른 사전 확률을 믿는 상황에서 같은 정보에 다르게 반응하는 일이 지극히 정상이라고 말한다.

이런 설명이 다소 불편하게 느껴질지도 모른다. 데이터 분석가라면 모름지기 선입견을 버리고 데이터 자체가 설명하게 만들어야 하지 않나? 그리고 이 사전 확률이라는 녀석은 데이터

가 아니라면 대체 어디서 온다는 말인가? 이는 어려운 질문이다. 하지만 피할 길은 없다. 어떤 증거를 들고 어떤 관계가 실존할 확률을 주장하려면 그 관계가 있다고 믿는 사전 확률이 꼭 필요하다. 사전 확률은 그저 무시할 수 없다. 왜냐하면 앞서 봤듯이 Pr(결과|관계가 없음)과 Pr(관계가 없음|결과)는 매우 다르기 때문이다.

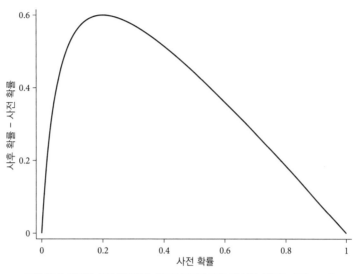

그림 15.7 주어진 사전 확률에서 새로운 증거를 접한 뒤 사후 확률이 바뀌는 크기

사소한 문제가 하나 더 있다. 대부분의 경우 사람들은 어떤 현상이 존재하냐 아니냐의 확률에는 관심이 없다(물론 초능력 연구 같은 사례도 있긴 하지만). 그보다는 대체로 어떤 효과나 관계가 단순히 존재하는지가 아니라 실질적으로 얼마나 중요하고 큰지 궁금하다. 예컨대 단순히 선거 운동이 투표율에 영향이 있는지 여부가 아니라 선거 운동이 투표율에 얼마나 큰 영향을 주는지가 궁금하다. 집집마다 방문하는 유세 활동으로 얼마나 많은 지지자를 모을 수 있을까? 투표율이 0.1, 1, 아니면 10퍼센트포인트 오를까? 이런 상황에도 베이즈 추론을 적용할 수는 있지만 다소 복잡하다. 어떤 관계의 크기를 파악할 때 사전 확률은 어떤 관계가 존재할 확률을 따질 때처럼 단순히 하나의 숫자가 아니다. 그보다는 그 관계가 보일 수 있는 모든 크기에 관한 믿음이다. 그리고 사후 확률을 보정할 때는 각 크기에 관한 확률을 모두 보정해야 한다. 모든 가능한 관계의 크기를 아우르는 전체 사전 확률 분포를 설정하고, 복잡한 계산으로 각각의 사후 확률을 추정하는 분석가도 있다(이런 방식을 '베이즈 통계'라고 부른다). 다른 방법

으로는 6장에서 설명한 바와 같이 종래의 통계를 활용하되('빈도학파frequentist 통계'라고 부른다) 주의해서 결과를 해석하는 방식이 있다.

비용과 편익 기대치

어떤 효과에 관한 여러분의 믿음은 의사결정에서 단지 한 가지 요소일 뿐이다. 단위를 올바르게 정했고 올바른 질문에 답하며 증거와 사전 확률을 바탕으로 올바른 사후 확률을 구했더라도 정량화된 정보는 아직 그 자체로 결론을 주지는 않는다. 정보와 증거를 사용해서 더 나은 의사결정을 하려면 증거에 기반한 믿음과 여러분이 가진 가치와 목표를 결합해서 어떤 행동을 취할지 파악해야 한다.

이 점이 명백한 상황을 보자. 정말 잘 설계한 일련의 연구를 통해서 학교가 특정 방식으로 개입하면 학생들이 대학에 진학할 가능성이 30퍼센트 올라간다는 사실을 알았다고 하자. 정말 대단한 효과다. 하지만 그것만으로 학교가 학생들에게 개입하면 좋다는 보장은 없다. 이 질문에 답하려면 적어도 대학의 가치와 학교가 개입하는 비용을 따져야 한다.

다소 복잡한 데이터 분석에 기반해서 어떤 믿음을 세우는 과정에서 비용, 편익, 가치, 목표에 관한 생각을 놓치기 쉽다. 거대한 효과는 그 자체로 설득력이 있어 보인다. 그러나 이런 함정에 빠지면 안 되는데 어떤 증거의 시사점이 언뜻 명백해 보일지 몰라도 사실은 그다지 명백하지 않을 여지가 있기 때문이다. 사례를 하나 들어 보자.

자주 또는 정확하게 검사하기

이 책을 쓰는 시점에서 코로나바이러스가 전 세계를 휩쓸고 있다. 전염병 대유행을 맞아서 겪는 주요한 어려움은 검사에 있는데, 감염된 사람들을 빨리 판별해서 주변에 더 많이 퍼뜨리기 전에 격리해야 하기 때문이다.

이 책에서 여러 번 강조했지만 어떤 질병을 진단하는 검사의 효용을 파악할 때는 위양성률과 위음성률이 중요하다. 둘 다 낮을수록 진단이 더 정확하다. 당연한 말이지만 식품의약국과 같은 규제 기관은 검사의 위양성률과 위음성률이 낮을 것을 요구하며, 어느 쪽이든 너무 부정확하면 판매를 금지한다.

평소에는 이 말이 맞다. 아픈 사람이 멀쩡하다고(위음성) 진단받거나 건강한 사람이 아프다고(위양성) 진단받는 일은 피하고 싶다. 그리고 사람들이 검사 결과를 믿지 못해서 검사의 가치를 훼손하기도 싫다.

코로나바이러스 확산 초기에는 의과학자들이 다양한 검사 방법을 시험했다. 어떤 검사는 위양성률이 낮았다. 그런데 비인두도말[7] 유전자증폭PCR, Polymerase Chain Reaction 검사는 위음성률도 낮은 이점이 있었다. 바이러스가 매우 적어도 탐지할 수 있기 때문이다. PCR 검사는 식품의약국이 원하는 낮은 위양성률과 위음성률 요건을 만족했기 때문에 신속하게 승인받고 표준 검사 방식이 됐다.

경쟁 검사 기술로는 시약지(종이)에 침(타액)을 뱉는 방식이 있는데 승인을 받기까지 어려움이 많았다. 바로 위음성률이 높기 때문이었다. 시약지 검사 방식은 바이러스 양이 많아야 탐지할 수 있다. 그래서 감염자를 놓칠 가능성이 높고, 특히 감염 초기에는 바이러스 양이 비교적 적어서 더욱 그렇다.

많은 질병에 관해서는 식품의약국의 입장이 합리적이다. 소아 지방변증이나 암과 같은 질병을 검사하는 경우라면 가장 정확한 검사 방법만 승인해야 타당하다. 하지만 틀림없이 코로나바이러스는 여러모로 재고할 만한 대상이다.

두 가지 진단 검사의 장점을 비교할 때는 위양성률과 위음성률이 중요하다. 그러나 이들만 판단 기준은 아니다. 두 검사의 상대적 비용도 고려해야 한다. 그리고 특히 코로나바이러스처럼 전염성이 높은 경우에는 검사 속도도 고려해야 한다. 소아 지방변증 검사 결과는 한두 주 기다려서 받아도 괜찮다. 코로나바이러스 검사 후 한두 주 기다려서, 검사받은 사람이 주변에 바이러스를 죄다 퍼뜨린 다음에 결과를 받는 일은 전혀 다른 문제다.

시약지 검사는 PCR 검사보다 위음성률이 높지만, 가격이 훨씬 싸고 집에서도 실시할 수 있으며, PCR 결과를 받기까지 닷새에서 열흘이 걸리는 데 비해 1시간 이내에 결과가 나온다. 위음성률의 차이에 이런 부가 정보를 결합하면, 식품의약국이 시약지 검사를 뒤늦게 승인한 일이 과연 올바른 결정이었는지에 관해 전혀 다른 결론을 내리게 될지도 모른다.

---

7   콧속을 문질러서 채취하는 방식 – 옮긴이

이 문제의 감을 잡고자 먼저 가격 차이만 생각해 보자. 추정하기로는 시약지 검사는 1-5달러가 들고 PCR 검사는 50-100달러가 든다. 따라서 PCR 검사 한 번과 시약지 검사 한 번을 비교하면 아무래도 불공평하다. PCR 검사 한 번 할 비용이면 시약지 검사는 최소 열 번은 할 수 있다.

이 검사에서 위음성이 나오는 주요 원인은 바이러스 양이 탐지하기에 너무 적기 때문이다. PCR 검사는 바이러스 양이 훨씬 적어도 탐지하기 때문에 위음성률이 낮다. 하지만 코로나바이러스는 체내에서 급격히 증식한다. 그래서 과학자들은 PCR 검사에만 걸릴 정도의 바이러스 농도에서 시약지 검사로도 확인될 정도까지 가는 데 하루이틀이면 충분하다고 짐작한다.

이 말이 맞다면 두 검사의 차이점을 이렇게 생각해 봐도 좋겠다. PCR 검사 한 번에 시약지 검사 N번을 할 수 있다고 하자. 그래서 비용을 맞추고자 매일 시약지 검사를 하거나 N일에 한 번씩 PCR 검사를 한다고 상상해 보자. 편의상 $N = 10$이라고 하고 검사 결과를 받기까지 기다리는 시간은 무시하자. PCR 검사를 1일, 11일, 21일에 받기와 시약지 검사를 매일 받기 중에서 골라야 한다. 1일에서 10일까지의 기간에 초점을 맞추자. 만일 1일에 바이러스 양이 적으면 PCR 검사 방식으로는 그날 확진 판정을 받지만, 시약지 검사로는 하루나 이틀은 감염된 사실을 모른다. 한편 2일에 바이러스 양이 적으면 PCR 검사로는 11일까지 감염된 사실을 모르지만, 시약지 검사로는 3일에 알게 된다. 3일에서 9일까지도 마찬가지다. 만일 10일에 바이러스 양이 적으면 11일에는 어느 검사를 하든 감염 사실을 알게 된다. 정리하면 PCR 검사로 더 빨리 감염 사실을 알게 될 확률은 10분의 1이다. 시약지 검사로 더 빨리 알게 될 확률은 10분의 8이고, 동시에 알게 될 확률은 10분의 1이다.

물론 바이러스 양이 적어서가 아니라 다른 원인으로 위음성 판정을 받을지도 모른다. 그러면 두 검사 방식의 비교를 이렇게 생각해 보자. 이번에도 편의상 두 가지 검사 모두 위양성률은 0이라고 가정하자. 따라서 위음성률만 신경 쓰면 된다. PCR 검사의 위음성률을 p, 시약지 검사의 위음성률을 q라고 하자. PCR 검사로 감염 사실을 놓칠 확률은 p다. 시약지 검사를 열 번 했을 때 감염 사실을 놓칠 확률은 얼마일까? 한 사람이 여러 번 검사를 했을 때 발생하는 위음성 사이의 상관관계에 달렸다. 만일 모든 위음성 판정이 완벽한 상관관계를 가진다면 (한 사람의 바이러스 양은 시간이 흐르면 늘어나므로 이런 일은 일어나지 않는다), 일단 한번 위음성 판정을 받은 사람은 항상 위음성 판정만 받을 것이다. 이런 경우 시약지 검사를 열 번 하든 한

번 하든 감염 사실을 놓칠 확률은 똑같이 q다. 반면 위음성이 아무런 상관관계가 없다면(사람에 따라 바이러스 양이 남들보다 적어서 탐지가 잘 안 되는 경우도 있으므로 이런 일 역시 일어나지 않는다) 시약지 검사 열 번을 해도 감염 사실을 놓칠 확률은 q^{10}이다. 그러므로 PCR 검사가 예를 들어 0.1퍼센트 위음성률을 보이고 시약지 검사가 20퍼센트 위음성률을 보인다고 하면, 시약지 검사를 열 번 하는 쪽이 PCR 검사 한 번보다 감염 사실을 알아낼 확률이 높다($.001 > .2^{10} \approx .0000001$). 진실은 이 두 가지 상황 사이에 어디쯤일 것이다.

두 가지 검사 방법을 평가할 때 고려할 요소가 또 있다. 첫째, 이미 지적했듯이 위음성률은 바이러스 양이 적은 감염 초기에 더 높다. 하지만 전염성이 약한 사람도 위음성률이 높다. 그래서 전염성이 높은 사람을 판정하는 일이 중요할수록 PCR과 시약지 검사의 차이는 줄어든다.

둘째, 검사 속도는 가성비를 따질 때 대단히 중요한 부분이다. 검사의 주요 이점은 감염된 사람이 주변에 전염시키지 못하게 막는 데 있다. 코로나바이러스는 체내에서 빠르게 증식한다. 그래서 집에서 자가진단을 실시하고 한 시간 이내에 결과를 얻는다는 장점은 매우 크다.

이런 모든 이유로 다양한 검사법 아래에서 발생하는 질병 확산을 시뮬레이션한 연구에서는 검사의 빈도와 신속함이 위음성률보다 훨씬 더 중요할 것이라는 점을 발견했다. 그런 이유로 식품의약국의 상식적인 진단 승인 규정이 이번 경우에는 그리 적절하지 못했을지도 모른다.

여러분은 PCR 검사와 달리 시약지 검사는 위양성률도 0에 가깝지 않다는 점을 우려할지도 모른다. 위양성률이 높으면 매일 검사하는 일은 비용도 크고 불필요하게 자가격리를 하는 경우도 생긴다. 위양성률은 연구하기 어려운데 다만 시약지 검사에서도 위양성률이 낮을 것이라는 일부 증거는 있다. 하지만 위양성률이 무시 못 할 정도라고 해도 두 가지 기술을 결합하면 적절한 해법이 나온다. 시약지 검사를 최종 결과로 간주할 필요는 없다. 모두가 매일 시약지 검사를 하다 보면 누군가는 위양성이 나오기도 한다. 이들은 자가격리를 하면서 곧바로 더 정확한 PCR 검사를 받는다. PCR 검사가 줄어들면 결과를 분석하는 실험실의 부담도 줄어서 결과 확인이 더 빨라질 가능성도 있다. 그 결과, 위양성이 발생해도 큰 불편함 없이 제법 빠르게 정정할 수 있다.

이런 논의의 핵심은 어려운 정책 문제에 전문가도 아닌 우리가 확실한 해답을 주고자 함이 아니다. 그보다는 의사결정에 있어서 여러 가지 비용과 편익을 따져야 하며, 모든 사람이나 사회는 자신들의 가치 평가를 동원해서 서로 다른 비용과 편익 중 어디에 중점을 둬야 할지 정해야 한다는 사실을 보여 주고자 함이다. 위음성률과 같은 특정 통계에 매몰돼 결정을 내리기 쉬운데 이런 행동은 대체로 실수가 된다. 마지막 16, 17장에서 이 주제를 다시 다루겠다.

정리

통계를 실체로 바꾸면 주어진 증거가 우리가 답을 찾는 질문에 관해 정확히 무엇을 말하는지 명확히 사고하는 데 도움이 된다. 답하려는 질문을 항상 마음속에 지키는 일은 정량화된 정보를 어떻게 활용할지 명확히 사고하는 데 있어서 핵심 요소다. 분석 결과를 해석할 때만 아니라 측정할 단위를 선택하고 연구할 표본을 선택하고 연구 결과를 어떤 상황에 적용할지 결정할 때도 그래야 한다. 이는 16장의 주제이기도 하다.

핵심 용어

- **퍼센트포인트 변화**: 두 퍼센트 값의 차이.
- **퍼센트 변화**: 변화도를 측정하는 한 가지 방법. 원래 값과 새 값의 차이를 원래 값으로 나눈 크기(에 100을 곱한 값)다. 퍼센트포인트 변화와 달리 퍼센트 변화는 원래 값에 민감하다.
- **조건부 확률**: 어떤 사건이 다른 정보의 조건에 따라 일어날 확률. E에 따른 C의 확률을 $\Pr(C|E)$라고 쓴다.
- **사전 확률**(사전 믿음): 어떤 대상에 관해 새로운 증거를 접하기 전에 갖는 믿음.
- **사후 확률**(사후 믿음): 어떤 대상에 관해 새로운 증거를 접한 뒤에 갖는 믿음.
- **베이즈 법칙**: 새로운 증거와 사전 확률이 주어질 때 사후 확률을 계산하는 공식. 구체적으로는 $\Pr(C|E) = \frac{\Pr(E|C)\,\Pr(C)}{\Pr(E)}$다. 베이즈 정리나 베이즈 규칙이라고도 부른다.
- **검정력**: 어떤 관계가 현실에 존재하는 상황에서 데이터로부터 통계적으로 유의한 결과를 얻을 확률.

연습 문제

15.1 신문에 기사가 이렇게 나왔다. "작년 A 국가의 경제성장률이 B 국가보다 20퍼센트 높았다."

경제학자들은 통상 경제성장률을 연간 GDP의 퍼센트 변화로 측정한다. 그래서 어떤 나라의 GDP가 연초 대비 연말에 3퍼센트 높다면 그 해 그 나라의 경제성장률이 3퍼센트라고 말한다.

(a) B 국가의 GDP 성장률이 10퍼센트라고 하자. A 국가의 GDP 성장률은 얼마인가?

(b) B 국가의 GDP 성장률이 0.1퍼센트라고 하자. A 국가의 GDP 성장률은 얼마인가?

(c) (a)와 (b)의 상황 차이를 덮어 버리는 실수를 하지 않으려면 기사 제목을 어떻게 바꿔 써야 할까?

15.2 이번에는 C 국가와 D 국가가 있다고 하자. C 국가의 경제성장률은 1퍼센트이고 D 국가의 경제성장률은 0.1퍼센트다.

(a) 경제성장률이 몇 퍼센트 다른가? 몇 퍼센트포인트 다른가?

(b) 두 나라의 통계적 사실을 포함하는 기사 제목 2개를 써라. 제목 하나는 두 나라의 경제성장률 차이가 엄청나게 커 보이게 써야 한다. 다른 제목은 그렇지 않아 보이게 써라.

(c) 통계를 검토했더니 D 국가의 경제성장률이 0.1퍼센트가 아니라 0.001퍼센트에 불과했다고 가정하자. 이제 두 나라의 경제성장률이 몇 퍼센트 다른가? 몇 퍼센트포인트 다른가? 두 가지 통계 중에서 어느 쪽이 0.1퍼센트에서 0.001퍼센트로 바뀐 상황의 실질적 유의성을 잘 전달하는가? 왜 그럴까?

15.3 코로나바이러스 유행 기간에 전 세계 정부와 민간 기구들은 진단 검사를 개발하는 일에 몰려들었다. 여러 검사 방법은 정확도가 달랐다. 그중 위양성률이 1퍼센트이고 위음성률이 10퍼센트인 검사 방법이 하나 있다고 하자.

우리는 무증상 인구 전체 중에 코로나바이러스 감염 비율을 모른다. 무증상 감염자의 비율이 q라고 가정하자. 즉 어떤 사람이 바이러스에 걸릴 사전 확률 $\Pr(아픔) = q$다.

(a) 위에서 말한 위음성률 정보를 사용하면 무증상인 누군가가 정말로 코로나바이러스에 감염된 상황에서 양성 판정을 받을 확률(Pr(양성|아픔))은 얼마인가? (힌트: 베이즈 법칙을 쓰지 않아도 된다.)

(b) 양성 판정이 나올 가능성은 두 가지다. 무증상 감염자가 올바르게 판정된 경우가 있다. 또한 바이러스에 감염되지 않은 사람이 위양성 판정을 받는 경우도 있다. 증상이 없는 사람이 양성 판정을 받을 전체 확률을 계산하라.

$$\text{Pr(양성)} = \text{Pr(아픔)} \cdot \text{Pr(양성|아픔)} + \text{Pr(아프지 않음)} \cdot \text{Pr(양성|아프지 않음)}$$

(이 확률은 무증상 감염자 비율의 사전 확률에 좌우되므로 답 안에 q가 있어야 한다.)

(c) 베이즈 법칙으로 Pr(아픔|양성), 즉 양성 판정 받은 사람이 무증상 감염자인 확률을 구하라(이번에도 확률 안에 q가 있어야 한다).

(d) 실제 q가 얼마인지는 모른다. 네 가지 상황을 생각해 보자.

   i. q = .005일 때(무증상 인구의 0.5퍼센트가 바이러스에 감염됐을 때) Pr(아픔|양성)을 계산하라.

   ii. q = .01일 때(무증상 인구의 1퍼센트가 바이러스에 감염됐을 때) Pr(아픔|양성)을 계산하라.

   iii. q = .05일 때(무증상 인구의 5퍼센트가 바이러스에 감염됐을 때) Pr(아픔|양성)을 계산하라.

   iv. 가로축에 q를 두고(0부터 1까지), Pr(아픔|양성)을 보여 주는 도표를 그려라.

15.4 고용 시장에서 일어나는 특정 집단을 향한 차별은 주요 사회 문제이자 정책 고려 대상이다. 이러한 차별이 얼마나 심한지 보여 주는 정량적 증거를 찾는 연구가 많다.

아주 단순한 예제를 생각해 보자. 규모와 능력이 똑같은 두 집단이 있는데, 한쪽은 특혜를 받고 다른 쪽은 특혜를 받지 못한다.

앞서 설명한 조건부 확률 표기법을 사용해서 어떤 사람이 특정 집단에 속한 경우 취업할 확률을 Pr(취업|집단)이라고 쓰겠다. 또한 어떤 사람이 취업한 경우 특정 집단에 속할 확률은 Pr(집단|취업)이라고 쓰겠다.

(a) 두 집단에 속한 두 사람이 같은 직업에 지원했을 때 특혜를 받은 집단에 속한 쪽이 취업할 가능성이 더 높은지 알고 싶다고 하자. 즉 특정 직업에 지원한 사람들 중에

서 다음 내용이 참인지 알고 싶은 셈이다.

$$\Pr(\text{취업}\,|\,\text{특혜 집단 \& 지원}) > \Pr(\text{취업}\,|\,\text{특혜 없는 집단 \& 지원})$$

i. 베이즈 법칙을 사용해서 Pr(취업|특혜 집단 & 지원)을 Pr(특혜 집단|취업 & 지원), Pr(취업|지원), Pr(특혜 집단|지원) 이렇게 세 가지 항으로 다시 써라.

ii. 베이즈 법칙을 사용해서 Pr(취업|특혜 없는 집단 & 지원)을 Pr(특혜 없는 집단|취업 & 지원), Pr(취업|지원), Pr(특혜 없는 집단|지원) 이렇게 세 가지 항으로 다시 써라.

(b) 어떤 직업을 가진 사람들 중에는 특혜 받은 집단과 특혜 받지 못한 집단의 비율이 같다는 연구 결과가 있다고 하자. 이 내용을 위의 표기법으로 나타내라. 이 내용은 (a)의 답에 나온 어떤 두 항을 사용해야 할까?

(c) 같은 직업에 지원했을 때 특혜 받은 집단 사람이 특혜 받지 못한 집단 사람보다 취업할 가능성이 높은지 여부를 결정하기에, (b)에서 나온 정보가 충분한가? (a)의 답을 활용한다면 더 필요한 정보는 무엇일까?

(d) 두 집단에서 같은 수의 사람들이 이 직업에 지원했다고 하자. 이제 답을 구할 수 있겠는가?

읽을거리

연비 통계에 관한 연구는 다음과 같다.

Richard P. Larrick and Jack B. Soll. 2008. "The MPG Illusion." Science 320:1593-94.

콜레스테롤 약에 관한 「월스트리트 저널」 기사는 다음과 같다.

Ron Winslow. "Cholesterol Drug Cuts Heart Risk in Healthy Patients." Wall Street Journal, Nov. 10, 2008. https://www.wsj.com/articles/SB122623863454811545.

데이터 시각화를 유용하게 만드는 방법과 잘못된 그래프에 속지 않는 방법을 알고 싶다면 다음 책을 읽기 바란다.

Carl T. Bergstrom and Jevin D. West. 2020. Calling Bullshit: The Art of Skepticism in a Data-Driven World. Random House.

Kieran Healy. 2019. Data Visualization: A Practical Introduction. Princeton University Press.

Edward R. Tufte. 2001. The Visual Display of Quantitative Information, 2nd Edition. Graphics Press.

미국 남부의 정당 지지 추세 도표는 다음 책에서 가져왔다.

Christopher H. Achen and Larry M. Bartels. 2016. Democracy for Realists: Why Elections Do Not Produce Responsive Government. Princeton University Press.

콜린스 부부 재판에서 일어난 통계 오류에 관한 이야기는 다음 논문에 소개됐다.

Jonathan J. Koehler. 1995. "One in Millions, Billions, and Trillions: Lessons from People v. Collins (1968) for People v. Simpson (1995)." Journal of Legal Education 47(2): 214-23.

SPOT 프로그램에 관해 더 알고 싶다면 회계감사원의 보고서 2개를 참고하라.

2010년 보고서: https://www.gao.gov/assets/310/304510.pdf.

2013년 보고서: https://www.gao.gov/assets/660/658923.pdf.

코로나바이러스 검사 방법의 분석 내용은 다음 논문에서 확인할 수 있다.

Daniel B. Larremore, Bryan Wilder, Evan Lester, Soraya Shehata, James M. Burke, James A. Hay, Milind Tambe, Michael J. Mina, and Roy Parke. 2020. "Test Sensitivity Is Secondary to Frequency and Turnaround Time for COVID-19 Surveillance." https://www.medrxiv.org/content/10.1101/2020.06.22.20136309v3.

이러한 발상은 다음 블로그에서 먼저 다뤘다.

Alex Tabarrok. "Frequent, Fast, and Cheap Is Better than Sensitive." Marginal Revolution. July 24, 2020. https://marginalrevolution.com/marginalrevolution/2020/07/frequent-fast-and-cheap-is-better-than-sensitive.html.

16

목적에 맞게 측정하라

16장에서 다루는 내용

- 목적에 맞는 결과와 조치를 측정하는 일이 중요하다.
- 결과 측정을 불완전하게 하면 뭔가 개선돼 보이지만 사실은 그렇지 않을 여지가 있다.
- 데이터란 언제나 어떤 맥락으로부터 온다. 데이터에서 얻은 교훈을 새로운 맥락에 응용할 때는 현재 맥락이 충분히 비슷해서 그 교훈이 여전히 유효한지 명확히 파악해야 한다.
- 현실에서 여러분의 목적 달성에 도움이 되는 관계가 있을 때도 있다. 그러나 정말로 그 관계를 사용해서 목적을 달성하려 시도하면 원래의 관계가 사라져서 더이상 도움이 되지 않는다.

들어가며

여러분이 의사결정에 도움이 되도록 증거를 사용할 때는 마음속에 어떤 목표를 가진다. 그 목표가 여러분의 임무(목적)다. 이를 측정하는 일은 어째서 중요할까?

어떤 인과관계를 뒷받침하는 증거가 있다고 하자. 어떤 행동이 어떤 결과에 예측 가능한 방식으로 영향을 미친다. 만일 결과 변화가 여러분의 목표 달성을 뜻한다면, 다시 말해 결과를 측정함으로써 목적을 측정한다면 그 인과관계에 관한 지식은 당연히 유용하다. 하지만 측정한 결과 변화가 반드시 목표 달성을 뜻하지 않거나 목표의 일부분에만 해당한다면 어떻게 될까? 그렇다면 증거가 시사하는 어떤 행동이 목적을 이루는지가 다소 모호해질 여지가 있다.

상관관계에 있어서도 마찬가지다. 여러분의 목적이 어떤 결과 예측을 포함하지만, 실제로 측정한 결과는 엄연히 다른 결과라고 하자. 여러분이 측정한 결과에 엮인 상관관계가 실제 관심 대상인 결과를 예측하기에 도움이 된다고 자신하는가?

16장에서는 괜찮은 증거이지만 잘못된 결과로 판명될 여지가 있는 내용에 관한 증거를 확보했을 때 일이 틀어질 가능성을 몇 가지 살펴보겠다. 소개할 각 사례는 의사결정에 증거를 활용하고자 할 때 목적에 맞게 측정하는 일이 중요한 이유를 최대한 잘 보여 줄 것이다.

엉뚱한 결과나 조치를 측정하기

목적에 맞게 측정하기에 실패하는 가장 명백한 이유는 정말로 관심을 갖는 대상에 해당하지 않는 결과나 조치를 측정하기 때문이다. 이런 일이 흔히 일어나는 세 가지 양상을 살펴보겠다.

일부분만 측정

교육 성취도, 국가 안보, 건강과 같이 온전하게 측정하기 어려운 결과의 변화를 측정하는 목적을 갖는 경우가 종종 있다. 예를 들어 교육 성취도 전반을 아우르는 척도를 찾기는 어렵지만, 아마도 표준화된 시험 점수가 오르는지는 측정할 수는 있겠다. 이러한 부분 측정도 유용할 때가 있다. 그러나 시험 점수가 오르는 일이 목적이 아닌 이상 결과 해석에 신중해야 한다. 진짜 목적은 교육 수준 개선이다.

한 가지 측면이 개선되면 다른 측면은 나빠지는 경향이 있다고 봐도 좋은 경우가 많다. 문제의 한 부분에서 나아지면 다른 부분에서 나빠진다는 얘기다. 이런 일은 단순히 자원이 제한되기 때문에 일어나기도 한다. 여러분이 동네 공원을 더 예쁘게 꾸미려는 목적을 가졌다고 하자. 이 목적을 이루는 데 사용할 예산이 있다. 쓰레기 줍기에 예산을 더 많이 쓸수록 조경에 드는 돈이 줄어든다. 그래서 한쪽 측면이 개선되면 다른 면이 나빠진다. 그리고 만약 목적의 일부만 측정하면(예컨대 땅에 떨어진 쓰레기의 양) 쓰레기 줍기에 돈을 더 많이 쓸수록 목적 달성을 잘 한다고 생각하게 될지 모른다. 그러나 그 결과 공원 경관은 나빠지므로 이는 잘못된 결론이다.

어떤 문제의 여러 측면 사이에 나타나는 음의 상관관계에는 자원 제한 외에도 다른 이유가 있다. 아마도 가장 흥미로운 이유는 전략적 적응, 바로 어떤 측면의 결과를 개선하려는 노력이 사람들로 하여금 그러한 노력을 비껴가도록 조정하는 현상이겠다. 이 또한 부분 측정이 문제가 되게끔 만든다. 어떻게 이런 일이 일어나는지 사례를 하나 들어 보자.

공항의 금속 탐지기

1960년대 중반부터 미국 민간항공에서 비행기 공중 납치가 심각한 문제로 대두됐다. 1969년 한 해에만 무려 80대가 넘는 비행기가 납치됐다. 납치범은 미국인, 크로아티아인, 쿠바인, 일본인, 북한인, 팔레스타인인, 그 밖에 다양한 국적이 있다. 범행 동기는 단순한 몸값 요구부터 민족주의 운동, 좌파 운동, 그 밖에 국제 정치 문제에 이르기까지 다양했다. 이처럼 항공 안전을 위협하는 일이 늘자 1970년대 초반 미국은 공항 보안을 강화했다. 가장 중요한 변화는 1973년 미국의 모든 주요 공항에 설치한 금속 탐지기다.

여러분이 보안 강화 효과를 측정하는 임무를 띤 정부 관계자라고 상상해 보자. 보안 강화로 인해 비행기 납치가 크게 줄어들었는지 묻는 질문이 자연스럽게 떠오를 것이다. 그림 16.1은 1968년부터 1978년까지의 기간에 분기별 비행기 납치 건수를 보여 주는데 방금 전 질문에 '그렇다'라는 답변을 제시한다. 1973년 (세로 점선) 이전에는 분기마다 거의 20건 정도 납치 사건이 발생했다. 하지만 1973년 이후에는 그 빈도가 분기당 10건 미만으로 떨어졌다.

원래 목적에 맞게 측정했는지 따져 보자. 원래 목적이 비행기 납치를 줄이는 일일지도 모른다. 그렇다면 납치 건수는 올바른 결과이며 이 변화는 성공적으로 보인다. 그러나 원래 목적이 단지 비행기 납치가 아니라 테러리스트의 인질극 전체에 관한 보안 수준을 높이는 일일 가능성도 있다. 그렇다면 다양한 테러 활동이 존재하기 때문에 비행기 납치 건수는 전체 목적의 일부분만 측정하는 셈이다.

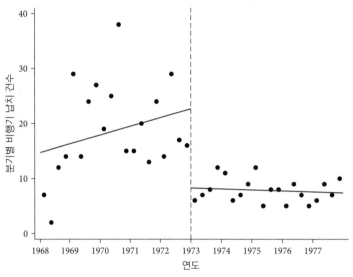

그림 16.1 1968년에서 1978년 사이의 분기별 비행기 납치 건수와 1973년 1분기 전후로 각각 구한 회귀선. 세로 점선은 미국 공항에 금속 탐지기가 설치된 시기를 나타낸다.

게다가 이 상황은 어떤 문제의 한 가지 측면(비행기 납치)을 개선하면 다른 측면(다른 유형의 테러 공격)이 나빠질 우려가 있다. 바로 전략적 적응 때문이다. 공항 보안이 개선되면 테러리스트들이 비행기 납치 대신 다른 방식으로 인질을 잡을 우려가 있다. 이런 경우라면 납치 건수는 확연히 줄어들지만, 이를 기준으로 모든 대테러 목적을 갖는 공항 보안이 얼마나 개선됐는지 측정하면 안 된다.

그런데 실제로는 그렇게 흘러간 듯하다. 그림 16.2는 월터 엔더스Walter Enders와 토드 샌들러Todd Sandler의 연구에 영감을 받았는데, 미국 공항에 금속 탐지기를 설치한 이후 다른 유형의 인질극은 더 늘어났다는 내용이다. 보다시피 원래 목적 일부가 아니라 전체를 아우르는 측정 결과를 보면 사뭇 다른 결론에 이른다.

물론 금속 탐지기 도입이 실패라는 뜻은 아니다. 다른 유형의 인질극이 비행기 납치가 줄어든 수만큼 늘어난 것 같지는 않다. 또한 비행기 납치는 평균적으로 다른 인질극보다 위험도가 더 심각하다. 따라서 대테러 활동은 여전히 성공이라고 볼 수도 있겠다. 하지만 비행기 납치 건수만 따졌을 때만큼 극적인 성공이라고 말하긴 어렵다.

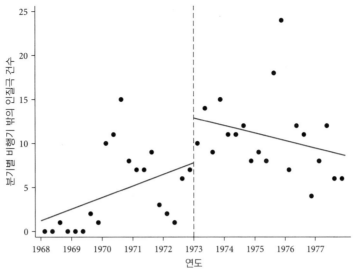

그림 16.2 1968년에서 1978년 사이의 분기별로 비행기 밖에서 일어난 인질극 수와 1973년 1분기 전후로 각각 구한 회귀선. 세로 점선은 미국 공항에 금속 탐지기가 설치된 시기를 나타낸다.

중간 결과

목적에 맞는 결과를 측정하기가 어렵고 시간이 오래 걸리거나 충분한 데이터를 뽑아내지 못할 때가 많다. 이럴 때 쓰는 흔한 해법 하나는 최종 목적에 이르는 경로에 있으면서 최종 목적을 잘 나타내는 중간 결과를 측정하는 것이다.

여러분이 선거 운동을 맡아서 지지 후보가 당선할 가능성을 최대로 높이려고 노력한다고 가정하자. 몇 가지 홍보 광고를 시험해서 어떤 것이 가장 효과가 큰지 알아보려 할 것이다. 여러 지역에 서로 다른 광고를 보낸 다음, 선거일에 어디서 가장 선전했는지 볼 수 있다. 하지만 이 방법은 그다지 쓸모가 없다. 선거일이 오기 전에 어떤 광고를 고를지 알아야 한다. 그러므로 선거 운동 기간 중에 어떤 광고가 최선인지 감을 잡게 해줄 어떤 결과를 대신 측정해야 한다.

한 가지 자연스러운 선택지는 여론 조사 결과를 측정하는 전략이다. 무작위로 광고를 내보낸 다음 전체 득표 수가 어떻게 되는지 확인하기보다는, 무작위로 광고를 내보낸 다음 여론 조사를 실시해서 어떤 광고가 가장 도움이 되는지 파악한다. 이 방법은 이상한 점이 없다. 좋은 발상이다. 다만 여러분의 관심사는 여론 조사 그 자체가 아니라는 점은 유념해야 한다.

여러분이 진짜로 신경 쓰는 대상은 투표다. 따라서 이 중간 결과가 원래 목적에 관해 알려 주는 바는 딱 여론 조사 결과의 변화가 투표 결과의 변화를 가리키는 만큼만이다. 하지만 홍보 광고 때문에 사람들이 여론 조사에 응하는 정도나 조사원에게 진실을 말하는 정도가 바뀌어서 실제 투표 결과는 바뀌지 않더라도 여론 조사 결과만은 바뀔 가능성도 있다. 이런 일이 정말로 일어나면 중간 결과에 미치는 영향이 최종 결과와는 아무런 상관이 없을지도 모른다. 그러므로 최종 목적 대신 중간 결과를 측정할 때는 항상 중간 결과가 진짜로 실제 목표에 이르는 경로에 놓여 있는지 확인해야 한다.

실제 관심 대상을 측정하는 일이 현실성이 특히 없는 의료 연구 사례를 하나 살펴보자.

혈압과 심장마비

심장마비 위험을 줄이는 신약이 있다고 하자. 연구자에겐 아쉬운 일이지만(그것만 빼면 다행인 일이지만) 심장마비는 드물게 일어난다. 그래서 신약 시험 도중 연구 대상 표본 중에서 심장마비를 일으키는 사람은 별로 없다. 그래서 약물을 무작위로 투여하는 잘 설계된 실험을 수행하더라도 그 약물이 심장마비 위험을 줄이는지 바로 파악하기가 대단히 어렵다.

그러면 의료 연구진은 어떻게 할까? 약물을 투여한 환자가 심장마비를 일으킬 가능성이 낮아지는지 확인하고자 20년을 기다리는 대신, 혈압처럼 중간 단계의 대용할 수 있는 결과를 연구한다. 혈압은 심장마비의 전조가 되므로 약물이 혈압을 낮춘다면 심장마비도 낮출 것이라는 발상이다.

그러나 이 경우 신중해야 한다. 상관관계가 인과관계를 내포하지는 않는다는 사실을 2부에서 배웠다. 농구 선수는 키가 큰 편이지만 농구 경기를 많이 한다고 해서 키가 크지는 않는다. 마찬가지로 혈압과 심장마비가 서로 상관관계가 있다고 해서 반드시 혈압을 낮추는 약이 심장마비도 줄인다는 보장은 없다. 이렇게 주장하려면 혈압이 심장마비에 인과적 효과가 있다는 강력한 증거가 있어야 한다.

오늘날에는 혈압이 정말로 심장마비에 어떤 인과적 효과를 가진다고 믿을 만한 충분한 근거가 있다. 그러나 의료 연구에서 쓰이는 여러 가지 다른 중간 결과 중에는 인과적 연결고리가 아직 불확실한 경우가 많다.

토마스 플레밍$^{Thomas\ Fleming}$은 1994년에 이런 증거를 검토하고서 암에 관한 연구에서 생기는 논점 하나를 설명했다. 암 치료 효과 연구에서는 치료 요법이 환자의 사망률 등에 주는 효과를 확인할 때까지 기다리지 못하는 경우가 종종 있다. 그래서 연구진은 중간 결과에 주는 효과를 대신 연구한다. 종양 크기는 대표적인 중간 결과다.

플레밍이 기술한 내용 중에는 전립선암을 치료할 목적으로 개발한 약물 시험도 있다. 연구진은 전립선암 발생이 드물고 진행이 느리기 때문에 환자의 사망률을 조사하려면 4만에서 10만 명 정도의 표본이 있어야 치료 효과를 제대로 파악할 수 있다고 판단했다. 시험에 동원할 수 있는 인원은 18,000명밖에 안 되기 때문에 연구진은 대신 전립선 조직 검사로 잰 종양 크기로 약물 효과를 평가하기로 정했다.

플레밍이 설명하기를 이 방법의 한 가지 문제는 전립선 종양 크기가 원래 목적, 아마도 암으로 인한 사망을 피하는 목적을 대신 나타내기에 부정확하다는 점이었다. 50세를 넘긴 남성의 30퍼센트는 전립선 종양 검사에서 양성 판정을 받는다. 그러나 단 3퍼센트만이 전립선암으로 사망한다. 전립선 종양은 대체로 아주 천천히 자란다. 그런 이유로 심장마비 같은 다른 원인으로 사망하는 경우가 많다. 실험 결과는 이 약물이 종양 크기를 상당히 줄인다는 점을 보였다. 그러나 애초에 환자에게 그다지 해롭지 않은 종류의 종양이 주로 줄어들었을 가능성도 충분하다. 따라서 이런 중간 결과의 개선이 전립선암으로 인한 사망을 피하려는 원래 목적에 어떤 식으로든 기여하는지 확실히 알 길은 없다.

그렇다고 해서 중간 결과 연구가 잘못됐다는 말은 아니다. 사실 다른 제약 사항을 고려하면 이 방법이 최선인 경우가 많다. 다만 어떤 행동과 중간 결과 사이의 관계를 발견해서 해석할 때는 중간 결과와 원래 목적 사이의 관계를 명확히 이해하는 일이 중요하다.

부정확한 목적

목적 자체를 분명하게 정의하기 좀 까다로운 상황도 흔하다. 같은 목적처럼 보이는 대상들을 측정할 타당한 방법이 하나가 아닌 경우도 있다. 그런데 어떤 선택을 하는지가 매우 중요할 때가 있다. 그래서 어떤 결과와 조치가 목적을 올바르게 정의하는지 고민해야 한다.

여러분이 대학생이고, 향후 소득이 가장 높은 전공과 직업을 고민 중이라고 하자. 생각날 만한 한 가지 방법은 『포브스Forbes』에 오른 세계 최고 부자 목록을 살펴보고 그들의 행적을 따라해 보는 일이다. 이 방법으로 유추할 만한 방법 하나는 대학을 중퇴하고 기술 기업을 세우는 일이다. 이 책을 쓰는 시점의 세계 최고 부자 8명 중 빌 게이츠, 마크 주커버그, 래리 엘리슨[1]이 이런 길을 택했다. 하지만 여러분은 4장에서 상관관계는 변이가 필요하다는 내용을 배웠기 때문에 이런 실수를 저지르지는 않을 것이다. 대학을 중퇴하고 기술 기업을 세우는 일과 성공의 상관관계를 알고 싶다면 단순히 대성공을 거둔 사람들만 조사해서는 안 된다.

여러분은 좀 더 자세히 알고자 세상에 얼마나 많은 사람이 대학을 중퇴하고 자신의 기술 기업을 세웠는지 감을 잡아보려 한다고 생각해 보자. 조사 결과 .01퍼센트 미만의 사람만이 대학을 중퇴하고 기술 기업을 세웠다는 사실을 밝혔지만, 세계 8대 부호 중 37.5퍼센트도 그렇게 했다. 따라서 여기에는 강한 상관관계가 있어 보인다. 대학을 중퇴하고 기술 기업을 세운 사람은 그냥 대학에 머물면서 기술 기업을 세우지 않은 사람보다 세계 8대 부호에 들어갈 가능성이 훨씬 높다.

상관관계는 밝혔지만 성급하게 결정해서 오늘 당장 대학을 중퇴하기는 망설여지는 이유가 여전히 남아 있다. 그러나 어쩌면 무심코 p-해킹과 비슷한 오류에 빠졌는지도 모른다. 지극히 부유한 소수의 인원만 조사하고 그들의 공통점을 찾았으며, 결국 이 소수의 인원이 가진 공통점을 찾아냈다. 하지만 이는 우연의 일치일지도 모른다. 지금 관찰한 상관관계가 미래에는 유효하지 않을 여지가 있고, 이 경우 대학을 중퇴하고 기술 기업을 세우려는 계획은 잘못된 생각이겠다.

대학 중퇴와 기술 기업 설립을 권하지 않는 또 다른 이유는 위에서 제대로 된 비교를 하지 않았기 때문이다. 대학을 중퇴하고 기술 기업을 세울 정도의 사람이라면 그렇지 않은 사람들과는 뭔가 다를 가능성이 높고, 이 사람들이 중퇴하지 않았더라도 똑같이 성공했을지 판단할 방법은 거의 없다. 다시 말해, 9장에서 배운 내용에 따르면 이 상관관계는 인과관계의 편향되지 않은 추정이 아니다.

지금까지 말한 이유를 모두 제쳐 두더라도 원래 목적을 올바르게 측정하는 일에 있어서 이와 같은 논리 전개에는 근본적인 문제가 있다. 우리가 진짜로 알고 싶은 결과가 무엇인가? 기대

---

1   순서대로 마이크로소프트, 메타(페이스북), 오라클의 창업자다. - 옮긴이

소득인가 아니면 억만장자가 될 확률인가? 대학을 중퇴하고 기술 기업을 세우면 세계 최고 부자가 될 가능성이 커지긴 하지만, 쫄딱 망할 가능성도 커진다. 그리고 우리가 아는 한 엄청난 부자가 될 가능성은 커질지 몰라도 기대 소득은 상당히 줄어들 것이다. 여러분은 도박을 하고 싶은가?

구체적인 목적이 무엇이어야 하는지 따질 생각은 없다. 누군가는 억만장자가 되기를 간절히 바라고, 그래서 기꺼이 위험을 무릅쓸 것이다. 하지만 우리가 생각하기에 대부분의 사람들은 위험을 피하고 기대 소득을 최대화하거나 가난해질 가능성을 최소화하는 데 신경을 더 쓸 것 같다. 구체적인 목적이 정해져야 어떤 분석을 수행할지 알게 된다. 만약 기대 소득을 최대화하려는 목표가 있다면 포브스 부호 목록에 오른 사람들의 상관관계를 조사하는 일은 큰 실수다. 그 대신 다양한 교육 수준과 직업이 평균적으로 소득과 어떤 관련이 있는지 데이터를 모아야 한다. 아마도 대학을 마치고 나아가 전문 학교에 다니는 일이 중퇴하고 회사를 차리는 일보다 앞날의 소득을 더 잘 예견하리라 생각한다.

이처럼 잘못된 결과를 조사하는 실수는 다른 상황에서도 일어나곤 한다. 선거 운동을 이끄는 사람이나 스포츠 팀의 코치는 점수 차이나 득표율 자체에는 그리 신경 쓰지 않는다. 정말로 신경 쓰는 일은 승리이며, 이 목적을 최대한 달성할 전략을 선택해야 한다. 예를 들어 선거 후보가 여론 조사에서 뒤지는데 선거 운동 기간은 일주일밖에 안 남았다면, 이길 여지를 만들고자 평소에는 쓰지 않을 전략으로 도박을 걸지도 모른다. 어쩌면 유권자들이 싫어할지 모를 대단히 공격적인 새 정책을 제안하기로 결정할 수도 있다. 일반적으로 이런 전략은 득표율을 낮춘다. 그러나 유권자들이 이 과격한 새 발상을 좋아해서 선거에 이길 일말의 가능성은 있다. 득표율 자체에 신경 쓰기보다 (5점으로 지나 10점으로 지나 지는 건 마찬가지다) 오로지 승리만 바란다면, 기대 득표율을 떨어뜨리는 전략이라도 최선의 선택이 될지 모른다.

그리고 이런 측정 관련 문제는 당연히 결과 측정에만 해당하지는 않는다. 조치 측정에도 해당한다. 아마도 이 점은 측정하는 변수가 추상적인 개념을 나타낼 때 가장 명확할 것이다. 어떤 국가가 다른 국가에 비해 얼마나 민주적인지 또는 어떤 수업이 다른 수업보다 얼마나 쉽거나 어려운지 순서를 매길 때 정확히 무엇을 측정해야 하는지 명확히 생각해야 한다. 하지만 기준이 확실한 수량을 측정할 때도 이런 문제가 생기기도 한다. 다음 사례를 보자.

기후 변화와 경제 생산성

많은 사람이 기후 변화가 경제 성장에 주는 장기적 영향에 관심을 가진다. 기후 변화는 당연히 오랜 시간에 걸쳐 일어나고, 따라서 측정해서 연구하기가 어렵다. 그러나 이와 연관된 날씨나 기온 같은 현상은 자주 바뀐다. 그래서 학자들은 날씨 변화로 기후 변화 효과를 파악하려고 시도하기도 한다.

한 예로, 마샬 버크$^{Marshall Burke}$, 솔로몬 샹$^{Solomon Hsiang}$, 에드워드 미겔$^{Edward Miguel}$은 예상치 못한 기온 변동이 GDP 성장률에 미치는 영향을 이중차분법으로 추정했다. 세 사람은 한 국가의 GDP가, 자연에서 일어나는 대기 변화로 인해 평년보다 따뜻한 해와 추운 해에 어떻게 다른지 비교했다. 그 결과 경제 생산성은 연평균 기온이 섭씨 13도일 때 가장 높고, 그보다 기온이 높아지면 급격히 떨어졌음을 확인했다. 이들은 "만일 미래 상황이 과거와 비슷하다면 온난화가 이대로 지속될 경우 2100년까지 평균 소득이 약 23퍼센트 줄어들어 전 세계 경제에 여파를 미칠 것으로 예상한다"라고 결론 내렸다.

중요한 연구이고 중요한 결론이다. 단 저자들이 경고한 바와 같이 "만약 미래 상황이 과거와 비슷하다면"이라는 구절은 아주 중요한 측정 관련 문제를 꼬집는다.

저자들은 '기후 변화' 효과에 관심을 가졌다. 그러나 이들이 측정한 대상은 '기온 변동'이다. 기후 변화는 천천히 일어나서 사람이나 사회가 적응할 시간을 가진다. 기온 변동은 급격히 일어나서 적응하기 어렵다. 게다가 기온 변동과 달리 기후 변화는 날씨 변화폭, 질병 매개체, 자연 재해 빈도 등과도 연관이 있다. 그러므로 기온 변동은 엄밀히 말해 조치를 제대로 측정하지 못한다. 구체적으로 말하면, 생산성에 관한 질문과 관련된 방식에 맞게 조치를 측정하지 못한다. 이런 측정 관련 문제를 인지한 뒤에는 아무래도 23퍼센트라는 추정 효과를 신뢰하기 어렵다.

두 개념의 차이를 인지하려면 평소보다 더운 날 하루와 이전 시기보다 더운 한 세기가 경제 생산성에 미치는 영향을 생각해 보자. 우리는 시카고에 사는데 날씨가 꽤 추운 동네다. 어느 날 갑자기 날씨가 유난히 따뜻하면 앤서니는 일찍 일을 끝마치고 골프를 즐기러 가고 싶은 마음이 들 것이다. 그런데 기후 변화로 인해 매일매일이 따뜻하다면 일을 아예 관두고 매일 골프를 즐기지는 못할 것이다. 게다가 날씨가 따뜻해지면서 폭풍도 잦아진다면 그의 골프 생활이 어찌될지는 아무도 모른다. 예기치 않은 더운 날이 생산성을 떨어뜨린다는 사실로 오랜 시간 기후 변화가 미치는 영향을 알 수는 없는데, 이는 바로 올바른 대상을 측정하고 연구하지 않았기 때문이다.

표본은 적절한가?

올바른 결과와 올바른 조치를 연구한다고 해서 반드시 목적을 제대로 측정한다는 법은 없다. 표본도 적절하게 선택해야 한다.

어떤 증거를 근거로 의사결정을 할 때 거의 항상 어떤 때와 장소에서 얻은 지식을 다른 때와 장소에 어떤 일이 일어날지 파악하는 데 적용해야 한다. 본질적으로는 그 증거가 만들어진 맥락과 그 증거의 교훈을 적용할 맥락 사이에서 어떤 유추를 하는 셈이다. 그러므로 이 두 맥락이 충분히 비슷해서 우리가 하는 유추가 타당한지 끊임없이 질문해야 한다. 그러지 않으면 원래 목적과 일치하는 행동을 취할지라도 그 행동이 유효한 맥락은 우리가 실제로 처한 상황과 크게 다를 것이다.

외적 타당성

여기서 근본 문제는 맥락에 따라 관계가 다르게 나타날 가능성이 있다는 점이다. 이 책에서는 지금까지 '내적 타당성internal validity'이라고도 부르는 개념에 많은 시간을 쏟았다. 내적 타당성이란 추정 대상을 제대로 추정하는 일과 관련이 있다(추정량이 편향되지 않았나?). 하지만 내적 타당성에 관한 모든 일을 올바르게 했더라도, 그 관계가 여러분이 적용하려는 맥락에서도 유효한지 이해하는 일이 남아 있다. 넓게 보면 이는 '외적 타당성external validity' 문제에 해당한다. 외적 타당성이란 어떤 맥락에서 데이터로 추정한 관계가 다른 맥락에서도 유효하다고 믿을 만한 이유가 충분한지에 관한 개념이다. 사례를 보면 이해하기에 도움이 되겠다.

인도와 방글라데시의 영양실조

1980년대 세계 은행World Bank은 영양실조가 만연한 남부 인도에서 '타밀 나두 통합 영양 프로젝트TINP, Tamil Nadu Integrated Nutrition Project'라는 프로젝트를 실시했다. 이 프로젝트는 영양 보충에도 얼마간 노력을 들였지만, 주요 관심사는 가정의 주요 결정권자이자 식품 구매와 식사 준비에 신경을 많이 쓰는 엄마들이 이미 손에 쥔 자원을 더 잘 쓰도록 돕는 데 있었다. 세계 은 행은 TINP를 주요 성공 사례로 봤다. 논란의 여지가 있긴 하지만, 대체로 이 프로젝트는 타밀 나두 지방의 영양실조를 줄이는 데 크게 기여했다고 평가받는다.

이러한 성공에 고무돼 1990년대에는 '방글라데시 통합 영양 프로젝트^{BINP, Bangladesh Integrated Nutrition Project}'가 실시됐다. 인도 동부와 접한 방글라데시는 이때까지 전 세계에서 영양 상태가 가장 나쁜 나라에 속했다. 1990년대 초반에는 방글라데시의 5세 미만 어린이 중 거의 3분의 2가 영양실조로 인한 성장 저하를 겪었다는 증거도 있다.

TINP가 엄격하게 평가를 받고 영양실조를 타파하는 데 크게 일조한 점이 드러났기 때문에 BINP는 확실하게 TINP의 방식을 따랐다. 그래서 학자들과 전문가들은 TINP만큼 효과가 있으리라고 기대했던 BINP가 실제로는 그만 못했던 점에 다같이 놀랐다. 역사상 가장 성공적인 영양실조 타파 정책을 그대로 옮겼음에도 엄격하게 평가한 결과 BINP의 영향은 거의 또는 아예 없었다. 대체 뭐가 잘못됐을까?

가능성 있는 대답은 물론 여러 가지다. 무슨 이유로 이 프로그램이 실패했는지는 사실상 모른다. 다만 타밀 나두와 방글라데시의 문화 차이는 한 가지 중요한 요소로 보인다. 앞서 말했듯이 타밀 나두에서는 대체로 엄마들이 식품 구매와 식사 준비에 있어서 주요 결정권자다. 따라서 TINP가 엄마들을 대상으로 영양에 관한 교육에 힘쓴 부분은 합리적이다.

TINP를 본 따 BINP를 실시할 때도 이와 같은 엄마들에 초점을 맞춘 부분은 그대로였다. 그러나 방글라데시에서는 식품 구매나 식사 준비의 결정권은 엄마들보다 아빠나 시어머니에게 있다. 타밀 나두는 그렇지 않았기 때문에 이런 중요 결정권자들이 BINP의 교육 대상에서 빠졌다. 어쩌면 BINP는, 적어도 부분적으로는, 앞선 상황에서 완벽히 타당한 교육 대상 선정 방법이 더이상 유효하지 않았기 때문에 실패했는지도 모른다.

이 사례가 특히 흥미로운 이유는 정량적 증거와 정성적 지식 사이의 상호 보완 가능성을 짚어주기 때문이다. TINP의 효과를 평가하려면 정량적 접근법을 취해야 한다. 하지만 이렇게 얻은 지식을 방글라데시 상황에 적용하려는 시도는 타밀 나두와 방글라데시의 문화와 제도에 있어 중요한 차이를 몰랐기 때문에 실패하고 말았다. TINP의 인과적 효과를 제대로 파악할 수 있는 정량적 평가 전문성을 가진 사람들과 두 지역의 상황을 정성적으로 깊이 이해하는 사람들을 모아서 팀을 꾸렸다면 어느 한쪽만으로 이뤄진 팀보다 더 나은 결과를 얻었을 것이다.

표본 선택

원래 목적을 잘못된 맥락에서 측정하는 사람들이 대개 하는 실수는 (고의로) 선택한 표본을 연구하는 방식이다. '선택한 표본selected sample'이란 모집단에서 무작위로 고른 표본이 아니라 어떤 특징을 가졌기 때문에 연구 대상이 된 표본이다. 이 방식의 문제점은 당연히 전체 모집단을 대표하지 못한다는 점이다. 선택한 표본에서 나타나는 관계는 더 큰 모집단에서는 유지되지 않을 가능성이 있다. 원래 목적이 더 큰 모집단의 행동을 예측하거나 이해하거나 바꾸려는 것이라면 선택한 표본에서 얻은 증거에 기대면 일이 완전히 잘못될지도 모른다.

대학 입시

마음에 와닿을 만한 사례가 하나 있다. 표준 시험 점수는 좋든 나쁘든 수십 년 동안 대학 입시의 중요한 부분이었다. 하지만 2018년에 우리 시카고 대학교는 지원자에게 더이상 그런 시험 점수를 요구하지 않겠다고 발표했다(몇몇 다른 대학교도 비슷한 발표를 했다). 시험 점수 요건을 없앤 (몇 가지 중) 한 가지 이유는 증거에 기반한다. 대학교 고위 관리자들은 입학한 학생들에게서 시험 점수와 학업 성과 사이에 상관관계가 거의 없음을 발견했다. 그래서 시험 점수가 어쩌면 대학 성적의 좋은 예측 변수가 아닐지 모른다는 생각에 이르렀다.

대학 입학사정관의 임무는 다면성을 띤다. 하지만 일부 목적은 지원자 중에서 학업적 재능이 가장 탁월한 학생을 선발하는 일이다. 입학사정관은 이 목적을 달성하려고 '지원자'의 어떤 특징(여기서는 시험 점수)이 대학에서의 학업 성과와 상관관계가 있는지 알고 싶을 것이다. 그러나 앞서 설명한 방식은 이런 질문을 상정하지 않는다. 앞서 언급한 분석 방식은 '입학한 학생'의 어떤 특징(역시 시험 점수)이 대학에서의 학업 성과와 상관관계가 있는지를 묻는다. 이 두 질문에 대한 답이 같다는 법은 없다.

입학한 학생들은 전체 지원자 중에서 선택한 표본이다. 대학 입시는 시험 점수를 비롯해서 작문 실력, 교사 추천, 학과 성적, 봉사 활동, 역경을 극복한 경험과 같은 다양한 요소를 바탕으로 결정된다. 입시에 이미 시험 점수가 쓰이므로 입시에 통과한 학생과 전체 지원자 사이에는 시험 점수와 학업 성과의 상관관계가 근본적으로 다르게 나타날 가능성이 있다.

어떻게 이런 일이 생기는지 보려면 시험 점수는 낮지만 어쨌든 대학에 입학한 학생들을 생각해 보자. 이들은 시험 점수는 낮지만 다른 면이 뛰어나서 입학사정관의 눈에 들었음이 분명하다. 자기소개서를 기가 막히게 썼다든가, 교사의 강력한 추천이 있었다든가, 고등학교 성적이 월등했으리라. 이와 비슷하게, 시험 점수가 특히 높은 학생들은 다른 면이 좀 뒤떨어지더라도 입학했을 가능성이 높다. 이러한 이유로 입시에 통과해서 입학한 학생들에게는 시험 점수와 학업 우수성을 가리키는 다른 지표 사이에 음의 상관관계가 있을 듯하다.

시험 점수가 모든 지원자를 대상으로는 대학 성적을 잘 예측한다고 봐도 괜찮긴 한데, 동시에 작문 실력이나 교사 추천이나 고등학교 성적 역시 대학 성적을 잘 예측한다고 봐야 한다. 그러므로 입학한 학생으로만 선택한 표본을 살펴보면 시험 점수와 학업 성과 사이에는 약한 상관관계밖에 보이지 않는다. 그러나 이는 시험 점수가 낮음에도 입학한 학생은 다른 면이 정말 뛰어나기 때문이다. 따라서 입학한 학생으로만 선택한 표본에서 나타나는 약한 (또는 아예 없는) 상관관계는 시험 점수가 지원자의 학업 성과를 잘 예측하지 못함을 뜻하지 않는다.

선택한 표본을 연구하는 문제는 비단 대학 입시에서만 만연한 현상이 아니다. 또 다른 사례가 있는데 바로 야구다.

왜 메이저리그 투수들은 안타를 못 칠까?

메이저리그Major League 야구 팬이라면 보통 투수가 팀에서 타격이 제일 형편없다는 사실을 안다. 내셔널리그National League에서는 투수도 타석에 들어서는데 감독들은 대개 투수를 맨 마지막 타순에 둬서 타석에 서는 횟수를 최소화한다.[2] 그리고 투수가 마운드에서 물러나면 항상 대타로 교체한다. 2017년 시즌에서 투수의 평균 타율은 .125였다. 나머지 선수들의 평균 타율은 .259였다. 이 차이는 어마어마하다. 아메리칸리그American League는 지명타자 제도가 있어서 투수가 타석에 설 필요는 없다.

그렇다면 메이저리그 투수들은 왜 이렇게 타격이 형편없을까? 야구 전문가에게 묻는다면 아마도 투수들은 투구 연습에 시간을 많이 쓰므로 타격 연습을 할 시간이 부족하기 때문이라고 답할 것이다. 게다가 훌륭한 투수일수록 형편없는 타자가 되는 요인이 있을 것이라고 답할 것이다. 투구에 도움이 되는 근력, 유연성, 체형 등이 타격에는 역효과가 날지도 모른다.

이러한 설명은 꽤 설득력이 있고 어느 정도는 맞는 말일 것이다. 그러나 아마도 이 때문만은 아닐 것 같다. 이 말이 맞는지 아닌지는 고등학생 야구에서도 같은 양상이 유지되는지 확인

---

2   이 책이 쓰인 2021년까지는 투수도 반드시 타격을 했으나, 2022년 시즌부터 내셔널리그도 지명타자 제도를 도입했다. – 옮긴이

해 보면 알 수 있다.

우리는 2018년 시즌부터 시카고 지역 고등학교 야구 팀 네 곳의 데이터를 모아서 투수(한 시즌에 10이닝 넘게 투구한 선수)와 나머지 선수의 평균 타율을 계산했다. 프로 선수와 달리 고등학생 선수들은 투수의 평균 타율이 .322로 나머지 선수의 평균 타율인 .317보다 살짝 높다.

어째서 그럴까? 어째서 투구 실력과 타격 실력 사이에 고등학생 선수들은 약하게나마 양의 상관관계를 보이는 반면 프로 선수들은 음의 상관관계를 보일까? 어린 투수라고 해서 투구 연습을 하면서도 타격 연습을 할 시간이 충분할 것 같지는 않다. 또한 투구와 타격에 유리한 신체적 특화에 관한 논리는 메이저리그 선수만 아니라 고등학생 선수에게도 똑같이 적용될 것이다. 그렇다면 어째서 선수가 나이를 먹으면 상관관계가 이처럼 극적으로 바뀌어서 방향마저 뒤집어질까?

프로 선수 수준에서도 투구 실력과 타격 실력이 반드시 음의 상관관계를 갖지만은 않는다. 그림 16.3은 1871년부터 2017년까지 메이저리그에서 투수와 나머지 선수의 평균 타율을 보여 준다. 19세기에는 투수와 다른 선수들의 타율이 엇비슷했다. 하지만 20세기 들어서 투수의 타율이 내려가기 시작하면서 시간이 흐를수록 그 차이가 커졌다. 오늘날에는 앞서 얘기했듯이 다른 선수들의 타율이 투수에 비해 두 배 가까이 된다.

그림 16.3 메이저리그에서 투구 실력과 타격 실력 사이에 나타나는 음의 상관관계는 시간이 갈수록 강해진다.

우리는 상관관계가 시간에 따라 변하는 현상과 고등학생 선수와 프로 선수의 상관관계가 다른 현상을 동일한 한 가지 원인으로 설명할 수 있다고 추측한다. 그리고 이는 선택한 표본과 관련 있다.

전 인구의 투구 실력과 타격 실력 사이의 상관관계를 먼저 생각해 보자. 전 세계 인구에서 (십대부터 중장년까지) 무작위로 사람을 뽑아서 표본을 만들고 야구 경기를 하게 만들어서 그들의 투구와 타격 실력을 측정한다고 가정하자. 어떤 결과를 얻을까? 아마도 상당히 강한 양의 상관관계를 얻으리라고 생각한다. 어떤 사람은 운동 신경이 뛰어나고 야구 경기 경험이 있다. 이들은 투구와 타격 모두 뛰어날 것이다. 어떤 사람은 몸이 무겁고 경험도 없다. 이들은 투구와 타격 모두 형편없을 것이다. 따라서 전체 인구를 보면 프로 선수에게서 보이는 상관관계와 정반대의 결과를 얻을 가능성이 높다.

이 현상을 이해하려면 메이저리그 야구 선수가 어떻게 되는지 생각해 볼 필요가 있다. 이들은 분명 고등학생 시절에 야구를 했을 것이다. 학교 감독은 가능한 한 최고의 팀을 꾸리려고 노력한다. 여기에는 가용한 선수층에서 최고의 타격 실력과 투구 실력을 얻게끔 선수를 뽑는 일도 포함된다. 여러분이 고등학교 야구 팀에 들어가려면 타격과 투구 실력의 조합이 꽤 훌륭해야 한다. 다만 엄청난 실력을 가질 필요는 없는데 (투수로서는 별로라도) 좋은 타자가 되거나, (타자로서는 별로라도) 좋은 투수가 되거나, 아니면 적어도 투수와 타자로서 그럭저럭 봐 줄 만 하면 된다.

대부분의 선수들은 마이너리그를 거쳐 메이저리그에 진출한다. 마이너리그 팀 감독들도 되도록 최고의 팀을 꾸리려고 노력한다. 그래서 이들 역시 가용한 선에서 타격과 투구의 최상의 조합을 얻으려 한다. 여러분이 마이너리그 선수가 되려면 타격과 투구 실력의 조합이 정말로 훌륭해야 한다. 이 말은 (투수로서는 별로라도) 훌륭한 타자가 되거나, (타자로서는 별로라도) 훌륭한 투수가 되거나, 아니면 적어도 좋은 투수이자 타자여야 한다는 뜻이다.

마지막으로, (적어도 투수도 타석에 서는 내셔널리그에서) 메이저리그 선수가 되려면 그 기준은 훨씬 더 엄격하다. (투수로서는 별로라도) 진짜 어마어마한 타자가 되거나, (타자로서는 별로라도) 진짜 어마어마한 투수가 되거나, 아니면 타격도 가능한 꽤 훌륭한 투수여야 한다.

다음은 서로 다른 표본에서 이처럼 한층 엄격한 선택 기준이 타격 실력과 투구 실력 사이의 상관관계에 어떤 영향을 주는지 (가상의 데이터를 갖고) 보기 쉽게 나타냈다. 모든 미래의 야구 선수들에게 (평가를 단순화하고자) 투구 실력과 타격 실력을 각각 표현하는 점수를 매기고, 팀들은 투구 실력과 타격 실력의 합이 가장 커지도록 선수를 선발한다고 가정하자. 리그 수준이 올라가면 실력의 합이 도달해야 하는 수준도 따라서 커진다.

그림 16.4의 왼쪽 위 도표에는 투구 실력(가로축)과 타격 실력(세로축) 사이에 강한 양의 상관관계를 갖는 데이터로 산점도를 그렸다. 이 도표는 전체 인구를 나타낸다. (유소년 야구팀처럼) 팀에 아무나 받아들인다면 투구 실력과 타격 실력 사이에 상당히 강한 양의 상관관계를 볼 것이다. 이 점은 맞는 듯하다. 어린 시절을 떠올려 보면 운동 경기에서 한 가지를 잘 하는 아이는 보통 모든 면에서 잘하곤 했다.

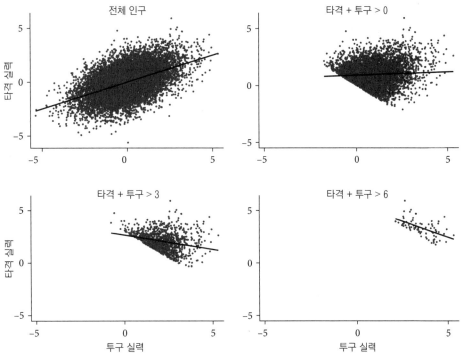

그림 16.4 표본 선택을 강화하면 양의 상관관계가 음의 상관관계로 바뀌기도 한다.

그림 16.4의 오른쪽 위 도표는 고등학교 또는 19세기 메이저리그에 해당한다. 고등학교 팀에서는 감독이 평균보다 뛰어난 선수는 기꺼이 받아들이며, 그래서 타격과 투구 실력의 합이 0보다 크다. 마찬가지로 19세기에는 야구가 지금처럼 인기 종목은 아니었기 때문에 프로팀

감독들조차 까다롭게 선수를 고르지 못했다. 괜찮은 타자이면(예컨대 3점) 투수로서 약하더라도(예컨대 −2점) 팀에 들어갈 수 있고, 괜찮은 투수(3점)이면서 약한 타자(−2점)이거나 투구와 타격 모두 평균을 약간 상회하는 선수라도 팀에 들어갈 수 있다. 하지만 이 정도 수준에서도 둘 다 못하는 사람은 걸러진다. 그래서 고등학교나 19세기 야구 선수라는 선택된 표본에서는 타격 실력과 투구 실력 사이에 상관관계가 거의 없다.

왼쪽 아래 도표는 마이너리그나 20세기 초반 메이저리그쯤 되겠다. 좀 더 까다롭게 선수를 선발한다. 실력 합이 적어도 3점은 돼야 팀에 들어갈 수 있다. 따라서 투수로서 별로이면 정말 좋은 타자가 돼야 하고, 타자로서 별로이면 정말 좋은 투수가 돼야 하고, 둘 다 잘해서 팀에 들어가기도 한다. 이 정도 수준에 이르면 둘 다 그럭저럭 괜찮은 수준의 선수를 걸러내기 때문에 전체 인구에서 나타나던 관계가 뒤집혀서 타격과 투구 실력 사이에 약한 음의 상관관계가 나타난다.

마지막으로 오른쪽 아래 도표는 오늘날 내셔널리그에 해당한다. 선발 기준은 매우 까다롭고 소수의 특급 선수들만 오를 수 있다. 그래서 투수로서 별로이면 정말 엄청난 타자가 돼야 하고, 타자로서 별로이면 정말 엄청난 투수가 돼야 하고, 투수와 타자 둘 다 할 수 있어서 뽑히려고 해도 양쪽 실력이 모두 훌륭해야 한다. 이렇게 최고 수준에 이르면 투구와 타격 실력 사이에 강한 음의 상관관계가 나타나리라 기대하며, 이는 연습 시간의 차이나 신체 조건과는 무관하다.

그림 16.4는 꽤 일반적인 현상을 보여 준다. 선택한 표본과 전체 모집단에서 상관관계가 사뭇 다르게 나타나는 일이 흔하다. 선택한 표본의 데이터만 확보하는 경우가 흔하기 때문에 이런 차이는 중요하다. 하지만 더 큰 인구 집단을 대상으로 상관관계를 예측하거나 추론하고 싶을지도 모른다.

프로야구 스카우트라면 메이저리그 선수에 관한 방대한 자료를 확보했을 것이다. 이 데이터를 활용해서 누가 미래의 스타가 될지 예측하면 그 예측에 들어맞는 고등학생이나 대학생 선수를 찾을 수 있겠다. 그러나 메이저리그 선수이 보인 훌륭한 성적으로 상관관계를 찾으려하면 잘못된 추론을 하게 된다. 예를 들어 발이 느린 선수가 장타력을 보유한다는 점을 발견한다. 그렇다면 발이 제일 느린 선수를 찾아서 프로야구 선수로 선발해야 할까? 당연히 아니다! 선택한 표본 안에서 발이 느린 선수가 장타력이 좋은 이유는 앞서 설명한 좋은 투수와 형편없는 타자의 경우와 같다. 발이 느린데도 메이저리그에 올라오려면 장타력이 좋아야 하기 때문이다.

전략적 적응과 관계 변화

목적을 측정하는 일에 관한 중요한 논점이 하나 더 있다. 현실에 정말로 어떤 관계가 존재해서 여러분의 목표 달성에 도움이 될 때도 있다. 하지만 일단 여러분이 그 관계를 활용해서 목표를 달성하려고 시도하면 전략적 적응이 발동해서 그 관계가 아예 사라지거나 변하도록 만들고, 따라서 그 관계는 더이상 유용하지 않게 된다. 이런 일이 어떻게 일어나는지 역사상 있었던 몇 가지 사례를 통해 살펴보자.

등불세와 창문세

1696년 영국의 왕 윌리엄 3세는 돈이 필요했다. 뭐 왕들이야 늘 돈이 필요하긴 하다. 하지만 이때는 특히 돈이 절실했다. 1660년대 이전에 영국은 은을 단조해서(두드려서) 화폐를 만들었다. 그런데 이 화폐에는 심각한 문제가 있었다. 사람들이 값어치 있는 은화 가장자리를 깎아내곤 했다. 그 결과 은화에 포함된 은의 양이 액면가보다 적어졌다. 이처럼 화폐 깎기가 만연하면서 영국 화폐의 신뢰성이 위협을 받았다.

이 문제를 해결하고자 왕은 1696년 대대적인 화폐 개주를 실시해서, 깎은 은화를 깎을 수 없는 새 은화로 교체하게 만들었다.[3] 그러나 깎은 은화를 정상 은화로 교체하는 비용은 비쌌다. 왕은 액면가와 실제 은화 가치의 차이를 메꿀 방법을 찾아야 했다. 그래서 세입을 늘릴 필요가 있었다. 그런데 어떻게 늘릴까?

왕은 가난한 사람보다 부자들에게서 세금을 더 많이 걷고 싶었다. 이러한 의도에 맞는 자연스러운 방법은 소득세다. 그러나 당시 영국 사람들은 소득을 조사하는 일이 사생활 침해라고 생각했기 때문에 소득세에 반대했다. 그래서 왕은 정치적인 반발이 적으면서 부자들로부터

3　재미있는 사실: 새 은화는 가장자리에 톱니 모양이 있어서 깎을 수 없었는데, 이 방법은 동전을 값싼 금속으로 만드는 오늘날에도 유지된다. 톱니 모양은 아이작 뉴턴이 화폐 개주 시기에 왕립 조폐국의 감독관으로 일하면서 발명했다.

세금을 거둘 수단을 찾아야 했다. 결국 도달한 결론은 등불과 창문에 매기는 세금인데 바로 창문세라고 알려진 세금이다.

창문세는 집 밖에서 확인할 수 있기 때문에 사생활 침해 우려가 없다는 장점이 있다. 최초에는 모든 가정에 2실링을 기본으로 부과했다. 그리고 창문 개수가 10개에서 20개 사이인 가정에는 추가로 4에서 6실링을 부과하고, 20개가 넘는 가정에는 추가로 8에서 10실링을 부과했다. 업무 공간으로 쓰는 방의 창문은 세지 않았다. 부과 기준과 액수는 세월에 따라 변했지만(이 세금은 한 세기 넘게 유지됐다) 기본 원리는 이해했을 것이다.

창문세의 근거는 창문 개수와 재산 사이의 명백한 상관관계다(물론 이런 식으로 설명하지는 않았을 것이다). 평균적으로 집에 창문이 많은 사람일수록 부유하다. 따라서 왕은 가난뱅이보다 부자에게 더 많은 세금을 부과해서 세입을 늘리려는 목적을 달성할 수 있다.

그런데 이야기는 여기서 끝이 아니다. 누구나 그렇지만 영국 사람들도 세금 내기를 싫어한다. 그래서 이들은 전략적으로 대응했다. 단기적으로는 창문을 판자로 막거나 벽돌로 쌓아서 세금을 줄였다. 장기적으로는 건축 양식이 변했다. 저택들은 점차 창문 개수가 줄고 업무 공간으로 보일 만한 방 개수가 늘었다. 그래서 시간이 지나자 창문세의 누진세 성격과 세입 모두 줄어들었다.

이 사례에서 왕은 누진세로써 세입을 늘리려는 목적을 가졌다. 그러기 위해서는 사생활을 침해하지 않으면서 부자를 찾아내어 세금을 매길 방법이 필요했다. 왕은 창문과 재산 사이의 상관관계를 알아챘고, 이 상관관계는 목적 달성에 잘 맞아 보였다. 그러나 이 상관관계를 목적 달성에 활용하자 주택 소유자들은 전략적으로 행동을 수정해서 그 상관관계가 더이상 유효하지 않게 됐고(또는 적어도 상관관계가 훨씬 약해졌고) 결국 원래 목적에 방해가 됐다. 그러므로 어떤 증거를 갖고 행동이나 정책에 변화를 주고자 한다면 그 증거로 밝혀진 관계가 행동이나 정책 변화 이후에도 계속 유지될지 반드시 자문해야 한다.

야구의 수비 시프트

16장에서 이미 야구에 관해 많은 이야기를 했다. 여러분이 양해해 준다면 하나만 더 사례를 들고 싶다. 이 사례는 전략적 적응이 통계상 관계의 유용성을 바꾸는 방식을 잘 보여 준다.

예전에는 야구 경기에서 수비수들이 자기 자리에 가만히 서서 공이 오길 기다렸다. 정확히는 타석에 좌타자(왼손 타자)가 들어서는지 우타자(오른손 타자)가 들어서는지에 따라 자리를 조금씩 조정했다. 하지만 대체로 수비 전략은 그다지 복잡하지 않았다.

프로 스포츠에 빅데이터가 도입되면서 그런 시절은 끝났다. 이제 각 팀은 모든 타자의 타구 방향을 세세히 차트chart(분포도)로 분석한다. 이 분포도는 타자마다 내외야 어느 곳으로 얼마나 자주 타구를 날리는지, 땅볼을 쳤는지 뜬공을 쳤는지, 타구의 각도가 어떤지 등등을 데이터로 제공한다. 각 팀은 이러한 정보를 활용해서 어떤 타자가 정확히 어디로 타구를 보낼지 근거 있는 예측을 할 수 있다. 이런 예측으로 무장하면서, 각 팀은 타자마다 적극적으로 수비 진형을 조정하기 시작했다.

이런 수비 전략 중에서 가장 유명한 방식은 시프트shift(이동)다. 타구 분포도를 조사한 결과, 타자들이 (특히 장거리 타자들이) 땅볼을 칠 때는 이른바 밀어치는 경우(우타자에게는 타자 시점 오른쪽 방향, 좌타자에게는 타자 시점 왼쪽 방향)가 거의 없다는 점을 발견했다. 땅볼이 나오는 경우는 당겨치기 마련이다(우타자는 왼쪽 방향, 좌타자는 오른쪽 방향으로 친다). 수비 시프트는 이런 상관관계에 대한 명확한 대응으로서, 내야수들은 우타자를 만나면 타자 왼쪽으로 이동하고, 좌타자를 만나면 타자 오른쪽으로 이동한다. 이런 수비 시프트는 땅볼이 내야수 사이를 통과해서 안타가 될 가능성이 크게 줄어든다는 장점이 있다. 그런데 수비 시프트의 대가는 내야 반대편에 큰 구멍이 생긴다는 점이다. 하지만 타자가 밀어쳐서 땅볼을 반대편으로 보내기는 매우 어렵기 때문에 이 대가는 작은 편이다.

2000년 후반에는 몇몇 팀만 적극적으로 수비 시프트를 활용했다. 2010년 조 매든Joe Maddon 감독이 이끄는 탬파베이 레이스는 데이터 기반 수비의 초기 옹호자로서, 30개나 되는 팀 중에서 전체 수비 시프트의 무려 10퍼센트를 차지했다. 매든 감독은 타구 분포도를 참고해서 각 타자의 땅볼 패턴에 최적화된 위치에 전략적으로 내야수들을 배치했다. 레이스를 비롯해서 초기에 시프트를 도입한 팀들은 대성공을 거뒀다. 수비 시프트 활용과 실점 사이에 음의 상관관계가 있었던 셈이다.

이런 상관관계를 관찰한 다른 팀들도 수비 시프트를 도입하기 시작했다. 2011년에는 메이저리그 경기 전체에서 2,000번 정도만 수비 시프트가 일어났다. 2014년에 이르자 그 수는 13,000번으로 늘었다. 2016년에는 28,000번을 넘겼다.

그런데 다른 현상도 일어나기 시작했다. 처음에는 수비 시프트 유행을 불러일으킨 상관관계가 견고했다. 시프트를 활용한 팀은 적게 실점했다. 하지만 타자들도 시프트로 인해 손해를 본다는 점을 깨달았다. 그리고 타자들은 수비 시프트를 상대로 땅볼을 치지 않으려고 전략적으로 적응했다. 이들은 타구를 반대 방향으로 더 많이 보내고, 내야를 넘기는 뜬공을 더 많이 쳤다.

지금도 메이저리그 팀들은 여전히 수비 시프트를 많이 쓴다. 그러나 타자들이 적응했기 때문에 애초에 여러 팀이 수비 시프트를 도입한 계기가 된 시프트와 실점 사이의 상관관계는 그때만큼 강하게 유지되지 않는다. 상관관계에 대응해서 수비 전략을 세웠더니 이번에는 그에 맞춰 행동이 변하면서 원래의 상관관계가 사라졌다. 초기 혁신가이자 수비 시프트를 유행하게 만든 레이스의 매든 감독은 데이터 기반 수비를 여전히 신뢰한다는 점이 주목할 만하다. 그는 훗날 시카고 컵스Chicago Cubs 감독으로 월드시리즈World Series 우승을 차지했는데, 이때는 모든 메이저리그 감독 중에서 수비 시프트를 가장 적게 활용했다.

마약과의 전쟁

행동에 따라 상황이 바뀌는 현상에 관한 논의를 마무리하기 전에 이 문제와 앞서 논의한 부분 측정 문제의 공통점을 고찰해 보는 시간을 갖자. 이러한 공통점은 전략적 적응이 두 가지 현상을 다 유발하기도 한다는 사실에서 기인한다.

부분 측정에서 고려한 내용을 떠올리자. (비행기 납치처럼) 원래 목적의 일부분만 측정한다고 가정하자. 어떤 행동을 취하면 그 측정 결과가 개선되는 것처럼 보인다. 그러나 전략적 적응이 일어나서 측정한 원래 목적의 한 가지 측면은 개선되지만 다른 측면은 나빠지는지도 모른다. 따라서 부분 측정 결과가 개선된다고 해서 전체 목적에 있어서 개선된다는 뜻은 아닐지 모른다.

어떤 증거를 바탕으로 일단 행동을 취하면 상황이 바뀌는 문제에도 전략적 적응이 관여한다. 현실 세계에 어떤 관계가 존재한다. 여러분은 그 관계를 바탕으로 행동한다. 사람들이 여러분의 행동에 적응한다. 그래서 처음의 그 관계가 사라진다.

바라보는 관점에 따라 두 가지 분류에 들어맞는 사례가 많다. 이 점을 잘 보여 주는 마지막 사례로서 미국에서 일어나는 이른바 '마약과의 전쟁'을 살펴보자.

이 책을 쓰는 시점에서 미국 내의 불법 마약 대부분은 지난 수십 년간 마약을 둘러싼 전쟁에 시달린 멕시코를 통해서 들어온다. 하지만 처음부터 그렇지는 않았다. 1970년대부터 1980년대 초반까지는 멕시코를 거쳐 미국에 들어오는 마약이 거의 없었다. 주로 카리브 해를 거쳐 플로리다 주로 유입됐다.

1980년 미국 정부는 콜롬비아의 마약 범죄 조직에 대한 대대적인 소탕 작전에 돌입했다. 마약단속국, 해안경비대, 그 밖의 다른 부처에서 수천 명의 직원과 해군 및 공군을 파견해서 카리브 해의 마약 밀수 경로를 차단했다. 1980년대 중반에 이르자 플로리다 주를 통한 마약 유입이 곤두박질쳤다.

하지만 이야기는 여기서 끝이 아니다. 1980년대에 카리브 해와 플로리다 주를 통한 마약 유입이 줄어들었지만, 이는 같은 기간 미국으로 들어온 마약 자체가 줄어들었다는 뜻은 아니다. 1980년대에 코카인 수요가 급상승했음에도 가격은 4분의 1로 떨어졌다는 사실이 보여 주듯이 실제로는 미국으로 들어오는 마약이 꾸준히 늘었다.

무슨 일이 일어났을까? 콜롬비아의 마약 조직은 카리브 해와 플로리다 주를 포기하고 멕시코로 돌아섰다. 1989년 미국에 유입되는 코카인의 3분의 1은 멕시코를 통해서 들어왔다. 그 후로 단 3년 만에 그 비율은 절반으로 증가했다. 오늘날에는 미국에서 판매되는 코카인 중 90퍼센트가 멕시코에서 밀수된다.

이 같은 마약 조직의 대응은 멕시코에 괴멸적인 효과를 일으켰다. 1990년대를 거치면서 멕시코의 마약 밀거래 조직은 훨씬 커지고 강력해졌다. 이들은 처음에는 단순히 콜롬비아 마약 조직의 중개인이었지만, 나중에는 자신들만의 마약 생산자와 공급망을 갖췄다. 마약 거래는 규모도 커지고 점차 중요해져서 1990년대 중반에 이르면 멕시코의 마약 거래액은 약 200억 달러에 달하게 되는데 이는 합법적인 상품 중 가장 규모가 큰 석유의 거래액인 75억 달러를 아득히 넘어선다. 시장이 커지자 멕시코의 마약 조직은 분화하고 더 거칠어졌다. 2010년에는 멕시코에서 마약을 둘러싸고 일어난 전쟁으로 매달 1,000명 이상 목숨을 잃었다. 일부 지역은 멕시코 정부가 기본 통제권을 발휘하기도 버겁다.

지금까지 배운 내용을 잘 활용해서 이 이야기를 부분 측정과 관계 변화의 두 가지 관점에서 고찰할 수 있겠다.

부분 측정 관점으로 본다면 이렇게 설명하면 되겠다. 미국 정부는 마약 유입을 막으려는 목적을 가졌다. 정부는 마약 대부분이 카리브 해를 거쳐 들어온다는 점을 알아냈다. 그래서 카리브 해를 거쳐 들어오는 마약에 관한 데이터를 모았는데 이는 전반적인 마약 차단 목적의 일부분만 측정한 결과다. 정부는 부분 측정 결과가 개선되도록 행동을 취했다. 하지만 이러한 정책이 성공을 거뒀다고 판단하면 안 된다. 전략적 적응으로 인해 부분 측정한 결과(카리브 해를 거쳐 들어온 마약)는 개선되지만 다른 면(멕시코를 거쳐 들어온 마약)은 오히려 나빠진다. 이 이야기는 부분 측정 결과의 개선을 과도하게 해석하지 말아야 하는 이유를 보여 준다.

관계 변화 관점으로 본다면 설명이 약간 다르다. 실제로 위의 상관관계가 존재해서 다른 경로보다 카리브 해를 거쳐서 미국으로 들어오는 마약이 훨씬 더 많았다. 정부는 이런 관계를 근거로 카리브 해와 플로리다 주를 대상으로 마약 반입을 금지하는 노력을 집중하기로 결정했다. 마약 밀수꾼들은 이런 정부 방침에 전략적으로 적응해서 반입 경로를 멕시코로 선회했다. 그래서 정부 행동의 결과로, 정부가 방침을 결정하는 근거가 됐던 상관관계가 더이상 유효하지 않게 됐다.

두 가지 관점 모두 맞다. 어느 쪽이 더 유용한지는 여러분이 던지는 구체적인 질문과 그 질문에 답하려는 맥락에 달렸다.

정리

목적에 맞게 측정하는 일은 앞서 배운 다른 내용과 마찬가지로, 정량화된 정보를 사용해서 의사결정을 잘 하도록 명확히 사고하는 데 있어서 중요한 부분이다. 그러나 여러분이 아무리 명확히 사고한다 하더라도 데이터나 증거가 알려 주는 내용에는 한계가 있다. 이 책의 마지막인 17장에서 이러한 한계를 살펴보겠다.

핵심 용어

- **내적 타당성:** 어떤 추정치가 추정 대상을 믿을 만하게 추정한다면(즉 추정량이 편향되지 않았다면) 내적 타당성이 있다고 말한다.

- **외적 타당성:** 어떤 추정치가 있고, 데이터를 얻은 맥락과 다른 상황에서도 그 관계가 유지된다고 볼 만한 충분한 이유가 있으면 이 추정치는 외적 타당성이 있다고 말한다.
- **전략적 적응:** 다른 사람의 행동 변화로 인해 생기는 효과를 피하려는 시도에서 나오는 행동의 변화.
- **(고의로) 선택한 표본:** 모집단에서 무작위로 추출한 데이터 표본이 아니라 어떤 특별한 성질을 지녔기 때문에 연구 대상으로 선택된 표본.

연습 문제

16.1 한번 COVID-19에 걸렸다가 회복한 사람들은 면역 체계를 확보했기 때문에 같은 질병에 다시 걸릴 가능성이 낮다. 그러나 2020년에 『란셋』에 게재된 논문은 두 번째로 걸렸을 때 증상이 더 심한 드문 사례를 소개한다. 16장에서 배운 사고 원리와, 검사 역량의 한계로 인해 COVID-19의 모든 감염 사례를 탐지하지는 못했다는 사실을 바탕으로, 두 번째 감염 시 처음보다 증상이 더 심하게 만들 생리학상의 기작이 없음에도 어째서 이런 현상이 일어나는지 설명해 보라. 이러한 설명이 두 번째로 걸린 사람들이 더 심한 증상을 겪는 경향이 있다는 주장에 의구심이 들게 만드는가?

16.2 지난 수십 년간 미국 교육 정책에서 중대 시험^{high-stakes testing}은 점차 중요한 부분이 됐다. 중대 시험은 표준 시험 성과에 따라서 학생, 교사, 학교에 어떤 결과를 유발하는 시험이다. 성과를 높이면 보상을 줌으로써 교육 성취도를 개선한다는 기대를 하게 된다. 표준 시험 점수는 아무리 잘 봐도 교육 성취도의 일부분만 측정한다. 정책을 변경해서 시험 점수를 올리더라도 전반적인 교육 성과 개선으로 이어지지 않는 이유를 사례를 들어 설명하라.

16.3 미국 공군사관학교의 필수 수학 교육 과정에서 학생들은 같은 시험을 보지만 서로 다른 강사가 가르친 다른 강의 내용에 무작위로 할당된다. 스콧 카렐^{Scott Carrell}과 제임스 웨스트^{James West}는 강의 평가가 좋은 강사에 할당된 학생들이 시험 점수도 좋다는 점을 밝혔다. 그러나 이와 동시에 유명한 강사에게 할당된 학생들은 뒤이은 수학 과목에서는 점수가 하락한다는 점도 보였다. 이런 알쏭달쏭한 양상을 어떻게 설명할까? 원래 목적을 측정하기에 실패하는 문제와 어떤 연관성이 있을까?

16.4 1차와 2차 교육기관에서 치르는 중대 시험은 주로 당락 점수에 기반한다. 최소 합격점을 넘기면 시험에 통과한다. 그리고 시험에 통과한 학생이 일정 수를 넘긴 학교는 기준을 만족한다고 본다.

(a) 세 부류의 학생들을 생각해 보라. 내버려둬도 시험에 통과할 학생, 교사가 신경을 써야만 통과할 학생, 무슨 짓을 해도 통과 못 하는 학생. 교사들은 어떤 학생에게 가장 신경을 쓰겠는가?

(b) 데릭 닐Derek Neal과 다이엔 위트모어 샨젠바흐Diane Whitmore Schanzenbach는 13장 연습문제 1번에서 언급한 시카고 공립학교에서 실시한 중대 실험을 연구했다.

그런데 이전 문제와 달리 중대 시험이 미치는 평균 효과는 기대한 바와 달랐다. 이들은 중대 시험이 아이마다 다르게 영향을 미치는지 확인하고 싶었다.

닐과 샨젠바흐는 이를 확인하고자 삼중차분법difference-in-difference-in-difference 설계를 고안했다. 처음에는 3학년 시험 결과로 전체 학생을 10개 집단(10분위수)으로 나눴다. 그런 다음 각 분위마다 이중차분법 분석을 수행했다. 이렇게 해서 서로 다른 분위에 속하는 아이들 사이에서, 중대 시험이 주는 인과적 효과의 이중차분법 추정치의 차이를 구할 수 있었다. 두 사람이 발견한 내용은 다음 그림에 나온다.

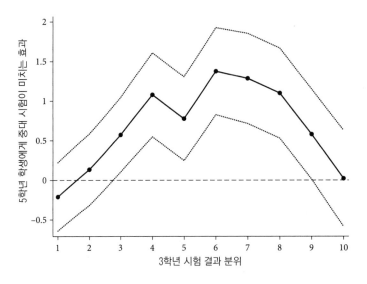

이 증거가 (a)에서 답한 내용과 일치하는가? 설명하라.

(c) 이러한 내용을 감안할 때 표준 시험을 통과한 학생의 비율을 사용하는 단순한 이중 차분법 설계로 중대 시험이 그 원래 목적을 달성하는지 잘 평가할 수 있겠는가? 이유는 무엇인가?

읽을거리

비행기 납치와 금속 탐지기에 관해 더 알고 싶다면 다음 논문을 보라.

Walter Enders and Todd Sandler. 1993. "The Effectiveness of Anti-Terrorism Policies: A Vector-Autoregression-Intervention Analaysis." American Political Science Review 87(4):829-44.

의료 연구의 중간 결과에 관해 더 알고 싶다면 다음 논문을 보라.

Thomas Fleming. 1994. "Surrogate Markets in AIDS and Cancer Trials." Statistics in Medicine 13:1423-35.

Thomas R. Fleming and David L. DeMets. 1996. "Surrogate End Points in Clinical Trials: Are We Being Misled?" Annals of Internal Medicine 125:605-13.

기온 변화와 경제 성장에 관한 연구는 다음과 같다.

Marshall Burke, Solomon M. Hsiang, and Edward Miguel. 2015. "Global Non-Linear Effect of Temperature on Economic Production." Nature 527(7577):235-39.

타밀 나두와 방글라데시의 통합 영양 프로젝트를 비교한 내용은 다음 논문을 참고하라.

Howard White and Edoardo Masset. 2007. "Assessing Interventions to Improve Child Nutrition: A Theory-Based Impact Evaluation of the Bangladesh Integrated Nutrition Project." Journal of International Development 19(5):627-52.

메이저리그 과거 통계는 seanlahman.com의 Baseball Databank 항목에서 가져왔다. 고등학교 야구 통계는 GameChanger의 사이트인 gc.com에서 가져왔다.

영국 사람들이 창문세에 대응한 역사에 흥미가 있다면 다음 문헌을 읽어 보라.

Andrew E. Glantz. 2008. "A Tax on Light and Air: Impact of the Window Duty on Tax Administration and Architecture, 1696–1851." Penn History Review 15(2).

Wallace E. Oates and Robert M. Schwab. 2015. "The Window Tax: A Case Study in Excess Burden." Journal of Economic Perspectives 29(1):163–80.

야구의 수비 시프트 역사는 다음 글을 읽어 보라.

Travis Sawchik. 2017. "We've Reached Peak Shift." FanGraphs. November 9. blogs. fangraphs.com/weve-reached-peak-shift/.

미국으로 유입된 마약 관련 통계는 다음 두 보고서에서 가져왔다.

United Nations Office on Drugs and Crime. 2010. "The Globalization of Crime: A Transnational Organized Crime Threat Assessment." Chapter 4. https://www.unodc.org/documents/lpo-brazil//noticias/2010/06/TOCTA_Report_2010_low_res.pdf.

Office of National Drug Control Policy. October 2001. "The Price of Illicit Drugs: 1981 through the Second Quarter of 2000." https://obamawhitehouse.archives.gov/sites/default/files/ondcp/policy-and-research/bullet_5.pdf.

연습 문제 3번에 나온 공군사관학교의 수학 시험과 강사 역량에 관한 연구는 다음과 같다.

Scott E. Carrell and James E. West. 2010. "Does Professor Quality Matter? Evidence from Random Assignment of Students to Professors." Journal of Political Economy 118(3):409–32.

연습 문제 4번에 나온 중대 시험과 당락이 불확실한 학생들을 가르치는 문제에 관한 논의는 대부분 다음 논문의 내용을 그대로 가져왔다.

Derek Neal and Diane Whitmore Schanzenbach. 2010. "Left Behind by Design: Proficiency Counts and Test-Based Accountability." Review of Economics and Statistics 92(2):263–83.

또한 다음 논문의 도움도 받았다.

Bengt Holmstrom and Paul Milgrom. 1991. "Multitask Principal-Agent Analyses: Incentive Contracts, Asset Ownership, and Job Design." Journal of Law, Economics, and Organization. 7:24–52.

17

정량화의 한계

17장에서 다루는 내용

- 데이터나 정량적 증거는 의사결정에 필요한 모든 내용을 알려 주지는 않는다.
- 관련된 증거가 모호하거나 아예 존재하지 않는 경우도 있지만, 그렇다고 해서 아무 일도 하지 않거나 현재 상태를 유지하는 결정이 맞다는 법은 없다.
- 신중히 생각하지 않으면 정량화로 인해 의도치 않은 윤리성, 공평성 문제가 생길 위험이 있다.
- 데이터가 목표를 알려 주지는 않는다. 의사결정을 할 때는 우리의 행동이 주는 효과와 우리가 판단하는 가치를 모두 고려해야 한다.

들어가며

데이터와 양적 분석은 이 세상과 우리의 삶을 더 낫게 만들어 줄 가능성으로 가득하다. 하지만 여기엔 한계가 있다. 이미 많은 사례를 통해서 증거를 잘 활용하려면 명확히 사고해야 한다는 점을 봤다. 여러분이 만일 인과관계와 상관관계를 혼동하거나 평균으로의 회귀를 무시하거나 과도한 비교와 부실한 보고를 하거나 변이 없이 상관관계를 수립하거나 사고와 데이터를 상호 보완하는 관계로 보는 대신 데이터만으로 뭔가 이야기하려 한다면, 잘못된 정량화로 인해 더 나은 의사결정이 아니라 오히려 더 나쁜 의사결정을 할지도 모른다. 바로 이런 함정을 피하고자 데이터와 증거에 관해 명확히 생각하는 방법을 지금까지 그렇게 열심히 배웠다.

정량화와 증거에 기반한 의사결정이 갖는 한계의 조금 다른 면을 살펴보면서 이 책을 마칠까 한다. 이것들은 양적 분석에 관해 명확히 생각하지 못해서 생기는 한계가 아니다. 그보다는 증거가 중요하긴 하지만 순전히 증거에만 기반한 의사결정이란 없음을 깨닫는 얘기다. 이는 적어도 두 가지 이유 때문이다.

첫째, 여러 중대한 의사결정에 있어서 믿을 만한 증거는 제한적이거나 아예 존재하지도 않는다. 하지만 어쨌든 결정은 내려야 한다. 사실 아무런 행동을 하지 않겠다는 결정도 결정이다. 따라서 증거가 부족할 때 어떻게 대응해야 하는지 명확히 이해하기가 중요하다.

둘째, 올바른 결정은 절대로 증거만으로 판단하지 못한다. 증거란 우리의 목표와 가치를 달성하는 데 필요한 수단일 뿐이다. 그런데 이따금 주객이 전도돼 우리의 가치가 정량화의 지시에 따르는 경우가 있는 듯하다. 면밀하고 명확하게 생각해서 이런 위험한 실수를 막아야 한다.

증거가 부족할 때의 의사결정

옛 우화가 하나 있다. 술 취한 사람 하나가 비틀거리며 가로등 아래에서 열쇠를 찾고 있었다. 지나가던 사람이 무엇을 하냐고 묻자 그 사람이 대답했다. "열쇠를 찾고 있어요." 행인이 "마지막으로 어디에서 열쇠를 봤나요?"라고 다시 묻자, 취객은 "길 건너 공원에서 떨어뜨린 것 같아요"라고 대답했다. 당연히 행인은 취객에게 공원에서 열쇠를 떨어뜨렸는데 왜 가로등 아래에서 찾는지 물었고, 취객은 이렇게 대답했다. "거긴 어두우니까 열쇠를 찾을 수 없어요! 여기가 밝거든요."

닳고 닳은 얘기이긴 하지만, 이 우화는 정량화에 관한 중요한 점을 잘 보여 준다. 우리는 불빛이 비추는 곳을 살펴본다. 쉽게 측정하거나 정량화하지 못하는 대상도 있다. 그런데 오늘날 데이터 기반의 사회에서 불빛이 비추는 곳만 들여다보는 태도는 정량적 증거가 확보된 대상에만 초점을 맞춰서 우리의 시야를 좁힌다.

시야가 좁아지면 정말로 위험하다. 첫째, 증거에 기반한 의사결정을 어떻게 하는지 모르는 채로 매우 중대한 문제를 그저 무시하고 넘겨 버릴 위험이 있다. 질문에 답할 정량적 증거가 없다고 해서 그 질문이 사소하거나 무시해도 된다는 얘기는 아니다. 둘째, 늘 증거를 요구하는 태도는 현상 유지 편향$^{status\ quo\ bias}$을 일으킬 위험이 있다. 누군가 "그런 행동을 뒷받침할 근거가 없다"고 말할 때 두 가지 의미를 담을 것이다. 설득력이 있고 잘 설계한 수많은 연구를 통해서도 그 행동을 뒷받침할 증거를 찾지 못했다는 뜻이 될 수 있다. 하지만 과거에 그 행동을 연구한 적이 (어쩌면 시도조차 한 적이) 없고, 따라서 말 그대로 그 행동을 취할지 말지 근거가 전혀 없다는 뜻일지도 모른다. 전자라면 그 행동을 취하지 않는 편이 타당하다. 하지만 후자라면 그저 우리를 이끌어 줄 증거가 없는 셈이다. 그 행동이 타당하다고 볼 만한 다른 이유가 있다면 증거가 없다는 이유로 현상 유지에 머무는 일은 실수다. 이런 위험을 보여 주는 몇 가지 사례가 있다.

비용 편익 분석과 환경 규제

미국의 관리예산실$^{OMB,\ Office\ of\ Management\ and\ Budget}$ 산하 정보규제사무국$^{OIRA,\ Office\ of\ Information\ and\ Regulatory\ Affairs}$의 입장에서 보면 정량적 증거는 법과도 같다. 각 정부 부처가 도입하려는 다양한 새 규제를 발효하려면 정량적인 비용 편익 분석을 반드시 거쳐야 하며, 증거로 분석한 결과가 만족스럽지 않으면 OIRA는 그런 규제를 취소할 권한이 있다.

앞서 말했듯이 모든 것을 쉽게 정량화하지는 못한다. 그러나 정량적 증거가 없으면 OIRA에 승인 요청조차 하지 못한다. 그 결과 가로등 아래에서 열쇠를 찾는 취객처럼 규제 담당자들은 자신들이 가장 신경 써야 할 대상이 무엇이든 간에 정량화가 가능한 영역에만 초점을 맞춘다.

환경보호청$^{EPA,\ Environmental\ Protection\ Agency}$의 전 정책국장인 리사 하인저링$^{Lisa\ Heinzerling}$은 전직 EPA 직원이 쓴 암울한 표현을 소개한다. "우리는 끊임없이 '이 일이 환경을 보호하는가?' 대신 '어떻게 OMB의 승인을 받지?'라고 자문한다."

물론 규제 담당자도 정량화 요구에 맞닥뜨려야 하는 점은 받아들일 만하다. 이런 요구는 규제 담당자의 대응과 이에 따르는 규제 내용을 조정하려는 의도에서 나온다. 그러나 이런 유형의 요구가 단순히 EPA가 (또한 다른 정부 부처도) 해결하려는 문제보다 오히려 더 나쁜 해결책을 들고 나오지 않도록 막는 데서 그치지 않는다는 점은 우려할 만하다. 이런 요구는 우리가 세상을 바라보는 시야를 좁히게 부추긴다. 정량화를 의무화하면 정부 부처 담당자는 근거가 충분한 규제라도 그 비용과 편익을 측정하기가 불가능하거나 너무 비용이 크거나 비현실적이면 굳이 만들려고 하지 않는다. 예컨대 환경 오염 규제에 관한 EPA의 보고서에는 대체로 그 오염 물질의 영향을 받는다고 생각되는 질병이나 건강 상태를 논의하기 마련이다. 그러나 이러한 질병을 비용 편익 분석에 포함하려면 오염 물질이 질병에 미치는 영향을 추정하는 방법과 그 질병의 경제적 비용 추정치를 알아야 한다. 그리고 질병에 관한 내용이 비용 편익 분석에 포함되지 않으면 OIRA의 승인을 이끌어 내기도 어렵다.

유명한 사례 하나는 2000년대 초반 EPA가 수돗물의 비소 함량 규제를 강화하기로 결정했을 때 벌어진 논쟁이다. 이 규제에 관한 EPA 보고서에는 비소가 발병 위험을 높인다고 믿었던 질병 목록이 길게 나열됐다. 여기에는 방광암, 신장암, 폐암, 간암, 전립선암을 비롯해서 다양한 심혈관 질환, 폐 질환, 면역계 질환, 신경계 질환, 내분비계 질환 등이 포함됐다. 하지만 EPA는 데이터가 부족하기 때문에 '편익 정량화'에는 비소가 '방광암과 폐암'에 미치는 영향만 분석했다고 적었다. 비소 노출 감소가 다른 질병에 관해 주는 편익은 정량화하지 못했다. EPA가 더 넓은 범위의 영향력을 추정하려고 정성적 정보를 활용한 점은 칭찬할 만하다. 하지만 정량화 요건을 충족하지 못했다는 이유로 이런 추정치는 후속 논쟁에서 가볍게 묵살됐다.

치실 사용과 마스크 착용

다음 두 사례는 정량적 증거가 없더라도 어째서 종종 행동을 취할 이유가 충분한지 보여준다.

치실로 이를 닦으세요

수 년간 앤서니는 치과의사인 아내가 치실 사용이 치아 건강에 좋다고 조언하자 그 말을 믿고 매일 치실로 이를 닦았다. 그런데 지난 2016년, 「뉴욕타임스」는 데이터 기반 의사결정의 미명 아래 "치실을 쓰지 않아서 죄책감이 드는가? 아마 그럴 필요는 없을 것 같다"라는 제목의 기사를 실었다. 이 기사는 앤서니처럼 부지런히 치실을 쓰는 사람들이 밤마다 귀찮게 치실 쓰기를 멈춰도 된다는 의견을 냈다.

문제의 기사는 연구자들이 칫솔질과 치실질을 모두 하는 효과와 칫솔질만 하는 효과를 비교한 12가지 무작위 실험의 메타 분석 결과를 인용했다. 기사에는 이 연구로 "치실 사용이 치아에 끼는 치태를 줄이는 가능성에 관해서 단지 '매우 불안정한' 증거만 발견했다"고 쓰였다. 치실을 인정할 증거가 없다는 주장이다.[1]

그러면 앤서니는 왜 치실 사용을 멈추지 않았을까? 한 가지 이유는 6장에서 논의했듯이 귀무 가설을 기각하지 못한다고 해서 귀무 가설이 참이라는 보장은 없기 때문이다. 즉 어떤 현상의 증거 부재가 어떤 현상 부재의 (확실한) 증거는 못 된다. 설령 치실 사용이 치태를 줄인다는 통계적으로 유의한 증거가 없더라도 이는 치실 사용이 아무런 효과가 없다는 뜻은 아니다. 만일 그 연구에서 표본 크기가 작거나 불응이 많이 일어나서 연구 결과의 검정력이 약하다면 어땠을까? 아마도 치실 사용이 정말로 치태를 줄인다고 해도 그 효과를 탐지하지 못했을 것이다.

또 다른 이유는 연구자들이 관련성 있는 모든 결과를 확인하지 않았기 때문이다. 예를 들어 메타 분석의 저자들은 어떤 실험도 장기 효과를 측정하지 않았던 점, 그리고 충치, 치석, 잇몸 질환처럼 다른 중요한 치아 상태는 확인하지 않았던 점을 지적했다.

그런데 심지어 이런 정량적 연구의 한계가 전부는 아니다. 다른 여러 의사결정과 마찬가지로, 치실 효과에 관한 모든 질문에 답할 정량적 증거가 충분하지 않긴 하지만, 고려할 만한 중요한 비정량적 근거가 있다. 치과의사들은 치실 사용이 이롭다고 믿을 만큼 설득력이 있는 생물학적, 구조적 근거를 제시한다. 그래서 반대 의견을 가진 기자들은 다르게 말하지만, 우리는 정량적 증거가 확실하지 않음에도 치실을 사용하기로 결정하길 잘 했다고 생각한다. 눈에 확 띄는 실증 연구가 없더라도 치실 사용이 이롭다고 믿을 이유는 충분하다.

마스크를 쓰세요

이 책을 쓰는 시점에서 우리 사회는 COVID-19의 전 세계적 유행을 겪으면서 마스크 착용 효과에 관해서도 비슷한 논쟁을 겪고 있다. 치실과 마찬가지로 마스크 착용이 바이러스 전파를 줄인다고 밝힌 설득력 있고 권위 있는 실험은 거의 없다. 9장에서 소개한 교란 변수에 관

---

1   이 메타 분석은 사실 치실 사용이 치은염을 줄인다는 통계적으로 유의한 증거를 발견했으므로 치실 사용을 인정할 실험 증거는 아마도 그 기사에서 소개한 수준보다 강력할 것이다.

한 관찰 연구만 몇 가지 있다. 이 중 어떤 연구는 증상이 있어서 의료 시설을 방문한 사람들을 선택한 표본만 관찰했는데 이 또한 16장에서 논의한 바와 같이 문제가 있다. 치실 사례처럼 연구진이 무작위 실험을 수행하려고 시도할 때 조치에 할당된 사람들 중 다수가 순응하지 않아서 마스크 착용 효과를 평가하기 어렵게 만든다. 게다가 마스크 착용 효과나 치실 사용 효과를 제법 정밀하게 추정하려면 아마도 표본 크기가 상당히 커야 할 것이다.

마스크에 관한 확고한 증거가 없으니 미국 대통령 도널드 트럼프나 부통령 마이크 펜스를 비롯한 많은 사람이 귀찮게 마스크를 쓰지 않으려 했다. 이런 회의론자들은 "마스크 착용이 중요하다는 증거는 없다"는 주장을 펴곤 했다. 그러나 치실 사례와 마찬가지로 마스크 착용이 효과가 있다는 이론적, 생물학적 근거가 충분히 있다. 우리는 코로나바이러스나 다른 여러 바이러스가 호흡기 비말로 전파된다는 점을 알고, 마스크가 이런 비말 전파를 얼마간 막는다는 실제 증거도 충분하다. 또한 연구에 따르면 마스크를 쓴 사람은 자신의 눈, 코, 입을 만지는 빈도가 더 낮은데 이는 마스크가 바이러스 전파를 줄이는 두 번째 이유다.

물론 우리가 제대로 아는지 확신하기는 어렵고, 연구가 계속돼 마스크 착용 효과를 더 잘 이해할 수 있기를 바란다. 하지만 어떤 결정을 뒷받침하는 확실한 정량적 증거가 없다는 점이 그와 다른 결정을 내려야 할 충분한 이유는 아니며, 그 다른 결정을 뒷받침할 명확한 증거가 없다면 더더욱 그렇다.

뛰어난 의사결정자는 정량적 증거를 활용하지만 그 한계도 인정한다. 이들은 특정 고려 사항을 단지 정량적 추정치를 잘 구하지 못한다는 이유만으로 무시하지 않는다. 이들은 가용한 이론과 데이터 중에서 최선을 선택해서 자신의 믿음을 구축하고, 자신의 목표와 가치와 아마도 불완전하고 불확실할 바로 그 믿음에 맞춰서 최선의 결정을 내린다.

바로 위 마지막 문장은 데이터 기반 의사결정에 관한 또 다른 중요한 사상을 나타낸다. 데이터 분석이 아무리 훌륭하더라도 증거만으로는 어떻게 행동해야 할지 알 수 없다. 행동을 정하려면 여러분의 목표와 가치도 함께 생각해야 한다. 정량화와 이러한 가치가 상호작용하는 방식을 고찰하면서 이 책을 마칠까 한다.

정량화와 가치

정량적 증거는 우리의 목표와 가치를 끌어올리는 더 나은 결정을 하도록 도와야 한다. 그러나 신중하게 살피지 않으면 역효과가 나서 정량적 증거가 우리의 목표와 가치에 도움이 되기보다 오히려 그 목표와 가치가 정량화 요구에 의해 형성된다.

이런 문제가 생기는 두 가지 방식을 살펴보겠다. 첫째, 정량적 도구가 부지불식간에 우리 생각과 다른 가치를 슬그머니 의사결정 과정에 들이미는 경우다. 둘째, 정량화하려는 욕심 때문에 평소라면 받아들이지 않을 가치를 수용하는 경우다.

정량적 도구가 어떻게 가치를 몰래 들이미는가

정량화의 위험성 하나는, 특히 지금처럼 머신러닝과 알고리듬 기반 의사결정이 점차 보편화되는 시대에는 우리가 모르는 사이에 불쾌한 가치가 의사결정에 스며든다는 점이다. 예컨대어떤 알고리듬을 만들 때 인종이나 성별에 관한 데이터를 사용하지 않았음에도 그 알고리듬이 인종이나 성별에 따른 편향을 보일 위험이 있다. 이런 현상은 우리가 지켜야 할 평등, 공정성, 정의와 같은 가치에 관한 중요한 질문을 던진다.

머신러닝 기반 예측 알고리듬은 현대 사회에서 모든 종류의 과업에 쓰인다. 취업 사이트는이런 알고리듬으로 구직자와 회사를 맺어 준다. 은행은 신용평가에 활용한다. 소셜미디어플랫폼은 사용자에게 어떤 콘텐츠와 광고를 보여 줄지 정한다. 그리고 판사는 범죄 사건 판결에 활용한다.

이런 알고리듬이 어떻게 윤리 문제를 일으킬까? 머신러닝 알고리듬은 대략 상관관계를 활용해서 예측을 좀 더 멋지게 하는 방법이라고 봐도 좋다. 인종이나 성별에 관한 데이터를 접하지 않아서 이런 특성에 무지한 알고리듬이라고 할지라도 결국 다른 인종이나 성별을 가진 사람들을 다르게 취급하도록 예측할 가능성이 있다. 예를 들어 알고리듬이 인종과 상관관계가있는 변수를 사용하거나 입력 데이터 자체가 이미 편향돼 있으면 이런 일이 벌어진다. 이미 2장에서 옐프 리뷰와 위생 지침 위반 사이의 상관관계를 활용해서 조사할 식당을 정할 때 인종에따른 편향이 슬그머니 들어가는 사례를 소개했다. 이번에는 다른 사례도 하나 살펴보자.

건강보험 분야의 알고리듬과 인종 편향

미국의 대형 건강보험 사업자는 복잡한 건강 문제를 가진 사람들을 돌보고자 특별한 맞춤 프로그램을 제공한다. 이런 프로그램은 비용이 크다. 그래서 사업자는 보험이 가장 필요할 것 같은 사람만 가입시키길 바란다. 사업자는 누가 이런 환자인지 예측하고자 머신러닝 알고리듬을 사용한다.

환자가 아플수록 더 비싼 치료를 받는 경향이 있으므로 건강보험 비용과 보험 필요성 사이에는 강한 양의 상관관계가 있다. 그리고 보험 비용은 보험 필요성보다 정확히 측정하기 쉽다. 이런 내용을 연구하면 알고리듬으로 보험 비용을 예측한다. 이를 위해서 보험 비용 데이터 외에도 환자의 과거 보험 청구 기록, 의료 진단 기록, 투약 기록도 함께 입력한다. 인종에 관한 어떤 정보도 입력하지 않는다는 점을 강조한다.

이 알고리듬이 동작하는 원리를 회귀에 비유해서 간단히 설명하겠다. 수많은 환자의 데이터에 t년도의 보험 비용과 그 전년도($t-1$)의 보험 청구 기록, 진단과 수술 기록, 투약 기록이 들어 있다고 가정하자. 이제 다음과 같은 회귀를 수행한다.

$$\text{비용}_t = \beta_0 + \beta_1 \cdot \text{보험 청구}_{t-1} + \beta_2 \cdot \text{진단과 수술}_{t-1} + \beta_3 \cdot \text{투약}_{t-1}$$

회귀 결과로 $\hat{\beta}_0$부터 $\hat{\beta}_3$까지 최소제곱법 계수 추정치를 얻는다.

새로운 환자 i가 오면 이 알고리듬으로 이 환자의 미래 보험 비용을 예측할 수 있다. 새로운 환자의 보험 청구 기록, 진단과 수술 기록, 투약 기록을 회귀 공식에 입력해서 비용을 예측한다.

$$\text{예측 비용}_i = \hat{\beta}_0 + \hat{\beta}_1 \cdot \text{보험 청구}_i + \hat{\beta}_2 \cdot \text{진단과 수술}_i + \hat{\beta}_3 \cdot \text{투약}_i$$

이상이 대략 머신러닝 예측 알고리듬이 동작하는 원리이지만, 알고리듬의 목표는 보통 오차 제곱의 평균을 최소화하는 데 있지 않으며, 위 변수들의 단순한 선형 회귀가 아니라 더 복잡한 함수를 사용한다.

2019년 『사이언스^{Science}』에 발표된 한 논문은 이런 예측으로 환자를 분류하는 건강보험 사업자를 소개한다. 높은 기준 점수를 넘긴 환자는 바로 특별 프로그램에 가입시킨다. 낮은 기준 점수만 넘긴 환자는 의사에게 추가 검사를 맡긴다.

설령 예측 알고리듬이 인종 정보 없이 만들어지더라도 그 결과는 일관되게 흑인 환자가 백인 환자보다 덜 아프다고 나타났다. 그림 17.1에 이러한 내용이 나온다. 알고리듬이 예측한 건강보험 필요성은 가로축에 해당한다. 만성 질환 수를 측정한 값은 동반이환[2] 점수comorbidity score라고 부르는데 세로축에 해당한다. 이 세로축 값은 진정한 건강보험의 필요성을 뜻한다. 그림에서 보듯이 모든 건강보험 필요성 예측 수준에서 흑인 환자가 백인 환자보다 평균적으로 더 많이 아프다는 점이 드러난다. 따라서 흑인 환자는 비슷한 건강 수준의 백인 환자에 비해 특별 프로그램에 가입할 가능성이 일관되게 낮다.

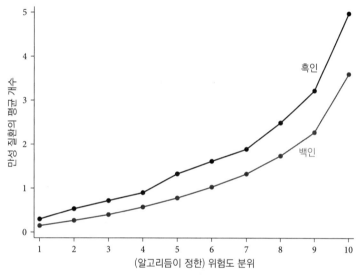

그림 17.1 알고리듬으로 예측한 건강 상태와 실제 건강 상태 사이의 관계는 흑인과 백인 환자 사이에 다르게 나타난다.

인종 정보에 무관한 알고리듬이 어쩌다가 인종 편향적인 예측을 하게 됐을까? 한 가지 가능성은 생략된 변수다. 다시 말해, 아마도 과거 보험 청구 기록, 진단과 수술 기록, 투약 기록이 같더라도 흑인 환자는 백인 환자에 비해 데이터에 드러나지 않는 어떤 이유로 인해 더 많이 아픈 경향이 있을 것이다. 그 결과로 알고리듬은 일관되게 흑인 환자의 건강보험 필요성은 과소추정하고 백인 환자의 건강보험 필요성은 과대추정할지 모른다.

---

2   두 가지 이상의 만성 질환을 동시에 앓는 상태 – 옮긴이

다만 이번 사례에서는 조금 다른 이유가 있는 듯하다. 건강보험 사업자는 보험 비용을 측정하기 쉽고 보험 비용이 보험 필요성과 깊게 연관이 있기 때문에 알고리듬으로 보험 비용을 예측한다. 그러나 이런 결정은 문제가 있다. 미국 건강보험 체계에 관한 사실 하나는 비슷한 질병을 앓는 환자들 중 백인 환자보다 흑인 환자에게 더 적은 비용을 쓴다는 점이다.[3] 이는 곧 보험 비용이 건강보험 필요성을 대변하도록 사용하면 원래 인종과 무관해야 할 알고리듬에 인종 편향을 주입한다는 뜻이다. 그러면 알고리듬은 흑인 환자의 보험 비용이 비슷한 특성(보험 청구, 진단과 수술, 투약 기록)을 갖는 백인 환자에 비해 낮을 것이라고 정확히 예측한다. 그리고 이는 흑인 환자들이 같은 증상을 가진 백인 환자보다 더 건강하게 보이도록 만든다. 『사이언스』에 논문을 쓴 저자들은 같은 입력을 사용하되 보험 비용 대신 진짜 건강 상태의 척도를 예측하도록 알고리듬을 고쳐서 이러한 인종 편향을 없앨 수 있었다.

이 사례는 정량적 도구가 사람들이 불쾌하게 느끼는 가치를 의사결정 과정에 들이미는 방식을 보여 준다. 세상에 많은 것이 정량화돼 가면서 우리의 의사결정이 데이터에 기반하되 의사결정을 이끄는 주체는 우리 자신이 정한 가치라는 점을 확신하려면 명확한 사고와 끊임없는 경계가 필요하다.

다음 주제는 우리 자신이 정한다고 생각한 가치가 실은 정량화에 의해 아마도 골치 아픈 방식으로 형성되는 과정이다.

정량화는 어떻게 우리의 가치를 형성하는가

윤리학자와 정치학자들은 사람들이 의사결정의 옳고 그름을 평가할 때 고려하는 다양한 윤리적 논점을 기술한다. 예를 들어 자신의 몸을 다룰 권리나 다른 사람을 강압하지 말아야 할 의무처럼 여러 가지 권리와 의무에 관한 훌륭하고 확고한 논의가 있다. 사리를 아는 사람이라면 설령 이러한 권리와 의무를 위반해서 세상 전체에는 실제로 더 득이 된다 하더라도 좋은 정책과 행동은 이러한 권리와 의무를 존중하고 고양해야 한다는 입장을 견지할 것이다. 예컨대 사형이나 고문이나 줄기세포 연구에 원칙적으로 반대하는 사람들이 주로 이러한 입장을 고수한다.

---

3   읽을거리 항목에 미국 건강보험에서 흑인 환자에 대한 편향과 차별이 발생한 여러 방식을 다룬 분석 기사를 소개한다.

또한 전체 이익뿐만 아니라 이익을 고르게 나누는 일에 관한 훌륭하고 확고한 논의도 있다. 사리를 아는 사람이라면 평등함을 위해서 사회 전체의 이익이 줄어드는 일을 감수할 용의가 있을 것이다.

그런데 대부분의 정량적 정책 분석은 사람들의 행복도를 근거로 정책을 평가해야 한다는 관점인 '복지주의welfarism'에 기반을 둔다. 더불어 단 하나의 복지주의 기준, 바로 '공리주의 utilitarianism'가 다른 모든 기준을 압도하는데, 이는 이익이 어떻게 분배되는지와 상관없이 전체 이익의 합을 근거로 정책을 평가해야 한다는 관점이다. 그리고 이 경우엔 그냥 공리주의도 아니고 아마도 무심한 공리주의라고 불러야 할 듯한데, 경제적 번영, 건강도, 그 밖에 (상대적으로) 금액으로 환산해서 정량화하기 쉬운 요소들처럼 오로지 물질적인 비용과 편익만으로 사회의 이익을 정의하기 때문이다.

원칙적으로 결과를 정량화하면서도 유연하게 윤리적 입장을 지킬 방법이 있다. 무심한 공리주의가 필요한 것은 아니다. 사람의 권리, 의무, 책임, 품위 등등 물질적이지 않은 다양한 요소에 가치를 두면 된다. 게다가 어떤 정책이 사람들의 이익에 주는 정량적 효과를 일단 알고 나면 평등함에 관한 모든 종류의 고려 사항을 정책 평가에 반영할 수 있다. 예컨대 모든 효과를 정량화한 다음, 모든 사람이 일정 수준 이상 이익을 얻어야 한다는 제약 안에서 전체 이익을 최대로 만드는 정책을 최고의 정책이라고 정의할 수 있다.

무심한 공리주의가 다른 모든 규범 체계, 심지어 다른 복지주의 형태조차 넘어서 득세하는 원동력은 양적 분석에 스스로를 쉽게 맡기는 성질이다. 권리나 의무의 가치를 정량화하거나 평등의 문제를 평가하기는 어렵다. 그보다는 물질적 비용과 편익을 정량화하고 그 값들을 더하거나 빼서 어떤 정책과 행동이 이득인지 손해인지 따지는 편이 개념적으로나 현실적으로나 훨씬 더 수월하다.

실제로 이런 관점은 실행에 옮기기가 쉬워서 여러 양적 분석의 배경이 되는 기본 전제 조건이 됐으며, 특히 공공 정책 분야에서 이런 움직임이 두드러진다. 권리, 의무, 책임, 품위 등등을 무시한 채 전체 이익의 합을 최대화하려는 과정이 워낙 우리의 행동과 사고에 뿌리깊게 박혀서 우리가 그렇게 판단한다는 사실도 눈치채지 못할 정도다. 그저 편익에서 비용을 뺀 값이 가장 큰 정책이 당연히 좋다고 여긴다.

이 말이 무슨 뜻인지 알아야 한다. 우리가 추구하는 목표와 가치가 근본적으로 정량화의 요구에 의해 형성된다. 공리주의자라서 정량화를 수행한다는 말이 아니다. 정량화를 하기 때문에 공리주의자가 된다는 말이다.

물질만능주의자의 공리주의가 목표를 정의하도록 허용하면 무슨 문제가 있을까? 이 질문에 대한 답변의 일부로서 한 가지 사례를 들고자 한다.

언젠가 학계 발표에 참가한 에단은 가정에서 아동 학대를 겪은 아이들을 위탁 양육하는 효과에 관해 들었다. 발표자는 학대 가정에서 자라던 아이들을 위탁 양육하면 평균적으로 더 잘 지낸다고 설명했다. 그리고 위탁 양육 비용보다 아이들이 받는 편익이 더 크게 나타난다고도 했다. 따라서 발표한 연구자는 아이들을 학대 가정에서 데리고 나와야 한다는 결론을 내렸다.

이 이야기는 데이터가 좋은 정책 결정에 이바지한 훌륭한 사례로 보인다. 아이들이 받는 편익을 정량화해서 이들이 더 잘 자라도록 정책을 고를 수 있다. 게다가 아이들이 받는 편익이 우리 사회가 감당할 금액보다 크다는 점도 밝힌다. 따라서 명백히 이롭다. 정말 멋지다.

참석자 중 한 사람은 정부에서 몇 가지 고위직을 맡았는데 이 의견에 반대했다. 주된 비판은 연구자가 정책 권고에 필요한 모든 관련 비용과 편익을 추정하지 않았다는 점이었다. 구체적으로 말하면 학대 부모가 아이를 계속 데리고 있음으로써(그리고 아마도 계속 학대함으로써) 발생하는 편익은 왜 따지지 않았나? 만일 그들에게 아이를 계속 데리고 있는 가치가 충분히 크다면 비용 편익 분석 결과가 뒤집히지 않겠는가?

여러분이 생각하기에 이런 질문에 타당한 답변은 아마도 이러할 것이다. "음, 고집스러운 공리주의자에게는 그 말이 맞겠죠. 하지만 우리에겐 다른 가치가 있고, 제 사견으로는 학대 부모가 아이를 키우고 싶어할지 따위는 신경 쓸 바가 아니라고 봅니다. 아이에게 무엇이 최선인지, 그리고 사회 전체에 무엇이 최선인지에 집중해야죠." 그러나 발표자는 이런 답변을 주지 않았다. 그 대신 지적한 문제를 수긍하고, 학대 부모에게 미치는 영향을 모르면 아이를 학대 가정에서 데리고 나오는 정책이 좋은지 여부를 판단하기 어렵다고 인정했다.

다른 사례도 들어 보자. 1990년대 초반, 전 하버드 대학교 학장이고 오바마 대통령 시절 수석 경제 고문이자 클린턴 대통령 시절 재무부 장관을 지낸, 당시 세계 은행의 수장 래리 서머스Larry Summers는 부하 직원이 작성한 쪽지를 돌렸다. 그 내용은 다음과 같다.

환경오염 산업을 후진국으로 더 많이 이전하도록 장려하면 안 되나? ... 건강을 위협하는 환경오염의 비용은 그로 인해 늘어난 질병과 사망이 가져오는 소득 감소에 좌우된다. 이런 관점에서 본다면 건강을 위협하는 환경오염 중 어느 정도는 비용이 가장 낮은 국가에서 이뤄져야 하며, 이는 곧 소득이 가장 낮은 국가일 것이다. 내 생각엔 독성 폐기물을 소득이 가장 낮은 국가에 떠넘기는 경제 논리는 흠잡을 데가 없으며 우리는 이 사실을 인정해야 한다.

소득이 낮은 국가에 독성 폐기물을 버리는 일이 '흠잡을 데 없는 경제 논리'라는 선언은 흥미롭다. 여기에는 세 가지 주장이 있는데 모두 그럴듯해 보인다.

1. 평균적으로 부유한 국가가 가난한 국가보다 독성 폐기물을 피하고자 비용을 지불할 용의가 더 있다는 말은 아마도 맞을 것이다.

2. 따라서 독성 폐기물로 발생하는 환경오염을 부유한 국가에서 가난한 국가로 좀 옮기면 전 세계의 물질적 이익 총합이 늘어날 것이다.

3. 오로지 비용과 편익만 고려하고(즉 부유한 국가가 자신들의 행위에 책임을 지지 않아도 되도록 허락하는 일을 직접 비용으로 간주하지 않고) 우리 자신이 공리주의자라면 이런 행동은 좋은 정책이다.

여기서 적어도 마지막 주장은 경제와 아무런 관련이 없기 때문에 이러한 일련의 '경제 논리' 논증은 곤란하다. 이는 우리가 판단하는 가치와 관련이 있다. 그리고 첫 번째 주장에서 비용을 지불할 용의를 근거로 가치를 판단해도 괜찮다는 가정 역시 지켜야 할 우선순위를 어지럽힐 가능성이 있다. 아마도 부자에게 추가 비용의 가치는 더 낮으리라. 부자와 빈자에게 돈의 가치가 다르기 때문에 부자는 빈자보다 같은 양의 이익 변화에 비용을 지불할 용의가 더 크다. 이 말은 사람들이 비용을 지불할 용의를 근거로 비용과 편익을 계산하면 암묵적으로 부자의 이익이 빈자의 이익보다 중요하다고 가정하는 셈이다.

이런 종류의 쟁점이 어디나 존재함에도 양적 분석을 하다 보면 때때로 가치에 관한 고려 없이 물질적인 비용과 편익만 비교하는 의사결정은 없다는 사실을 잊나 보다. 유명한 에너지와 환경 관련 경제학자인 마이클 그린스톤[Michael Greenstone]은 정책 의사결정의 비용 편익 분석에 관한 주장에서 이 점을 아주 명확히 드러낸다.

우리가 비용 편익 분석을 내려놓는다면 항상은 아니지만 대체로 도덕적 결정 문제를 겪게 된다. 내가 바라보는 수많은 주제에 관한 도덕적 결정의 큰 문제는 당신과 나의 도덕 기준이 다르고 다른 사람과 우리의 도덕 기준이 다르다는 점이다. 그러면 의사결정에 있어서 선을 그을 방법이 없다. … 나는 사회 전체에 이익이 되는 결과가 무엇인지 확신을 가지지 못하겠다.

그린스톤은 중요한 쟁점을 건드렸다. 우리는 비용과 편익을 정량화함으로써 의사결정에서 선을 긋는다. 이런 제약은 매우 유용하다. 그러나 비용 편익 분석이 주관적인 도덕적 의견을 계산에서 배제한다거나, 증거만으로는 결정하지 못하는 가치 판단을 우선하지 않고도 무엇이 사회에 이익이 되는지 객관적으로 판단할 수 있는 과학적 방식이 있다는 그의 주장은 너무 멀리 갔다.

물론 독성 폐기물을 부유한 국가에서 가난한 국가로 이전하는 문제는, 설령 비용 편익 분석을 통과하더라도 여러 가지 이유로 결코 좋은 정책으로 보이지는 않는다. 공정성, 정의, 경제 활력과 같은 가치를 중시하면 아마도 독성 폐기물을 가난한 국가에 버리는 일이 좋은 발상이라는 생각은 안 들 것이다. 아마도 부유한 국가가 자신의 행동에 책임을 지기 바랄 것이다. 우리는 아마도 부자가 자신들을 풍요롭게 만든 경제 활동의 부산물로 생긴 환경오염에서 벗어날 권리를 쉽게 돈으로 사는 세상에서 살고 싶지 않을 것이다. 가난한 사람이 독성 폐기물을 피하는 비용을 지불할 용의가 더 적다는 사실이, 그들의 삶이 부자의 삶보다 가치가 덜하다는 뜻으로 해석되면 안 되고, 돈으로 가치를 측정하는 방식이 잘못됐다고 생각할 것이다. 그린스톤의 지적은 일견 옳다. 합리적인 사람들이라면 모든 도덕적 판단에 동의하지는 않을 것이다. 하지만 이들은 비용에 비해 이익이 크면 쓰레기를 부국에서 빈국으로 옮겨도 된다는 주장에도 동의하지 않을 것이다. 모든 일에는 주관적인 가치 판단이 들어가는데, 비용 지불 의사가 상대적으로 정량화하기 쉽고 다른 가치는 정량화하기 더 어렵다고 해서 이런 기준으로 대상을 평가하는 방식이 객관적인 과학이라는 주장에 속으면 안 된다. 가치 판단은 항상 들어간다.

정확히 말하자면, 서머스의 쪽지에 나타난 관점을 옹호할 논리가 전혀 없다는 얘기를 하려던 건 아니다. 독성 폐기물을 부유한 국가에서 가난한 국가로 옮기면 물질적인 이익의 합이 늘어난다는 말이 사실이라고 하자. 그러면 부유한 국가는 가난한 국가에 독성 폐기물을 받는 대가로 두둑하게 보상해서 양쪽 모두 거래 결과로 이익을 볼 수 있다. 따라서 가난한 국가가 독성 폐기물을 받고 부유한 국가가 그 비용을 지불하게 만들 기술과 정치적 의지만 있으면 모두에게 이익이 되는 상황을 만들 수 있을지 모른다.

그러나 여기에는 당연히 여러 가지 다른 도덕적 쟁점도 고려해야 한다. 우리가 보기에 이런 결정이 어떻게 이뤄지는지가 중요하다. 가난한 국가가 대가를 받고 독성 폐기물을 받기로 동의하는 일과, 부유한 국가의 경제학자가 이런 결정을 내린 다음 가난한 국가에 이 방법이 이익이라고 통보하는 일은 완전히 다르다. 그러나 서머스의 쪽지에는 가난한 국가가 보상을 받거나 이런 결정에 동의하는지 여부에 관해서는 일언반구 언급이 없다. 이 무심한 공리주의식 발상은 하고 싶은 말만 한 셈이다. 그가 이후 이 독성 폐기물 쪽지에 관한 토론에서 다른 견해를 나타낸 점은 칭찬받을 만하다. 1998년 『뉴요커』와의 인터뷰를 예로 들면 그는 이렇게 말했다. "독성 폐기물을 가난한 국가로 실어 나르는 일을 용인하는 정서는 완전히 잘못됐다. 경제 성장과 환경 보호의 맞교환은 정말로 고려할 문제인가? 물론이다. 하지만 당시 내가 그런 생각을 표현한 방식은 어느 모로 보나 건설적이지 못했다."

아동 학대와 독극물 폐기 사례는 여러 가지 이유로 흥미롭다. 정량화가 종종 무심한 공리주의로 우리를 밀어붙여서 무자비하고 터무니없는 결론을 이끈다. 그러나 정량화 원칙은 동시에 우리에게 어떤 가르침을 준다. 많은 사람에게 있어서 부자가 빈자에게 독성 폐기물을 쏟아 버리는 일은 권할 까닭이 있는 정책적 발상으로 보이지는 않을 것이다. 정량화와 비용 편익 비교 연습을 통해 우리는 이런 정책에 관한 (적어도 동의와 보상을 포함하는 부분이라도) 심각한 논쟁을, 결국 누군가는 반대 입장에 서더라도, 해야 한다는 사실을 볼 수밖에 없다.

위 두 가지 사례에서 우리는 정밀함, 상충하는 가치 비교, 경합 가능성처럼 정량화가 주는 이익을 실현할 수 있다고(또한 실현해야만 한다고) 믿는다. 한편 두 사례는 문제의 관건을 나타내기도 한다. 권리, 품위, 공정성 등은 정량화하기 어렵다. 물질적 비용과 편익이 더 쉽다. 그래서 현실에서는 사람들이 정량적 증거를 바라는 마음에서, 앞서 본 이야기를 특징짓는 매우 불쾌한, 무심한, 물질적인 공리주의에 빠지게 된다. 양적 분석을 좋은 일에 쓰려면 데이터와 정량적 도구가 우리의 선택을 평가할 목표와 가치를 훼손하지 않으면서 중요한 수치를 추정하는 데 도움을 주게끔 실행하도록 애써야 한다.

명확히 사고하고 다른 사람들도 따르도록 돕자

여러분이 지금까지 배운 도구와 기술을 좋은 일에 쓰도록 충고하면서 이 책을 마치고자 한다. 이 책의 대부분은 누군가 고의로 또는 실수로 데이터를 잘못 활용해서 판단을 오도할 때 명확한 사고가 어떻게 도움이 될지에 관한 내용을 다룬다. 그러나 자기 이익만 생각하는 사람은 이런 고상한 목표와 반대로, 이런 수단으로 아직 명확한 사고를 배우지 못한 사람들을 속일지 모른다. 이 책이 베스트셀러가 되지 않는 이상 여러분이 만나는 사람 대부분은 여러분이 변이 없이 상관관계를 주장하거나 교란된 상관관계가 인과관계의 증거라고 주장하거나 원하는 결론을 얻을 때까지 끊임없이 비교해서 결국 의도에 맞는 한 가지 결과만 보여 준대도 그 사실을 알아차리지 못할 것이다. 부탁이니 그러지 마시라! 부디 진실에 다가서는 더 큰 여정을 마음에 담고, 상식 있는 정량적 고찰자로서의 새로운 책임을 진지하게 받아들이길 바란다. 여러분이 스스로 분석해서 만들어 낸 증거를 제시하든 아니면 다른 이의 결과를 인용하든 그 증거의 강점과 약점을 투명하게 공개하길 바란다. 그렇게 함으로써 여러분 자신도 데이터에 관해 명확히 생각하고, 다른 사람도 그렇게 하도록 도울 수 있다.

다만 잠시 시간을 갖고, 여러분이 지금까지 얼마나 열심히 공부했고 우리와 함께 얼마나 많은 시간을 함께 보냈는지 감상해 보기 바란다. 여러분은 이제 수는 적지만 점차 늘어나는 사람들, 바로 종속 변수 선택 문제와, 통계적 유의성과 실질적 유의성의 차이와, 평균으로의 회귀와, 출판 편향과, 우주의 습관화의 원천과, 상관관계와 인과관계 사이의 관계와, 연구 설계의 기본 개념과, 그 밖에도 많은 주제에 관해 명확히 생각할 수 있는 사람들의 일원이 됐다. 이런 근본적인 개념 이해는 설령 여러분이 직접 회귀 수행 한번 할 일 없을지라도 앞으로도 계속 도움을 줄 것이다. 지금 우리는 세상을 이해하고 더 낫게 만들려면 데이터에 관한 명확한 사고가 반드시 필요한 시대에 살기 때문이다.

연습 문제

17.1 친구 앤디는 아침식사로 팬케이크를 먹는 날마다 시험을 잘 본다는 사실을 알아챘다. 그래서 그는 앞으로 모든 식단을 팬케이크만으로 꾸리기로 작정했다. 이 책에서 배운 내용을 바탕으로 이 친구의 논리에서 적어도 네 가지 오류를 찾아내라.

17.2 여러분은 한 대도시의 시장인데 부하 직원이 저소득층에게 생활 편의 시설을 더 많이 제공하는 계획을 들고 왔다. 직원이 말하길, 이 계획을 실행하는 데 1억 달러가 들겠지만 경제적 이익은 2억 달러에 달할 것이므로 고민할 거리도 없다고 한다. 계획을 승인하기 전에 직원에게 어떤 질문을 던지겠는가?

17.3 살면서 정량적 증거의 도움이 거의 없이 결정한 일을 떠올려 보라(앤서니가 확고한 정량적 연구 결과가 없음에도 치실을 사용하기로 결정한 일처럼). 어떤 요인으로 인해 그런 결정을 내렸는가? 좀 더 확실한 증거를 제시할 정량적 연구를 제안할 수 있겠는가? 여러분이 내린 결정을 바꾸려면 그 증거가 어떻게 나타나야 하겠는가?

읽을거리

비소 규제에 관한 EPA의 보고서는, 정량화하지 못한 수많은 건강 영향도 목록을 포함해서, 연방 정부 기록부의 https://www.govinfo.gov/content/pkg/FR-2001-01-22/pdf/01-1668.pdf에서 읽을 수 있다.

치실 사용 효과의 메타 분석은 다음 내용에 있다.

Dario Sambunjak, Jason W. Nickerson, Tina Poklepovic, Trevor M. Johnson, Pauline Imai, Peter Tugwell, and Helen V. Worthington. 2011. "Flossing for the Management of Periodontal Diseases and Dental Caries in Adults." Cochrane Database of Systemic Reviews, Issue 12. doi.org/10.1002/14651858.CD008829.pub2.

연구진은 2019년에 있었던 세 가지 실험을 추가해서 메타 분석 결과를 갱신했다. 다음 내용을 보라.

Helen V. Worthington, Laura MacDonald, Tina Poklepovic Pericic, Dario Sambunjak, Trevor M. Johnson, Pauline Imai, and Janet E. Clarkson. 2019. "Home Use of Interdental Cleaning Devices, in Addition to Toothbrushing, for Preventing and Controlling Periodontal Diseases and Dental Caries." Cochrane Database of Systemic Reviews, Issue 4. doi.org/10.1002/14651858.CD012018.pub2.

마스크 착용과 비말 확산에 관한 실증적 증거를 보려면 다음을 참고하라.

Sima Asadi, Christopher D. Cappa, Santiago Barreda, Anthony S. Wexler, Nicole M. Bouvier, and William D. Ristenparth. 2020. "Efficacy of Masks and Face Coverings in Controlling Outward Aerosol Particle Emission from Expiratory Activities." Scientific Reports 10, Article 15665. doi.org/10.1038/s41598-020-72798-7.

마스크 착용과 얼굴을 만지는 빈도의 관계에 관한 증거를 보려면 다음을 참고하라.

Yong-Jian Chen, Gang Qin, Jie Chen, Jian-Liang Xu, Ding-Yun Feng, Xiang-Yuan Wu, and Xing Li. 2020. "Comparison of Face-Touching Behaviors Before and During the Coronavirus Disease 2019 Pandemic." JAMA Network Open 3(7).

Tiffany L. Lucas, Rachel Mustain, and Robert E. Goldsby. "Frequency of Face Touching with and without a Mask in Pediatric Hematology/Oncology Health Care Professionals." Pediatric Blood & Cancer 67(9).

미국에서 일어나는 인종에 따른 건강 상태 차이에 관한 논의는 다음을 참고하라.

David Cutler, Adriana Lleras-Muney, and Tom Vogl. 2011. "Socioeconomic Status and Health: Dimensions and Mechanisms." The Oxford Handbook of Health Economics, Sherry Glied and Peter C. Smith, eds. Oxford University Press.

정량적 도구가 가치를 몰래 들이미는 방식에 관한 논의는 다음 연구를 참고했다.

Ziad Obermeyer, Brian Powers, Christine Vogeli, and Sendhil Mullainathan. 2019. "Dissecting Racial Bias in an Algorithm Used to Manage the Health of Populations." Science 366(6464):447-53.

서머스의 발언과 독성 폐기물 쪽지에 관한 토론은 다음 기사에서 볼 수 있다.

John Cassid. 1998. "The Triumphalist." The New Yorker. July 6.

마이클 그린스톤의 발언은 다음 팟캐스트에서 인용했다.

"The Value of a Life" (episode 1). Pandemic Economics. Becker Friedman Institute. April 23, 2020. bfi.uchicago.edu/podcast/pandemic-economics-01.

정량화가 우리의 도덕적 가치를 형성하는 방식에 관한 논의는 다음 기사에서 상당 부분을 가져왔다.

Ethan Bueno de Mesquita. 2019. "The Perils of Quantification." The Boston Review. March 11. https://bostonreview.net/forum/economics−after−neoliberalism/ethan−bueno−de−mesquita−perils−quantification.

| 찾아보기 |

데이터 분석과 비판적 사고
양적 추론과 분석의 길잡이

발　행 | 2023년 7월 31일

옮긴이 | 임 형 준
지은이 | 에단 부에노 데 메스키타 · 앤서니 파울러

펴낸이 | 권 성 준
편집장 | 황 영 주
편　집 | 김 진 아
　　　　 임 지 원
디자인 | 윤 서 빈

에이콘출판주식회사
서울특별시 양천구 국회대로 287 (목동)
전화 02-2653-7600, 팩스 02-2653-0433
www.acornpub.co.kr / editor@acornpub.co.kr

한국어판 ⓒ 에이콘출판주식회사, 2023, Printed in Korea.
ISBN 979-11-6175-765-0
http://www.acornpub.co.kr/book/thinking-clearly

책값은 뒤표지에 있습니다.